国家及国际决策中的生态系统和生物多样性经济学

Patrick ten Brink 编

胡理乐　翟生强　李俊生　译

中国环境出版社·北京

图书在版编目（CIP）数据

国家及国际决策中的生态系统和生物多样性经济学 /（荷）布瑞克（Brink, P.T.）编；胡理乐，翟生强，李俊生译 .—北京：中国环境出版社，2015.8
ISBN 978-7-5111-2319-0

Ⅰ.①国… Ⅱ.①布… ②胡… ③翟… ④李… Ⅲ.①生物多样性—生态经济系统—关系—国民经济核算—研究 Ⅳ.① F062.2 ② F221

中国版本图书馆 CIP 数据核字（2015）第 060474 号
版权登记号 01-2015-0360

出 版 人　王新程
策划编辑　王素娟
责任编辑　赵楠婕
责任校对　尹　芳
封面设计　宋　瑞
内文制作　杨曙荣

出版发行　中国环境出版社（100062 北京市东城区广渠门内大街16号）
网　　址：http://www.cesp.com.cn
电子邮箱：bjgl@cesp.com.cn
联系电话：010-67112765　编辑管理部
010-67162011　生态（水利水电）图书出版中心
发行热线：010-67125803 010-67113405（传真）
印　　刷　北京中科印刷有限公司
经　　销　各地新华书店
版　　次　2015年8月第1版
印　　次　2015年8月第1次印刷
开　　本　787×1092　1/16
印　　张　30.75
字　　数　620千字
定　　价　76.00元

本书由联合国环境规划署授权中国环境科学研究院翻译为中文并出版。

由 Earthscan 于 2011 年首次出版

Earthscan Ltd, Dunstan House, 14a St Cross Street, London EC1N 8XA, UK
Earthscan LLC, 1616 P Street, NW, Washington, DC 20036, USA
Earthscan 和国际环境与发展研究所联合出版

有关 Earthscan 出版物的更多信息，请参见 www.earthscan.co.uk
或发邮件到 earthinfo@earthscan.co.uk

ISBN 978-1-84971-250-7

排版：Domex e-Data Pvt. Ltd
封面设计：Susanne Harris

建议本出版物完全引述如下：

TEEB（2011），《国家及国际决策中的生态系统和生物多样性经济学》。编辑：Patrick ten Brink。Earthscan，伦敦和华盛顿

建议本出版物单个章节引述如下（举例）：ten Brink, P., Eijs, A., Lehmann, M., Mazza, L., Ruhweza, A. 和 Shine, C. (2011)。转变处理自然资本的方式：未来之路。《国家及国际决策中的生态系统和生物多样性经济学》，pp.451—479。编辑：Patrick ten Brink。Earthscan，伦敦和华盛顿

本书的目录记录可在大英图书馆获取

国会图书馆在版编目数据

国家及国际决策中的生态系统和生物多样性经济学 / 编辑：Patrick ten Brink p. cm.“TEEB（生态系统和生物多样性经济学）出版物。”包括参考文献和索引。

ISBN 978-1-84971-250-7（精装）

1. 环境政策。2. 环境政策 - 美国。3. 环境经济学。4. 环境保护 - 社会问题。I. Brink, Patrick ten. II. 国际环境与发展研究所

GE170.E3755 2011
333.95'16-dc22
2010039482

在 Earthscan，我们通过减少废物、回收利用和抵消二氧化碳排放（包括出版本书造成的二氧化碳排放），努力把我们的环境影响和碳足迹降到最低。有关 Earthscan 环境政策的更多细节，请参见 www.earthscan.co.uk。

印刷和装订：MPG Books，英国，
ISO 14001 认证公司。
所用纸张均具有 FSC 证书。

FSC
www.fsc.org
MIX
出自负责任来源的纸张
FSC® C018575

献给 Catherine、女儿 Chloé 和小 Éléa，

及所有子孙后代。

希望他们像我们这代人一样享用大自然的馈赠。

目　录

第三部分 可用的解决方案：更好地管理自然资本的工具

图、表格和专栏列表

图

表

专栏

著者列表

协调主要作者（CLA）

Patrick ten Brink，欧洲环境政策研究所（IEEP），比利时
Bernd Hansjürgens，亥姆霍兹环境研究中心（UFZ），德国
Marianne Kettunen，IEEP，芬兰
Markus Lehmann，生物多样性公约秘书处（SCBD），加拿大
Carsten Neßhöver，UFZ，德国
Christoph Schroter-Schlaack，UFZ，德国
Stephen White，欧盟委员会环境总司，比利时

主要作者（LA）

James Aronson，国家科学研究中心（CNRS），法国
Samuela Bassi，IEEP，英国
Augustin Berghofer，UFZ，德国
Joshua Bishop，世界自然保护联盟（IUCN），全球
James Blignaut，比勒陀利亚大学，南非
Aaron Bruner，保护国际（CI），美国
Nicholas Conner，世界自然保护联盟/世界保护区委员会（IUCN/WCPA），澳大利亚
Nigel Dudley，均衡研究（Equilibrium Research），英国
Sonja Gantioler，IEEP，比利时
Sarat Babu Gidda，SCBD，加拿大
Haripriya Gundimeda，印度理工学院孟买分校（IITB），印度
Celia A. Harvey，CI，美国
Katia Karousakis，经济合作与发展组织（OECD）
Marianne Kettunen，IEEP，芬兰
Markus Lehmann，SCBD，加拿大
Anil Markandya，巴斯大学，英国
Andrew J. McConville，IEEP，英国
Kalemani Jo Mulongoy，SCBD，加拿大
Paulo A. L. D. Nunes，埃尼恩里科•马特艾基金会（FEEM），意大利

Luis Pabon，大自然保护协会（TNC），美国
Irene Ring，UFZ，德国
Alice Ruhweza，卡图巴工作组，乌干达
Clare Shine，IEEP，法国
Benjamin Simmons，UNEP，瑞士
Pavan Sukhdev，UNEP，英国
Patrick ten Brink，IEEP，比利时
Graham Tucker，IEEP，英国
Alexandra Vakrou，欧洲共同体（EC），比利时
Stefan van der Esch，住房、空间规划和环境部（VROM），荷兰
Madhu Verma，印度森林管理研究所（IIFM），印度
Jean-Louis Weber，欧洲环境署（EEA），丹麦
Sheila Wertz-Kanounnikoff，国际林业研究中心（CIFOR），印度尼西亚
Stephen White，EC，比利时
Heidi Wittmer，UFZ，德国

特约作者（CA）

Jonathan Armstrong，IEEP，比利时
Samuela Bassi，IEEP，英国
Meriem Bouamrane，UNESCO，法国
James Boyd，未来资源研究所，英国
Ingo Brauer，生态研究所，德国
Stuart Chape，UNEP/WCMC，英国
David Cooper，SCBD，加拿大
Arthur Eijs，基础设施与环境部（IenM），荷兰
Florian Eppink，UFZ，德国
Naoya Furuta，IUCN，日本
Leen Gorissen，VITO，荷兰
Pablo Gutman，世界野生生物基金会（WWF），北美
Bernd Hansjürgens，UFZ，德国
Sarah Hodgkinson，IEEP，英国
Alexander Kenny，SCBD，加拿大
Marianne Kettunen，IEEP，芬兰
Sophie Kuppler，UNEP，瑞士
Markus Lehmann，SCBD，加拿大
Inge Liekens，VITO，比利时

Leonardo Mazza，IEEP，比利时
Katherine McCoy，IEEP，英国
Patrick Meire，安特卫普大学，比利时
Anja von Moltke，UNEP，瑞士
Paul Morling，皇家鸟类保护协会（RSPB），英国
Karachepone Ninan，社会与经济变化研究所，印度
Valerie Normand，SCBD，国际
Ece Ozdemiroglu，Eftec，英国
Carlos Munoz Pina，国家生态研究所，墨西哥
Matt Rayment，GHK，英国
Alice Ruhweza，卡图巴工作组，乌干达
Christoph Schroter-Schlaack，UFZ，德国
Burkhard Schweppe-Kraft，联邦环境部（BMU），德国
Andrew Seidl，IUCN，全球
Clare Shine，IEEP，法国
Sue Stolton，均衡研究（Equilibrium Research），英国
Pavan Sukhdev，UNEP，全球
Ben ten Brink，荷兰环境评估局（PBL）
Patrick ten Brink，IEEP，比利时
Rob Tinch，Eftec，比利时
Mandar Trivedi，全球林冠项目，英国
Alexandra Vakrou，EC，比利时
Kaavya Varma，绿色印度国家信托（GIST），印度
Francis Vorhies，Earthmind，瑞士
Stephen White，EC，比利时
Jeffrey Wielgus，世界资源研究所（WRI），美国
Sirini Withana，IEEP，英国
Heidi Wittmer，UFZ，德国

其他著者和审稿人

于各章结尾处标注

致　谢

该 TEEB 出版物凝结了来自不同行业和地区的作者、核心团队成员、其他著者及审稿人的付出、灵感和心血。没有他们的战略性指导、全身心投入和一片热诚，本书无法面世。

特别感谢经验丰富、认真负责的核心团队成员所提供的专业指导和内容撰写。他们包括：Alexandra Vakrou［欧盟委员会（EC）］、Alice Ruhweza（卡图巴工作组，现任职于 UNDP）、Benjamin Simmons（UNEP）、Bernd Hansjürgens（UFZ）、Christoph Schroter-Schlaack（UFZ）、Heidi Wittmer（UFZ）、Helen Mountford（OECD）、James Vause（英国 Defra）、Jean-Louis Weber（EEA）、Katia Karousakis（OECD）、Madhu Verma（印度 IIFM）、Marianne Kettunen（IEEP）、Mark Schauer（UNEP）、Markus Lehmann（SCBD）、Meriem Bouamrane（UNESCO）、Stefan van der Esch（荷兰 VROM，现任职于 PBL）、Stephen White（欧盟委员会）、Sylvia Kaplan（德国 BMU）和对本书语言编辑工作做出重要贡献的 Clare Shine（IEEP）。

诚挚感谢 TEEB 研究主管 Pavan Sukhdev 给予的启发和指导，感谢 Georgina Langdale（UNEP）提供的通讯支持，感谢 UNEP 波恩办事处的 Mark Schauer 和 Benjamin Simmons（UNEP）给予的行政和财务管理支持，感谢 UFZ 团队（Heidi Wittmer、Carsten Berhöfer、Augustin Berghöfer 和 Christoph Schroter-Schlaack）提供的科学协调和支持。

我们还要感谢 TEEB 同仁对 TEEB 其他出版物的协调支持，感谢 Pushpam Kumar（利物浦大学）、Heidi Wittmer（UFZ）、Haripriya Gundimeda（IITM）和 Joshua Bishop（IUCN）的合作与长期贡献。

对于 TEEB 咨询委员会成员（Joan Martinez-Alier、Giles Atkinson、Edward Barbier、Ahmed Djoghlaf、Jochen Flasbarth、Yolanda Kakabadse、Karl-Göran Mäler、Julia Marton-Lefèvre、Peter May、Jacqueline Mc Glade、Ladislav Miko、Herman Mulder、Walter Reid、Achim Steiner 和 Nicholas Stern）提供的建议、支持和指导，我们表示衷心感谢。

我个人谨向 IEEP 同仁给予的鼓励、耐心和大力支持表示感谢。虽然许多人已经被列为作者和著者，但是我仍要特别感谢 Clare Shine、Barbara Akwagyiram、Jonathan Armstrong、Sonja Gantioler、Leonardo Mazza、Graham Tucker 和 Marianne

Kettunen。此外，我还要感谢 David Baldock 和 IEEP 理事会给予的支持和鼓励。

我要感谢 Stavros Dimas、Sigmar Gabriel、Ladislav Miko 和 Jochen Flasbarth 为发起 TEEB 项目提供的最初灵感和贡献，感谢 Patrick Murphy 对 TEEB 项目启动提供的运作支持，感谢 Janez Potocnik 给予的持续支持和鼓励。

当然，最后还要感谢欧盟委员会以及德国、英国、荷兰、瑞典、挪威、比利时、瑞士和日本政府为TEEB提供的关键资金支持、专业技术支持和直接工作参与。此外，还要衷心感谢 EEA、OECD、UNEP 和 CBD 秘书处等组织所做出的重要的实物捐助。

Patrick ten Brink（IEEP）
针对国家及国际决策者的 TEEB 项目协调员

前　言

所有国家都有必要和责任了解其土地和森林、海岸和海洋、内河和湿地以及生物多样性（物种、其赖以生存的生态系统以及物种基因）等自然资产的重要性。这也就是为一个国家及其经济和人民提供产品及服务流的自然资本，对国家的繁荣、民生和福祉具有重要意义。我们从自然资本中获得的价值是巨大的，若不能将其充分纳入政策考量，我们将面临丧失更多自然资本的风险。

有远见的国家 / 政府会认识到理解以上价值的具体内容以及与大自然和谐共处方式的必要性，以维持来源于自然资本存量的生态系统服务（渔业、森林和土壤生产力、供水质量、碳储存和减灾）以及自然资产的文化、精神和旅游价值。我们需要更充分地理解人、经济和自然系统之间的动态关系，并将其融入政策、企业和公民等层面的所有决策中。

因此，我一直对 TEEB 工作怀有浓厚兴趣，并正推动在我们国内开展“TEEB 巴西”评估，重点研究与我们密切相关的问题，如森林和稀树草原、海洋和沿海地区、农业土地利用、水资源的重要性……其他国家当然会关注与它们的自然资产、邻国关系以及在世界舞台上的地位相关的问题。

认识大自然的价值并为此付诸行动，改变对待自然资本的方法，这对我们来说已刻不容缓。与自然和谐共处有助于我们高效地实现诸多目标，节约大量资源，有利于促进与气候变化、水安全、消除贫困以及提高公民福祉相关的政策协同，还可为创新和可持续的绿色经济转变提供机遇。与自然和谐共处意味着我们应当考虑到自然资源和生态系统的限制，尊重子孙后代的权利和梦想。

我们将积极借鉴本书中的全球知识和实践经验。我们也期待在 2012 年于印度召开的 CBD COP11 和于巴西召开的联合国可持续发展大会（Rio+20）上与更多人分享我们在国家评估中的经验。

Izabella Teixeira
巴西环境部长

序

十分荣幸能为该书作序，这是一本及时且与政策相关的书，在雏形时期（最早为一份 TEEB 报告，即《针对国家和国际决策者的 TEEB》，2009）便已获得决策者的广泛关注。与此同时，世界银行正携手 UNEP 和其他机构在名古屋召开的 CBD COP-10 上宣布计划发起一个为期数年、旨在将自然资本纳入国民账户的项目，这也是本书（《国家及国际决策中的生态系统和生物多样性经济学》，以下简称《国家政策中的 TEEB》）的一项主要倡议。受 TEEB 启发，巴西和印度政府决定开展"国家 TEEB"研究，以期将生态系统服务价值融入各自决策框架。对于以政策为导向的出版物来说，能够引起如此广泛的关注确实难能可贵，但这同时也使 TEEB 团队肩负重大的公共责任，即为各国向其值得称许的目标迈进时采取的实际举措提供支持。

2008 年 5 月发布的中期报告，从经济和人类福祉角度详细描述和衡量了生物多样性丧失和生态系统退化产生的问题。之后不久，为提出经济上可行的应对这些问题的政策解决方案，TEEB 核心团队很快为"最终用户"做出了问题排序。包括 TEEB 捐助国在内的最终用户表现出的浓厚兴趣，使我们最终决定首先推出《针对国家和国际决策者的 TEEB》。这使得相关作者和审稿人面临时间上的严峻挑战，对协调人来说亦是如此，因为我们司期正在编写《TEEB——生态和经济基础》报告中的基础科学和经济学内容。但经过所有作者、审稿人和协调人的不懈努力，这份报告和相关书籍得以高质量完成并及时交稿。

虽然 TEEB 系列丛书面向包括决策者、管理者、企业、社区和个人在内的所有主要决策群体，但尤其需要注意，政策改革和行动对于认识和整合生态系统服务价值至关重要。因为它是改变企业驱动力和消费者行为，进而减少生物多样性丧失和生态系统退化的先决条件；是完善包括大部分生态基础设施在内的公共财富的衡量和管理体系的基础；最后，也可能是最重要的，它是推动建立消除持久贫困的切实可行和可持续策略的关键。

帮助决策者应对挑战

《国家决策中的 TEEB》的雏形是 2009 年 11 月于布鲁塞尔发布的一份 TEEB 报告。本书更新和强化了该报告中的关键信息，并增加了报告编写以来取得的新研究成果和资料。《国家决策中的 TEEB》说明了国家和国际决策者面临的主要挑战。那么，在如此广泛的主题下有哪些关键政策领域能够也应该做出改变呢？从整体角度出发，考虑到自然资本的“公共财富”部分和政策变化对其产生的影响，政策改变的经济依据是什么？第二个问题并不是次要问题，因为它是如今我们目睹的诸多政策失灵的根本原因。在一些决策框架下，我们往往做出明确或隐性的权衡选择，却忽视公共财富损失——当损失的公共财富是自然资本，而不是人造资本时，尤其如此。这样的策略不可能推动人类进步。

举例来说，做出将自然生态系统转变为农业或居住用地的土地利用变化决策时，如果该决策（隐性或明确地）建立在因土地利用变化丧失的生态系统服务“没有价格，因此也没有价值”的考量之上，那么这样的决策就不是经济有效的决策。然而我们却发现，大部分森林砍伐、红树林破坏、湿地开垦等行为正是在这样的决策下发生的。私人得利增加的同时社会却需要承担大量外部化成本，而公共财富损耗量往往超过创造的私人财富量。这种决策模式是否能够推动整个社会的可持续繁荣非常令人质疑。

解决持续的生物多样性和生态系统丧失等根深蒂固、影响广泛的问题需要国家和地方政策的重大改变，也需要企业行为和公民意识上的改变。其中，有些改变需要对制度进行根本改革。例如，在社会账户中体现自然资本和人力资本构成及损耗，便能极大推动旨在投资自然资本等“公共财富”的政策和预算响应（参见第 3 章，这一建议被纳入世界银行生态系统价值评估和财富核算的首要项目）。通过实施生态系统服务付费（PES）扩大基于市场的机制的应用范围能够为生态保护提供经济动力（本书第 5 章深入探讨该问题）。对我们所取用（采掘）的资源收税，而不是对我们所赚取的利润（由产品和服务产生的利润）收税，能够鼓励自然资源高效型生产和消费等。这些都是重大改变，每个改变都着眼于生物多样性丧失和生态系统退化的根本原因。

认识、展示和捕捉价值

尽管 TEEB 包含市场机制化的解决方案，但应当强调的是，它并不是以成本——收益为基础的全球治理设计框架。TEEB 提出的一系列解决方案具有一个共同主线，即在多个层面上认识并评估大自然给社会带来的收益。经济价值评估对于向不同决策者群体揭示大自然的真正价值具有十分重要的作用，因为它采用*经济学*这一主流经济 - 政治范式语言。

TEEB 建议采用分层式方法（tiered approach）分析问题并进行适当的政策响应。我们发现在有些情况下，只要*认识价值*——无论是固有价值，还是精神或社会价值——便足以催生有利于生态保护或可持续利用的政策响应（例如，圣林；法律保护区或基于社区的保护区）。在这些情况下，无须进行经济价值评估，而是需要社会层面的价值评估（参见第 4 章，TEEB 基础，2010）。

在另一些情况下，我们可能*展示经济价值*以促使决策者做出响应——例如，坎帕拉附近的一片湿地（参见 TEEBCase，网址 www.TEEBweb. org）因其污水处理功能得以留存，没有被改造为农田。不过我们需要警惕，通过计算和宣传影子价格来揭示价值并不是“零风险”的。被误导的决策者或唯利是图的利益群体可能试图利用这些价格达成不正当目的。因此我们主张，只要对自然资本流量和存量进行价值评估的首要目的是展示价值，从而改变行为并防止在造成生物多样性丧失和生态系统退化的隐性估值基础上做出有害权衡，那么这样的行为在伦理上即是正当的。

最后，TEEB 重点着眼于通过一系列奖励和支持良好保护实践的措施来*捕捉经济价值*方面的改变——环境服务付费、环境有害性补贴（EHS）改革、生态认证、生物多样性或生态系统服务补偿、直接自然资本投资等（参见本书第 4 ～ 9 章的示例）。大多情况下，对获得奖励的服务进行价值评估能够为以健全的经济学为基础的有效政策方案提供重要支持。不过，我们并不认为价值评估一定要使被评估的资产或流量具有可交易性（tradability）。这是另一种社会选择，可能影响物种以及依赖森林和海洋谋生的贫困人口的生存。我们在进行这样的选择时一定要慎重并以道德为标准，因为它们关乎代内和代际的双重公平。盲目相信市场具有优化社会福利的能力，或者把公共生态资源私有化并让市场为其定价，这些并不是 TEEB 所倡导的。相反，正如本书所体现的，TEEB 提出一种负责任、多层级（multi-layered）的认识、展示和捕捉生态系统服务价值的方法，以促进政策改革，改变企业动机，向作为决策者和改变驱动力的社会、社区和个人提供信息并对其产生影响。

使 TEEB“成为主流”

综上所述，现代社会对市场提供的福祉部分的过度关注，以及几乎完全依靠市场价格来表示价值的做法，表明我们往往不会衡量或管理那些不是通过市场渠道交换的经济价值，例如，占大自然向人类提供的福利很大比重的公共产品和服务。除非私人交易实际上被认定违法，否则社会常常忽视其第三方影响（“外部性”）。

TEEB 收集的大量证据表明，无视大自然对经济贡献的价值在很大程度上导致了生态系统退化和生物多样性丧失，进而导致巨大的人类和经济损失。从过去近半个世纪至今，我们一直在为此付出代价；如果“一切照旧”继续下去，未来我们将付出更大代价。

认识和应对生物多样性丧失和生态系统退化对社会和经济带来严重风险，同时也蕴含重大机遇。我们的首要任务是评价和评估这些风险和机遇。对于一个与自己赖以生存和健康发展的生物圈渐行渐远的社会来说，任何形式的价值评估都是强有力的“反馈机制”，特别是经济价值评估，因为它通过世界主流经济和政治范式的语言揭示生态系统和生物多样性以及它们所提供的、大多未被定价的公共产品和服务的价值。使这一思想成为主流并引起决策者、管理者、企业和公民的关注，正是TEEB和本书的宗旨。

Pavan Sukhdev

TEEB 研究主管

缩略语

AAU	分配数量单位
ABS	获取与福利分享 / 获取与惠益分享
ADNI	调整后国民可支配收入
AHTEG	特设技术专家组
A/R	造林和再造林
BAT	最佳可行技术
BCRLIP	生物多样性保护与农村民生改善项目
BioCF	世界银行生物碳基金
BMU	德国联邦环境部
CAP	共同农业政策
CBA	成本收益分析
CBD	《生物多样性公约》
CCBA	气候、社区及生物多样性联盟
CCS	碳捕获与封存
CDM	清洁发展机制
CERCLA	《综合环境反应、赔偿和责任法》（美国）
CI	保护国际
CIFOR	国际林业研究中心
CITES	《濒危野生动植物物种国际贸易公约》
CLA	协调主要作者
CMS	《保护野生动物迁徙物种公约》
COP	缔约国大会
COWI	工程、环境科学和经济学咨询
CPET	木材采购专家中心
CU	保护单元
CVM	条件估值法
CWR	作物野生近缘种
DPSIR	驱动力—压力—状态—影响—响应
EC	欧洲共同体
EEA	欧洲环境署

EEZ	专属经济区
EFR	生态财政改革
EFIS	有害环境的补贴
EIA	环境影响评价
ESA	欧洲航天局
ESMAP	能源部门管理辅助项目
ESS	生态系统服务
ETR	环境税改革
FAO	联合国粮食及农业组织
FCPF	森林碳伙伴基金
FEEM	埃尼恩里科·马特艾基金会
FiRST	德州企业基金金融资源支持
FSC	森林管理委员会
GAISP	印度国家绿色核算项目
GATT	关税及贸易总协定
GDI	绿色发展倡议
GDM	绿色发展机制
GDP	国内生产总值
GEF	全球环境基金
GFCF	固定资本形成总额
GHG	温室气体
GIS	地理信息系统
GIST	绿色印度国家信托
GMES	全球环境与安全监测计划
GPP	绿色公共采购
GTZ	德国技术合作公司
HANPP	净初级生产力的人类占用
HDI	人类发展指数
HNV	高自然价值
IAASTD	国际农业知识与科技促进发展评估
IAS	外来入侵物种
ICBG	国际生物多样性合作组织
IDRC	国际发展研究中心
IEA	国际能源署
IEEP	欧洲环境政策研究所
IenM	荷兰基础设施与环境部

IFOAM 国际有机农业运动联盟

IFRC 红十字会与红新月会国际联合会

IISD 国际可持续发展研究所

IITB 印度理工学院孟买分校

INRA 法国国家农业研究院

IPBES 生物多样性和生态系统服务政府间科学—政策平台

IPCC 政府间气候变化专门委员会

ITTO 国际热带木材组织

IUCN 世界自然保护联盟

IUFRO 国际林业研究机构联合会

IUU 非法的、未经报告的和未受管制的

IVM 阿姆斯特丹环境研究所

JPY 日元

KWS 肯尼亚野生动物服务站

LA 主要作者

LCA 生命周期评估

LULUCF 土地利用、土地利用变化和林业

LWEC 与环境变化共存

MA 千年生态系统评估

MAFF 日本农林水产省林野厅

MBI 基于市场的方法

MDG 千年发展目标

MEA 多边环境协定

MEFT 环境、林业和旅游部

MNP 荷兰环境评估局

MPA 海洋保护区

MSY 最大可持续产量

NBSAP 国家生物多样性战略与行动计划

NEPAD 非洲发展新伙伴计划

NMVOC 非甲烷挥发性有机化合物

NOAA 美国国家海洋与大气管理局

NPV 净现值

NRCS 美国自然资源保护局

NTFP 非木质林产品

ODA 政府开发援助

OECD 经济合作与发展组织

OPEC	石油输出国组织
PA	保护区
PBL	荷兰环境评估局
PBR	居民协助的生物多样性登记
PEFC	森林认证体系认可计划
PES	生态系统服务付费
PINC	主动投资自然资本
PoWPA	保护区工作计划
PPP	污染者付费原则
PSA	环境服务付费
PSE	生产者支持估计值
PSIA	贫困与社会影响评价
PWC	普华永道国际会计师事务所
R&D	研究与开发
REACH	化学品注册、评估、许可和限制制度
REDD	减少森林砍伐和森林退化造成的碳排放
RNC	可再生和培育的自然资本
RSPB	英国皇家鸟类保护协会
RTA	减少的潮汐区
SAC	苏格兰农业学院
SBSTTA	科学、技术和工艺咨询附属机构
SEA	战略环境评价
SEEA	环境与经济核算体系
SER	生态恢复学会
SERI	可持续欧洲研究所
SFM	可持续性森林管理
SMART	明确的、可衡量的、可实现的、实际的及有时限的
SNA	国民经济核算体系
TAC	总可捕量
TBGRI	印度热带植物园暨研究所
TDR	可交易开发权
TEV	总经济价值
TFP	全要素生产率
TNC	大自然保护协会
TSV	系统总价值
UFZ	亥姆霍兹环境研究中心

UNCCD	联合国防治荒漠化公约
UNCTAD	联合国贸易和发展会议
UNDP	联合国开发计划署
UNECE	联合国欧洲经济委员会
UNEP	联合国环境规划署
UNEP- WCMC	联合国环境规划署世界保护监测中心
UNCSD	联合国可持续发展大会
UNFCCC	联合国气候变化框架公约
UNSD	联合国统计司
UNWWAP	联合国世界水评价计划
USAID	美国国际开发署
VBWF	垃圾按量计费制度
VROM	荷兰住房、空间规划和环境部
WCPA	世界保护区委员会
WfW	水资源工作计划
WLC	全生命期成本核算
WRI	世界资源研究所
WSSD	可持续发展世界首脑会议
WTO	世界贸易组织
WTP	支付意愿
WWF	世界野生生物基金会

引　言

“生物多样性”是一个囊括小到基因和物种，大到栖息地和生态系统的地球上所有陆地和水生生物的涵盖性术语。生物多样性提供的一系列生态系统服务是全球经济以及人类和社会福祉的基石。尽管如此，生物多样性的很多价值并没有在交易市场中得以体现，也没有在政治家、管理者、企业和个人的决策中体现出来。我们在做出各个层面的选择时几乎都不考虑大自然的因素，所以我们正在不断消耗自然资本，却没有意识到替代大自然免费提供的服务到底需要多少成本或者人造替代服务是否可行。

全球生物多样性正在遭受严重破坏，且不断恶化。首要驱动力来自日益增长的消费和生产所带来的压力。然而，未能在决策中考虑大自然的价值不仅使问题变得更加严重，还使我们错过解决问题的最佳时机。

《国家及国际决策中的生态系统和生物多样性经济学》提供一系列解决方案并指明未来方向。目前正在加大力度开发以自然价值及更公平的收益分配为基础的更加均衡和负责的方法。本书提供了由世界各地的经验和最佳实践构成的证据基础。

本书结构

第一部分　阐述行动必要性并为本书的后续章节做好铺垫。

第 1 章　从经济和社会角度分析采取紧急行动的必要性：重点阐述当前生物多样性丧失的原因、生物多样性丧失趋势的严重性以及人类，尤其是贫困人口对生态系统服务和生物多样性的依赖程度，揭示生态系统服务对经济繁荣的关键作用，说明价值评估如何有助于做出明智的、经济有效的政策权衡和投资。

第 2 章　提出政策响应框架和指导原则：概述由于缺乏关于生态系统服务和生物多样性的经济信息而对政策改变造成的阻碍，提出政策改变指导原则，然后交叉引用本书相关章节对可供决策者使用的一系列工具进行总结。

第二部分　主要探讨能够为决策者提供关键证据基础的衡量和评估问题。

第 3 章　讨论如何完善自然资本指标和核算体系：首先分析经济决策中使用的现有生物多样性和生态系统服务指标并阐述如何更有效地利用这些指标，然后评估国民核算框架和自然资本账户并提出将自然资本存量信息纳入相关衡量体系的步骤，最后主张采用“贫困人口 GDP”这一符合千年发展目标（MDG）的新量度来确保正确认识自然资本对全球最贫困人口的关键意义。

第 4 章　阐述将生态系统和生物多样性价值纳入政策评估的工具和最佳实践：列出适用于不同区域和背景的实用示例，描述各国如何对来源于生物多样性的生态系统服务进行价值评估以及这些举措如何对政策设计、工具选择和投资决定产生影响，具体分析采用整体方法（holistic approach）评估私人和社会层面以及地方、国家和全球层面的收益和损失的必要性，并讨论可能对子孙后代产生的影响。

第三部分　重点讨论如何在改进后的证据基础上调整政策响应，以及如何整合不同工具以确保对自然资本进行更全面有效的管理。

第 5 章　分析针对生态系统服务流的维护者的奖励工具，包括从地方水供给机制到《联合国气候变化框架公约》下的全球 REDD+ 机制等的生态系统服务付费（PES）：此章节描述以更公平的遗传资源福利分享为目标的税收、补偿制度和合同框架如何为生态保护提供有利的激励，最后深入探讨如何通过生态标签、认证机制和绿色公共采购等更熟悉的工具刺激和应对“绿色”产品和服务的市场供给和需求。

第 6 章　阐明尤其在当前经济危机时期，全面改革补贴政策以减少对生物多样性和生态系统服务的危害并提高公共支出效率的必要性：此章给出有关当前补贴水平和补贴效率低下领域的数据，指出改革重点，评价多个国家已推行的相关工具和项目并在此基础上提供有关如何应对具体障碍的实用指导。

第 7 章　论述改进生物多样性和生态系统服务损害问责制度以遏制进一步丧失的各种途径：说明如何利用经济信息支持环境法规和标准并确保“按责任量罚”，介绍以确保生物多样性和生态系统服务零净损失或净收益为目标的补偿机制，然后分析基于市场的工具在提供额外生态保护成效和激励创新方面的潜力和限制，强调在环境犯罪领域加强执法力度和国际合作的必要性。

第 8 章　重点讨论保护区——认定的生物多样性“明珠”区域：此章没有忽视保护区在保护生物多样性固有价值方面的重要作用，重点讨论保护区内的生态系统为经济、社会和个人带来的价值，指出这些以人类为中心的价值通常能够作为令人信服的证据推动保护区认定以及恰当的保护区管理和投资，以实现生态保护目标并确保一系列生态系统服务的持续供给。

第 9 章　从更广阔的视角分析自然资产并探索生态恢复的经济意义：探讨如何通过对遭到破坏或退化的生态系统的维护、恢复和修复方面进行投资来增加可再生自然资本。这些投资能够促进不同政策目标的实现，包括清洁饮用水保障、自然灾害预防或减缓以及气候变化的适应。

第四部分　提出绿色经济的生物多样性愿景和实用的可持续行动框架，以此得出结论。首先讨论一系列关键问题——决策者能够并应该扮演什么角色？如何发挥作用？在哪个层面上发挥作用？谁还应该参与进来？如何区分角色和职责？然后指出各机构及其合作伙伴应采取的具体行动步骤并确定实施重点，是能够获得未来五年的目标行动成功和持久成效的关键工具。

综上所述，本书分析现有价格、市场和政策如何以及为何未能反映生态系统服务和生物多样性的真正价值和持续破坏造成的实际损失的原因，论述紧急行动的必要性，指出我们在响应自然价值方面拥有的广泛机遇，在总结全球经验教训和创新方案的基础上向决策者提供能够指导所有层面政策框架改革的路线图。

Patrick ten Brink

第一部分

行动的必要性

第1章
全球生物多样性危机和相关政策挑战

协调主要作者

Patrick ten Brink

主要作者

Marianne Kettunen, Alexandra Vakrou, Heidi Wittmer

特约作者

Jonathan Armstrong, Leonardo Mazza, Clare Shine, Matt Rayment, Alice Ruhweza, Ben ten Brink

对审稿人和其他著者的致谢，参见本章结尾部分

关键信息

生态系统及其生物多样性是全球经济和人类福祉的基石，需要人们加以重视和保护。世界上的“自然资本”并非仅仅是富人的奢侈品，而是所有人的必需品。数字为证：发展中国家有超过10亿人将鱼类作为主要食物来源，约11亿人靠森林谋生，全球一半以上的商用药品由天然产物加工而来，其中大部分来源于雨林。

全球生态系统和生物多样性正在遭受严重破坏，且不断恶化。20世纪，全球35%的红树林、40%的森林和50%的湿地消失。过去50年间，60%的生态系统服务退化。当今物种灭绝速度要比地质时代快100～1 000倍，且受气候变化影响，灭绝速度仍会加剧。全球80%的渔场已经达到或超过捕捞上限。很多阈值已被突破，倘若无法迅速减少二氧化碳的排放量，珊瑚礁也将遭受灭顶之灾。

生态系统的破坏会使商业和社会付出沉重代价：受益于自然资本的行业在经济活动中的占比远远超过决策者的传统认知。这些行业包括农业、林业、渔业，以及水资源行业、食品和饮料业、制药业、医疗业、娱乐业和旅游业。若无法遏制陆上生物多样性丧失，则与之相关的供给服务（如食品、燃料、水）、调节服务（如碳储存、空气净化、水净化、废物处理、自然灾害控制）和文化服务（如娱乐业和旅游业）等均会蒙受重大损失。在海洋方面，仅供给服务一项，不可持续的捕捞作业就使得渔业潜在产值每年减少约500亿美元。

不断扩张的全球人口和财富导致需求日益增长，这是生物多样性丧失的关键原因之一。从更深层面而言，来自政策和市场价格的经济信号未能反映出生物多样性的真正价值。激励措施的缺失无法真正鼓励可持续发展行为，无法高效且公平地分配成本与收益。如今，多数失败政策中存在“私人所得”与“公众损失”之间的不平衡性。

理解生物多样性的价值对土地用途转换和生态系统管理的决策权衡至关重要。如果充分考虑生态系统服务的真正价值，传统的决策权衡将变得不可接受。采取行动维护生态多样性和生态系统服务的成本远低于无所作为的代价。

在综合考虑环境、经济和社会问题的同时，政策的制定还要认识到生态系统服务有限的替代可能性以及自然资本丧失或退化对人类造成的影响的严重程度。寻找替代性来源，比如水、薪材和食物的替代性来源，或开发人造替代品，比如水净化产品，会使相对贫穷的社区更加窘迫，使成本增加，且导致最基本商品的价格上升并超出部分人群的承受能力。某些情况下（如物种灭绝）不存在替代品。

自然资本保持和投资不仅具有经济意义，而且对社会目标和千年发展目标（Millennium Development Goals）的实现也至关重要。本书将探讨应对生物多样性危机过程中实现三赢（生物多样性、经济和社会）的潜在机遇。

1.1 概　述

每当做决定时，我们都要慎重考虑这个决定对未来七代人的影响。

［摘自易洛魁联盟大法（*The Great Law of the Iroquois Confederacy*）］

第 1 章概述全球生物多样性危机相关的关键问题和优先事项。1.2 节向决策者介绍基本术语、概念及迫切需要给予高度关注的原因；1.3 节以具体实例强调当前生物多样性丧失的严重程度，分析目前及未来预期生物多样性丧失的原因；1.4 节阐明生态系统服务对经济繁荣的关键作用，说明价值评估如何能够促进以事实为依据、成本高效的政策权衡和投资；1.5 节强调人类，尤其是获得替代品机会有限的贫困人口对生态系统服务和生物多样性的依赖程度，以及鼓励社区参与制定和实施政策方案的必要性。

1.2 什么是生物多样性？为什么生物多样性具有重要意义？

“生物多样性”是一个囊括小到基因和物种，大到栖息地和生态系统的地球上所有陆地和水生生物的涵盖性术语。生物多样性是全球经济和人类福祉的基石，为人类提供不可或缺的福利。生物多样性为人类提供知识、保护、医药和独特的社群环境，从而惠及整个社会。具有生物多样性的生态系统能为人类提供包括养分调节和碳循环在内的一系列重要服务（关键术语，参见专栏 1.1）。

尽管生物多样性给社会带来福利，但其在全球范围内正在遭受严重破坏，且不断恶化。暂且不用去预测未来（参见 1.3 节），现有数据就足以揭示过去生物多样性所遭受的惊人损失。当今物种灭绝速度比地质时代快 100 ～ 1 000 倍（Pimm 等，1995）。20 世纪，全球 50% 的湿地、40% 的森林和 35% 的红树林已从地球上消失。过去仅 50 年间，全球约 60% 的生态系统服务已发生退化（MA，2005a）。

生物多样性的丧失危及经济（参见 1.4 节）和人类福祉（参见 1.4 节）。不幸的是，当我们开始认识到这些丧失时，通常为时已晚和 / 或没有可用的替代品。受其影响最深的当属最贫困人口和发展中国家，不过富裕国家也难以幸免于难。例如，蜜蜂物种多样性的丧失引发了全世界关注，因为这将直接影响自然授粉量。我们知道，全球鱼类资源已经开发过半，另有 1/4 属于过度开发或已枯竭的鱼类资源（FAO，2009a）。鱼类资源锐减影响到所有人，尤其是发展中国家以鱼类作为主要蛋白质来源的 10 亿或更多人口。

生物多样性、生态系统及其提供重要服务的能力之间的关系复杂多变。生态系统是生物多样性的组成部分，物种是生态系统内的基本要素。生物多样性任何组成部分的丧失都会引发相应生态系统提供的服务发生变化。不同情形下，这些变化（最初）可能很微小，或者也可能导致生态系统稳定性降低，趋于崩溃。如果整个生态系统丧失，则会带来极大的结构性影响，并对人类、社会和经济发展造成直接损失。

专栏 1.1 关键定义：生物多样性、生态系统和生态系统服务

生物多样性是指“所有来源的活的生物体中的变异性，这些来源包括陆地、海洋和其他水生生态系统及其所构成的生态综合体；包括物种内、物种之间以及生态系统的多样性”（UN, 1993）。生物多样性包含地球上所有生命形式（植物、动物、真菌和微生物）及其形成的群落和生存栖息地的多样性。生物多样性包含三个层次：生态系统多样性（即生态系统的多样化）、物种多样性（即不同物种的多样化）及遗传多样性（即生物种内基因的多样化）。

生态系统是指“植物、动物和微生物群落及其所在非生命环境作为一个功能单元交互作用所形成的动态复合体”（UN,1993）。每个生态系统中的生命（生物的）和非生命（非生物的）组成部分（资源），及其阳光、空气、水、矿物质和养分之间都具有独特、复杂的关系：每个生态系统中物种的数量（例如，生物量、生产力）、质量和多样性（例如，丰富度、稀有度）都具有重要作用。生态系统发挥作用通常依赖于具有授粉、放牧、捕食和固氮等关键功能的某些物种或种群。

生态系统服务是指人类从生态系统中获得的所有福利[1]（MA，2005a），包括：

1. 供给服务（例如，食物、纤维、燃料、水）；
2. 调节服务（生态系统调节（例如气候、洪水、疾病、废物和水质）的过程所带来的福利）；
3. 文化服务（例如，娱乐、旅游及美感、精神和道德价值）；
4. 产生所有其他生态系统服务所必需的支持服务（例如，土壤形成、光合作用、养分循环）。

“栖息地服务”被单列出来，旨在强调生态系统在提供移栖物种栖息地（例如，作为哺育地）和作为基因库“保护者”（维持基因库多样性和活力）方面的重要作用（参见《TEEB 基础》，2010）。

生态系统服务来自“自然资本存量”，类似于股本的股息或分红（有时也称作“自然资产”）。“自然资本”是对“地球上发现的有限物理和生物资源存量所作的经济学比喻”（MA，2005a）。与“自然资本”相关的更多定义和内容，参见 1.4 节和第 3 章。另见《TEEB 基础》(2010)。

生态系统恢复力和生态系统服务变化的可能范围及速度受诸多因素影响，包括物种丰富度、生物量水平、自然栖息地的质量和结构及遗传多样性水平。有些服务与物种的具体组成和多样性具有直接关联性（例如，授粉，很多文化服务）。其他服务，如洪水调节，则取决于物理结构和过程在生态系统层面的作用（更多详细的科学探讨内容，参见《TEEB 基础》，2010）（见图 1.1）。

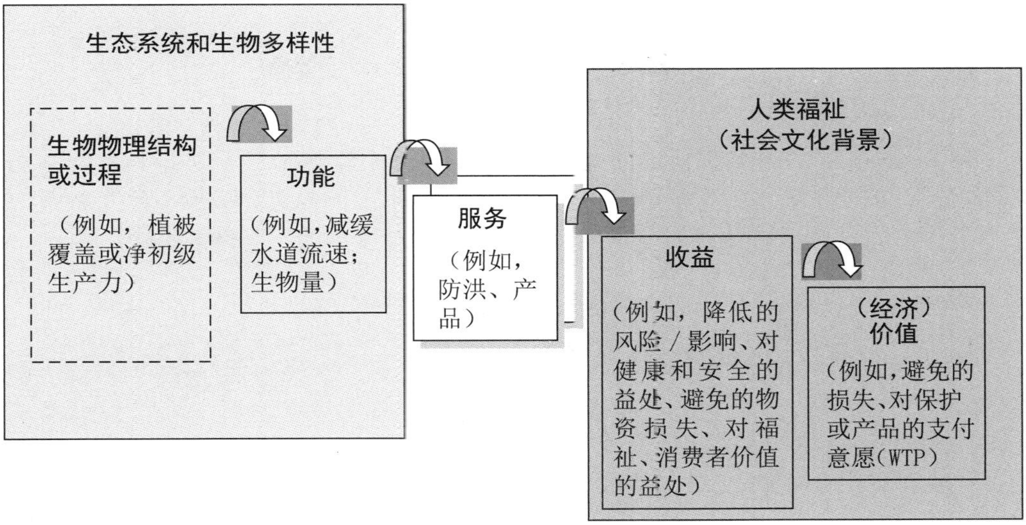

图 1.1　从生态系统结构和过程到人类福祉的路径

资料来源：摘自 Haines-Young 和 Potschin（2009）及 Maltby（2009）。

农业、渔业、林业、开发、医疗、能源、交通和工业等很多经济行业在不同程度上依赖于生物多样性和生态系统服务。其中，某些行业（如对环境要求较高的制药业和生态旅游业）需要"自然资本"来维持其投入、研发、新产品及商业创新等活动（参见下文 1.4 节和图 1.6）。据世界旅游组织估计，2000 年全球生态旅游花费全年增长 20%，约是整个旅游行业平均增速的 5 倍（TIES，2006）。生物模拟技术（向自然学习）在建筑、工程和产品开发等不同领域得到迅速推广（参见第 5 章）。如果投资适当，则会为新市场的开发提供巨大潜力。

为避免承担高昂的财务成本，决策者具有强烈的动机维持自然资本。大自然能够提供与人造技术方案相同的服务，所需费用却少得多（见 1.4 节）。在当前公共及个人预算紧缩的形势下，避免不必要的开支对实现良好治理和有效管理尤为重要。

如果不采取措施遏制全球生物多样性的丧失，由于人类健康和财产遭受损害、生态系统服务遭受侵蚀、经济发展机会锐减，人类将付出越来越高的代价，最终将导致社会不公平和经济效率低下。尽管如此，我们的资产负债表和国民经济核算体系几乎还是没有体现生物多样性相关的成本和收益或其分配方式（参见第 3 章）。

1.3　生物多样性危机：尺度和原因

自然环境对经济的健康增长至关重要，而我们却总是心安理得地享用大自然的

免费馈赠。（Chris Carter，新西兰环境保护部部长，2006）

1.3.1 多少自然资本正在丧失？

本节列举有关地球自然资本的关键事实（参见 1.4 节和第 3 章），即自然资本丧失的规模、重要性及当前丧失速度。为便于查找，本节的信息和实例按照生态系统类型进行归纳。1.4 节和 1.5 节论述物种和遗传多样性丧失的社会经济影响。

（1）森林

各种形态的森林覆盖面积约为 40 亿 hm^2（占全球陆地总面积的 30.3%）（见图 1.2），提供 80% ～ 90% 世界尚存的陆地生物多样性（Costanza 等，1997；另见 FAO，2000）。森林为人类提供很多宝贵的产品和服务，包括木材、食物、饲料、药材、气候调节、淡水供给、土壤保护、碳封存、文化遗产和旅游资源（Shvidenko 等，2005）。据估计，全球约有 11 亿人口完全依靠森林谋生（Vedeld 等，2004；联合国千年项目，2005），另有 16 亿人口在某种程度上靠森林谋生（世界银行，2004）。

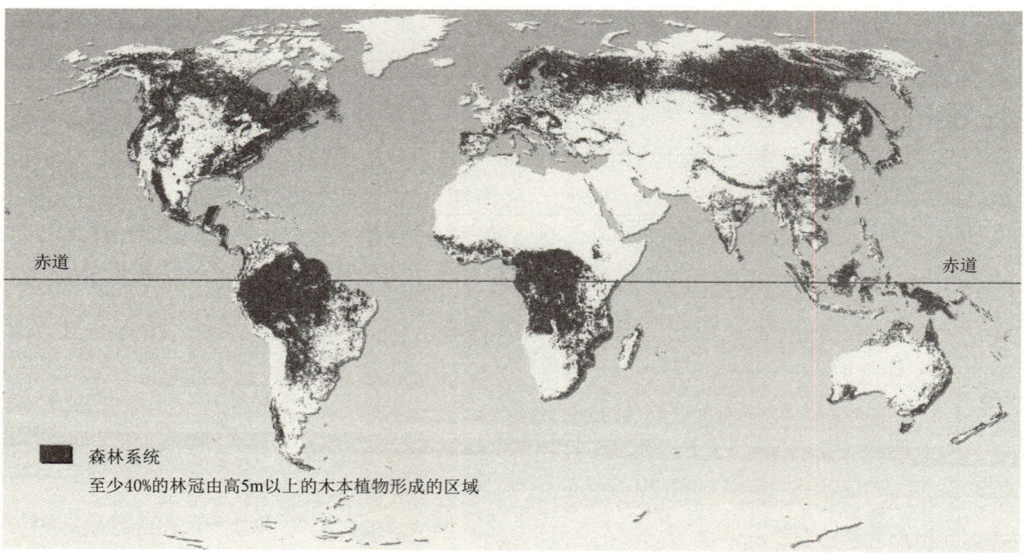

图 1.2 森林区域分布

资料来源：MA（2005b）。

FAO 的最新《全球森林资源评估》（FAO，2010）发布了以下结论：

1）过去 10 年间，每年有大约 1 300 万 hm^2 森林被转作他用或由于自然原因消失。其中，南美洲和非洲报告的森林净损失面积最高，分别为 400 万 hm^2 和 340 万 hm^2。

2）2000—2010 年，森林面积净损失从 20 世纪 90 年代的每年 830 万 hm^2 下降到每年 520 万 hm^2。2000—2010 年森林年净损失面积大约相当于哥斯达黎加或斯洛伐克的面积。

3）森林面积年净损失速度下降有两个原因，一是巴西和印度尼西亚森林砍伐速度放缓，而这两个国家的森林损失在 20 世纪 90 年代最严重；二是中国、印度、美国和越南等国实施大规模植树造林计划。2005—2010 年，人工林面积每年增加约 500 万 hm^2，其中 3/4 由本地树种构成，1/4 为引入树种。

古老的森林是重要的净碳汇来源。据估计，热带原始森林每年吸收高达 48 亿 t 二氧化碳，约相当于 0.67 t 二氧化碳 / 人（IPCC，2007；Eliasch，2008；Lewis 和 White，2009）。主要受森林总面积减少的影响，2000—2010 年全球森林生物质中的碳储量估计减少 5 亿 t（FAO，2010），大约相当于人类造成的一氧化碳年排放量的 15%。反过来说，森林砍伐使二氧化碳释放到大气中。以当前森林砍伐速度计算，释放的二氧化碳可占全球二氧化碳排放量的 18% ～ 25%（Stern，2006；UNEP，2009）。

（2）天然和半天然草地

全球草地（用于放牧的土地）面积约为 5 250 万 km^2，约占陆地面积的 40.5%，可分为林木覆盖的草原和稀树草原（13.8%）、稀疏灌丛和郁闭灌丛（12.7%）、无林木覆盖的草原（8.3%）和苔原（5.7%）（FAO，2005b）。

地球生态系统结构的最大改变是近 1/4（24%）的陆地表面被改造成耕地系统（MA，2005b）。1945 年以来，34 亿 hm^2 牧场中有 6.8 亿 hm^2 牧场因此受到影响：目前每年有 320 万 hm^2 牧场退化（FAO，2005b）。超过 50% 被洪水淹没的草原 / 稀树草原、热带和亚热带草原 / 稀树草原以及近 30% 的山地草原和灌木地遭到破坏（WWF，2006）。草地变成耕地引发了很多问题，包括家畜和野生动物水源减少、歉收季放牧资源丧失、迁徙路线受阻及野生动物栖息地丧失和破碎。

土壤退化已破坏天然牧场和耕地的生产能力（FAO，2005b）。这一全球性问题不仅严重威胁食品安全，而且对相关地区具有极大影响。非洲 40% 的农田养分枯竭率超过 60 kg/（$hm^2 \cdot a$），其中枯竭率最高的国家为几内亚、刚果、安哥拉、卢旺达、布隆迪和乌干达（Henao 和 Baanante，2006）。

（3）农业用地

地球陆地总面积为 135 亿 hm^2，其中约 83 亿 hm^2 目前为草地或森林，16 亿 hm^2 为农田（Fischer，2008）：

1）另有 20 亿 hm^2 土地被认为可能适于生产雨养作物。但使用该数据时，我们应该采取谨慎的态度，因为该数据还包括具有极其重要的碳汇功能和生态服务供给功能的森林和湿地（FAO，2008）。

2）另外的农业生产需求与现有可用土地变为生物燃料作物种植地有关。生物燃料生产的当前及预期增长，加上近期由不利气候条件导致的食物短缺，已对农业商品价格产生巨大影响，而且该趋势预计会持续下去。即使生物燃料生产量保持在2007年的水平，预计粗粮和植物油等农业商品的价格也会上涨并超过2017年预期正常水平12%～15%（OECD-FAO，2008）。

3）据FAO估计，2009年有10.2亿人营养不良，其中绝大多数来自亚太地区和撒哈拉沙漠以南的非洲地区（9.07亿人）。这一问题的关键不在于农业生产和产量，而是贫困人口无法承受高昂的食品价格，若当前的经济危机使形势进一步恶化（FAO，2009c）。

4）如果对农业集约化和创新等可持续管理进行足够投资并避免进一步的土地用途转换（即森林丧失），那么已耕作土地所生产的食物足够养活2050年全球90亿的预期人口（UNESA，2009）。

农业生产或生产力损失给相关地区带来巨大风险。农业活动和/或气候变化导致的水土流失和土壤退化可造成农业生产或生产力损失。如果地下水超采导致地下水位下降，也会造成土壤质量和生产能力下降。如果地下水位降到临界阈值以下，盐水即会侵入；如果水位过低无法用于农业用途，就会对农业产量、人类活动和生计产生影响。

（4）淡水系统

淡水系统是指几乎不含盐分的水系统，包括湖泊、池塘、江河和溪流、水库、地下水和湿地。在全球范围内：

1）淡水系统提供大部分饮用水资源，农业、工业和公共卫生用水资源以及鱼类和贝类等食物；

2）淡水系统还提供娱乐机会和运输工具；

3）淡水系统占地球表面积的0.8%，含水量占地球总水量的0.009%（Daily，1997；Huges，1999）；

4）淡水系统是40%的已知鱼类的家园（Master等，1998）。

全球五大洲均因过度开采遭遇淡水资源难以为继的问题。全球5%～25%的淡水需求量供应还尚存缺口（Vörösmarty等，2005）。1960—2000年，从江河和湖泊汲取水源用于灌溉、作为城市用水和工业用水的水量翻了一番。沿河而建的大坝和其他工程在一定程度上影响或严重影响了全世界60%大型河流系统的流量，导致水生生态系统支离破碎（MA，2005a）。人类从河流汲取水源满足自身用水需求，已使尼罗河、黄河和科罗拉多河等多条大型河流的流量减少（Postel，2000）。

森林消失、分水岭退化、湿地变干和导致水径流加速的基础设施都会减弱淡水系统这一“天然基础设施”储水、净化水和供水的能力，并在地方和地区范围内引发相关风险。“亚马孙水泵”将来可能消失，这预示着全球淡水系统可能遭受巨大影响（参见第 5 章）。

（5）内陆及滨海湿地

湿地包括木本类沼泽、草本类沼泽、红树林沼泽、森林和湿地草原，占地球陆地面积的 6%。湿地通过捕捉并储蓄雨水和融雪、保持沉积物和净化水质来帮助维持水循环，并为某些城市提供天然废水处理系统。湿地是重要的生物多样性区域，能为鱼类提供繁殖场所，并可用作牧场和种植主食植物的农田。湿地还具有碳汇功能，可以抵御洪水和风暴并有助于控制土壤侵蚀。1900 年以来，约 50% 的湿地已从地球上消失（UNWWAP，2003）。

某些地区的滨海湿地正在以每年 20% 的速度消失（Agardy 等，2005）。以红树林为例，1980 年至今已有 20%（360 万 hm^2）的红树林消失（FAO，2007）。由于红树林被改造用于水产养殖、被过度开发及遭受风暴破坏，这一数字在某些国家甚至高达 80%（MA，2005a）。

地球另有 2% 的地表被珍贵的滨海生态系统，如河口、沙丘、海草床和环礁湖所覆盖。滨海生态系统物产极其丰富，其提供的服务价值估计占全球生态系统服务总价值的 40%，其拥有的渔业资源和生物生产力分别占全球的 90% 和 20%（Valiela 等，2001；UN，2002）。

很多自然生态系统对自然灾害具有重要缓冲作用，譬如，湿地可以防洪，红树林可以防海潮和海啸，森林可以防止山体滑坡和泥石流，混交林可以降低火灾风险。这意味红树林改造、森林砍伐和湿地变干会增大灾害风险。例如，在 2000 年台风“悟空”入侵越南期间，种植红树林的区域几乎没有受到破坏，而相邻省份则遭受了严重的生命财产损失（Brown 等，2006）。

（6）热带珊瑚礁

珊瑚礁虽只占全球大陆架面积的 1.2%，却是最具多样性的海洋生态系统（SCBD，2010）。珊瑚礁对于低营养条件下形成物产丰富的热带海洋系统起着关键作用，因此通常被比作海洋营养“沙漠”中的绿洲（Odum 和 Odum，1955；另见图 1.3）。

1）珊瑚礁为 100 万～300 万个物种（包括超过 1/4 的海洋鱼类物种）提供栖息地（Allsopp 等，2009）。

2）珊瑚礁的生物多样性水平甚至高于热带雨林。

3）20% 的珊瑚礁已被毁（MA，2005a；Wilkinson，2008）。

4）由于破坏性捕捞作业、污染、病害、珊瑚白化、外来入侵物种和旅游业的影响，30% 的珊瑚礁已被严重破坏（UNEP- WCMC，2006；Wilkinson，2008）。

5）世界上 58% 的珊瑚礁受到全球范围内人类活动的潜在威胁（Bryant 等，1998）。

图 1.3　珊瑚礁分布图

来源：Nellemann 等（2008）。

当前气候变化对珊瑚礁生物多样性和生态系统带来的风险超出最初预期。据估计，预期气温上升将不可避免地造成暖水珊瑚礁大量（进一步）消失。新的科学证据表明，二氧化碳的浓度若超过 350 ppm（$\times10^{-6}$350），将会严重阻碍珊瑚礁的恢复。

（7）海洋系统

海洋为地球上 90% 的生命体提供栖息地，是全球 90% 生物质的家园（Rogers，2009）。近期的统计数据证实了海洋作为食物和其他产品来源的重要性及海洋资源面临的压力。

1）2006 年，全球捕捞渔业产量 9 200 万 t，其中近 90% 的产量来自海洋（FAO，2009a）。

2）自从人类开始大规模工业捕鱼以来，全世界大部分地区用于商业盈利的海洋物种的总质量已下降 90%（MA，2005a）。

3）由于过去过度捕捞带来的恶果，当前渔业产量低于最大潜在产量，短期或中期内无法进一步提高，且存在未来产量进一步下降的风险（世界银行，2008）。

4）52% 的海洋渔业资源被充分开发（达到或邻近最大可持续产量），17% 被过度开发，7% 已枯竭，1% 正在恢复，18% 被适度开发，仅有 2%“没有得到足够的开发”（FAO，2009a）（见图 1.4）。

渔业活动导致的生物量减少和栖息地支离破碎造成了地方物种的灭绝。此种情况对于地理分布范围较窄、生长缓慢且寿命较长的大型物种来说，尤为严重（Pauly 等，2005）。

加强治理能够极大提高现有渔业的经济效益。海洋渔业的年上岸捕捞产值为

860 亿美元，但其潜在净经济效益与实际净经济效益之间的差额却高达约 500 亿美元 /a（世界银行，2008）。据估计，过去 30 年全球经济因此遭受的损失累计约为 2 万亿美元（FAO，2009a）。此外还存在巨大浪费：副渔获物（未利用的渔获物）达 3 800 万 t/a，占总捕获量的 40%（Davies 等，2009）。

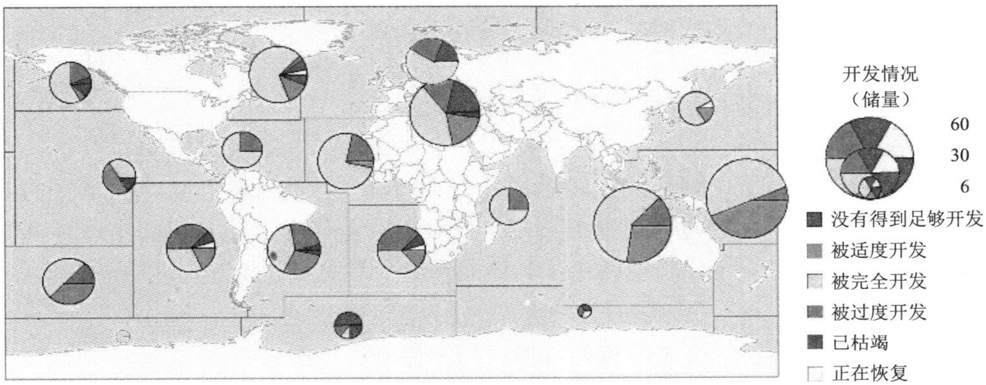

图 1.4　2004 年主要海洋渔业产区内选择进行评估的相关储量或种群的开发情况

来源：FAO，2005a。

在当前政策下，鱼类储量遭受一系列崩溃的风险增大。这将影响目标储量、整个海洋生态系统、食品安全、蛋白质摄入和经济状况。在不久的将来，远洋船队也许还能找到替代资源，而地方性船队却未必总能找到其他鱼类资源（参见 1.5.2 节）。即便在全球范围内，找到渔业替代资源的可能性也会越来越小。

（8）物种和遗传多样性

历史上的生物多样性自然丧失速度远低于现在，同时还有新物种出现（MA，2005a）。当前物种灭绝速度估计比地质时代快 100 ～ 1 000 倍。

近期对生物多样性丧失趋势［地球生命力指数（Living Planet Index）］和稀有度（IUCN）红色名录（Red List）的跟踪同样表明自然环境不容乐观。多种内陆、海洋和淡水物种正在逐渐减少（WWF，2008），全球濒危物种数量在过去 10 年一直呈逐年上升趋势。IUCN 红色名录的最新估计表明（IUCN，2008；2009a）：

1）全球被评估的近 1/4（21%）的已知哺乳动物物种及 1/3（30%）的已知两栖动物物种面临威胁或已灭绝。

2）在被评估的 47 677 个物种中，超过 1/3（17 291 个物种）面临灭绝威胁。

3）全世界 12% 的鸟类物种面临威胁。

4）岛屿面临的威胁最大：在毛里求斯、留尼旺岛和塞舌尔，39% ～ 64% 的哺乳动物面临威胁。在加勒比地区，80% ～ 90% 的两栖动物濒危或已灭绝（Hilton

Taylor 等，2009）。

不同生态系统的物种灭绝和种群消失导致全球遗传多样性减少。这使得物种和生态系统适应大自然的能力和潜力下降，进而降低其可能遭到侵害后的恢复能力。具体来说，农业集约化以及选择育种和全球化的协调效应，极大降低了农业系统中栽培植物和家养动物的遗传多样性。由于种群规模非常小，6 500 种家养动物中估计有 1/3 面临威胁或已灭绝（MA，2005a；FAO，2009b）。

1.3.2 全球未来生物多样性丧失预测

在当前政策下，上文所述的生物多样性丧失情况预计将继续恶化，全球生物多样性危机将日益加剧。通过对可能的情景及政策进行分析，近期开展的全球环境评估对生物多样性的可能变化程度做出了具体的预测（参见专栏 1.2）。

专栏 1.2 全球评估及通过情景假设进行未来预测

2005 年，《千年生态系统评估》（MA，2005a）评价了生态系统变化对人类福祉的影响，并为增强生态系统保护和可持续利用的行动提供了科学依据。随后进行的评估包括《全球环境展望 4》（GEO-4；参见 UNEP，2007）、《OECD 环境展望》（OECD，2008）、《国际农业科技发展评估》（IAASTD，2008）及最新的《全球生物多样性展望 3》（GBO-3；参见 SCBD，2010）。

评估设定的情景

评估通过拟定一系列的情景，描述了可能的全球发展形势（最著名的是 IPCC 的《排放情景特别报告》）。MA 和 GEO-4 建立了大体相似的系列情景，包括以下 4 种：

1. 常规市场：持续关注自由化市场，经济和科技快速发展，被动应对环境保护问题；
2. 全球可持续发展：全球共同应对可持续性问题，经济和科技发展速度一般，积极应对环境保护问题；
3. 地区间竞争：各国摒弃全球合作，转而诉诸保护主义政策，经济和科技发展缓慢，被动应对环境保护问题；
4. 地区可持续发展：优先考虑在地区范围内的可持续发展，而不是在全球范围内开展合作，经济和科技发展速度一般。

本书将介绍上述模型的主要发现。由于这些模型没有考虑入侵物种的影响或生态临界点（tipping point），所以其生物多样性预测可能并未充分考虑未来可能发生的各种情形。此外，海洋模型因信息缺乏而受到限制，可能低估渔业活动，尤其是手工捕鱼活动。

各项评估结果一致表明：在所有设定的政策情景下，造成生物多样性丧失的压力将持续增大，导致生物多样性丧失率预期不断攀升并超过 20 世纪水平。2000—2050 年的预测包括：

（1）陆地生物多样性

在“一切照常”（business-as-usual）情景下，又有 11% 的生物多样性将会丧失；其中，非洲和拉丁美洲的丧失率较高（OECD，2008）。即使全球可持续性政策得以推广，仍会有 7.5% 的生物多样性丧失；其中非洲和拉丁美洲 / 加勒比地区丧失率较高，分别为 10.5% 和 9%（UNEP，2007）。

（2）森林覆盖率

在所有情景下，森林覆盖率均会持续减少。即使在可持续性情景下，森林覆盖率丧失程度也不会大幅下降，这在很大程度是因为对种植生物燃料的土地需求增加（UNEP，2007；SCBD，2010）。

（3）农业

不良的农业实践与不利的社会经济形势会形成恶性循环：贫穷的小农型农户被迫使用边际土地，导致森林砍伐和土地退化情况加剧。评估一致认为：提高生产力能够避免将剩余天然区域变为耕地，是保护陆地生物多样性的关键因素。如果生产力得不到提高，生物多样性丧失的速度甚至会比预期更快。IAASTD（2008）指出，更近期的情景假设结论日趋一致，即：即便加大规模农业生产力投资使得农业产量大幅提高，2050 年农业土地需求量也将增加约 10%。GBO-3 指出，尽管扶贫措施可能会提高对食品和能源需求并对生物多样性产生负面影响，但我们仍然可以通过可持续农业集约化与扶贫等良性循环减少对地方性栖息地的破坏。除大量增设保护区外，更可持续的肉类生产也是能对生物多样性产生积极影响的一个良方。

（4）能源需求

在“一切照常”情景下，预计全球能源需求在 2000—2030 年将几乎翻倍（IAASTD，2008）。国际能源署（IEA）在其《2006 年世界能源展望》中阐述了截至 2030 年生物燃料增长的多种情景：其中“参考情景”（reference scenario）预测人类需要约 2.5% 的耕地以满足不断增长的需求；“其他政策情景”（alternative policy scenario）预测人类为了满足对生物燃料的加速利用和需求，到 2030 年人类需要将 3.8% 的土地转作他用。

（5）贸易自由化

贸易自由化也许能够促进资源的高效利用（OECD，2008），但也可能导致土地和劳动力成本低廉的非洲和南美洲的农业生产活动增加。这将对草原和热带雨林产生影响，给生物多样性带来间接的净负面影响。

（6）渔业

一项研究预测表明，鉴于当前 29% 的可食用鱼类储量已减少 90%，如果不进一步采取重大应对政策，全球鱼类储量将在 2048 年崩溃（Worm，2006）。渔业评估（UNEP，2007）表明，如果采取基于生态系统的保护政策（例如，总捕捞量限制、指定捕捞季节和区域、管控捕捞方法、取消渔捞能力补贴），渔业环境将得到改善，不过很明显这取决于地区政策及其执行情况。

1.3.3 导致生物多样性丧失的因素?

全球评估中指出了一系列导致生物多样性和生态系统丧失的直接原因和关键根本因素。

(1) 生物多样性丧失的直接原因

这些原因可以归纳为 5 个主要类别，其对生态系统退化和生物多样性丧失的影响对于不同的生态系统和地区会有所不同（见图 1.5）。

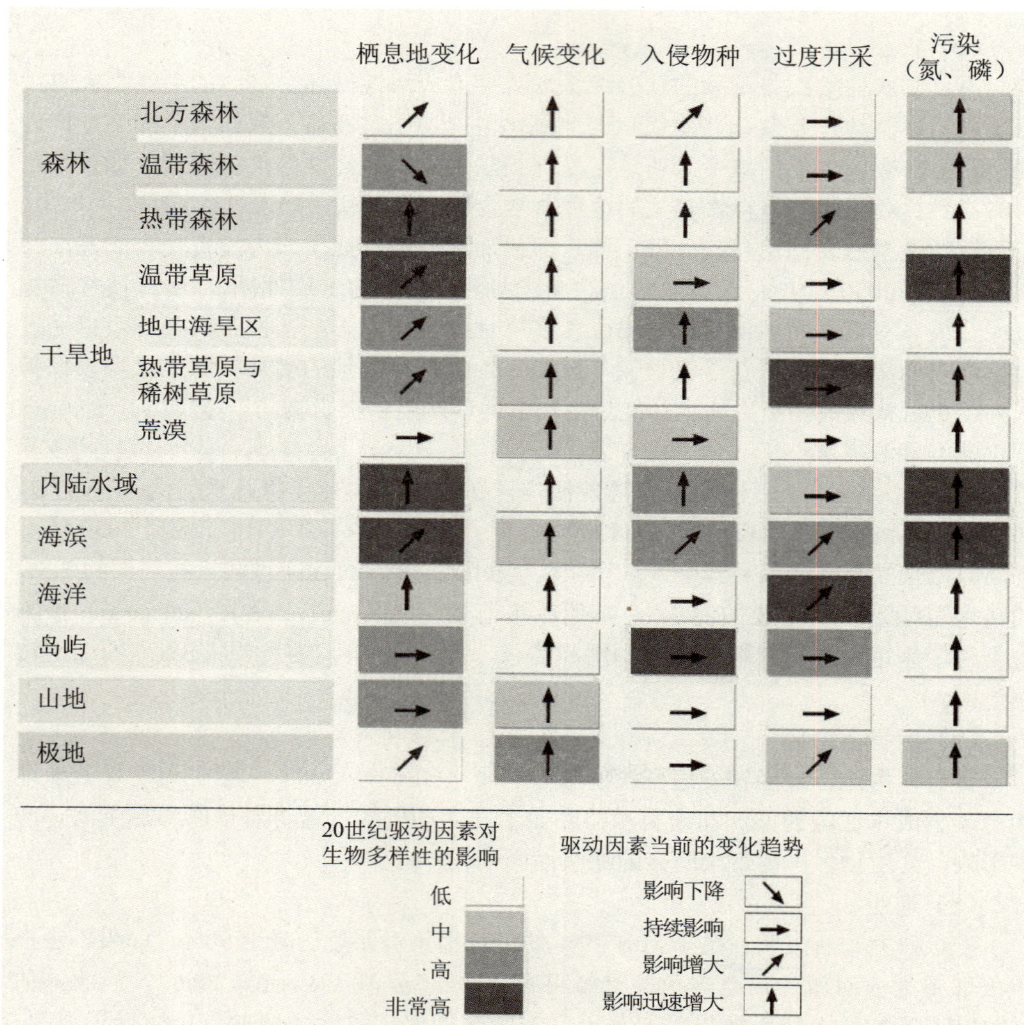

图 1.5 生物多样性和生态系统变化的主要直接驱动因素

来源：MA（2005b，第 16 页）。

专栏 1.3　关键生态风险、临界点及减轻引发生态多样性丧失压力的措施

GBO-3 强调了在当前趋势下（经济增长、人口、消费、创新），预期的未来生态风险和丧失范围。其主要结果表明，在“一切照常”情景下：

1. 热带雨林将继续被砍伐，以便为农作物、草场，并可能为生物燃料生产提供土地。

2. 气候变化、外来入侵物种、污染、抽水和堤坝建设将对淡水生物多样性及其提供的服务造成进一步压力。

3. 过度捕捞将继续破坏海洋生态系统并导致鱼类种群崩溃，最终致使渔业衰退。

GBO-3 还指出将面临超过关键生态临界点（参见第 3 章）的风险。例如：

1. 由于森林砍伐、火灾和气候变化的相互作用，亚马孙雨林会遭受范围广泛的枯死病，大片地区由热带雨林变成稀树草原或季节林。亚马孙雨林可能进入一个自我延续的循环：火灾更加频繁地发生，干旱更加严重，枯死速度也会加快。

2. 在气候变化和过度利用有限土地资源的压力下，非洲萨赫勒地带进入另一种退化状态，使荒漠化进一步加剧。

3. 受外来入侵物种影响，岛屿生态系统饱受一系列生物灭绝事件和生态系统不稳定问题的困扰。随着受侵物种群体不断改变和逐渐削弱，其在防御新外来物种入侵方面的能力将逐渐衰弱。

4. 农业化肥、排放的污水及城市雨水径流中磷酸盐和硝酸盐的积聚引起淡水富营养化。淡水水体长满藻类植物（富营养状态）。当藻类腐烂时，水中的氧气含量被消耗殆尽，包括鱼类在内的其他水生生命大量死亡。

5. 海洋酸化及海洋温度上升产生的综合影响将使热带珊瑚礁系统变得容易崩溃。在海水升温后的漂白作用以及一系列人为压力下，珊瑚礁越来越多地长满藻类植物，造成生物多样性毁灭性的丧失。

在 TEEB 框架下，PBL- 荷兰环境评估署（Netherlands Environmental Assessment Agency）在荷兰政府的支持下开展了一项基于 GBO-3 预测模型的定量评估。其主要结果如下：

1. 饮食：人类转向更健康的饮食结构，将给生物多样性带来重要的潜在益处。如果肉类食用量减少到 65g/（d · 人），那么到 2050 年，将拯救约 1 000 万 km^2 的自然区域，从而使自然区域净损失下降到大约为零。如果人类转向完全素食的饮食习惯，将拯救约 1 800 万 km^2 的自然区域，从而逆转自然区域遭受损失的局面，即在 2000 年的基础上，增加 800 万 km^2 的自然区域。以平均物种丰富度（MSA）来衡量，截至 2050 年，预期生物多样性丧失将分别减少 35% 和 55%。

2. 保护区：将保护区面积扩大 20% 或 50% 将分别拯救 200 万 km^2 或 900 万 km^2 自然区域。以 MSA 衡量，预期生物多样性丧失将分别减少 10% 和 50%。

3. 缓解气候变化：未涉及生物能源的应对政策不会对自然区域的预期丧失产生影响。涉及生物能源的应对政策将造成 500 万 /km^2 的额外损失。以 MSA 衡量，预期丧失将分别下降 10% 和增长 10%。

4. 提高农业产量也可大幅降低“一切照常”情景下的负面影响——可能拯救约 600 万 km^2 的自然区域。以 MSA 衡量，预期生物多样性丧失将下降 30%。

如果采取宏伟但又可行的政策组合（即保护区面积增加 20% 和人类转向肉类食用量更低的饮食习惯），全球自然区域的净损失将几乎为零。以 MSA 衡量，预期丧失将减半。

完全遏制生物多样性丧失无疑需要采取更多措施，比如进行行业整合，与其他政策目标协同作用，采取措施改变生物多样性保护的经济信号，降低市场对环境的危害，加强监管，贯彻执行和强化包括恢复生态系统在内的自然资本投资（参见本书第 5 ～ 9 章）。

上文提到的研究（PBL，2010）所产生的生物物理结果也被用作评估基础，对所选情景的财政收益进行评估：收益估算与成本估算（如果可用）并以此作对比。该分析是 TEEB 更为广泛的定量评估工作的部分内容。在本书出版之际，由苏格兰农业学院（SAC）和 IVM 等负责的成本与收益评估相关工作仍在进行，并将在 Earthscan 随后推出的 TEEB 系列丛书中适时进行讨论。

来源：SCBD（2010）；PBL（2010）。

1）栖息地变化：土地改作他用（主要是将土地改造成农业、城市、工业及基础设施用地）造成栖息地丧失。目前遭受栖息地丧失影响的哺乳动物高达 2 000 余种（IUCN，2009b）。鱼类、能源、矿物质和土壤等资源的过度开发体现了经济更加繁荣的趋势，也体现了贫困的加剧（参见专栏 1.3）。因（人们认为具有）药用价值而被利用的哺乳动物超过 900 多种，大多分布在亚洲（IUCN，2009b）。各种主流经济行业活动导致的多源头污染对自然资本的影响不断累积。

2）气候变化：气候变化对生物多样性和生态系统的影响现在可能已超出最初预期。尽管科学家表示生态系统能够在一定程度上适应气温和海平面上升及蒸散变化，但在人类造成的压力和气候变化的共同影响下，人类丧失众多生态系统的风险将会增大。如珊瑚礁即是一个有力证明（参见《TEEB 气候问题更新》，2009）。

3）入侵物种：外来入侵物种（IAS）对食物网、栖息地结构和生态系统功能具有广泛影响。近期数据证实，所有环境和所有分类群中的 IAS 数量都在增加，比如 1970—2007 年，欧洲的 IAS 数量增加了 76%（Butchart 等，2010）[3]。这种上升趋势难以遏制，更难以扭转（MA，2005a）。一项对六个国家开展的重要经济研究表明：全球 IAS 危害与防制的潜在成本几乎可达全球国内生产总值（GDP）（1.4 万亿美元 /a）的 5%（Pimentel 等，2001、2005）。在欧盟，过去 20 年间受 IAS 的影响导致欧盟各利益相关方每年损失约 120 亿欧元。如果不能有效应对 IAS 威胁，预计未来其造成的损失将持续增加（Kettunen 等，2009；Shine 等，2010）。环境退化为某些外来物种的存活和传播提供有利条件，而气候变化则可能改变整个入侵过程，增加生态系统脆弱性并改变物种分布（Capdevila-Argüelles 和 Zilletti，2008）。

（2）根本驱动因素

评估指出，日益富裕和扩张的人口对商品和服务的需求不断攀升，这是导致生物多样性丧失和生态系统转换或退化的主要根本原因。

这种消费形式通常不只是为了满足基本需求，而且是人们选择的结果。相反，生活在贫困线以下的人口则有可能依赖地方资源或土地维持生计或生存。如果没有明确及时的措施激励人们保护被低估价值的生态系统，人们无疑会优先考虑其短期需求而不是长远利益。

对某些商品和服务的过度消费在一定程度上受经济信号驱动，而发出这些经济信号的政策和市场价格几乎不能反映生物多样性的真正价值及生态系统服务的社会成本与收益。大部分生态系统服务未被定价或价格被低估（参见第 5 章和第 7 章），例如：

1）**水**：地下水开采很少按全部成本进行收费（参见第 6 章）。

专栏 1.4　事实专栏：人类需求如何影响生物多样性

1. 全球肉类、鱼类和乳品消费导致的生物多样性丧失约占 30%。

2. 80% 的农业区目前用于肉类和乳品生产。

3. 世界人均每年消费肉类 39 kg，这个数字在美国为 121 kg，在 EU-15 为 91kg，在中国为 54 kg，在非洲为 14 kg。

4.10% 的世界人口所消费的动物蛋白（鱼类、肉类和乳品）占动物蛋白消费量的 25%。

5.1970 年以来，全球动物蛋白消费量翻了一倍。

6. 在撒哈拉以南的非洲地区，71% 的世界遗产地因资源过度开采（非法狩猎或捕鱼、薪材采集等）而受到影响，38% 因改作农业用地而受到影响。

来源：PBL，2009。

2）**公海鱼类**：人类在获取这种公共资源时，不需支付开发费用（参见第 7 章）。

3）**森林**：实际上通常为“公共资源”。现行收费标准通常过低，导致无法对未来森林进行再投资（参见第 7 章）。

4）**生态系统提供的调节服务**：土地管理者很少从碳封存、水调节和其他服务中获得收入（参见第 5 章），因此几乎没有动机去管理和维护生态系统，只会利用生态系统生产适销商品。

传统市场很难或无法对很多生态系统进行定价或交易。但我们有充分理由通过公共干预保护具有下列特征的服务：

1）**公共物品**：诸如空气质量维护和气候调节等服务具有非排他性（人们不可能不消费此类服务）和非竞争性（一个人消费此类服务不会阻止另一个人消费此类服务）。

2）**具有强烈外部效应的服务**：对于某些调节服务（如水供给、授粉、侵蚀控制）而言，一些土地所有者和管理者的行为对周围土地所有者和社区带来益处，但其产生的价值往往很难在市场交易中体现出来。

3）**市场难以设计的服务**：例如，渔业资源并不完全是公共物品，却很少被定价，这是因为渔业权市场的组织和决策十分复杂。

通常情况下，初级生产、交通、采矿和能源行业产生的负面影响都没有被货币化。

直到最近损害赔偿才被少量、部分地纳入偿付范围（参见第 7 章）。提供用于当前消费的私人适销商品 / 服务获得的回报，与提供使更多人，包括未来几代人受益的服务获得的回报之间具有不平衡性。

积极回应这些驱动因素对于应对生物多样性挑战至关重要。当前生物多样性的丧失既反映了公共政策遭遇多次失败，也反映了自然资源保护的高层政治决策缺失。我们应当更深入地了解生态系统和生物多样性价值，并把这些价值纳入决策的各个领域，这样才能扭转当前局势（参见第 2 章和第 4 章）。

1.4 生物多样性危机的经济维度

我们必须理解当前自然资本的价值，才能评估如果不遏制生物多样性和生态系统丧失人类则会付出哪些代价，以及如果投资自然资源则会带来多少潜在附加值。

1.4.1 生态系统服务如何发挥经济基石的作用？

经济繁荣依赖至少 4 种资本的服务流：人造资本（建筑物、机械和基础设施）、人力资本（技能和创造力）、社会资本（合作、信任和法治）和自然资本[4]。自然资本既是很多经济行业对中间消费的投入，也是对最终“消费”的直接投入。公共、私营部门和家庭既是自然（和社会）资本的消费者也是投资者（见图 1.6）。

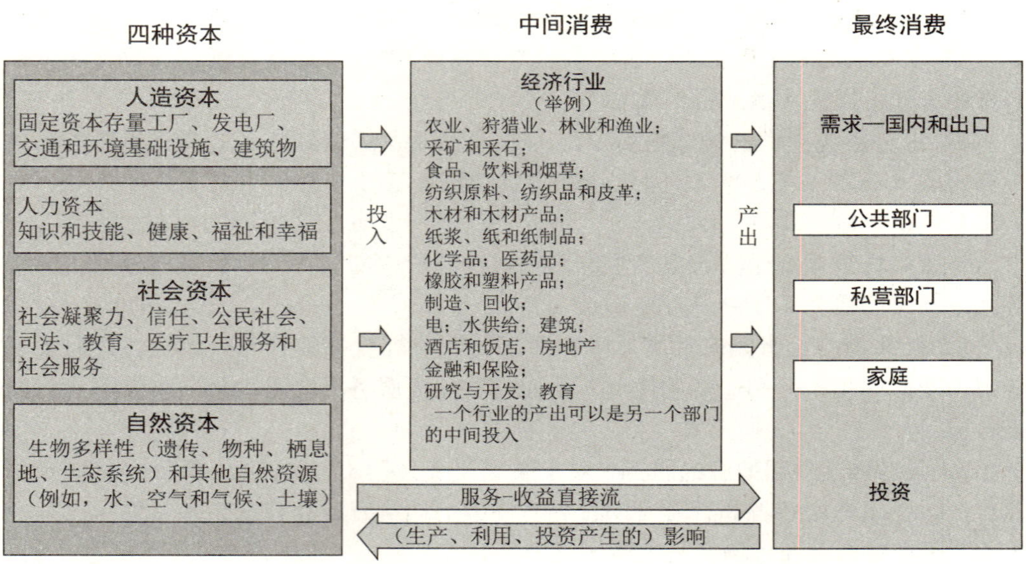

图 1.6 自然资本：对经济和民生的贡献

来源：自制图表，Patrick ten Brink。

GDP 以自然资本为基础。在生态系统的承受范围之内进行经济活动能够可持续地创造 GDP，但更多时候，GDP 来自不可持续的消耗利用，其结果是要么耗尽自然资本（例如，森林砍伐、过度捕鱼），要么以牺牲自然资本为代价获得人造资本（例如，自然栖息地上的建筑物）。

受益于自然资本的行业在经济活动中的占比远远超过决策者的传统认知。有些行业对自然资本的依赖十分明显（初级生产、水供给及自然旅游业），有些行业则不明显，尽管它们也从生物多样性中获得巨大的经济效益（例如，化妆品、化学品、塑料、食品、饮料及观赏鱼类行业）。2006 年数据［参见第 5 章和《TEEB 企业报告》（TEEB in Business），2011］显示从基因资源获得的产品如何对经济做出贡献，包括：

1）制药业产值（行业总产值为 6 400 亿美元）中很大份额来自基因资源（IMS，2007）；

2）酶、微生物及生物科技行业使用的其他产品（行业总价值 700 亿美元）（Ernst 和 Young，2007）；

3）所有农业种子（300 亿美元）（SCBD，2008；另见《TEEB 企业报告》，2011）。

专栏 1.5 将分析自然资本的经济意义。

专栏 1.5　自然资本：与生产力的关系

环境经济学家长期以来一直认为，自然资本作为生产要素的重要性经常被忽略。按照传统观念，经济体的增长率分为：①各生产要素的加权增长率；②全要素生产率（TFP），代表非生产性投入带来的增长（例如，科技进步）。然而，很多 TFP 估值并没有充分反映自然资本存量的消耗（Repetto 等，1989；Dasgupta 和 Mäler，2000；Ayres 和 Warr，2006）。环境外部因素（即破坏）成本没有内部化就相当于使用未付费的生产要素。

当环境没有被归为生产要素时，TFP 估值可能向上偏离。这使得经济生产力增长可能被部分地归因于自然资本，反之则揭示持续的自然资本丧失对生产力具有负面影响并会削弱未来增长潜力（Vouvaki 和 Xeapapadeas，2008）。

1.4.2　理解生态系统服务价值

理解自然资产价值对我们改进政策和投资决策都至关重要。任何自然区域都能提供多种服务及一系列特有福利。如果只关注该区域的某种服务，就可能会忽视其他的服务，从而导致潜在的重大成本和机会损失。

（1）评估所有服务的价值

第一步是了解整个服务体系：有哪些服务、服务如何产生、服务与现场活动的关联、谁从服务中获益、在哪里获益。第二步是对生态系统服务变化进行量化和货币化（参见第 4 章）。每公顷土地实际价值因土地性质、利用方式及使用服务人群的距离远近和富裕程度而不同。

表 1.1 说明热带雨林在调节服务方面具有重要价值，但人们通常只意识到其作为产品（木材和非木材）的经济价值。案例研究表明典型情况是：大约 2/3 的森林价值来自其提供的调节服务，只有 1/3 的森林价值来自食物、原材料和制药用基因原料等供给服务（有关方法和示例的详细论述，请参见《TEEB 基础》，2010，附录 3）。

表 1.1　热带雨林的潜在生态系统服务价值示例

服　务	价　值
食物、纤维和燃料	在喀麦隆森林的供给服务（每公顷平均贴现净现值）中，木材价值估值为 560 美元，薪材为 61 美元，非木材林业产品（NTFP）为 41 ～ 70 美元（Lescuyer，2007，以先前研究为基础）。居住在拉吉夫 · 甘地国家公园（Rajiv Gandhi National Park）的每个部落家庭每年从非木材林业产品获得 4 691 卢比（约合 109 美元）的收入（Ninan 等，2007）
气候调节	喀麦隆热带雨林的气候调节服务价值为 842 ～ 2 265 美元 /hm^2（Lescuyer，2007，以先前研究为基础）。按照碳价值 20 美元 /t 计算，圭亚那森林中地上生物质储存的碳价值合计约 6 500 ～ 7 000 美元 /hm^2；假设碳价值在不久的将来上涨到 60 ～ 80 美元 /t，则总价值将增长至 20 000 多美元 /hm^2（圭亚那共和国总统办公室，2008）
水调节	喀麦隆热带雨林的防洪价值估计为 24 美元 /（$hm^2 \cdot a$）（Yaron，2001）
地下水补给	一片位于夏威夷柯欧劳（Ko'olau）面积为 40 000 hm^2 的热带雨林流域提供的地下水补给服务价值估计为［净现值（NPV），影子价值］14.2 亿～ 26.3 亿美元（Kaiser 和 Roumasset，2002）
授粉	在印度尼西亚苏拉威西岛（Sulawesi），森林提供的授粉服务价值平均约为 46 欧元 /hm^2。在今后 20 年内，持续的森林开垦将使得授粉服务不断减少，从而直接导致咖啡产量下降 18%，每公顷净收入下降 14%（Priess 等，2007）
存在价值	研究人员对英国和意大利非使用者的支付意愿（WTP）展开条件价值评估（contingent valuation），即调查这些受访者是否愿意以每年每户家庭 43 美元的代价支持一项旨在保护巴西亚马孙流域的保护区规划项目（Horton 等，2003）。根据选择模型法（choice modelling），北昆士兰赫伯特河地区（Herbert River District）天然森林的价值估计为 18 澳元 /（$hm^2 \cdot a$）（约合 11 美元）（Mallawaarachchi 等，2001）
机会成本	由于 NOT 森林砍伐造成的土地利用价值损失平均约为 1 000 美元 /hm^2（30 年计算期的现值，Grieg-Gran，2008），具体损失因地理和经济条件而不同。因森林砍伐造成的生态系统服务价值损失（参见上文）通常会超过上述数值，尤其是气候调节的价值可能更高。圭亚那共和国总统办公室（2008）表示：通过旁支付（side-payments）避免森林砍伐并实现碳减排的成本仅相当于每吨二氧化碳 2 ～ 11 美元

如文中所述，服务价值因地点和时间而不同。例如，珊瑚礁的旅游价值在某些地方可能很低，但是在以旅游业为主要收入来源和经济增长驱动力的地方，价值则极高。在极端情况下（例如在备受高收入游客青睐的夏威夷），珊瑚礁的价值高达

100 万美元 /（$hm^2 \cdot a$）（Ruitenbeek 和 Cartier，1999；Cesar 等，2002；《TEEB 基础》，2010，附录 3）。即使不考虑这些极端例子，珊瑚礁仍具有很大的旅游经济潜力，而失去这些自然资产会导致相应的经济风险。

（2）识别不同尺度下的福利

不同地理尺度的生态系统能带来不同的服务（图 1.7 按照地理尺度对生态系统服务进行说明和划分）。这些服务根据时间和具体案例而又各不相同。提供全球性福利的服务（图 1.7 外侧阴影区域）包括碳储存和用于研制新药的基因资源，其他服务多为国家性或地方性的服务（例如，授粉、水质净化——内侧阴影区域）。很多服务可以在多个层面给人类带来福利，例如生态旅游和娱乐。

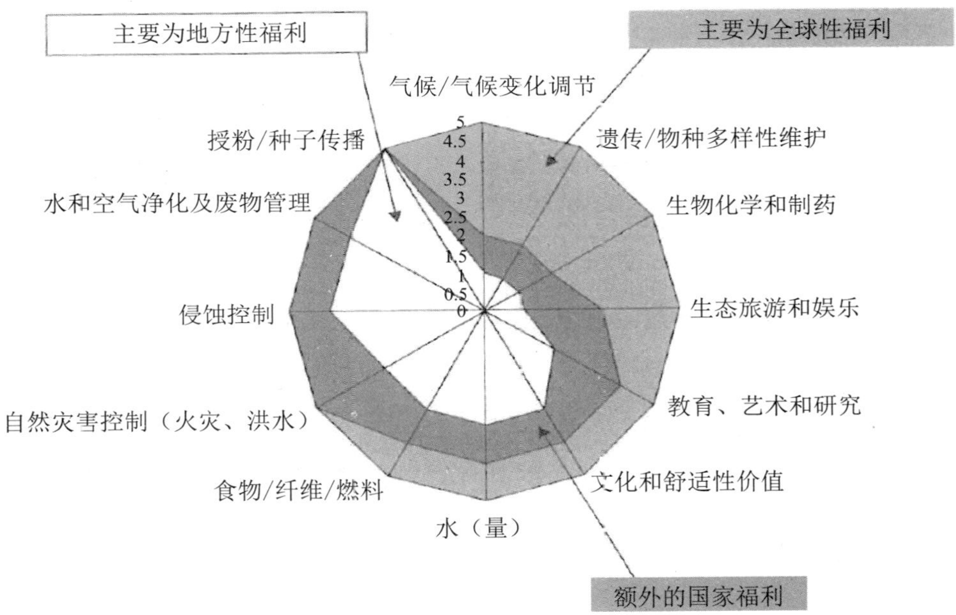

图 1.7　不同地理尺度的福利分布

来源：自制图表，Patrick ten Brink。

（3）利用自然资本节约成本

避免不必要或过度成本支出符合所有决策者和经济行业的利益。通过维持或恢复“生态基础设施”的方式提供服务比通过人工结构或人工过程提供服务更加有效，包括通过原生植被防火、自然土壤肥力和遗传多样性保障未来食品安全（其他示例，参见专栏 1.6）。

专栏 1.6 让自然资本物有所值

水调节、过滤和处理的自然解决方案

与水处理厂相比，森林和湿地能够以低廉很多的成本提供水过滤和清洁服务：

1. 美国卡兹奇山（Catskill Mountains）：相较于耗资 70 亿美元的技术解决方案（预处理工厂），自然资本解决方案（流域恢复和维护）只需耗资 20 亿美元。

2. 新西兰：中奥塔哥（Central Otago）保护区［蒂帕帕努伊流域（Te Papanui Catchment）］为达尼丁市节约 9 300 万新西兰元（约合 6 500 万美元）供水成本（BPL，2006）。

3. 委内瑞拉：国家保护区系统能够预防侵蚀、洪水和供水波动。否则受此影响，农场可能会遭受 400 万美元 /a 的收入损失［基于 Gutman（2002）提供的数据，并由作者根据通货膨胀和灌溉农业用地增加水平对数据进行更新］。

4. 全世界 100 座最大城市中有 1/3 从森林保护区获得很大比例的饮用水（Dudley 和 Stolton，2003）。

通过森林投资控制洪水

继 1999 年长江发生严重洪灾之后，中国政府下决心投资逾 400 亿美元实施退耕还林工程（Sloping Land Conversion Programme）。政府向沿江农民提供现金补贴，鼓励他们让出土地用于植树造林以减少侵蚀和减轻洪水影响（Bennett 和 Xu，2007；Tallis 等，2008；参见第 9 章）。

通过保护红树林鱼类繁殖场实现鱼类资源再生

在柬埔寨云壤国家公园（Ream National Park），红树林提供的鱼类繁殖场所和其他生活必需品价值估计为 60 万美元 /a，风暴防护和侵蚀控制等服务价值估计为 30 万美元 /a（Emerton 等，2002；另见第 8 章）。

碳捕获和封存

鉴于人类面临的气候挑战十分严峻，我们必须寻求经济有效的途径缓解气候变化。提议的人工解决方案为投入重金实施人工碳捕获和封存（CCS）（例如把二氧化碳泵入地下）。然而自然生态系统（森林、农田、湿地）本身已在地上、水中或土壤里储存了大量的碳，而且每年还会吸收更多的碳。所以森林砍伐或生态系统退化会造成大量碳排放（FAO，2010；参见第 5 章）。例如，在德国梅克伦堡 - 前波莫瑞州（Mecklenburg-Vorpommern），恢复一片面积 30 000 hm^2 的区域的生态系统，可减排 30 万 t 二氧化碳当量，即避免了大约每吨二氧化碳 8 ～ 12 欧元的处理成本损失。如果采取其他土地利用方式（例如粗放式放牧、生产芦苇或种植桤林），成本可下降至每吨二氧化碳 0 ～ 4 欧元（联邦环境部，2007；MLUV MV，2009；Schaefer，2009）。

1.4.3　利用价值评估法对权衡、成本与收益进行评价

分配影响（Distributional impacts），即谁受益或谁受损，是决策的基本要素。生态系统服务的分配影响既取决于地理条件（参见图 1.7），也取决于时间条件。将自然系统转作他用，虽然短期内能够带来财富和工作机会，但有证据表明：保持自然生态系统服务才能永久性地提供财富和工作机会，尽管效益水平通常较低。如何比较当前和未来的获利情况十分关键（关于贴现率使用，参见第 4 章，另见《TEEB 基础》，2010，第 6 章）。

（1）土地转换成本与收益

任何土地用途选择都涉及权衡取舍。决定转换土地用途说明决策者认为用途转换后的收益高于成本。然而这些决策通常存在系统性偏见，因为它们没有充分考虑受特定决策影响的所有生态系统服务的价值。

土地用途的选择影响土地产生的服务，并最终决定谁受益或谁受损以及受益或受损程度。土地用途转换决策因此对分配具有重要影响。价值评估有助于我们对不同服务和相应受益群体进行权衡取舍。我们应基于实证进行决策（例如，空间规划应用），更好地权衡利弊。

图 1.8 是一个决策权衡的简化示例，涉及如何在保持土地自然状态、将土地转换为粗放农业用地或将土地转换为集约农业用地（不考虑污染问题）之间进行权衡

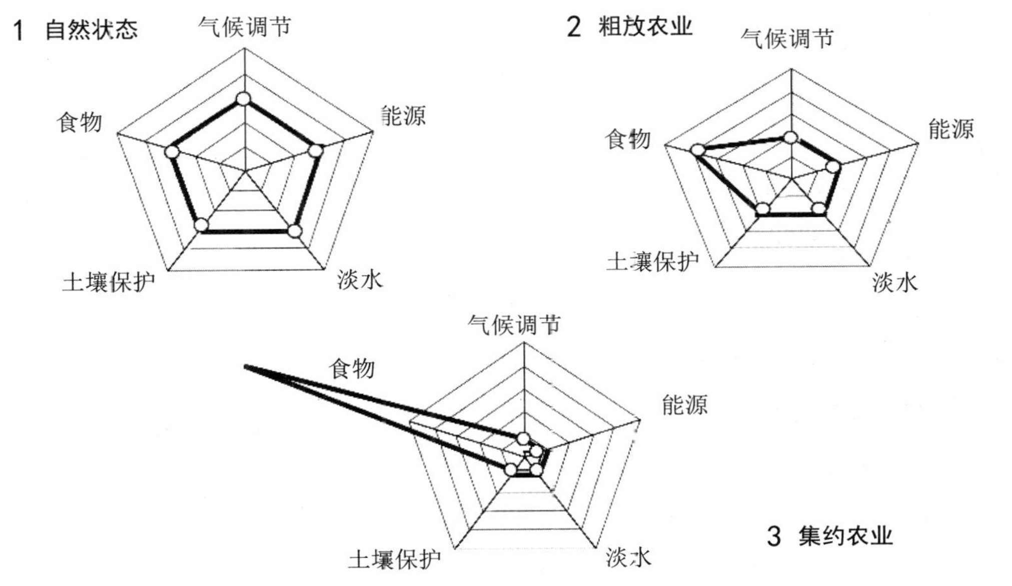

图 1.8　土地用途选择和生态系统服务供给权衡

来源：B. ten Brink（2008）。

取舍。该图说明，强调食物供给会造成其他服务的损失。在一些情况下，强调食物供给十分必要，其收益大于其他服务的损失。然而在另一些情况下，增加食物供给带来的主要收益可能落到其他服务以前的受益人之外的私人囊中。

现有政策框架通常涉及具体的权衡问题，例如，公路 / 房屋建设与自然保护区规划之间的权衡。但这类决策过程很少把所有成本和收益计算在内，例如，将森林用于生物燃料生产后，将损失土壤中储存的碳；水坝建设会对物种迁徙造成影响。

当生态系统服务价值得到充分理解并纳入考虑，我们会意识到：之前看似“可接受”的权衡结果可能会带来净损失（参考专栏 1.7 中的示例）。反之，若决策过程考虑的信息太少，则会因疏忽制定“双输”（lose-lose）决定。

专栏 1.7　转换或不转换——红树林与养虾场之间的决策权衡

据预测：一个位于泰国南部的商业养虾场可获得大约 9 632 美元 /hm^2（Hanley 和 Barbier，2009）的收益。由于该养虾场可获得补贴，且投资者不需为恢复原始生态系统（之前覆盖着红树林）或养虾场使用寿命结束后资产的贬值支付费用，所以私人投资者的回报非常高，也很容易做出投资养虾场的决定。

不过如果全局考虑土地用途转换给社会带来的成本与收益，结果就会大相径庭。如果把补贴和产生的污染计算在内，养虾场经济收益将会减少到 1 220 美元 /hm^2。如果再算上恢复成本（约 9 318 美元 /hm^2），收益则为负（Hanley 和 Barbier，2009）。反之，保持红树林带来的木材和非木材林业产品收益（主要是当地社区受益）估计约为 584 美元 /hm^2，鱼类繁殖场所收益约为 987 美元 /hm^2，沿海风暴防护收益约为 10 821 美元 /hm^2（Barbier，2007），因此，红树林总价值约为 12 392 美元 /hm^2（图 1.9）。

将私人利益建立在公共损失之上是决策中常见的导致生态系统服务和生物多样性丧失的因素。获得公共补贴却不需要为污染或对资源造成的影响买单的私人投资者，并没有动机避免这种损害（参见第 6 章）。其结果是为了较小的私人利益，导致在社区、国家或全球范围内为其承担潜在公共损失。

诸如此类的案例凸显了采取积极公共政策的必要性。只有通过全面开展价值评估和成本收益分析，出台适当的政策（例如，补贴改革、有意义的补偿付费、拒绝授予许可），才能避免类似损失。

（2）环保有利政策的成本与收益

利弊权衡对于出台环保有利政策（pro-conservation policies）同样重要（参见第 8 章）。选择保护某个地点对已经从该地获益的人和试图以其他方式利用该地的人都会产生影响：

1）现有和潜在受益人包括直接使用者（例如，采伐木材的人）和间接使用者（例如，从清洁的水和空气获益的人）。

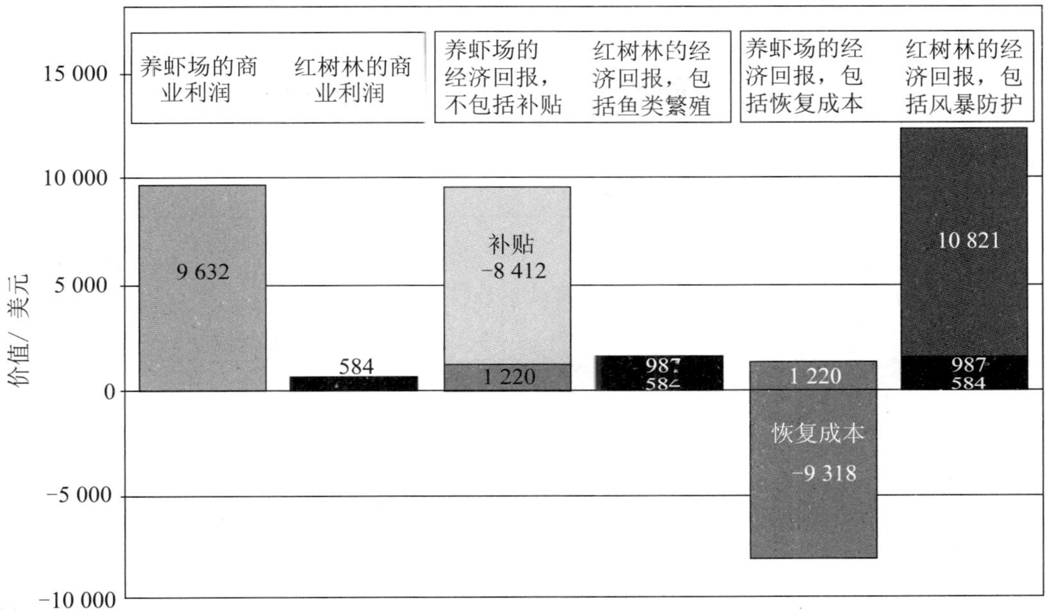

图 1.9　红树林与养虾场：每公顷土地利用价值比较

注：所有数值均为按养虾场生产周期 5 年、贴现率 10%、1995 年美元汇率标准计算的 9 年 NPV。

来源：摘自 Hanley 和 Barbier（2009）。

2）对于未被指定保护的地点，其提供的福利（例如，向私人使用者提供木材）和其他服务取决于土地性质、与人类群体的关联及采掘活动性质。

3）指定保护区通常旨在减少采掘性利用和污染并增加其他生态系统服务的供给。这种做法可能会带来净收益，但通常需要对先前使用者进行补偿、采取激励措施弥补损失的机会成本并为保护区管理支付费用。

4）当收益（为更广泛的社会范围提供生态系统服务）超过成本（包括财务成本和机会成本）时，权衡结果无疑是采取保护性政策。

5）尽管实施保护措施能够在多个层面上带来收益，但其成本通常由本地人口承担，因此，决策者需要考虑该由谁来支付保护成本以及需要哪些机制（参见第 5 章和第 8 章）。

一个发生在印度尼西亚的案例能够诠释如何利用经济分析支持政策权衡。在古农列尤择国家公园，受控和不受控的伐木活动以及不可持续的非木材林业产品采掘活动导致关键生态系统服务不断退化，从而使森林生态系统总收益减少；大部分收益被“精英人士”（elites）收入囊中，而当地人获得的收益较少。对森林生态系统的保护和选择性利用有利于维持一系列广泛服务并给当地人口带来更多益处。该案例根据不同的土地利用模式，对 11 种生态系统服务在 2000—2030 年的价值加以比较（Van Beukering 等，2003）。在保护情景（conservation scenario）下，这些服务的总经济价值（TEV）（参见第 4 章）估计为 95 亿美元；在选择性利用情景（selective-use scenario）下为 91 亿美元，而在森林砍伐情景（deforestation scenario）下仅为 70 亿美元。图 1.10 给出了其中 4 种生态系统服务在不同情景下的 TEV（按贴现率 4% 计算）。

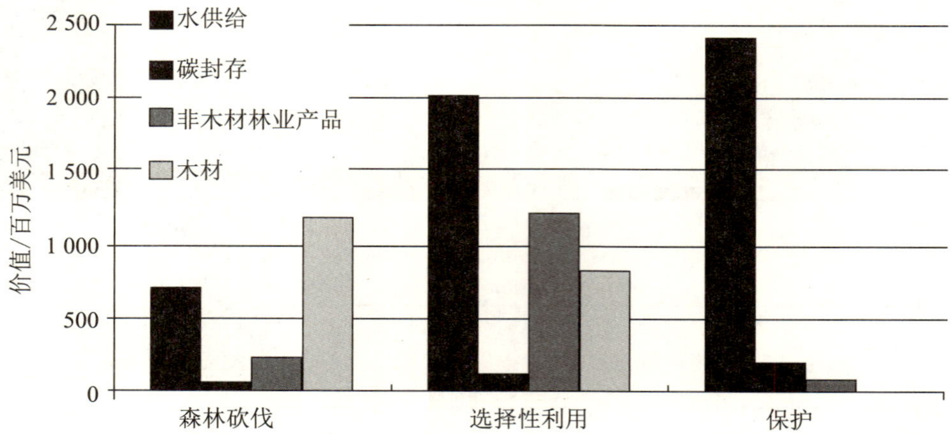

图 1.10　不同土地利用情景下，印度尼西亚古农列尤择国家公园（Leuser National Park）生态系统相关供给和调节服务价值

来源：Van Beukering 等（2003）。

1.5　生物多样性危机的人类维度

1.5.1　生态系统服务：贫困人口的生命线，每个人的必需品

除财富之外，人类“福祉”[个人福祉及健康（人力资本）]和社会福祉及稳定（社会资本）也正在受到威胁。自然与健康的自然系统在各个层面上对所有人类都至关重要。让地方社区参与进来是解决当前生物多样性和生态系统服务所面临的关键威胁。

贫困人口通常最直接依靠生态系统获得基本产品和服务，因此是遭受生物多样性丧失或退化的影响的首要群体。自然资源是贫困人口的基本收入来源（参见第 3 章有关“贫困人口 GDP”的论述）。此外，世界贫困人口大部分依靠从自然资源中提取的传统医药和治疗方法来治疗疾病：相关生物多样性丧失对这些人口造成双倍的沉重打击，因为他们支付不起高昂的工业医药费用。《TEEB 中期报告》（2008）强调，生态系统服务（丧失）与能否实现千年发展目标（MDGs）（UN，2000）存在重要联系。

除物质依赖性之外，生物多样性在宗教信仰、传统知识和社会制度方面通常也扮演重要角色。很多社区融入在其生活的生态系统之中，这种联系形成社区身份和

文化的基础（参见专栏 1.8）。

专栏 1.8　森林、农村社区和互惠互利

全世界最贫困人口中超过 90% 的人口依靠森林谋生，其中一部分人口没有其他资源来源（例如，森林土著居民）。

非木材林业产品年平均估值为 1 ～ 100 美元 /hm^2 不等（SCBD，2001）。不过在某些国家，非木材林业产品在家庭收入中占比更高，比如，在津巴布韦奇韦（Chivi）占 40% ～ 60%（Lynam 等，1994）；在马达加斯加曼塔迪亚（Mantandia）占 47%（Kramer 等，1995）；在印度中央邦（Madhya Pradesh）、奥里萨邦（Orissa）和古吉拉特邦（Gujarat）占 49%（Bahuguna，2000）。对于没有便捷可替代资源的人群来说，丧失森林会对收入 / 福祉造成严重影响。

同时，社区能够并确实对维护健康的森林系统起到重要作用，因此有观点强烈支持把社区纳入森林砍伐和退化的解决方案中。社区拥有发展中国家森林总量的 22%。预计到 2020 年，社区森林保有面积将再次翻倍至超过 7 亿 hm^2（Molnar，2003）。

一些国家已经对管理森林的社区给予奖励，譬如：

1. 厄瓜多尔：市政府向社区支付 11 ～ 16 美元 /（hm^2 · a）用于维持匹斯克（Pisque）流域的天然森林覆盖率和保证清洁水供给。

2. 乌干达：生态信托（ECOTRUST）向村民支付 45.60 美元 /（hm^2 · a）（为每吨封存碳支付 8 美元）用于本土树种的植树造林。

来源：Borges（2007）。

全世界人口面对气候冲击时的脆弱程度并不均衡。卡特里娜飓风充分显示了人类面对气候变化的脆弱性，即使最富裕的国家也不例外。在发达国家，每场洪水、风暴和热浪侵袭过后，公众对遭受极端气候风险的担忧都会增加。不过，气候灾害主要集中在贫困国家。

2000—2004 年，每年约有 2.62 亿万人口遭受气候灾害的影响，其中超过 98% 的受灾人口来自发展中国家。在经济合作与发展组织（OECD）较富裕的成员国中，每 1 500 人中有 1 人受到气候灾害的影响，而在发展中国家这一比例高达 19 ∶ 1（UNDP，2007）。

1.5.2　替代可能性：限制和影响

当我们失去或损坏某样东西时，我们通常会自问能从哪里找到替代品。当某种自然资源枯竭时，我们会寻求获得替代资源的途径。例如，我们会寻找另一个渔场、另一片森林以获得燃料，或另一个蓄水层以获得水源。我们有时可以通过大自然获得生态系统服务的替代物：譬如，我们开发另一地点的相似生态系统来（部分地）替代从原来生态系统失去的服务。在其他情况下，可以通过人工途径和技术方案实现替代，例如，脱盐水或瓶装水。

不过替代可能性受到诸多限制，这会对人类造成很大的影响。对于某些服务和社会群体来说：

1）没有替代品；

2）只有已退化的替代品；

3）存在更昂贵甚至无法承受的替代品。

在上述情况下，资源枯竭将对社会直接造成影响。薪材即是一个明显的例子。当采集燃料或赚钱购买燃料所需的时间越来越多时，意味着可用于做饭、取暖和其他需求的燃料越来越少。在有些国家，贫困人口长期严重依赖木材和木炭作为能量来源。妇女和儿童每年要花费 100 ～ 300 天捡拾木材：在 20 世纪 80 年代后期的马里，人们为了捡拾薪材有时要单程走上 15km；在城镇地区，平均 20% ～ 40% 的现金收入要留作购买木材或木炭（FAO，1987）之用。随着大多数替代燃料越来越贵、森林砍伐使薪材变成稀缺资源，对于世界最贫困人口来说，满足能源需求所要付出的代价越来越高。这使得实现千年发展目标的前景变得不容乐观（UNDP，2005）。

图 1.11 说明了寻求替代资源的社会和成本影响。由于实际成本显然还取决于地理位置，图中的数值仅作说明之用且因具体案例而不同。

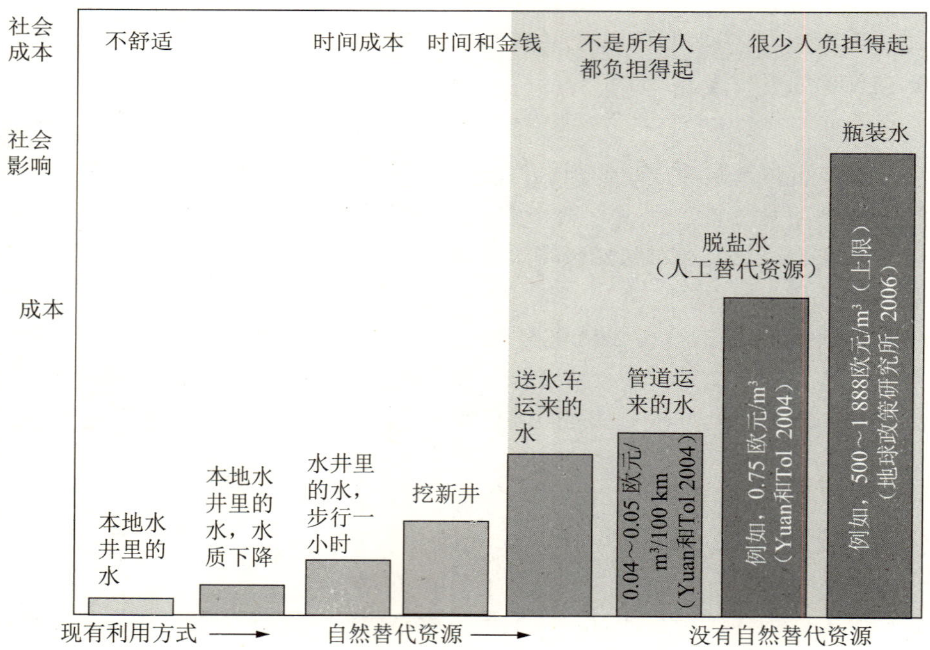

图 1.11　生态系统服务的替代可能性

来源：P. ten Brink 等（2009）。

替代可能性的限制还取决于时间和地理因素。虽然全球性捕鱼船队可以从一处渔场转移到另一处具有可能性短期或中期替代潜力的渔场。不过从长期来看，如果不采取适当的渔业管理 / 控制，替代可能性也会到达临界点。对于地方渔民而言，鱼类资源的崩溃将迅速导致他们无处获得任何替代资源。这说明全球性渔业激励措施与地方渔业激励措施处于根本不同的层次。

鱼肉蛋白质消费也存在类似情形。世界上某处渔场的消失对富裕的城镇人口几乎不会造成影响，因为他们还可以在超市买到鱼。而依赖小型手工捕鱼的当地人却无法即时获得食用鱼肉蛋白质的替代品。因而这会对当地人的健康带来影响，或会使人们去其他地方寻找蛋白质来源而产生连锁效应。同时，这也会对当地人的就业造成影响，因为他们在短期内很难找到其他替代性工作（参见专栏 1.9）。

专栏 1.9　生物多样性、海洋生态系统服务和民生之间的关联

关于生物多样性变化导致生态系统服务退化或崩溃并最终影响民生的情形，存在多个有据可查的案例。下面是有关海洋环境的几个例子：

1. 20 世纪 80 年代末，黑海遭受栉水母入侵并导致渔业崩溃，15 万人因此失去工作。据报道，环境退化还导致旅游业损失高达 3 亿美元（Lubchenco，1997）。

2. 加拿大纽芬兰鳕鱼渔业为某些社区提供 80% ～ 100% 的收入来源及 20% 的工作机会。渔业崩溃导致包括 1 万名渔民在内的 4 万人失去工作（Vilhjálmsson 等，2010）。

3. 在希腊，由于先前的卡拉湖（Lake Karla）环境退化及其对商业捕鱼的影响和替代资源缺乏，1 300 名渔民失去工作（Zalidis 和 Gerakis，1999）。

4. 1998 年印度洋发生的珊瑚礁漂白事件，在随后 20 年间造成的总经济损失预计可达 80 亿美元，包括：14 亿美元食品和渔业损失，35 亿美元旅游收入损失和 22 亿美元海岸防护损失。菲律宾珊瑚漂白造成的经济损失估计为 600 万～ 2 700 万美元，具体数值取决于珊瑚礁的恢复情况（Pratchett 等，2008）。

毫无疑问，资源替代不仅仅是找到其他来源的生态系统服务那么简单。由于生态系统之间通常相互依存，对单个组成部分的采掘和替换必然会影响其他相关生态系统。

1.5.3　让社区参与政策方案制定

让社区参与决策过程并参与制定解决方案十分必要。本地人对生态系统、生物多样性和植物特性的了解可以创造很多机会（药物、制药、其他生物模拟应用）。如果没有本地人的参与，就可能导致政策的实施效率低下，效果不佳或结果不公平［有关生态系统服务付费（PES），参见第 5 章；有关保护区（PA），参见第 8 章］。

在现有激励措施下，本地人更热衷于改变森林用途、捕猎丛林生物或珍稀动物。调整激励措施，将机会成本考虑在内，能够促进社区的支持和参与，避免出现看起来合理、实际上却以失败告终的解决方案。

本书提供了很多因地方参与而获得成功的具体案例。在大部分案例中，通过生态系统服务付费项目（PES）或 REDD+（减少森林砍伐和森林退化造成的碳排放）支持的碳储存项目向本地人支付费用，以维护或恢复流域、森林或湿地。本地人的传统和知识能够使生物探勘更加经济有效：收益的公平共享能够推动进一步合作（参见第 5 章）。

社区在保护区管理（参见第 8 章）、公共资源（例如，渔场）或社区资源［例如，社区产权机制下的土地（如森林）；另见第 2 章和第 5 章］管理中也发挥重要的作用。

其他创新方法目前将自然资本与创造社会资本相联系。如在很多南非国家，基于社区的自然资源管理被视为发展多资源生计活动、推动地方自力更生和减轻贫困的良好策略。在坦桑尼亚，地方社区经常在自己的乡村土地上保护并培育当地特有物种，这不仅可以满足日常生活需求，还能够维持农作物多样性（Wily，2000；Benjaminsen 等，2002）。

这类项目通常着重对集体和 / 或国有土地获得权和使用权的重新构建。项目要想取得成功，必须认识到农民在保护农田生物多样性方面的作用，特别是认识到通过不同用途开发农村社区会带来多样化的景观。

自然资本急剧减少的国家或地区在实现千年发展目标过程中会面临很大困难。因此任何旨在应对社会挑战并改善社区健康和生存状况的策略中，人们应在现有社会资本的基础上建立或加强制度安排，以此齐心协力恢复自然资本。

注释

1. 区分生态现象 / 生态系统功能、其对人类福祉的直接和间接贡献（服务）和产生的实际福利是有用的。关于生物多样性 / 生态系统及其功能、服务流和福利的分类及相互关系的更多讨论，参见《TEEB 基础》第 1 章和第 2 章（2010）。
2. 采用全球广泛认可的森林定义，即由高度不低于 5 m 的树木组成、林冠盖度（荫蔽地面的面积）不少于 10%、面积不少于 0.5hm^2 的区域（FAO，2006）。UNFCCC 的森林定义稍有不同，即树木高 2 ～ 5 m、面积不小于 0.01 ～ 1 hm^2、林冠盖度为 10% ～ 30% 的区域。
3. 关于 IAS 及欧洲当前 IAS 趋势，参见 DAISIE 数据库 www.europe-aliens.org/。
4. 无形资本（例如，专利、许可、品牌）在现代经济发展中也具有核心作用。

致谢

本章作者谨向以下人员表示感谢：David Baldock，IEEP，英国；Leon Braat，瓦赫宁根大学，荷兰；Kaley Hart，IEEP，英国；Pushpam Kumar，利物浦大学，英国；Indrani Lutchman，IEEP，英国；A. J. MacConville，IEEP，英国；Carsten Neßhöver，UFZ，德国；Rosimeiry Portela，保护国际，美国；Robert Tinch，Eftec，英国；Graham Tucker，IEEP，英国；Sander van der Ploeg，瓦赫宁根大学，

荷兰；Emma Watkins，IEEP，英国；以及 Stephen White，欧盟委员会环境总司，比利时。

参考文献

[1] Agardy T., et al. 2005. Ecosystems and Human Well Being: Current State and Trends (Volume 1), Island Press, Washington, DC.

[2] Allsopp M., Page R., Johnston P., et al. 2009. State of the World's Oceans, Springer, www. springerlink.com/ content/978-T4020-9115-5, 2009-10-26.

[3] Ayres R. and Warr, B. 2006. Accounting for growth: The role of physical work, Structural Change and Economic Dynamics, 16, (2): 211-220.

[4] Balmford A., Rodrigues A. S. L., Walpole M., et al. 2008. The Economics of Biodiversity and Ecosystems: Scoping the Science, European Commission (Contract: ENV/070307/2007/486089/ETU/B2), Cambridge, http://ec.europa.eu/environment/nature/biodiversity/ economics/pdf/scoping_science_report.pdf, 2009-10-16.

[5] Bahuguna V. 2000. Forests in the economy of the rural poor An estimation of the dependency level, Ambio, 29 (3): 126-129.

[6] Barbier E. B. 2007. Valuing ecosystem services as productive inputs. Economic Policy, 22 (49): 177-229.

[7] Benjaminsen T., Cousins B. Thompson L. (eds). 2002. Contested resources: Challenges to the Governance of Natural Resources in Southern Africa, Programme for Land and Agrarian Studies, University of the Western Cape, Cape Town.

[8] Bennett M. T., Xu J. 2008. China's sloping land conversion program: Institutional innovation or business as usual?. Ecological Economics, 65 (4): 699-711, www.cifor.cgiar.org/pes/ publications/pdf_files/China _paper. pdf, 27 July 2010.

[9] Borges B. 2007. Payments for Ecosystem Services: Strengthening Rural Livelihoods and Environmental Conservation, Presentation at the 12th Poverty Environment Partnership 19-21 November 2007, Washington, DC, http://archive.povertyenvironment.net/?q=filestore2/download/1504/Borges-Payments forEcosystem Services.pdf, 2009-09-28.

[10] BPL (Butcher Partners Limited). 2006. Evaluation Study of the Economic Benefits of Water in Te Papanui Conservation Park (Prepared for the New Zealand Department of Conservation of New Zealand), www.doc. govt.nz/upload/documents/conservation/threats-and-impacts/benefits-of-conservation/ economic-benefits-te-papanui.pdf, 2010-07-28.

[11] Brown O., Crawford A., Hammill A. 2006. Natural Disasters and Resource Rights: Building Resilience, Rebuilding Lives, International Institute for Sustainable Development, Manitoba, Canada.

[12] Bryant D., Burke L., Mc Manus J. et al. 1998. Reefs at Risk, World Resources Institute, Washington, DC, http://pdf.wri.org/reefs.pdf, 2009-10-26.

[13] Butchart S., Walpole M., Collen B., et al. 2010. Global biodiversity: Indicators of recent declines, Science, 328 (5982): 1164-1168.

[14] Capdevila-Argüelles L., Zilletti B. 2008. A Perspective on Climate Change and Invasive Alien Species, Convention on the Conservation of European Wildlife and Natural Habitats, T-PVS/Inf 2008. 5 rev., Strasbourg.

[15] Carter, C. 2006. Te Papanui delivering $136m to New Zealand, the website of the New Zealand Government: Press Releases, www.beehive.govt.nz/node/26025, 2009-10-16.

[16] Cesar H. S. J., Van Beukering P. J. H., Pintz W. et al. 2002. Economic Valuation of the Coral Reefs of Hawai'i, Hawai'i Coral Reef Initiative, University of Hawai'i, Honolulu.

[17] Costanza R., d'Arget R., de Groot R., et al. 1997. 'The value of the world's ecosystem services and natural capital', Nature, 387: 253-260.

[18] Daily G. C. (cd). 1997. Nature's Services, Island Press, Washington, DC.

[19] Dasgupta P., Mäler K.-G. 2000. 'Net national product, wealth and social well-being', Environment and Development Economics, 5: 69-93.

[20] Davies, R. W. D., Cripps S. J., Nickson, A. et al. 2009. 'Defining and estimating global marine fisheries by catch 2009', Marine Policy, 33(4): 661-672.

[21] Dudley N., Stolton S. 2003. Running Pure: The Importance of Forest Protected Areas to Drinking Water, World Bank/WWF Alliance for Forest Conservation and Sustainable Use, WWF, Gland, Switzerland, http://assets.panda.org/downloads/runningpurereport.pdf, 2009-10-26.

[22] Earth Policy Institute. 2006. Bottled Water: Pouring Resources Down the Drain, www.earth-policy.org/Updates/2006/Update51.htm, 2010-09-26.

[23] Eliasch, J. 2008. Climate change: Financing global forests, The Eliasch Review, Earthscan, London,www.official-documents.gov.uk/document/other/9780108507632/9780108507632.pdf, 2010-10-27.

[24] Emerton L., Seilava R., Pearith, H. 2002. Bokor, Kirirom, Kep and Ream National Parks, Cambodia: Case studies of economic and development linkages, field study report, in Review of Protected Areas and their Role in the Socio-Economic Development of the Four Countries of the Lower Mekong Region, International Centre for Environmental Management, Brisbane and IUCN Regional Environmental Economics Programme, Karachi, http://cmsdata.iucn.org/downloads/casestudy03ream.pdf, 2009-10-19.

[25] Ernst, Young. 2007. Beyond Borders: The Global Perspective, http://webapp01.ey.com.pl/EYP/WEB/ eycom_download.nsf/resources/BB2006_Global.pdf/$FILE/BB2006GlobalPerspective.pdf, 2010-9.

[26] FAO (Food and Agriculture Organization of the United Nations). 1987. Socio-economic aspects of using wood fuels, in Technical and Economic Aspects of Using Wood Fuels in Rural Industries, FAO, Rome, www.fao.org/docrep/006/ab780e/AB780EOO.htm#TOC, 2010-07-27.

[27] FAO. 2000. Global Forest Resource Assessment, FAO, Rome.

[28] FAO. 2005a. Review of the State of World Marine Fishery Resources, FAO, Rome, ftp://ftp.fao.org/docrep/fao/007/y5852e/y5852e00.pdf, accessed 2009-10-19.

[29] FAO. 2005b. Grasslands of the World, FAO, Rome, ftp://ftp.fao.org/docrep/fao/meeting/007/w0750e.pdf, 2009-08-12.

[30] FAO. 2006. Global Forest Resource Assessment 2005, FAO, Rome, ftp://ftp.fao.org/docrep/fao/008/ A0400E/A0400E00.pdf.

[31] FAO. 2007. The World's Mangroves 1980-2005, FAO Forestry Paper, Rome, ftp://ftp.fao.org/docrep/ fao/010/al427e/al427e00.pdf, 2009-08-12.

[32] FAO. 2008. The State of Food and Agriculture. Biofuels: Prospects, Risks and Opportunities, FAO, Rome.

[33] FAO. 2009a. State of World Fisheries and Aquaculture 2008, FAO, Rome, ftp://ftp.fao.org/docrep/fao/011/i0250e/i0250e.pdf, 2009-10-16.

[34] FAO. 2009b. 2010 Biodiversity Indicators Partnership: Headline Indicator 'Trends in Genetic Diversity', www.twentyten.net/Indicators/HL_Trendsingeneticdiversity/Geneticdiversityofdomesticatedanimals/ tabid/74/Default.aspx, 2009-08-12.

[35] FAO. 2009c. The State of Food Insecurity in the World: Economic Crises - Impacts and Lessons Learned, Rome, ftp://ftp.fao.org/docrep/fao/012/i0876e/i0876e.pdf, 2010-07-27.

[36] FAO. 2010. Global Forest Resources Assessment, Rome, www.fao.org/forestry/fra/fra2010/en/, 2010-07-26.

[37] Federal Environment Agency. 2007. Economic Valuation of Environmental Damage: Methodological Convention for Estimates of Environmental Externalities, Federal Environment Agency, Dessau, Germany, www.umweltdaten.de/publikationen/fpdf-l/3482.pdf.

[38] Fischer G. 2008. 'Implications for land use change', paper presented at the Expert Meeting on Global Perspectives on Fuel and Food Security, f8-20 2008, 2.

[39] Forest Trends. 2010. www.forest-trends.org/program.php?id=58.

[40] Gutman P. 2002. 'Putting a price tag on conservation: Cost benefit analysis of Venezuela's National Parks', Journal of Latin American Studies, 34(1): 43-70.

[41] Grieg-Gran M. 2008. 'The cost of avoiding deforestation: Update of the report prepared for the Stern Review of the Economics of Climate Change', London, available at http://www.iied.org/pubs/pdfs/ G02489.pdf, 2010, 4.

[42] Haines-Young R., Potschin M. 2009. The links between biodiversity, ecosystem services and human well-being, in D. Raffaelli and C. Frid (eds) Ecosystem Ecology: A New Synthesis, BES Ecological Reviews Series, CambridgeUniversity Press, Cambridge.

[43] Hanley N., Barbier E. B. 2009. Valuing ecosystem services, in Pricing Nature: Cost-Benefit Analysis and Environmental Policy, Edward Elgar, London.

[44] Henao J., Baanante C. 2006. Agricultural production and soil nutrient mining in Africa: Implications for resource conservation and policy development, International Center for Soil Fertility and Agricultural

Development summary report, http://ictsd.Org/i/agriculture/3495/, 2010-07-27.

[45] Hilton-Taylor C., Pollock C. M., Chanson J. S., et al., 2009. State of the World's Species, http://data.iucn.org/dbtw-wpd/html/RL-2009-001/section5.html, 2010-10-27.

[46] Horton, B. Colarullo, G. Bateman, I, et al. 2003. Evaluating non-user willingness to pay for a large-scale conservation programme in Amazonia, Environmental Conservation, 30(2): 139- 146, www.uea.ac.uk/~e436/Horton_Peres_et_aLWillingness_to_pay_Amazonia.pdf, 2010-07-28.

[47] Huges R. 1999. Aquatic ecosystem, in D. E. Alexander and R. W. Fairbridge (eds) Encyclopaedia of Environmental Sciences, Kluwer Academic Publishers, The Netherlands.

[48] IAASTD (International Assessment of Agricultural Science and Technology). 2008. Agriculture at a Crossroads, www.agassessment.org/reports/IAASTD/EN/Agriculture%20at%20a%20Crossroads_ Global%20 Report%20(English).pdf, accessed 2009-10-19.

[49] IEA (International Energy Agency). 2006. World Energy Outlook 2006, Paris, www.iea.org/textbase/nppdf/free/2006/weo2006.pdf, 2009-10-19.

[50] IMS. 2007. Intelligence 360: Global Pharmaceutical Perspectives 2006, IMS Health, Tokyo, Japan.

[51] IPCC (Intergovernmental Panel on Climate Change). 2007. AR4 Synthesis Report, Summary for Policy Makers, IPCC Fourth Assessment Report, Cambridge University Press, New York, www.ipcc.ch/#, 2009-09-22.

[52] IUCN (International Union for Conservation of Nature). 2008. 'Summary statistics of species listed on the 2008 IUCN Red List', www.iucn.org/about/work/programmes/species/red_list/2008_red_list_summary_ statistics/, 2010-7-27.

[53] IUCN. 2009a. Extinction crisis continues apace, Press Release, 3 November .2009., www.iucn.org/?4143/Extinction-crisis-continues-apace, 2010-07-27.

[54] IUCN. 2009b. The IUCN Red List of Threatened Species - Mammals - Analysis of Data, www.iucnredlist.org/initiatives/mammals/analysis, 2010-07-27.

[55] Kaiser B. Roumasset J. 2002. Valuing indirect ecosystem services: The case of tropical watersheds', Environment and Development Economics, 4 (7): 701-714.

[56] Kettunen M., Genovesi P., Gollasch S., et al. 2009. Technical support to EU strategy on invasive species (IAS) - Assessment of the impacts of IAS in Europe and the EU, final draft report for the European Commission, Institute for European Environmental Policy (IEEP), Brussels, Belgium, available at http://ec.europa.eu/environment/nature/invasivealien/docs/ Kettunen. 2009._IAS_ Task%201.pdf, accessed 2010-11-19.

[57] Kramer R., Sharma N. Munasinghe M. 1995. Valuing Tropical Forests: Methodology and Case Study of Madagascar, Environment Paper No 13, World Bank, Washington, DC.

[58] Lescuyer G. 2007. Valuation techniques applied to tropical forest environmental services: Rationale, methods and outcomes, Paper presented at the West and Central Africa Tropical Forest Investment Forum: Issues and Opportunities for Investment in Natural Tropical Forests, sponsored by ITTO, 2007, 8, 28-30.

[59] Lewis S. L., White L. 2009. Increasing carbon storage in intact African tropical forests, Nature, 457: 1003-1006.

[60] Lubchenco J. 1997. The Black Sea - common ground, Religion, Science and the Environment Symposia, www.rsesymposia.org/more.php?catid=114&pcatid=49,2010-07-09.

[61] Lynam T. J. P., Campbell B. M., Vermeulen, S. J. 1994. Contingent Valuation of Multi-purpose Tree Resources in the Smallholder Farming Sector, Zimbabwe, Working Paper Series 1994/8, Studies in Environmental Economics and Development, Department of Economics, Gothenburg University, Sweden.

[62] MA (Millennium Ecosystem Assessment). 2005a. Ecosystems and Human Well-Being: Biodiversity Synthesis, World Resources Institute, Washington, DC, www.millenniumassessment.org/documents/ document.354. aspx.pdf, 2009-10-26.

[63] MA. 2005b. General Synthesis Report, World Resources Institute, Washington, DC, www.millenniumassessment.org/documents/document.356.aspx.pdf, 2010-07-27.

[64] MA. 2005c. Inland Water Systems, www.millenniumassessment.org/documents/document.289.aspx.pdf, 2010-07-27.

[65] Mallawaarachchi T., Blarney R. K., Morrison M. D., et al. 2001. Community values for environmental protection in a cane farming catchment in Northern Australia: A choice modelling study, Journal of Environmental Management, 62(3):301-316.

[66] Maltby E. (ed). 2009. Functional Assessment of Wetlands: Towards Evaluation of Ecosystem Services, Woodhead, Abington, Cambridge.

[67] Master L. L, Flack S. R., Stein B. A. 1998. Rivers of life: Critical watersheds for protecting freshwater

biodiversity, A NatureServe Report, www.natureserve.org/library/riversoflife.pdf, 2009-10-16.

[68] Mc Kinsey, Co. 2008. Pathways to a Low Carbon Economy for Brazil, www.mckinsey.com/ clientservice/ccsi/pdf/pathways_low_carbon_economy_brazil.pdf, 2009-10-16.

[69] Ministerium für Landwirtschaft, Umwelt und Verbraucherschutz Mecklenburg-Vorpommern. 2009. Konzept zum Schutz und zur Nutzung der Moore: Fortschreibung des Konzeptes zur Bestandsicherung und zur Entwicklung der Moore, Schwerin, Germany, http://service.mvnet.de/_php/download.php?datei_ id=11159.

[70] Molnar A. 2003. Forest certification and communities: Looking forward to the next decade, Forest Trends, Washington, DC, available at www.forest-trends.org/documents/files/doc_126.pdf, 2010-11-19.

[71] Nellemann C., Hain S. and Alder J. (eds). 2008. In Dead Water: Merging of Climate Change with Pollution, Over-Harvest, and Infestations in the World's Fishing Grounds, United Nations Environment Programme (UNEP), GRID-Arendal, Norway, www.unep.org/pdf/InDeadWater_LR.pdf, 2010-07-27.

[72] New Zealand Department of Conservation. 2006. The Value of Conservation: What Does Conservation Contribute to the Economy? www.doc.govt.nz/upload/documents/conservation/value-of-conservation. pdf, 2010-09-22.

[73] Ninan K. N., Jyothis S., Babu P. et al. 2007. Nagarhole - The Context of Tribal Villages Located Within and Near a National Park, in K. N. Ninan (ed) The Economics of Biodiversity Conservation: Valuation in Tropical Forest Ecosystems, Earthscan, London.

[74] Odum H. T., Odum E. P. 1955. Trophic structure and productivity of a windward coral reef at Eniwetok atoll, Marshal Islands, Ecol. Monogr, 25: 291-320.

[75] OECD (Organisation for Economic Co-operation and Development). 2008. OECD Environmental Outlook to 2030, Paris, www.oecd.org/document/20/0,3343,en_2649_34305_39676628_1_1_1_37465,00.html, accessed 26 October 2009.

[76] OECD-FAO (Organisation for Economic Co-operation and Development and Food and Agriculture Organization of the United Nations). 2008. OECD-FAO Agricultural Outlook 2008-2017, Paris, www.oecd.org/dataoecd/54/15/40715381.pdf, 2009-10-9.

[77] Office of the President Republic of Guyana .2008. Creating incentives to avoid deforestation, http://gina.gov.gy/booklet%20on%20avoided%20deforestationf.pdf, 2010-11-4.

[78] Pabon L. 2009. Valuing Nature: Assessing Protected Area Benefits, The Nature Conservancy, www. nature.org/initiatives/protectedareas/files/valuing_nature_assessing_protected_area_benefits.pdf, 2009-10-26.

[79] Pauly D., Alder J., Bakun A., et al. 2005. Marine fisheries systems, in Millennium Ecosystem Assessment. Ecosystems and Human Well-Being: Current States and Trends, Island Press, Washington, DC, pp.745-794.

[80] PBL (Planbureau voor de Leefomgeving). 2009. Milieubalans 2009, www.rivm.nl/bibliotheek/ rapporten/500081015.pdf, 2009-09-25.

[81] PBL, Netherlands Environmental Assessment Agency (NEAA). 2010. Rethinking Global Biodiversity Strategies: Exploring Structural Changes in Production and Consumption to Reduce Biodiversity Loss, The Hague/Bilthoven, available at www.pbl.nl/en, 2010-10-28.

[82] Pimentel D., McNair S., Janecka J., et al. 2001. Economic and environmental threats of alien plant, animal, and microbe invasions, Agriculture, Ecosystems and Environment, 84: 1-20.

[83] Pimentel D., Zuniga R., Morrison D. 2005. Update on the environmental and economic costs associated with alien invasive species in the United States, Ecological Economics, 52: 273-288.

[84] Pimm S. L., Russell G. J., Gittleman J. L. et al. 1995. The future of biodiversity, Science, 269: 347-350.

[85] Postel, S. L. 2000. Entering an era of water scarcity: The challenges ahead, Ecological Applications, vol 10, no 4, pp941-948, www.cee.mtu.edu/~nurban/classes/ce5508/2008/Readings/SandraPostel00.pdf, 2010-7-27.

[86] Pratchett M. S., et al. 2008. Effects of climate induced coral bleaching on coral reef fishes - ecological and economic consequences, Oceanography and Marine Biology: An Annual Review, 46: 251-296.

[87] Priess J. A., Mimler M., Klein A. M. et al. 2007. Linking deforestation scenarios to pollination services and economic returns in coffee agroforestry systems, Ecological Applications, 17(2): 407-417.

[88] Repetto, R., Magrath, W., Wells, M., et al. 1989. Wasting Assets: Natural Resources in National Income Accounts, World Resources Institute, Washington, DC.

[89] Rogers A. D. 2009. international Commission for Land Use Change and Ecosystems: The oceans, Zoological Society of London, presentation given at Rome G8+5 Legislators Forum, Italian Chamber of Deputies, 2009-6-13.

[90] Ruitenbeek H. J., Cartier, C. M., et al. 1999. issues in applied coral reef biodiversity valuation: Results for Montego Bay, Jamaica, World Bank Research Committee Project RPO#682-22 Final Report, World Bank, Washington, DC.

[91] SCBD (Secretariat of the Convention on Biological Diversity). 2001. The Value of Forest Ecosystems (CBD Technical Series No 4), Montreal, available at www.cbd.int/doc/publications/cbd-ts-04.pdf, 2009-10-16.

[92] SCBD. 2008. Access and Benefit-Sharing in Practice: Trends in Partnerships Across Sectors (CBD Technical Series No 38), Montreal, www.cbd.int/doc/publications/cbd-ts-38-en.pdf, 2010-06-29.
[93] SCBD. 2009. Biodiversity, Development and Poverty Alleviation - Recognizing the Role of Biodiversity for Human Well-Being, Montreal, Canada.
[94] SCBD. 2010. Global Biodiversity Outlook 3, Secretariat of the Convention on Biological Diversity, Montreal.
[95] Schäfer A. 2009. Moore und Euros - die vergessenen Millionen, Archiv fur Forstwesen und Landschaftsökologie, 43 (4) : 156-159.
[96] Shine C., Kettunen M., Genovesi P., et al. 2010. Assessment to support continued development of the EU Strategy to combat invasive alien species, final report for the European Commission, Institute for European Environmental Policy (IEEP), Brussels, Belgium, available at http://ec.europa.eu/environment/nature/invasivealien/docs/ IEEP%20 report_EU%20IAS%20Strategy%20components%20%20costs.pdf, 2010-11-19.
[97] Shvidenko A., et al. 2005. Forest and Woodland Systems, in R. Hassan, R. Scholes and N. Ash (eds) Ecosystems and Human Well-Being: Current State and Trends, Island Press, Washington, DC.
[98] Stern N. 2006. Review on the Economics of Climate Change, Cambridge University Press, available at www. webcitation.org/5nCeyEYJr, 2010-07-26.
[99] Tallis H., Kareiva P., Marvier M. et al. 2008. An ecosystem services framework to support both practical conservation and economic development, PNAS, 105 (28): 9457-9464.
[100] TEEB (The Economics of Ecosystems and Biodiversity). 2008. TEEB Interim Report, www.teebweb.org/ LinkClick. aspx?fileticket=5y_qRGJPOao%3d ＆ tabid=1018 ＆ language=en-US, 2009-10-16.
[101] TEEB. 2009. Climate Issues Update, www.teebweb.org/LinkClick.aspx?fileticket=L6XLPaoaZv8%3D&tab id, 2009-16-21.
[102] TEEB Foundations. 2010. The Economics of Ecosystems and Biodiversity: Ecological and Economic Foundations (ed P. Kumar), Earthscan, London.
[103] TEEB in Business. 2011. The Economics of Ecosystems and Biodiversity in Business and Enterprise (ed J. Bishop), Earthscan, London.
[104] ten Brink, B. 2008. Presentation at the workshop: 'The Economics of the Global Loss of Biological Diversity', 2008, 3, 5-6.
[105] ten Brink P., Rayment M., Bräuer I., et al. Further Developing Assumptions on Monetary Valuation of Biodiversity Cost of Policy Inaction (COPI), European Commission project - final report, Institute for European Environmental Policy (IEEP), London and Brussels.
[106] TIES (The International Ecotourism Society). 2006. Ecotourism Statistical Fact Sheet, Washington, DC, www.ecotourism.org/atf/cf/%7B82a87c8d-0b56-4149-8b0a-c4aacedlcd38%7D/TIES%20 GLOBAL%20 ECOTOURISM%20FACT%20SHEET.PDF, 2010-09-22.
[107] UN (United Nations). 1993. Convention on Biological Diversity, United Nations Treaty Series, 1760: 1-30619, www.cbd.int/doc/legal/cbd-un-en.pdf, 2010-07-26.
[108] UN (United Nations General Assembly). 2000. United Nations Millennium Declaration, www.un.org/ millennium/, 2009-10-16.
[109] (United Nations). 2002. Ensuring the Sustainable Development of Oceans and Coasts, Co-Chairs' Report from The Global Conference on Oceans and Coasts at Rio+10, www.un.org/jsummit/html/ documents/backgrounddocs/ unescoreport.pdf, 2010-07-27.
[110] UNDP (United Nations Development Programme). 2005. Energy Services for the Millenium Development Goals, www.unmillenniumproject.org/documents/MP_Energy_Low_Res.pdf, 2010-07-27.
[111] UNDP. 2007. Human Development Report 2007/2008, New York, http://hdr.undp.org/en/media/ HDR_20072008_ EN_Complete.pdf, 2010-07-27.
[112] UNEP (United Nations Environment Programme). 2007. Global Environment Outlook 4: Environment for Development, United Nations Environment Programme (UNEP), Nairobi, Kenya, www.unep.org/ geo/geo4/report/ GEO-4_Report_Full_en.pdf, 2010-07-27.
[113] UNEP. 2009. The Role of Ecosystem Management in Climate Change Adaptation and Disaster Risk Reduction, Copenhagen Discussion Series, Paper 2, June .2009, www.unep.org/climatechange/LinkClick. aspx?fileticket=rPyah T90aL4%3D&tabid=129&language=en-US, 2010-07-26.
[114] UNEP-WCMC (United Nations Environment Programme World Conservation Monitoring Centre). 2006. In the Front Line: Shoreline Protection and Other Ecosystem Services from Mangroves and Coral Reefs, UNEP-WCMC, Cambridge, UK, www.unep.org/pdf/infrontline_06.pdf, 2010-07-27.
[115] UNESA. 2009. World Population Prospects: The 2008 Revision, Population Division, United Nations Department of

Economic and Social Affairs, Washington, DC, http://esa.un.org/unpd/wpp2008/peps_ documents.htm, 2010-07-10.

[116] UN Millennium Project. 2005. Investing in Development: A Practical Plan to Achieve the Millennium Development Goals, Overview, United Nations, New York

[117] UNWWAP (United Nations World Water Assessment Programme). 2003. Water for People, Water for Life, http://webworld.unesco.org/water/wwap/facts_figures/protecting_ecosystems.shtml, 2009-10-16.

[118] Valiela I., Bowen J. L., York J. K. 2001. Mangrove forests: One of the world's threatened major tropical environments, BioScience, 5(10): 807-815.

[119] van Beukering P. J. H., Cesar H. J. S., Janssen M. A. 2003. Economic valuation of the Leuser National Park on Sumatra, Indonesia, Ecological Economics, 44: 43-62, www.public.asu. edu/~majansse/pubs/ee2003.pdf, 2010-7-27.

[120] Vedeld P., Angelsen A., Sjaasrad E., et al. 2004. Counting on the Environment: Forest Income and the Rural Poor, Environmental Economics Series No 98, World Bank, Washington DC.

[121] Veron J. E. N. 2009. The Coral Reef Crisis: Scientific Justification for Critical CO2 Threshold Levels of <3S0ppm, Output of the Technical Working Group Meeting, Royal Society, http://static.zsl.org/files/lc- the-coral-reef-crisis-the-critical-importance of-350-ppm-co2-967.pdf, 2010, 9, 22.

[122] Vilhjálmsson H., et al. 2010. Fisheries and aquaculture in the Newfoundland and Labrador Seas, Northeastern Canada, in The Encyclopaedia of Earth, Section 13.4 of the Arctic Climate Impact Assessment, www.eoearth.org/article/Fisheries_and_aquaculture_in_the_Newfoundland_and_Labrador_ Seas,_Northeastern_Canada, 2010-7-27.

[123] Vörösmarty C. J., Lévêque C., Revenga C., et al. 2005. Fresh Water, in Millennium Ecosystem Assessment: Current State and Trends Assessment, Island Press, Washington DC : 165-207.

[124] Vouvaki D. and Xeapapadeas A. 2008. Total factor productivity growth when factors of production generate environmental externalities, Working paper, http://mpra.ub.uni-muenchen.de/10237/l/VX_ TFP_Externalities_28_August_2008.pdf, 2010-07-27.

[125] Wilkinson C. (ed). 2008. Status of Coral Reefs of the World: 2008, Global Coral Reef Monitoring Network and Reef and Rainforest Research Center, Townsville, Australia.

[126] Wily L. A. 2000. Making Woodland Management More Democratic: Cases from Eastern and Southern Africa, IIED Dryland Issues Paper 99, www.iied.org/pubs/pdfs/9029IIED.pdf, 2009-10-20.

[127] World Bank. 2004. Sustaining Forests: A Development Strategy, World Bank, Washington DC.

[128] World Bank. 2008. The Sunken Billions: The Economic Justification for Fisheries Reform, The International Bank for Reconstruction and Development/The World Bank, Washington, DC.

[129] Worm B. 2006. impacts of biodiversity loss on ocean ecosystem services, Science, 314: 787-790.

[130] WWF (World Wide Fund for Nature). 2006. Living Planet Report 2006, Gland, Switzerland, http://assets.panda.org/downloads/living_planet_report.pdf, 2010-07-26.

[131] WWF. 2008. Living Planet Report 2008, Gland, Switzerland, http://assets.panda.org/downloads/living_ planet_report_2008.pdf, 2009-10-16.

[132] Yaron G. 2001. Forest, plantation crops or small-scale agriculture? An economic analysis of alternative land use options in the Mount Cameroun Area, Journal of Environmental Planning and Management, 44(1): 85-108.

[133] Yuan Z., Tol R. S. J. 2004. 'Evaluating the costs of desalination and water transport', Water Resources Research, 41(3).

[134] Zalidis G. C., Gerakis A. 1999. Evaluating sustainability of watershed resources management through wetland functional analysis, Environmental Management, 24: 193-20.

第2章
政策响应框架和指导原则

协调主要作者
Bernd Hansjürgens

特约作者
Marianne Kettunen, Christoph Schröter-Schlaack, Stephen White, Heidi Wittmer

编辑和语言校对
Clare Shine

对审稿人和其他著者的致谢，参见本章结尾部分

关键信息

减少生物多样性丧失和生态系统退化有助于保障自然资本当前和未来的收益。在决策中忽视生物多样性会导致经济效益低下和社会不公。若在制定政策时充分考虑经济价值，我们就能改进所有部门和层面所做决策的合理性和持久性。

改变潮流：利用经济信息改进公共政策

经济分析需要揭示和表明生物多样性和生态系统服务对社会的全部价值。经济分析能促进所有政治层面对相关问题的理解和整合，同时证明不作为的风险和成本。

经济信息应被纳入政策制定和审查过程的每个阶段，以便于：

1. 发现能够借鉴其他地方成功实践经验的机会；

2. 评价并改进现有生物多样性政策以充分发挥政策的作用；

3. 优先考虑并指导新政策设计；

4. 为将生物多样性问题纳入所有相关行业及跨行业规划、政策和方案中提供坚实基础；

5. 在对生物多样性和生态系统服务造成危害的区域和行业，推动政策及消费模式改革。

应更严格有效地执行国际认可的、旨在确保不同行业和各级政府的政策协调和一致性的机制，例如《生物多样性公约》框架下的《国家生物多样性战略和行动计划》。

政策转变的指导原则

下列关键因素有利于政策获得最大程度的社会认可和公平有效地实现政策目标：

1. 在强有力的协调机制支持下，明确相关参与者并平衡不同群体、行业和区域之间以及各个群体、行业和区域之内的各种利益；

2. 重视具体文化和制度背景，确保及时推出合理且符合地方特色的政策方案；

3. 在制定政策过程中应考虑产权、公平和公正性及成本与收益的分配影响，包括对后代的影响；

4. 所有政策需建立在良好治理的基础上：获取经济信息有利于提高政策透明度，实现良好治理，而良好的治理又有助于获取更多经济信息。

2.1 概　述

第 2 章建议采用更强有力的公共政策应对全球生物多样性危机。2.2 节概述由于缺乏生态系统服务和生物多样性相关经济信息而使政策变革面临的阻碍。2.3 节通过具体示例说明如何及何时将经济价值纳入决策过程。2.4 节提出政策转变的指导原则，并着重强调成本与收益的公平分配。2.5 节交叉引用本书相关章节，概括可供决策者使用的一系列工具。

2.2 为什么决策过程中会忽视生物多样性?

贫困问题和环境问题有着相同的根源，那就是无知。

（坦桑尼亚总统 Ali Hassan Mwinyi，1998，引用于 Chau，2008）

生物多样性政策并不是新领域。最近几十年，几乎所有国家都设定了保护物种和栖息地及保护自然免受污染和其他活动侵害的目标和规则。多种形式的政策和措施均可对生物多样性和生态系统服务产生积极的影响（参见专栏 2.1）。

专栏 2.1　有益于生物多样性保护的政策范例

1. 扩大发达国家和发展中国家陆地和海洋保护区体系，并加大对这些体系的投资和管理，从实现保护目标，保护重要栖息地（例如，通过《欧盟栖息地和鸟类指令》下的 Natura 2000 自然保护区网络及划分 RAMSAR 湿地或 UNESCO 生物圈保护区）；

2. 推动综合性水资源管理（例如，《欧盟水框架指令》）；

3. 对环境损害（例如，漏油）责任进行法律认定；

4. 出台激励措施，奖励对生物多样性的管理（例如，生态系统服务付费）；

5. 推出基于市场的工具（例如，州际绿色税转移，湿地补偿银行，对利用自然资源生产的产品、对自然资源造成的污染和自然资源的利用进行收税和收费，给予适当补贴）；

6. 实行产品（例如，木材、鱼、有机食品、生态标签产品）和服务（例如，可持续旅游）认证；

7. 制定法规禁止或限制向江河和地下水系统排放污染物、改善空气质量并减少向大气中排放温室气体（GHG）；

8. 出台禁令禁止生产或使用危险物质（例如，破坏臭氧层的物质、部分农药）或危害环境的产品（例如，塑料袋）；

9. 执行更严格的技术规范（例如，强制采用双壳油轮）和实践（例如，禁止炸药捕鱼或拖网捕鱼）；

10. 加大对环境基础设施（例如，废物收集和处理）、创新和低冲击技术（例如，某些再生能源）及自然栖息地和服务恢复项目（例如，泛滥平原、红树林）的投资；

11. 推行可持续管理实践（例如，可持续农业、渔业、林业管理实践）。

尽管这些政策和措施初见成效，但全球生物多样性仍然面临严峻危机（参见第1章），这说明当前政策还并不足以有效解决问题。

有些阻碍生物多样性的原因，诸如缺少财政资源，能力不足、信息和/或专门技术匮乏，权责重叠和执行力薄弱，政策制定者们并不陌生。除此之外，决策者们还需增进对根本经济障碍的了解，才能在保护生物多样性方面取得长足的进步。

值得注意的是，从根本上而言，生物多样性是一个跨领域的问题。很多政策对生物多样性具有重要影响，包括行业政策（例如，农业、林业、渔业政策）、跨行业政策（旅游、交通、贸易、土地利用政策、地区规划等）及一般经济和发展政策。在实践中，影响生物多样性和生态系统服务的政策制定通常是零散的，不能充分反映生物多样性和生态系统服务对经济和社会的重要性。

忽视生物多样性的根本原因是生物多样性和生态系统可被视为公共物品：

1）生物多样性和生态系统能够带来各种形式的、广泛的福利，因此很难“捕捉”其价值并确保执行“谁受益，谁付费”的原则。例如，森林为当地人口提供地方性福利（木材、食物和其他产品）；森林生态系统调节水流量并保证地区气候稳定性；森林在全球范围内都很重要，因为它们能够维持生物多样性并长期发挥碳汇作用。

2）现有市场和市场价格仅仅反映了部分生态系统服务的价值，即主要反映了食物或纤维等“供给服务”价值（千年生态系统评估，2005）。大多数情况下，个人和企业不用支付任何费用便可使用生物多样性服务，而服务提供者却很少得到应有的认可或回报。

3）保护和恢复成本通常需要即时支付（通常由地方支付），但很多福利却在将来才能体现出来。例如，划定一片保护区拯救濒危物种会对该区域的使用群体造成短期损失，这种观点几乎或完全没有考虑到建立保护区能带来的长期福利（例如，受保护物种的药用价值）。

其他制约因素包括：

1）对潜在未来福利的不确定性和对不作为风险的无知相伴而生。我们对于为何每个物种都很重要、其在食物网中扮演什么角色、该物种灭绝后会产生什么后果以及不同生态系统的“临界点”知之甚少。对于政策制定者而言，把钱花在回报明确的政策上通常比花在结果不明确的政策上更具吸引力。

2）生物多样性和生态系统服务退化通常是日积月累的过程：个体和地方行为引发的微弱影响会不断累积，并造成全球性的严重破坏。例如，对单个开发项目（例如，砍伐森林用于农业用途或房屋建设）开展小范围评估，可能产生正的成本—收益比，但这些项目造成的森林砍伐和栖息地破碎的累积影响却相当惊人。

这些因素均会导致我们制定政策和决策方式产生系统性偏差。第一，当我们在环境保护与其他政策目标（例如，提高农业生产力、发展交通或能源基础设施）之间进行权衡取舍时，由于表面上缺乏具有说服力的经济论据，导致我们的决定往往会不利于生物多样性和生态系统服务。第二（甚至更重要），忽视生物多样性和生态系统服务的经济价值，导致公共决策往往呈现相互排斥的目标，而不是寻求融合一体、协调一致的政策方案。

某些情况下，的确进行了权衡取舍，而且这种权衡经过严格审视依然合理。另一些情况下，声称进行此类权衡取舍，必须做出艰难的决定，却是操之过急。提供有关生物多样性和生态系统的经济信息有助于把这两种情况区分开来。

2.3 利用经济信息提高政策一致性

我们不该把目光局限于保护区，否则只会得到像“碎片拼接而成的被子”一样的结果——大自然的碎片散落于满目疮痍的荒漠之中。

（Jose Manuel Durão Barroso，欧盟委员会主席，2009）

毋庸置疑，政府应该采取积极措施保护生物多样性和生态系统服务。在考虑经济因素的同时，公共环境政策还应建立在道德价值（关注人类福祉）、内在价值（避免物种灭绝）和妥善管理的基础之上。这些重要价值能指导和引导我们做出新的政策回应，从而减少当前的损失，并为人类未来投资建设一些健康运转的生态系统。

在做出影响自然资本的选择时，私人参与者（企业和消费者）发挥越来越重要的作用。然而，我们仍需要强有力的政策框架来确保决策的高效（社会从稀缺的生物多样性中获得尽可能多的收益）和公平（生物多样性收益得以公平分配）。适当的监管既是某些生态系统服务市场发展的基础，也是监督市场有效性的机制。

2.3.1 让生物多样性和生态系统服务成为主流

将其他政策领域搁置一旁，设计更好的生物多样性政策，还远不足矣。对于各个生产行业以及依靠这些行业谋生的人们来说，其经济生存状态与生态系统服务和支撑生态系统服务的生物多样性之间存在着错综复杂的联系。基于上述理由，生物多样性问题应该成为关乎行业和跨行业计划、项目和政策，以及扶贫计划和国家可持续发展规划的主流内容。

因此，建立能够确保国内和各个国家之间，不同行业和各级政府之间政策协调性和一致性的机制十分必要。空间规划对维持这种平衡尤为重要。由于大部分环境决策都是在基层推行（尤其是许可、检查、规划决定及执行等方面的事宜），因此地方行政管理部门和参与者需要提高相关意识，获得丰富的资源并积极投身其中［参见《TEEB 地方政策报告》（TEEB in Local Policy），2011］。

决策者可借鉴相关生物多样性国际条约下确立的全球认可的目标和实施框架（参见表 2.1 中的示例）。《生物多样性公约》（CBD）是生物多样性领域最重要的公约。2010 年，CBD 各缔约国通过了 2020 年 CBD 实施全球战略规划。该规划重点强调了经济分析、价值评估及应用经济工具的应用（参见专栏 2.1）。

表 2.1 应对生物多样性问题的全球公约

公约名称	通过时间	缔约国数量（截至 2010 年）	目 标	更多信息
生物多样性公约（CBD）	1992	193 个缔约国（168 个签署国）	保护生物多样性；生物多样性组成部分的可持续利用；以公平合理的方式共享利用遗传资源产生的收益	www.cbd.int
世界遗产公约	1972	187	促进各国在保护具有突出价值遗产方面的合作	http://whc.unesco.org/en/convention
濒危野生动植物物种国际贸易公约（CITES）	1973	175	确保野生动植物标本的国际贸易不会威胁其生存	www.cites.org
湿地公约（拉姆萨尔公约）	1971	160	通过地方、地区和国家行动及国际合作保护并合理利用湿地	www.ramsar.org
粮食和农业植物遗传资源国际条约	2001	125	认可农民对作物多样性的贡献；建立向农民、植物育种者和科学家提供植物遗传物质的全球体系；确保遗传物质所创造的收益在原产国内得以共享	www.planttreaty.org
保护野生动物迁徙物种公约（CMS）	1979	114	保护陆地、海洋和空中迁徙物种的活动空间范围	www.cms.int
国际捕鲸公约	1946	88	保护鲸类资源	www.iwcoffice.org

此外，CBD 还要求各缔约国制定《国家生物多样性战略和行动计划》（NBSAP）。这一进程已发展成为推动生物多样性政策在各行业和各级政府之间得以协调一致实施的主要国家机制。由于 CBD 各缔约国的 NBSAP 仍需进一步加强和改进，各国已开始积极投身到修改和更新 NBSAPs 这项艰巨的任务中。

引入生态系统服务这一概念（ecosystem services approach）可能需要修改其他政策领域的国际公约或标准。譬如目前的 WTO 规则就禁止引入某些环境措施，因为这会违反自由贸易原则（参见专栏 2.2）。在芬兰，为恢复海豹种群推出的政策，使得渔获发生损失。而政府对渔民进行的补偿却与欧盟国家援助规定相冲突。这导致该政策在实施仅两年后就被取消（Similä 等，2006）。

专栏 2.2　贸易与环境

贸易与环境之间的关系复杂多样且非常重要。贸易自由化本身对环境而言无所谓好坏，其对环境的影响实际上取决于环境与贸易目标互补和相互支持的程度。

（UNEP 和 IISD，2005）

政府不仅有履行 WTO 的义务，也有履行 CBD 和 UNFCCC 等多边环境协定（MEA）的义务。虽然至今仍没有因具体 MEA 与 WTO 规定冲突而产生的 WTO 法律争端，但政府需要平衡两种义务，即 WTO 义务（不许歧视贸易商品）和 MEA 义务（限制或禁止进口在对环境有害条件下生产的产品或导致环境退化加剧的产品）。

对于遵照保护生态系统和减轻环境压力的准则生产的商品和产品，还存在另一个潜在问题。生产这类产品的外部成本（即社会需承担的成本）低于没有按上述准则生产的竞争商品。有观点认为，在环保准则下生产的商品应因其转移给整个社会的成本较低而获得奖励，这样才能确保公平的竞争环境。这可能会给国际贸易带来影响，具体取决于政府决定如何体现上述成本差异（例如，通过制定标准、标签方案或利用税收方式）。

我们往往需要在短期目标与长期目标、经济发展与环境及生活条件、自然资本与 GDP 之间做出权衡。这些权衡对发展中国家尤为重要。对发展中国家而言，遵守某些生产标准或偏向于生产某些产品，会对产品贸易构成限制，降低其设定优先考虑事项的灵活性（即时间灵活性）。而妥协则会对这些国家的中小型企业带来严峻挑战。另外，通过“采掘”自然资源获得短期发展可能意味着长期贫困。

虽然贸易自由化对经济发展的影响已得到充分研究，但其对生态系统和环境的影响却很少得到关注（Verburg 等，2009）。有些研究发现，农产品贸易自由化会导致生物多样性严重丧失，尤其是在拉丁美洲和非洲地区，而欧洲和北美洲却因农业生产转移，降低了生物多样性丧失程度（ten Brink B. 等，2007）。

来源：Sampson（2005）；UNEP 和 USD（2005）；Verburg 等（2009）；ten Brink B. 等（2007）。

2.3.2　经济学如何提供帮助？

我们应加大对生物多样性和生态系统提供服务的关注，克服我们一直以来对其漠视的问题。千年生态系统评估（参见第 1 章）设立了衡量生态系统服务状态的一系列指标（参见第 3 章）。而 TEEB 又向前迈进一步，利用服务价值数据为决策提供更多信息。

从承认生态系统服务的存在到评估其价值，人们的生态保护意识得到极大的提高。现在，我们能够证明生物多样性和生态系统服务具有双重价值——狭义价值（在市场上具有的商品和服务价值）及广义价值（对保障我们的生活、生存和福祉必不可少）。即使市场尚不存在或未能以货币形式体现服务价值，仍可基于定性或半定性评估来体现生态系统服务价值。实际上，我们以货币形式衡量的价值通常只是生物多样性和生态系统服务总价值的一部分，其“真正”的价值往往比评估值高得多（参见第4章）。

价值评估能够揭示不同生态系统服务的直接或间接贡献，因此可为决策者提供帮助（参见专栏2.3）。

专栏2.3 湿地的多重价值：以戴利河（Daly River）流域（澳大利亚）为例

一项2008年开展的研究对北领地一处面积35万 hm^2 的流域进行价值评估，得出其当前利用价值约为390澳元/hm^2（330美元/hm^2）[整个流域价值高达约1.39亿澳元（1.2亿美元）]。预估流域价值（每公顷每年）主要由以下几个功能构成：

1. 作物种植、畜牧和鳄鱼捕猎的载体功能：31澳元/hm^2（26美元/hm^2）；
2. 有益于自然保护的栖息地功能：1澳元/hm^2（0.85美元/hm^2）；
3. 调节功能（水利用、碳封存）：298澳元/hm^2（251美元/hm^2）；
4. 信息/文化功能（旅游、休闲垂钓）：57澳元/hm^2（48美元/hm^2）。

注：所有数值均按2008年平均汇率换算。

来源：de Groot等（2008）。

在政策工具的选择和设计过程中考量经济价值有助于：

（1）显示各种价值（例如，制造资本和自然资本的价值、当前与未来收益—成本的价值、不同资源种类的价值）是否均等，从而克服上文提到的决策偏差，即使该价值没有被货币化或以市场价格体现；

（2）说明即使生物多样性福利是多层面和分散的，它们仍可以被包含或聚合在某些更广泛的价值之内（例如，森林）；

（3）开创先前并不存在的新市场（例如，最近设立的GHG排放市场就是一个很好的范例：充分说明了在强有力的政策框架下，对环境商品采取基于市场的方法可以取得良好成效）；

（4）挖掘未来收益，而不仅仅只是依赖当前成本（例如，识别可用于制药产品生产的热带雨林植物的选择价值，或开发环保旅游业的潜力）（见第4章）。

2.3.3 经济价值何时起作用？

生物多样性和生态系统服务价值信息可以在决策过程的多个环节得到系统应用。经济数据是提升公共意识、为议程设置或政策制定提供信息的重要工具。经济数据形成新政策的基础，并为政策变更提供切入点（参见表2.2）。

专栏2.4举例说明如何在各决策阶段应用经济信息。

专栏2.5阐述如何在发生损害后的较晚阶段利用经济信息，为法律救济和赔偿裁决提供指导。

表 2.2　经济信息对政策制定过程有何帮助

阶　段	主要步骤	经济信息种类和作用
问题确定和议程制定 （目标：把生物多样性和生态系统服务保护纳入政治议程）	1. 提供有关生物多样性和生态系统服务丧失的证据，及此等丧失对生态和经济发展造成影响的证据，寻求保护生物多样性的理由。 2. 阐明生物多样性与其他环境、经济或社会压力（例如，气候变化、金融危机、减贫）之间的关联，促进政策一致性。 3. 鼓励其他行业参与制定生物多样性行动框架并把与其关切点联系起来，从而促进参与积极性、提高主人翁意识。 4. 预先分析生物多样性和生态系统服务状态，以便抓住新的有利时机	1. 生物多样性丧失价值的经济数据。 2. 计算森林碳价值。 3. 提供与制药产品相关的热带雨林选择价值数据。 4. 评估无效和 / 或对环境有害的补贴造成的经济损失
政策制定和决策过程 （目标：拟定可选政策方案并确定应采取的政策）	1. 分析生物多样性和生态系统服务丧失的根本原因。 2. 就政策方案的目标达成一致。 3. 设立解决利益相关方之间生物多样性冲突的规则。 4. 制定可选政策方案。 5. 就可选政策方案的比较准则达成一致。 6. 确定每一项准则的指标。 7. 评估、比较每个政策方案实现既定指标时可能造成的环境影响，并告知决策者。 8. 选取最佳政策方案并根据需要制定其他措施以最大化协同效果和尽可能减少不必要的权衡	1. 可选政策方案的成本与收益（例如，对比技术水处理设施与人工湿地）。 2. 创建用于衡量生物多样性丧失和生态系统服务退化相关价值的指标（定量指标和货币指标）
实施 （目标：实施所采用的政策，包括进行必要规划以达成预期政策效果及进行监测）	1. 获得正式授权，预先分配资源，以便更好地实施政策。 2. 进行操作规划。 3. 确保利益相关方参与进来并对其进行管理。 4. 确保监测系统到位以衡量对生物多样性和生态系统服务的压力或影响（例如，为保护区管理或活动监测）并提供充分资金，从而加强管理能力	1. 评估可选监测机制的成本。 2. 确定有关利益相关方（受益者和成本承担者）及各自的利益。 3. 为损失方应得赔偿提供依据
评价 （目标：根据监测结果确定政策是否成功实施）	1. 根据评价目的和信息要求设定评价范围和准则，并使相关信息可用。 2. 要求统计部门参与评价，并从一开始就确定采用哪些数据 / 信息系统。 3. 通过监测收集信息，开展评价，并让利益相关方参与进来。 4. 得出结论，提出政策改进建议并分享经验教训	1. 例如，通过地方当局监测站、统计学家分析或企业监测证明生物多样性丧失和生态系统退化造成的经济损失。 2. 事后收益与成本评估

阶 段	主要步骤	经济信息种类和作用
检查、强制执行和对违规行为做出响应 （目标：检查政策是否得到实施，如果没有，通过适当方法解决）	1. 提供足够的检查能力并制定检查程序。 2. 根据国情，提出技术措施/改变要求、予以罚款或提起诉讼程序作为不合规响应和惩罚措施	1. 检查的成本效益。 2. 实施“谁污染谁付费”的原则。 3. 应用经济工具——罚款/处罚、赔偿金或类似的补救措施

来源：根据 Howlett 和 Ramesh（2003）中的 UNEP（2000）改写而成。

专栏 2.4 把价值评估纳入决策支持体系

印度尼西亚

赛迦（Segah）流域［贝劳区（Berau District）］包含东加里曼丹（East Kalimantan）最大几处未遭破坏的低地雨林带（15 万 hm^2），这些雨林带是猩猩最后的重要栖息地。一项 2002 年的价值评估研究表明：赛迦河（Segah River）和附近凯利河（Kelay River）的价值预计超过 550 万美元 /a（例如，通过调节水流量和输沙量以保护基础设施和灌溉系统）。鉴于此，当地成立了致力保护该流域的赛迦流域管理委员会。

乌干达

由于纳吉乌伯沼泽（流域面积＞40 km^2）的存在（该沼泽能够清洁被工业、城市和未经处理废水污染的水资源），大坎帕拉市因此受益。一项价值评估研究分析了用人工技术（例如，升级污水处理厂、建设公厕处理附近贫民窟的污水）取代湿地废水处理服务所需的成本。研究结论表明，要想取得与湿地提供的天然废水处理服务相似的效果，所需基础设施成本高达 200 万美元 /a，远高于管理自然湿地以最大化其污水处理潜力并维持其生态完整性所需的成本（约 23.5 万美元）。鉴于此，有关当局取消了排干并改造该湿地的计划，纳吉乌伯沼泽由此通过法律方式指定为城市绿化带的一部分。

来源：Emerton 和 Bos（2004）；TNC（2007）；UNDP-UNEP 贫困 - 环境基金（2008）。

专栏 2.5 对损害进行经济价值评估以执行责任规则

1989 年发生的埃克森·瓦尔迪兹号油轮沉船事件，推动了条件价值评估法（CVM）在相关研究中的应用。这些研究以美国《综合环境应对、赔偿和责任法案》为依据，旨在评估该事故对自然资源造成的损害程度。诺贝尔奖得主 K. Arrow 和 R. Solow 领导的专门小组负责向美国国家海洋与大气管理局提供建议，阐述在自然资源损害评估中使用 CVM 的适用性。专门小组在其报告中总结道：囊括被动使用价值在内的 CVM 研究，能够得出足够可靠的评估值，可用于评估此类损害的司法程序。专门小组为确保条件价值评估法得到恰当合理的应用，制定了一系列指导原则。虽然其中部分原则遭到批评，但大部分原则得到广泛认可。

来源：Navrud 和 Pruckner（1997）。

经济评估可反映出有些政策已取得良好效果，其收益高于成本、成效显著且效率较高。例如，2007 年引入的 REDD（减少森林砍伐和森林退化造成的碳排放）机制是一项重要的气候政策工具，成功推动了社会各界对生态系统服务付费（PES）机制的关注（参见第 5 章）。多个国家和组织已积累可供其他国家和应用借鉴的 REDD 设计与实施案例研究经验（Parker 等，2009）。其他能够更广泛应用于生物多样性目标的方法包括：绿色公共采购（参见第 5 章），基于“谁污染谁付费”原则的工具，诸如税收、可交易配额或责任规则等定向激励性工具。这些方法都能够改进政策措施的成本效益（参见第 7 章）。

经济分析能够有助于现有工具取得更好效果。运用评估工具（参见第 4 章）衡量和比较现有政策的效率和成本效益，能够确保政策工具充分发挥其作用。评估能够提供持续的机会以审查和改进政策设计、调整目标和阈值、展示保护措施所取得的积极效果（例如，设立保护区所取得的成效）。评估过程有助于提高透明度，促使利益相关方接受限制性政策。

经济评估能够揭示其他政策领域采取的措施（例如，对环境有害的补贴）所造成的非故意损害。如果政策工具未将自然环境考虑在内，就容易导致危害生物多样性和生态系统服务的活动，产生净负影响。例如，房地产补贴会鼓励转换土地用途和在自然区域进行城市扩张，渔业和农业补贴会鼓励超出生态可持续阈值程度的活动（参见第 6 章）。

当经济分析涵盖不同社会群体之间的成本与收益分配时，经济信息还有助于政策制定者解决贫困问题并实现社会目标。这类分析能够凸显生物多样性和生态系统服务对很多国家贫困人口的重要性。通过解决这些问题，生物多样性政策将有助于解决贫困问题（参见表 2.3）。

2.4　政策转变的指导原则

政策制定者、活动家、消费者、生产者、社会必须在思维方式上做出两个重大转变，我们才能取得成功。首先是不能以政治或经济周期思考问题；不能只考虑历时几年或几十年的方案和举措，而是要着眼于跨时期和跨时代的百年大计……。其次是重新思考如何评判社会成功。60 年来，我们一直用经济收益和社会正义衡量进步。现在我们终于明白：社会进步乃至我们拥有的唯一世界能否生存都取决于我们是否采取果断行动保护世界。

（Gordon Brown，英国前首相，2009）

表 2.3 生物多样性政策如何影响发展政策和扶贫

项目	国家	保护成果	发展 / 扶贫	更多信息
基多淡水基金（Quito’s Water Fund）	厄瓜多尔	1. 植树 350 万棵 2. 雇用 9 名公园警卫 3. 设立水文监测项目	1. 其他收入来源（工作） 2. 教育 3. 清洁水 4. 冲突解决培训 5. 技术能力建设	UNEP（2004）
中国退耕还林工程	中国	1. 到 2010 年再造林 1 460 万 hm^2	1. 其他收入来源 2. 对少数民族给予专项支持 3. 洪水控制	Bennett 和 Xu（2005）
灵威西生态旅馆（Il’Ngwesi Ecolodge）	肯尼亚	1. 野生动植物种群数量增加 2. 偷猎得到控制	1. 其他收入来源 2. 教育(投资建学) 3. 安全(偷猎减少)	II Ngwesi（2009）
纳米比亚保护工程	纳米比亚	1. 野生动植物种群数量增加 2. 过度放牧得到控制 3. 景观连接度增加	1. 其他收入来源 2. 产权 3. 文化平等 4. 性别平等	纳米比亚社区自然资源管理协会（CBNRM）支持机构(NACSO)(2010)
开普半岛生物多样性保护项目	南非	1. 根除外来入侵植物 2. 重新引入羚羊物种 3. 猛禽种群数量增加 4. 建立保护区	1. 基础设施改善 2. 其他收入来源	FFEM（2007）

资料来源：改编自 Tallis 等（2008）。

除经济价值外，政策制定者还应在制定政策时考虑以下因素：

（1）决策过程涉及很多具有不同利益的参与者；

（2）每个国家的文化和制度背景迥异；

（3）道德因素和利益分配是确保解决方案公平持久的关键；

（4）良好的管理是成功实施政策的基石。

2.4.1 识别相关参与者、平衡不同利益

影响生物多样性和生态系统服务的决定是由众多参与者做出且受这些参与者的影响；而这些决定又以不同方式影响着一些群体。虽然政策是由政府和公共机构制定的，但其他一系列群体（工商业、消费者、土地所有者、非政府组织、说客、土著居民等）所做的决定也可能影响自然环境（参见专栏 2.6）。我们面临的挑战是识别所有相关参与者、动员“领袖人物”，并确保他们获得必要信息和鼓舞以改变现状。

专栏 2.6　不同海洋政策层面上的参与者和利益相关方

与海洋相关的主要参与者包括从利用海洋资源的人到污染海洋水域的人等广泛人群。相关政策领域不仅涉及海洋运输和废弃物向海洋倾倒，还涉及边境 / 海关作业、陆上行业和农业（例如，硝酸盐类化肥或化学品的排出物）。很多时候，利用海洋资源的参与者可以从水质保护中直接获益（如，地方社区、渔民、政府当局）。有些群体也许能够适应政策转变并减轻其带来的负面影响（例如通过调整航线），但诸如小规模渔业人员等其他群体可能很难抵挡政策转变带来的不利影响，也很难降低对海洋资源和服务的依赖程度。

资料来源：Berghöfer 等（2008）。

让利益相关方参与进来十分重要，而且好处多多。因生物多样性和生态系统服务受损而受影响的人群往往掌握一般公众不具备的信息或专门技能。这些群体也是因政策转变而获益或受损最多的群体。他们在设定政策目标和实施具体方案方面起到核心作用。我们可奖励那些善于应对新挑战的地方“达人”（参见专栏 2.7）。

专栏 2.7　奖励环境领袖：国家实践案例

中华环境奖设立于 2004 年，奖励对自然资源和自然资本保护做出突出贡献的集体和个人（中国环保部，2005），5 个集体和个人已获该奖项。云南省西双版纳州森林公安局获得 2006 年生态保护奖。西双版纳是生物多样性热点地区（biodiversity hotspot）（www.cepf.org.cn/en/Leading）。

类似项目包括：

1. 印度尼西亚 KEHATI 奖（www.kehati.or.id/）；

2. 南美洲生物多样性报告奖（Premio de Reportaje sobre Biodiversidad）（www.premioreportaje.org）；

3. 赤道奖，旨在奖励对减轻贫困和保护生物多样性做出的杰出贡献（www.equatorinitiative.org）。

即使在单个行业内，也存在着众多利益相关方和各种不同的利益。行业生产模式从环境敏感型到环境高影响型也各有不同。以农业为例，生态农业旨在推广可持续土地利用实践，减少土壤贫化或侵蚀现象；而工业化农业则意味着单一作物栽培和大量使用农药化肥。

当政策制定涉及多个政府层面（譬如，全球谈判回合或超国组织、国家政策制定者、地区管理者和地方利益群体）时，就会面临更多挑战。国际社会在多边协调方面已出台很多协定和机制，以加大和巩固跨界合作。例如，为了加强水资源管理，国际社会共建立了 80 多个专门委员会，协调 62 个国际流域所涉的三个或更多个相邻国家的水资源管理事宜（Dombrowsky，2008）。

2.4.2 关注文化和制度背景

政策制定者在选择政策时应当考虑地方文化背景和制度背景。此外，政策改革成功与否还受时机影响。

一个国家的文化背景（例如，宗教规范或道德准则、公民社会参与程度）和制度背景（例如，法律、法规、传统）通常能够为生物多样性保护提供切入点。

生物多样性相关传统知识的重要性越来越多地得到科学家、企业家和政策制定者的重视。在某些国家，自下而上地将传统利用模式和地方管理实践推行到地区或国家层面，可能比自上而下的推行方法更容易被接受。系统性的收集相关地方知识是向上述目标迈进的第一步（参见专栏 2.8 的示例）。

专栏 2.8　通过“人口生物多样性登记”传承传统知识（印度）

印度于 1995 年发起人口生物多样性登记项目（PBR）用于记录迅速消失的民间植物药用知识。随后，项目关注点扩大到栽培作物的野生变种以支持田间保护和增进农民权利。PBR 记录了有关物种、物种栖息地、生物制品价格以及资源取用管理规定的诸多信息。

迄今为止，PBR 项目覆盖了 7 个邦 52 个区域。这一庞大的数据库旨在：

1. 推动社区对生物多样性资源的管理，从而加强生物多样性资源的可持续利用；
2. 促进以基于知识的农业可持续管理，以及家畜、鱼类和森林的可持续利用，从而改善公共健康和社区成员的生活质量；
3. 通过向获取生物多样性资源的个人或组织收取采集费，筹集资金；
4. 鼓励对珍贵自然资源的保护；
5. 公平共享本地知识用于商业用途所产生的利益。

资料来源：印度履行《生物多样性公约》第三次国家报告（2005）; Gadgil 等（2006）; Verma（2009）。

当政策选择与现有法规相符且不需要做出重大立法变化或重新分配决策权时，政策的实施和执行可能会更加容易。如果建立保护区或限制某种资源的使用与当地宗教信仰一致，那么这些措施可能更易于实现。利用市场机制进行污染控制或自然保护的国家（例如，美国），相比主要依赖传统规范（regulatory norms）的地区（例如，很多欧洲国家），可能更容易接受基于市场的生态系统服务管理工具。

另一方面，一个国家的实践往往可供另一个国家学习效仿。那些能够成功地把生态新问题推上政策议程并提出创新方案（例如，哥斯达黎加的 PES、圭亚那的 REDD）的政治“达人”，往往能在地区或全球层面上推动进步。共享成功案例信息是向他人汲取经验及制定适合本国需求和本国最关切问题的解决方案的重要切实途径。

在任何政策领域，新工具和措施的引入不仅在谈判时会遇到困难，在日常实施和执行中也会面临重重障碍。完善的设计、充分的沟通和良好的意愿均有助于推动相关各方遵守和执行环境政策工具，因为政策工具只有得到受影响的利益相关方支持才能充分发挥效力。例如，对于旨在奖励生物多样性友好（biodiversity-friendly）农业实践的付费机制而言，只有人们对该机制充分了解并且在参与过程中不会遇到其他阻碍时，该机制才能得到良好实施（参见专栏 2.9 的示例）。

专栏 2.9 成功的障碍：哥伦比亚碳汇项目案例

目标

津几纳河流域（Chinchiná River Basin）PROCUENCA 项目启动于 2001 年，旨在通过可持续林业，改善因农业和牧业扩张而发生森林砍伐区域的水供给服务。最初，PROCUENCA 项目通过国家再造林项目对土地所有者提供财政支持，从而建立起人工林场进行木材生产。不久之后，该项目被认定为森林碳捕获项目，并与 FAO 展开合作。

经验教训

尽管参与者可以独立管理林场，但由于地方土地使用者没有被充分告知再造林和森林碳捕获项目的可能带来的风险和收益，所以项目的土地利用受到限制。据报告，再造林补贴存在分配不均问题：大部分资金被直接用于项目的组织实施；而小型土地所有者只分配到很少一部分资金，并不足以维持生计和抵消机会成本。

由于木材种植要在 20 年后才会产生收入，而在如此长的时期内没有收入是大部分土地所有者无法承受的。此外，当地农民对流程、价格和审批存在疑问，且不知道能否通过碳信用收入弥补为加入项目而申请的贷款。

据报告，该项目很少组织以社区为中心的能力建设和提高活动。几乎没有农民参加过专门培训，某些地方领导者甚至不知道森林碳捕获项目的存在，78% 的受调查农民认为该项目的预期经济效益来自伐木和相关木材销售。此外，该项目还可能变相鼓励用对生物多样性具有负面影响的人工林代替天然林的行为（GFC，2008）。

项目调整

尽管存在诸多不足，但是通过与保护国际合作，该项目还是取得进一步发展，其在碳捕获和生物多样性保护方面的特殊优势得到加强（CI，2010）。这些努力促成了项目获批成为《联合国气候变化框架公约》下的清洁发展机制（CDM）项目之一（UNFCCC，2010）。一旦 GHG 减排获得认证，土地所有者就可以从 2011 年开始在国际碳市场上出售碳信用。

“有利时机”能够帮助政策制定者推动新政策。公众不断提高的环境意识也在不断催生这样的时机（例如，对臭氧层的关注促成《蒙特利尔议定书》）；对气候变化的担忧促成 REDD 机制，这一机制在生物多样性保护方面具有广阔的应用前景（参见第 5 章）。此外，危机也是改革的契机，例如，逐步取消对生物多样性有害的高额农业或渔业补贴（参见第 6 章）。此外，还可以在灾害爆发之际出台特殊政策（参见表 2.4）。

表 2.4 为政策转变创造“有利时机”的灾难事件

事件（自然灾害；危险或事故）	政策结果
1976 年意大利塞维索（Seveso）附近化工厂工业事故：释放毒性较高的 TCDD（二噁英），污染 4 个社区	引入欧盟《塞维索指令》（1982/1996/2003），要求制定应急计划、进行定期安全检查和检验，以减少危险物质相关的工业事故（EC，2009a）
1999 年埃里卡（Erika）油轮漏油事故：1 000 万 L 原油泄漏，造成法国大西洋沿岸 10 万只鸟类死亡。	欧盟：引入“第一套海事安全一揽子措施”（要求使用双壳油轮的立法及《责任指令》。（Europa，2007） 美国：2005 年停靠美国港口的油轮（美国籍和外籍）有 79% 是双壳油轮（美国政府问责办公室，2007）
2000 年多瑙河污染事件：罗马尼亚巴亚马雷附近的一家金属回收厂尾矿中的氰化物泄漏，导致多瑙河污染	欧盟通过《采矿废物指令 2006》，要求制定包含预期废物量、废物性质和处理措施的废物计划，并接受检查人员审查（EC，2009b）
2004 年东南亚海啸：造成 20 余万平民的死亡	一系列旨在加强天然海岸防线、提高海浪防御能力的国际红树林恢复项目和投资（例如，欧盟亚洲生态保护二期项目 B- 海啸后恢复项目，红树林行动项目；EC，2009c）
2005 年美国卡特里娜飓风：造成近 2 000 人伤亡，预计损失超过 800 亿美元（史上“最昂贵”的热带气旋）（Knabb 等，2006）	引发公众对应对气候变化和恢复湿地的广泛支持（另见第 9 章）。通过大众媒体关注及纪录片《难以忽视的真相》（An Inconvenient Truth）等措施，提高公众环境意识，提升环境问题的主流化程度
2010 年墨西哥湾“深水地平线”钻油平台漏油事故：初步估计每天约有 40 000 桶原油漏入大海（《纽约时报》，2010）	事故后：管理部门建立海岸水质信息实时更新系统（EPA，2010）。 2010 年 6 月：责任石油公司（英国石油）设立 200 亿美元第三方赔偿基金；7 月，英国石油投入 322 亿美元税前支出以支付漏油相关费用，从而提高赔偿额度（BP，2010）。 2010 年 7 月 21 日：另外 4 家石油公司联合斥资 10 亿美元成立墨西哥湾深水漏油响应和围堵系统（McNulty 和 Kirchgaessner，2010）

2.4.3 将产权纳入考虑，兼顾公平与公正

英国耗尽地球一半的资源才取得当前的繁荣；那么印度这样的国家又需要消耗多少个地球呢？

（Mahatma Gandhi，引自 Goodland，1992）

旨在保护生物多样性和维护生态系统服务的新策略和工具通常需要改变现有管理、获取或使用资源的权利（“产权”）。我们应预见政策转变所导致的分配影响，尤其是对弱势群体和土著居民造成的影响，并在制定政策的磋商过程中予以充分考虑。

大多数人都会同意这样的观点，即其他物种拥有与人类在地球上共存的权利，使生物多样性维持在能够为人类提供福利的状态十分重要。

上述观点把道德问题和实际责任问题摆在了政策制定者面前。土地所有者应该为了保护濒危物种而放弃对部分土地的使用吗？应该为了保护淡水资源而种树吗？能因为新的生物多样性政策蒙受损失或收益减少而获得补偿吗？世代居住在土地上，但没有正式登记过土地所有权登记的居民，能持有土地吗？当制药公司通过热带雨林植物发明重要药物时，谁有权从中获利呢？制药公司、原产国还是森林居民？

产权和分配影响应该作为政策制定必不可少的组成部分，理由至少有三：

1）公正原因：公平处理个人、群体、社区甚至几代人之间的权利变化在大多数国家都是重要的政策目标。

2）在应对生物多样性丧失问题时，考虑分配事宜可以推动其他目标的实现，尤其是与扶贫相关的目标和千年发展目标（参见表 2.2）。

3）政策转变总会伴随着赢家和输家。在大多数情况下，利益受损群体会反对新措施。如果在政策设计阶段充分考虑分配影响，成功实施政策的概率就会增大。

可以采用多种形式来使用自然资源或从自然资源获得收益，譬如传统规范或占有权（tenure rights）等非正式规则（参见专栏 2.10）。有些国家在法律上支持民众享有娱乐服务的权利，例如，穿行私人林地或享用海岸及海边或湖边的权利。

专栏 2.10　“产权”如何适用于生物多样性和生态系统服务？

“产权”是对一种资源（P）享有的一系列不同权利的总称，这些权利并不一定全部由同一个人享有。具体说明如下：

1. 使用权：A 方享有使用资源 P 的权利。
2. 管理权：A 方享有管理资源 P 的权利，可以决定 P 由谁使用和以何种方式使用。
3. 收入权：A 方享有资源 P 创造的收入的权利，换言之，A 可以享用来自 P 的成果、租金、利润等。
4. 排他权：其他方只有经过 A 方同意才能使用资源 P（如果 A 方同意，可以初步判定其他方使用资源 P 没有过错；如果 A 方不同意，可以初步判定其他方使用资源 P 有过错）。
5. 转移权：经同意，A 方可以把使用者权利暂时或永久性地转移给具体的其他人。
6. 求偿权：如果B方未经A方同意损坏或使用资源P，那么A方通常有权从B方获得赔偿。

此外，以下两条规则也与产权概念相关：

7. 惩罚规则：如果 B 方干涉 A 方对资源 P 的使用或未经 A 方同意使用资源 P，那么可以对 B 方进行适当惩罚。
8. 责任规则：如果对资源P的使用造成B方人员或财产损害，那么A方（作为P的所有人）应承担责任并可能面临损害索赔。

资料来源：Birner（1999）。

政策制定者更加头疼的是不同权利往往由社会中不同的人或群体持有。譬如某片森林归国家所有，但本地人有权使用部分森林产品，第三方对来自森林的水资源拥有权利，而国际公司持有森林砍伐特许权。在调整或引入生态系统服务和生物多样性政策时，决策者应考虑上述法律和历史复杂性（参见专栏 2.11）。

专栏 2.11 亚马孙地区产权不确定性带来的政策挑战

亚马孙地区只有 14% 的私有土地具有安全的契约（Barreto 等，2008）。土地所有权的不确定性导致不同群体之间暴力冲突不断，妨碍公共当局加大对非法森林砍伐行为的打击，同时也导致了短期管理行为（即通过砍伐木材和放牧毁坏森林）。在实践中，森林砍伐经常被用作确立产权的途径。

2009 年，巴西宣布计划将大约 67 万 km^2 土地（与法国面积相当）转让给私人所有，“以确保人民享有土地所有权，并借此尝试我们能否结束充斥这个国家的暴力”（总统 Lula，BBC 新闻，2009）。根据此项议案：

1. 面积最小的地块（<100 hm^2）将被免费转让；
2. 中等大小的地块将以象征性价值出售；
3. 大型地块（>1 500 hm^2）按市场价拍卖。

然而，这一重大产权变革在巴西引起广泛争议。一些 NGO 辩称，这项议案相当于对侵占土地的人实施大赦，“它向没有受到惩罚的人释放一个重要信号，那就是在亚马孙犯罪作恶是值得的”（BBC 新闻，2009）。

资料来源：Barreto 等（2008）；BBC 新闻（2009）。

此外，诺贝尔奖得主 Elinor Ostrom 经过大量实证研究发现：成功的自然资源管理并不总是通过仅仅转让全部私有产权而实现的（Ostrom，1990、2005）。经济理论区分了四大类管理制度：国有产权制度、私有产权制度、公共产权制度和开放型制度（Bromley，1998）。针对某一特定情况的最佳选择取决于具体资源和社会制度的发展情况。

政府及其他产权所有者（例如，地方社区）执行产权的能力都取决于制度能力。对于政府，制度能力包括检查权力和能力。而功能完善的司法制度对于政府和其他产权所有者都必不可少。此外，透明度和信息获取能力也至关重要（见第 2.4.4 节）。

每个国家的特定社会背景也会对政策方案的设计和成功的可能性造成影响（参见专栏 2.12）。

专栏 2.12 中国卧龙自然保护区少数民族权利对保护的影响

该保护区成立于 1975 年，是保护濒危大熊猫的标志性项目。在保护区成立 25 年后开展的一项研究（Liu 等，2001）表明：保护区森林覆盖面积减少且变得支离破碎，这导致大熊猫栖息地丧失严重。实际上，保护区内的栖息地丧失速度比周围地区高 1.15 倍。

这一出人意料的结果主要是由社会经济原因造成的。当地人口属于少数民族，不受中国计划生育政策限制。保护区内人口在 1975—1995 年几乎翻倍。大部分居民依靠农业、薪材捡拾、木材砍伐、公路建设及养护为生——而这些活动导致森林被不断破坏。在实施计划生育政策的其他地区，人们逐渐过渡到使用其他能源，对木材的需求相应减少。

资料来源：Liu 等（2001）。

分配影响存在于不同层面，譬如：国家之间、地区之间、行业之间、社会群体之间和几代人之间（参见专栏 2.13 的地区示例）。TEEB 的一个重要作用是提供一系列用于识别和处理分配影响的实用工具。

专栏 2.13　在世界各地开展“生态足迹分析”

生态足迹分析将人类对自然的需求与生物圈再生资源和维持生态系统服务的能力进行比较。生态足迹分析利用现有技术，评估生产消耗性资源和消化相应废物所需的、具有生物生产力的陆地和海洋面积。

在全球范围内进行的生态足迹分析表明：自 20 世纪 80 年代中期以来，人类对自然资源的需求已超过地球再生资源的能力。1961—2005 年，亚太、拉丁美洲和加勒比地区的人均生态足迹保持稳定，而北美洲和欧洲对自然资源的人均消耗几乎翻倍（WWF，2008）。

当生态系统保护带来的福利超出地方层面时，就会出现特定的分配问题。例如，要想确保下游获得足够的淡水供给并保证水质，通常必须对上游的土地利用情况加以限制。

如果人们认为分配影响不公平，则可能需要通过发放补贴来确保政策得以充分实施。有些国家就制定了由下游水资源使用者补偿上游土地所有者的制度（例如，墨西哥；参见第 5 章）。

今天的决策将对明天的社会造成影响。被我们消耗殆尽的物种显然不能够再造福于子孙后代。如果生态系统再也不能提供重要的调节服务，我们的子孙后代就不得不以其他方式寻求这些服务，而这会产生巨大影响。如果按贴现率 4% 计算，我们的孙辈在 50 年后所能享用的资源只有我们今天所用资源的 1/7（参见《TEEB 中期报告》（2008），第 4 章和《TEEB 基础》（2010），第 6 章）。

2.4.4　将政策建立在良好治理基础之上

良好治理也许是消除贫困和促进发展最重要的要素。

（前联合国秘书长 Kofi Annan，1998）

良好治理是指在尊重法治和人权的前提下，所有相关机构以有效、透明和可问责的方式制定决策并加以实施。

良好治理是避免在决策过程中出现经济价值偏差或误用的保障。在决策过程中可能出现各种不同的偏差（例如，把精英群体的利益置于其他社会群体的利益之上；排除或掩盖政策成本与收益的数额和分配；未能考虑地方和土著居民的产权）。鉴于生物多样性的复杂程度和受影响利益群体的数量之多，这些偏差往往是非故意所为。不过，还可能存在与信息使用方式有关的其他原因。在决策过程（例如行业补贴分配）中，享有充分信息的利益群体在使用其话语权时往往具有更多优势。

经济信息可以为良好治理提供强有力的支持。系统和均衡的成本与收益信息能够清晰表明政策选择会对不同社会群体造成何种影响，有助于抵抗来自特权阶级的压力。各利益相关方广泛参与的方法能进一步有助于此。

很多国家都制定了成本与收益评估工具（例如，环境影响评估工具、成本收益分析和战略环境评估工具），用于衡量项目和政策对社会和环境利益造成的影响。为评估框架提供有关生物多样性和生态系统服务价值的高质量数据，能够帮助相应层面的决策者制定出更合理的政策并改进政策设计（参见第 4 章，另见《TEEB 地方政策报告》，2011）。

很多区域发展进程和规划都支持旨在改善治理和公共决策的国际合作，表 2.5 列出了一些最重要的协定。

表 2.5 促进良好治理实践的部分举措

国家	战略	日期	描述	来源
美洲国家组织（OAS），由来自美洲大陆的 34 个国家组成	美洲反腐败公约	1996	推动、支持并监管各缔约方之间的合作以确保公约措施的有效性。采取措施预防、发现、惩罚和根除公共职能履行过程中的腐败行为，尤其是与履职相关的腐败行为	OAS（2009）
中亚、欧洲	奥尔胡斯公约	1998	有关获取环境信息、参与公共决策和保障司法权利的公约	UNECE（2010）
OECD 成员国、阿根廷、巴西、保加利亚、智利、爱沙尼亚、以色列、斯洛文尼亚、南非	国际商业交易活动反对行贿外国公职人员公约	1999	采纳具有法律约束力的标准，对国际商业交易活动中行贿外国公职人员的行为进行定罪，并制定一系列相关措施以确保效力	OECD（2009a）
澳大利亚	良好治理指导原则	2000	实施发展援助过程中必须努力达成的一系列准则	AUSAID（2000）
欧洲	欧洲治理白皮书	2001	介绍欧洲的治理理念，即影响欧洲权力行使方式的规则、过程和行为。强调公开、参与、责任、效力和一致性	EC（2001）

国家	战略	日期	描述	来源
非洲	非洲发展新伙伴计划（NEPAD）	2001	旨在将非洲引向以良好治理和繁荣为目标的可持续发展道路，同时加强和平、安全和基于充分信息的政策选择	NEPAD（2009）
阿拉伯国家	良好治理发展计划	2005	加大改革力度以加强改善投资环境、推广现代化治理结构和治理行为、加强区域和国际伙伴关系从而促进对参与国的投资活动	OECD（2009b）

2.5　TEEB 政策转变工具包

本书旨在帮助政策制定者在解决生物多样性问题时，着眼于更广泛的政策思路与创新框架。本书通过具体事例说明经济信息和价值有利于帮助我们克服当前很多生物多样性政策面临的困境，并加速政策改革。

如本章所述，政策制定者在采取行动时需要：①借鉴在其他地方开展的已被证明有效的良好实践；②确保现有工具充分发挥作用；③改革政策和工具以避免出现预期之外的副作用；④制定和实施新政策。

图 2.1 概括本书随后章节介绍的可用政策工具。为了便于参考，这些政策工具被划分为三大类：①为生物多样性政策提供信息的工具；②制定行为转变激励措施的工具；③直接管理自然资源利用情况的工具。

（1）提供信息

提供信息的政策工具有助于我们衡量所需管理的对象。第 3 章将重点介绍制定指标和国家核算体系的新方法，从而将自然资本价值纳入决策过程。第 4 章将阐述如何更有效地让价值评估和政策评估框架为保护生态系统服务。在设计随后章节讨论的政策工具（如图 2.1 虚线所示）时，可用到这些信息工具。

（2）设定激励措施

通过设定激励措施来影响资源利用决策的工具在生物多样性政策中得到越来越多的应用。这些工具能够为政策制定者提供新机会。然而，其他政策领域设定的激励措施可能会对生物多样性造成不利影响。通过经济价值评估，能够大大改进对可能冲突规定的认真分析。第 5 章将介绍旨在奖励生物多样性福利的激励性工具，并分析绿色产品和服务的市场及采购政策。第 6 章将探讨如何改革对生物多样性和生态系统服务有害的现存补贴。第 7 章将讨论定价机制在广泛政策组合中的应用范围。

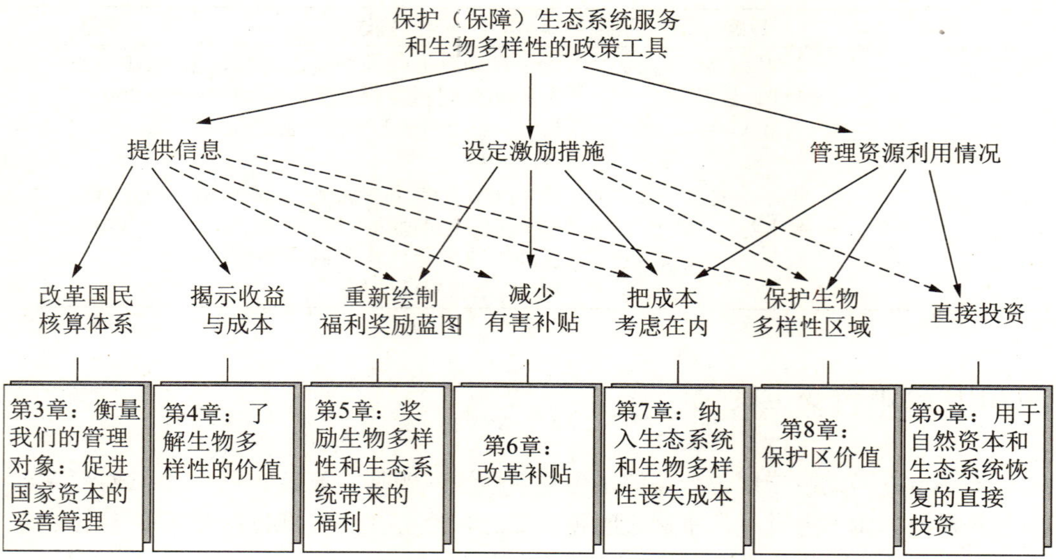

图 2.1 TEEB 政策选择概览

资料来源：Bernd Hansjurgens，自制图表。

（3）管理资源利用

管理资源利用的工具可分为三类工具："谁使用谁污染谁付费"的工具、保护区工具及直接公共投资工具。第 7 章将分析不同背景下的监管工具应用，包括相关责任、赔偿和执行问题。第 8 章将说明如何通过成本收益分析和更完善的治理，增强保护区工具设计和有效性，从而保护生物多样性热点地区。第 9 章将评估直接公共投资在生态基础设施领域或退化生态系统恢复领域的投资选择。

每种方法均各有利弊，具体取决于相关生态系统的特征和实际面临的设计及实施问题。对于生态系统管理而言，有些措施可能是切实可行的措施，有些则不是。

因此，我们需要通过适当的政策组合全面考虑参与者、制度、政策周期、分配影响和工具设计等。第 10 章将上述"线索"串联起来，提出有关上述自然资本方法的远景和实用框架。

致谢

本章作者谨向以下人员表示感谢：Peter Bridgewater，联合自然保护委员会（JNCC），英国；Deanna Donavan，JNCC，英国；Stefan van Esch，住房、空间规划和环境部，荷兰；Jan Joost Kessler，国际开发署（AID），荷兰；Hugh Laxton，英国自然景观办公室，比利时；Markus Lehmann，生物多样性公约秘书处（SCBD），加拿大；Eimear Nic Lughadha，基尤皇家植物园，英国；Karachepone Ninan，社会与经济变化研究所，印度；Alfred Oteng-Yeboah，科学与工业研究理事会（CSIR），加纳；Benjamin Simmons，UNEP，全球；Monique Simmonds，基尤皇家植物园，英国；

Paul Smith，基尤皇家植物园，英国；Patrick ten Brink，IEEP，比利时；Graham Tucker，IEEP，英国；Alexandra Vakrou，欧盟委员会环境总司，比利时；James Vause，英国环境、食品和农村事务部（Defra），英国；Sirini Withana，IEEP，英国；以及 Carlos Eduardo Young，里约热内卢联邦大学，巴西。

参考文献

[1] Annan K. 1998. Partnerships for global community: Annual report on the work of the organization, United Nations, New York, www.un.org/ecosocdev/geninfo/afrec/sgreport/index.html, 2010-10-10.

[2] AUSAID (The Australian Government's Overseas Aid Program). 2000. Good governance: Guiding principles for implementation, www.ausaid.gov.au/publications/pdf/good_governance.pdf, 2009-10-10.

[3] Barreto P., Pinto A., Brito B.et al. 2008. Quem é o Dono da Amazônia? Uma Análise do Recadastramento de Imóueis Rurais, Instituto do Homem e Meio Ambiente da Amazônia, Belém, PA, www.imazon.org.br/novo2008/arquivosdb/QuemDonoAmazonia.pdf, 2010-07-23.

[4] Barrett S. 2003. Environment and Statecraft: The Strategy of Environmental Treaty-Making, Oxford University Press, New York.

[5] Barrosso J. M. D. 2009. 'Biodiversity: Giving proper value to a priceless asset', speech at Biodiversity Protection - Beyond 2010, Athens, 27 April 2009, http://europa.eu/rapid/pressReleasesAction.do? reference=SPEECH/09/197&format=HTML, 2010-10-10.

[6] BBC News (British Broadcasting Corporation). 2009. Amazon Bill Controversy in Brazil, http://news.bbc.co.uk/2/hi/science/nature/8113952.stm, 2009-17-23.

[7] Bennett M. T., Xu J. 2005. China's Sloping Land Conversion Program: Institutional Innovation or Business as Usual? www.cifor.cgiar.org/pes/publications/pdf_files/China_paper pdf, 2009-10-10.

[8] Berghöfer A, Wittmer H., Rauschmayer F. 2008. Stakeholder participation in ecosystem-based approaches to fisheries management: A synthesis from European research projects, Marine Policy, 32: 243-253.

[9] Birner R. 1999. The Role of Livestock in Agricultural Development: Theoretical Approaches and Their Application in the Case of Sri Lanka, Avebury, Aldershot.

[10] BP (British Petroleum). 2010. BP sets out Gulf of Mexico costs, further asset sales and strong operating performance, www.bp.com/extendedgenericarticle.do?categoryld=2012968&contentld=7063921, 2010-9-22.

[11] Bromley D. W. 1998. 'Property regimes in environmental economics', in H. Folmer and T. Tietenberg (eds) The International Yearbook of Environmental and Resource Economics 1997/1998: A Survey of Current Issues, Edward Elgar, Cheltenham.

[12] Brown G. 2009. Speech on the Roadmap to Copenhagen manifesto on the challenge of climate change and development, London, http://webarchive.nationalarchives.gov.uk/+/number10.gov.uk/news/ speeches-and-transcripts/2009/06/roadmap-to-copenhagen-speech-19813, 2010-11-22.

[13] Chau P. 2008. 'Population', University of California San Diego, Environmental Studies, http://ieng6.ucsd.edu/~pcchau/ENVR30/reader/txtbk/ch01.pdf, 2010-11-22.

[14] CI (Conservation International). 2010. Credit for forests, www.conservation.org/FMG/Articles/Pages/ credit_for_forests_colombia.aspx, 2010-7-13.

[15] de Groot D., Finlayson M., Verschuuren B., et al. 2008. Integrated Assessment of Wetland Services and Values as a Tool to Analyse Policy Trade-Offs and Management Options: A Case Study in the Daly and Mary River Catdbments, Northern Australia, Supervising Scientist Report 198, Supervising Scientist, Darwin NT.

[16] Dombrowsky, I. 2008. 'Integration in the management of international waters: Economic perspectives on a global policy discourse', Global Governance 14: 455-477.

[17] EC (European Commission). 2001. European Governance: A White Paper, http://eur-lex.europa.eu/LexUriServ/site/en/com/2001/com2001_0428en01.pdf, 2009-7-23.

[18] EC (European Commission). 2009a. European civil protection. Chemical accidents (Seveso II): Prevention, preparedness and response, EC Environment, http://ec.europa.eu/environment/seveso/index.htm, 2009-10-10.

[19] EC (European Commission). 2009b. Mining waste', EC Environment, http://ec.europa.eu/environment/ waste/

mining/index.htm, 2009-10-10.

[20] EC (European Commission). 2009c. Indian Ocean Tsunami: The European Response, http://ec.europa.eu/world/tsunami/rehabjreconstruc.htm, 2009-10-10.

[21] Emerton, L. and Bos, E. 2004. Value: Counting Ecosystems as an Economic Part of Water Infrastructure, IUCN, Gland, Switzerland and Cambridge, http://data.iucn.org/dbtw-wpd/edocs/2004-046.pdf, 2009, 10.

[22] EPA. 2010. EPA response to BP spill in the Gulf of Mexico, coastal water sampling, www.epa.gov/BPSpill/water.html, 2009-9-22.

[23] Europa: Summaries of EU legislation. 2007. Maritime safety: Accelerated phasing-in of double-hull oil tankers, http://europa.eu/legislation_summaries/transport/waterborne_transport/l24231_en.htm, 2010-9-22.

[24] FFEM (Fonds Français pour l'Environnement Mondial). 2007. Cape Peninsula Biodiversity Conservation Project, www.ffem.fr/jahia/webdav/site/ffem/users/admiffem/public/Plaquettes_projet/Biodiversity_peninsuleCap_eng.pdf, 2009-10-10.

[25] Gadgil M., et al. 2006. Ecology is for the People: A Methodology Manual for People's Biodiversity Register, http://ces.iisc.ernet.in/PBR/PBR%20Final%20document.pdf, 2009-7-23.

[26] GFC (Global Forest Coalition). 2008. Life as Commerce: The Impact of Market-Based Conservation on Indigenous Peoples, www.globalbioenergy.org/uploads/media/0810_GFC_-_The_impact_of_market- based_conservation_on_indigenous_peoples.pdf, 2009-10-10.

[27] Goodland R. 1992. The case that the world has reached limits: More precisely that current throughput growth in the global economy cannot be sustained, Population & Environment, 13(3): 167-182.

[28] Howlett M., Ramesh M. 2003. Studying Public Policy: Policy Cycles and Policy Subsystems, Oxford University Press, Oxford.

[29] Il Ngwesi Group Ranch - People of Wildlife. 2009. Integrating Community Development and Sustainable Environmental Management, www.ilngwesi.com, 2009-10-10.

[30] India's Third National Report on Implementation of the CBD. 2005. www.cbd.int/doc/world/in/in-nr-03-en.doc, 2009-7-23.

[31] Knabb R. D., Rhome J. R., Brown D. P. 2006. Tropical cyclone report Hurricane Katrina, US National Hurricane Center, www.nhc.noaa.gov/pdf/TCR-AL122005_Katrina.pdf, 2009-10-10.

[32] Liu J., Linderman M., Ouyang Z., et al. 2001. Ecological degradation in protected areas: The case of the Wolong Nature Reserve for giant pandas, Science, 292: 98-101

[33] McNulty S., Kirchgaessner S. 2010. Tracking the oil spill in the Gulf, Financial Times: 21 July 2010, London, www.ft.com/cms/s/0/73c055f0-94f6-11df-af3b-00144feab49a.html, 2010-9-22.

[34] Millennium Ecosystem Assessment. 2005. Ecosystems and Human Well-Being: Current State and Trends, www.maweb.org/documents/document.356.aspx.pdf, 2009-7-23.

[35] Namibian Association of Community Based Natural Resource Management (CBNRM) Support Organisations (NACSO). 2010. What is NACSO?, www.nacso.org.na/index.php, 2010-10-10.

[36] Navrud, S. and Pruckner, G. J. 1997. Environmental valuation: To use or not to use? A comparative study of the USA and Europe, Environmental and Resource Economics, 10, (1): 1-25.

[37] NEPAD (New Partnership for Africa's Development). 2009. www.nepad.org/systern/files/framework_0.pdf, 2010-10-10.

[38] New York Times. 2010. Tracking the oil spill in the Gulf, www.nytimes.com/interactive/2010/05/01/us/20100501-oil-spill-tracker.html, 2010, 9, 22.

[39] OAS (Organization of American States). 2009. The Inter-American Convention Against Corruption, www.oas.org/juridico/english/corr_bg.htm, 2009-10-10.

[40] OECD (Organisation for Economic Co-operation and Development). 2009a. OECD Convention on Combating Bribery of Foreign Public Officials in International Business Transactions, www.oecd.org/ document/21/0,2340,en_2649_34859_2017813_1_1_1_1,00.html, 2009-10-10.

[41] OECD. 2009b. Initiative on Governance and Investment for Development, www.oecd.org/pages/0,3417,en _34645207_34645466_1_1_1_1_1,00.html, 2009-10-10.

[42] Ostrom E. 1990. Governing the Commons: The Evolution of Institutions for Collective Action, Cambridge University Press, Cambridge.

[43] Ostrom E. 2005. Understanding Institutional Diversity, Princeton University Press, Princeton.

[44] Parker C., Mitchell A., Trivedi M., et al. 2009. The Little REDD+ Book, Global Canopy Programme, Oxford.

[45] Sampson G. P. 2005. The World Trade Organization and Sustainable Development, United Nations University, Tokyo.

[46] Similä J., Thum R., Varjopuro R., et al. 2006. Protected species in conflict with fisheries: The interplay between European and National Regulation, Journal for European Environmental & Planning Law, 3(5): 432-445.
[47] State Environmental Protection Administration of China. 2005. China's Third National Report on Implementation of the CBD, www.cbd.int/doc/world/cn/cn-nr-03-en.pdf, 2009-7-23.
[48] Tallis H., Kareiva P., Marvier M.,et al. 2008. An ecosystem services framework to support both practical conservation and economic development, PNAS, 105(28): 9457-9464.
[49] TEEB. 2008. The Economics of Ecosystems and Biodiversity: An Interim Report, European Commission, Brussels, www.teebweb.org, 2010-7-13.
[50] TEEB Foundations. 2010. The Economics of Ecosystems and Biodiversity: Ecological and Economic Foundations (ed P. Kumar), Earthscan, London.
[51] TEEB in Local Policy. 2011. The Economics of Ecosystems and Biodiversity in Local and Regional Policy and Management (ed H. Wittmer and FI. Gundimeda), Earthscan, London.
[52] ten Brink B., Alkemade R., Bakkenes M.,et al. 2007. Cross-roads of Life on Earth: Exploring Means to Meet the Biodiversity Target, CBD, Montreal.
[53] TNC (The Nature Conservancy). 2007. Watershed Valuation as a Tool for Biodiversity Protection, www.nature.org/initiatives/freshwater/files/watershed_report_02_02_07_final.pdf, 2009-7-23.
[54] UNDP-UNEP Poverty-E nvironment Facility. 2008. Making the E conomic Case: A Primer For Mainstreaming Environment in National Development Planning, www.unpei.org/PDF/Making-the-economic-case-primer.pdf, 2009-7-23.
[55] UNECE. 2010. Introducing the Aarhus Convention: Access to information, public participation in decision making and access to justice in environmental matters, www.unece.org/env/pp/, 2010-9-22.
[56] UNEP. (United Nations Environment Programme). 2004. FONAG: Quito's Water Fund - A Municipal Commitment to Protect the Watersheds, www.unep.org/gc/gcss-viii/USA-IWRM-2.pdf, 2009-10-10.
[57] UNEP. 2009. 'Integrated policymaking for sustainable development', unpublished manuscript.
[58] UNEP. (United Nations Environment Programme) and USD (International Institute for Sustainable Development). 2005. Environment and Trade: A Handbook, UNEP, Geneva.
[59] UNFCCC (United Nations Framework Convention on Climate Change). 2010. PROCUENCA Project design document (PDD), www.netinform.net/KE/files/pdf/Procuenca_PDD_version03_abril%2013.pdf, 2010-7-13.
[60] United States Government Accountability Office. 2007. Maritime security: Federal efforts needed to address challenges in preventing and responding to terrorist attacks on energy commodity tankers, available at www.gao.gov/new.items/d08141.pdf, 2010-7-13.
[61] Verburg, R., Stehfest, E., Woltjer, G. and Eickhout, B. 2009. 'The effect of agricultural trade liberalization on land-use related greenhouse gas emissions', Global Environmental Change, 19(4): 434-446.
[62] Verma, M. 2009. 'Role of traditional knowledge systems and efforts thereof for conservation of biodiversity in India - A few examples', Personal communication.
[63] Woodward R. T. 2003. Lessons about effluent trading from a single trade, Review of Agricultural Economics, 25(1): 235-245.
[64] WWF (World Wide Fund for Nature). 2008. living Planet Report 2008, http://assets.panda.org/downloads/living_planet_report_2008.pdf, 2009-7-23.

第二部分

衡量管理对象：决策者的信息工具

第3章
加强自然资本指标与核算体系

协调主要作者

Patrick ten Brink

主要作者

Sonja Gantioier, Harioriya Gundimeda, Pavan Sukhdev,
Graham Tucker, Jean-Lou is Weber

编辑和语言校对

Clare Shine

对审稿人和其他著者的致谢，参见本章结尾部分

关键信息

生态系统和生物多样性是我们的“自然资本”存量，它们产生的福利流为社会、个人福祉及经济繁荣奠定了基础。没有全面的衡量，我们就无法确保对自然资本进行妥善管理和保护。没有有效的监测，我们就无法了解生物多样性丧失所造成的影响范围或层面，也无法选择最佳响应措施。没有合适的指标或核算体系，我们就无法为政策提供坚实的证据基础，使决策有据可依。因此，我们迫切需要采取以下改进措施：

完善对生物多样性和生态系统服务的衡量和监测

我们需要通过标题指标（headline indicators）设定明确、可衡量、可实现、切实和有时限要求的（SMART）目标，并对其加以监测。标题指标应能表征生态系统的发育多样性（物种间遗传多样性）、物种灭绝风险、生态系统 / 群落生境的数量和生态条件以及相关福利流的状态。状态指标应该被纳入驱动因素、压力、状态、影响和响应指标的相互关联框架。

我们需要获得更多的现场数据，特别是来自生物多样性资源丰富国家的数据。我们可通过遥感技术完成部分监测工作，但仍需开展更广泛的地面勘测。

数据对我们开展经济价值评估和设计政策工具也十分重要，特别是在设定基准线、目标及条件时，能确保验证性和额外性。对政策效果和附加价值进行评估，有助于提升我们对生态系统服务付费等政策工具的信心。

我们需要加大投入发展生态系统服务指标，进一步研究增进对生物多样性和生态系统状态与生态系统服务供给之间关联性的理解，并制定出更有效的指标。但在短期内，我们仍需及时选择和使用有关生物多样性和生态系统服务目标的标题指标，并在随后对其加以细化。

更完善的宏观经济指标和社会指标

宏观指标应当将自然资本纳入考量。生态足迹指标有助于我们制定政策目标和进行沟通。欧盟“超越 GDP”进程正在尝试将环境指数与国内生产总值（GDP）并行使用，并启用宏观指标反映关键的可持续发展问题。此外，斯蒂格利茨 · 森 · 菲图西经济表现与社会进步衡量委员会也支持将幸福衡量纳入宏观经济政策内。

我们应采用调整后的收入与消费总量来反映人类社会对生态系统维护的投资不足、对自然资源和生态系统服务的过度消费以及（在可能的情况下）对自然资本的积极投资。这类指标应作为国际标准被尽快纳入同宏观经济总量有关的核心标题，与 GDP、国民收入和最终消费等传统指标一起加以使用。要想让这些指标在货币和公共政策辩论中体现其效力和效率，我们应该按照财政年度期限，在与传统指标相同的时间计算和公布这些指标。

更全面的国民收入核算

国民账户应将更广泛的自然资本问题纳入考量，例如，福祉和可持续性发展。我们应当尽快修订联合国综合环境与经济核算体系（SEEA）指导手册（2003），并将事关生态系统存量、退化和服务的实物账户以及价值评估规则纳入其中。自然资本账户应当考虑所有生态系统服务（私有或公共经济资源及公共物品），并应定期发布核算结果。

衡量贫困人口 GDP

农村贫困人口是最容易受到生物多样性和生态系统服务丧失影响的人群。我们在制定相关政策时，应充分考虑农村贫困人口对生态系统的依存性，并找到衡量生态系统服务对贫困人口收入和生计重要性的方法。衡量贫困人口 GDP 可以揭示当前贫困人口对生态系统的依赖程度，让世界了解贫困人口面临的困境，凸显自然资本丧失造成的贫困问题以及对经济发展和实现 MDG 构成的威胁。

3.1 概 述

第3章将阐述衡量生态系统和生物多样性是妥善管理自然资本的前提。3.2节将介绍关键问题，揭示GDP和经济衡量指标在政治决策中起到的关键作用，并指出应采取其他措施对衡量指标予以补充。3.3节将讨论可在政策周期内采用的各种衡量工具，并深入分析生物多样性指标和生态系统服务衡量工具的作用。3.4节将说明如何把这些指标融入主流经济总量，重点介绍用于"衡量国家真正财富"的宏观和社会指标及指数，并将传统工具与把自然考虑在内的等同指标加以比较。3.5节将指出应将指标和综合衡量工具视为核算体系的必要组成部分，并介绍当前的国民账户体系，讨论如何在国家框架内改进对自然的系统性衡量。3.6节将探讨如何通过审视"贫困人口GDP"更好地衡量社会影响。

3.2 我们面临哪些衡量问题？

没有人会仅凭一个公司的收入评估其经营状况。比收入更重要的是资产负债表，它能够反映公司的资产和负债。对于国家来说也是如此[1]。

（Joseph Stiglitz，2005）

长久以来，报纸、政治演讲和政策决定一直都关注GDP增长、工作机会减少、贸易问题和金融市场。公认及时地汇总数据为这些问题的报道提供了依据。尽管这些问题很重要，但人们渐渐却认为它们只是"冰山一角"。生态系统服务在所有层面上对人类福祉做出贡献。要想衡量人类对自然资本存量的需求如何影响生态系统服务流，还需要考虑我们自身的"生态足迹"。

我们通过国民账户体系（SNA）衡量经济交易和资产。该体系中包含GDP等常用的总量指标（联合国，1968；联合国等，2003）。SNA不断发展完善，并且因其核心目标而受到广泛尊重。然而，自然资本却几乎完全被排除在SNA之外，自然资本减少值并没有在政策制定者使用的宏观经济总量中得到反映，也没有得到媒体的关注。这意味着鱼类资源、森林、水和空气质量、物种和栖息地的丧失或损害几乎或完全没有体现在国民核算体系中。

缺乏对自然资本的衡量和报告，我们为保证未来资源可用性而付出的努力就会付之东流。对生态系统服务的状态及其面临的威胁认识不足，会导致在讨论应该做什么、在哪里做和由谁做等重大问题时公众不知情。如果我们不知道自己拥有什么，又怎能通过政策确保对其进行有效管理呢？

了解自然资本存量变化十分重要，因为这些变化能够影响来自自然的产品和服务流。以渔业为例，年渔获量并不仅仅取决于捕捞力量和渔船捕捞能力，还取决于可用鱼类资源规模和各食物链层级的状态。虽然人们越来越多地意识到鱼类作为一种资源具有上述特征，但这些特征并没有充分体现在配额、补贴、监测和执行当中。

对于长期食品安全至关重要的作物遗传多样性也面临着同样的问题。

如果缺乏有关自然资本存量及其变化的基本信息，就很难实现当前强调的“基于证据的政策决定”（参见 3.3 节）。TEEB 旨在提供用于衡量我们的管理对象价值的信息和工具，从而对政策决定者有所帮助。

3.3　完善对生物多样性和生态系统服务的衡量

3.3.1　指标具有什么作用？

指标源于价值（我们衡量我们所关注的事物）并创造价值（我们关注我们所衡量的事物）。

（Dana Meadows，1998）

“指标”[2] 通过对信息进行概括、整合和归纳，提炼出数量上便于管理的有意义信息（Godfrey 和 Todd，2001）。好的指标应当具有政策相关性、科学合理性、便于理解、实用、成本适当且对相关变化敏感（CBD 2003；另见《TEEB 基础》（2010）第 3 章）。

由于生物多样性极其复杂，对人类福祉创造福利，二者之间存在复杂的联系，要想建立一套被广泛认可的指标体系并非易事。然而，这项任务意义重大，因为指标能够在以下方面起到决定性作用：

1）有助于政策决定者和公众理解有关生物多样性及其提供的生态系统服务的状态 / 条件和趋势；

2）评估国际和国家土地利用及管理政策是否提供了生物多样性减少的应对措施；

3）通过衡量进展和所采取措施的效率，揭示行动（不采取行动）的后果（例如，某项工具是否真正促进了鱼类资源的恢复或减缓了森林砍伐速度）；

4）按照既定目标和时限要求衡量并监测政策的有效性，通报结果和总结经验教训。

生物多样性和生态系统服务指标可适用于不同行业及政策周期的不同阶段。这些指标可以用于：

1）发现问题（例如，濒危栖息地和生态系统服务丧失）；

2）寻找解决方案（例如，旨在维护良好保护状态的管理活动）；

3）评估并确定政策选择（例如，保护区投资、绿色基础设施）之间的关联；

4）实施过程（例如，补贴改革、生态系统服务付费）；

5）持续监测和评价（例如，状态和趋势）。

图 3.1 以欧盟 Natura 2000 自然保护区网络为例，说明如何把指标纳入不断循环

的政策周期之中。

为了使指标充分发挥作用，应将其纳入用于评估自然与人类福祉之间功能关系的分析框架，譬如得到广泛应用的 DPSIR（驱动因素、压力、状态、影响和响应）框架（参见图 3.2）。DPSIR 框架可以用来描述和衡量驱动因素（例如，人口增长、消费和生产模式）、生物多样性状态和生态系统功能面临的压力（例如，集约化农业、气候变化）以及上述因素对生态系统服务供给能力和人类福祉的影响以及最终的政策响应。

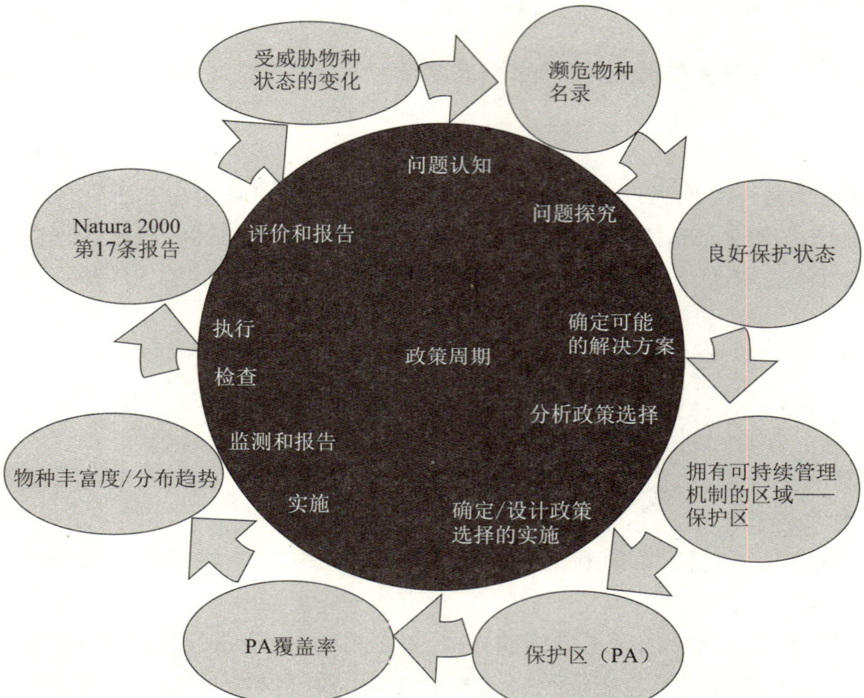

图 3.1 政策周期

资料来源：Patrick ten Brink 和 Sonja Gantioler，自制图表。

我们迫切需要可以衡量“临界点”或“临界阈值”的指标。“临界点”或“临界阈值”的意思是指某个物种、栖息地或生态系统遭受丧失或损害一旦超过该点，就会危及某种生态系统服务的供给。这类指标可以作为早期预警系统，提醒政策制定者和管理者需要采取应对措施。表 3.1 说明如何在渔业中应用上述指标以反映渔获水平、种群恢复力和可能的政策响应之间的联系。在某些情况下，可能会很难评估临界阈值的准确节点，此时我们可以借助表征“临界趋势”的指标（ten Brink 等，2008）。

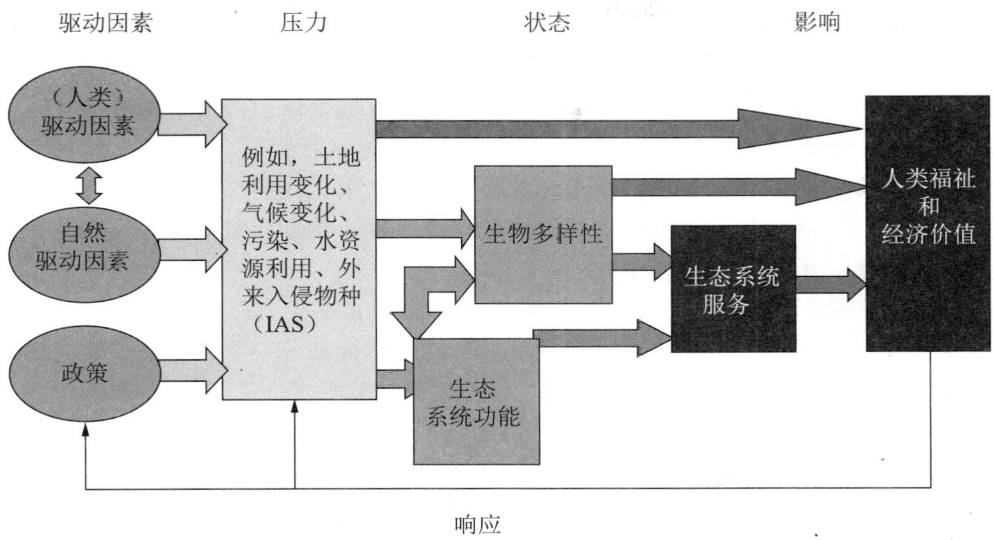

图 3.2　驱动因素、压力、状态、影响和响应（DPSIR）

资料来源：由第 3 章作者改编自 Braat 和 ten Brink（2008）。

表 3.1　阈值和响应：以渔业为例

阈　值	举　例
自然临界阈值	1. 保持种群生存能力所需的最低个体数量（与捕捞能力 / 捕捞投入有关） 2. 水中最低含氧量（与富营养化有关） 3. 物种生存所需的最小栖息地面积（与河流破碎化有关）
按照科学方法确定的临界阈值	1. 对上述阈值的科学评估 2. 最大可持续产量（MSY） 3. 船队最大捕捞能力
响　应	**举　例**
政治响应	1. 承诺对海洋生态系统加以可持续的利用 2. 承诺维护生态系统的良好生态状态 3. 承诺大幅降低生物多样性丧失速度
监管响应	1. 捕捞限额、捕捞规模，例如，总可捕量（TAC） 2. 设立海洋保护区和禁捕区 3. 要求进行废水处理，规定排放限值，要求采取具体管理措施
利益相关方响应	1. 支持加大陆地 / 海洋环境保护力度 2. 表达支付意愿（WTP）以寻求解决方案 3. 推行与可持续捕捞量一致的管理实践

资料来源：改编自 ten Brink 等（2008）。

当指标生成的数据以明确的方式呈现时，指标才可能发挥最大效用。绘图是确定问题、向不同群体传达空间信息和确定政策措施的有力工具，因为它有助于确定：

（1）生物多样性福利的创造者及应当获得生态系统服务付费（PES）的收益方；

（2）生态系统服务的受益方，其应当为此付费以保证该服务的未来供给（有关PES的内容，参见第5章）。

然而，无论应用在哪个领域，指标都不是万全之策。我们在使用指标时必须牢记其局限性和风险，包括因浓缩信息造成的误读风险、数据质量低劣风险及其在清楚地捕捉因果关系方面的局限性。

总之，“确定已经发生变化并不总能够揭示为什么发生变化。指标只是所需逻辑实质分析的一部分……良好指标的关键在于具有可信性……掌握少数重要问题的近似答案，要比掌握很多不重要问题的确切答案更加有用。”（UNDP，2002）

3.3.2 生物多样性指标应当衡量什么？

（1）当前衡量范围

由于有充分证据表明生物多样性丧失会对生态系统服务产生重大影响，为了更有效地保护和管理生态系统服务，我们迫切需要更好地了解生物多样性的现状。例如，功能性物种群体的丧失会对生态系统整体恢复力造成负面影响（参见Folke等，2004；《TEEB基础》，2010，第2章），生物多样性的恢复能够极大提高生态系统的生产力（Worm等，2008），生物多样性丰富的地区可以提供宝贵的生态系统服务（Turner等，2007）。

因此，我们需要在更广泛的层面上对所有生物多样性加以保护和监测。生态过程相互关联且错综复杂，选择性地关注我们当前认为具有特殊价值的生物多样性组成部分是铤而走险的做法。这样做会使我们面临太多的未知，可能面临对生态系统服务和更广泛的生物多样性内容造成严重损害的风险。Aldo Leopold曾写道：“聪明的修补匠一开始就会谨慎地保存好每个零件”（Leopold，1953）。

“纵观全局”的方法不只关注于最典型的物种，更给未来留下了选择余地。这种方法正获得越来越多的认可。2002年，CBD缔约方做出里程碑式的承诺，即到2010年大幅降低全球、区域和国家生物多样性丧失速度。这一目标得到可持续发展世界首脑会议（WSSD）和联合国大会的首肯，并作为扶贫措施纳入千年发展目标。其他地区也通过了类似目标。欧盟设定了更宏伟目标，即到2010年停止欧盟范围内的生物多样性丧失并恢复栖息地和自然生态系统。

设定这些具体目标是一次大胆且有意义的尝试，但目前看来，CBD和欧盟的目标显然没有实现（EC，2008a；Butchart等，2010）。究其原因，部分是因为这些目标没有明确定义可用来衡量生物多样性的监测指标，令其问责作用受到影响（Mace和Baillie，2007）。更广泛地讲，生物监测在世界上大部分地区都不够充分，对多数分类群也不够详尽，不足以为目标的进展情况（或关键压力，或响应措施的效力）提供可靠评价依据。

为了克服上述制约因素，CBD 各缔约方于 2004 年通过了临时全球标题指标名录，以评估全球 2010 年目标的进展情况（第 VII/30 号决议），表明 CBD 三大目标相关的生物多样性趋势。各缔约方随后将这些目标分为可以立即测试使用的指标和需进一步研究的指标（参见表 3.2）。欧盟也启动了与 CBD 指标相关联的相似指标开发项目（EEA，2007）。

表 3.2 评价 2010 年生物多样性目标实施进展的指标（更新后）

重点领域	指 标
生物多样性组成部分的现状和趋势	**1. 所选定的生物群落、生态系统和栖息地的分布范围趋势** **2. 所选定的物种的丰富度和分布趋势** **3. 保护区覆盖率** **4. 受威胁物种状态的变化** **5. 具有重大社会经济意义的驯养动物、栽培植物和鱼类的遗传多样性趋势**
可持续利用	**1. 可持续管理的森林、农业生态系统和水产养殖区面积** *2.（可持续来源产品所占比例）* *3.（生态足迹和相关概念）*
对生物多样性的威胁	**1. 氮沉降** **2. 外来入侵物种的趋势**
生态系统的完整性以及生态系统产品和服务	**1. 海洋营养指数** **2. 淡水生态系统的水质** *3.（其他生态系统的营养完整性）* **4. 生态系统的联通性 / 破碎化** *5.（人类造成的生态系统失效事件）* *6.（直接依赖当地生态系统产品和服务的社区居民的健康和福祉）* *7.（在食品和医药领域的生物多样性）*
传统知识、创新与实践的现状	**1. 语言多样性的现状和趋势以及使用原住民语言的人数** *2.（有关原住民知识和传统知识的其他指标）*
获取和福利分享的现状	*1.（获取和福利分享指标）*
资源转移状况	**2. 为支持 CBD 所提供的官方发展援助** *3.（技术转移指标）*

注：粗体部分表示可以立即测试使用的指标，斜体并加圆括号部分表示需进一步研究的指标。
资料来源：CBD（2009）。

（2）完善现有途径

出于必要性和实用性原因，CBD 指标更多地依赖现有数据集作为数据来源，而不是通过识别未来需求和设计适当的监测项目来获取数据。这种采纳、修改和补充现有数据的方法不可避免地降低了衡量标准（Balmford 等，2005；Dobson，2005；

Mace 和 Baillie，2007）。此等数据局限意味着 CBD 进程采纳的大多数指标均是与压力相关的指标，而不是与生物多样性实际状态相关的指标。

在开发具体生态系统服务（ESS）指标的同时，我们还需要建立更加全面和更具代表性的生物多样性总体衡量指标和监测体系（参见第 2.4 节和《TEEB 基础》，2010，第 3 章）。尤其重要的是，监测体系应当覆盖生物多样性三个基本组成部分（遗传、物种和生态系统）的数量、多样性和生态条件。

2009 年召开的“2010 生物多样性指标和‘2010 后’指标发展展望国际专家研讨会”[3] 提出了当前监测指标的不足。研讨会得出如下结论：“当前指标体系在很多方面存在缺陷：例如，野生遗传资源、生态系统质量、生态系统服务、可持续利用、人类福祉、获取与福利分享和原住民地方知识，导致更广泛的威胁、缺乏积极响应”（UNEP-WCMC，2009）。欧盟生物多样性指标体系评审中也得出类似结论（Mace 和 Baillie，2007）。

从 TEEB 角度来看，有关遗传多样性、生态系统质量（即生态条件）和生态系统服务的差距特别值得关注（另见《TEEB 基础》，2010，第 3 章）。弥补前两者差距的建议参见下文：3.5 节 ESS 指标。

鉴于野生物种遗传多样性与生态系统服务之间的关联（例如，提供新药的潜力），对其进行监测具有特殊价值。遗传物质是自然选择和选择育种的原材料基础，遗传多样性是否能够适应环境变化（例如，气候变化）和更长期的演变十分重要。当前有关物种内遗传多样性的信息大多局限于培育作物和驯养动物，而更广泛的信息采集和监测将极其艰难、耗时且成本高昂。

由于以上原因，在现阶段将遗传多样性作为生物多样性标题指标直接纳入指标体系并加以衡量并不现实。不过，我们可以借助系统发育多样性（物种间遗传多样性）这一替代指标。系统发育多样性是指物种间的分类差异，可以作为连接一系列特定类群的进化路径长度指数进行测定。

在 CBD 指标体系中，必须被弥补也能够被弥补的主要区别存在于生态系统的生态条件（群落生态环境和栖息地）方面。尽管现有指标能够表征部分栖息地的某些属性（例如，通过海洋营养指数表征海洋栖息地属性），但是决定栖息地生态条件的所有关键属性并没有得到充分监测。这极大削弱了对生物多样性总体状态的监测：很多生态系统的退化几乎不会对受监测频率最高的物种造成可见影响（例如，鸟类对栖息地退化的敏感程度通常低于其他物种）。

生态系统条件监测对 ESS 供给来说尤为重要，因为生态系统条件通常是可能福利的最直接指标。例如，有些生态系统服务（如气候调节或水质净化）与生态系统过程及生物量（即数量）的关联比与生物多样性本身的关联更为密切。另一些生态系统服务则与生物多样性的关联更加紧密，比如生物探勘和遗传多样性（参见第 5 章）。

建立标准化的全球生态系统条件指标体系将是一项巨大的挑战，并且很可能因为耗时过长和成本过高而无法实现。一种可能的解决方案是创建一套简单的评估框架，并在此基础上建立与全球报告模板兼容的国家生物多样性指标体系。评估框架可由专家工作组负责创建。专家工作组首先会确定最少的一组属性从而界定每类生态系统的可接受条件，然后再针对每个属性设定用于评估生态系统条件的通用标准。

依照上述方法，可以先开发一小套全球的共用指标，然后再制定更为细化的国家、区域和地方指标予以补充。各个国家 / 区域之间的具体标准可根据地方条件适当有所不同，且应公之于众以展示各国对可接受条件标准的理解并接受相关监督。表 3.3 基于共用标准框架下的通用标准，通过假设举例说明英国保护区条件监测所采用的概念[4]。

表 3.3　用于界定两种栖息地可接受条件的关键属性和通用限值

属性类别	温带森林		覆被泥炭沼泽	
	属性（及生态系统服务相关性）	可接受限值	属性（及生态系统服务相关性）	可接受限值
面积	栖息地地块面积（关键物种和内部栖息地的最小面积）	>10 hm^2	栖息地地块面积（水文维护）	>100 hm^2
物理特性			泥炭深度（碳保持）水位（植被要求和泥炭保护）	>10 cm 土壤表面以下 10 cm 到土壤表面以上 20 cm 之间
植被结构	高度 / 树龄级别（栖息地再生，多样化社区的基础）	20% 以上为成熟树木，2% ～ 5% 为树苗		
物种组成	本地物种（生物多样性关键物种的基础）	>90%	泥炭藓（碳封存依赖于这些物种） 低矮灌木	覆盖率 >20% 覆盖率 <10%
生物量	树木密度（木材生产）	10 ～ 100 棵树 / hm^2	实践中无法衡量	
生产力			（供家畜和野生物种食用的）饲草	>90% 潜在净初级生产量
专有特征	枯木（关键物种的栖息地）	>0.28 m^3/hm^2		

虽然衡量所有生态系统的质量（条件）需要一套庞大的指标体系，但在必要情况下，可以将监测结果整合成一个简单的总体生态系统条件指数，例如，“可接受条件下生态系统占 x%”。

3.3.3 推动生物多样性监测框架建设

（1）整合当前途径

Balmford 等于 2005 年指出，全球生物多样性监测体系不应只关注生物多样性的少数几个方面。相反，它应该囊括包括栖息地范围和条件在内的诸多自然属性。与此类似，2009 年生物多样性指标国际专家研讨会（参见第 3.3 节）提议“应当开发更多度量标准，用于衡量生物多样性面临的威胁、多样性状态、生态系统范围和条件、生态系统服务和政策响应，从而提供一套更全面、更灵活的指标体系，用以监测‘2010 年之后’目标的完成情况，更清晰地体现行动及生物多样性结果与人类福利之间的关联”（UNEP-WCMC，2009）。

基于以上观点和第 3.3 节的内容，我们建议采用扩充后的 CBD 指标体系和上文所述框架对生物多样性状态加以衡量，并将其归纳为以下 5 个标题指标：

1）遗传多样性：物种间的分类差别——系统发育趋势（指标有待开发）；

2）种群趋势［例如，基于修改后的地球生命力指数（Loh 等，2005；Hails 等，2008；Collen 等，2009）］；

3) 物种灭绝风险趋势（基于 IUCN 红色名录标准和红色名录指数；参见 IUCN，2001；Butchart 等，2005，2007，2010；Baillie 等，2008）；

4) 生态系统范围（遵循 CBD 惯例，建立公认的分类和定义）；

5) 根据关键属性判定生态系统条件（需进一步拓展 CBD 指标）。

这 5 个标题指标可以作为生物多样性状态 SMART（明确、可衡量、可实现、实际和有时限要求）目标的基础。标题指标同其包含的子指标（例如，针对各个栖息地类型的指标）一样，具有可伸缩的尺度，并遵循认同的标准有助于在地方和全球范围内达成既定目标、开展监测活动。此外，还可根据样本位置对监测数据加以区分（例如以便反映保护区状态和效力）。监测数据也可用于评估集体所有权土地对生物多样性和生态系统的影响。

如 3.2 节所述，如果将各指标在 DPSIR 框架下整合，指标的作用将大幅提高。引入驱动因素和压力指标可以警示即将发生的生态影响；对响应活动进行监测有助于评价保护措施的有效性；二者共同作用可以推动适应性管理实践的应用（Salafsky 等，2001）。因此，在同一框架内引入状态指标与相关压力和驱动因素指标，可以形成综合的衡量和监测体系，能够推动全球生物多样性和很多关键生态系统服务的有效管理。此外，对于某些情形和位置，还应开发特定的 ESS 指标（参见 3.5 节）。

（2）弥补监测差距

现有的物种监测数据足以支持有关生态系统趋势的标题指标（种群数量、威胁状况），不过部分类群和地区数据仍需进一步完善。我们可以通过更好地利用遥感数据来扩大生态系统评估的覆盖范围；通过与“全球环境与安全监测计划”（GMES）和NASA等机构合作，共同研发软件，获得有关土地利用、土地覆盖和景观破碎化的长期系列化数据和接近实时的数据，从而提高现有数据集的利用效率。

现有数据在生态系统条件方面还不够完善。为了获得充足的数据，我们需要加大对监测活动的投入。虽然我们可以通过现有和新的遥感数据对一些生态系统进行监测（例如，栖息地破碎化、植被覆盖度、景观多样性），但我们仍需从被监管的生态系统采集更多关键属性实地样本，从生物多样性丰富的国家采集更多现场数据（例如，较富裕的西方国家）。

通过开展适当培训和能力建设活动，可让当地社区和其他利益相关方通过简单、有效、一致的参与方式，承担起相关调查任务（Danielsen等，2005；Tucker等，2005）。这种监测方式也会鼓励当地人为生物多样性问题出谋划策，并为其提供就业机会。指标开发既应当支持国际机构“自上而下”的需求，也应当支持地方和国家需求。

当前对生物多样性监测不力主要是因为资金不足。虽然创建综合生物多样性监测框架需要大量资源投入，但与无效监测和管理造成的生态系统服务价值损失相比，这些投入可谓九牛一毛。加大对生物多样性监测的投资可带来很高的成本效益。

（3）为加强监测提供资金

生物多样性的使用者、获益方及损害者目前没有为生物多样性监测与衡量活动承担相应的责任及支付相应的款项。大部分监测成本是由NGO及其志愿者或公共财政负担的。然而，我们有足够理由遵循“谁污染谁付费”的原则，加强对生物多样性压力和状态的监测。我们应把更多监测责任交给私营机构和/或引入监察机构监测活动成本回收机制，来减轻政府当局的成本负担。此外，企业与非政府组织也存在开展生态监测合作的潜力（参见《TEEB企业报告》，2011）。

我们需要更好地监测和报告私营行业对生物多样性的影响。实际上，用于上述目的的指标已经被开发出来，但往往过于宽泛并且没有得到一致的应用，所以价值并不大。我们需要制定一系列既能够开发出更有意义和更有力的生物多样性影响指标，又能与SMART目标（如没有生物多样性净损失）紧密结合的方法和标准。为了获得“自上而下”的通用指标，我们应当采取自下而上的途径，充分听取地方利益相关方对相关影响的反馈。

2010年5月，CBD科学、技术和工艺咨询附属机构（SBSTTA）在CBD拟议的2010年之后的任务、战略目标和具体目标背景下审议了生物多样性目标监测事宜。在本次会议（SBSTTA第十四次会议）召开前分发给与会人员的讨论中，[5]提到了上述很多有关生物多样性目标设定和监测的建议，例如，应当在DPSIR或类似框架内制定SMART目标；应当采用注重生物多样性成果的目标（如生态系统范围和条件）以保证各项措施发挥作用和保障生态系统服务功能；应当提高很多国家的生物多样性监测能力。虽然通过SBSTTA[6]的建议大体上能够推动目标的实施进展，但却缺乏远大的目标，而且还把进一步的难题留给了特设技术专家组（AHTEG）。

此外，SBSTTA第十四次会议讨论的CBD拟议战略大目标和指标主要针对压力和响应方面[7]。这意味着这些拟议目标与拟议指标的关注点相近，且有关生物多样性状态的措施较少。尽管会议确定了包含有关遗传方面（例如，具有重大社会经济意义的驯养动物、培育作物和鱼类的遗传多样性）和生态系统服务的进一步指标，不过该会议似乎并没有提议建立更全面的生态系统条件监测框架。因此，这一差距仍是亟待解决的首要问题。

3.3.4 衡量生态系统服务

决策者需要通过生态系统服务衡量工具了解相关信息，从而进行符合环境、社会和经济需求的综合性决策。如果运用得当和研究充分，ESS指标能够揭示生物多样性和生态系统丧失/退化对民生和经济的影响。有效的工具并不只是衡量生态系统的生物物理能力，而是更多地衡量生态系统服务的福利流和经济价值，从而充分体现自然资本的全部价值。

（1）生态系统服务指标现状

生态系统服务指标能够描述生物多样性提供的福利流。对于生态系统提供的有益于人类福祉和发展的服务，我们可以通过相关生态系统服务指标更有效地衡量和体现影响生态系统此类服务提供能力的因素。在DPSIR框架内（参见图3.2），生态系统服务指标可以通过重点衡量自然资本丧失带来的社会影响，对其他指标进行补充。

与“传统”生物多样性指标相比，生态系统服务指标是较新的衡量工具。千年生态系统评估的发布（MA，2005）吸引了政界对生态系统服务的关注，推动了相关指标的开发和应用。但这些指标大多取自其他行业（例如，木材生产行业和林业），并且以供给服务为核心。2005年发布的MA最终报告称：“目前仍没有被广泛认可的用于衡量生态系统支持、调节或文化服务趋势的指标，更没有用于衡量相关服务变化对人类福祉造成影响的指标”（MA，2005）。

如今，上述说法在很大程度上依然成立，主要原因在于生态系统组成部分与生态系统服务供给能力之间存在十分复杂的功能关系，并且生态系统服务具有多维度的特性。因此，我们有必要继续努力开发针对关键调节、支持和文化服务的可靠指标。由于这些服务近期才得到关注，所以相关指标的开发在当前仍面临很多技术困难。现有指标已经在政策讨论及工具的选择和设计上发挥了重要作用，我们在加大对这些服务研究的同时，应继续加大对现有指标应用的探索和完善。

（2）评估生态系统服务指标衡量对象的价值

表 3.4 基于 MA 框架列出了非穷尽的第一套生态系统服务指标。这套指标包含一系列定量指标和部分定性指标，其中有些指标已投入应用，有些指标尚在开发中。

表 3.4　生态系统服务指标举例

生态系统服务	生态系统服务指标
供给服务	
食物 可持续生产 / 采收的作物、水果、野生浆果、蘑菇、坚果、家畜、半驯化动物、狩猎动物、鱼类和其他水生资源	1. 来自可持续有机源的作物产量（单位：t 或 hm^2） 2. 来自可持续有机源的家畜数量（单位：t 或 hm^2） 3. 来自可持续有机源的鱼类产量（例如，安全生物极限内的渔获比重）（单位：活重 t） 4. 作为食物的野生物种数量 5. 来自可持续源的野生动物 / 植物产量（单位：t）
水量	淡水资源总量（单位：10^6m^3）
原材料 可持续生产采收的兽毛、兽皮、皮革、植物纤维（棉花、秸秆等）、木材、软木等；以及可持续生产 / 采收的薪材、生物质等	1. 森林蓄积量、生长量和落叶量 2. 来自天然和 / 或可持续管理下的森林工业圆材（单位：10^6m^3） 3. 来自天然和 / 或可持续管理下的森林纸浆和纸制品产量(单位：10^6t) 4. 来自可持续有机源的棉花产量（单位：t 和 / 或 hm^2） 5. 来自天然和 / 或可持续管理下的用于能源生产的森林生物质（例如，木材、林业废弃物）[单位：10^6t 油当量（Mtoe）]
天然药品：生物化学药品和医药品 可持续生产 / 采收的天然医药产品（花朵、根茎、叶子、种子、汁液、动物产品等）；生物化学品或医药品的配料 / 成分	1. 作为天然药品来源的物种数量 2. 使用天然化合物的药品数量
观赏资源 可持续生产 / 采收的观赏性野生植物、用于手工艺品的木头、贝壳等	1. 用于手工艺品的物种数量 2. 来自可持续源、用于园艺的观赏性植物物种数量
遗传 / 物种多样性维护 保护地方和特有品种及变种物种、维护狩猎物种基因库等	1. 用于生产的作物品种数量 2. 家畜品种 3. 用于生产的鱼类品种数量
调节服务	
空气质量调节	大气清洁能力（单位：每公顷去除的污染物吨数）
气候 / 气候变化调节 碳封存、维持并控制温度和降水	碳捕获 / 储存总量 = 每公顷捕获 / 储存能力 × 总面积（10 亿 t 二氧化碳）
极端天气缓解 控制雪崩、控制风暴灾害、调节火灾（即预防火灾和调节火灾强度）	1. 破坏性自然灾害的数量趋势 2. 极端天气概率

生态系统服务	生态系统服务指标
水资源调节 调节地表水径流、蓄水层补给等	1. 生态系统入渗能力 / 入渗率（例如，水量 / 地表面积）——单位时间内入渗单位面积的体积 2. 土壤蓄水量（单位：mm/m） 3. 泛滥平原蓄水量（单位：mm/m）
水质净化和废物管理 养分和污染物降解 / 捕捉、预防水体富营养化等	1. 湿地去除的养分（单位：t 或百分比） 2. 水生生态系统水质（沉积物、浊度、磷、养分等）
侵蚀控制 保持养分和土壤覆被、预防侵蚀造成的不利影响（例如，土壤贫化、水体沉积物增加）	基于土地利用类型的土壤侵蚀速率
传粉 维持自然传粉昆虫和种子传播媒介（例如，鸟类和哺乳动物）	1. 野生传粉昆虫的丰富度和物种丰富度 2. 野生传粉昆虫的活动空间范围（例如：以 km^2、定期 / 累积量 / 随机活动范围、物种为单位）
生物防治 维持动植物害虫的天敌、调节动植物病虫害媒介数量等	1. 生物防治因子（例如，捕食者、昆虫等）的丰富度和物种丰富度 2. 生物防治因子的活动空间范围（例如，以千米、定期 / 累积量 / 随机活动范围、物种为单位）
人类健康的疾病控制 病原体媒介控制	生态系统变化导致的疾病负担变化
文化和社会服务	
景观和舒适性价值 生态系统带来的舒适性、文化多样性和认同感、精神价值、文化遗产价值等	1. 居民数量变化 2. 为享受舒适性服务而光顾的参观者人数变化 3. 与文化认同感相关的品牌产品数量
生态旅游和娱乐 徒步、露营、自然漫步、慢跑、滑雪、独木舟、皮划艇、休闲垂钓、动物观赏等	1. 每年参观保护区的游客数量 2. 自然旅游人数
文化价值和启迪性服务，例如，教育、艺术和研究	1. 前往相关场所（尤其是出于教育或文化目的）的参观总人数 2. 因教育目的参观某场所的总人数 3. 宣传相关场所和周边地区的电视节目、研究、书籍等的数量

资料来源：以 MA（2005）；Balmford 等（2008）；Kettunen 等（2009）；《TEEB 基础》（2010）及其他文献为基础。

在定量和定性信息不足的情况下，经济价值评估对于某些服务和利益相关方而言十分重要。但是在权衡利弊的过程中，生态系统调节服务（通常是为非市场化服务）缺乏货币价值的现状会导致决策者偏向于生态系统供给服务（通常通过市场价格获得）。本书将在第 4 章探讨生态系统服务指标的货币化方法。

各种类型的信息都很重要。尽管定性指标不能量化和货币化生态系统服务产生的福利，但它们却是定量信息和货币信息的重要工具，有助于在上述信息缺失的情况下填补差距。基于合理判断丰富的经验和知识，我们可开发出广受认可的定性指标。对于 MA 框架内的支持服务而言，尤为如此。MA 框架内的支持服务包含所有维持其他生态系统服务的自然过程（例如，养分循环、土壤形成等）。这类服务在表 3.4 中没有列出，因为对相关指标的适用性认知还存在巨大差距。

（3）在政策层面上应用生态系统服务指标

在少量现有和公认的调节服务指标中，有些指标是关于环境领域的（例如，气候变化和碳封存 / 储存速率、天然防洪，参见专栏 3.1）。拓宽这些指标的应用范围能够将生物多样性与其他环境政策领域和工具（例如，REDD+、洪水风险管理）更有效地联系起来，从而增强协同效应和沟通，为权衡利益相关方（例如，公司、机构、公民社会等）之间的潜在利弊提供依据。

专栏 3.1　ESS 指标运用于环境政策领域的示例

气候变化：碳封存 / 储存速率

碳封存 / 储存总量（单位：10 亿 t 二氧化碳当量）= 封存能力 / 每公顷储存量 × 生态系统总面积

全球热带雨林的碳封存速率约为每年 13 亿 t（约合人类活动所致碳排放的 15%）。据估计，热带 / 半热带森林的总计碳储量约为 5 500 亿 t，居所有生物群系碳储量之首。重新造林和停止森林退化还可以进一步提高这一数值（Lewis 等，2009；Trumper 等，2009）。碳储存 / 封存衡量有助于推动低成本的气候变化缓解措施（Stern，2006；IPCC，2007；Eliasch，2008），促进政策工具的开发应用以及获得日益广泛的政治支持，包括欧盟对全球森林碳机制（该机制的目标是到 2030 年停止全球森林覆盖率的下降趋势）的支持（EC，2008b），以及国际社会在 UNFCCC 框架下对 REDD+ 机制（减少发展中国家因森林砍伐和森林退化造成的碳排放）的支持（参见第 5 章）。

城市空气质量：大气清洁能力

每公顷生态系统去除的颗粒物吨数

1994 年，美国费城地区的树木从大气中去除的空气污染物超过 1 000 t（Nowak 等在 Powe 和 Willis（2002）中所做的研究，及其参考文献）。芝加哥地区的树木每年可去除约 5 500 t 空气污染物（McPherson 等，1997）。整个英国境内，树木可吸收大量污染物，每年吸收 40 万～ 60 万 t PM_{10}（颗粒物质），70 万～ 120 万 t 二氧化硫（Powe 和 Willis，2002）。

在城市规划过程中，可充分利用绿色基础设施确保空气质量达标。绿色基础设施可降低因空气污染程度而导致发病率和死亡率（参见《TEEB 地方政策报告》，2011）。

清洁饮用水：天然森林对水质的贡献

去除的养分量/百分比；沉积量、浊度、含磷量等

德国有机饮料生产商［比奥纳德公司（Bionade Corporation）］与NGO饮用水森林注册协会（Trinkwasserwald e.V.）共同发起“饮用水森林”项目，计划创造130 hm^2森林并充分利用其水质过滤和净化能力。NGO饮用水森林注册协会与森林所有者签订为期20年的合同，旨在用落叶阔叶林替代单作针叶林。预计每公顷单作针叶林转换成落叶阔叶林的一次性成本为6 800欧元，每年可产生净化水80万L（Greiber等，2009；另见第5章）。

生态系统服务指标还有助于其他行业在政策决策时（例如，农业、渔业、林业、能源行业、土地利用规划）更好地将生物多样性列为考虑要素。生态系统服务指标有助于建立起生物多样性与经济和社会指标之间的联系，有助于衡量生态系统服务提供能力的变化对不同行业的影响，从而促进更加“联合的思考”和政策整合（参见专栏3.2）。

专栏3.2 ESS指标运用于行业政策的示例

农业：与野生传粉昆虫丰富度、物种丰富度和活动空间范围相关的准则

相关指标可以用于确定依赖于野生传粉昆虫的产量比重

1. 野生传粉昆虫（例如，昆虫、哺乳动物）的多样性和活跃性因天然森林距离耕地的远近而不同。Ricketts等于2004年指出，与距离森林较远的咖啡种植园相比，森林附近的种植园能够迎来种类更多和更频繁的蜜蜂造访，传播的花粉量也因此更多。在距离森林1 km以外的咖啡种植园，野生传粉服务相对缺乏，咖啡产量因此减少约20%。

2. 2005年，由昆虫（主要是蜜蜂）提供的传粉服务为世界主要粮食作物创造了高达1 530亿美元的经济价值（Gallai等，2009），相当于世界农业粮食总产量的9.5%（Gallai等，2009）。在美国，野生传粉昆虫每年创造的水果和蔬菜产值估计约30亿美元（Losey和Vaughan，2006）。

3. 这类指标能够将农业环境付费与农田的传粉服务能力联系起来，还能够衡量管理行动的有效性（有关支持粗放型农业活动的农业补贴改革，参见第6章）。

健康：与患病率/死亡率相关的大气清洁能力

每公顷森林去除的颗粒物吨数

据英国一项空气清洁能力研究（参见专栏3.1）的估计：以净健康影响（net health effects）为衡量标准，优质空气每年可以避免早夭65～89例，减少住院治疗45～62例，预期减少的净成本在20万～1 120万英镑。Hewitt（2002）还发现，如果将西米德兰兹郡的树木数量翻番，因空气颗粒物导致的死亡人数每年将减少140例［Powe和Willis（2002）及其参考文献］。满足城市空气质量和健康标准（例如，世界卫生组织制定的标准）的途径之一是加大对保护区的投资以确保树木覆盖率（参见第8章）。

这些例子说明了行业政策如何把或如何可以把生态系统服务提上首要议程。决策者既要意识到不同生态系统服务之间的权衡风险，也应抓住时机创造协同效应，例如重新造林以直接获得福利或投资绿色基础设施以避免森林退化。

尽管现有政策没有要求区域或国家，甚至企业实现生态系统服务“零净损失”（部分项目例外），但可以想到未来将会通过这些目标［参见第7章了解“零净损失”目标当前在项目层面上的应用案例；参见《TEEB企业报告》（2011）了解有关业务整合的指标］。我们应制定明确的政策目标，以确保新指标被用作有效的整合工具。我们需要制定出一套被广泛认可的有效指标来衡量生态系统的质量和生态系统的服务能力，从而评估目标的完成情况和所用方法的效率，并改进工具设计，提高工具信度（量化基准线，设定额外性、评估和论证的条件和绩效指标；请参见第5章，了解强大的指标对PES机制的重要意义）。

一套精简、可行的标题指标，辅以更广泛的衡量和监测手段，也许能够满足政策制定者、政治家、媒体和企业制定高级别目标及同大众沟通的需求。诸如“整合欧洲2010年生物多样性指标”（EEA，2009）和CBD全球标题指标（参见表3.2）等项目已经开发了一定数量的生态系统服务和产品供给能力指标（例如，淡水生态系统的水质指标）及供给服务可持续利用指标（例如，生态足迹指标，参见专栏3.3）。这些指标在过去5年取得的进展为政策制定者提供了更加坚实和一致的基础。

专栏3.3 “生态足迹”指标运用于政策决策的示例

生态足迹分析将人类对自然资源的需求与生物圈产生资源和提供服务的能力进行对比（参见第2章），从而衡量一个人、城市、国家、区域或整个地球需要多少具有生物生产力的土地和水域来生产其所消耗的资源和吸收其产生的废物。

SEBI 2010的评价体系包含了生态足迹指标在内的26项指标。SEBI 2010最新评估指出，欧洲对自然资源的利用和产生的废物已经超出这片大陆自然承载力的2倍之多。生态赤字意味着欧洲无法依靠疆域内资源可持续性地满足其消费需求。欧盟27个成员国人均生态足迹为4.7全球公顷，是其生物生产力的2倍。

欧盟委员会正在积极探索采用何种方式以及在哪些领域纳入生态足迹指标，尤其是那些可衡量对欧盟以外地区影响的指标。此外，欧盟委员会还分析了欧洲采用生态足迹指标和“欧盟自然资源可持续利用专题战略”建议的相关评估工具的可能性。

南澳大利亚州将生态足迹作为一项区域目标，计划到2050年将其生态足迹减少30%。

资料来源：南澳大利亚战略计划（2007）；Ecologic等（2008）；EC（2009）；Schutyser和Conde（2009）；SEBI（2010）。

公司报告标准（例如，全球报告倡议）中也可以引入上述指标以体现生态系统服务的丧失对公司业绩的影响（例如，林业/造纸行业、水质/饮料行业）以及公司对生态系统服务供给的影响（例如，金属与采矿）（更多信息参见《TEEB企业报告》，2011）。

即使标题指标足以支持高级别决策，但仍然有必要针对某些政策工具开发具体的 ESS 指标。相关工具包括政策评估、环境影响评价（EIA）、国民核算以及通过重要性或生命周期评价来分析公司对生态系统服务的经济依赖程度和影响的措施［LCA；有关 LCA 的更多信息，参见《TEEB 基础》（2010）］。在这些评估中引入 ESS 指标有助于揭示影响生物多样性的不同政策或规划选择可能带来的经济、社会和环境后果（参见第 4 章）。ESS 指标还可以通过卫星账户被纳入国民账户体系（SNA）（参见专栏 3.4，有关国民核算的更多内容，参见 3.4 节和 3.5 节）。

专栏 3.4 “最终生态系统服务”（FES）指标在国民核算中的应用

FES 是指可被人类直接享用、消费或使用，能够为人类带来福祉的自然组成部分。FES 指标方法由 Boyd 和 Banzhaf 于 2007 年创建。瑞士开展了一项研究，研究在其国民收入核算中使用 FES 指标的可行性。账户矩阵示意图根据 4 类主要福利将 FES 指标细分为健康指标、安全指标、自然多样性指标和经济效益指标。该可行性研究详细分析了“健康”福利类核算指标，并通过衡量自然界屏蔽天然声音的能力，评估 FES 带来的“不受干扰的睡眠”福利（参见以下示例）。

最终生态系统服务（FES）账户矩阵示意图

产品组别	福利	生态系统服务			相关中间产品 / 过程 / 功能
福利分类	福利种类	描述	描述	单位	
健康 安全 自然多样性 经济效益	主动福利价值	福利 1	生态系统服务 1	人 /a	
	被动福利价值		生态系统服务 2	人 /a	
	存在价值			人 /a	
		福利 2			
				人 /a	
举例： 健康	被动福利价值	不受干扰的睡眠	低于限值的夜间噪声（住宅附近）	晚上 10:00 点—早上 6:00 点之间，未受到超限额分贝（A）噪音的干扰	天然吸音器

资料来源：Ott 和 Staub（2009）。

（4）挑战和未来之路

ESS 指标是否准备就绪取决于数据的可用性、其对多个不同规模的空间和时空特性加以归纳的能力以及向非技术型决策者就指标结果进行有效沟通的能力（Layke，2009）。

由于生态系统的供给服务与市场化商品的结合度更高（例如，树木用做木材和燃料），生态系统供给服务指标的数量相对较多且更加完善。相比之下，生态系统调节和文化服务所带来的福利流不够明显也更难以衡量，因此很多生态系统的非市场服务被人们免费享用。我们可以借助替代指标来评价生态系统提供上述服务的能力并大致衡量相关福利。不过，这只是一种短期方案。要想在决策过程中更全面地整合 ESS 价值，我们必须努力完善生态系统调节和文化服务指标（Layke，2009）。

制定 ESS 指标时应当考虑经一段时间生态系统供给服务和其他服务的可持续性，这样才能确保对相关服务的长期福利流进行有效衡量。对生态系统供给服务（例如，鱼类资源）、文化服务（例如，旅游资源）和调节服务（例如，重新造林以进行碳捕获）的福利进行过度开发，最终将导致资源枯竭和社会权衡选择变少。因此，制定相关指标时应将可持续生产力考虑在内，即清晰界定生态系统服务“可持续性”的确切含义。

我们应当通过建立基准线来确定不同政策情景下的临界阈值点位（例如，安全生物极限、临界负荷）和其他可能途径。然而，我们对生态系统的无知、生态系统的不确定性和相关风险将影响阈值的准确设定。因此，设定最低安全标准可能是克服上述挑战的一个良方（参见《TEEB 基础》，2010，第 5 章）。

并不是所有 ESS 指标都能够以定量方式衡量或转化为货币价值——存在的风险是，政策制定者可能会更多关注能够提供可量化信息的指标。正如《TEEB 基础》（2010）第 3 章所述，“依赖现有衡量指标几乎只能捕捉到与食品和纤维生产有关的少量物种和生态系统的价值，无法体现生物多样性和生态系统对所有福利起到的支撑作用以及它们的未来恢复力”。为了避免由于只偏重处于政治或公司优先议程的少数指标而产生的政策偏差，我们应当加大力度开发补充的非量化指标。

与此同时，对于只涉及单一服务的 ESS 价值评估，应采用更广泛的衡量工具对其进行系统性交叉验证，以评估生态系统持续提供全部服务的能力。这种能力并不取决于单一生态服务的资产价值，而是取决于生态系统整体的稳健性、完整性和恢复力。在衡量 ESS 开发带来的经济效益时，应当考虑在最广泛意义上维持生态系统资本（即减缓总体退化）所需的额外成本，而不仅仅是在狭义上评估自然资源枯竭造成的效益损失。

为了更准确识别 ESS 的受益方和向社会提供 ESS 的供应方，我们应重点分析生物多样性和生态系统条件与 ESS 供应之间的关联。这对于调节服务和文化服务指标尤为重要：如前文所述，由于缺乏相关数据和指标，上述服务所提供的多种复杂福利并未得到充分体现（Layke，2009）。

《TEEB 基础》（2010）第 3 章深入探讨了现有指标在初步应用过程中积累的经验教训，并指出相关应用带来的机遇和挑战。

完善衡量体系将是一个漫长的过程，但找到有效的完善方案具有至关重要的意义。从长远来看，投资衡量体系可带来较高的回报。此外，由于衡量体系能够尽早发现并有效处理风险，有助于避免在未来支付更加高昂的损害成本，我们可以把衡量体系作为一个经济有效的措施纳入解决方案。ESS 指标并不是孤立的衡量工具，而是对宏观经济指标和社会指标的有效补充，能够进一步描述自然与社会之间的相互作用。我们将在 3.4.1 节和 3.4.2 节探讨如何对国家财富和社会福祉进行更可持续的衡量。

3.4　宏观经济指标和社会指标“绿色化”

（1）关于 GDP 与福祉

我们几乎无法通过测量国民收入来推断一个国家的福利水平……我们必须牢记增长数量与增长质量、成本与收益，以及短期增长与长期增长之间的区别。在制定未来增长目标时，我们应当明确我们需在哪些方面取得进一步的增长，以及增长的目的是什么。

（Simon Kuznets，GDP 概念的主要构架师，1934）

（2）关于 GDP 与社会公平

通过 GNP 这个单一指标衡量社会进步，在很大程度上加剧了收入分配的不均。

（Robert McNamara，世界银行主席，1973）

（3）关于 GDP 与自然资本

当一个国家耗尽其矿产资源，砍伐其森林，侵蚀其土壤，污染其蓄水层，猎绝其野生动物时，这些消失的资源不会影响其收入核算。

（Robert Repetto 等，1989）

（4）关于 GDP 与决策

一旦环境退化影响在经济衡量体系中占有一席之地，那些曾经在推动 GDP 增长与保护环境之间做出的选择可能会被证明为错误选择。

（《斯蒂格利茨 · 森 · 菲图西经济表现与社会进步衡量报告》，Stiglitz 等，2009）

3.4.1　衡量财富和福祉的传统方法

衡量国家经济表现的“传统”指标包括 GDP、国民收入、最终消费、固定资本形成总额（GFCF）、净储蓄、国际贸易差额、国际收支、通货膨胀、国家债务和储蓄率。衡量社会进步的常用指标包括失业率、识字率、预期寿命和收入不平等。人类发展指数（HDI）是一个跨领域的综合性有效指标。

这些传统综合指标的总量构成了国民核算体系（参见 3.5 节）的基本组成部分，但它们并没有系统全面地体现生物多样性丧失情况，因此只能部分反映社会经济发展进展。有关生物多样性和 ESS 的指标是对传统指标的一大补充，并且如 3.3 节所述，相关指标的数量还在不断增加。很多人质疑：生物多样性和 ESS 指标数目繁多且分散，难以像传统综合经济指标那样吸引公众、媒体和政界的广泛关注。二氧化碳指标可能是一个例外。不过虽然二氧化碳指标有效，它却不是直接针对生态系统和生物多样性的指标。

我们可以通过贸易赤字举例来说明这一缓慢的转变过程。当进口大于出口时即出现贸易赤字。媒体每周都会对贸易赤字问题进行专题报道，而绿色贸易赤字——商品和服务进出口活动导致的生物多样性影响却很少被提及。生态足迹分析（参见专栏 3.3）从生物多样性角度识别债权国和债务国，有助于填补绿色贸易赤字的空白。“水足迹”也能够为消费者提供有用信息（例如，从别国进口香蕉时，也从该国进口了土壤中的水分和养分）。

特别值得一提的是，最发达国家往往是主要环境债务国，而大部分发展中国家则是债权国。这种债务 / 债权关系并没有在传统衡量工具及决策或市场信号中得到体现。不过，有些国家已经意识到不能让生态足迹无休止增长下去，因此已经把生态足迹纳入政策目标，从而以期降低环境影响或提高资源效率。

3.4.2 更可持续的衡量工具

日常决策中使用的很多经济术语已经包含与自然相关且正在应用的概念。

（1）经济资本，自然资本

资本概念源于经济学。资本存量（资产）提供增进人类福祉的商品和服务流。资本概念传统上等同于人造商品，但这种人造资本只是人类社会经济资本的部分内容。其他类型的资本还包括“人力资本”、“社会资本”和“自然资本”（即能提供生态系统服务流的自然资源存量，参见专栏 3.5）。虽然有些人不愿把自然比作自然资本，但是这一术语的确有助于在经济背景下体现自然的重要性（另见第 1 章，图 1.6）。

（2）基础设施与绿色基础设施

传统基础设施投资集中在公路、铁路、学校等领域。不过，“绿色基础设施”投资的重要性正日益得到认可。“绿色基础设施”的投资领域包括：设立保护区网络（第 8 章）、保护净化水质和供应水资源的流域（第 5 章和第 9 章）、恢复河道以提供栖息地（参见专栏 4.2 的示例）、增加不同自然区域之间的空间连通性、建造城市花园以提供舒适性服务（参见《TEEB 地方政策报告》，2011）以及某些国家实施的旨在保护生物多样性和促进气候变化适应性的“绿色屋顶”计划。

专栏 3.5 四类资本 [8]

人造资本

人造资本包括用于生产其他产品和服务的人造资产，例如，机器、工具、建筑物和基础设施。人造资本还可以包括金融资本。

自然资本

除木材、水、能源和矿藏等自然资源外，自然资本还包括难以用货币价值衡量的自然资产（例如，物种多样性、濒危物种、提供空气和水质净化等生态服务的生态系统）。这些资产是与人类福祉具有直接或间接关联的自然组成部分。森林、农业土地和土壤、草地、湿地、河流和珊瑚礁都属于自然资本。

人力资本

人力资本通常指人类个体的健康、福祉、生产潜力，包括心理和身体健康、教育水平、积极性和工作技能。这些要素不仅能够提升社会幸福感和健康水平，也能够形成具有生产力的劳动力以推动经济发展。

社会资本

社会资本与人力资本一样，也是有关人类福祉的资本。不同的是，社会资本关乎社会层面，人力资本关乎个体层面。社会资本由支撑高效、有凝聚力的社会，以及促进成员之间社会交往和智力交流的各种社会网络组成。社会资本是指社会信任、社会规范和社会网络等人们赖以解决常见问题并能够增进社会凝聚力的社会资源，例如，邻里协会、公民组织和合作社。推动政治稳定、民主、政府效率和社会公平（这些社会元素不仅本身值得推崇，同时也有助于提高生产力）的政治和法律架构也是社会资本的组成部分。

来源：GHK 等（2005），以 Ekins（1992）为基础。

（3）人造资本贬值，自然资本“升值”

诸如防洪屏障和水处理厂等人造基础设施会逐渐老化，因此需要被维护并随之产生了维护成本。而自然基础设施通常可以自我维护，例如，红树林可以预防海岸线洪水。实际上，诸如植树造林、流域投资、森林管理、保护区恢复和投资等项目都是为了形成自然资本而进行的具有前瞻性的投资（参见第 5 章、第 8 章和第 9 章）。

（4）固定资本形成总额（GFCF）与自然资本形成

大多数政府都会定期监测 GFCF 水平（即基础设施投资），但却很少关注自然资本的形成。即便予以监测，所监测的要素也无法反映自然资本的整体状况。例如，根据当前 SNA 指导原则，若将一片森林砍伐为农业土地时，应在 GFCF 中列明农业土地资产获得正增长，增长量等于森林砍伐量 [9]。

（5）国民净储蓄，“真实”储蓄

通常而言，各国所有经济交易的正负收入差额，即视为该国储蓄额。在当前SNA体系下，来源于自然资本的经济收入被视作净储蓄。但实际上，我们应将部分此等收益用于对自然资本的再投资，以确保能从自然资本中获得可持续的收入流（与公司处理其他资本贬值的方法相同）。

世界银行的“调整后净储蓄或真实储蓄”指标不仅评估经济增长值，还考量人造资本的折旧、人力资本投资（按教育支出计算）、矿产、能源和森林资源损耗以及地方和全球空气污染物造成的损害，因此能够“更真实地”衡量一个国家的储蓄值（世界银行，2006）。不过，这些指标还应考虑与维持所有生态功能相关的生态系统资本退化情况，而不应仅仅只考虑与维持森林开发收益相关的自然资本损耗。

（6）GDP与将自然考虑在内的国民收入

GDP（各行业增加值总额）衡量的是某一核算期内的经济交易总额，而不是一个国家的福利、福祉或财富。由于经济交易是税收的基础，并且与就业紧密相关，所以GDP的作用在宏观经济决策中被过分夸大，有时还被记者和很多经济学家错误解释为福祉指标。由国际专家组成的经济表现与社会进步衡量委员会指出了GDP应用中存在的局限与不足（参见专栏3.6和第3.5节）。

专栏3.6　斯蒂格利茨·森·菲图西委员会对GDP的评论

委员会认为有必要更多地关注诸如国民收入、家庭消费额等其他现有总量。这些总量对国民福祉的影响可能比经济产值更为直接。国民收入总额从GDP发展而来，用于衡量国民可以自由支配的消费支出。委员会首先分析了国民收入总额的属性。在当前体系下：

1. 部分GDP被定期转移到国外——例如，用于支付国外股东收益或汇给外籍劳工的家人——GDP在调整了这类全球性的收入转移之后，便得到我们所称的“国民总收入”；

2. 另一种调整思路将生产性资本的正常折旧以及对其进行修理或替换的成本考虑在内，调整后即得到国民净收入（国民收入）。

委员会分析了国民收入中不可支配的收入（例如，家庭部门所得税）及应列入考虑范围的虚拟估算值，譬如政府部门提供的非市场服务。委员会最终提议编制国民可支配净收入账户以提高家庭福祉。

如果进一步把自然资本消费额考虑进来，我们可得到经核算调整后的国民可支配净收入。由于这一虚拟估算值与生产过程相关，所以将主要以企业账户为主。

资料来源：斯蒂格利茨等（2009）

（7）修正消费与进出口价格

有些人谈论的“GDP绿色化”实际上是指“经济绿色化”（减少对自然的影响）。

实现这一目标的途径之一是改变市场信号，引入将自然考虑在内的定价机制（例如，旨在收回全部自然成本的收费制度，资源成本核算，补贴改革，在税收、问责和监管制度中推行“谁污染谁付费”的原则）。市场和供应链绿色化（例如，通过绿色公共采购）也是朝着“经济绿色化”迈进的关键途径（参见第 5 ～ 7 章）。

当前国民账户包括家庭最终消费额和购买者支付的进出口商品额。购买者支付的价格涵盖生产 / 配送成本（中间消费成本、劳动力成本、税收成本和财务成本）、利润以及对固定资本损耗折旧进行的补偿。但国民账户并没有列出生态系统资本折旧要素，这意味着当商品的获得是以损害生态系统为代价时，购买者支付的价格低于商品的真实价值（参见专栏 3.7）。

专栏 3.7　中国木材生产的边际成本

1949—1981 年，中国砍伐森林约 7 500 万 hm^2，其中 92% 是天然林而非人工林。1950—1998 年，中国因森林砍伐蒙受了包括气候调节、木材和燃料供给、农业生产力、水资源调节、养分循环、土壤保护和洪水防控在内的生态系统服务损失，损失预计达 120 亿美元 /a。其中大约 64% 的损失与建筑业和以木材作为原材料的行业有关。

因木材生产而丧失的生态系统服务价值可通过木材的市场价格进行表示（参见《TEEB 企业报告》,2011）。这表明木材生产的“真正”边际成本几乎可能是现行市场价格的 3 倍之多。继森林砍伐引发 1998 年特大洪水之后，中国政府开始实施伐木禁令，从而导致从其他国家的木材进口增加。这说明中国木材消费的环境成本至少部分转移到中国以外的森林。

资料来源：《TEEB 企业报告》（2011），以 CIFOR（2005）为基础。

当政策制定者设定旨在保持生物多样性和生态系统能力良好状态的正式目标时，应当把每个商品可能隐含的生态系统退化价值看做是对子孙后代和 / 或从供给者到消费者的隐性负转移。衡量这些隐性转移并分析其价值对于评估各国经济的实际表现十分重要，也有助于揭示消费模式的可持续性和国际贸易扭曲造成的分配影响。

我们可以通过系统性地实施产品可追溯性机制（已应用于公平贸易和有机产品领域，参见第 5 章）以及同时提供产品的市场价格和全部成本信息（包括生产该产品对环境造成的不利影响的相关信息，如张贴产品一氧化碳标签）来支持具有环境责任感的消费者做出消费选择。这些措施能够帮助履行可持续管理机制的行业抵御来自没有为生态系统退化付费因而获得隐性补贴的行业的不公平竞争（请参见第 6 章了解有关补贴；请参见第 7 章了解有关完全成本回收和“谁污染谁付费”的原则）。这种衡量方法还有利于做出明智的政策决策，提高未来 GDP 数据与自然状态的同步关联性。

3.5 将生态系统纳入国民收入核算

3.5.1 生态系统核算的基本原理

国民账户对生态系统的记录严重不足且模糊不清。生态系统往往只被看作是为其所有者创造货币收益的经济资源（即与私人利得成比例）。为生产提供支持的生态系统服务被认为是外部性资源，其带来的免费舒适性服务和调节服务却被人们所忽视。

TEEB 一直认为核算是必不可少的要务，因为对公共物品的保护和对生态系统服务的维持是可持续发展的核心，而可持续发展又是经济增长的关键。准确的核算结果能够为决策提供必要充分的信息支持。为实现这一目的，核算体系应该直接引入 3.3 节和 3.4 节讨论的指标。

目前，只有当生态系统服务价值被体现在产品价格中，或者当服务已经丧失（或面临丧失风险）且替代服务的成本引起社会关注时，国民账户才会列出生态系统服务的实际价值。当生态系统服务的市场价格为零时，此等服务实际上是不可见的，会在没有任何记录的情况下被悄然用于生产或被损耗。因此，我们需要对这些免费生态系统服务进行衡量和估价，并把它们与 GDP 等现有衡量指标结合起来，以更全面地体现自然资源价值，指导决策者、企业和消费者做出英明的决策。

除 TEEB 外，诸如“超越 GDP”[10]、OECD“全球社会进步衡量项目”（Global Project on Measuring the Progress of Societies）[11] 和斯蒂格利茨·森·菲图西委员会（参见专栏 3.6）等进程也广泛认同转变的必要性。经济评论家也注意到了过度消耗生态系统服务导致的不可持续性，并意识到了转变的必要。人口的总体增长趋势和混乱的经济发展形势也凸显了衡量实际生产和消费成本的必要性。

从经济 / 金融、气候 / 能源到生态系统 / 生态多样性，今天我们面临着前所未有的多重危机。这些危机又进一步催生了信任和治理危机。不断累积的债务、隐性债务的暴露以及未获验证的大规模经济救援计划的实际效力引发公民、企业和政府的日益关注。这些危机可能会危及社会稳定性。它们同不到位的社会核算制度一样，会对金融、人力和自然资本造成过度破坏，导致依靠债务支撑的过度消费，引发发达国家将风险转移到落后国家（如不断攀升的南北债务）或公众将风险转移给子孙后代。引发危机的根本原因包括：

（1）消费者对金融、食品、纤维及能源产品的交易缺乏透明度；

（2）市场价格信号具有误导性，没有涵盖所有成本和风险；

（3）对人造及自然基础设施、安全、合作、公平、自然、清洁的空气和水源等公共物品的忽视。

我们本应在危机出现之前注意到各种早期警示信号，譬如：金融交易额超过全球总交易额的 90%、公司采用两位数利润率作为核算标准、养老金负债对公共预算 / 债务造成压力（这样的压力还将随人口老龄化而快速加剧）、千年发展目标（MDG）总体实施进展十分缓慢、很多国家营养不良现象不断恶化、冰盖和冰川不断消融以及生态系统和物种以前所未有的速度在退化和灭绝。

为了应对这些危机，我们应当采取必要的治理措施以保全所有类型的资本、满足当代及子孙后代的需求和促进公民参与。建立公平、透明和健全的账户体系是这种治理模式的重要根基：

（1）健全是指确保记录的完整性、避免重复计算：这对衡量经济活动的真实结果（公司利润、家庭应纳税收入或国民产值、收入和储蓄）至关重要；

（2）公平是指公平对待国内贫富人口之间、区域之间以及当代与子孙后代之间的分配事宜；

（3）透明是指充分披露不同类型资本的使用情况及其所产生的正面和负面影响（外部性）以及当前与未来需求之间的成本 / 收益差异。

3.5.2 传统核算体系的限制

联合国 SNA 体系是全球公认的核算框架。很多国家通过 SNA 将其大量可用的经济统计数据整合到一起，生成年度、季度，甚至月度 GDP、产值、投资和消费变量。

从历史上看，国民账户的创建是为了满足危机时期的资源调配需求。从最初由英国[12]和法国[13]于 17 世纪和 18 世纪创建的账户体系，到苏联政府[14]在 1925 年发布的物料平衡表，1934 年美国[15]公布的第一套官方国民收入统计数据、1941 年英国[16]公布的第一套官方国民收入统计数据、1945 年后多个欧洲国家公布的第一套官方国民收入统计数据，国民核算的共同目的都是为了在战时调配资源和 / 或在和平时期重建家园。第二次世界大战之后，旨在援助欧洲战后重建的马歇尔计划促成第一套《标准化国民账户体系》（*Standardized System of National Accounts*）的出台。这套体系于 1952 年面世（OECD，1959）[17]。次年，联合国公布了一套全球通用的修订版核算体系，即《1953 年 SNA》（联合国，1953）。

上述发展背景很大程度上导致 SNA 几乎只关注同生产和消费有关的经济因素。SNA 的创建者们十分清楚这一体系的局限性。SNA 之“父”Richard Stone 在 1984 年诺贝尔获奖演说中指出，社会账户应建立在经济、社会人口和环境三大基础之上。他还强调：应加大对污染、土地利用和不可再生资源等生态问题的核算力度；在衡量社会总体福利时，应纳入其他变量对 GDP 进行补充。

自此以后，历次 SNA 修订并没有在整合自然资本方面取得多少进展。SNA 在 2008 年被再度修订时，仍旧没有以固定资本消耗相同的方式记录地下资产损耗（联合国等，2008）。

为了克服这些固有限制，1993 年 SNA 修订引入了“卫星”账户。此次开发的体系之一是综合环境经济核算体系（SEEA）（联合国等，2003）。不过，由于没有意识到以实物单位设立资产账户的必要性，以及缺乏明确的生态系统概念，SEEA 此次修订也未能取得成功。

少数国家开发了针对环境保护支出、自然资产（地下资源、水、森林）、污染（排放账户）的卫星账户或其他物质流账户（另见《TEEB 气候问题更新》，2009）。不过这些账户大多没有得到充分利用。为解决这一问题而成立的伦敦环境核算小组由来自多个 OECD 成员国和发展中国家的国民核算和环境核算专家组成，其主要任务是对 SEEA 进行修订以更好地平衡货币账户与实物账户。

2003 年 SEEA 提出了诸如土地生态系统和水系等，以自然资产实物为单位的最佳核算实践。但在价值评估方面，SEEA 仍人为地将生态系统划分为资源组分（木材、鱼类资源、水库中的水资源等），并按照传统经济规则计算资源损耗且没有明确估算“环境退化”的损失。

克服上述不足是 2012/2013 年 SEEA 修订面临的重要挑战。此次修订将拿出一定篇幅来专门解决生态系统账户和价值评估问题。

3.5.3 推动生态系统核算的实用途径

在上述背景下，欧洲环境署（EEA）与很多合作伙伴共同确定了生态系统核算要素并正在对这些要素进行测试。多项分析工作和方法研究相继展开并最终形成报告（Weber，2007，2008）。欧洲建立了以土地覆被变化检测为基础的土地核算体系（EEA，2006）。利用同欧洲航天局、EAO、联合国环境规划署（UNEP）、国际生物多样性合作组织（ICBG）和其他有关机构开发的相似方法，该体系可在全球得以应用。

在 TEEB 的支持下，EEA 一直致力于地中海湿地的生态系统核算（EEA，2010）。这种基于方法论的案例研究有助于揭示环境核算对生态系统和生物多样性经济学的潜在贡献。该研究开发出 8 个实用性指导要素，具体如下。

（1） 生态系统账户的 3 个地理尺度

生态系统账户可以在与主流治理模式和社会福利考量最相关的 3 个地理层面上实施。

1）全球 / 大陆层面：由国际公约设定总体目标，通过简化账户监测所有国家的主要趋势和违规现象。

2）国家 / 区域层面：由环保机构、经济部委、统计办公室及法院执行环境政策和法规。

3）地方层面：通过开展日常管理、执行项目和进行案例研究，在现场层面上支持地方政府和企业行动。在地方层面上对 ESS 进行衡量和价值评估不但非常必要也很可行，因为在此层面上，获得充分信息的相关方能够表达其真实偏好。

（2） 确定政策制定优先议程

从政策和数据方面考虑，生态系统核算的优先地位应当按照自上而下，而不是自下而上的顺序。

我们可以在上述 3 个层面上分别设定任务、可用数据来源和时间框架。在考虑如何将环境融入经济决策，制定核算策略时，应将这 3 个相互关联的层面及其可行性考虑进去[18]。

（3） 简化的全球层面账户

基于全球监测项目和国际数据，简化的全球层面账户可以在短时间内建立起来，并每年更新一次，以评估实物单位生态总潜力的损失（增长）、维持生态系统功能及其服务供给能力所需的生态系统恢复成本。生态系统维持成本等于生态系统资本消耗。该数值可以用于以下 2 个方面：

1）按照全部成本而非购买价格计算国内和进口产品价值；

2）从 GNP 中减去生态系统维持成本（固定资本消耗），从而得出调整后的国民可支配收入（ADNI）这一新的标题总量。

（4） 整合国民经济环境账户与生态系统账户

整合国民经济环境账户与生态系统账户的第一项任务是计算生态系统资本消耗量，并在国民统计数据和监测数据的基础上通过上述计算结果得出 ADNI。第二项任务是把第一步得出的生态系统账户与决策中采用的国民核算矩阵和货币及实物指标进行整合。联合国在 2012/2013 年修订 SEEA 时，规定了国民账户的实施过程。

（5） 地方层面的生态系统账户

地方层面的生态系统账户非常有助于规划部门和环保机构在权衡利弊的过程中（例如评估开发提案的成本 / 收益）充分考虑环境因素。私人参与者和企业对生态系统账户也颇感兴趣，这从他们对碳核算和生物多样性问题的日益关注就可窥见一斑。我们可以在这些一般原则的基础上制定适用于不同用户群体需求的指导方案。

（6） 社会生态系统

社会生态系统反映了生态系统与人之间更高层次的相互作用，可以作为生态系统核算的分析单位。UNEP 和 EEA 正在开发用于核算的国际标准生态系统服务分类。优先账户应当包含土地覆被、水、生物质 / 碳、物种 / 生物多样性的存量和流量，以计算多种陆地社会生态系统的生态潜力[19]。计算公式的种类（简化 / 复杂）取决于运行目标、尺度和数据可用性。

（7） 资产价值评估

资产价值评估对于项目影响的成本收益分析十分适用且有效，有助于决策者权衡新项目的潜在收益与自然资源和非市场生态系统服务的当前收益，确定收益是否能够弥补损失。在常规国民核算中应用这一方法涉及诸多风险（例如，忽视或低估公共物品某个特性的非使用价值）。对于可再生资产，存量价值评估是没有必要的。最重要的是生态系统持续再生并随着时间推移维持其多重功能，不受当前对某一服务偏好的影响。生态潜力退化可以通过实物单位加以监测和衡量，这样就可以通过参考平均维持成本，或者参考因减少自然资源采掘或获取量以维持生态系统恢复力所产生的收益 / 损失来计算恢复成本。

（8） 生态系统资本保全

生态系统资本保全是价值评估的另一途径，考量的是生态系统当前与未来提供服务的能力。有两个要素需要考虑：环境保护和资源管理的实际支出，以及减缓退化可能需要的额外成本。当实际支出不足以维护生态系统时，可能需要预留必要的额外成本（与企业和国民账户处理“资本保全成本”或“固定资本消耗”的方法相同）。生态系统资本消耗应当与固定资本消耗采用同样的计算方式，并且与固定资本消耗相加以调整公司利润或国民收入值。与固定资本一样，这种调整也是为了衡量维持资产生产能力 / 再生产能力所需的再投资。核算出的再投资额应在当前核算期结束时预留出来，可用于下一核算期的恢复资本。该做法可降低分红和 / 或利润税（参见上文；EEA，2010）。

3.5.4 利用现有信息满足决策者需求

解决数据问题需要战略响应。从积极方面看，过去30年间我们通过观测卫星、地面定位系统、现场实时监测、数据库、地理信息系统和互联网在数据方面取得了巨大进步。各组织机构通过能力和网络建设，开辟了通往生态系统核算的道路。

从消极方面看，在地方政府 / 机构和企业层面特别缺少生态系统核算指导原则。将定期收集到的数据（如通过保护区管理机构收集而来的数据）汇编到综合框架，是一项艰巨的任务。指导原则应充分考虑同地方参与者所从事的生态事业息息相关的物理状态、成本收益等信息。

另一个困难涉及对某些公共组织获取数据的限制。主要航天机构的新数据政策、环保机构的开放共享政策和一系列旨在促进科学知识共享的举措都在积极应对这一问题。统计办公室也放宽了数据库访问限制并开发了地方统计资料。不过，我们还需要在更多方面取得进步，例如，合并统计数据与地理信息系统（GIS）数据和开发网格数据库。

只有满足了决策者、公司和公众需求，数据收集才能获得发展。供给方与需求方的沟通交流不断推动着新产品的研发。供给方需具有捕捉市场需求和满足该需求的技术开发能力（绘制草图、兴建模型和原型）。需求方需表达其需求和偏好，并在使用过程中验证产品效用。尽管在过去 30 年间，环境核算方法在设计方面日趋成熟并且经过多种检验，但仍未能满足需求方的要求。

在当前危机之前发起的举措（参见第 4.1 节）指出：为了更好地反映社会经济发展过程中社会与环境的相互作用，应当大力发展实物指标，这从而也催生了对新货币指标的开发。当今危机凸显了这一需求，供应方纷纷在现有数据的基础上开发新产品。这些产品应当便于使用和掌握，能够为用户提供初级要素可更好地基于过去账户和前景推断做出权衡和决定。

部分新产品已投入使用并且能够为后 2010 年基准线讨论提供帮助（参见 2.3.3 节）。它们包括：

（1）“4 个一篮子”临时指标（生态足迹、净初级生产力的人类占用（HANPP）、景观生态潜力和 2007 年“超越 GDP”会议通过的环境加权物质消耗）[20]；

（2）EEA 提出的旨在支持核算的“立方体”。该立方体包含 6 个衡量生态潜力要素的指标（生态总潜力、景观生态潜力的多标准加权产品、生态系统依赖度、HANPP、生物多样性稀疏、流域㶲损失和健康种群）。

最后，在日本名古屋召开的 CBD 缔约方大会第十届会议上，世界银行启动了一项以“绿色”国民账户为目标的新全球合作伙伴计划。该计划承诺为“绿色化”提供支持，并为把自然资本及其价值纳入国民账户提供新的证据基础：

> 各国的自然财富应当被视为资本性资产，与金融资本、人造资本和人力资本一道进行价值评估。国民账户应当反映森林提供的重要碳储存服务以及来自珊瑚礁和红树林的海岸防护价值。
>
> 通过新合作伙伴计划，我们希望探索新的途径，将生态系统价值评估纳入国民账户，然后把获证有效的实践推广到世界各国。（Zoellick，2010）

3.6 打造更全面的体系：衡量“贫困人口 GDP”的必要性

上文所述的各种工具是完善衡量体系所必需的工具，但是当受益群体有很大比重是贫苦的农耕民、牧民或森林原住民时，这些工具则不够充分。我们需要更全面地衡量社会福祉的工具来更好地反映社会最贫困人口（即最容易受错误的衡量值和生态系统服务丧失影响的人口，尤其是转型经济中的贫困人口）所处的状态。此时，“贫困人口 GDP”才是我们应当衡量和调整的收入总量。

3.6.1 双重悲剧：有关农村贫困人口的衡量差距

传统国民收入指标（如衡量商品与服务流的 GDP）可能在量度混合型经济的社会进步方面具有误导作用，因为它们没有充分体现自然资源流。社会弱势群体，尤其是农村弱势群体的状态无法得到真实反映。

人类发展指数（HDI）是为了超越以收入为焦点的范式而开发出来的具有更广泛基础的发展量度。然而，HDI 也未能把自然资源对生计的贡献考虑在内。世界银行发布的总财富估值（Dixon 等，1997）试图说明自然资本所做的贡献，但这些估值属于存量概念，我们还需要一个流量变量来充分捕捉主要来自公共物品的自然资源流价值。

通过对 GDP 进行调整而开发出来的“绿色账户”更好地揭示了自然资本损耗，朝上述目标迈进了一步。但是这种方法没有考虑损耗的社会影响。同样地，真实储蓄指标（Pearce 和 Atkinson，1993）没有体现自然资源退化在微观层面上的实际成本。然而正是在微观层面上，社会最贫困和最脆弱群体切身体会到了退化造成的实际且沉重的影响（参见 5.3 节）。

特别是在发展中国家，很多贫困人口都依赖自然资源谋生和就业。这些国家尤其面临着以下双重悲剧：

（1）生态系统服务流在社会核算体系中的缺失导致政策对其关注不够，用于生态系统和生物多样性保护的公共投资不足。这可能会引发历史上著名的“公地悲剧”——换句话说，即我们留给子孙后代的是不可持续的未来。

（2）第二重悲剧是与“平均值专制”有关的代内悲剧——换句话说，即隐含性地假设任何平均值的增长（例如，GDP 增长）都视为社会福祉分配得到整体增长。

采用“聚焦受益方”的视觉有助于我们更好地了解：我们所观测到的生态系统和生物多样性丧失对人类造成的重大影响。我们将在本节提出一个调整后的量度（“贫困人口 GDP”），来说明贫困人口对自然资源的依赖以及生态系统与贫困之间的关联（3.6.2 节）。这一指标采用经济、环境和社会三重衡量标准，能够揭示贫困人口在面临宝贵自然资源丧失时的脆弱性（3.6.3 节）。在根据公平因素做出调整后，生物多样性丧失的实际成本将发生变化。因此，该指标也许能够反映丧失对贫困人口“实际收入”和福祉的影响。

3.6.2　贫困与生物多样性：从恶性循环到良性循环

贫困与生物多样性之间的关联可以从生计、分配、脆弱性和因果关系几方面进行分析。

在生计方面，丰富的生物多样性和健康的生态系统密切关系到食品、能源和水安全、健康、社会关系、选择以及行动自由。它们是奠定生活质量的物质基础，是防御脆弱性的保障（MA，2005）。自然资源流虽然具有重大的社会价值，但却被视为外部资源而被排除在国民账户体系之外，意味着 GDP 作为总收入量度并没有充分反映整体情况。它对贫困人口 GDP 的呈现是错误的。这些人口是依赖生态系统直接服务（如食物、薪材和非木质林产品供给）以及间接生态系统服务（如淡水和养分对农田和森林滋养）的关键受益者。从经济角度考虑，忽视这些自然输入将会影响贫困人口的收入保障和福祉。

一项有关脆弱性的分析也得出相似结论。自然资源无疑是由整个社会共同享用的，但不同用户群体对生物多样性变化的脆弱性却因其收入、地理位置和文化背景的不同而不同。表 3.5 源引巴西森林最终用户的示例对上述说法加以印证。该示例分析了不同用户群体对气候变化和自然灾害的脆弱性，从而发现：脆弱性程度最高的是居住在森林里和森林附近、缺乏流动性和替代资源来源的本地居民。

表 3.5　巴西帕拉州不同森林用户群体对森林的依赖程度和对气候变化影响的脆弱性差异以及影响脆弱性的因素

用户群体	主要产品和服务	脆弱性程度	影响敏感性的因素	适应能力
联邦	生物多样性、木质和非木质林产品、减少排放、水电能源	部分产品和服务体现出较弱的脆弱性；其他产品和服务体现出较高的脆弱性	森林砍伐和未受控制的伐木增加敏感性	资源流动性，技术、人力和金融资源可用性，土地利用多样性，生物多样性
州政府（例如，帕拉）	生物多样性、木质和非木质林产品；减少排放	中等到高等	森林砍伐和未受控制的伐木增加敏感性	流动性有限、技术和资源获取途径有限、土地利用多样性有限
伐木公司	木材	高等	木材需求、未经许可的森林用途转换、森林退化	流动性和资源获取途径有限、可持续森林管理（SFM）和所收获物种的多样化也许能够提高适应能力并降低敏感性
帕拉的森林社区	木质和非木质林产品、饮用水、土壤修复	高等到非常高	对处于潜在风险高的区域的森林产品和服务依赖程度高	土地利用多样性、生物多样性维护、流动性和资源获取途径十分有限
帕拉位于森林外的社区	部分木质和非木质林产品、木质能源	高等到非常高	农业产品的市场需求、落后的土壤管理	流动性和资源获取途径十分有限、多样性有限

资料来源：Louman 等（2009）。

贫困与环境之间的关联是多方面的，并且与个人、家庭和社会群体的具体地理位置、社会阶层以及经济、社会和文化特征有关（Duraiappah，1998）。“贫困是由于缺乏下列各种资产而造成的（因而缺乏各种相应的收入流）：①自然资源资产；②人力资源资产；③农业物质和金融资产；④非农物质和金融资产。一个家庭也许大量拥有一种资产，却缺乏另一种资产。贫困的类型可能会对环境与贫困之间的关联造成影响”（Reardon 和 Vosti，1995）。

贫困可以是外源性的（群体之外的原因造成），也可以是内源性的（群体内部的原因造成）（Duraiappah，1998）。除了贫困之外，其他因素也是导致环境退化的根本原因。贪婪、制度和政策失灵等因素造成的外源性贫困导致环境退化；而环境退化又会进一步催生内源性贫困（例如自然资产退化造成的贫困）。环境退化对生态系统服务造成的影响通常包括可用水资源减少、水质下降、森林生物质减少、土壤肥力下降和表土层减少以及恶劣的微气候。

两种类型的贫困就这样相互强化。当贫困人口为了满足生存需求而造成自然资本退化时，生态系统产生的服务也会相应减少。由于缺乏对自然资源的恢复性投资，贫困最终将加剧并与环境恶化形成恶性循环。

海地就是证明上述关联性的一个恰当例子（参见专栏 3.8）。海地是西半球最贫困的国家，65% 的人口每天仅靠不足 1 美元的资源维生。在海地及其邻国多米尼加共和国遭遇飓风侵袭过后，我们可以看到森林砍伐对海地造成了更大的影响和生命损失。

专栏 3.8　环境退化与脆弱性：海地与多米尼加共和国

飓风“珍妮”对海地和多米尼加共和国造成的不同影响证明了环境退化与脆弱人口所受影响之间的关系。

海地最初完全被森林覆盖。1950—1990 年，由于土壤侵蚀之故，海地的耕地面积几乎减半。森林砍伐导致返回大气的水分减少，很多地方的总降雨量减少达 40%，河流流量和灌溉能力也因此下降。到 2004 年，海地仅有 3.8% 的国土被森林覆盖。在多米尼加共和国，森林覆盖率高达 28.4%。

洪水和飓风“珍妮”夺去了大约 5 400 位海地人的生命，其中大部分伤亡是由于红树林遭到破坏和具有土壤防护功能的植被减少而引发的山体滑坡造成的。在森林覆盖率较高和依然拥有 69 600 hm^2 红树林的多米尼加共和国，“珍妮”造成的死亡人数不超过 20 人（Peduzzi，2005）。

海地

多米尼加共和国

图 3.3　海地和多米尼加共和国的森林砍伐情况

资料来源：NASA/ 戈达德太空飞行中心科学可视化工作室。

这种鲜明对比反映了森林砍伐和资源退化严重影响了贫困人口面临环境灾害时的恢复力，同时也凸显了那些没有足够可支配收入、保险或资产来进行灾后重建的脆弱人口将承受更高的风险。不断恶化的环境对于月平均收入只有30.50美元的海地人造成了重大影响，并最终引发政治动荡、资源过度开发、健康问题和环境难民流动。资源过度开发将导致贫困与生态系统退化之间的恶性循环一直持续下去，而难民流动将对邻国的社会稳定和自然资源造成影响。

资料来源：Peduzzi（2005）。

自然资源退化与贫困之间的恶性循环将加剧自然资源丧失。为了打破这种恶性循环，我们必须采取主动的自然资本投资策略以增加生态系统服务的供应。

3.6.3 推动贫困人口GDP衡量的实用步骤

要想应对贫困和生物多样性丧失，我们就需要对自然资源加以高效、可持续利用。我们在采纳经济发展模式时，应当考虑增长、贫困和环境之间的关系。

应当强调的是，生态系统退化和生物多样性丧失在宏观和微观层面产生的影响是不同的。在微观层面上，它将导致对资源基础和环境服务的侵蚀。从“公平”角度考虑，生态系统服务受益群体的贫困意味着服务丧失对他们产生的影响更为严重，因为他们的部分收入和生计来源于生态系统服务。

农村和森林居民的贫困在有些国家已凸显为严重的社会问题。对于这些国家，它们首先需要采用聚焦于贫困人口，且经过调整适用于衡量贫困人口生计的行业性GDP量度工具。若所有生态系统服务都能得到充分且系统地体现，那么将生态系统和生物多样性作为经济价值来源纳入微观层面，贫困人口的有效收入和其估值都将得到提升。这是因为城市人口（富裕和贫困）对大自然生成的免费收入流并没有那么依赖，所以把来自生态系统服务的收入添加到国民收入账户中看似缩小了农村贫困人口与其他群体之间的相对不平等。不过，一旦把自然资本丧失考虑进来，社会不平等的现状就会得到凸显，因为自然资本丧失对农村贫困人口的影响要大得多。这样一来，我们可以清楚看到当自然资本丧失时，农村贫困人口将面临更加不利的处境。

采用上述衡量方式有利于决策层合理决策。为了检验这种新兴方法在国家层面的分析应用效果，我们对印度、巴西和印度尼西亚三国开展了的案例研究。总括研究结果参见表3.6，具体内容参见本章附录。

表3.6 贫困人口GDP和GDP份额

依赖自然资源的行业和ESS（2005）	巴西	印度尼西亚	印度
最初的GDP份额/%：农业、林业、渔业	6.1	11.4	16.5
调整后的GDP份额/%（非市场产品+ESS）	17.4	14.5	19.6
未经调整的贫困人口人均GDP/（美元/人）	51	37	139

依赖自然资源的行业和 ESS（2005）	巴西	印度尼西亚	印度
调整后的贫困人口人均 GDP/（美元 / 人）	453	147	260
来源于 ESS 和非市场产品的贫困人口 GDP/(美元 / 人）	402	110	121
ESS 和非市场产品占贫困人口总收入的份额 /%	89.9	74.6	46.6

注：数据、来源和相关计算参见本章附录。
资料来源：笔者自己的计算。

研究结果说明：当所有服务都被系统性地量化后，贫困人口的收入将产生多大变化。该方法学考虑的是在国民账户中直接依赖自然资本可用性的行业，即农业、畜牧业、林业和渔业。如果对这些行业分析透彻，我们会发现：我们所观测到的严重自然资本丧失会对行业生产力带来巨大影响和风险。通过上述分析我们可以得出如下结论，除了应将（农村）贫困人口 GDP 列入国民账户外，如果要想得到完整的量度结果，我们还应把这些行业的非市场产品和服务也列入其中。

在印度，依赖自然资源的主要行业（农业、林业和渔业）对 GDP 的贡献约为 16.5%。如果加上森林提供的生态系统服务价值和没有被列入 GDP 统计数据的产品价值，印度调整后的农业、林业和渔业对 GDP 的贡献将从 16.5% 上升到 19.6%。印度农村贫困人口从这些行业获得的人均收入为 138.80 美元。如果加上非市场化的产品和生态系统服务价值，人均有效收入将增至 260 美元。与全国一般收入相比，这一增长幅度对于贫困人口显得更为可观。

针对巴西和印度尼西亚的案例研究也显示了相似的增长模式，且增幅更大。

这些估值不仅有助于检验指标的效用，也有助于体现信息的重要性。尽管我们在案例研究只增加了少数几种生态系统服务并大体采用的是保守估值，但研究结果仍表明这种方法具有巨大的发展潜力。

即便可用证据并不充分，研究仍然表明：我们在决策时，应该考虑农村贫困人口对非市场产品和服务收入的依赖性。这种依赖性和自然资本丧失导致的贫困人口谋生手段减少要求我们采取有力措施，加大对自然资本存量的投资，提高贫困人口 GDP。

注释

1. 参见外交事务（Foreign Affairs），2005 年 11 月 /12 月，www.foreignaffairs.com/。
2. “量度”来源于观察或监测，是对状态、数量或过程的实际测量结果。“指标”（来源于量度，用于指示或说明所关注的事物。“指数”（index）由一定数量的量度组成以提高敏感性、可靠性或可沟通性[有关 TEEB 使用的更多定义，参见《TEEB 基础》(2010）第 3 章]。
3. 该国际研讨班于英国雷丁召开，由 CBD 秘书处和 UNEP-WCMC 共同组织：www.cbd.int/doc/?meeting=EMIND-02。

4. www.jncc.gov.uk/page-2199。
5. www.cbd.int/doc/meetings/sbstta/sbstta-14/official/sbstta-14-10-en.doc。
6. www.cbd.int/doc/meetings/sbstta/sbstta-14/in-session/sbstta-14-recornmendations-en.doc。
7. www.cbd.int/doc/meetings/wgri/wgri-03/official/wgri-03-03-en.doc。
8. 除此之外，无形资本（例如专利、许可、品牌）在现代经济发展中也具有核心作用。
9. 参见 2008 SNA，10.44，http://unstats.un.org/unsd/nationalaccount/SNA2008.pdf。
10. 2007 年 11 月，欧盟委员会、欧洲议会、罗马俱乐部、OECD 和 WWF 召开“超越 GDP”高级别会议。此次会议的目标是明确哪些指数最适合用于衡量进步、如何把这些指数最有效地纳入决策过程并引入公共辩论。此次会议的直接成果之一是欧盟委员会于 2009 年发布的通讯“超越 GDP：度量变革世界的发展变化”，其中包含一份欧盟路线图（www.beyond-gdp.eu/index. html）。
11. 该项目旨在开发有关经济、社会和环境的关键指标体系以全面反映社会福祉的发展变化，鼓励通过指标体系支持并推动公共、私营和公民部门内部和部门之间基于充分证据的决策。www.oecd.org/pages/0,3417,en_40033426_ 40033828_1_1_1_1_1,00.html。
12. 被称为 Verbium Sapienta（1665），由 William Petty 编制，用于第二次英荷战争时期（1664—1667 年）的资源调配。
13. 被称为 La dime royale（1707），由 Sebastien le Prestre de Vauban 根据他在法国边境军事堡垒建设期间的资源调配经验编制并发表。
14. 由 1973 年诺贝尔奖获得者 Wassily Leontief 发表，标题为“苏联的平衡经济：中央统计局分析方法解析”（1925）。
15. 由 1971 年“瑞典国家银行纪念阿尔弗雷德·诺贝尔经济学奖”获得者 Simon Kuznets 发表。
16. 由 1984 年“瑞典国家银行纪念阿尔弗雷德·诺贝尔经济学奖”获得者 Richard Stone 发表。
17. 由 OEEC（OECD 前身）发布。
18. 近期发表的一篇文章从案例研究和生态系统服务价值评估入手，探讨了生态系统核算所面临的困难（Mäler 等，2009）。文章作者得出结论为：“在研究生态系统服务时，我们这些分析师和会计师必须依据每个生态系统的运行原理计算核算价格。因此，至少在目前，我们还无法设计出一个标准化的模式来设立基于财富的生态系统核算体系。要想开发出这样的体系，我们必须一步一个脚印地开发，逐一击破各个生态系统。”
19. 生态潜力是在这些账户的基础上按照多重标准（评级）衡量的，同有关人口健康和对外交往的指标相互补充。
20. 参见 www.beyond-gdp.eu/。

致谢

本章作者谨向以下人员表示感谢：Camilla Adelle，IEEP，英国；Mubariq Ahmad，WWF，

印度尼西亚；Barbara Akwagyiram，IEEP，英国；Jonathan Armstrong，IEEP，英国；Giles Atkinson，伦敦政治经济学院，英国；Jonathan Baillie，动物研究所，英国；Lina Barrera，保护国际；Thomas Brooks，公益自然；Stuart Buchart，国际鸟盟，英国；Tamsin Cooper，IEEP，英国；Deanna Donovan，联合自然保护委员会（JNCC），英国；Annelisa Grigg，全球平衡有限公司（International Balance Ltd），英国；Mikkel Kallesoe，世界可持续发展工商理事会（WBCSD）；Ninan Karachepone，社会与经济变化研究所，印度；Jan Joost Kessler，环境援助（AIDEnvironment），荷兰；Eimear Nic Lughadha，皇家植物园，英国；Indrani Lutchman，DEEP，英国；Jock Martin，EEA，丹麦；Leonardo Mazza，IEEP，比利时；Alastair Morrison，环境保护部，新西兰；Aude Neuville，欧盟委员会环境总司，比利时；Andy Stott，JNCC，UK；Rosimeiry Portela，保护国际，巴西；Irene Ring，亥姆霍兹环境研究中心（UFZ）；Monique Simmonds，皇家植物园，英国；Stuart Simon，保护国际；Paul Smith，皇家植物园，英国；Nina Springer，埃克森美孚；James Spurgeon，雅各布斯（Jacobs Consultants），英国；Dhar Uppeandra，印度国家科学院（NASI），印度；Madhu Verma，印度森林管理研究所，印度；Matt Walpole，UNEP 世界保护监测中心，英国；Mathis Wackernagel，国际印刷网络，北美和瑞士；Stephen White，欧盟委员会环境总司，比利时；Oliver Zwirner，欧盟委员会环境总司，比利时以及 TEEB 决策者核心小组的其他成员。

参考文献

[1] Baillie J. E. M., Collen B., Amin R., et al. 2008. Toward monitoring global biodiversity, Conservation Letters, 1: 18-26.

[2] Balmford A. P., Crane A., Dobson R., et al. 2005. The 2010 challenge: Data availability, information needs and extraterrestrial insights, Philosophical Transactions of the Royal Society of London B, 360: 221-228.

[3] Balmford A., Rodrigues A. S. L., Walpole M., et al. 2008. The Economics of Biodiversity and Ecosystems: Scoping the Science, European Commission (contract: ENV/070307/2007/486089/ETU/B2) Cambridge, www.ec.europa.eu/environment/nature/ biodiversity/economics/teeb_en.htm, accessed 22 September 2010.

[4] Boyd J., Banzhaf S. 2007. What are ecosystem services? The need for standardized environmental accounting units, Ecological Economics, 63: 616-626.

[5] Braat, L., ten Brink, P. (eds) with Bakkes J., Bolt K., Braeuer I., et al. 2008. The Cost of Policy Inaction (COPI): The Case of Not Meeting the 2010 Biodiversity Target, European Commission, Brussels.

[6] Butchart S. H. M., Stattersfield A. J., Baillie J. E. M., et al. 2005. Using Red List indices to measure progress towards the 2010 target and beyond', Philosophical Transactions of the Royal Society B, 360: 255-268.

[7] Butchart S. H. M., Akcakaya H. R., Chanson J., et al. 2007. Improvements to the Red List Index, Public Library of Science (PLoS) ONE, 2(1).

[8] Butchart S. H. M., Walpole M., Collen B., et al. 2010. Global biodiversity: Indicators of recent declines, Science, 328(5982): 1164-1168.

[9] CBD (Convention on Biological Diversity). 2003. Monitoring and Indicators: Designing National-Level Monitoring Programmes and Indicators, CBD, Montreal, www.cbd.int/doc/meetings/sbstta/sbstta-09/ official/sbstta-09-10-en.pdf, 2010-9-22.

[10] CBD. 2006. Decision VIII/15: Framework for monitoring implementation of the achievement of the 2010 target and integration of targets into the thematic programmes of work//Decisions adopted by the conference of the parties to the convention on biological diversity at its eight meetings: 20-31 March 2006, www.cbd.int/decision/cop/?id=11029, 2010-9-22.

[11] CBD. 2009. 2010 biodiversity target: Indicators, www.cbd.int/2010-target/framework/indicators.shtml, 2009-10-30.

[12] CIFOR (The Center for International Forestry Research). 2005. CIFOR Annual Report 2004: Forest for People and the Environment, CIFOR, Bogor, Indonesia, www.cifor.cgiar.org/Knowledge/Publications/Detail?pid=1820, 2010-7-23.

[13] Collen B., Loh J., Whitmee S., et al. 2009. Monitoring change in vertebrate abundance: The Living Planet Index, Conservation Biology 23: 317-327.

[14] Danielsen F., Burgess N. D., Balmford A. 2005. Monitoring matters: Examining the potential of locally-based approaches, Biodiversity and Conservation 14: 2507-2542.

[15] Dixon J., Hamilton K., Kunte A. 1997. Measuring the wealth of nations, in Expanding the Measure of Wealth: Indicators of Environmentally Sustainable Development, Environmentally Sustainable Development Studies and Monographs Series 17, Washington, DC: 19-39.

[16] Dobson A. 2005. Monitoring global rates of biodiversity change: Challenges that arise in meeting the Convention on Biological Diversity (CBD) 2010 goals, Philosophical Transactions of the Royal Society of London B,360: 229-241.

[17] Duraiappah A. K. 1998. Poverty and environmental degradation: A review and analysis of the nexus, World Development, 26(12): 2169-2179.

[18] EC (European Commission). 2008a. ‘A mid-term assessment of implementing the EC Biodiversity Action Plan’, (COM (2008) 864 final), Commission of the European Communities, Brussels.

[19] EC. 2008b. Addressing the challenges of deforestation and forest degradation to tackle climate change and biodiversity loss, (COM .2008. 645/3), Communication from the European Commission to the European Parliament, the Council, the European Economic and Social Committee and the Committee of the Regions, Brussels.

[20] EC. 2009. GDP and beyond: Measuring progress in a changing world, (COM .2009. 433) Communication from the Commission to the European Parliament, the Council, the European Economic and Social Committee and the Committee of the Regions, Brussels.

[21] Ecologic, SERI and Best Foot Forward. 2008. Potential of the Ecological Footprint for monitoring environmental impacts from natural resource use, Report to the European Commission, DG Environment, www.ec.europa.eu/environment/natres/pdf/footprint_summary.pdf, 2010-9-22.

[22] EEA (European Environment Agency). 2006. Land Accounts for Europe 1990-2000, EEA Report No 11/2006, prepared by R. Haines-Young and J.-L. Weber, EEA, Copenhagen, Denmark, www.reports.eea. europa.eu/eea_report_2006_11/en, 2009-10-29.

[23] EEA. 2007. Halting the Loss of Biodiversity by 2010: Proposal for a First Set of Indicators to Monitor Progress in Europe, EEA, Copenhagen, Denmark.

[24] EEA. 2009. Streamlining European 2010 Biodiversity Indicators, EEA Report, March, available at http://biodiversity-chm.eea.europa.eu/information/indicator/F1090245995, 2010-10-28.

[25] EEA. 2010. Ecosystem Accounting and the Cost of Biodiversity Losses-The Case of Coastal Mediterranean Wetlands, EEA Technical Report No 3/2010, www.eea.europa.eu/publications/ecosystem-accounting- and-the-cost, 2010-7-28.

[26] Ekins P. 1992. A four-capital model of wealth creation, in P. Ekins and M. Max-Neef (cds) Real-Life Economics: Understanding Wealth Creation, Routledge, London and New York: 147-155.

[27] Eliasch J. 2008. Climate Change: Financing Global Forests. The Eliasch Review, www.official-documents.gov.uk/document/other/9780108507632/9780108507632.pdf, 2010-7-22.

[28] Folke C., Carpenter S., Walker B.,et al. 2004. Regime shifts, resilience, and biodiversity in ecosystem management, Annual Review of Ecology, Evolution and Systematics, 35: 557-581.

[29] Gallai N., Salles J.-M., Settele J. et al. 2009. Economic valuation of the vulnerability of world agriculture confronted with pollinator decline, Ecological Economics, 68: 810-821.

[30] GHK, IEEP, PSI, et al. 2005. SRDTOOLS Methods and tools for evaluating the impact of cohesion policies on sustainable regional development (SRD), Contract No 502485 Sixth Framework Programme Priority 8.3.1 Task 11 Regio Underpinning European Integration, Sustainable Development, Competitiveness and Trade Policies.

[31] Global Footprint Network. 2009. Footprint for nations, www.footprintnetwork.org/en/index.php/GFN/ page/footprint_for_nations/, 2009-10-29.

[32] Godfrey L., Todd C. 2001. Defining thresholds for freshwater sustainability indicators within the context of South African water resource management, Second WARFA/Waternet Symposium: Integrated Water Resource

Management: Theory, Practice, Cases, Cape Town, South Africa.
[33] Greiber T., van Ham C., Jansse G., et al. 2009. Final study on the economic value of groundwater and biodiversity in European forests (070307/2007/486510), IUCN ROfE, IUCN ELC and CEPF, Brussels.
[34] Hails C., Humphrey S., Loh J., et al. 2008. Living Planet Report 2008, WWF, Gland, Switzerland.
[35] Hammond A., Kramer W., Tran, J. Katz., R., et al. 2007. The Next 4 Billion: Market Size and Business Strategy at the Base of the Pyramid, World Resources Institute.
[36] Hassan R. 2005. The System of Environmental and Economic Accounting, presentation given at FRANESA Workshop, 12-16 June 2005, Maputo, Mozambique.
[37] Hewitt N. 2002. Trees and Sustainable Urban Air Quality, Lancaster University, www.es.lancs.ac.uk/ people/ cnh/.
[38] IPCC (Intergovernmental Panel on Climate Change). 2007. Climate Change 2007: The Physical Science Basis (Contribution of Working Group I to the Fourth Assessment Report of the IPCC), Cambridge University Press, Cambridge.
[39] IUCN (International Union for Conservation of Nature). 2001. IUCN Red List Categories and Criteria: Version 3.1, IUCN Species Survival Commission, Gland, Switzerland and Cambridge.
[40] Kettunen M., Bassi S., Gantioler S., et al. 2009. Assessing Socio-economic Benefits of Natura 2000: A Methodological Toolkit for Practitioners, Output of the project Financing Natura 2000: Cost estimate and benefits of Natura 2000 (Contract No: 070307/2007/484403/MAR/B2), Institute for European Environmental Policy (IEEP), Brussels.
[41] Kuznets S. 1934. National income, 1929-1932, 73rd US Congress, 2d session, Senate document no: p7, http:// library.bea.gov/cdm4/document.php?CISOROOT=/SOD&CISOPTR=888, accessed 28 October 2010.
[42] Layke C. 2009. Measuring Nature's Benefits: A Status Report and Action Agenda for Improving Ecosystem Services Indicators, Mainstreaming Ecosystem Services - Policy Series No 2, External review draft, World Resources Institute (WRI).
[43] Leopold A. 1953. Round River, Oxford University Press, Oxford.
[44] Lewis S. L., Lopez - Gonzalez G., Sonké, B. Affum - Baffoe, K., et al. 2009. Increasing carbon storage in intact African tropical forests, Nature, vol 457, pp1003-1006.
[45] Loh J., Green R. E., Ricketts T., et al. 2005. The Living Planet Index: Using species population time series to track trends in biodiversity, Philosophical Transactions of the Royal Society of London B, 360(1454): 289-295.
[46] Losey J. E., Vaughan M. 2006. The economic value of ecological services provided by insects, BioScience, 56:311-323.
[47] Louman, B., et al. 2009. Forest ecosystem services: A cornerstone for human well-being, in R. Seppälä (ed) Adaptation of Forest and People to Climate Change: A Global Assessment Report, IUFRO (International Union of Forest Research Organizations) World (22): 15-27.
[48] MA (Millennium Ecosystem Assessment). 2005. Ecosystems and Human Well-being: Biodiversity Synthesis, Millennium Ecosystem Assessment, World Resources Institute, Washington, DC.
[49] Mace G. M., Baillie J. E. M. 2007. The 2010 biodiversity indicators: Challenges for science and policy, Conservation Biology, 21: 1406-1413.
[50] Mäler K. G., Aniyar S., Jansson Å. 2009. 'Accounting for ecosystems', Environmental & Resource Economics, European Association of Environmental and Resource Economists, 42, 1: 39-51, www.springerlink.com/ content/a7qlu4053v74120u/fulltext.pdf, 2009-10-30.
[51] Mc Namara. 1973. The Nairobi Speech, Address to the Board of Governors by Robert S. McNamara, President, World Bank Group. Nairobi, Kenya, September 24, 1973, http://siteresources.worldbank.org/ EXTARCHIVES/ Resources/Robert_McNamara_Address_NairobL1973.pdf, accessed 24 October 2010.
[52] McPherson E. G., Nowak D., Heisler G., et al. 1997. Quantifying urban forest structure, function and value: The Chicago Urban Forest Climate Project, Urban Ecosystems, vol (1): 49-61.
[53] Meadows D. 1998. Indicators and Information Systems for Sustainable Development - A Report to the Balaton Group, The Sustainability Institute, Hartland, VT, www.sustainer.org/pubs/ Indicators8dnformation.pdf.
[54] Mubariq A. 2009. Mimeo based on experts' discussion in reference to various segmented forest valuation studies known in the circle of Forestry Department, Bogor Agriculture University.
[55] OECD. 1959. A Standardized System of National Accounts, 1958 Edition, www.oecd.org/ dataoecd/56/41/31075094. pdf, 2010-10-24.
[56] Ott W., Staub C. 2009. Wohlfahrtsbezogene Umweltindikatoren - Eine Machbarkeitsstudie zur statistischen Grundlage der Ressourcenpolitik, final draft report, Bundesamt fuer Umwelt, Bern.

[57] Pearce D. W., Atkinson, G. 1993. Capital theory and the measurement of sustainable development: An indicator of weak sustainability, Ecological Economics, 18: 103-108.

[58] Peduzzi P. 2005. 'Tropical cyclones: Paying a high price for environmental destruction', Environment and Poverty Times, vol 3, no 3, www.grida.no/publications/et/ep3/page/2587.aspx, 2010-07-28.

[59] Pimm S. L., Russell G. I., Gittleman I. L., et al. 1995. 'The future of biodiversity', Science, 269: 347-350.

[60] Powe N. A., Willis K. G. 2002. Social and environmental benefits of forestry. Phase 2: Mortality and morbidity benefits of air pollution absorption by woodland landscape benefits, Report to the Forestry Commission, UK, www.forestry.gov.uk/pdf/airpollf.pdf/$FILE/airpollf.pdf.

[61] Reardon T., Vosti, S. 1995. Links between rural poverty and the environment in developing countries: Asset categories and investment poverty, World Development, 23(9): 1495-1506.

[62] Repetto R., Magrath W., Wells M., et al. 1989. Wasting Assets: Natural Resources in the National Income Accounts, World Resources Institute, Washington, DC.

[63] Ricketts T. H., Daily G. C., Ehrlich P. R., et al. 2004. Economic value of tropical forest to coffee production, PNAS, 101: 12579-12582.

[64] Salafsky N., Margoluis R., Redford, K. H. 2001. Adaptive Management: A Tool for Conservation Practitioners, Biodiversity Support Program, Washington, DC.

[65] Schutyser F., Condé S. 2009. Progress towards the European 2010 Target, EEA Report No 4/2009, www.eea.europa.eu/publications/progress-towards-the-european-2010-biodiversity-target, accessed 30 October 2009

[66] SEBI. 2010. Assessing biodiversity in Europe - the 2010 Report, EEA Report No 5/2010,www.eea.curopa. eu/publications/assessing-biodiversity-in-europe-84.

[67] South Australia's Strategic Plan. 2007. Objective 3-Attaining Sustainability, http://catalogue.nla.gov.au/Record/3944984, 2009-10-30.

[68] Stern N. 2006. The Stern Review on the Economics of Climate Change, Cambridge University Press, Cambridge.

[69] Stiglitz J., Sen A., Fitoussi, J.P. 2009. The Measurement of Economic Performance and Social Progress Revisited - Reflections and Overview, www.stiglitz-sen-fitoussi.fr/documents/overview-eng.pdf, 2010-10-24.

[70] TEEB. 2009. The Economics of Ecosystems and Biodiversity: Climate Issues Update, www.teebweb.org, 2010-9-22.

[71] TEEB Foundations. 2010. The Economics of Ecosystems and Biodiversity: Ecological and Economic Foundations (ed P. Kumar), Earthscan, London

[72] TEEB in Local Policy. 2011. The Economics of Ecosystems and Biodiversity in Local and Regional Policy and Management (ed H. Wittmer and H. Gundimeda), Earthscan, London

[73] TEEB in Business. 2011. The Economics of Ecosystems and Biodiversity in Business and Enterprise (ed J. Bishop), Earthscan, London.

[74] ten Brink P., Miller C., Kettunen M., et al. 2008. Critical thresholds, evaluation and regional development, European Environment, 18: 81-95.

[75] Torras M. 2000. The total economic value of Amazonian deforestation, 1978-1993, Ecological Economics, 33, 283-297.

[76] Trumper K., Bertzky M., Dickson B., et al. 2009. The Natural Fix? The Role of Ecosystems in Climate Mitigation, A UNEP rapid response assessment, United Nations Environment Programme, UNEP-WCMC, Cambridge.

[77] Tucker G. M., Bubb P., de Fleer M., et al. 2005. Guidelines for Biodiversity Assessment and Monitoring for Protected Areas, King Mahendra Trust for Nature Conservation and UNEP-WCMC, Kathmandu, Nepal and Cambridge.

[78] Turner, W. R., Brandon, K., Brooks, T. M., Costanza, R., da Fonseca, G. A. B. and Portela, R. 2007. Global conservation of biodiversity and ecosystem services, BioScience, 57: 868-873, www.uvm. edu/giee/publications/Turner%20et%20al.%20BioSci.%202007.pdf, 2010-09-22.

[79] UNDP (United Nations Development Programme). 2002. RBM in UNDP: Selecting Indicators, Signposts in Development, UNDP, www.undp.org/cpr/iasc/content/docs/MandE/UNDP_RBM_Selecting_ indicators.pdf, 2009-10-30.

[80] UNEP-WCMC. 2009. International Expert Workshop on the 2010 Biodiversity Indicators and Post-2010 Indicator Development, UNEP-WCMC, Reading, www.cbd.int/doc/meetings/ind/emind-02/official/ emind-02-0709-10-workshop-report-en.pdf, 2010-9-22.

[81] United Nations. 1953. A System of National Accounts and Supporting Tables, United Nations, Department of

Economic Affairs. Statistical Office, New York, 1953, http://unstats.un.org/unsd/nationalaccount/ 1953SNA. pdf, 2010-10-24.

[82] United Nations. 1968. A System of National Accounts, Studies in Methods, Series F, No 2, Rev. 3, New York.

[83] United Nations, European Commission, International Monetary Fund, Organisation for Economic Co-operation and Development, et al. 2003. Integrated Environmental and Economic Accounting (SEEA 2003), http:// unstats.un.org/unsd/envAccounting/seea2003.pdf, 2010-9-22.

[84] United Nations, European Commission, International Monetary Fund, et al. 2008. System of National Accounts, (2008 SNA), http:// unstats.un.org/unsd/nationalaccount/SNA2008.pdf, 2010-09-22.

[85] van Beukering P. J. H., Cesar H. J. S., Janssen M. A. 2003. Economic valuation of the Leuser National Park on Sumatra, Indonesia, Ecological Economics, 44: 43-62.

[86] Weber J.L. 2007. 'Implementation of land and ecosystem accounts at the European Environment Agency', Ecological Economics, 61(4): 695-707.

[87] Weber J.L. 2008. 'Land and ecosystem accounts in the SEEA revision', Position paper for the UN London Group meeting, Brussels, 2008, 9.29-10.3.

[88] World Bank. 2006. Where Is the Wealth of Nations? Measuring Capital for the 21st Century, The World Bank, Washington, DC.

[89] Worm B., Barbier E. B., Beaumont N., ET AL. 2008. 'Impacts of biodiversity loss on ocean ecosystem services', Science, 314: 787-790

[90] Zoellick R. B. 2010. World Bank Press Release no 2011/155/SDN, 28 October,http://web.worldbank.org/ WBSITE/EXTERNAL/NEWS/0, contentMDK:22746592~pagePK:64257043~piPK:437376~theSitePK: 4607,00.html.

附录 1 基于国家的贫困人口 GDP 计算

专栏 3.A1 基于国家的贫困人口 GDP 计算：印度

根据官方数据，印度农业及相关活动对 GDP 的贡献率大约为 16.5%，（按照购买力平价调整后的）人均收入为 2 220 美元。我们在此基础上纳入了没有被列入官方 GDP 数据的大量木材、薪材和 NTFP，从而对 GDP 进行调整。在这些有形福利之外，我们还参考印度国家绿色核算项目（GAISP）的估值，将生态旅游价值、生物多样性价值以及森林生态系统提供的生态服务价值纳入 GDP 体系。经过上述调整后，农业、林业和渔业对 GDP 的贡献率从 16.5% 上升至 19.6%。

更具体来说：

1. 农业、林业和渔业对 GDP 的贡献并非全部来自贫困人口。

2. 我们假设薪材和 NTFP 全部被贫困人口消耗。

3. 对于生态旅游，我们假设国际旅游大约 40% 的收入流往国外，剩余 60% 留在印度。在剩余的 60% 收入中，部分收入由政府、旅行社、酒店和饭店所有（假设为 50%），当地人只得到剩余 50% 收入。在国内旅游方面，我们也假设官方统计的收入由公有部门（formal sector）拥有，当地人只拥有剩余部分收入。

4. 对于生物探勘，从严格的“公平”角度来说，生物探勘的全部收入均应归属当地人所有。不过，我们在这里假设：当地人只得到 25% 的使用费，其他收入由生物探勘公司或相关政府和机构获得。以上只是十分粗略的估计。在现实中，当地人获得的收入份额往往比这要少得多（另见第 5 章关于获取和福利分享的内容）。

5. 我们考虑的其他生态服务还包括碳捕获、洪水防控、养分循环和水补给。这些服务（碳捕获除外）为当地人带来直接福利。

在此基础上，我们计算出：贫困人口（我们将贫困人口定义为拥有少于 1 hm^2 农业土地的人口、依靠森林谋生的人口和小型渔业社区）的人均 GDP 为 260 美元 /a；其他人口的人均 GDP 为 435 美元 /a。不过，一旦生态系统退化，其造成的成本损失并不一定等同于丧失的福利价值，原因如下：

1. 如果当地人试图从别处获得相同福利，他们可能需要付出更高代价（收入的边际效用总是低于相应花费的边际负效用），因此损失成本对于当地人来说更高。

2. 1 美元收入给穷人带来的边际效用总是高于给富人带来的边际效用。

3. 与富人不同，穷人没有可以依赖的制度和金融资源，来缓冲生态系统服务退化的影响。

基于以上原因，1 美元生态系统服务损失对穷人造成的伤害要大于对富人造成的伤害。因此，我们需要借助公平加权（equity weighting）方法。我们采用金字塔顶端家庭的人均食品支出与金字塔底端家庭的人均食品支出之比作为公平权重。相关数据来源于世界资源研究所的一项调查，具体结果由作者自行计算得出（Hammond 等，2007）。

专栏 3.A2 基于国家的贫困人口 GDP 计算：巴西

根据官方数据，巴西农业及相关活动对 GDP 的贡献率大约为 6.1%，（根据购买力平价调整后的）人均收入为 8 151 美元。以 Torras（2000）的一项研究为基础，如果将国民账户中没有列入的产品和森林服务考虑在内，并根据通货膨胀情况进行一番调整后，农业、林业和渔业对 GDP 的贡献率将上升至 17.4%（3.6 节作者计算得出）。由于巴西 87% 的陆地面积被森林覆盖（其中 50% 被原始森林覆盖），所以这一上升幅度并不令人吃惊。巴西的环境服务市场非常活跃，服务福利由不同利益相关方群体共享。

我们假设森林提供的气候调节服务由全球人口共享，其他生态服务由巴西人独享。其中，我们假设只有 10% 的福利（生态服务之外）和 2% 的生态服务（根据贫困人口持有的土地面积推断而来的假设值）由农村贫困人口（巴西只有 14% 人口为农村人口）获得。在此基础上，我们可以计算出：贫困人口（我们将贫困人口定义为拥有少于 4 hm^2 农业土地的人口、依靠森林谋生的人口以及小型渔业社区）的人均 GDP 为 453 美元 /a，其他人口的人均 GDP 为 1 416 美元 /a。在考虑公平权重（即金字塔顶端家庭与金字塔底端家庭的人均食品支出之比），调整了不平等因素后的贫困人口的人均成本为 642 美元。

专栏 3.A3 基于国家的贫困人口 GDP 计算：印度尼西亚

根据官方数据，印度尼西亚农业及相关活动对 GDP 的贡献率大约为 11.4%，（根据购买力平价调整后的）人均收入为 2 931 美元。如果将 GDP 没有列入的木材、薪材和 NTFPs、生态旅游、生物多样性价值和生态价值考虑在内，经调整后的农业、林业和渔业对 GDP 的贡献率将上升至 14.5%。我们采用的原始数据来源于 van Beukering 等在 2003 年开展的一项研究。不过有印度尼西亚专家（Mubariq，2009）认为，这些数据对于印度尼西亚整体来说似乎有些偏高，所以我们将估值调低以反映真实情况。

由于价值评估取决于具体背景和所在地区，所以最好采用涵盖一个国家不同地区的范围估值，而不是将某一估值应用于全国。下列保守的估值来源于在印度尼西亚开展的多项研究，应当是比较合适的底线估值：

1. 依赖森林谋生的贫困社区未记录在册、直接使用的木材和薪材：40 ～ 60 美元 /（$hm^2 \cdot a$）；
2. NTFP：22 ～ 30 美元 /（$hm^2 \cdot a$）；
3. 生态旅游和生物多样性：12 ～ 20 美元 /（$hm^2 \cdot a$）；
4. 生态服务：40 ～ 60 美元 /（$hm^2 \cdot a$）。

我们在上述研究基础上计算了贫困人口获得的福利比例。从森林生态系统服务中获益的不同利益相关方群体包括：

1. 当地社区（家庭、小规模农业和小型企业）；
2. 当地政府（负责基础设施维护和地方税征收的机构）；
3. 精英伐木业和种植业（特许权持有者）；
4. 国家政府（执法机构）；

5. 国际社会（代表全球对贫困、气候变化和生物多样性丧失的关注）。

如果有选择性地进行森林开采，那么地方社区获得的福利份额预计为 53%，地方政府为 10%，精英行业为 14%，国家政府为 5%，国际社区为 18%。在本研究中，我们假设贫困人口获得总福利的 53%。在此基础上，我们可以计算出：贫困人口（我们将贫困人口定义为拥有少于 4 hm^2 农业土地的人口、依靠森林谋生的人口以及小型渔业社区）的人均 GDP 为 147 美元 /a，其他人口的人均 GDP 为 425 美元 /a。

由于 1 美元 ESS 福利损失对富人造成的影响并不等同于对穷人造成的影响，所以我们应当采用对公平因素进行调整后的收入（公平权重等于金字塔顶端家庭与金字塔底端家庭的人均食品支出之比）。在此基础上，我们可以得出：对不平等因素进行调整后的贫困人口人均成本为 327 美元。

来源：Mubariq（2009）。

表 3.A1　对公平因素进行调整后的贫困人口收入

（对购买力平价已做出调整，2005）

		巴西	印度尼西亚	印度
国内生产总值 /10^6 美元	(1)	1 517 040	670 840	2 427 390
农业、林业、畜牧业和渔业对 GDP 的贡献 /10^6 美元	(2)	92,397	76 715	401 523
贫困人口对 GDP 的贡献（每公顷价值乘以少于 1 hm^2 的小型耕地面积）/10^6 美元	(3)	993	3 708	48 867
农业、林业和渔业对 GDP 的贡献率 /%	(4)	6.1	11.4	16.5
总人口 /10^6	(5)	186	229	1 094
贫困人口 /10^6	(6)	19.6	99	352
贫困人口人均农业 GDP	(7 = 3/6)	**50.7**	**37.4**	**138.8**
其他人口人均 GDP（减去贫困人口 GDP，再除以剩余人口）	(8 = (1–3)/(5–6))	9 104.6	5 138.9	3 208.0
调整：未记录在册的林业木材和薪材对 GDP 的贡献 /10^6 美元	(9)	5 870	6 660	16 477
调整：NTFPs 对 GDP 的贡献 /10^6 美元	(10)	57 158	5 230	11 691
调整：生态旅游和生物多样性价值对 GDP 的贡献 /10^6 美元	(11)	28 866	1 823	17 285
调整：其他生态服务对 GDP 的贡献 /10^6 美元	(12)	79 193	6 800	28 282.6
调整后农业、林业和渔业对 GDP 的贡献	(13 = 9 + 10 + 11 +12 + 2)	263 484	97 227	475 258
调整后农业、林业和渔业对贫困人口的收入贡献	(14)	8 870	14 579	91 580
调整后依赖农业的人口的人均农业 GDP	(15= 14/6)	**452.6**	**147**	**260.1**

		巴西	印度尼西亚	印度
调整后全国人均 GDP	(16= 13/5)	1 416	425	435
对公平因素进行调整后的农业依赖型人口的人均成本	(17 = 公平权重 ×15)	641.9	327	307.0
生态服务对传统 GDP 的贡献（10^6 美元）	(18 = 13–2)	171 807	20 512	73 735
生态服务对 GDP 的额外贡献率 /%	(19 = 18/1)	11	3.1	3.1
调整后农业、林业和渔业占 GDP 总份额 /%	(20 = 19 + 4)	17.1	14.5	19.6
生态服务对贫困人口的贡献（10^6 美元）	(21 = 14–3)	7 877	10 872	42 713

注：1. 数据来源于世界银行：http://data.worldbank.org/。其他数据参见下文有关各国的注释。

2. 巴西：巴西有 2 000 万人口依靠森林谋生，其中包括 35 万土著人。上述人口包含农业土地拥有量不足 1 hm^2 的农民和渔民。公平权重基于世界资源研究所开展的一项调查，等于金字塔顶端群体与金字塔底端群体的人均食品支出之比。

3. 印度尼西亚：印度尼西亚拥有 8 000 万～9 500 万直接依靠森林谋生的人口（数据来源于 FAO 有关森林依赖型人口的出版物）。上述人口包含农业土地拥有量不足 1 hm^2 的农民和渔民。在印度尼西亚 4 000 万以农业为生的家庭中，14% 的家庭拥有的农业土地不足 1 hm^2。公平权重基于世界资源研究所开展的一项调查，等于金字塔顶端群体与金字塔底端群体的人均食品支出之比。

4. 印度：我们以印度国家绿色核算项目（GAISP）的基准估值为基础，根据 2005 年的通货膨胀情况对其进行调整，从而得出森林估值。对于木材和薪材而言，我们只考虑疏林。对于其他服务，我们将密林列入考虑范围。我们根据世界银行 2004 年发布的《给环境算算账：森林收入及农村贫困人口》计算森林依赖型人口。该文指出印度大约有 2 亿人直接以森林为生。上述人口包含农业土地拥有量不足 1 hm^2 的农民和渔民。公平权重等于拥有 4 hm^2 以上农业土地的农业家庭与农业土地不足 1 hm^2 的农业家庭的食品消费支出之比。

5. 我们采用生产力方法对农业、渔业和畜牧业的相关服务进行估算，即任何生态系统服务的减少或退化均已在农业、畜牧业和渔业的增加值中予以反映。因此我们没有对这些数值进行单独计算。

第4章
认识生物多样性的价值：新政策评估方法

协调主要作者

Stephen White

主要作者

Patrick ten Brink、Benjamin Simmons

特约作者

Naoya Furuta、Inge Liekens、Karachepone Ninan、Patrick Meire
Clare Shine、Robert Tinch、Jeffrey Wielgus

编辑和语言校对

Clare Shine

对审稿人和其他著者的致谢，参见本章结尾部分

关键信息

导致生物多样性危机的主要原因是消费和生产的不可持续增长，而低估生物多样性及其支持的生态系统服务的倾向则使危机进一步加重。

由于人们对生态系统服务的长期价值知之甚少，目前的决策偏向于短期的经济利益。认识生态系统服务的价值可以使决策更有利且更具成本效益，避免不恰当的取舍。这也是重新关注经济和金融激励措施，从而实现可持续发展目标的重要步骤。目前已有不少工具和技术用于这一目的，并且还在不断完善。

了解生态系统服务的价值

决策者需要认识到生态系统服务通过自然资本而获得，这些服务正在丧失或有丧失的危险，决策者需要了解服务丧失的经济成本以及什么人何时何地要面对这些成本。价值评估有助于形成必要的证据基础，并且应当处理好相关影响及服务的来源和受益者之间的空间关系。国家之间可以开展合作，在更广泛的决策支持系统内开发和集成强大的价值评估程序。

价值评估程序至少应当以定性了解自然资本和相关生态系统服务的变化所产生的环境和社会影响为基础。不过，要做出明确决策和增加透明度，还应进一步采取必要措施提高将这些影响进行量化和货币化的能力。

扩大对生态系统服务的货币价值评估

定量和货币价值评估方法应当加强对资源利用决策所产生的长期影响（正面和负面影响）的关注，使用适合生态系统服务的贴现率加以比较。

应当基于过去的实践，进行更基本的分析，并按照相关的指导促进现有研究的收益转移，以此最大限度扩充现有的专业知识。

将经济思维用于政策评估

价值评估是指导决策的工具，而不是采取行动保护生物多样性的先决条件。所有级别和部门的决策者都需要承诺通过影响评估、战略环境评估和环境影响评估，系统、及时地分析所提议的项目、方案和政策。其目标应当是：在适当的时候确保存在可用的更充分的证据基础，以便进行全局考虑。

在制定影响生物多样性和生态系统服务的决策时，如果没有把握预测这些决策带来的影响，且/或难以确定缓和措施的有效性，则应采用预防原则。

每个国家都需要制定与公认的最佳实践一致的分析体系并使之制度化。要实现这一目标，需要提高自身能力，并建立一个公众接受的、有效的、得到支持的政策评估系统。

4.1 概 述

第 4 章集中阐述生物多样性和生态系统服务（ESS）的价值评估方法，以及在国家政策和国际政策制定期间更有效地提供更好信息的途径。4.2 节概述不同的价值分析方式，以及如何将这些方法联系起来。4.3 节概述货币价值评估法并论证了其实际应用，然后指出需要解决的某些局限性（其他详细信息见附录）。4.4 节说明结构化评估框架如何支持更明智、更合理的决策，列出了改善当前所用方法的 8 种最佳做法。4.5 节考虑了下一步工作，以及价值评估和评估能力建设的迫切需要。

4.2 了解生态系统服务的价值

在不可持续的生产和消费模式驱动下，目前生物多样性和相关生态系统服务的丧失究竟如何给地区、国家和国际社会带来了巨大的经济成本，对此，本书前面几章已有论述。这提出了一个重要的问题：生物多样性丧失如此不利，为什么我们还允许此种情况出现呢？

究其原因，部分是由于我们在权衡取舍各方因素制定政策时，未能了解和考虑生态系统服务的长期价值。纠正当前单纯考虑短期经济利益的决策偏差需要采用更强健的方法。

4.2.1 价值的性质和评估大自然

生态系统服务的“价值”指的是什么？人们想到价值时，通常会考虑物品的实用性和重要性。但就生态系统的服务而言，其价值很少等同于我们为获得该服务而实际支付的价格，因为这些服务对“用户”而言通常免费，或者费用比其对整个社会的价值少得多。此外，很多生态系统服务往往超出传统市场的范围，因而没有市场价格。

在少数情况下，如木材或海鲜的供应，生态系统的一些产出确实有市场价格。这反映了一个事实，即此类产出放在公开市场上进行出售，人们愿意为此支付一定的价格。即使在这种情况下，收费价格也不一定能反映出其真实的价值，因为这只会是局部价值的体现。在市场交易考虑的因素之外，该交易也可能给更广范围的生态系统造成影响。

多数生态系统服务的市场缺失是由很多原因造成的，包括缺少与此类服务相关的明晰产权（参见第 2 章）。在很多情况下，生态系统服务具有“公益”性，即使已清晰界定产权，市场还是不能为其精确定价（例如，作物的基因多样性能对未来的粮食安全带来保险价值）。

对生态系统服务进行货币估值存在难度，这是由于：决策的制定往往基于不完整的成本收益评估。而且如前所述，决策的制定往往也偏重短期经济利益。由于低估了这些服务的经济和社会重要性，我们在实施保护时缺少相应的激励措施，从而使整个社会都蒙受损失（参见专栏 4.1）。

专栏 4.1 沿海资本：伯利兹沿海生态系统的价值

最近一项评估估算了与珊瑚礁和红树林相关的旅游业、渔业和海岸线保护服务对伯利兹国民经济的年均贡献情况。估算结果表明：2007 年，与珊瑚礁和红树林相关的旅游业预计对伯利兹经济的贡献为 1.5 亿～1.96 亿美元（相当于 GDP 的 12%～15%）。依赖珊瑚礁和红树林发展的渔业的年经济效益估计为 1 400 万～1 600 万美元。此外，珊瑚礁和红树林还能保护沿海财产免受侵蚀和海浪引起的损害，这相当于每年减少了 2.31 亿～3.47 亿美元的损失。

这些由世界资源研究所（WRI）开展的研究，其结果在伯利兹受到了广泛关注，成功地宣传了沿海生态系统的价值。伯利兹的非政府组织通过使用这些研究结果以及珊瑚鱼减少和珊瑚礁健康持续下降的科学证据，倡导公众实施更严格的渔业法规。同时，地方团体也援引研究结果对政府施压，通过强调红树林不菲的经济价值，要求政府加大对非法砍伐的惩罚力度，并修改现行的关于红树林的立法。

在 2009 年 1 月一艘集装箱船在堡礁搁浅之际，这些可信的经济评估结果也有助于伯利兹渔业和环境部门计算相应的赔偿金。

来源：Cooper 等（2008）；Humes（2010）；伯利兹最高法院（2010）。

4.2.2 三种价值分析方式：定性、定量和货币方式

为了评定生态系统服务变化的经济价值，我们首先需要了解生态系统服务发生了哪些变化。图 4.1 展示了必须考虑的一系列步骤。我们根据这些步骤对各种因素进行充分考量后，方能基于先前阶段收集的科学信息进行估值。

图 4.1 了解生态系统变化

来源：Stephen White，自制图表。

可在三个层面上对生态系统服务进行分析，即定性、定量和货币层面：

1）定性分析一般侧重于非数值信息（如：清洁空气带来的健康益处、娱乐休闲带来的社会效益、安全和福祉）。

2）定量分析侧重于数值数据（如：受益于森林林木的人数、健康免受影响的人数、参观自然景点或风景区的人数、优质水的供应量、碳封存量）（另见第 3 章的生态系统服务指标）。

3）货币分析旨在将此类数据换算为特定货币的价值（如：节省的水净化成本或

降低的洪水损害成本；旅游业或由自然产品制成的药物、药品带来的收入或付款水平）。

这 3 种类型的分析都很有价值，但它们为决策者提供的信息水平却有所不同。我们可通过如下例子加以阐释：譬如某方案通过将牧地转化为集约化耕地，以增加农业产量。如果集约化耕地的经济收益大于开荒的财务成本，那么乍一看该方案似乎具有吸引力。不过，这种分析仅仅是一种局部分析，因为它只考虑到与土地利用变化相关的市场交易成本和收益。为了确定该政策在社会层面上是否有益，我们还需要考虑其是否对未交易的生态系统服务和生物多样性造成影响等非市场因素。譬如，土地转化后，会排放出大量的温室气体（GHG），其吸收洪水的能力也会减弱。

在此类案例中，不同的分析方法会得出不同的结果：

1）定性分析仅仅描述这些影响的可能规模（如导致更大的洪水风险）：决策者必须对这些影响对财务成本和收益的重要性做出判断。

2）定量分析直接衡量因土地利用变化而导致的生态系统服务的变化（如预计增大的洪水风险、二氧化碳排放频率或数量）。决策者随后将对这些影响进行科学衡量，以估量财务成本和收益。

3）货币分析计算生态系统服务流变化的货币价值，对该政策是否能为整个社会提供净效益进行成本预估。通常，该分析是以定量分析为基础的。

我们应该采用何种分析方法，在很大程度上取决于我们需要估量的效益类型、可用时间和资源以及决策的重要性。与定量分析相比较而言，定性分析通常较为简单，成本较低。同样地，与货币分析相比较而言，定量分析通常所需的资源较少。

图 4.2 显示了每种分析类型所需的不同资源水平。就像沿着金字塔向上攀爬一样，如果不增加时间和资源投入，我们能够评估的生态系统服务将会变得越来越少，这是因为缺乏与政策相关的成本数据，而且我们还需要评估各种案例的具体细节。此种观点比较中肯，因为，我们不见得总能将生态系统服务的变化进行量化。在很多情况下，定性评估可能更可取：因为我们必然会集中资源对最受关注的问题和潜在价值加以评估。

这突出强调了估值仅是决策过程中的一个考虑因素，却具有核心作用。实用的估值方法可概括如下："每次都定性识别影响，然后量化能够做什么，之后再货币化（如有可能）"。货币价值只是生物多样性总价值，即"总系统价值（TSV）"的一部分（O'Gorman 和 Bann，2008）。这一方法结合了货币、定量和定性观点，而且还包括来自未知或评估时未获取的生态系统的价值（如：就像过去的碳储存价值一样）。即使未作评估或尚且未知，生物多样性也具有价值。但是对某些决策而言，该价值可能"无足轻重"。重要的是，我们不仅应对已知的服务或相关效益的价值评估做出投入，而且还应努力了解各个生态过程和功能，以加深我们对这些服务和效益的了解。专栏 4.2 表明：计算与生态系统服务相关的成本收益时，我们需要考虑特定的空间和时间界限。

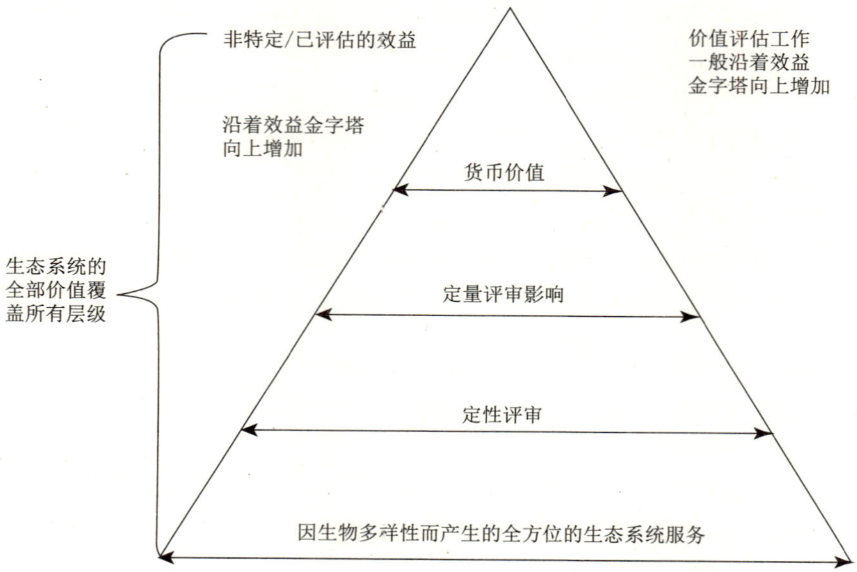

图 4.2 效益金字塔

来源：Patrick ten Brink，自制图表。

专栏 4.2 生态系统相关成本收益计算中的空间和时间界限

North Wind's Weir（北风堰，美国华盛顿州）鲑鱼生境恢复项目旨在通过挖掘和重植原生植被，在淡水-盐水过渡带恢复 0.8 hm^2 的关键生物环境。这种类型的过渡带生物环境非常罕见［只能存在于淡水和潮汐盐水相遇之处，约距离河口 5.5 ～ 7 英里（1 英里 =1.61 km）］，对维持可存活的鲑鱼数量至关重要。

此项目(Batker 等,2005)成本—收益计算结果表明：该地块当前价值总计为 38.4 万～ 136 万美元。待生态系统服务改善后，可为该地块带来每年 13 388 ～ 47 343 美元的价值增值。但是，由于该地块开发价值较高，土地征用成本不菲（190 万美元）。再加上预计需要的恢复成本（179 万美元），共计需投入 369 万美元。因而，项目投入将远高于其收益。

但这一数据并未考虑该项目对该地块以外地区的影响，特别是过渡生态环境带对整个流域的鲑鱼保护至关重要这一事实。考虑到该生态环境的稀有性，笔者认为为每英亩水域投入 1 900 万美元的恢复资金实为值得之举。

因为恢复方案一直在推进，该项目取得了可喜的成果。该项目在 2008—2009 年移除了被污染的土壤，2009 年和 2010 年分别进行了施工和栽植。此案例凸显了正确界定项目成本收益计算的时空界限，对于做出全面正确的决策而言有多么重要。我们在评估该项关键自然资本时，应考虑该项目与该流域内其他鲑鱼保护措施的相互依赖度，即将该项目作为整体置于更宏观的层面加以考虑。

来源：Batker 等（2005）。

不论对于哪种类型的分析，了解生态系统服务的来源与各类受益者之间的空间关系也很重要。这一信息有助于确定：

1）估值时应考虑的各种影响；

2）一旦做出决策或累积效应显现后，哪些利益相关者可能会从中受益或受损；

3）设计生态系统管理方法和选择效益回报工具（参见第 5 章）或规避负面影响的工具（参见第 7 章）时，应涉及或考虑哪些人员。

专栏 4.3 表明：在有些情况下，收集成本和收益空间分布相关的信息，对设计有效补偿工具可能会起到何种重要的作用，从而确保在成本和收益并非均匀分布时还能提供生态系统服务。

专栏 4.3　考虑成本和收益的空间分布，允许给予适当的补偿

单个项目的成本和收益很少会均匀分布，有盈有亏。从时间（贴现概念和可持续发展制约因素力求维持代际平衡）与空间（公平决策中可能用到不同方法，包括生态系统服务付费和其他形式的补偿）来看都是如此。

以下几项成本收益研究通过在不同层面进行分析，凸显了影响的空间分布情况。

圭亚那：在国际范围内，圭亚那森林砍伐评估报告（圭亚那总统办公室，2008）将当地居民以放弃森林发展为代价而得到的直接经济成本与保护森林带来的缓解全球气候变暖和生物多样性的收益进行了对比。该报告从全球视角力证：投资圭亚那森林保护是具有成本效益的减碳方法。同时，该报告还强调：在没有补偿性支付的情况下，圭亚那经济上最佳的做法是发展森林。尽管成本收益分析（CBA）未涵盖所有可能的影响，然而其能够得出有分量的重要政策结论。

印度：Rajiv Gandhi 国家公园和 Dandeli 野生动物保护区的研究（Ninan 等，2007a，2007b）与芬兰成熟原始森林保护的研究（Kniivillaä 等，2002）一样，都关注效益成本比如何在研究区域周围不同半径区域人群间发生变化。在 Rajiv Gandhi 研究中，生活在公园内的部落社区平均每个家庭能够通过非木材类森林产品获得 30 378 卢比（1999）（705 美元[a]）的较高净现值收入（NPV）（贴现率 12%）。但当研究范围扩大到公园外遭到野生动物破坏的咖啡种植社区后，NPV 数据降至 −3 212 卢比（1999）（−75 美元）。另外，若将范围进一步扩大到因公园旅游业或生物多样性保护而受益的地区、国家或全球人口之后，得到的 NPV 数值是正数。政策结论为：补偿咖啡种植者因野生动物破坏而遭受的损失是必要之举，这既是出于公平考虑，也是为了确保公园及周边区域的野生生物得到保护。

芬兰：研究报告称，通过保护成熟原始森林，区域 NPV 为 1.86 亿欧元（1.75 亿美元[b]），贴现率为 3% 或 1.06 亿欧元（1 亿美元），贴现率为 5%。基于国有木材销售效益自然增加的假设，芬兰当地 NPV 数据低得多，而且很可能为负数（贴现率为 3% 时，NPV 为 −2 660 万～ 440 万欧元（−2 510 万～ 420 万美元）；贴现率为 5% 时，NPV 为 −2 150 万～ 130 万欧元（−2 030 万～ 120 万美元）。同样，道理很简单，但具有强大的政策影响力：森林带来的娱乐休闲价值和非使用性价值惠及四方，但当地居民却需独自承担放弃发展经济的机会损失，这说明给予当地居民一些补偿是适宜的。

蒙古：另一个例子是对蒙古土拉河上游肯特山保护区和特勒吉国家公园的管理和维护。该区域是乌兰巴托市的主要供水源。目前，该区域每年创造的旅游业产值预计为246亿图格里克（2 100万美元[c]），牧业产值为33亿图格里克（280万美元），木材产值为1.38亿图格里克（11万美元），木柴产值为1.7亿图格里克（15万美元），非木材类森林产品产值为7 700万图格里克（7万美元）。总价值预计为283亿图格里克（2 400万美元），但只有40亿图格里克（340万美元）归属于当地人口。

不过，这并未考虑对下游供水的影响。此类影响视具体情况而定，其现值约为9 590亿～10 950亿图格里克（8.22亿～9.39亿美元）。“受到保护”的流域的NPV比“逐渐退化”和“无保护”的流域多出760亿图格里克（6 500万美元）和1 250亿图格里克（1.07亿美元）。在土拉河上游生态系统保护中，每投资1图格里克，在未来25年内可使水、土壤和资源使用收益增加15图格里克。与无保护情况相比，当地人口选择逐渐退化的机会成本为50亿图格里克（420万美元），选择保护的机会成本则为80亿图格里克（690万美元）。

尽管从国家和全球角度看，保护土拉河上游生态系统无疑是最理想的选择，但这并不符合当地人目前的经济利益。该计算结果再次说明了报告所强调的明确政策结论：“期望上游流域的人口为乌兰巴托居民的用水买单既不现实也不公平。因而，这就出现了重大挑战：有关当局需筹集资金以保证足够的公共投资用于生态系统保护和保护区的管理，并提供足够的金融激励措施，促使土拉河上游的土地和资源用户将其土地和资源的使用限制在可持续的水平。”

注：a 换算比例：43.06（1999年官方汇率），http://data.worldbank.org/indicator/PA.NUS.FCRF。
b 换算比例：1.06，http://data.worldbank.org/indicator/PA.NUS.FCRF。
c 换算比例：1 166图格里克=1美元，http://data.worldbank.org/indicator/PA.NUS.FCRF。

来源：Kniivillä 等（2002）；Ninan 等（2007a，2007b）；圭亚那共和国总统办公室（2008）；Emerton 等（2009）。

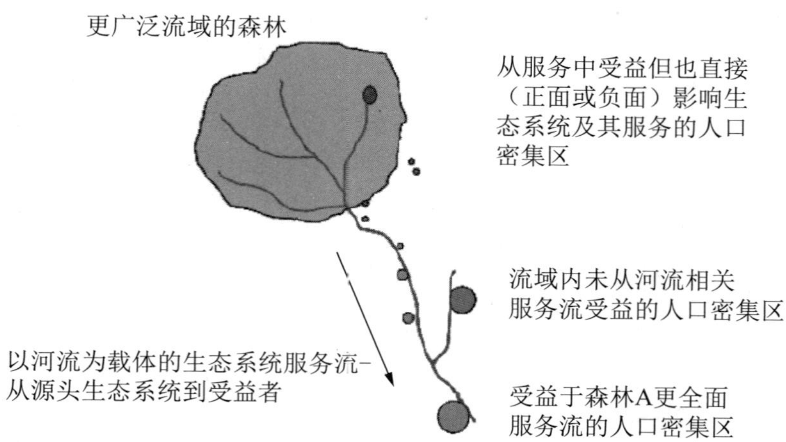

图4.3 生态系统服务供应与受益者之间的关系

来源：改编自Balmford等（2008）。

图 4.3 以部分森林覆盖的流域为例，展示了生态系统如何为附近的不同人口提供不同的生态系统服务——有些人在下游从提供的服务受益；有些人却不受益；而第三类人群不仅从生态系统服务中受益，而且通过其使自然资本退化或提高的活动影响这些服务。因此，在足够的范围内理解生态系统与社会和经济体系之间的关键联系至关重要。

4.2.3　总经济价值框架在生态系统中的应用

定性分析固然重要，但政策制定者面临的主要挑战是如何建立更强大的框架和提高定量和货币分析能力，以揭示生态系统服务的经济价值。开展价值评估是纠正目前政策取舍不当、确保生态系统服务在决策中受到足够重视的关键步骤。

总经济价值（TEV）实为一个结构良好的概念框架，可用于考察生态系统向人们、社会和经济提供的全部价值[1]。总经济价值由两大类价值构成：

（1）“使用价值”

“使用价值”包括直接和间接使用生态系统，以及未来使用权：

1）直接使用价值源于对生态系统产品或服务的直接使用，包括消耗性使用（例如，木材生产）和非消耗性使用（例如，野生动植物观赏）。

2）间接使用价值指的是从人们重视的其他产品和服务的中获得的收益（例如，对水源进行调控之所以受到重视，是因为其能使得人们和财产安全免受水灾之扰；传粉在粮食生产中也具有重要作用）。

3）选择使用价值指将来可选择使用生态系统产品或服务的价值（直接使用和 / 或间接使用）。

（2）“非使用价值”

“非使用价值”是指人们因其知晓自然及其组成部分（例如，一个珍稀物种）的存在价值，或愿意将这些宝贵资源留给后代（遗产价值）或当代其他人（利他价值），从而选择不使用自然资源，并从中得到的内心愉悦。遗产价值和利他价值合称“博爱”价值（参见《TEEB 基础》，2010）。

图 4.4 展示了总经济价值的关键要素如何应用于不同类型的生态系统服务。

此外还有“保险价值”。该价值取决于且涉及生态系统复原能力——是否能够抵抗压力（如污染、气候变化）、维持稳定状态（因而维系生态系统服务流）、避免突破阈值或陷入生态系统功能和服务将会（可能大大）减少的状态［参见第 3 章了解阈值，参见《TEEB 基础》（2010）了解关于保险价值更广泛的讨论］。专栏 4.4 还特别强调：考虑到与扭转过去的土地用途转换决策相关的高昂成本，采取谨慎态度相当必要。

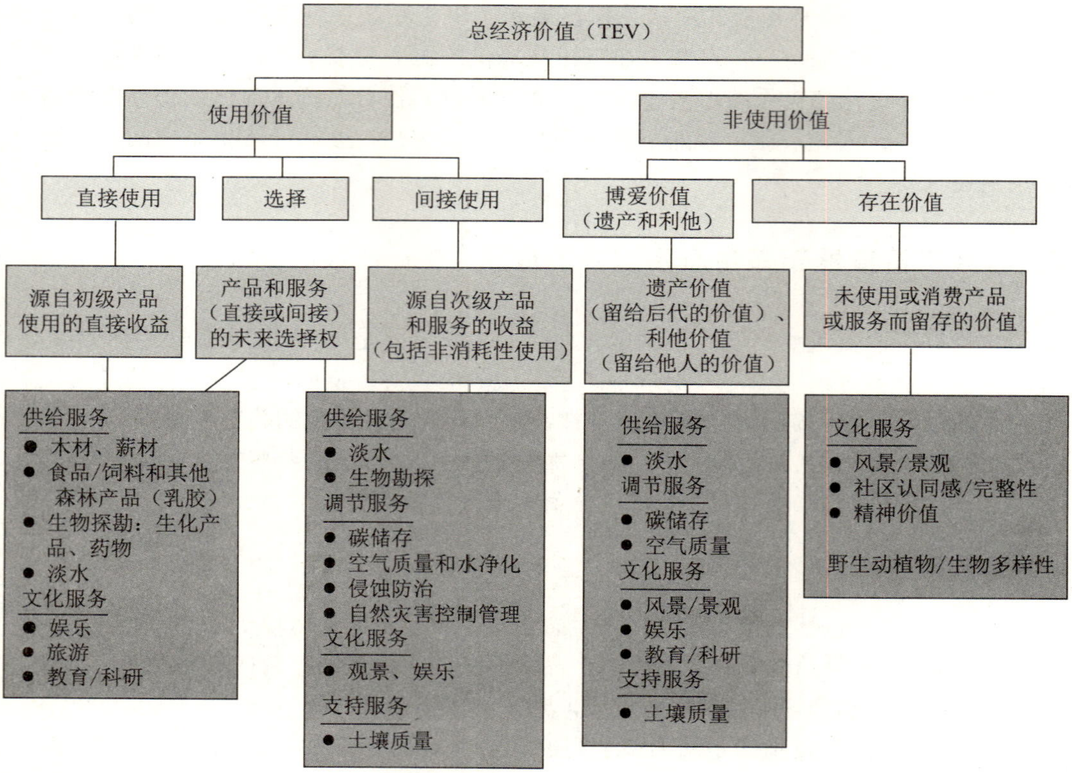

图 4.4 总经济价值框架在生态系统服务中的应用

来源：改编自 Kettunen 等（2009）。

专栏 4.4 保留未来选择权的内在价值：丹麦河流修复

实际上，开发或转换土地的决定经常不可逆转：即使能够通过技术手段修复土地，修复的经济和时间成本都相当不菲。丹麦斯凯恩河即是一个有趣的例证：斯凯恩河在被改造成运河后，仅隔一代人的时间，又被修复为自然水道。当地为此担负了高昂的成本（参见 Dubgaard，2004）。修复项目从河流向峡湾创建外流途径，以形成约 220 hm^2 的三角洲，并围成了约 160 hm^2 的湖泊。此外，经过修复改造后，项目区域内的陆地可承受周期性洪水；并将 1 550 hm^2 耕地改为粗放牧区。

斯凯恩河修复项目的成本和收益

（单位：百万丹麦克朗，2000 年价格，贴现率为 5%，汇率 8.08 丹麦克朗 =1 美元）

成本	1.49 亿（1 800 万美元）	项目成本（勘察、设计与施工）
	2 700 万（330 万美元）	自然监测、信息与教育方案
	（–3 200 万）（–400 万美元）	欧盟对上述费用的拨款
	1 490 万（180 万美元）	运营和维护
	5 250 万（650 万美元）	土地机会成本（20 年以上）
收益	7 070 万（880 万美元）	户外娱乐活动得到改善
	900 万（110 万美元）	狩猎活动变得活跃
	5 240 万（650 万美元）	渔业增长
	5 060 万（630 万美元）	生物多样性的非使用价值
	2 920 万（360 万美元）	节约的成本（土地划拨、抽水成本、防洪等）
	6 100 万（760 万美元）	养分、金属还原
	500 万（60 万美元）	芦苇收割

“净利润”结果显示：贴现率为3%时NPV为2.28亿丹麦克朗(3 600万美元)；贴现率为5%时，NPV 下降至 6 700 万丹麦克朗（800 万美元）；贴现率为 7% 时，盈亏达到平衡。在需提前出资和有长期收益的项目中，这种对贴现率的敏感现象颇具典型性。

在本研究中，来自欧盟 3 200 万丹麦克朗（400 万美元）的拨款被算作收益，因为从丹麦的角度来说，这（大致可以视为）额外资金，不应计为丹麦的成本。从欧洲角度来说，这当然是一项不应出现在成本收益分析中的转拨款项。

事实上，这一修复决定是在最初决定将河流改造成运河后不久做出的，凸显了很大的不对称性。事关保护、保存或延缓开发的决策一般为可逆性决策。因为从某种意义上说，这些决定是在将来才对土地进行开发或转化用途。但事关土地开发和用途转换的决策不但成本高昂或不可逆转。这种不对称性通过经济价值框架内的选择价值表现出来。出于未来条件和选择权的不确定性，选择价值旨在保留目前未做规划的资源，留待未来对其加以使用。在生物多样性不可逆转地遭受损失及在未来可能用途和生态系统服务影响极不确定之时，这一点尤其重要，从而与保护相关的选择价值可能非常大。

来源：Dubgaard，2004。

上述方法都是“以人类为中心”的经济评估的一部分。同时需强调的是，生物多样性也有其内在价值，即与人类感恩与否无关的独立价值。尽管本章（甚至本书）主要专注于探讨人类赖以获取自然资本的生态系统服务流，我们也绝不应忽视生物多样性所具有的更广泛的生态价值。

虽然从理论上来看，TEV 可以涵盖经济、人类社会的全部收益，但实际上我们只会对一小部分生态系统服务以货币形式进行评估。我们对某些价值的理解还较为片面，对某些价值还知之甚少。如上所述，TEV 因此应被视为：对包括所有收益在内的总系统价值（TSV）的不完全估值。无论对这些收益货币化、量化还是仅仅定性理解。

4.3 加大对生态系统服务货币估值的力度

4.3.1 常见估值方法的原理

确定生态系统服务货币价值的方法有很多，它们全都与“支付意愿”（WTP）有关。附件 4.1 更详细地描述了这些方法，并展示了它们如何用于不同的生态系统服务中（参见《TEEB 基础》第 5 章，2010）。

（1）市场分析

与实际市场相关的价格、数量和成本方面的数据可用时，市场分析（即揭示的 WTP）有助于衡量一系列收益和成本。市场分析法包括基于市场价格的方法（与商品或服务在市场上的价格相关）和基于成本的方法（例如，与节省的成本、替换成本和减缓或修复成本相关）（参见附录 4.1 和《TEEB 基础》，2010）。市场分析适用于计算：服务产生的明确收入（如森林产品、鱼类）；避免成本，包括支出成本（水净化和供给等）、替代成本（如人工授粉）、保险成本（自然灾害造成的影响）以及损失成本（如洪灾破坏）。

（2）非市场估值方法

市场价值无法直接获取或使用时，可选择两类公认的非市场估值方法：

1）“显示性偏好法”（即归因式 WTP），通过公园、森林和海滩附近的房价上涨可以显示出生态系统价值也上扬。这些上涨的房价可增大地方政府的收入。

2）“陈述性偏好法”（即表达式 WTP）可显示改善水质（关系到水价）或保护有魅力物种（关系到拨款或公园门票）的价值。

此外，还有基于“生产函数”的方法，以生物资源的变化为自变量、服务提供的变化为因变量来评估变化的影响，例如，观察市场产量的相应变化的方式（参见附件 4.1 和《TEEB 基础》，2010）。

专栏 4.5 展示了如何结合使用不同的估值方法，就生态系统的总价值提供相对完整的全貌。

上述方法为个例提供了初步分析。下一节考虑了适应具体个例的信息以求获得更广泛应用的方法。

专栏 4.5　生态系统服务估值选定土地利用模式：秘鲁仙人掌属植物灌木丛林地

阿亚库乔仙人掌属植物灌木丛林地栖息着胭脂虫（胭脂红酸的来源，胭脂红酸是可用于食品、纺织和医药等行业的天然染色剂），供当地农民用于动物放牧，获得食品供给。这些林地也发挥着重要的环境作用，它们保护斜坡免受侵蚀和洪水破坏，恢复边际土地，从而提高湿度水平，保持土壤能力。

将供需双方工具包内的方法加以混合使用，可评估与这些不同生态功能相关的价值，详情如下。

供给服务的估值

仙人掌属植物的直接使用价值（生产食品、水果、胭脂虫出口、人造染料、饲料、燃料和观赏品）可使用直接市场价格得出；如有必要，也可参考最为接近的替代品的价值。对于灌木丛林地产品（例如，胭脂虫和水果），一旦计算出年产量、质量及收集区面积后，可根据市场价格推导出给定年份收集的产品直接使用价值。灌木丛林地作为燃料来源时其使用价值的量化方式为：在考虑当地工资水平的情况下，大概等同于当地家庭为获得燃料供给需投入的工作时间的机会成本。

调节服务的价值

农民从寄主植物收集胭脂虫用于交易，因而此类经济作物的价值取决于生活在仙人掌属植物上的寄生昆虫。未被收取的昆虫则继续留在灌木丛中进行繁衍，留待农民以后再来收取。这些培育和残遗种保护服务可以通过供给导向法予以量化（即如果需对寄生植物进行人工寄生，那根据劳动者工资计算出来的时间机会成本，则为农民为此需支付的成本）。

支持服务的价值

这些作物的间接使用价值在于其能给当地提供土壤侵蚀防治服务，这种服务对在坡度较陡的安第斯地区劳作的农民而言非常重要。土壤流失对作物产量造成的影响，只有在经过多年严重流失后，方才变得明显。在土壤侵蚀问题上，农民主要关心农田为此遭受的影响，如生产成本增加、土壤肥力下降拉低盈利能力、实施水土保持措施的成本等。量化此类收益的途径之一是使用条件估值法，如陈述性偏好法，从货币角度大体了解家庭对灌木丛林地所提供的侵蚀防治服务的支付意愿。

估值发现：即使只考虑一些无形收益，灌木丛林地提供的生态系统服务价值也高于可计算的农业直接财务收益。灌木丛林地产品的直接使用价值对农民收入的贡献率高达 36%。在计入间接使用价值（土壤侵蚀调节服务）后，灌木丛林地对农民收入的贡献率上升至 55% 以上。

资料来源：改编自 Rodriguez 等（2006）。

4.3.2　收益转移法的适用范围

“收益转移”法指的是：用该生态系统服务在类似生态系统中已明确的经济价值，来衡量该生态系统服务在此等生态系统中的经济价值。这是在信息不足和资源

（时间和金钱）受限的情况下，可以加以使用的实用方法。由于我们很少能够有足够资源对于正在评估的每个地点、生态系统或服务，开展初步（或特定地点）估值研究，所以这种方法颇为重要（见图 4.2）。

收益转移不是新概念，但可以视为解决资源受限的实用办法。其基本原理是：不同区域的生态系统服务可能享有足够多的共同特征，因而一个区域的价值也可视同于另一个区域的价值。不过，使用此法需谨慎，因为即使生态系统相似，其价值差异也可能非常显著（参见专栏 4.6）。

专栏 4.6 使用收益转移法评估非木材林产品的价值

研究分析表明，非木材林产品的价值范围广泛，从每年每公顷几美元到约 100 美元不等。其"默认"价值建议设定为每年每公顷 50 ～ 70 美元。尽管查看当地自然资源的价值是否等同于该默认价值很有实际意义，但简单地用这些基准价值推断所有森林产品的价值将是严重错误。通常，容易获取的森林价值较高。而受获取和开采成本影响，不容易获取的森林其净值将接近于零。在使用收益转移法时，我们需考虑的关键问题为：是否有足够的共同特征支持收益转移；出现差异时，我们需要何种"权重因子"以使收益转移足够稳健。

资料来源：CBD（2001）。

下述条件，决定了收益转移法是否能提供有效和可靠估算值：

1）被估值的商品或服务在估算地点和应用地点，具有非常相似的共同特征；

2）受影响人口的特点非常相似；

3）被转移的原始估算值本身必须可靠（《CBD 决定》VIII /26）。

此外，还需视具体情况，将差异因素（如收入、环境条件）考虑在内，并利用好一系列可用工具（另见《TEEB 基础》，2010）：

1）单位收益转移——例如相似地点的平均单位价值（每户或每公顷）乘以被评估地点的服务数量；

2）调整后的单位收益转移——同上，但根据地点特征进行调整（例如，收入、人口水平）；

3）价值函数转移——例如通过使用某地点的价值或需求函数（例如，针对旅行费用与保护区价值）及参考新地点的参数（例如，人口、平均收入），从而获得特定地点的价值；

4）元分析（元分析函数转移）——结合多个地点的价值或需求函数，并与当地地点参数一起加以应用。

收益转移仍然是正在不断发展完善的课题。如果想让此类方法应用更为广泛，需采取一些具体措施，包括：

1）加大对初步估值的研究。所做研究越多，可以用于转移的统计数据也就越让人信服——政策制定者对基础技术也就越有信心。

2）不断开发估值研究数据库，增加对其的访问机会。目前已经开发的一些数据库，使得收益转移技术的获得更加容易，但现有数据库往往在研究面上不覆盖齐全，或无法免费获取[2]。

3）编写收益转移指南。应编写指南，说明受评估的生态系统 / 地点与其利益价值 / 函数将被使用（转移）的生态系统 / 地点之间的差异以及其各自的受益者，从而展示最佳做法，并指明收益转移法可以合理地确定哪些生态系统服务的价值。

《TEEB 基础》（2010）已整理出 1 000 多份估值研究，并且正在按照生态系统将其编为生态系统服务价值矩阵，以帮助提供公开有用的工具（参见专栏 4.7）。

专栏 4.7　生态系统服务价值实证汇总

目前已整理出 1 300 多种生态系统服务的价值，涵盖约 22 种生态系统服务在 11 个生物群系中 270 个地点的价值。这些价值基于地理情况和社会经济标准，并根据具体估值研究背景加以确定。

对于大多数生态系统服务而言，如果没有先考虑当地特征，不可“即插即用”其他地方的参考价值。第 1 章关于珊瑚礁旅游业的内容就强调过这一点；图 4.5 展示了热带雨林不同生态系统服务的价值。

实际上，“默认假设”通常是指，森林的价值即是木材，未考虑其他多种生态系统服务的价值。而在现实中，这些生态系统服务的价值也许会很高。这说明需要考虑生态系统为人类提供服务的方式以及失去这些服务给人们带来的影响。

了解丧失了的服务是了解处于风险中的价值的第一步。了解服务价值是做出应有承诺及设计工具的基础，从而将一些“估值价值”转变为“实际价值”，进而从根本上改变实际的激励措施。

不久之后登录 http://www.fsd.nl/esp 即可访问数据库。

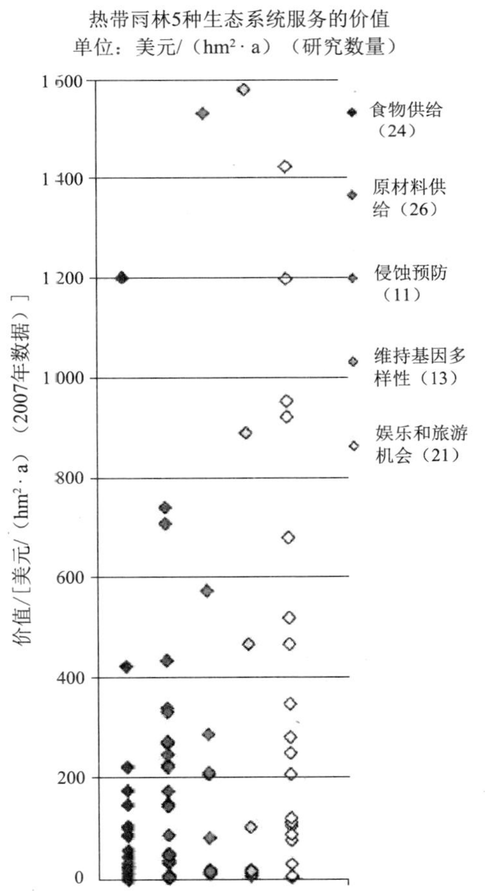

图 4.5　森林的生态系统服务价值——《TEEB 基础》（2010）收集的研究样本

资料来源：《TEEB 基础》（2010）附录 3 和 van der Ploeg 等（2010）。

4.3.3 估值实例

说明“估值价值”的最佳方法就是展示使用过诸多估值方法的一些实例。

估值可突出自然资产的价值，确定在哪些领域（如：水净化和供给、碳储存、洪水控制），生态系统服务的成本可以低于人为替代技术（参见专栏 4.8）。

专栏 4.8 新西兰的供水价值

新西兰环保署 2006 年委托进行的一项研究发现：Te Papanui 保护公园（拉美莫尔区域）为奥塔哥地区提供的水量，如果从其他地方获取的话，其成本为 1.36 亿新西兰元（约合 9 600 万美元）。22 000 hm^2 的生草丛区作为天然集水区，可为水力发电提供价值 3 100 万新西兰元（约合 2 200 万美元）的水流量，为达尼丁的城市供水提供价值 9 300 万新西兰元（约合 6 500 万美元）的水流量，另外还可为泰伊里 60 000 hm^2 的农田灌溉提供价值 1 200 万新西兰元（约合 850 万美元）的水流量。若目前不能再从 Te Papanui 保护公园获得免费水源供应，而需要从其他地方获取时，则需一次性支付 1.36 亿新西兰元的成本。

资料来源：新西兰环保署（2006）。

估值也可向人们传达生态系统服务付费（PES）的必要性并影响付费规模。这有利于市政当局针对清洁水供应活动设定生态系统服务付费（PES）。从国际 / 国家层面而言，估值对于探讨 REDD+ 行动（支持发展中国家减少森林砍伐和森林退化造成的碳排放）的设计及未来实施也非常有用（参见第 5 章）。

可用非市场估值方法评估自然资源遭受的破坏情况，进而确定适当的补偿值，如在美国和欧盟的责任机制下，非市场估值方法已被证明为法院进行责任判决时行之有效的手段（参见专栏 4.9）。

专栏 4.9 使用估值法确定法律索赔补偿水平的三个案例

埃克森 · 瓦尔迪兹漏油事件

埃克森 · 瓦尔迪兹漏油事件曾对阿拉斯加 200 km 长的海岸线造成了影响，该事件就是使用“陈述性偏好”法计算赔偿金的一个例子。法律诉讼程序对使用价值和非使用价值的索赔补偿金额，通过 18 个月的条件估值研究计算得出（包括现场测试、与专题小组合作、试点调查以及采访约 1 600 人）。法院对这些结果进行统计分析后得出如下结论：只有在支付意愿下限不低于 28 亿美元时，才能避免损害。最后，埃克森公司向美国政府支付了 10 亿美元才结束此案，而且同意花费约 20 亿美元清理漏油，之后该公司还偿付了一起涉及额外款项的集体诉讼案。赔偿费用与估值研究的估值结论一致。该案例同时还：

1. 推进了环境破坏评估工作，有助于加快开发和使用估算生物多样性和生态系统服务价值的方法；

2. 促进了与污染者付费原则（即基于生物多样性和生态系统服务受损价值的赔偿金）一致的政策响应；

3. 催生了美国 1990 年《石油污染法案》和国际海运条例；

4. 基于经济分析，制定了针对双壳船建造流程的监管规定（现如今，全球范围内绝大多数油轮都是双壳船）。

印度最高法院和森林转换补偿金

2006 年，印度最高法院针对不同类型的林地转换为非林地用途确定了相关补偿金。最高法院根据绿色印度诸邦信托基金会（GIST，2006）开展的印度森林经济估值，研究确定了赔付率。该研究针对 6 种不同类型的森林估算了木材、薪材、非木材林产品（NTFP）、生态旅游、生物探勘和森林生态服务的价值，以及一些魅力物种（如皇家孟加拉虎、亚洲狮）保护的非使用价值。

收取的补偿金被纳入造林基金，用于提高印度的森林覆盖率。最高法院于 2009 年发布规定：每年将投入 100 亿印度卢比（约 1.43 亿欧元）用于造林、保护野生生物和创造农村就业机会（参见第 7 章）。

以色列珊瑚礁损毁费用估值

船舶搁浅事故经常发生，这样会破坏珊瑚礁，削弱其提供渔业和娱乐休闲服务的能力。以色列有关当局在制定相关草案时，基于红海北部珊瑚礁的货币估值结果，估算出船舶搁浅对珊瑚礁所造成的破坏赔偿金数额。该草案考虑了受损珊瑚礁的面积、环保当局开展损害评估时所需的费用、生态环境恢复项目及其监控的成本、珊瑚礁自然恢复率。此外，以色列红海中的珊瑚礁还可提供重要的娱乐服务。最后，有关当局裁定：珊瑚礁每损毁 20 m^2，则损毁责任方需交纳约 12 万美元的罚款（Wielgus 等，2003；Wielgus，2004）。

设计新的财政工具时，价值评估可为政策推行提供有力支持，如有助于根据特定活动造成的环境影响成本制定相应的税收税率。英国的垃圾填埋税就是其中一个例子：使用填埋法处置废物时（而非焚化）导致的损害价值是决定税率标准的一个因素（EEA，2005）。在日本，估值曾用来证明地方税负的合理性，以辅助进行森林管理（参见专栏 4.10）。

专栏 4.10 通过价值评估来证明日本地方森林税负的合理性

背景

在日本，约 2/3 的土地被森林所覆盖。然而，几十年来，由于不得不与便宜的进口木材竞争，本地林业发展大为受挫。很多林地被遗弃，无人对其加以适当的管理，这导致林地和相关生态系统服务的严重退化。2001 年，据日本科学委员会估计：受到威胁的生态系统的服务价值每年高达 70 万亿日元或每年 6 200 亿美元。

表 4.1 森林多种功能的价值评估

生态系统服务	2001 年的森林价值 /(万亿日元 /a)	亿美元 /a
吸收二氧化碳	1.24	108
替代化石燃料	0.23	20
防止地面侵蚀	28.26	2 457
防止表层土流失	8.44	734
改善水淹情况	6.47	562
节约上游水源资源	8.74	847
净化水	14.64	1 273
健康和娱乐休闲	2.26	196

注：前七种服务使用的是替换成本法；健康和娱乐休闲服务使用的是家庭开支法（旅行成本法）。

资金来源

2003 年，高知县推行了一项税收计划。到 2009 年 6 月，日本 47 个县中已有 30 个县采用了类似于“森林环境税”或“水和绿色森林管理税”的税收政策。各县每年向个人和企业征收 500 ～ 1 000 日元（约合 5 ～ 10 美元）和 10 000 ～ 80 000 日元（约合 100 ～ 800 美元）的税金，用于恢复和改善森林生态系统服务（不包括木材生产）。

资金使用

此类税收收入通常会存入森林管理活动专项资金中，以维持水资源，防止自然灾害，或通过将单一物种森林改变为混合物种森林等方法丰富生物多样性。为了确保获得长期环境效益，县政府和森林所有者通常会达成一项协议，其中规定：森林所有者在短期内不可采伐森林，只有在对森林维护一定时间（如至少 10 年）后，方可获得该计划的财政资助。

资料来源：日本科学委员会（2001）；日本农林渔业部（MAFF）（2008）。

旅行成本法可用于设定国家公园等的入场费（参见专栏 4.11，另见第 8 章）。

专栏 4.11 公园入场费

难以调动大众资金保护自然资源的国家往往依靠国家公园门票来保护自然资源，这些国家公园是重要收入来源。譬如，波兰别布扎国家公园的门票即是如此（OECD，1999）。

对保护区内的特定活动收取特别费用也相当常见。譬如菲律宾海洋保护区就对潜水活动收取额外的费用（Arin 和 Kramer，2002）。

评估活动有助于确定游客为进入自然区和休闲娱乐区或参与其他活动而愿意支付的价格范围。游客对保护其所游览的景点感兴趣，而其所支付的小幅费用增加额仅相当于其旅行总成本的一小部分而已。

估值还需对拟议立法和政策进行影响评估。欧盟水框架指令和英国新海事立法就是这方面的两个例证。英国新海事立法规定：应基于生态系统服务效益建立海洋保护区。

对于未在传统市场交易的产品，估值可指出不同生态系统产品的相对重要性（参见专栏 4.12）。

专栏 4.12　地中海国家级和区域级生态系统服务价值评估

2005 年开展的一项区域研究对非木材林产品（NTFP）作为生活和可持续发展资源的潜力进行价值评估。该研究基于各种技术方法，利用官方统计资料，并以当地调查为补充，对以下 6 大类非木材林产品进行收益估值，即木材、软木、饲料、蘑菇、蜂蜜及其他产品。

该研究发现：在区域层面上，非木材林产品每年可提供约 39 欧元 /hm^2 林地的收益，即在森林总经济价值中约占 25%。南部国家（54 欧元 /hm^2）的平均收益估值远高于北部国家（41 欧元 /hm^2）或东部国家（20 欧元 /hm^2）。因此，该研究表明非木材林产品所带来的收益对特定国家和整个区域而言都有重要意义。

资料来源：Croitoru（2005）。

4.3.4　货币估值的局限性

遵循最佳实践的估值工具可以为人类活动造成的非市场化生态系统服务的价值变化情况提供可靠有用的信息。然而，货币估值有其局限性。如果仅仅依赖于货币估值，那可能会引发争议，并导致不正确的估值结果。在使用货币估值时，我们必须牢牢记住下列关键要素：

1）成本和所需的专业知识具有重要意义。大部分评估框架都认可这一点，并建议先开展范围界定研究，进行“浅显”的分析，只有在可提供附加值的情况下，再进行深入分析。

2）估值提供的基本上是静态的描绘，也就是说，描绘目前有价值的东西。随着生态系统服务越来越少或支持更多市场化的商品时，其价值也会发生变化。

3)货币估值只适用于小的变化。在可能产生阈值效应时(即突破临界生态阈值)，需要特别小心，因为这可能会导致价值突变（参见《TEEB 基础》，2010）。

4）货币估值方面的专业知识集中在发达国家。发展中国家较少使用货币估值。发展中国家面临的其他文化或社会经济挑战也使得货币估值在应用前必须进行调整，以适应具体国家的情况，如结合采用更多参与方法并开展地方研究能力建设（Christie 等，2008）。

总的来说，我们对将非市场估值方法应用到生态系统服务估值持乐观态度。成千上万次的研究已取得了相当大的实际进展。不过，在使用估值法时仍需谨慎。由于被估值的潜在生态系统服务的复杂性，估值仅仅辅助决策的是众多考虑因素之一。鉴于目前对量化和估值的各种限制，我们需将经济评估视作了解生物多样性保护情况的手段，而不是采取行动的前提条件。

4.4 将经济思维融入政策评估

所有政策评估[3]，包括成本收益分析，其作用都是按照一定的方式组织信息，以供决策者权衡取舍，在更充分了解信息的情况下进行决策。估值为决策过程提供信息，但本身不提供决策。这对保障生物多样性具有特定的作用，因为在影响生态系统的决策中，生态系统服务供给情况目前很少被列入决策的考虑范围之内。本章叙述的政策评估方法在纠正这种偏差上具有可行性、实用性，并且通过了实地测试。

4.4.1 政策评估的作用

使用政策评估框架的方法可以提高政策制定过程的质量和连贯性，更好地综合考虑生物多样性因素。

此框架的收益难以估量，因为根据定义，在该框架缺位的时候，我们对可能发生的事情无从知晓。不过一般认为：若操作得当，评估是值得做而且成本投资往往较低。据欧盟委员会估算，约有 2/3 的欧盟委员会政策通过评估得到改善，这一结论得到更广泛的规制影响评估（RIA）分析结果的支持（Jacobs，2006；Evaluation Partnership，2007）。

政策评估有很多形式，包括正式评估和非正式评估、前期评估和反应性评估（即证明已作出的决定合理，或至少确保不存在重大负面影响）等。它们可用于不同层面的决策：地方、区域和国家层面。专栏 4.13 介绍了最知名的正式程序[4]。

专栏 4.13 主要政策评估过程：EIA 和 SEA

环境影响评估

环境影响评估（EIA）偏向于专注具体的项目。它是指在决策前对拟议项目可能造成的环境影响（包括对生物多样性的影响）进行评估的过程。EIA 旨在项目规划和设计初期预测环境影响，寻求减少不利影响的方法和手段，使项目适应当地环境，并为决策者提供预测结果和选择方案。但现有 EIA 工具经常不能完全发挥功能，因为它们在决策过程中启动不够早或没有得到充分的利用，而且其见解不见得能在随后的项目决策中得到采纳。

战略环境评估

战略环境评估（SEA）[5]偏向于关注可持续发展（经济、社会和环境的可持续发展）。战略环境评估是一种系统性、综合性的评估过程，旨在发现并评估拟议政策、规划或方案对环境的影响，以确保在决策早期将这些环境影响因素与经济社会因素一起，充分纳入考虑范畴，并加以解决。SEA 涵盖多种活动，时间跨度广。它可用于整个行业（例如国家能源政策）或地理区域（例如区域发展计划）。

这两种框架应互为补充。EIA 在评估“下游”时使用，而 SEA 则在评估“上游”时使用。通常来说：即使有了 SEA，也不会减少对项目层面 EIA 的需要。但是，SEA 有助于将环境问题（包括生物多样性）纳入决策流程，使得项目层面的 EIA 更加有效。

EIA 和 SEA 都是常用术语，我们还可在多种背景发现 SEA 的变体：

1. 联合国环境规划署（UNEP）——针对可持续发展的综合评估和决策；

2. 规制影响分析（RIA）——用于检查和估量因提出或修正政策和规章，而带来的收益、成本和影响。

3. 贸易影响评估——有时指的是综合评估（IA）或可持续性影响评估（SIA）——涵盖可能影响生物多样性的货物交易，以及生物多样性提供的用于国际贸易的商品交易。

尽管评估范围很广，但评估过程都是密切相关的。例如，规制影响评估（RIA）、可持续性影响评估（SIA）和综合评估（IA）都可视为用于特定制度背景下的战略环境评估（SEA）。

评估框架提出的是共性问题，适应特定决策流程的需要。这种共性并不奇怪，因为无论是在生物多样性、财政方面、地方还是国家层面做决策，为决策之故，需要思考的一般性问题总是相同的。面临的问题是什么？需要达成的目标是什么？解决这一问题有什么方案可供选择？不同的方案分别会产生什么样的影响？这些问题的答案可能会带来政策的改变（参见专栏 4.14）。

专栏 4.14 日本确定水源涵养林税率的价值评估研究

日本约有 29 个地方县已推行森林保护税或水源涵养林税。2002 年，东京附近的神奈川县曾用价值评估方法确定水源涵养林税的税率。该估值研究响应神奈川县的倡议，并得到了一位教授的鼎力支持。研究发现：为了保护森林，每人每年愿意偿付 3 673 日元（条件估值法）和 1 966 日元（联合分析）。神奈川县在讨论水源涵养林税时参考了这些结果，税率最终设为每人每年约 950 日元，可根据收入水平调整。类似的例子还包括志贺县为设立环境农业基金而开展的 WTP 调查。

资料来源：Yoshida（2004）。

这些共同特征可提供相互学习及分享最佳做法的机会，以便理解各种政策如何影响生物多样性和生态系统服务。专栏 4.15 概述了在世界某一区域 SEA 的作用。

专栏 4.15　SEA 是否有用？欧盟得出的经验

纵览 27 个欧盟成员国执行 SEA 指令的方式，可以看出各国在具体实施上存在差异，这反映出不同的制度安排和法律安排。据报告，按照接受评估的规划或方案的类型看，SEA 成本有很大的不同，从 3 000 欧元到 10 万欧元不等。

各成员国认可 SEA 的很多益处，主要包括：

1. SEA 将环境因素纳入决策，使规划和方案“更加绿色环保”；
2. SEA 支持相关政府当局参与和提供咨询，加强了不同（规划和环境 / 健康）机构之间的合作；
3. SEA 通过提高利益相关者参与水平，增加决策的透明度；
4. SEA 使得遵守有关政策的具体要求和检查与其他环境政策的一致性变得更容易；
5. SEA 有助于确定某个地区环境背景的相关问题和知识，并在不同参与者之间分享此类知识。

资料来源：COWI（2009）。

所有决策（即使没有开展正式的 EIA 或 SEA）均依赖于信息。在生物多样性和生态系统服务领域，信息需求是复杂的。所有的决策都面临诸如：测量、数据可用性、缺乏科学确定性、生物多样性的价值不明，以及对生物多样性和生态系统服务之间的关系不确定性等难题。此外，各种负面影响往往要在未来或偏远地方才能感受到，甚至连专家都可能持有不确定或不一致的见解。

在实践中，我们往往需要在生态保护（我们不能明确生物多样性和生态系统服务产生的价值）与另一种土地用途（我们较为明确其产生的价值）之间作出选择。这种选择几乎总是会偏向于另一种土地用途。

目前，把生物多样性更好地纳入经济领域主流政策评估的举措受到高度重视。专栏 4.16 提供了一个结合农业、贸易和生物多样性开展工作的例子。

专栏 4.16　在主流政策评估中为生物多样性提出充分理由

用于确定贸易自由化对农业生物多样性影响的综合评估框架表明：将生物多样性纳入与贸易相关的评估时，也存在几个共同的挑战[6]。

相关框架提供了切入点，可以把生物多样性明确纳入评估中来，从而将生物多样性提到政策议程上来。然而，这些框架的实际应用表明：研究得出的结论往往是建议关注影响明显且信息更容易获得的更广泛的环境问题（如森林砍伐、土壤退化、农药使用或水质）。为了确保在评估中对生物多样性进行适当考虑，需要应对以下特别挑战：

1. 在确定贸易自由化与农业生物多样性之间的因果关系链时存在困难；
2. 生物多样性的多维概念使得可包含在经济模型中的综合指标更难确定；
3. 数据可用性和可比性不足；

4. 衡量生物多样性影响的方法不足；
5. 缺乏可靠的科学信息。

依据前期在贸易相关政策的综合评估方面所做的工作（UNEP，2009a），联合国环境规划署针对如何在评估过程的各个阶段纳入生物多样性相关问题和措施，已经制定了循序渐进指南（UNEP，2009b，参见附件 2）。

资料来源：联合国环境规划署（UNEP）（2009a，2009b）。

4.4.2　如何更好地利用现有信息？

在制定生物多样性和生态系统服务的各项指标方面，我们目前已取得了很大进步（参见第 3 章）。然而，我们也知道：需要掌握的信息确实存在，但我们却不知道怎样才能获得这些信息。所以，我们必须吸纳掌握信息的利益相关者参与进来，特别是因为他们可能是最终受影响最大的人群。

决策总是在缺乏完善信息的情况下做出的。实际上，这只是一个信息匮乏程度轻重的问题。不论是在发达国家还是发展中国家均存在数据缺口，都需要更为系统地收集生物多样性数据。不过，这种信息缺乏不应被视为延迟生态系统服务保护行动的理由，反而应视为督促人们尽快行动的动力。不需复杂的分析，决策者从中也能意识到：应该采用使大多数人受益的方式保护生物多样性和生态系统服务。

通过政策评估过程，我们可以通过一个结构化的框架，系统地提出标准化的问题和收集必要信息。如表 4.2 所示，从生物多样性角度考虑标准问题时，可以分化成哪些问题。

表 4.2　涵盖生物多样性和生态系统服务的标准问题

标准问题	有关生物多样性和生态系统服务的具体问题
问题是什么？	1. 我们如何衡量生物多样性？ 2. 我们如何衡量生物多样性丧失？ 3. 生物多样性的丧失如何转化为生态系统服务的丧失？ 4. 是否存在可能会被突破的阈值效应，包括临界阈值？ 5. 这个地方的生物多样性与其他地方的生物多样性有何关系？
目标是什么？	1. 是否存在国家生物多样性目标？ 2. 是否存在国家生物多样性战略？
主要有哪些政策选择？	如何减缓生物多样性丧失？
这些政策选择会产生哪些经济、社会和环境影响？	1. 一项特定行动会给生物多样性带来什么程度的丧失或益处？ 2. 生态系统服务的价值是什么？ 3. 我们如何解释生物多样性丧失的长远影响？ 4. 我们如何考虑分布影响？ 5. 我们如何解释生物多样性丧失可能影响其他区域或国家的人这一事实？

标准问题	有关生物多样性和生态系统服务的具体问题
这些政策选择会产生哪些经济、社会和环境影响？	6. 我们如何评估只有“选择价值”或迄今为止尚未确定的生态系统服务？
最有利的选择是什么？	1. 我们如何确保决策考虑了生物多样性缺乏确定性的情况？ 2. 我们如何权衡潜在的生物多样性影响和其他潜在影响（权衡各项政策选择）？
将来如何对其进行监控和评估？	我们如何监控和确保“保护区”或规章（例如，管理办法）的实施？

4.4.3 使评估框架更有效的最佳做法

本节规定了如何改善评估框架的“结构单元”，并展示了有关生态系统和生物多样性的经济信息反馈到此流程中的方法和时间。

最佳做法 1：了解生态系统服务的变化

我们需要了解目前发生的事情（有时称为“问题定义”）。这意味着了解现有生物多样性的状况及其提供的生态系统服务。我们还需要了解当前趋势的驱动因素，包括生物多样性的退化或丧失（参见专栏 4.17）。

对于任何政策来说，我们最终需要了解哪些生态系统服务将会丧失，这对不同的利益相关者意味着什么，什么样的措施可以解决这个问题。

最佳做法 2：进行综合分析

不能影响决策的信息用处不大。同样，若我们在决策时，不能将与生物多样性和生态系统服务影响有关的信息同其他经济、社会和环境影响有关的信息结合起来进行综合考虑（参见专栏 4.18），则拥有前者这些信息也用处不大。最好的方法是始终进行全面的综合评估。环境影响评估和战略环境评估是开展这种综合评估的最常见的流程。虽然它们确实非常有效，但目前环境影响评估的实施环节通常薄弱，这就导致各种问题频频出现。

专栏 4.17 生物多样性丧失驱动因素的分析示例

综合了解导致生物多样性丧失的直接和间接因素，有利于更好地将具有针对性和成本效益的政策落实到位。在本例中，经济、制度、政治、自然和社会因素共同构成了森林砍伐和退化的驱动因素。在设计政策应对措施的过程中，第一步是要意识到：在某个特定国家引起热带林地不断变化的原因是互相联系的，而且还要意识到这些原因的相对重要性。

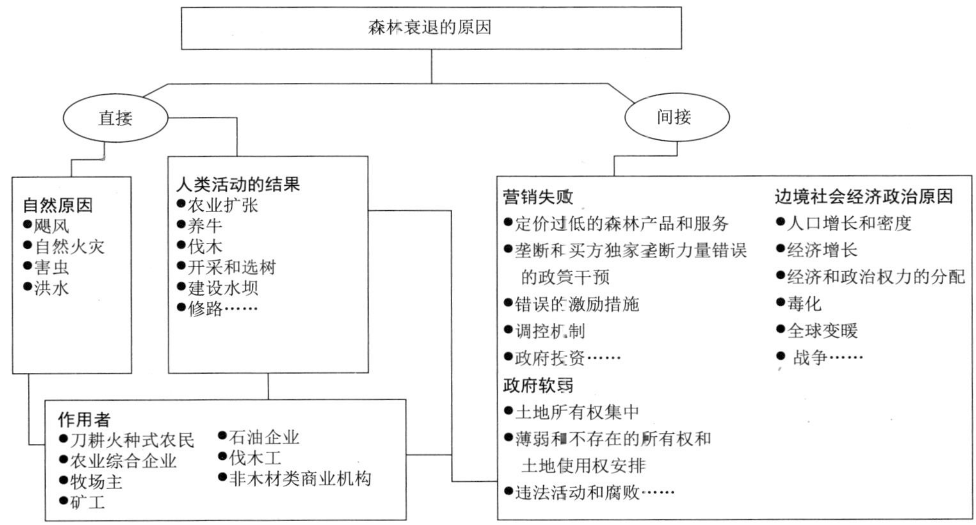

图 4.6　森林衰退的驱动因素

资料来源：Contreras-Hermosilla（2000）。

专栏 4.18　在印度实施整体景观方法

在全球环境基金的支持下，印度政府正在实施生物多样性保护和农村民生改善工程，以同时解决社会和环境问题。项目设计层面为景观水平，包括保护区（PA）、非保护区森林及其他土地用途。这标志着以保护区为基础的保护办法发生了转变。以保护区为基础的保护办法大多将保护区作为“岛屿”孤立起来进行管理，而岛屿周围其他土地的用途则很少能符合保护目标和结果。

该项目通过其综合方法改善农村人口民生，解决生物多样性问题，从而影响保护区周围土地的开发和保护。这强化了核心保护区的管理和生命力，并进一步扩大了对景观水平（另见第 8 章）的保护工作。

资料来源：生物多样性和农村民生改善（BCRLIP）（2009）。

对于注重其他类型影响的评估程序来说，要求其开展环境评估或更具体的生物多样性评估，能够敦促其考虑生物多样性的影响。

最佳做法 3：量化和货币化生态系统服务的影响（如有可能）

即使在未对生态系统服务进行货币化的情况下（即权衡利弊），决策也总是建立在对成本和效益进行广泛对比的基础上。然而，当不能对生物多样性和生态系统服务进行量化和货币化时，生物多样性和生态系统服务也经常被排除在决策之外。

因此，我们需要一个框架，从确定生态系统服务的所有成本和效益开始，来展开工作。要制定这一框架，首先需收集关于生态系统服务性质和规模方面的量化信息，然后对其进行量化和评估。即使只能对生态系统服务进行部分量化和评估，这也有利于搞清楚哪些相关成本和效益已被纳入考虑，哪些已被忽略。

一旦我们将量化和评估用货币形式表示出来（参见 4.3 节），我们通常需随时利用“贴现率”对成本和效益进行比较。折现是视未来成本和效益高于当前成本和效益的做法（例如：若社会贴现率为 4%，则当前社会价值 1 欧元等同于一年后的 1.04 欧元）[7]。对于何为适当的贴现率，人们持有不同的意见（参见专栏 4.19）。

专栏 4.19　贴现率选择

折现对分析长期项目很重要。例如，一个百年项目在完工后所产生的效益为 22 000 欧元，若贴现率按 1% 计算，则该项目的当前价值约为 8 000 欧元，若贴现率按 10% 计算，则该项目当前价值仅为 1 欧元。

一般来说，较低的贴现率将对生态系统服务有利，因为生态系统服务可延续到遥远的未来，这也增加了对他们的权重。然而，情况往往并非如此，因为低贴现率将对任何投入大量预付成本的项目（包括修路等）都有利，在未来还能继续产生效益；但这样的项目可能会对生物多样性和生态系统服务产生不利影响。

各种做法差别很大。OECD（经济合作与发展组织）对其成员国所做的调查表明：其成员国所使用的社会贴现率通常为 4% ～ 5%，但各国有所不同，从丹麦的 3% 到澳大利亚的 10% 各不相等。一些国家会考虑递减的贴现率（通常为 30 年后）。在实践中，最令人惊讶的是生态系统服务的效益很少得到确认、量化和货币化。这可能是生态系统服务保护的最大分析偏差，而不是贴现率的选择。

有些人认为社会贴现率应该更低。斯特恩气候变化经济评估报告主张，这种贴现率要低于政府当前使用的任何贴现率。不过，这样的论断受到了大量主流经济学家的质疑（参见《TEEB 基础》，2010）。

资料来源：OECD（2006a）。

最佳做法 4：利弊（或成本和效益）对比

当考虑一个选择时，我们需要同时考虑所有相关的正面和负面影响。那么，折中方案是什么呢？我们会失去哪些生态系统服务，又会从中得到什么？

当存在全面的成本收益分析时，折中方案之间的比较就会相当简单：将所有经济、社会和环境影响都以货币形式表示出来，就可以很轻松地进行加减。然而，这几乎是不可能的。在实践中，我们不得不考虑正面和负面的影响，而其中只有一部分影响可进行量化（参见专栏 4.20，介绍了高度货币化可行的案例）。

专栏 4.20　斯凯尔特河（比利时—荷兰）综合价值评估方法

斯凯尔特河从比利时流入荷兰，在斯凯尔特河口上曾计划修建大型基建工程，包括挖深至安特卫普港的航道，及兴建保护土地免受来自北海暴风水灾的配套措施。

在进行成本收益分析时，考虑了生态系统服务的价值，并使用条件估值研究来评价新的洪泛区的休闲娱乐价值。这表明，堤坝和洪泛区的合理组合可提供更多效益，而且其成本要远低于一些重大举措的成本，例如，安特卫普附近的风暴潮屏障。水动力建模结果也表明，洪泛区是降低未来洪水风险的最好办法。

初步结果表明：洪泛区的效益最高，而且较小潮汐水域的洪泛区要比泛滥区域受控的洪泛区更加有利。以这些成果为基础，荷兰和佛兰德政府批准了一项综合管理计划。该计划包括恢复约 2 500 hm^2 潮间带和 3 000 hm^2 非潮汐水域，加固堤坝和疏浚，以改善至安特卫普港的航道。

表 4.3　CBA 不同的防洪备选方案（第一阶段：不同措施；第二阶段：优化）

	第一阶段：不同措施					第二阶段：优化
测量	风暴潮屏障	跨斯凯尔特河	堤坝（340 km）	洪泛区（CIA，1 800 hm^2）	洪泛区（RTA，1 800 hm^2）	洪泛区（1 325 hm^2）+ 堤坝（24km）
投资和维护成本	387	1 597	241	140	151	132
农业损失				16	19	12
防洪效益	727	759	691	648	648	737
生态效益				8	56	9
其他影响						
航运	–1					
视觉侵扰				–3	–3	–5
总净效益	339	–837	451	498	530	596
回收期年	41		27	17	14	14

注：以经济增长率和贴现率（4%）的中间估算值为基础，数字为净现值，用欧元 / 百万（2004）表示。自然发展的非使用价值不包括在这些数字中。

资料来源：De Nocker 等（2004），Meire 等（2005），Broekx 等（2010）。

如上所述，确实存在比现有水平更能系统地以货币形式表示量化和评估值的强有力案例。即使在这种情况下，仍然会存在与不同群体影响和分布影响有关的问题。这提醒我们，政策评估旨在向决策者提供信息，帮助他们权衡不同选择的利弊，而不是代替他们做出实际决策。

如果一些要素被量化和货币化，部分成本收益分析可能需要反复进行。然后，所确定的净效益可用来与剩余成本和效益定性评价进行比较。在这种情况下，若干分析框架可提供帮助，包括多标准分析。所有方法都旨在确保确定主要的影响，并对其利弊进行比较。

最佳做法 5：确定生态系统服务变化的受益者和受损者

只了解有哪些影响还不够：我们还需要了解受影响的对象和时间。若生态系统服务的丧失对某个群体产生的影响不成比例，则这种情况也需要纳入考虑：这可能促成采取措施来保护该群体或其依赖的生物多样性。不同的行动可能会使现有的不均衡性保持不变，也可能会加剧或减少这种不均衡性。

表 4.4 利用林业的例子揭示了总经济价值的不同要素可能如何根据其对不同群体的重要性而发生变化。

表 4.4 林业总经济价值在利益相关者之间的分配

利益相关者	消耗资源的直接使用价值	不消耗资源的直接使用价值	间接使用价值	保护价值
林地用户	森林和农业产品，包括销售、生存和对农业系统的投入（例如：饲料、枯枝落叶等）	文化和精神价值	微气候、水文、土壤保持和养分循环	为后代保存使用价值
商业利益	木材、商业性非木材林产品、用于制药开发的遗传物质	旅游	下游灌溉 / 水对商业农场主、水电公司和其他企业的利益	生物多样性未被发现的商业潜力
国家和林业部门的利益	林业收入和外汇	娱乐、旅游、教育、科学	一系列的流域保护服务	未来的生物多样性价值
国际社会的利益	全球交易的产品	科学（尤其是医学和教育）	全球环境服务，例如碳汇	存在价值，未来的药物发现

分布分析可以揭示出我们需要使用 REDD+ 等机制来确保地方决策的领域同国家乃至国际层面的社会效益相匹配。在现行制度下，对不同群体的激励措施往往不能共存。例如，砍伐森林可能对某一区域群落有利，但对当地社会和国际社会不利。

最佳做法 6：吸引利益相关者的参与

了解受益者和受损者的最好方法之一是让所有可能受到影响的群体都参与评估程序（参见专栏 4.21）。如第 2 章所强调的，通过利益相关者，我们可以获得宝贵的专业知识、数据和意见。有关生物多样性管理者——原住民人口的传统知识非常丰富，应被视为依赖技术为生成的数据（GIS 和遥感等）的重要补充。

培养利益相关者的所有权意识，建立对开展政策评估的人员的信任，有助于将利益相关者的观念和知识纳入决策过程。这样做有很多好处，因为除了少数专家或当地利益相关者之外，其他人对生物多样性问题知之甚少。

专栏 4.21　确认三个不同层次的利益相关者

受益者

受益者是利用生态系统服务或重视已知生态系统服务的目标群体；而这些生态系统服务将通过相关政策、计划或方案得以审慎提升。

受影响的人群

由于政策、计划或方案的实施，生态系统服务发生预期或非预期的变化，受影响的人（群）经历着这些对他们而言重要的生态系统服务所发生的变化。

普通利益相关者

1. 对指定区域（城乡规划部等）或生态系统服务（渔业、林业、供水、海防等部门）负有正式管理责任的国家或地方政府机构；

2. 代表受影响人群的正式和非正式机构（水利董事会、工会、消费者组织、民权运动组织、特别公民委员会等）；

3. 代表生物多样性（固有价值）的正式和非正式机构（非政府自然保护组织、公园管理委员会、科学委员会等）；

4. 希望了解直接或间接环境最新发展情况的公众（与民主化进程的透明度有关）；

5. 可能依赖正在研究中的生物多样性的后代利益相关者。

资料来源：CBD 和 NCEA（2006）。

正如第 3 章所强调的，通常来说，社会上最贫困的人群对生物多样性和生态系统服务的依赖性最强，也最容易受到这些服务变化带来的影响（例如，私人能否获得燃料或水源）。考虑这些群体面临着挑战，但是如果在决策中忽略他们的需求，则可能会削弱所采取政策的有效性（例如，阻力、执行不力和 / 或不利的社会副作用）。

人们现在已普遍认识到，我们需要更好的参与度及更高的透明度（参见专栏 4.22）：本书着重介绍了发展中国家和发达国家很多良好的做法实例。如果执行得当，我们可通过相对简单的方法来改善决策过程，了解最终的政策选择。

专栏 4.22　对公众参与环境决策的国际支持：奥胡斯公约（1998）

《奥胡斯公约》由联合国欧洲经济委员会（UNECE）制定，其全称为《在环境问题上获得信息、公众参与决策和诉诸法律的公约》，旨在就政府决策过程中涉及的地方、国家和跨境环境问题建立具有法律约束力的权利和义务关系。到目前为止，已有约 40 个（主要是欧洲和中亚）国家和欧共体签订了该公约，联合国前秘书长（1997—2006 年）科菲 · 安南曾做如下描述，"在联合国的主导下，这是到目前为止在环境民主领域所进行的最具雄心的大胆尝试"（参见《奥胡斯公约》网站：www.unece.org/env/pp/）。

利益相关者咨询和透明度以及有效管理（参见第2章）对于限制可用信息的滥用或不使用至关重要（如决策者从对大多数人不利的情况中受益）。如果精心设计的过程可以明确解决以下常见限制，则可以有效地推进公众参与度（参见专栏4.23）：

专栏4.23 关键物种的估值：以印度的亚洲象为例

在印度卡纳塔克邦的西高止山脉生物多样性热点地区曾开展过一项估值研究。该研究在当地社区的代表性居民（居住在国家公园和野生生物保护区内或附近的咖啡种植者、部落居民、农民和牧民）之间展开。该案例研究选择亚洲象作为研究对象，旨在评估生物多样性保护的机会成本、当地社区的态度以及社区居民在生物多样性保护和野生生物保护方面的支付意愿。

该研究表明：尽管当地生物多样性保护的机会成本较高，但是当地社区居民却具有保护环境的热忱。根据他们愿意参与的环境保护活动所耗费时间来计算，他们每年每户愿意为环护支付约139.40美元的努力（1999年的价格）。热点地区可提供有价值的生态系统服务，其中包括高韦里河供应给班加罗尔、迈索尔和其他城镇的饮用水和向高韦里三角洲农民供应的灌溉用水。

该研究建议向市民和农民征收流域保护费，以奖励对这一重要生态系统服务提供保护的森林居民：所收资金用以支付在森林地区开发和造林工作所需的费用。卡纳塔克邦政府设立的西高止山脉特别工作组接受了该建议。

资料来源：Ninan（2007）。

1）贫穷（为非创收性任务花费的时间可衡量参与度的高低）；

2）乡村环境（距离使得交流更加困难，成本更高）；

3）如果双方需要使用平面媒体来交流，那么不会读写或不能掌握非地方语言可能会妨碍有关代表的交流参与；

4）对于那些觉得无法自由公开反对主流群体的人群来说，当地行为规范或文化习惯会降低其参与热情（如女性群体对男性群体）；

5）语言（有些地区的人们可能会讲很多不同的语言或方言，这使得交流比较困难）；

6）法律体系可能与传统体系相矛盾，这使得人们对资源的权利和责任感到困惑；

7）利益群体之间可能在观点和既得利益上存在冲突或分歧；

8）保密（这对于可能反对早期参与和考虑其他替代选择的提议者很重要）（CBD和NCEA，2006）。

最佳做法7：实施生态系统方法

将评估过程与生态系统方法联系起来，是综合管理土地、水和生物资源的一个良方，可通过公平方式促进这些资源的保护和可持续利用。生态系统方法可应用于特定行业（如由联合国粮食及农业组织（FAO）应用于渔业）或根据《生物多样性公约》以更为通用的方式加以应用[8]。

生态系统方法以采用适当的科学方法为基础，这些科学方法集中研究生物组织的各个层次，包括基本过程、功能和各种生物体及其环境之间的相互作用。专栏 4.24 提供的范例涉及在评估中如何通过生态系统方法确定人类用途、文化多样性和既定的经济实践。

专栏 4.24　在纳米比亚的禁区土地利用计划中应用生态系统级的战略环境评估

禁区（Sperrgebiet）位于纳米比亚西南部，是一片生物多样性丰富的沙漠荒野，其中包含一个钻石开采区。1994 年，在认识到对脆弱生态系统相互冲突的需求后，纳米比亚政府同 Namdeb 公司（采矿许可证持有者）和非政府组织（NGO）达成了关于制定土地综合利用计划的协议，以保护该地区长期的经济和生态潜力。该案例使用的是战略环境评估（SEA）型方法，涉及以下几个步骤：

1. 审查文献，通过咨询专家填补空白；
2. 绘制具有各种生物物理学和考古学参数的灵敏度图表；
3. 开展广泛的公众咨询（公众研讨会、信息宣传单、反馈表、土地利用调查问卷）；
4. 确定该地区不同的土地利用方案及对环境机会和约束条件展开评估；
5. 制定愿景（宣布整个禁区为保护区）；
6. 制定临时分区计划，指导现场决策，举行技术专家研讨会，改进最终分区计划；
7. 对主要的土地利用方案进行初步经济分析；
8. 制定涵盖土地公告、管理咨询委员会、生态旅游模式、分区、未来进出控制以及融入当地政治和经济结构等的管理框架；
9. 为潜在的每项土地用途编制相关指南，列出特定项目 EIA 和环境管理计划中的注意事项。

《土地利用计划》于 2001 年完成。在该计划被采纳后，禁区于 2004 年宣布成立国家公园。

资料来源：OECD（2006b）。

最佳做法 8：风险和不确定性说明

由于我们对生物多样性的了解相对较少，所以出台的政策常常存在会对生物多样性造成影响的重大风险。因此，我们需要确认这些风险、风险概率以及不同风险场景下的可能结果（即影响、破坏程度和成本）。在不花费大成本的情况下很难把风险降低为零，但通常也可以找到有效降低风险的措施。

当无法可靠地预测措施是否会对生物多样性造成影响和 / 或减缓措施的有效性不够明确时，“预防原则”[9]要求决策者在采取措施时应谨慎小心。很明显，该原则列出了诸多重大挑战，如外来入侵物种影响的风险（物种替代、捕食、农业产量减少），捕捞过度导致的鱼类资源崩溃风险或整个生态系统丧失的风险（如污染或气候变化导致的珊瑚礁损毁）（参见第 1 章）。

对于疾病、外来入侵物种的扩散、途径或涉及的病原体，我们需要加深对这些影响的时限和规模的了解。生物多样性丧失的最大潜在风险源自生态系统的崩溃[参见与珊瑚礁有关的《TEEB 气候问题更新》(2009)]，但是预测生态系统发生崩溃的可能性是极端困难的事情。甚至在地方层面，临界阈值也可能具有变化无法预测的特性——虽然生态系统具有一定的弹性，但超出一定阈值后，生态系统很容易受到哪怕是很小的变化导致的影响。因此，在驱动因素、压力、状态、影响和响应（DPSIR）框架涵盖的众多指标中，制定出临界阈值和相关临界趋势的指标非常重要（参见第 3 章）。

另外，自然灾害具有众所周知的风险，如洪灾、海岸风暴潮、火灾或干旱等风险。虽然由于气候变化，不确定性也在不断增加，但是基于历史先例，人们对最具风险的区域位置的认识也达到了相当的水平。

人们越来越清楚地认识到，自然资本可大大降低影响与损害造成的风险和规模（参见第 8 章和第 9 章）。通过创建“风险图”来确定危险区（如洪水风险图），不失为一个有价值的风险管理办法。放眼未来，确定自然资本（如湿地、红树林、保护区）如何在降低风险过程中发挥作用将会是制定风险图和风险减缓策略的关键。而且，这也直接有助于制定适应气候变化和降低影响风险的策略。在降低风险方面，把空间规划工具和政策相结合至关重要。

4.5 后续步骤：评估能力建设的需要

纵观全世界，决策过程是与社会结构、文化及已确立的政治、法律和行政制度紧密相连的。这些都具有固有的刚性。目前的当务之急是建立分析与数据收集文化并使之制度化。这虽然颇具挑战，但并非不可能。现在，好几个国家已经出现此种趋势。

不积跬步无以至千里。尽管最详细的政策评估框架可能需要令人望而生畏的努力，但却常常是“够得着的成果”，换句话说，浅显的分析也能快速产生收益。最重要的是，就战略环境评估而言，我们已经有可复制的优秀范例和可采用的框架 。

成功的评估过程需要获得支持和获取资源。能力建设方案必须针对具体国家而制定，并符合当地的文化、社会经济和法律特征（参见专栏 4.25 中的例子）。

如果能建立一个受到认可、发挥功能、获得支持的政策评估系统，并对其委以评估重任，评估能力就会得到最快速的发展。特别评估在某些时候可能还不错，但就系统性而言未必就好，因为其不适合制度化的推广和学习。

专栏 4.25　UNEP 综合评估能力建设

联合国环境规划署（UNEP）对农业中与贸易有关的政策和生物多样性的综合评估指南（参见专栏 4.16）以非洲、加勒比及太平洋地区（ACP）6 个国家（喀麦隆、牙买加、马达加斯加、毛里求斯、乌干达和巴布亚新几内亚）的实践经验为基础。

2005—2009 年，这些国家在获得支持后，对影响农业部门的贸易政策进行综合评估；并根据结果，落实政策建议。此外，它们还按照特定国家的情况调整工具和技术方法。试点项目由国家机构设计和领导，并由研究人员和决策者担任团队核心成员。国家指导委员会和受邀参与磋商和审查的利益相关者也对此提供支持。除了获得国内学习机会外，团队核心成员还参加国际研讨会培养能力，在关键阶段得到专家的指点。

由于项目数据不易获取，资源难以满足项目需要，通过 UNEP 方案对生物多样性和生态系统服务进行货币化的方式未达到最初的预期。然而，该计划在以下层面还是取得了积极的成果：

1. 收集基准数据，制定生物多样性指标，确定数据差距，承诺填补这些差距；
2. 建立政府—研究人员伙伴关系，确立正式的利益相关者（包括那些代表生物多样性的利益相关者）磋商流程；
3. 承诺更为系统地筛选政策、法令、法律和现有的评估程序，更好地将其纳入生物多样性考虑因素；
4. 加强宣传可以支持生物多样性保护和 / 或可持续利用的农业系统，如开展管理培训，制订战略部门计划、制订土地利用计划和 / 或可持续发展标准；
5. 对国家政策制定者进一步开展综合评估培训；
6. 打算将综合评估推广到其他政策和行业。

资料来源：UNEP（2009b）。

注释

1. 即使有这样的结构化分析，生物多样性的益处也有被低估的风险。例如，有利于其他生态系统的某个生态系统的二次效益是否能始终恰当地涵盖在内。
2. 三个最著名的生态系统估值数据库包括 EVRI 数据库：www.evri.ca/、RED 数据库：www.isis-it.net/red/ 和 Ecosystem Services Database（生态系统服务数据库）或 ARIES 数据库：http://ecoinformatics.uvm.edu/aries/。
3. 政策评估是汇聚、解读和交流知识的综合过程。这通常包括设置一条与拟议公共政策有关的因果链，并涉及环境、社会和经济因素，以便为决策提供信息。将关于生物多样性和生态系统服务的信息纳入这个过程，以便在决策期间对此等信息予以考虑（UNEP，2009a，p.5）。
4. 这并不意味着是完整清单。还有其他工具并未提及（例如，生命周期分析，比较的是产品和服务对环境和社会的影响），但它们也是针对特殊需要的一种政策评估形式。
5. 例如，可参见 UNECE SEA 协议：www.unece.org/env/eia/sea_protocol.htm。

6. 综合法包括 OECD、UNEP、北美环境合作委员会和欧盟委员会使用的评估框架、加拿大开展贸易谈判环境评估的国家框架，以及美国贸易协定环境审查指南。参见 www.cbd.int/doc/meetings/cop/cop-07/information/cop-07-inf-15-en.pdf。
7. 社会贴现率是成本和效益所有估算值的加权。当环境影响货币化并计入成本收益分析时，它们使用的是适用于所有其他成本和效益的相同贴现率折现。
8. 参见 www.cbd.int/ecosystem/。
9. 正如 CBD 序言所述，“生物多样性遭受严重减少或损失的威胁时，不应以缺乏充分的科学定论为理由来推迟采取旨在避免或尽量减轻此种威胁的措施”。
10. 例如给定生态系统服务（如调节服务）对其他服务（如供给服务）或商品的价值的贡献，反过来与市场上的价格相关联。

致谢

作者谨向以下人员表示感谢：Samuela Bassi，IEEP，比利时；Rudolf de Groot，瓦赫宁根大学，荷兰；Deanna Donovan，联合自然保护委员会（JNCC），英国；Helen Dunn，环境、食品和农村事务部（Defra），英国；Sonja Gantioler，IEEP，比利时；Clive George，曼彻斯特大学，英国；Pablo Gutman，世界野生生物基金会（WWF），国际；Julian Harlow，自然英格兰，英国；Peter Hjerp，IEEP，英国；Benjamin Kushner，世界资源研究所，美国；Markus Lehmann，生物多样性公约秘书处（SCBD），国际；Paul Morling，皇家鸟类保护协会，国际；Alastair Morrison，环境保护部，新西兰；Rosimeiry Portela，保护国际，国际；Matt Rayment，GHK，英国；Alice Ruhweza，卡图巴工作组，乌干达；James Vause，Defra，英国；Madhu Verma，印度森林管理研究所，印度；Richard Waite，世界资源研究所，美国；Jaime Webbe，SCBD，加拿大；Sander van der Ploeg，瓦赫宁根大学，荷兰以及 Vera Weick，联合国环境规划署（UNEP），国际。

参考文献

[1] Annan K. 1998. Aarhus Convention 1998, www.unece.org/env/pp/.
[2] Arin T., Kramer R. A. 2002. Divers' willingness to pay to visit marine sanctuaries: An exploratory study, Ocean and Coastal Management, 45.171-183.
[3] Balmford, A., Rodrigues A. S. L., Walpole, M., et al. 2008. The Economics of Biodiversity and Ecosystems-Scoping the Science, Report for the European Commission (contract ENV/070307/2007/486089/ETU/B2), Cambridge.
[4] Batker D., Barclay E., Boumans R. et al. 2005. Ecosystem Services Enhanced by Salmon Habitat Conservation in the Green/Duwamish and Central Puget Sound Watershed, Asia Pacific Environmental Exchange.
[5] BCRLIP (Biodiversity Conservation and Rural Livelihood Improvement Project). 2009. Draft executive summary environment and social assessment and indigenous development plan, www.envfor.nic.in/mef/ SEIA_report.pdf, 2009-10-23.
[6] Broekx S., Smets S., Lickens I., et al. 2010. 'Designing a long-term flood risk management plan for the Scheldt estuary using a risk-based approach', Natural Hazards, online first, September.
[7] CBD (Convention on Biological Diversity). 2001. The Value of Forest Ecosystems, CBD Technical Series No 4, CBD, Montreal.

[8] CBD and NCEA (Convention on Biological Diversity and Netherlands Commission for Environmental Assessment). 2006. Biodiversity in Impact Assessment, Background Document to CBD Decision VIII/28: Voluntary Guidelines on Biodiversity-Inclusive Impact Assessment, CBD Technical Series No 26, www.cbd.int/doc/publications/cbd-ts-26-en.pdf, 2009-10-23.

[9] Christie M., Fazey D., Cooper R., et al. 2008. An evaluation of economic and non-economic techniques for assessing the importance of biodiversity to people in developing countries, Report to the Department for Environment, Food and Rural Affairs, London.

[10] Contreras-Hermosilla A. 2000. The Underlying Causes of Forest Decline, Occasional Paper No 30, Center for International Forestry Research, Indonesia.

[11] Cooper E., Burke L., Bood N. 2008. Coastal Capital: Belize. The Economic Contribution of Belize's Coral Reefs and Mangroves, World Resources Institute, Washington, DC, http://pdf.wri.org/working_ papers/coastal_capital_belize_wp.pdf, 2010-11-8.

[12] COWI (Consultancy Within Engineering, Environmental Science and Economics). 2009. Study Concerning the Report on the Application and Effectiveness of the SEA Directive (2001/42/EC), www.ec.europa.eu/environment/eia/pdf/study0309.pdf, 2009-10-25.

[13] Croitoru L. 2005. Valuing Mediterranean Forests: Towards Total Economic Value, CABI, Wallingford, UK.

[14] Defra (Department for the Environment, Food and Rural Affairs). 2007. Introductory Guidance for Valuing Ecosystem Services, Defra, London.

[15] De Nocker L., Broekx S., Liekens I. 2004. Maatschappelijke kosten-batenanalyse voor de actualisatie van het Sigmaplan, Conclusies op hoofdlijnen, Tussentijds rapport in opdracht van Ministerie van de Vlaamse Gemeenschap, LIN AWZ, Afdeling Zeeschelde, door Vito i.s.m. Tijdelijke Vereniging RA-IMDC, Vito, September, available from www.sigmaplan.be.

[16] Dubgaard A. 2004. Cost-benefit analysis of wetland restoration, Journal of Water and Land Development, 8 : 87-102.

[17] EEA (European Environment Agency). 2005. Market-Based Instruments for Environmental Policy in Europe, EEA Technical Report No 8/2005, Copenhagen, Denmark.

[18] Emerton L., Erdenesaikhan N., de Veen B., et al. 2009. The Economic Value of the Upper Tuul Ecosystem, Mongolia, The World Bank, Washington, DC.

[19] Evaluation Partnership. 2007. Evaluation of the Commission's Impact Assessment System, The Evaluation Partnership, UK, www.ec.europa.eu/governance/impact/key_docs/docs/tep_eias_final_report.pdf, 2009, 10, 22.

[20] GIST (Green India States Trust). 2006. The Value of Timber, Carbon, Fuelwood, and Non-Timber Forest Products in India's Forests, TERI Press, New Delhi, www.gistindia.org/pdfs/GAISPMonograph.pdf, 2009-8-19.

[21] Humes A. 2010. Owners of ship Westerhaven must pay $11.5 million for damage to Barrier Reef caused by negligence, Amandala, Belize, www.amandala.com.bz/index.php?id=9757, 2010-8-19.

[22] Jacobs S. 2006. Current trends in regulatory impact analysis: The challenge of mainstreaming RIA into policy making, Jacobs and Associates, Washington, DC, www.regulatoryreform.com/pdfs/Current%20 Trends%20 and%20Processes%20in%20RIA%20-%20May%202006%20Jacobs%20and%20 Associates.pdf, 2009, 10, 23.

[23] Kettunen M., Bassi S., Gantioler S. et al. 2009. Assessing Socio-Economic Benefits of Natura 2000: A Toolkit for Practitioners, Institute for European Environmental Policy, London and Brussels.

[24] Kniivillä M., Ovaskainen V., Saatamoinen, O. 2002. Journal of Forest Economics, 8: 131-150.

[25] MAFF (Forestry Agency, Ministry of Agriculture, Forestry and Fisheries of Japan). 2008. Annual Report on Trends in Forests and Forestry, MAFF, Japan.

[26] Meire P., Ysebaert T., van Damme S., et al. 2005. The Scheldt estuary: a description of a changing ecosystem, Hydrobiologia, 540(1-3): 1-11.

[27] New Zealand Department of Conservation. 2006. The Value of Conservation: What Does Conservation Contribute to the Economy? NZDC, New Zealand.

[28] Ninan K. N. 2007. The Economics of Biodiversity Conservation: Valuation in Tropical Forest Ecosystems, Earthscan, London.

[29] Ninan K. N., Jyothis S., Babu P. et al. 2007a. Nagarhole - The Context of Tribal Villages Located Within and Near a National Park, in K. N. Ninan (ed) The Economics of Biodiversity Conservation: Valuation in Tropical Forest Ecosystems, Earthscan, London.

[30] Ninan K. N., Jyothis S., Babu P. et al. 2007b. Uttar Kannada: The context of agricultural cum pastoral villages located within and near a wildlife sanctuary, in K. N. Ninan (ed) The Economics of Biodiversity Conservation: Valuation in Tropical Forest Ecosystems, Earthscan, London.

[31] OECD (Organisation for Economic Co-operation and Development). 1999. Handbook of Incentive Measures for Biodiversity: Design and Implementation, OECD, Paris.

[32] OECD. 2006a. Use of Discount Rates in the Estimation of the Costs of Inaction with Respect to Selected Environmental Concerns, OECD, Paris.

[33] OECD. 2006b. Applying Strategic Environmental Assessment Good Practice Guidance for Development Co-Operation, OECD/DAC Guidelines and Reference Series.

[34] Office of the President, Republic of Guyana. 2008. 'Creating incentives to avoid deforestation', available at http://gina.gov.gy/booklet%20on%20avoided%20deforestationf.pdf, 2010-11-04.

[35] O'Gorman S., Bann, C. 2008. Valuing England's Terrestrial Ecosystem Services, Defra, UK.

[36] Rodríguez J. P., Beard T. D. Jr., dBennett E. M., et al. 2006. Trade-offs across space, time and ecosystem services', Ecology and Society, 11 1.

[37] Science Council of Japan. 2001. Evaluation of the multiple functions of agriculture and forests that concern the global environment and the human living environment', Report and appendices.

[38] Supreme Court of Belize. 2010. Westerhaven Decision, Belize (26 April 2010), Claim No 45.

[39] TEEB. 2009. The Economics of Ecosystems and Biodiversity: Climate Issues Update, www.teebweb.org, 2010-9-22.

[40] TEEB Foundations. 2010. The Economics of Ecosystems and Biodiversity: Ecological and Economic Foundations (ed P. Kumar), Earthscan, London.

[41] UNEP (United Nations Environment Programme). 2009a. Integrated assessment: Mainstreaming sustainability into policymaking: A guidance manual, www.unep.ch/etb/areas/IntTraRelPol.php, 2009-10-23.

[42] UNEP. 2009b. Agriculture, Trade and Biodiversity: A Policy Assessment Manual, www.unep.ch/etb/areas/biodivAgriSector.php, 2009-10-23.

[43] van der Ploeg S., de Groot, R.S., Wang Y. 2010. The TEEB Valuation Database: Overview of Structure, Data and Results, Foundation for Sustainable Development, Wageningen, The Netherlands.

[44] Wielgus J. 2004. General Protocol for Calculating the Basis of Monetary Legal Claims for Damages to Coral Reefs by Vessel Groundings, and an Application to the Northern Red Sea, Israel Nature and National Parks Protection Authority, Jerusalem.

[45] Wielgus J., Chadwick-Furman N. E., Zeitouni N. et al. 2003. Effects of coral reef attribute damage on recreational welfare, Marine Resource Economics, 18: 225-237.

[46] Yoshida K. 2004. Utilization of Environmental Valuation as a Public Participation Tool for the Introduction of a Local Environmental Tax in Japan, Annual Report of Society for Environmental Economics and Policy Studies (9) Tokyo (in Japanese).

附录 1 生态系统服务价值的评估方法概述

本附件提供了关于评估生态系统服务价值时最常用的估值方法（经济和非经济）所需的信息。

市场分析

市场估值法可划分为三种主要方法：

1. 基于价格的方法；

2. 基于成本的方法：当生态系统服务效益必须通过人工手段重新创造时，这类方法以成本估算为基础；

3. 基于生产功能的方法：这类方法将环境视为一项投入[10]。

它们的主要优点是以实际市场相关数据为基础，从而以个人实际偏好或成本为基础。另外，这类数据（即价格、数量和成本）比较容易获取。范例包括木材或鱼类等产品的交易地点，或生态系统服务对进入市场销售的产品有利的地方，如作为当地公司投入之一的清洁水的价值。

显示性偏好法

显示性偏好法使用实际（过去）行为的数据得出各种价值。这类方法依赖的是市场商品和生态系统服务之间的联系，以及该市场商品的需求受生态系统服务质量影响的事实。人们会通过各种选择“显示”出他们的偏好。其中两种主要方法分别为旅行成本法和享乐定价法。

1. 旅行成本法

旅行成本法主要用于确定与生物多样性和生态系统服务相关的娱乐休闲价值。其基本原理是娱乐经历与成本（直接费用和时间的机会成本）有关。该方法最常用于衡量某一景点的娱乐休闲价值和评估当景点受到破坏时可能会遭受风险的价值。

2. 享乐定价法

享乐定价法利用的是有关所销售商品环境属性的隐性需求的信息。例如，房产一般包括多个属性，其中一些实际上是环境属性（如房屋离森林的远近或景观是否优美）。该方法最常用于衡量森林附近的房屋价格并与较远的房屋的价格进行比较。

陈述性偏好法

陈述性偏好法以给定生态系统服务的需求（或其供应变化）为基础，且该服务（或供应变化）通过利用各项调查而模拟的假设市场来衡量。这些方法要求人们评估取舍选择或对其进行排序。通常，针对具有代表性的受调查人群发放调查问卷，收集他们的反馈。这些估值法可用于估计使用价值和 / 或非使用价值的情况，和 / 或用于能借以推断价值的替代市场不存在的情况。

不过，构建假设市场存在不少困难。估值法中受批评最多的是陈述性偏好法，有些人认为该方法常常让人弄不清楚估值对象为何物（一项服务、所有服务等）以及他们是否在制定战略对策。

陈述性偏好法的主要形式包括：

1. 条件估值法：该方法使用问卷调查人们为了保护或强化生态系统或系统所提供的服务，愿意支付多少费用或必须接受多少损失或退化赔偿。

2. 选择模型法：对于要估值的服务，个人面对的是两个或更多具有共同服务属性但是属性级别不同的可选方案（其中一个属性是人们必须为该服务支付的金钱）。

3. 分组估值法：这是一种结合了陈述性偏好法和审查过程元素的更新更罕见的探索价值的方法，如价值多元性、无公度性、非人类价值或社会正义。

表 4.A1 详述了所用方法和这些方法对不同生态系统服务的适用性。

表 4.A1 更详细的估值方法（改编自英国环境、食品和农村事务部，2007）

经济价值评估方法	描述	被估值的生态系统服务
显示性偏好法		
市场价格	市价可用于获取所交易的生态系统服务的价值，例如，林产品的市场价值。不过，即使在有市价的情况下，市价可能需要进行调整，以考虑各种偏差，如补贴。市价可作为直接和间接使用价值的代表，但是无法得到非使用价值；此价格为支付意愿的最低值	对市场产品有利的生态系统服务，如，木材、鱼类、遗传信息、当地公司投入的清洁水的价值
避免行为法	本方法将重点放在个人支付价格上，以减轻对环境的影响	取决于所述生态系统服务相关市场是否存在。例如，水过滤成本可用来代表水污染损害价值；或为防止城市空气污染而购买的防污口罩的成本（尽管这只能代表部分损害价值）
生产函数法	本方法的重点是特定生态系统服务和市场产品生产之间可能存在的关系。环境商品和服务被认为是对生产过程的投入。通过考虑由环境变化引起的市场产品生产过程的变化，可推算出它们的价值	作为市场产品投入的调节和支持服务，如，空气或水质对农业生产和林业产出的影响
享乐定价法	本方法假设环境特征（例如，宜人景色或附近垃圾填埋场带来的不舒适感）和其他物业特征均已反映在房产价格中。因此，通过模拟房产价格的所有可能影响因素，可以得到环境因素的价值	对空气质量、视觉景象、景色、安静环境，换句话说，潜在买家赏识的属性有利的生态系统服务（如，调节文化和支持服务）
旅行成本法	本方法以调查为基础，使用个人到游憩地旅行所产生的成本（例如，旅行成本、入场费、时间的机会成本）代表该地点的游憩价值	所有有利于娱乐活动的生态系统服务
随机效用模型法	本方法是旅行成本法的延伸，用于测试改变特定场地环境特征质量或数量所带来的影响	所有有利于娱乐活动的生态系统服务
陈述性偏好法		
条件估值法	本方法是一种调查式方法，通过问卷构建一个假设市场。受访者回答由于特定环境变化，他们愿意为什么承担费用的有关问题	所有生态系统服务
选择模型法	本方法是一种调查式方法，专注于所述生态系统的个体属性。例如，可从水质和物种数量等方面对湖泊加以描述。向参与者呈现不同的属性组合，并要求参与者给出他们的首选组合或对其备选组合进行排序。每个属性组合都给出了相应的价格，因此受访者可表明他们对各个属性的“支付意愿”或“接受意愿”	所有生态系统服务

经济价值评估方法	描述	被估值的生态系统服务
基于成本的方法	这类方法考虑与环境商品和服务供应有关的成本，只提供“代表”价值。基于成本方法的示例包括：自然资源遭到破坏后，对替代或恢复其所需的成本进行推算的方法	所有生态系统服务
机会成本法	本方法考虑为了保护、增强或创造特定的环境资产而放弃的价值（如，若将土地退耕为森林而要放弃农业生产的机会成本）	取决于所述生态系统服务相关市场是否存在。基于机会成本法的示例包括：人造防御工程被用于防护湿地受暴风雨侵袭；水过滤费用代表水遭到污染后的损害赔偿值
代用品 / 替代品成本法	本方法考虑的是提供与环境产品具有类似功能的替代品的成本。例如，对防洪湿地的评估可建立在与其等效的人造防御工程的成本基础上。考虑到湿地提供一系列的生态系统服务，成本将是对湿地价值的最低估算值	
替换成本法	本方法着眼于将受损资产替代或恢复至其原始状态所需的成本，并用此成本衡量恢复的效益。由于通常容易对这些成本进行估算，此方法得到广泛应用	
焦点小组与深入小组结合	焦点小组旨在了解预定问题或一组相关问题的参与者的态度，和 / 或研究参与者讨论该预定问题或相关问题时的互动方法。深入小组在某些方面与焦点小组具有相似性，但是它们在若干场合下可能同时出现，更不用说互相密切配合。前者更强调小组如何对话题进行论述	所有生态系统服务
公民陪审团	公民陪审团旨在获得公众对某一特定问题或一系列社会选择进行深思熟虑后的意见。公民代表对专家及其他利益相关者所提供的证据进行思考，然后就眼前的问题进行小组讨论	所有生态系统服务
基于健康的估值法	依据对生命长度和品质的共同影响，来衡量与健康相关的后果。例如，质量调整寿命年（QALY）涉及健康后果的两个关键方面：健康改善 / 恶化程度及其再次出现的时间间隔，包括寿命的延长 / 缩短	所有生态系统服务
Q 方法	这种方法旨在确定人们考量环境（或其他）问题所用的典型方法。尽管 Q 方法有可能获得任何种类的价值，其并不局限于对这些价值进行“量化”或提取。相反，这种方法关注的是：个体如何理解、思考和感知环境问题及可能的解决方案	所有生态系统服务
德尔菲调查和系统评价	德尔菲调查和系统评价旨在对与特定问题有关的专家意见或科学证据进行总结。德尔菲调查主要依靠专家意见，而系统评价则尝试最大限度地依靠客观数据。德尔菲调查和系统评价不是估值法，而是总结知识（可能是其他估值法的重要阶段）的手段	所有生态系统服务

附录 2

表 4.A2　政策评估阶段、提议的行动和解决生物多样性问题的方法（UNEP，2009b）

阶段	提议的行动	如何解决生物多样性和有关方面的问题
A 了解政策背景	A1 确定综合评估目的	确定用途、主要目标和部门重点。确定目标，从而确定初始评估值和加大对决策者的影响，最大限度地在生物多样性及其他可持续性问题上取得积极成果
	A2 审查政策提议和背景	确定与研究重点（区域、商品）有关的以环境和生物多样性为导向的目标、承诺或协议。了解评估的政策流程
	A3 确定参与者和利益相关者	确定利益相关者和生物多样性专家，确保他们参与研究
	A4 确定和审查可用信息	确定和浏览同所涉国家 / 区域相关的（生物多样性和贸易）文件
B 确定重点	B1 形成概念框架	总结关键问题，并建立概念框架。将关键生物多样性组成部分和生态系统服务、社会和经济问题、因果关系链纳入其中
	B2 确定优先的可持续性问题	确定与概念框架有关的重要可持续性问题（与问题和机会有关）
C 评估影响	C1 ～ C3 确定与主要问题有关的标准，制定经济、社会和环境指标，并确定基准	确定目标或标准和有关指标，以评估基准和趋势。采用选定的指标评估趋势。确定重点评估领域最重要指标的状态和趋势。针对预期变化，可以制定方案。随后进行因果分析，找出造成变化的具体驱动因素，随后解释生物多样性和生态系统服务的可能后果
	C4 确定政策选择，包括最有可能的选择	评估各项政策选择的影响并做决定。可能存在三种政策选择：基准选择、现有政策措施（评估主题）和提议的积极政策
	C5 利用合适的工具和方法分析影响	分析既定的生物多样性政策选择及社会和经济指标的影响。评估具有基准方案的政策选择可能产生的影响。如果可能，对生物多样性和生态系统服务的预期（积极或消极）变化进行量化
D 制定政策建议	D1 最终评估折中方案，并得出结论	就最合意和现实的政策选择做出结论。考虑备选贸易政策选择，最大限度地发挥积极的整体可持续发展成果。优先考虑能够减轻或对生物多样性和生态系统服务影响进行补偿的政策措施
	D2 制定政策建议	确定与评估结果一致的政策建议。利用利益相关者的信息，考虑最有效的结果交流机制

第三部分

可用的解决方案：
更好地管理自然资本的工具

第5章
通过付费和市场对福利进行奖励

协调主要作者

Patrick ten Brink

主要作者

5.2　生态系统服务付费（PES）

Patrick ten Brink, Samuela Bassi, Joshua Bishop, Celia A. Harvey, Alice Ruhweza, Madhu Verma, Sheila Wertz-Kanounnikoff

5.3　国际 PES：REDD+ 等

Katia Karousakis, Patrick ten Brink, Celia Harvey, Alexandra Vakrou, Stefan van der Esch

5.4　改变税收和补偿机制来实现环境目标

Irene Ring

5.5　分享通过遗传资源获得的福利

Anil Markandya, Paulo A. L. D. Nunes

5.6　为绿色产品和服务开拓市场

Andrew J. McConville, Joshua Bishop, Patrick ten Brink,Alexandra Vakrou

5.7　通过绿色公共采购（GPP）扩展市场

Stefan van der Esch, Samuela Bassi, Patrick ten Brink

特约作者

James Boyd, Ingo Bräuer, Leen Gorissen, Pablo Gutman, Bernd Hansjürgens, Sarah Hodgkinson, Markus Lehmann, Katherine McCoy, Carlos Muñoz Piña, Valerie Normand,,Burkhard Schweppe-Kraft, Clare Shine, Pavan Sukhdev, Mandar Trivedi,Kaavya Varma, Francis Vorhies

关键信息

市场没有充分认识到生物多样性和生态系统服务的价值，从而导致决策忽略或低估了其地方效益乃至全球效益。本章主要探讨创新型工具——通过有针对性的付款计划和更环保的税收机制、合同和市场机制来提供长期保护的激励措施，以此作为适合国情和优先事项的政策组合的一部分。

国内和国际生态系统服务付费（PES）

公共和私人生态系统服务付费（PES）计划通过灵活的方式，对不同层面的生物多样性和生态系统服务供给支付报酬。PES 是为上述服务筹集资金的主要新兴途径，更高效地利用现有资金，保护可以支撑企业盈利能力和社会生活的环境效益。进行有效的定位、监控和治理，并采取确保获得额外福利（“一切照常”以外的福利）和最大限度减少泄漏（在别处取代损害）的措施，能够保证公平和物有所值。

国际 PES 机会包括《联合国气候变化框架公约》2012 年后实行的制度中所提出的金融机制。为了遏制森林砍伐，迫切需要采取一些措施，与此同时 REDD+（减少发展中国家森林砍伐和森林退化造成的碳排放）还可以提供大量的生物多样性共同福利。据估计，森林砍伐造成全球 17% 的温室气体（GHG）排放量。提出的绿色发展倡议（旨在支持 CBD 倡导的创新金融机制）和其他新兴举措能够带来深远的福利，以支持对各种生态系统的生物多样性、公共品和自然资本进行直接投资。

税收和公共补偿机制

税收制度和政府间财政转移支付可激励私人参与者和公共机构做出有利于长期管理而非短期发展的投资选择，建立生态标准，向负责现场生态保护的人员和机构发放资金。公共补偿方案旨在偿付因受保护野生生物而蒙受的损失，由于为野生生物生存和保护作出贡献的人士提供奖励，因此能够影响公众态度。

分享通过遗传资源获得的福利

一直以来，遗传资源所在国很少能因其拥有的遗传资源及掌握的传统知识在遗传资源产品开发和商业化中受益，这削弱了遗传资源所在国现场保护遗传资源的热忱。更公平更高效的合同机制能使价值得到认可，捍卫当地人民的权利，促进新发现及其在众多领域（包括与仿生学有关的新机会）的应用。根据 CBD 谈判确定的专项获取和福利分享（ABS）机制，是建立国际公平框架和强化地方能力的必要条件。

让市场更环保

生产商的市场推动（供方）举措和消费者的市场拉动（需方）变化、企业和政府的优惠政策及采购标准能够激励生产商开展生物多样性友好型生产并提供低环境影响的服务，有助于引导消费者改变购买决策。政策制定者支持针对生物多样性保护的稳健标准和认证机制，为企业提供建议和能力建设服务，从而支持涵盖更多产品和服务的认证和标签计划。应确保合作措施到位，从而使得发展中国家的生产和出口部门能够有效地参与新市场标准的制定和实施。

5.1 概 述

井枯方知水可贵。

（英国谚语）

前面章节论述了生物多样性如何提供生态系统服务，使地方、国内和世界人民受益。这些服务虽然是通过自然过程提供的，但通常需要通过人为管理来加以维持、发展及保护。由于很多服务尚未定价或其市场价值被低估，市场经济信号并不能如实反映自然资本的真正价值。

第 5 章将着重探讨对生态系统服务流进行奖励的工具。本章 5.2 节和 5.3 节论述生态系统服务付费（PES）机制。5.2 节说明 PES 机制如何发挥作用，介绍值得借鉴的经验教训以确定改进空间。5.3 节在全球层面内探讨 PES 机制，尤其是《联合国气候变化框架公约》下 REDD+ 的有关提议，以及支持 CBD 和其他生物多样性相关公约的绿色发展倡议。

5.4 节和 5.5 节介绍遗传资源的税收、公共补偿和更公平的合同框架如何能为遗传资源的保护提供积极的激励措施。5.4 节将探讨如何利用财产、所得税和补偿制度产生长期结果。5.5 节讨论关于更公平地分享通过遗传资源获得的福利所涉及的具体问题，并总结目前在 CBD 下正在商讨的国际获取与福利分享（ABS）制度所取得的进展。

5.6 节和 5.7 节描述人们更熟悉的用于刺激和针对“更环保”产品和服务市场供需的工具，包括生态标签和认证计划（5.6 节）与绿色公共采购政策（5.7 节）。

5.2 生态系统服务付费（PES）

如果不能带来回报，人们不会重视一件好事。

（奥维德，公元前 43 年—公元 18 年，罗马诗人）

本节介绍政府和私人实体如何向资源所有者 / 用户付费，以保护自然生态系统，或如何调整管理实践，以增强生态系统服务供给（5.2.1 小节）；介绍基本的 PES 原则和结构（5.2.2 小节）；列举具体实例以及相应的经验教训（5.2.3 小节）；概述仍然存在的约束条件和新的机遇（5.2.4 小节）；最后陈述改善 PES 设计和实施的实用步骤（5.2.5 小节）。

5.2.1 我们所说的 PES 是指什么?

PES 是生态系统服务受益者借此向服务提供者付费的各种安排的总称（Gutman，2006）。PES 包括针对水资源和 / 或农业用地的可持续管理、生物多样性保护以及生物质中的碳储存和 / 或封存等的付费。

专栏 5.1　PES 的定义

PES 是指当且仅当生态系统服务（ESS）提供者确保提供生态系统服务时（限制性条件），至少一个生态系统服务买家从至少一个生态系统服务提供者处购买一项定义明确的生态系统服务（或能提供该服务的土地利用权）所涉及的自愿交易。

资料来源：改编自 Wunder（2005）。

PES 计划在发达国家和发展中国家实施，可重点针对单项或多项服务。土地管理的共同目标是确保附近城市（如墨西哥 /Zapalinamé 山脉附近的萨尔提略市）的水质；净化沿海水域（如瑞典，见 Zanderson 等，2009）；保护地下水（如欧洲的很多地方和日本，见 Porras 等，2008）；奖励碳封存（如通过新西兰的农场及哥斯达黎加和乌干达的森林进行碳封存）；以及保护生物多样性（澳大利亚维多利亚州的灌木丛保护投标计划）[1]。欧盟和美国利用农业环境付费来保持额外的生态系统服务（Baylis 等，2004；Wunder 等，2008；Zanderson 等，2009），而南非的付费则用于管理外部威胁（外来入侵物种）（Turpie 等，2008）。

多项服务 PES 计划将改善地下水水质和增加生物多样性相结合，已在德国（参见专栏 5.6）和玻利维亚（Los Negros 流域，Asquith 等，2008）等国家实施。美国的休耕保护计划设定了一套相辅相成的目标（增加野生动物栖息地，减少水土流失，加强供水，改善水质并减少洪水和自然灾害造成的损害）[2]。

PES 具有高度的灵活性，可由不同行动者建立。有些方案由国家政府管理（如，哥斯达黎加、厄瓜多尔、墨西哥、中国、欧盟成员国和美国）。其他方案则由水务公司或用户协会来管理［如卡茨基尔山 / 特拉华流域（旨在满足纽约市的联邦水质标准），以及玻利维亚、厄瓜多尔和墨西哥］。当依赖特定服务的公司向提供者付费时，PES 也可完全由私人机构实施（如 Perrier-Vittel 向法国农民付费，参见专栏 5.4；啤酒酿造商 Rochefort 向比利时农民付费）。非政府组织也起着关键作用（如与基多市自来水公司合作，Wunder 等，2008）。

PES 适用于从地方区域（如厄瓜多尔上游流域 496 hm^2）到较大区域（如中国 490 hm^2 的退耕还林地［见 Bennett（2008）和第 9 章］不同的空间范围。

5.2.2　PES 的原则和结构

（1）投资 PES 的理由

PES 的首要原则是确保特定生态系统服务的受益者对服务提供者做出补偿，以此激励其继续提供服务。生态系统服务的直接受益者或“用户”（如水务公司、灌溉管理机构、水产养殖企业或水力发电公司）通常愿意付费，以获得支持其业务发展的服务（如水净化）。因此，通过自愿与生态系统服务提供者签订 PES 合同，私人受益者可以内化（一些）外部环境因素，而不必投资于更昂贵的补救措施。

PES 旨在通过完善土地利用激励机制和土地利用管理实践来改变生态系统服务供应的经济性。当我们需要权衡取舍土地利用带来的私人效益与社会效益时，PES 将起到关键性作用——PES 能使私人业主 / 用户在将土地投入自然保护用途时，能得到更多的利益；与此同时还能为社会带来额外效益（参见图 5.1）。如果没有 PES，所有者 / 用户可能就不会选择有利于社会福祉的做法，除非存在相关其他法规或税收鼓励政策，或在不需要付费的情况下社会文化规范或习俗支持这种做法。

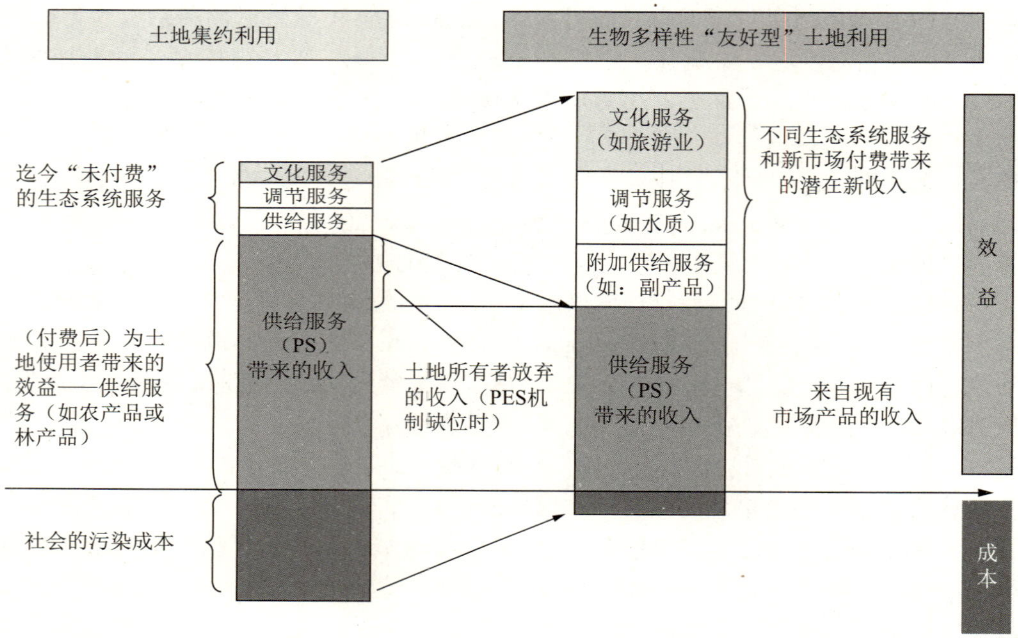

图 5.1 通过 PES 增加对生态系统服务供给的报酬

资料来源：Bassi 和 ten brink，改编自 Bassi 等的自制图表（2008）。

（2）基准和额外性

大部分 PES 方案都假设资源所有者将选择加强管理，以便在现有法规和市场激励措施下获得最大的私人净效益。私人最佳选择会随着相关要求或规范（如旨在降低污染的要求和规范）的调整变得日臻完善。在一些发展中国家，环境监管法规的执行是一种巨大挑战，情况可能会有所不同。

通常而言，PES 的基准点是现有法规和规范规定的水平。换言之，PES 将奖励那些超出法律义务以外的良好管理实践（图 5.2 中的“参考水平”）。在这一阶段，在成本合理的前提下，通过向资源所有者付费使其执行指定的行动，可取得更多环境效益。政府可能会发现：施行激励措施比强加管理规定更能节约成本或更符合其他政策目标（如减贫）。其他受益者可能会发现：参考水平的服务供给并不能满足需求，因而自愿向资源所有者付费。

执法力度较弱国家中，常规管理活动可能远远达不到最低监管水平。在这种情况下推行 PES 机制会有成效，因为 PES 机制带来的是激励性报酬而非强制性义务，但 PES 机制也可能会削弱执法力度。当政府选择将 PES 作为激励措施将实践做法提高至法律标准时，PES 作为补贴有效发挥作用（参见第 6 章），但这却不符合“谁污染谁付费原则”（PPP）。考虑到与成本、预算、治理、公平和效率等有关的问题，PES 机制不能视作一项长期解决方案。在其他情况下，政府可能发现提高标准，加强执法，更全面贯彻“谁污染谁付费原则”的做法更合适。不过，一般而言，政府对良好行为提供补贴比对不良行为征税在政治上更为容易实现。

与未受干扰的生态系统相比，即使法律标准与激励措施双管齐下，受到干扰的生态系统也经常会导致不利影响。除非已找到可避免这种损害的成本高效手段或技术解决方案，否则这些不利影响最终由社会承担（如通过规则和激励措施可降低农药或化肥的使用量，但如果法律规定和所设目标不要求零影响的话，即受到干扰的生态系统造成的负面影响能够被生态系统自行消化掉或在生态系统的再生能力范围内，那么还会存在一定的影响）（参见图 5.2）。

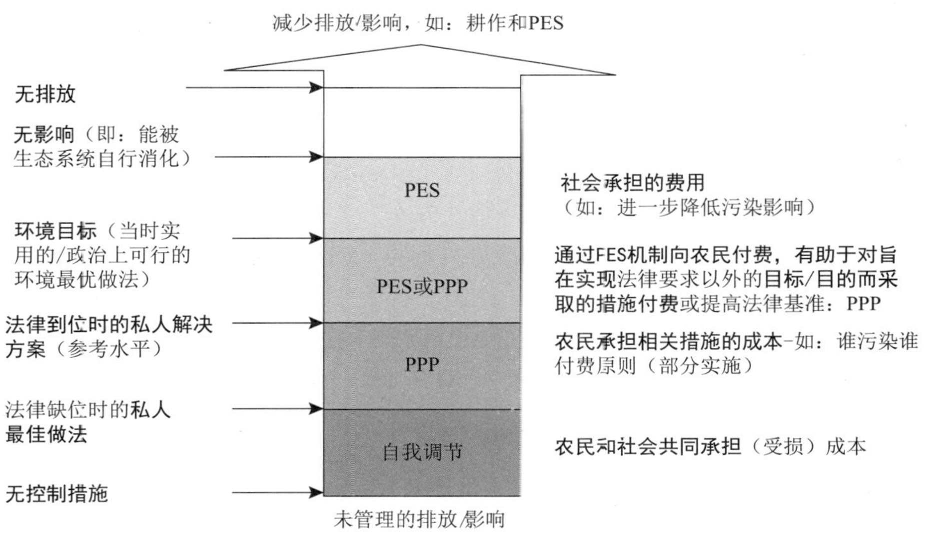

图 5.2　生态系统服务付费（PES）和谁污染谁付费原则（PPP）

资料来源：Patrick ten Brink，基于 Scheele 的自制图表（2008）。

基于上述原因，PES 的有效性和可行性与监管基准及其实施力度密切相关（参见第 7 章）。我们面临的主要挑战在于如何确定适当的参考水平。换言之，我们需要搞清楚资源所有者/管理者在自行承担费用时，愿意承担何种义务责任；而在执行 PES 机制后，他们又愿意承担何种义务责任。

答案取决于如何在受益者和提供者之间分配环境权利和义务（正式的做法或惯例）。在不同的法律制度和社会环境下，答案也会有所不同。下游人口有权获得清洁水源，这意味着根据谁污染谁付费原则，上游土地所有者应付费降低污染。相反，当土地所有者拥有不受限制的权利选择其土地管理方式时，下游服务受益者就可能承担说服土地所有者改变其做法的负担（Johnstone 和 Bishop，2007）[3]。

有人认为，如果没有破坏活动，受益者本来可以免费获得生态系统服务，受益者有权享受这些生态系统服务，持这种观点的人批评 PES 为“第二好”的解决方案；基于这种说法，PES 的道德满意度低于让污染者付费的法律。其他人士则认为，PES 通常只是鼓励人们遵守现行法律的变相补贴，会不当地加重公共资金负担（即政府给予财政资助的情况）。

实际上，PES 的合理性在于它比严格执法更具成本效益，更进步（当服务的提供者是相对贫穷的土地使用者时），而且/或可以取得最低法定要求以外的其他效益。PES 也可视为一项激励人们采用新管理办法和技术的临时措施，而这些做法和技术凭借其能力，最终也可能会变得具有经济合理性（Johnstone 和 Bishop，2007）。

在“一切照常”（BAU）情景下定义参考水平存在风险，即资源所有者可能会为了获得更多保护付费而夸大环境威胁程度：这可能会导致所用方式带来的额外性效益比理想状态下少。通过投机收集关于生物多样性/土地利用状态和生态系统服务的可靠信息（参见第 3 章关于指标的说明），可将此类风险降至最低。

（3）PES 结构

根据具体服务、应用层面和实施环境，PES 方案有很多构成形式。有些方案以法律义务为基础（如通过具有约束力的减排目标将 PES 与碳市场联系起来），而私人方案则倾向于自愿性质，政府很少参与。生态系统服务提供者和受益者不同，付费来源和付费机制也有所不同。图 5.3 概括了大部分 PES 的基本结构和利益相关者关系。

5.2.3 PES 的实际应用、优势和经验教训

（1）PES 在不同情况下的应用

生态系统服务受益者、提供者和他们之间的空间关系，PES 可以在不同的范围内实行。如果某区域是本地某项生态系统服务服务（如农作物授粉）的主要供应地，则可在本地推行 PES 机制。不过，如果某地区在国家层面上为该国提供某项生态系统服务（如病虫害防治），国家政府可启动适当的 PES 机制或采用相应的法律措施，以获得公共物品或服务。如果某地区提供的是全球性生态系统服务（如碳服务），则

可能需要启用国际协调方法（参见 5.3 节）。

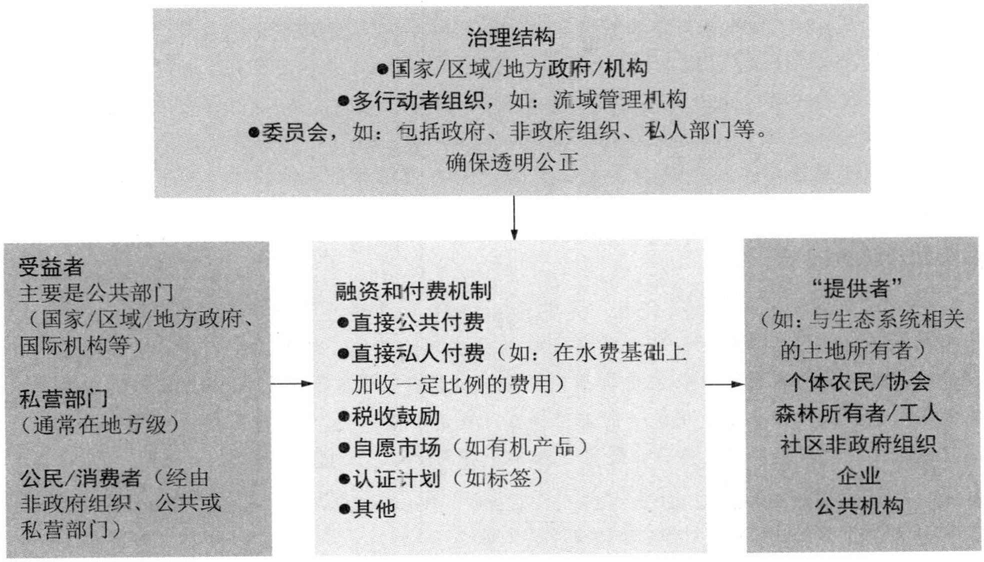

图 5.3　生态系统服务付费的利益相关者及其相互作用

资料来源：改编自 Pagiola（2003）。

发展中国家第一批国家 PES 方案率先在哥斯达黎加（参见专栏 5.2）和墨西哥（参见专栏 5.3）启动。哥斯达黎加的方案非常知名，针对其开展的研究也比较多。在哥斯达黎加项目中，土地所有者积极参与，超出了可用资金可支付的能力。该计划被定期审查和调整。墨西哥方案特别有趣的特点包括：目标优先排序，成本效益设计标准，生物多样性、水源和减贫之间明确的协同效应。

PES 方案也可以先在地方级试行，随后在更大范围内推广。在日本，严重的森林退化现象和森林生态系统服务的全国估值结果共同改变了政策环境。货币估值产生的估计值有助于提供强有力的政治支持，从而改变了全国一半以上都道府县的地方税制（参见专栏 5.4，另见第 4 章专栏 4.10 了解估值的重要性）。

专栏 5.2　不断发展的全国性方案：哥斯达黎加的环境服务付费（PSA）方案

背景和目标

这项全国性的 PSA 方案对提供碳封存和水文服务（流域保护）及保护生物多样性和景观的土地所有者支付报酬。1997—2004 年，哥斯达黎加投资了约 2 亿美元，保护森林和人工林 460 000 余 hm^2，向 8 000 多个森林所有者提供额外收入。截至 2005 年，该计划涵盖了全国森林面积的 10%。

付费和资金

哥斯达黎加在2006年为森林保护支付的金额约为64美元/hm²，十余年间为人工林种植支付的金额约为816美元/hm²。该计划基于国家和国际伙伴关系，有利于长期财务可持续性收益。该项目的主要收入来源为国家化石燃料税（1 000万美元/a）；世界银行、全球环境基金和德国复兴信贷银行（Kreditanstalt für Wiederaufbau，KFW）的拨款；以及与私人用水户签订的个人自愿协议收入（50万美元/a），这一收入将随着新水价的逐步采用和碳融资带来的潜在新机会而增加。

成果和经验教训

PSA计划减缓了森林砍伐现象，提高了森林和生物多样性的货币价值，加大了人们对自然生态系统社会经济贡献的认识，被普遍认为是成功的范例。然而，最近评估表明：即使没有付费，PSA范围内的很多区域仍会得到保护。主要有三个原因：引入PSA时，面临的森林砍伐压力已经大大减小；使用统一的支付标准（固定价格）；实施初期阶段的付费空间目标设定有限。通过吸取这些经验教训，哥斯达黎加正在对PSA计划做出调整。

资料来源：Portela和Rodriguez（2008）；Pagiola（2008）；Wunder和Wertz-Kanounnikoff（2009）及哥斯达黎加前环境部长Carlos Manuel Rodriguez的个人通信。

专栏5.3 墨西哥森林水文环境服务付费（PSAH）计划

背景

墨西哥联邦政府在2003年制定了一项自愿PES方案，旨在将受益于森林水文环境服务的人们与在全国流域和含水层补给区的服务提供者联系起来。通过改革墨西哥联邦费用法，墨西哥联邦政府将联邦水费收入的一部分（约为总收入的2%）用于资助这一计划，从而实现了项目目标。联邦政府按照多重标准的资格要求，从众多申请者中选出参与者，并与他们签订为期五年的森林保护合同。视森林类型而定，政府支付的费率为每年每公顷28～38美元。云雾林被认为是最有价值的林种。这是一项基于绩效的计划：如果卫星图片显示签约森林在合约期间遭到砍伐，则政府不予支付该年份的费用，并可取消该合同的剩余部分。政府特意将这部分划拨款项存入专项林业基金，从而让参与者确信：合同期间任何预算削减或再分配行为均不会威胁到他们的项目资金。

目标

主要目标是停止森林砍伐，因为森林砍伐行为对墨西哥流域环境服务至关重要的森林构成了威胁。该项目通过向土地所有者付费保护林地，制止森林砍伐行为，从而避免将这些林地改作他用（如农业和养牛）。这项方案保护的生态系统服务包括：

1. 含水层补给，特别是易受影响又遭到过度开采的含水层；
2. 改善地表水水质：减少悬浮颗粒，降低过滤成本；
3. 降低短程陡峭流域内洪水的频率和损害。

目标设定

该计划的细则每年均会有所更改。这些做法既保障了项目实施的灵活性，可从别的项目取经，同时也为寻租行为提供了机会。森林社区和业主边缘化水平及含水层过度开采的程度对改进该计划的目标设定而言，具有特别的价值。然而，引入额外的标准（如参加其他政府计划或位于自然保护区内），尽管对缺水的影响不大，但随着时间的推移，会减少了水文标准的重要性。因此，该计划在对森林砍伐模式进行预测，并开展一系列经济计量分析后，在 2007 年推出了一项标准，即，森林砍伐所造成的经济风险水平。通过此标准，人们认识到了该计划的重要作用，从而也更合理地使用资金，有效减少了森林损失。尽管项目在目标设定方面有所进步，但目标设定不当依然还是阻碍项目的发展。因此该项目的决策层目前试图将应用评估标准划分为主要标准（水文重要性、贫困度、森林砍伐风险）和次级标准（按重要性排序），来安排优先顺序。

规模和范围

PSAH 项目发展势头喜人，项目参与者、覆盖面积和付费额都日渐增长。下表概述了项目在最初六年的运行情况。

森林签约加入该计划的年份	2003	2004	2005	2006	2007	2008	2009	合计
纳入计划的表面积 /10^3hm^2	127	184	169	118	546	654	567	2 365
参与该项目的森林所有者（个人和集体）	272	352	257	193	816	765	711	3 366
5 年内须支付的总费用 /10^6 美元	17.5	26.0	23.5	17.2	84.2	100.9	87.4	356

成果

通过比较 2000—2007 年统计意义上相当的森林，Munoz 等（2010）得出如下结论：即便签约森林的森林砍伐风险已经低于平均水平，PSAH 计划仍能将其森林砍伐率从 1.6% 降到 0.6%。平均来说，PSAH 计划在运行两年后，就也能做到这一点。这相当于在两年内避免森林砍伐 18 300 hm^2，此外，还有三年合约可待履行。以减少的温室气体（GHG）排放量来计，这相当于减排 320 万 tCO_2 当量。

若项目目标设定妥当，不但可减少森林砍伐危害、减少排放、更好地保护该计划流域和含水层，还能为付费者创造更多环保价值。

关键要点包括：

1. 基于资金，有三倍的用途；

2. 项目目标和优先次序的选择，对资金的分配和分配重点会造成显著影响：而这又将会直接反映在项目的最终结果上；

3. 地理信息系统（GIS）、水文和普查数据均是对该计划有价值的因素，因为它们有助于确定存在森林砍伐、含水层过度开采和贫困现象的区域。

资料来源：Muñoz-Piña 等（2008）；Munoz 等（2010）。

专栏 5.4 日本保护农业生态系统服务的 PES 激励措施

日本中央政府和都道府县政府通过以下方式，奖励在丘陵和山区保护农业生态系统服务的当地社区或少量农民群体：

1. 直接付款给当地农民群体，以鼓励他们不放弃农田，保护相关的生态系统服务。

2. 直接付款给当地社区，以保护土地、水和环境（2008 年 1 028 个城市已签订 28 757 份社区协议）。

3. 为了保护稻田生态系统服务，实施 PES 以改善景观设施、物种和生态系统多样性及土地保护；鼓励在农业上减少化学品的投入，以防止水污染。

资料来源：Yoshida（2010）。

（2）监管基准和额外性

本章通过改善地下水水质的两个案例（分别涉及私人和公共受益者），论述监管基准和额外性（参见专栏 5.5 和专栏 5.6）。在这两种情况下，现有法规还不够严厉，难以防止地下水受到硝酸盐和农药的污染，或使污染者付费以减少污染。在这两个案例中，相关方采用了务实的方法应对产品质量和成本担忧（维特尔公司）及更广泛的健康和生物多样性问题（两个案例）。所采纳的措施包括 PES 机制（通过增加生物多样性提供公共品）或环境服务补贴（有助于减少污染）（参见第 6 章）。

美国卡茨基尔山 PES 计划能够充分证明该计划的财务价值。十年来，PES 计划在这片幅员 200 km^2 的流域，共计花费 10 亿～15 亿美元，大大低于兴建和运营一座水过滤厂的预算成本（一次性成本为 40 亿～60 亿美元，运营和维护成本为 3 亿～5 亿美元）。该区域内几乎所有（93%）农民都参加了此项计划。在执行 PES 计划期间，水费仅仅上调 9%，而若兴建新的过滤厂，水费则要翻番（Wunder 和 Wertz-Kanounnikoff，2009；另见第 9 章）。

在执行 PES 计划时，可采取不同的方式向用户收费，资助该计划的运行。研究人员对 17 个向生活用水用户收费的地方 PES 方案进行研究。其中，7 个方案在最终水费单中按比例收取加价（如厄瓜多尔 Pimampiro 地区的加价比例为 20%，昆卡和基多为 5%），该笔额外费用在水费中明显可见；而哥斯达黎加埃雷迪亚省对用水则按统一费率收取水费；在墨西哥 Zapalinamé，用户可以选择付费水平自愿付款，帮助解决社会问题（Porras 等，2008）。

专栏 5.5　私人机构 PES 合同：法国维特尔矿泉水公司案例

背景和目标

自 1993 年起，维特尔方案（Vittel）在孚日山脉 5 100 hm^2 汇水流域开展 PES 计划，以维持其高品位的水质。该方案向流域内 26 位农民（“生态系统服务卖方”）付费，让其在奶牛场采用生态影响小的最佳做法（即不使用农用化学品；而采用动物粪便制造堆肥；减少牲畜养殖的数量）。

付费和出资

除了现金激励（针对采用新耕作方法的农户）外，该方案还提供技术援助，报销增加的劳动力成本，安排土地接管事宜，并向农民提供用益权[4]。该方案在为期五年的过渡期内，平均拨款为 200 欧元 /（$hm^2 \cdot a$）；向每个农场拨款 150 000 欧元，补贴新设备成本。该方案项下的合同是长期合同（18 ～ 30 年），其拨付的款项按照具体农场的机会成本进行调整。该方案对土地利用和水质进行长期监控。若没有推行此方案，当地必然要承受水源日益枯竭的后果。该方案通过强有力的证据，证实该方案提高了生态系统的服务质量，让投资可获得更多收益。

成果和经验教训

维特尔方案基于法国国家农业研究所（INRA）开展的四年期研究计划，历时十年之久方才开始运作。该方案由购买者创建的中介机构 Agrivair 来进行实施，有助于对各方进行协调。维特尔方案在 1993—2000 年的总费用（不包括中介交易费）约为 1 700 万欧元（2 500 万美元）。维特尔方案之所以坚持同农民达成合约，是基于以下事实，即与农民达成解决方案所需款项要比从其他地方获得水资源要便宜得多（在法国，不允许对天然矿泉水进行预处理）。

资料来源：Perrot-Maître（2006）；Wunder 和 Wertz-Kanounnikoff（2009）。

（3）PES 带来的多项共同福利

此外，我们还可通过 PES 方案来设立或支持其他社会经济目标，如提供与生态系统服务有关的就业机会。很显然，此类就业机会的类型和数量将取决于 PES 方案的规模和所涉及的活动性质。南非的水资源（WfW）公共工程项目就是一个大规模的例子。该项目通过阻止入侵植物的蔓延保护水资源。WfW 计划在南非全部 9 个省份开展了 300 多个项目。该计划每年雇用约 20 000 人，其中 52% 是妇女[5]。该项目也向参与者提供技能培训、健康和艾滋病毒 / 艾滋病教育。可将 WfW 项目理解为类似 PES 的项目，因为 WfW 项目不付费给土地所有者以保障获得持续服务，但该项目通过市政府签约工人可持续地管理公共土地（Wunder，2008；另见第 9 章）。

专栏 5.6 公共水质 PES 合同：以德国农民为例

饮用水中的硝酸盐危害健康，但去除硝酸盐的成本却非常高昂。所以从一开始就防止它们进入供水系统才是经济上更有效的措施。

付费和资金

德国联邦州把强制性的“地下水开采费用”和自愿措施相结合。供水公司就每立方米地下水开采情况，向相关土地部门（州）支付费用。其中一部分费用用于支持农民减少对化肥和农药的使用。在某些情况下，欧盟投入部分资金对该项目予以支持。该项目于 2007—2013 年，将在巴登 - 符腾堡州就与水有关的措施向农民支付约为 1.07 亿欧元的款项。1994—2008 年，当地硝酸盐浓度下降约为 16%（Fuhrman，2010）。

成果和经验教训

联邦州越来越多地将这笔钱用于资助当地供水公司和农民之间的自愿项目，这样可以在付出很少额外努力或农业产出损失很少的情况下，更容易保护地下水资源。从全国来看，2002 年共计启动了 435 个项目，涉及 850 000 hm^2 土地（占所有农田的 5%），33 000 个农民。在下萨克森州，相关项目遍及 50% 的地下水开采区。这种合作通过保护物种丰富的草地和开拓新的草地区域，有助于保护生物多样性，为其他保护目标提供了可供效仿的 PES 模型。

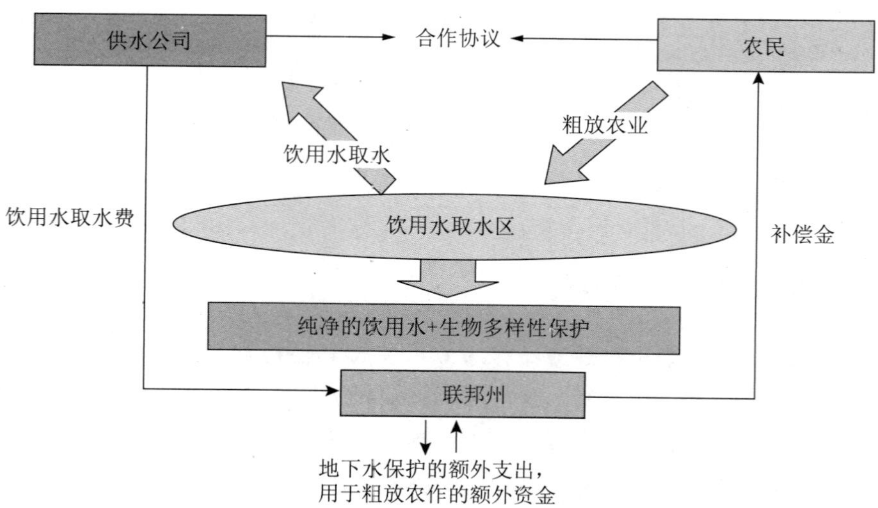

图 5.4 公共水质 PES 合同示意图

资料来源：Niedersächsisches Umweltministerium，Niedersächsisches Landesamt für Ökologie（2002）。

专栏 5.7　厄瓜多尔最近旨在减轻贫困和减少森林砍伐的大规模 PES 计划

背景和目标

厄瓜多尔是南美洲森林砍伐率最高的国家之一（在被原生森林覆盖的 1 000 万 hm^2 土地中，每年约有 20 万 hm^2 土地遭到砍伐）。这导致了约 5 500 万 t CO_2 当量的排放量，造成巨大的生态系统服务丧失，当地人民生计出现困难。

2008 年，厄瓜多尔按照国家发展计划启动了社会森林计划（森林合作伙伴计划），将发展和保护的目标相结合，使贫困农民和土著社区直接受益。

付费和资金

土地所有者每年收到每公顷受保护原生森林的直接付款。土地所有者自愿参与该项目。项目方通过解读卫星图像和实地考察定期监控参与者是否遵守该计划的要求。该项目在最初 6 年的目标是：

1. 保护 400 多万 hm^2 的森林，以保护全球重要的生物多样性，保护土壤和水源，减轻自然灾害；
2. 将减少温室气体排放作为国家 REDD 战略不可分割的一部分，同时加大对非法砍伐的打击力度，实行国家造林计划；
3. 帮助最贫困农村地区人口增加收入（约 100 万人受益）。

项目对森林砍伐威胁高、生态系统服务价值高和贫困程度高的地区优先予以扶持。

成果和经验教训

截至 2009 年 5 月，该项目涉及约 23 000 名受益者，并覆盖 32 万 hm^2 的森林区域。该项目还成立了专门的信托基金，以确保长期的财务可持续性和透明的资源利用。政府打算通过吸收国际合作资金、国家 / 国际 PES 方案和碳市场来补充其自身的资源。

资料来源：厄瓜多尔环境部，与 Marcela Aguiñaga、Manuel Brav、Tannya Lozada 的私人信件；保护国际（厄瓜多尔），Free de Koning 和 Luis Suarez。请登录网站 www.ambiente.gov.ec/contenido.php?cd=278 查阅相关背景信息。

另外，一些 PES 方案不再将土地用于耕种生产或用于劳动密集程度较低的其他用途，以获得环境效益。在此种情况下，就会使农村就业减少。虽然欧盟和美国的农业环境计划已经使用了这样的策略，且很少造成不公平的负面影响，但这样的策略却可能会给发展中国家带来更大的问题，例如，依靠向农场主出卖劳动力获得现金收入来源的无地家庭就会受到很大影响（Zilberman 等，2006）。

厄瓜多尔通过宏伟的社会森林计划着手解决贫困问题，该计划同更广泛的生态系统服务保护（包括碳储存和封存）相结合（参见专栏 5.7）。因为与气候变化有关的付费机制预计在未来几年将会成为推动 PES 项目发展的主要驱动力，厄瓜多尔的此项目特别引入注目。这种类型的方案，如果针对的是具有高生物多样性价值且能提供额外无碳生态系统服务的地区以及非常贫困的地区，就可提供很多双赢机会。

（4）PES 的非货币效益

在某些情况下，PES 涉及非货币效益。例如，保护区管理人员正在加大对协同管理模式的探索，以缓和园区边界的紧张局势，更好地将保护区融入更广泛的区域发展之中。尼泊尔的库利克哈尼地区在发展类似 PES 方案调节水源及减少水土侵蚀的同时，还为社区提供医疗服务和教育发展援助而非现金支付。生活在非洲东部和南部保护区附近的居民，有时会被授予有限出入保护区的权利，以作为对其保护行动的回报。然而，这类间接方法的有效性可能会受到质疑（Ferraro 和 Kiss，2002）。

5.2.4　机遇与挑战

PES 可以使得生态系统服务的价值更为明确，从而改变甚至扭转使用者打算过度开采或改变用途的初衷。尽管目前市场对一些服务的需求还比较低，但随着服务变得越来越稀缺（如由于人口的增长或提供同类服务的其他区域不断萎缩），此类需求很可能也会水涨船高。为了确定 PES 是否有助于获得未来效益，必须评估生态系统服务供给的水平，以及这种水平在未来会发生何种变化及如何影响需求。

尽管法律 / 法规支持其充分发挥潜力，但自愿参与 PES 仍是关键要点。PES 具有扩大影响的潜力（从地方举措变成全国举措），以便在更多国家实施 PES，让 PES 更具成本效益。

据估计，全球已有 300 多项 PES 计划（Wunder 等，2008；Blackman 和 Woodward，2009）。这些计划仅在中国、哥斯达黎加、墨西哥、英国和美国就产生了大约 65.3 亿美元的付费收入（OECD，2010）。PES 的规模每年增加 10% ～ 20%（Ecosystem Marketplace，2008）。

私营部门为 PES 项目筹集更多资金提供了可能的途径，因此，可以补充公共保护资金。由于公共和私营 PES 项目的实施情况可能有所不同，对自愿和监管方法取得的相对利益加以研究就很重要。虽然私人参与者能在 PES 项目中发挥作用，但现有受益者的支付意愿（WTP）通常不足以支付启动或运行成本。这可能是由于“免费搭车”造成的问题，或只是出于缺乏对生态系统所提供效益的了解。在这种情况下，政府可能需要提供额外的激励措施或找到替代解决方案。其中一种方法是：一旦征得一定比例受益人的同意，即可将方案变成强制执行方案，减轻免费搭便车坐享其成的问题。

PES 方案也面临着一些制约因素。它们要求在信息和能力建设上投入巨额投资。需优先考虑的方面包括：了解生态系统服务的供给与需求情况，了解当前和未来的资源利用情况，说服利益相关者参与和培训管理人员。

高昂的交易成本会阻碍 PES 项目的发展。鉴于生态系统的价值，国家（或国际机构）理应补贴启动或交易成本，加快 PES 项目的进展（如资助生态系统服务的摸底工作，或资助利益相关者的参与过程）。

PES 项目并非在任何地方都能得到执行。在自然资源保有权或使用权定义或执行不明确的地区（例如，公海和一些红树林、珊瑚礁、洪泛区和森林），PES 项目实施特别困难。在机构能力羸弱和缺乏透明度的地方，以及资源获取和权属存在争议的地方，PES“买家”很少有动力参与 PES 项目，因为他们无法确知付费活动是否真的会得到执行，甚至无法确知能否找到合法的服务提供商。

当 PES 项目服务提供者和受益者的议价能力不平等时，PES 项目的设计与实施也可能会受到影响。这可能会影响到 PES 项目涉及的机构 / 人员、资金分享的方式、付款率，以及提供和获得服务的条件（参见图 5.5）。

在有些情况下，定位于单一生态系统服务的 PES 项目不足以阻止生态系统的退化或丧失，因为项目获得的收费少于利用替代资源的机会成本。不过，PES 方案可视为某地区全方位生态系统服务政策工具组合中的一个组成部分。这种整体方法在可能涉及权衡取舍时特别重要。专注于单一生态系统服务的 PES 项目可能会对其他生态系统服务供给产生负面影响（如推广种植外来物种以实现快速碳封存，会对更具生物多样性的天然草原造成影响）。

一般而言，正确排序对于实现政策的有效性和一致性非常重要。在引入 PES 项目时，没有事先或及时地取消、变革那些破坏生态系统和生物多样性的政策，就会导致浪费和政策的不一致。经济合作与发展组织（OECD）就反复强调了这一点，尤其是关于对环境有害的补贴（参见第 6 章）。

将生态系统服务的价值进行量化和货币化，并传达给政界、行业、当地社区的关键利益相关者，可使 PES 项目获得支持。然而，即使不对生态系统服务开展生物物理学评估和经济估值，PES 仍然是可行的项目（Wunder，2007）。一些最有价值的生态系统服务，往往很难衡量其价值。在某些情况下，不可能精确量化这样的生态系统服务（例如，小流域方案）。在这些情况下，当人们基于预防原则进行争论时，就是启动相应 PES 项目的合理时机。尽管如此，当出现可用来调整付款、项目目标或条件的新信息时，应当使用经济估值。

5.2.5　推进 PES 设计和实施

经验告诉我们，为了确保 PES 方案有效且适合当地条件，我们必须精心设计和充分准备。我们需要将有关社会、经济、生态环境以及法律和制度背景的信息考虑在内。在理想情况下，PES 项目应有具有针对性强，成本效益好，问责明确，可执行，与其他工具协调，顺应社会需求，公平等特点。但在实践中，实际情况可能截然不同。

（1）支持性法律和制度背景

PES 方案的执行要求得到相关规则和制度的有效配合，包括实施合同的机制。这有助于培养公平的环境，因为新规则将改变生态系统及其服务方面的权责分配。

设立制度非常有必要，可以：

1）促成交易和降低交易成本。大多数生态系统提供一系列的服务，即使只有一项或一小项生态系统服务获得 PES 方案的确认。PES 方案随着时间不断演变，既有大量提供者所提供的特定“捆绑式”服务，也有针对不同服务的不同工具或不同买家（参见图 5.5）。在某些情况下，一项生态系统服务还会给买方带来与其他付费服务并列的免费共同福利。

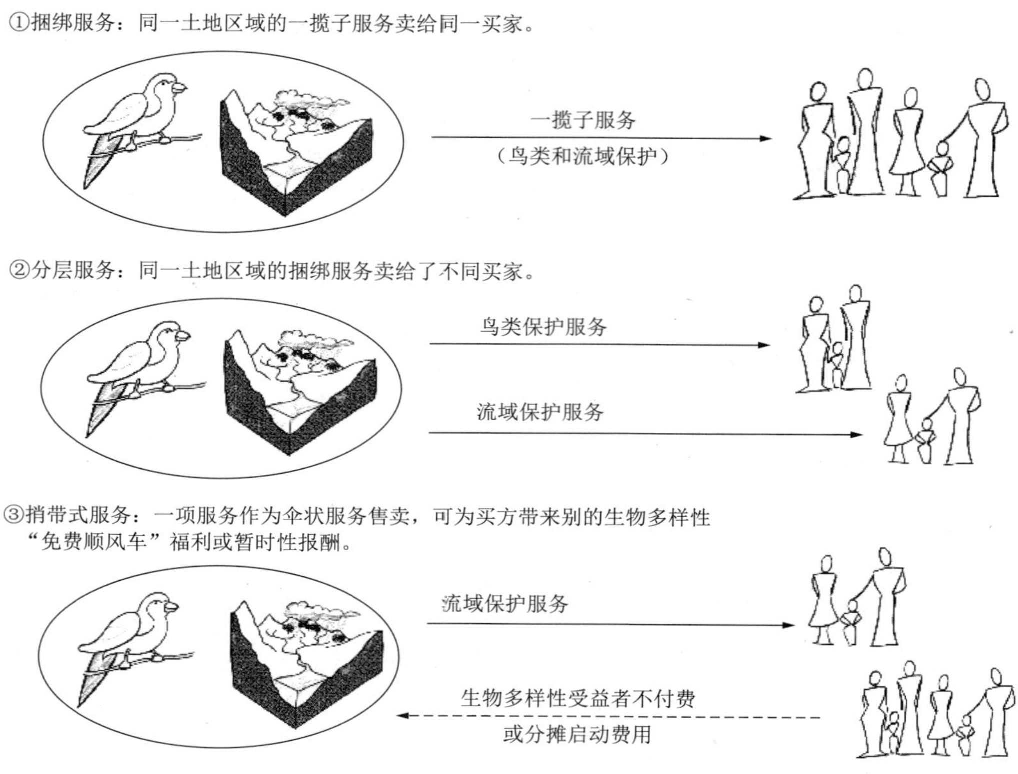

图 5.5 生物多样性联合服务供给的营销策略

资料来源：Wunder 和 Wertz-Kanounnikoff（2009）。

2）通过保险或其他机制来管理风险。

3）提供业务支持，例如让生态系统服务受益人愿意为之付费，改善衡量和评估工作环境中生物多样性的方法。

（2）服务、买家和卖家的确定

PES 项目需要得到经济、技术、治理和现实层面的有力支持：

1）就需方而言，当某种有价值的服务的供给受到威胁时，受益者需要认识到这种威胁，愿意付费以维持该服务，且有能力支付相应的费用。

2）就供方而言，改变资源管理实践的机会成本不得太高。供方可通过改变土地用途（例如预留土地、转向有机生产、节水灌溉），改善生态系统服务的供给（另见 Wunder，2008）。

3）需要获得技术信息来了解生态系统服务、服务的提供者和提供方式、服务的受益者（通过空间映射来确定受益者）、从历史的角度预期未来的供需趋势以及其他情境因素（从而能够确保向那些实际提供了生态系统服务的机构 / 人员付费）。

4）就治理而言，受益者和提供者之间的信任（或建立信任的可能性）必不可少。此外，还需颁布相应法律和法规，监控项目运行和合同执行情况，明确资源的保有权，制定补救机制。

（3）PES 交易的谈判

原则上，PES 方案应该具有财务自立性，以保障生态系统服务的长期供应。然而，当受益者无力持续为生态系统服务付费时，可通过设立信托基金或把所有受益者的付费汇集起来，将一次性付费（如拨款）转换为长期付费收入流（参见图 5.5 中的“分层服务”策略）。

由于 PES 项目会涉及分配事宜，所以解决好所有权问题并明确报酬受益人至关重要，以确保 PES 项目不会加剧社会不公平，且能一致地监控成本效益的分配。确保利益攸关方广泛参与 PES 项目决定，可以帮助确保项目的透明度和顺利通过验收，避免公共资源秘密私有化。通过参与式资源评估和价值评估，PES 方案能将传统知识和实践以及利益攸关方的利益纳入考虑范围。通过加强能力建设及在必要时出台相应的制度措施，可保障弱势利益相关者参与谈判和分享其生态系统保护见解的权利。哥斯达黎加和墨西哥在意识到贫困小农户并未被吸纳到 PES 方案以后，就引入了“集体合同”做法，以促使贫困小农户参与。

虽然 PES 方案的主要设计目的并不是减少贫困，但 PES 方案可以为农村贫困人口提供赚取额外收入的机会（参见专栏 5.8）。很多农村人依靠林业和农业等活动谋生，收入受季节和年份的影响时有波动。基于生态系统恢复措施或土地管理改进措施的 PES 方案能为农村地区提供稳定的额外收入和就业来源。

专栏 5.8 坦桑尼亚马菲亚岛 PES 方案下的分阶段绩效付费

该 PES 方案制订的付款计划由两部分组成，以鼓励当地主要贫困居民保护海龟。该付款计划包括，第一，对发现和报告海龟窝的当地居民给予奖励；第二，与海龟窝成功孵化挂钩的不定额奖励。第一阶段的奖励能够保障当地居民在未找到孵化的海龟窝时，也能获得一定的奖励（这一点很重要，因为贫困居民的未来付款贴现率高）。对于贫困居民来说，与所有付款均取决于成功孵化相比，这种整体支付方案风险较低。居民在报告海龟窝后，成功孵化的海龟窝还能为其带来不定额奖励，这又可以遏制偷猎海龟蛋的行为。

整个岛上约有 150 处海龟窝和 41 000 个居民。志愿者和村民之间直接通过口头协议表达了参与该方案的意愿。六七个积极寻找海龟窝的人士获得了大部分的奖励。2004 年，该方案使海龟窝的偷猎率从 100%（2001 年引入时）急剧下降至不到 1%。2001—2004 年，海龟的孵化数量不论是绝对值（从约 1 200 ～ 10 000 多只）还是相对值（仍处于孵化期的海龟蛋从 55% 增至 71%）都有所增加。

资料来源：Ferraro（2007）。

（4）成功的首要条件

有效的 PES 要求具备且有助于强化某些“必要条件”，例如：

1）可靠的科学信息（例如，生态系统服务的来源，它们的空间分布和受益者）；

2）经济数据（启动和实施成本，包括管理生态系统服务资源的机会成本、非市场价值以及替代性 PES 安排的激励效果）；

3）关键利益相关者的确定和参与。

成功的 PES 方案通常透明度高、可靠性高（如付款）、具有适宜的文化条件（如接受环境管理差别付款机制、信托）和来自各方的坚定承诺。有效的监督和执法对于确保预定服务的交付及其测量至关重要。付款必须与服务的提供情况紧密相连，如果资源用户没有遵循与该服务相关的管理措施，则付款可能会被撤销。对现场服务的质量和数量数据进行监控，有利于改进付款的针对性或作出其他细化改进（另见第 3 章）。

如上所述，PES 项目不会在每个地方都发挥作用。当生态系统服务用作其他（具有环境破坏性）用途会带来可观利润时，PES 项目可能难以获得足够的支持。治理不力、资源保有权模糊和交易成本高昂也会成为阻碍 PES 项目发展的主要障碍。

PES 项目如同任何创新项目一样，也需获得各级领导的支持。因为他们能与生态系统服务提供者和受益者沟通这些服务的重要性及 PES 项目的潜力。此外，PES 项目方还需对正反经验进行认真分析和有效沟通，以推广和扩大成功举措。

经济合作与发展组织（2010）总结了如下可以提高 PES 计划的环保和成本效益的前提条件和关键标准：

1）撤销不当的激励措施；

2）明确界定产权；

3）明确界定 PES 目的和目标；

4）制定稳健的监控和报告框架；

5）确定合适的买家，确保获得充足、长期的资金来源；

6）确定卖家和目标生态系统服务的效益；

7）考虑如何对多种生态系统服务进行捆绑或分层；

8）建立基准以确保额外性；

9）通过差异化付款反映生态系统服务提供者的机会成本；

10）解决泄漏问题（替换排放量）；

11）确保服务的持久性。

5.3　国际 PES：REDD+ 等

本节首先介绍提供全球公益福利的生态系统服务的国际付款方案的经济、社会和环境情况（5.3.1 节）。随后，本节将描述《联合国气候变化框架公约》（简称 UNFCCC，旨在应对全球气候变化挑战）项下的机制，以在发展中国家“减少森林砍伐和森林退化所造成的碳排放”（REDD+）。此外，本节介绍这一机制如何提供生物多样性和其他非碳相关的生态系统服务的共同福利（5.3.2 节）。最后，本节讨论全球生物多样性有关服务的某些国际 PES 的新举措（5.3.3 节）。

5.3.1　国际参与的理由

生物多样性带来的全球效益（生物产业和药品的遗传信息、碳储存和适应气候变化的能力、国际水文服务、具有非使用价值却能促进国际旅游业发展的野生生物和美景），需要得到认可。维护生物多样性的费用也需要被公平分摊，以阻止其退化。

参与者通过参与国际 PES 项目，能够获得一系列福利作为报酬。在这些国际 PES 方案中，有需要跨越国界付款（双边、区域或全球性付款）的项目。在国际范围内，为保护生物多样性，现有的类似 PES 的工具包括：生物探勘、保护优惠、国际自愿生物多样性补偿机制和国际赠款（经济合作与发展组织，即将发布）。

区域和大陆 PES 方案或类似的合作项目能够改善诸如尼罗河、维多利亚湖或亚马孙河等大型跨境生态系统的生态功能。这样的国际合作能够更好地辨识生态系统服务提供者和受益者的相互依存关系，可能带来国际间互惠互利的结果，而不是单纯从国家利益出发的一己之利。只关注一己之利的做法，可能会给少数国家带来短期收益，但随着自然资本受到侵蚀，可能会给所有国家带来长期损失。

例如，在亚马孙河流域，森林每年大约蒸发 8 万亿 t 水（IPCC，2007b）。这些水汽形成雨水落下，有助于滋养森林，并流淌到安第斯山脉，然后向南流入拉普拉塔河流域（参见图 5.6）。农业活动和水力发电给亚马孙流域内的国家（阿根廷、玻利维亚、巴西、巴拉圭和乌拉圭）带来了显著的经济效益（Vera 等，2006）。这也就意味着，亚马孙河流域整个地区的粮食、能源和水安全均由亚马孙“水泵”提供支持。开展区域和 / 或国际 PES 项目可有助于维持这一关键服务。

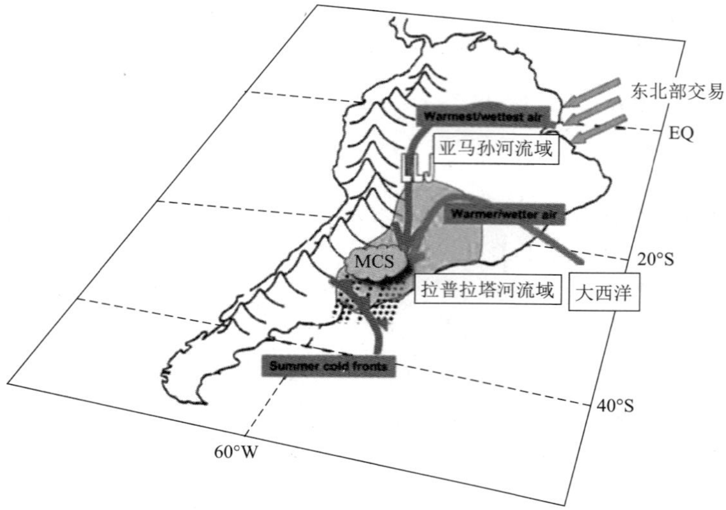

图 5.6 发展区域 PES 方案的机遇：亚马孙“水泵”示例

注：EQ：赤道；MCS：中尺度对流系统。

资料来源：改编自 Marengo 等。

5.3.2 REDD+：碳机制可带来潜在的巨大生物多样性共同福利[6]

如果后京都气候协定无法杜绝热带森林砍伐行为，那么实现气候变化总体目标几乎是不可能的。数百万人的生活和生计将面临风险，应对气候变化的最终花费也将远远高于实际所需的成本。

（圭亚那总统巴拉特·贾格迪奥；全球林冠项目，2008）

国际社会在 UNFCCC 框架下提出了一个新的金融机制，即减少发展中国家森林砍伐和森林退化造成的碳排放（REDD+），从而将森林提供的碳相关生态系统服务内化。大约 17% 的全球温室气体排放量是森林减少和退化引起的（IPCC，2007c）。如果国际社会能就 REDD+ 机制达成共识，则能大大有助于实现 UNFCCC 目标，即“将大气中温室气体的浓度稳定在可防止气候系统受到危险人为干扰的水平上”（第 3 条）。

专栏 5.9　UNFCCC 框架下 REDD+ 机制的发展

2005 年，在 UNFCCC 第 11 次缔约方大会（COP-11）上，巴布亚新几内亚提议增加一个机制，在 2012 年后气候变化政策有效期内减少森林砍伐所致二氧化碳排放量（即 RED）。这项提议得到广泛支持，大会建立了正式程序来进一步研究这个议题。

2007 年，UNFCCC 缔约方通过了《巴厘行动计划》（第 13 次缔约方大会 2 号决定），授权磋商 2012 年后施行的措施，尤其是促进发展中国家减缓因森林造成的气候变化的财务激励措施。该大会也确认了森林砍伐在碳排放中的作用。该计划特别呼吁“发展中国家制定政策方针和积极的激励措施，以减少森林砍伐和森林退化造成的碳排放相关问题；重视森林保护、可持续管理和提高森林碳储量的作用”（第 13 次缔约方大会 1 号决定，第 1b(iii) 款）。缔约方也承认，支持 REDD 的行动“能够促进共同福利，并可能有助于实现其他有关国际公约和协定的目的和目标”（第 13 次缔约方大会 2 号决定）。

2008 年，很多缔约方强调森林保护、管理和改善的重要性，“REDD+”一词开始正式投入使用（第 14 次缔约方大会，波兰波兹南，2008）。这个概念提出至今，所涉及的林业活动可能范围已显著扩大，并通过恢复 / 复原森林来回报“增强的积极变化”（参见表 5.1）。目前尚不清楚造林和再造林活动是否有资格入选 REDD+ 机制。

表 5.1　REDD+ 机制中良性活动的可能范围

变化	减少的消极变化	增强的积极变化
森林面积 /hm^2	避免森林砍伐	造林和再造林（A/R）
碳密度 /（碳 /hm^2）	避免退化	森林恢复和复原（增强碳储量）

资料来源：Angelsen 和 Wertz-Kanounnikoff（2008）。

森林在全球范围内，对确保生物多样性及减缓和适应气候变化，发挥着重要作用（参见第 1 章）。例如，维持较高的森林生物多样性不仅能提高森林的碳储存能力，而且还能提高森林对气候条件变化、污染和生物入侵的适应能力。本节介绍 REDD+，以及拟议机制如何发展变化（参见专栏 5.9），并审查各种方案，以最大限度地提高 REDD+ 机制下的生物多样性的共同福利，避免对生物多样性造成潜在的不利影响。

REDD+ 机制可以产生实质性的气候变化影响，因为与很多其他减排方案相比，REDD+ 机制下温室气体减排的成本较低（参见专栏 5.10）。可避免的实际森林砍伐和退化数量以及进而可防止的排放水平和新封存的碳量将取决于：①林业排放基准如何确定；②导致森林砍伐的根本诱因（即机会成本）；③可供调拨的专门用于 REDD+ 的财务资源（下文讨论）。

专栏 5.10 减少森林砍伐造成的温室气体排放的成本和效益

因研究所用的模型和假设不同，减少森林砍伐所致排放的成本也有所不同。相较于其他行业的温室气体减排方案，REDD 是低成本的减缓方案（Stern，2007；IPCC，2007c）。

Eliasch（2008）估计，到 2030 年，REDD 项目能让森林砍伐率减少一半，每年减排 1.52.7Gt CO_2，相当于每年减少 172 亿美元至 330 亿美元的花费。若以现值计算，预计长期净效益为 3.7 万亿美元（这仅仅只是减少气候变化带来的效益）。延缓 REDD 行动会大大降低其效益：若只是空等十余年不采取行动，可使森林砍伐减半的净效益减少 5 000 亿美元（Hope 和 Castilla-Rubio，2008）。

根据伍兹霍尔研究中心（Woods Hole Research Centre）的研究估算：亚马逊 94% 的森林砍伐行为是可以避免的行为，CO_2 的减排成本为每吨不足 1 美元（Nepstad 等，2007）。Olsen 和 Bishop（2009）发现：当碳价格低于每吨 CO_2 当量 5 美元时，巴西亚马逊河和印度尼西亚大部分的土地利用，可产生具有竞争力的 REDD。Kindermann 等（2008）估计，在 2005—2030 年，若减少 50% 的森林砍伐行为，每年能减排 1.5 ～ 2.7Gt CO_2，否则每年需多花费 172 ～ 280 亿美元（参见 Wertz-Kanounnikoff（2008）对成本研究的评论）。

资料来源：Stern（2007）；IPCC（2007a）；Nepstad 等，（2007）；Eliasch（2008）；Hope 和 Castilla- Rubio（2008）；Kindermann 等，（2008）；Wertz-Kanounnikoff（2008）。

数个关于 REDD+ 的重要技术和方法学问题，仍需通过国际 UNFCCC 过程进行商定（如需了解概况，参见 Corfee-Morlot，2007；Angelsen，2008）。对生物多样性有影响的关键 REDD+ 设计要素与其范围、基准 / 参考水平、融资、监测和报告方法有关（如需了解 REDD+ 提议的概要，参见 Parker 等，2009）。

（1）REDD+ 与 REDD 比较

精心设计的 REDD+ 机制可以真正长期地减少发展中国家由于森林砍伐和森林退化造成的碳排放（可测量），从而可能会给生物多样性带来显著的积极影响。由于减排意味着森林损失面积减少、栖息地破坏和景观破碎化程度降低，所以生物多样性的丧失程度也随之减少。

在全球范围内，例如，Turner 等（2007）研究生态系统服务（包括气候调节）和生物多样性如何在地理上重合。其研究结论表明，热带森林提供了最大的协同效应。这些热带森林虽然只覆盖大约 7% 的全球陆地面积（Lindsey，2007），却包含 80% ～ 90% 的陆地生物多样性（FAO，2000）。

若能通过适当恢复退化的森林生态系统和景观来实现 REDD+ 机制，则可对生物多样性产生额外的积极影响。在 REDD+ 中纳入造林和再造林（A/R）[7] 活动可以提供激励措施，促进森林砍伐地区的森林再生，并增进森林栖息地之间的连通。不过，我们仍有必要采取保障措施，以避免发生潜在的负面影响。例如，为形成单作人工林的 A/R 活动提供财务支持，可能会对生物多样性造成不利影响。这是因为，首先，与大多数天然林相比，单作人工林的生物多样性水平较低；其次，使用外来植物物种可能有额外的负面影响。相反，在适当地点混合种植本地物种可能会带来生物多样性和生态系统恢复力的多重福利。

（2）国家和次国家基准 / 参考水平

基准提供的是参考水平，以此评估排放量的变化，有助于确保“额外性减排”（即在一切照常情境下实现的减排之外的额外减排）。对于国家和次国家（包括项目）[8]层面如何建立 REDD+ 基准，目前已提出了各种建议。由于其他地方的森林砍伐和 / 或森林退化现象变得严峻，所选定的核算水平对“碳泄漏”有影响，即人为排放不再仅仅作为温室气体的来源，而是扩大到核算界线以外地区。如果森林砍伐 / 退化从生物多样性价值相对较低的区域转移到了具有较高价值的区域，则碳泄漏会对生物多样性产生不良后果。一般而言，国家级排放量核算比次国家级和 / 或项目级核算更能解释泄漏问题[9]。

一个相关设计要素是对这些基准内保护区（PA）的处理。有些高碳 / 高生物多样性生态系统可能位于法律上界定的保护区内，从而容易让人觉得其储存的碳很安全，对保护区提供 REDD+ 资助不会产生额外的碳封存效益。尽管这适用于管理良好的保护区，但很多地方的生态仍然会因为遭受侵占、偷猎和其他非法活动（Leverington 等，2008），而容易退化。这主要反映了世界各地很多保护区存在很大融资缺口（参见第 8 章）。

现有的保护区网络中储存了大约 312 Gt 的陆地碳。如果这些碳都流失到大气中，流失量相当于 2004 年全球人为碳排放总量的 23 倍（Kapos 等，2008）。相对于面向“安全”保护区的 REDD+ 融资，面向具有退化 / 森林砍伐风险和 / 或能够改善生态状况的保护区的 REDD+ 融资，能够产生较高的碳效益和生物多样性效益。

（3）总森林砍伐率与净森林砍伐率

另一个商讨的问题是：估算减排量时要考虑总森林砍伐率还是净森林砍伐率[10]。从气候角度而言，大气实际产生的变化（净值）是最相关的数字。然而，使用净森林砍伐率会忽视成熟林（即原始林和改良天然林）的损失，以及当地或其他地方的新森林区域对该成熟林的替换。而这会导致生物多样性的大量丧失（CBD，2008）。

（4）REDD+ 融资

UNFCCC 第 15 次缔约方大会（COP-15）（哥本哈根，2010）着重讨论了一种包含 3 个阶段的融资方法：

1）自愿资助国家 REDD+ 战略发展和能力建设（包括监测和建立参考水平）；

2）实施国家 REDD+ 战略中提出的政策和措施，辅以具有国际约束力的金融工具，例如，对分配数量单位进行拍卖（AAU）；

3）根据商定的参考水平核实减排量，并据此按绩效付费。

然而，目前尚未确定第 3 阶段的资金是通过国际碳市场（即允许 REDD+ 信用与其他限额交易），还是基金机构进行融资，抑或通过这两种渠道解决。这些方案对于如何促进生物多样性共同福利和决策会涉及哪些利益相关者，有着不同的影响。

例如，如果 REDD+ 第 3 阶段通过受监管的国际碳市场融资，则 REDD+ 信用需要能代替（互换）京都议定下市场现有的 AAU[11]。这些代替和互换单位为吨碳当量（t CO_2）。碳市场产生的信用需求将推动投资流向成本最低的缓解办法（须遵守政府对 REDD+ 信用所设定的市场准入限制）。

鉴于其吸引私营部门参与的能力，基于市场的 REDD+ 方法可吸引更多可持续的长期融资，从而减少对森林的损毁，加大生物多样性共同福利。尽管以资金为基础的方法可能在考虑生物多样性等目标时更为灵活，但从长远来看，该方法可能无法提供高额的融资款项。

（5）在执行层面最大化 REDD+ 机制的生物多样性共同福利

除了确保国际范围内的 REDD+ 设计要素有利于促进生物多样性共同福利外，国家和地方 REDD+ 投资者还可大有作为，在执行层面加强 REDD+ 的生物多样性共同福利。值得注意的是，如果 REDD+ 活动的对象是碳势高且生物多样性效益高的森林地区，那么，生物多样性共同福利可以在国家和地方层面"捎带"实现。若要识别及在地理位置上确定这些区域，需要使用空间绘制等工具。通过绘制高碳和高生物多样性效益重叠的区域，政府和 / 或私营部门投资者就有可能以一个价格获得两种环境服务。这类绘制工具目前已面世，但不同的绘制工具处于不同的开发阶段。譬如，碳和生物多样性示范图集［联合国环境规划署—世界保护监测中心（UNEP-WCMC），2008］展示了高碳地区和生物多样性重要地区在空间上重合的 6 个热带国家的区域和国家地图。为了确定生物多样性重要地区，UNEP-WCMC 使用了 6 个生物多样性指标：生物多样性热点地区、特有鸟类区、两栖动物多样性区、全球 200 个陆地生态区域、全球 200 个淡水生态区和植物多样性中心（参见图 5.7）。

这种空间工具可以帮助政府和潜在投资者确定 REDD+ 活动及其优先次序。然而，制定类似的地图需要在掌握国家生物多样性数据，在理解生物多样性和生态系统服务效益经济价值的空间基础上，开展更多工作。

如果这样的目标得到有效执行，REDD+ 融资机制则可以释放出目前投资于高碳 / 高生物多样性区域的现有生物多样性资金［例如，来自官方的发展援助（ODA）和 / 或发展中国家的政府预算］。这些资金随后可以转移用于高生物多样性和低碳效益的区域的生物多样性保护，从而实现更大的生物多样性总效益。

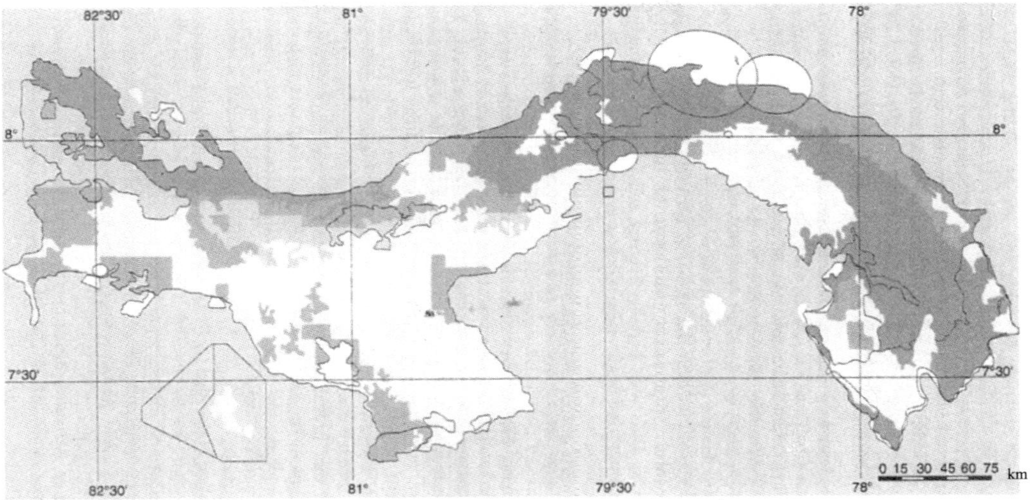

图 5.7　巴拿马国家碳和生物多样性地图

注：“具有高生物多样性”的区域指的是至少有四个指标重叠的地方，暗灰色区域表示重叠程度高。
资料来源：UNEP-WCMC（2008）。

（6）通过捆绑和分层服务直接推广 REDD+ 的生物多样性效益

除了 REDD+ 机制中的“捎带式”生物多样性共同福利以外，也可通过捆绑和分层生物多样性付费及碳付费来联合推广（即共同资助）生物多样性服务（参见图 5.5）。通过从使用或受益于非碳相关生态系统服务的人士处获得额外资金，以及对高碳和高生物多样性效益区域的 REDD+ 活动进行资助，可以避免在更大的区域内发生森林砍伐行为。自愿碳市场的若干举措已将林业活动中的碳和生物多样性效益捆绑起来。这些举措对提供额外生物多样性效益的自愿 REDD 信用给予额外奖励[12]。气候、社区和生物多样性联盟（CCBA）为林业项目建立起自愿标准和 REDD 示范活动；此外，Plan Vivo 标准、CarbonFix 标准、社会碳标准和加州气候行动注册处标准（参见 Karousakis，2009）也属于此类标准。

UNFCCC《巴厘行动计划》呼吁开展 REDD 示范活动，以便于积累实践经验和分享经验教训。这些试点活动仍处于设计和实施初期阶段，但最终能为未来的 REDD+ 机制提供值得借鉴的见解和经验教训[13]。政策制定者可以使用这些试点活动来积极推广相关的方法，最大限度地实现 REDD+ 机制带来的生物多样性共同福利。

正在进行的试点活动强调为依赖森林的社区创造条件，提供新的谋生方式，并改进管理、理清使用权（参见专栏 5.11）。

专栏 5.11 马达加斯加的多重福利 REDD 项目

背景

马达加斯加的森林覆盖率不足 15%。自 1953 年以来，马达加斯加丧失了大约一半的森林面积（Hanski 等，2007），多数沿海低地森林已不见踪影。未受保护的天然林在 2000—2005 年，以每年 0.65% 的速度不断流失（MEFT 等，2009）。

项目设计和目标

Ankeniheny-Mantadia-Zahamena 走廊项目旨在保护一些仅存的低中海拔原始雨林，为当地居民在生物多样性、生计和减缓气候变化方面带来多重福利。该项目通过在自愿的新兴合规市场出售 REDD 减排量，来进行碳融资。这将建立一个新保护区及造林目标场地，以恢复栖息地连通性，提高本地资源管理能力（约 315 000 人住在 30 个附近的社区），保护地方特有物种。

项目管理和资金

非政府组织支持由保护国际（CI）牵头。环境部作为项目经理，保护区作为管理者，通过 REDD 和再造林活动形成碳补偿“供应商”。社区和非政府组织组成当地管理单位，同业内人士结盟，最终向环境部汇报。保护国际和世界银行的生物碳基金（BioCF）为融资机制提供专业技术和财务支持，包括未来需采用的 REDD 碳核算方法，并监测碳减排量。

由于碳融资不足以支持森林碳项目较高的启动和交易成本，该项目还结合了碳信用购买承诺和来自 BioCF 对项目的支持，来自保护国际和政府对目标生物多样性的投资，以及从美国国际开发署（USAID）和世界银行筹集的社区发展资金。

资料来源：Olaf Zerbock 的个人通信，保护国际的 James McKinnon。

（7）与 REDD+ 机制有关的最新举措

目前促进 REDD+ 活动生物多样性的国际举措包括：

1）世界银行森林碳伙伴基金（FCPF）。该基金旗下的 REDD 准备基金针对生物多样性开展能力建设。参与国必须提交一份项目准备建议书，陈述用于提供和监测多重福利的措施，以作为国家 REDD+ 战略的一部分。国家 REDD+ 战略涉及生物多样性、减贫和福利分享等方面的内容。

2）联合国 REDD 方案通过与试点国家磋商，对森林碳储存、生物多样性和生态系统服务之间的关系进行空间分析，开发工具协助决策者促进协同作用、解决冲突和管理取舍选择，实现多重福利。

早在 REDD+ 机制达成正式协定之前，国际社会设立了一些国际捐助和基金组织，以便在发展中国家开展能力建设。这也表明碳 / 生物多样性的活动在国际捐助界获得了越来越多的支持（参见专栏 5.12）。

专栏 5.12 解决森林砍伐问题的国际融资举措示例

国家捐助活动

1. 挪威森林基金（自 2008 年起在 5 年间拨款 28 亿美元）；

2. 日本政府发起的凉爽地球伙伴倡议，支持非洲国家适应气候变化和获得清洁能源，其中包括每年从 100 亿美元基金中拨款 20 亿美元用于发展森林，从而加大对气候变化的适应程度；

3. 澳大利亚减少森林砍伐基金（提供 2 亿澳元基金，旨在减少东南亚地区的森林砍伐行为）；

4. 德国承诺每年拨付 5 亿欧元用于生物多样性项目。

紧急拨款建议

英国王子雨林项目提议设立紧急全球基金通过发达国家的公私融资合作（包括发行雨林债券）保护雨林。该项目打算每年筹资约 100 亿英镑。在 G20 成员国的支持下，国际工作组成立于 2009 年 4 月，对一系列建议展开了研究。

UNFCCC 清洁发展机制（CDM）下注册的再造林项目

CDM 机制下共注册八个林业项目。其中包括非洲的尼罗河流域再造林项目。该项目由乌干达国家林业管理局领导，得到当地社区组织的支持。乌干达鲁沃霍中央森林保护区项目将会为当地创造多达 700 个工作岗位。该项目在退化草地上种植松树和多种本地树种，并从 BioCF 处领取酬劳。该项目旨在为当地民生、气候适应能力和生物多样性带来共同福利。

资料来源：改编自日本外务省（2008）；王子雨林项目（2010）；世界银行（2010）。

最近，在 REDD+ 机制的背景下，日本名古屋召开的生物多样性公约第 10 届缔约国会议通过了关于生物多样性和气候变化的决定（议程第 5.6 项），特别呼吁各缔约方就相关生物多样性保障措施的实施提出意见［第 9（h）款］。进一步商讨相关方法和手段，以实现生物多样性共同福利。

5.3.3 全球生态系统服务的直接国际支付

> 需要设计一种机制，补偿那些保护全球共有资源的社会群体。
>
> （UNEP，2009c）

本部分将探讨旨在实现全球生物多样性公共利益的新兴举措，以及维护全球生态系统服务的激励措施。

（1）将生物多样性作为一种全球公共物品

正如本书通篇所强调的，生物多样性和生态系统服务为当地社区和国家在生产、文化价值和休闲娱乐方面，做出了重要贡献。然而，生物多样性也是全球公共物品，理应得到来自全球的保护、恢复和管理合作。

我们已经看到，保护这些公共物品供给的责任通常由政府承担，因为公共物品具有非排他性和非竞争性。承认生物多样性是全球公共物品意味着：所有政府都有义务对其加以保护，政府既可以为组织、企业和个人创造条件，有利于对生物多样性开展更大规模和更有效的保护，也可自行承担这一保护任务。

政府投资境外自然资本和生态系统服务以及支持国际 PES 的理由至少包括如下 3 点：

1）全球利益，不论是直接或间接的使用价值和非使用价值（参见第 4 章），均源自生物多样性和不同层次的生态系统服务。这需要在政府政策中予以明确。

2）为避免在发展经济的同时造成全球环境恶化，生物多样性丰富的发展中国家需要付出直接努力，发达国家也需提供大量持续的资金支持。

3）进口初级产品的发达国家若未自行消化其全部环境成本，实则是将环境压力出口给了其他国家。用来补偿或避免国外负面环境影响的机制可减小生态压力，并为转型为可持续生产模式赢得了时间。

专栏 5.13　考虑 PINC："自然资本积极投资"提议

我们提议建立自然资本积极投资（PINC）新机制，以帮助不能直接从 REDD 基金受益的现有保护区和未伐林更好的适应气候变化。

（Trivedi 等，2009）

PINC 由全球林冠项目提议，致力于为没有受到直接威胁或不能从 REDD 机制受益（取决于其设计和实施情况）的大面积未伐林提供补充资金流。PINC 承认热带森林具有巨大的货币价值和非货币价值，并呼吁建立一种机制，对其作为多种生态系统服务（碳储存除外）全球提供商所起的作用（例如生物多样性保护、形成降雨、供水调节和冷却空气，这些作用可能会因气候变化而变得越来越重要），进行嘉奖。

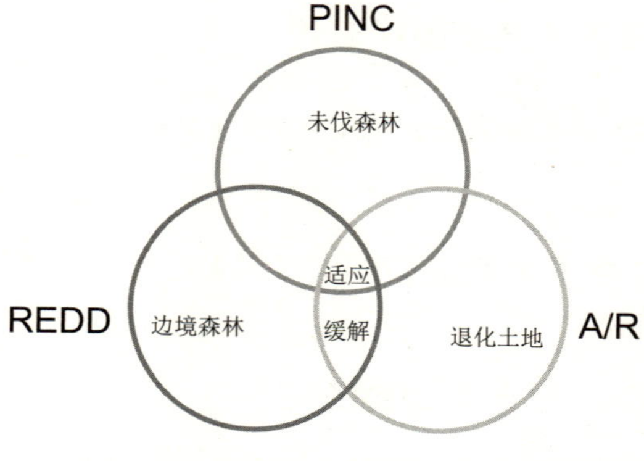

图 5.8　维持或恢复热带雨林生态效用的三种机制

资料来源：Trivedi 等（2009）。

从地理位置上来说，生态系统的使用和供给在世界各地分布不均。在具有重要生态使用价值（如农业收成）、文化价值（如魅力物种）、碳储存价值（参见 Kapos 等，2008）和生物多样性丰富地区更是如此。这种不平衡既是由过去人类发展路径和人口流动造成的，又是由不同的自然禀赋和气候条件造成的。

在发展中国家，生物多样性丧失尤其严重。很多发展中国家面临与经济和社会发展相关的严峻挑战（消除贫困，提供教育和就业机会）（参见图 5.9）。生物多样性保护通常也会存在相当大的机会成本（例如，厄瓜多尔叶苏尼国家公园是地球上生物多样性最丰富的地方之一，同时也蕴藏着大量的石油储量）。如果这些国家没有获得更多投资，那么世界生物多样性最丰富的地区至少在短期内，不会得到可持续管理和保护。直接和间接受益于这种生物多样性和相关服务的发达经济在为生物多样性保护和可持续利用付费方面发挥作用。

各国在区域和国际贸易中的相互依存关系明确揭示了生物多样性在全球经济中的作用。很多国家进口大量初级消费品，而这些初级消费品最终源自生态系统。对国际生产重要的生态系统服务应当从长远角度进行管理，并受到相应法律的保护（参见 5.6 节和 5.7 节）。

（2）生物多样性全球投资机会

除了碳封存和捕获（如 REDD）外，国际 PES 全球项目还涵盖氮沉降、水资源和降雨调节以及物种和自然区域提供的全球文化服务等内容。

人们提出了不同的方法应对国际生物多样性转移，动员国际资本对自然资源进行投资。但出发点都是一样的：既然没有办法使全球生态系统服务带有“排他性”，我们就必须找到替代方法，创造对这种服务投资的需求。其中一种方法是根据生物多样性保护的全球目标来分配责任（参见专栏 5.13）。另一种方法是采用市场机制，帮助各国以更具成本效益的方式提供生态系统服务（参见专栏 5.14）。

无论采取哪种方法，可能都需要为国际协定争取到国家立法的支持，为全球生物多样性的保护吸引到长期可持续的融资。政府有能力支持这一国际共识，并且已设法吸引私营企业加入这项事业，制定适当的激励措施，以减少不利影响，加大对生物多样性和生态系统服务的投资。

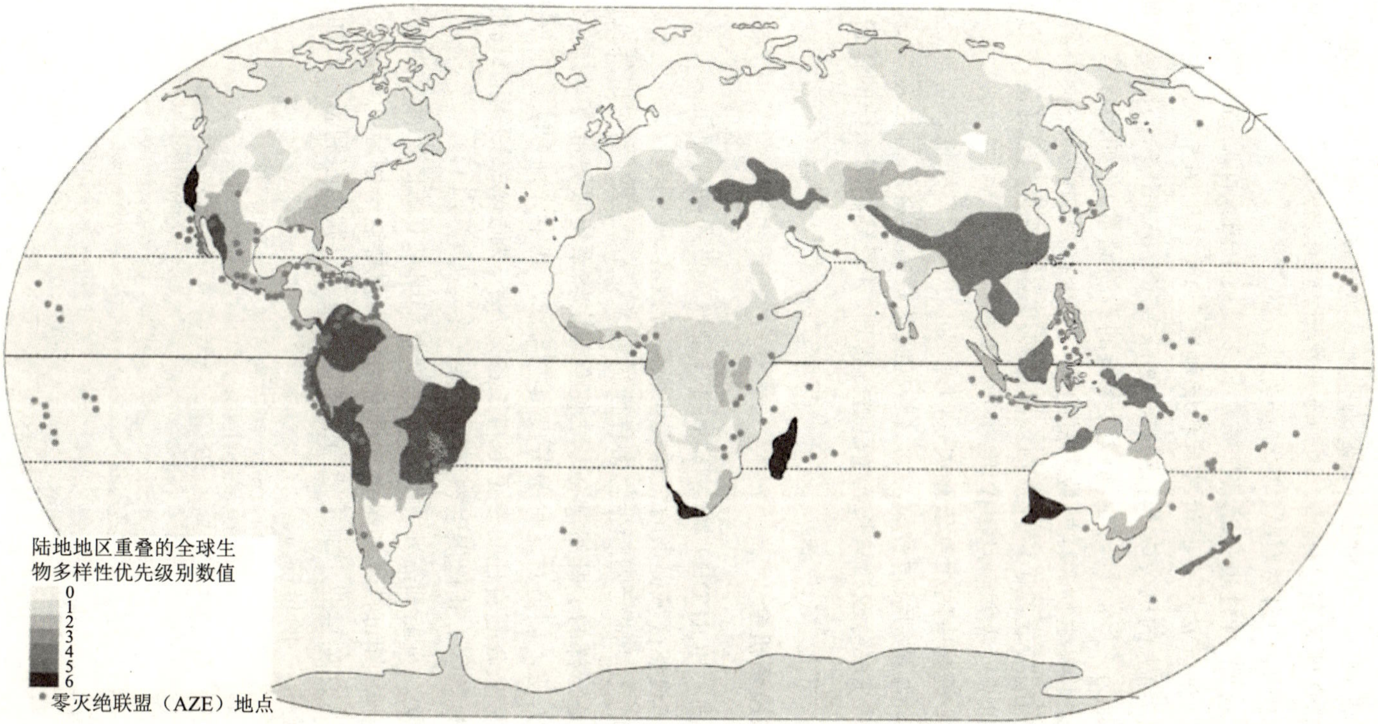

图 5.9a　生物多样性热点地区和主要荒野地区以及联合国人类发展指数（HDI）的比较图：全球生物多样性“优先区域”地图

注：这张地图以国际保护热点为基础。这些国际保护热点包括：WWF 全球 200 个生态区域、国际鸟盟特有鸟种区（EBA）、WWF/IUCN 植物多样性中心（CPD）和两栖动物多样性地区及零灭绝联盟（AZE）地点。

资料来源：Kapos 等（2008）。

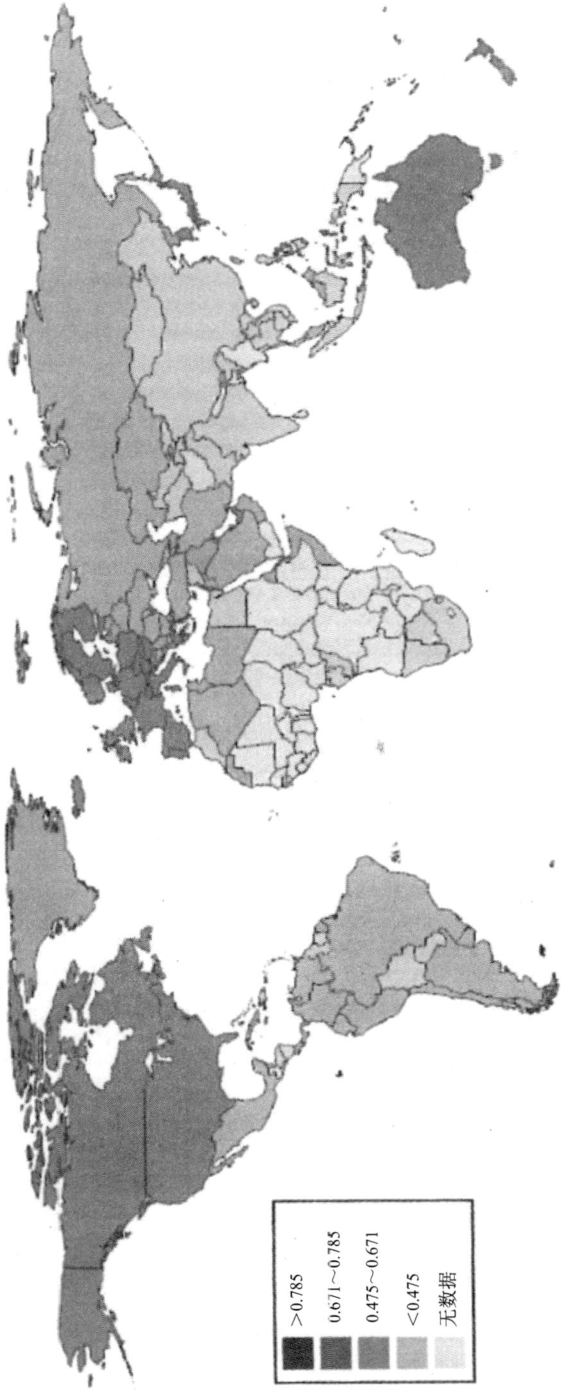

图 5.9b　生物多样性热点地区和主要荒野地区以及联合国人类发展指数（HDI）的比较图：人类发展指数（HDI）比较（2010）

资料来源：UNDP（2009）。

专栏 5.14 通过绿色发展倡议（GDI）刺激国际生物多样性需求

荷兰基础设施与环境部、Earthmind、IUCN、OECD 和 UNEP 与 CBD 秘书处合作，促成专家讨论和磋商以市场为基础的生物多样性创新金融机制。该机制被称为绿色发展倡议（GDI），其目的在于支持 CBD。

GDI 旨在创造有利条件，从私营部门调集资金实施 CBD，减少生物多样性丧失。鉴于生物多样性资金传统上来自官方发展援助和慈善资助，GDI 会通过功能性市场机制把生物多样性供应和需求联系在一起，该机制以标准和认证 / 证明过程为基础。

现在关于 GDI 的构想是：GDI 通过向企业、消费者和其他方提供可供自愿购买的 GDI 认证区域，来推动生物多样性保护区域（“认证保护区”）的发展。销售不会涉及土地本身，而是涉及相关土地生物多样性的管理，包其生物资源的保护及可持续利用。

与碳市场不同，生物多样性不是作为商品（如减排吨数），而是以土地单位进行交易。换句话说，以认证的生物多样性管理计划所保护的固定土地公顷数进行交易。此外，因为生物多样性补偿通常“同比”需要局部补偿，GDI 一般不会支持国际补偿。相反，GDI 会支持特定区域生物多样性管理的国际支付。

资料来源：Swanson（2009）；Swanson 等（2009）；CBD（2010）；Earthmind（2010）。

5.4 改变税收和补偿机制来实现环境目标

经济手段对于评估自然向社会提供的公共服务发挥着核心，乃至不可或缺的作用（Bräuer 等，2006；EC，2007）。这些服务可成为一系列公共政策工具的目标，譬如税收（5.4.1 节）、政府间财政转移支付（5.4.2 节）和政府支出（5.4.3 节）（Ring，2002）。

财政手段作为生态财政改革（Meyer 和 Schweppe-Kraft，2006；Ring，2008a）的一个措施，可更广泛地用于激励生态保护和筹集保护资金（OECD，1999；Emerton 等，2006）。这种工具也是社会政策的核心，可用于财富和收入的再分配。因此，通过财政手段可将保护生物多样性和生态系统的使命与减贫相结合（OECD，2005；World Bank，2005）。

5.4.1 以公开征税促进保护

税收、收费和规费等经济手段和针对性豁免既是政策制定者可利用的重要工具，也是对 PES（参见 5.2 节和 5.3 节）、认证（参见 5.6 节）、调节（参见第 7 章）和非约束性协议（Menzies，2002）的补充。如果上述经济手段设计得当并基于相关指标，则可为公民、企业甚至政府的更可持续行为提供强大的动力。

诸如土地、财产和所得税等经济手段可用来奖励生态保护行为和可持续管理行为，但事实上这些经济手段却很少被用于此目的。可通过有针对性减少税负（抵免或免税）来实现这一目标。免税和 PES 一样，鼓励对生态系统开展积极的保护。这两者的区别在于：PES 是对服务直接付费，而免税实际上是不缴费（不缴纳本应作为税费支付的款项）。即使能取得相似的财务结果，这两个工具的设计理念各不相同，公众对二者的认知往往也不同。尽管减税和付款的经济效果可能相同，有人却认为减税相当于是“工作酬谢”，更能体现出对服务提供者的感谢。

可向承担保护工作或为了维护栖息地而放弃未来开发权的土地所有者（Boyd 等，2000）给予免税或抵税优惠。不同司法管辖区采用的免税措施也不尽相同（Shine，2005）。譬如，为保护生态而捐赠土地的人士享有的保护地役权和税收优惠，就是这样的优惠措施（参见专栏 5.15）。

专栏 5.15　北美对保护地役权和生态捐赠给予的税收优惠

地役权是为保护某块地产上的资源（自然或人造资源）而采取的有法律约束力的限制，禁止在土地上进行某些特定类型的开发。土地所有者可自愿出售或捐赠地役权。

美国

出于公共物品来自私人土地这一考虑，美国具有采用地役权对自然区域进行长期保护的传统。目前，美国有 1 260 多个地方和区域“土地信托”或保护机构从事地役权业务，并担任地役权的受托人。截至 2000 年，土地信托机构已通过保护地役权保护了 100 多万 hm^2 的土地，比 1990 年几乎增加了 500%，而这一数字还在继续增长。到 2005 年，土地信托机构已对 250 多万 hm^2 土地持有地役权：政府机构和非营利组织也持有大量的地役权（土地信托联盟，2006）。

大自然保护协会是保护地役权的最大非营利持有人，目前对 130 万 hm^2 土地持有地役权。自然资源保护局（NRCS）由美国农业部提供资金，负责对 80 多万 hm^2 土地的约 11 000 项地役权进行监控、管理和开展执法活动（Rissman 等，2007）。

公众可购买或捐赠地役权。地役权捐赠人可享受减税及慈善捐赠税收减免等优惠措施。税收法规及实用评估技术都变得越来越利于地役权的使用，而地役权合同的制定也变得相当简单。地役权在美国普及的原因部分在于：其环境土地利用法规相对薄弱，并且是由市政府而不是州政府和联邦政府管辖；但针对私有土地所有者却颁布了一套鼓励其捐赠或出售其土地公共利益的措施。在土地使用限制相对严格以及公共访问权高度发达的国家，如德国或英国等欧洲国家，地役权就较少派上用途。

设计地役权合同时应主要考虑以下问题：期限（长期）、监督和执行，以避免地役权在经过几代人转手后，面临使用 / 开发限制等难题。

资料来源：TNC（2003）；Boyd 等（2000）。

加拿大

Ecogift 计划于 2001 年推出。根据该计划：生态敏感的土地拥有者将土地完全或部分地捐赠给指定接收人，后者承担起对自然栖息地进行可持续管理和保护的责任；而土地所有者将享有税收优惠。目前捐赠的生态地块已超过 800 块，总价值超过 5 亿加元（约 4.85 亿美元），覆盖了 13.4 余万 hm^2 的野生动物栖息地。捐赠接收人的资格受到立法的严格管控，捐赠接收人包括联邦政府、省或地区政府、市政府、履行政府职能的市政或公共机构，或经加拿大环境部批准的慈善机构。土地或权益捐赠者享受税收优惠作为回报：

1. 个人捐赠者的生态捐赠总价值可用于计算不可退还的税收抵免；
2. 捐赠价值可直接从企业捐赠者的应纳税所得额中扣除；
3. 资本利得可以免税。

资料来源：加拿大环境部（2010）。

除了财产或权益的赠予外，税收优惠还包括别的多种措施。例如在荷兰，特定的绿色投资可享受资本利得税豁免（参见专栏 5.16）。

专栏 5.16　荷兰“绿色基金计划”

该计划的设立是为了鼓励对环境有积极影响的项目。政府向“绿色”储户和投资者提供税收优惠，银行为具有生态可持续性的房屋、风电场、森林或有机农业等项目提供低息贷款。根据荷兰的税收制度，储户和投资者通常需对储蓄或投资的资金支付 1.2% 的资本利得税。然而，绿色资本人均免税额最高可达 52 579 欧元（2006）。

资料来源：SenterNovem（2010）。

再如，银行为鼓励实现保护目标而向借款人提供低息贷款（参见专栏 5.17）。

专栏 5.17　日本用低利率鼓励城市绿化

日本名古屋市私有绿地占地约 2/3，面对遏制私有绿地萎缩的迫切需要，市政当局于 2008 年 10 月实施了本地绿化计划。根据该计划，达到或超过一定规模的新建或扩建项目，必须满足最小绿化面积的要求。例如，占地 300 m^2 的场地其建筑与土地比例为 50%，这相当于绿色覆盖面积为整个场地面积的 20%。当地私营银行名古屋银行推出了新的住房贷款计划，凡能提交由名古屋市签发的 NICE GREEN 绿色认证证书的客户，都可享受低息贷款。

资料来源：日本佐渡市，www.city.sado.niigata.jp/。

5.4.2　政府间绿化财政转移支付

公共支出包括各级政府间的财政转移，这一点往往为生态保护策略所忽视。国家政府向次国家和地方政府分配大量税收收入，为后者兴建运营学校、医院和道路提供资金。上述公共财政机制对地方和区域决策者至关重要（参见《TEEB 地方政策报告》，2011），但上述公共财政机制的生态影响却经常被忽略（Ring，2002）。

将保护生物多样性和维护生态系统服务纳入下级政府的税收收入分配体系，会鼓励决策者在培育税基的同时更好地兼顾对自然的保护。然而，目前地方税收优惠政策仍以吸引更多的企业、居民和建筑活动为主要目的。在这种情况下，土地利用会破坏或损毁自然栖息地。

政府间财政转移制度改革可创造双赢局面。举例而言，很多国家机构将省或市的面积作为确定财政转移支付的一个标准。但这只是将“保护区”（PA）纳入税收分配额外标准迈出的一小步。将“保护区”（PA）纳入税收分配额外标准利用筹集资金、对保护区开展本地管理、设定保护目标（参见第 8 章），并扭转其保护区被视为财政负担或发展障碍的负面印象（Ring 等，2010）。

如果生活在保护区内和周围的人能受益于生态财政转移支付制度，该制度的正面效应将更加明显：在某些情况下，这有助于减少地方对保护区的反对。此外，被划归为保护区后更加稳定的收入前景，也会鼓励更多地区建立新的保护区。如果保护区能够从别的途径获得充足的财政资源开展有效管理，就会降低从地方当局获取资金的需求。

建立保护区的决策往往由上级政府做出，地方决策者对选址的影响不大。将保护区作为政府间财政转移支付的标准之一，有助于调和保护区当地成本与保护区带来的跨地区广泛利益之间的矛盾。

一些国家已经采取措施，利用生态财政转移来补偿当地其因建立保护区而承受的土地利用限制。自 1992 年以来，巴西有几个州已将保护区作为州向所辖市区分配增值税收入的一项指标（Grieg-Gran，2000）。葡萄牙在 2007 年 1 月修订了《市财政法》，利用生态财政转移支付来奖励辖区内被划归为欧盟 Natura 2000 自然保护区的地区的和其他保护区（De Melo 和 Prates，2007）。

用上述标准来重新分配不同级别政府之间的税收，有助于重新调动公共参与者的积极性。在这点上，巴西就是一个比较成功的典范（参见专栏 5.18）。但是，应该保证上述财政转移支付与更广泛的利益明确结合起来，上级政府最终不应为通常由市政当局直接提供的本地商品和服务（如污水处理）埋单。

与 PES 计划一样，空间直观模型和 GIS 工具有助于说明：生态转移支付在规划阶段可能造成的影响。财政转移支付制度涉及大量资金流动，在各国不尽相同，具有政治敏感性。通过借鉴现有转移计划并结合适当的生态标准（如保护区在当地的占地比例），有利于决策者制定创新的解决方案，筹集保护资金。

专栏 5.18 巴西的生态财政转移支付

在巴西的 26 个州中（参见图 5.10），已有 14 个州通过了“ICMS Ecológico”（相当于商品和服务的生态增值税），其余各州也正在准备相关立法。该机制采用生态指标作为标准，将各州的 ICMS 收入重新分配到各市。尽管各州采用的指标不同，但各州（只有一个州例外）在建立保护区后都对受到限制的土地用途给予补偿。有此种政策作为后盾，建立新的生物多样性保护区域就显得更具吸引力。

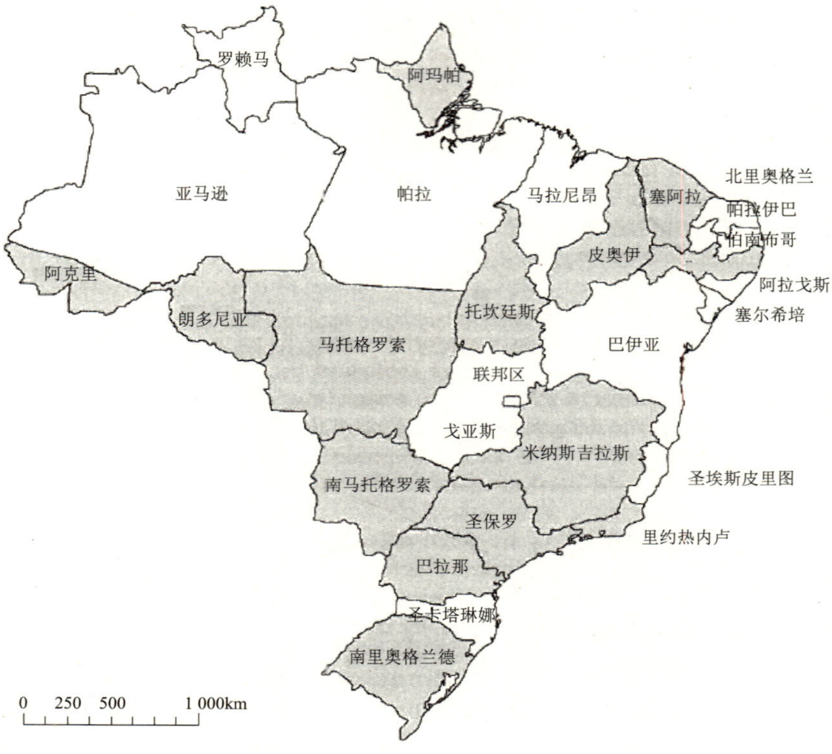

图 5.10 巴西生态财政转移支付

注：阴影表示已采用税制的州。

资料来源：UFZ

巴拉那州于 1992 年成为第一个引入生态 ICMS 的州。在分配到地方的税款中，2.5% 是根据保护区的数量和质量分配的；另外 2.5% 是根据市辖区内的水源保护区分配的。截止到 2000 年，巴拉那州保护区的面积增加了 165%，保护区比例较高的城市收入也获得增长。

资料来源：May 等（2002）；Ring（2008B）；TNC（2010）。

对于瑞士来说，Köllner 等（2002）已基于生物多样性指标和各州的基本标准，建立了政府间转移到地方的模型。

对于德国，Ring（2008a）提出了将保护区纳入萨克森州的政府间财政转移支付制度的方法（参见专栏 5.19）。在印度尼西亚，政府间财政转移支付已被建议作为国家层面实施 REDD+ 及衔接生物多样性保护和减缓气候变化政策的必要工具（Irawan 和 Tacconi，2009；Ring 等，2010）。

专栏 5.19　德国生态保护政府间财政转移支付建模

萨克森州以 2002 年的行政、社会和经济数据为基础，为从州到地方的财政转移支付制度建立了模型。该模型增加了保护单位（CU）指标，将福利范围超过地方辖区的生态服务也纳入考虑范围。保护单位是指在萨克森州的下属辖区境内，属于萨克森州自然保护法定义的保护区区域（图 5.11）。5.12 图上显示了：在现有指标（居民和学生）之上，还引入保护单位指标，萨克森市财政一次性转移支付所发生的变化。

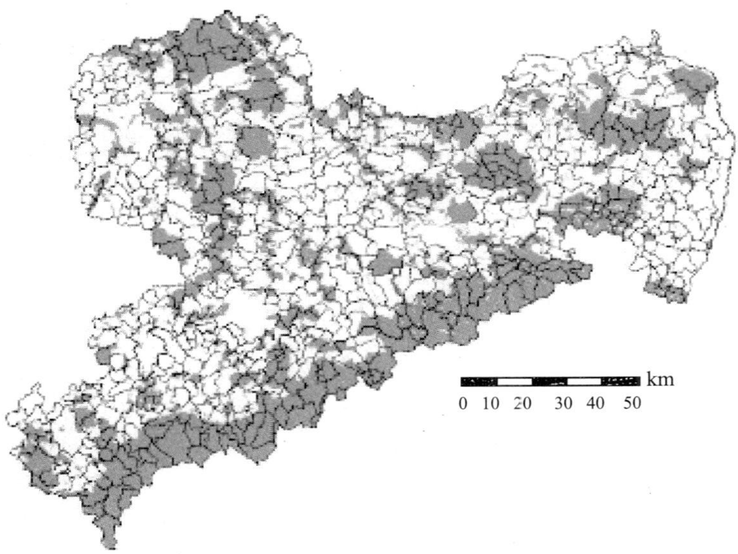

图 5.11　德国萨克森州边界上的保护区

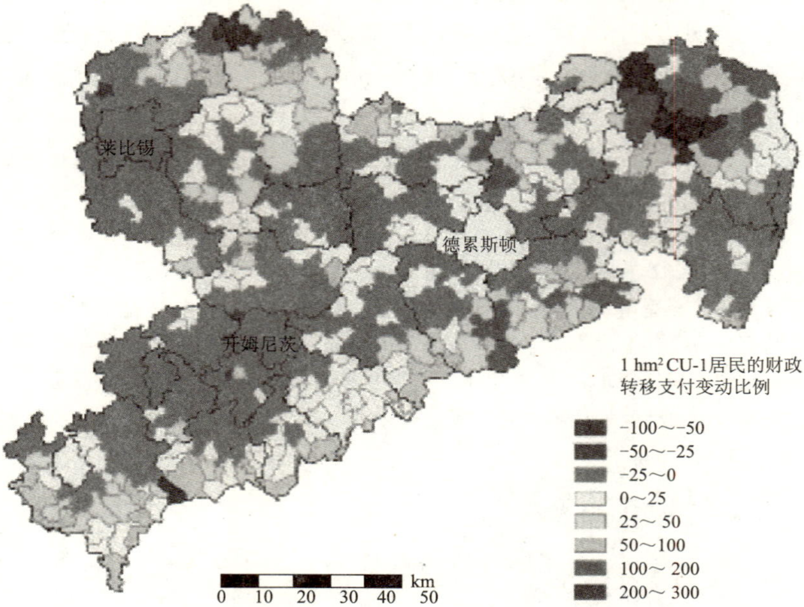

图 5.12　萨克森州在 2002 年将保护区纳入财政转移支付制度时，萨克森市财政一次性转移支付所发生的变动比例

资料来源：Ring（2008a）。

5.4.3　野生动物伤害公共补偿计划

补偿金旨在对因保护野生动物而遭受损失的土地使用者（大多是农民和渔民）进行赔偿。土地使用者蒙受的损失包括：狼对牲畜的伤害（Fourli，1999）或海豹对渔具的伤害（Similä 等，2006）。虽然上述补偿金可能会引起争议，但很多实例已证明这种补偿不仅有效，并且得到当地利益相关方的认可。无论是在发达国家还是发展中国家，补偿金计划得到了推行（参见专栏 5.20 以及第 8 章关于印度大象事件补偿的实例）。

专栏 5.20　苏格兰大雁管理计划

该计划旨在通过补偿农民因越冬大雁造成的农作物损失，促进对大雁的保护及大雁的可持续发展。按照计划要求，每个农场需要为大雁留出特定区域，将大雁从农场其他区域赶至该特定区域。该计划最初按大雁数量给付，但交易成本过高，目前已改为按面积付费。每公顷轮作草场或耕地需支付的一般（最高）费用约为 195 英镑或约 237 欧元（最高不超过 300 英镑或约 365 欧元）。该费用由英国政府根据五年期协议支付。

资料来源：Bräuer 等（2006）；苏格兰政府（2007）。

虽然野生动物伤害补偿金有时对防止狩猎或捕杀受保护的濒危物种很有必要，但是野生动物伤害补偿金通常会涉及或甚至造成人们对野生动物的负面看法。在很多国家，人们的观念正在改变，即渐渐摒弃野生动物伤害补偿金制度（视野生动物为成本），转而采用公共支出奖励在其私有土地上培育野生动物的个人，或颁布配套措施为保护物种提供喂养栖息地（即视野生动物为有益投入并给予相关资金支持）（Similä 等，2006；Suvantola，撰写中；参见专栏 5.21）。

专栏 5.21　芬兰奖励萨米人保护金雕

该计划对金雕给芬兰北部驯鹿饲养业带来的损失进行补偿。根据最近的修订版本，该计划旨在促进对该物种的保护，而不是主要针对他们带来的伤害。目前，该项目主要基于物种筑巢和繁殖情况发放补偿款，鼓励萨米人积极监视筑巢地。参与者在发现筑巢地点信息后，即向保护当局报告。该计划禁止干扰金雕筑巢，鼓励金雕自行建造筑巢地点，不允许破坏其筑巢地点。目前，该计划的后续工作正在推进，以期在主管部门和受到物种恢复不利影响的民众之间建立信任。

资料来源：Suvantola（撰写中）。

5.5　分享通过遗传资源获得的福利

我父亲说过，“你千万不要想着把所有的钱都赚净。让其他人也赚一些，如果你落得总是赚走所有钱的名声，那你能做的生意也就不多了。”

（John Paul Getty）

本节介绍了通过合同机制和《生物多样性公约》下的《获取与福利分享议定书》对于更公平高效地回报遗传资源价值所取得的进步。本节研究了影响遗传资源价值的经济因素（5.5.1 节），以及如何克服阻碍此类价值取得最大化的阻力（5.5.2 节）。我们还认为（5.5.3 节），公平公正地分享福利是值得推崇的，因为这不仅符合公平原则，而且归根结底来说，这对于确保更有效地管理和利用遗传资源也至关重要。这些问题不仅对于遗传资源的使用者（例如，制药行业或生物技术行业）很关键，而且对于遗传资源拥有者或参与对遗传资源拥有者产生影响的用地决策的人员和相对贫穷的农业社区或土著社区的居民也很关键。公平公正地分享遗传资源的福利能够改善民生，促进以可持续的方式利用承载遗传资源的生态系统。更加公平公正地分享福利还有利于南北均衡发展，很多遗传资源位于南半球的发展中国家，而北半球工业化国家的各种产业对遗传资源进行大量的商业利用。

公平公正地分享利用遗传资源所产生的福利是《生物多样性公约》（CBD）的三大目标之一。继可持续发展世界首脑会议（约翰内斯堡，2002）呼吁各国首脑采取行动之后，国际社会近期根据《生物多样性公约》举行了一系列谈判，通过了《关于获取遗传资源以及公正和公平地分享其所产生福利的名古屋议定书》。为了进一步支持落实《生物多样性公约》的有关规定，《议定书》规定了各方义务，以保证公平公正地分享遗传资源利用所产生的福利，明确了获取遗传资源的清晰程序（参见 5.5.3 节和 5.5.4 节）。

5.5.1 遗传资源的价值

遗传资源为一系列商业产品（从主流医药品到植物药品、新种子品种、观赏园艺产品、生物技术的新酶与微生物、作物保护产品、个人护理产品和美容产品）提供了原材料。2006 年全球医药市场增长了 7%，达到 6 430 亿美元（IMS Health，2007）。自然产品继续为药物研制提供很多重要新线索，大大增加大医药公司的净利润。例如，1981—2006 年，47% 的抗癌药物和 34% 的针对所有疾病类别的所有小分子新化学实体（NCE）都是自然产品或直接来源于自然产品（Newman 和 Cragg，2007）。

表 5.2 列出了关键产品类别的预计市场规模和源自遗传资源的百分比数据，以便表明依赖遗传资源的活动的经济价值。

表 5.2 依赖遗传资源的市场行业

行业	市场规模	注释
制药	2006 年为 6 430 亿美元	制药业相当大部分原材料源自遗传资源（例如：1981—2006 年，47% 抗癌药物由遗传资源制成）
生物技术	2006 年仅上市公司的市值就为 700 亿美元	很多产品源自遗传资源（酶、微生物）
作物保护产品	2006 年为 300 亿美元	部分源自遗传资源
农业种子	2006 年为 300 亿美元	全部源自遗传资源
观赏园艺产品	2006 年全球进口价值 140 亿美元	全部源自遗传资源
个人护理、植物药和餐饮业	草药补充剂为 220 亿美元； 个人护理产品为 120 亿美元； 食品为 310 亿美元。全部为 2006 年数据	部分产品源自遗传资源：代表市场中源自“自然”的部分

资料来源：MS Health（2007）；Newman 和 Cragg（2007）；CBD（2008）。

从商业角度来看，我们需要回答一个关键问题：最终产品的价值有多少可以归因于遗传物质，多少可以归因于其他生产要素（劳动力、资本、本地知识等）？为回答这一问题，我们需要区分：

1）为获取遗传物质，药品或其他产品的生产商必须支付多少费用；

2）遗传物质对生产商有什么价值（即公司愿意支付的最高费用——所谓的“支付意愿”）。

最高支付限额与获取遗传物质的成本之间的差额称为遗传物质的“租金”。文献中上述问题有时与开发成本有关，有时与租金有关，但二者不应混淆。有关各方根据其付出情况按比例支付获取遗传物质的成本，而租金却可能被任何一方（譬如使用遗传物质的公司或遗传物质的提供方）占有。所以租金的分享需要以公平公正的方式进行（参见5.5.3节）。

最终产品的价值减去遗传物质的开发、生产、采集和分类成本，可以计算出经济租金。由于研发（R&D）是一项不确定的活动，所以这些计算比较复杂。获得回报对于补偿风险非常必要。由于涉及的大部分数字很大，而租金是二者之差，所以即使很小的数字误差也会明显影响计算结果。

目前已有数个针对经济租金的估算。这些估算结果相当低，令那些认为遗传资源是高价值全球资源的人感到沮丧。一项关键的早期研究（Simpson 等，1996）以1996年的价格计算遗传资源的价值介于0.20美元/hm^2（加利福尼亚州）和20.60美元/hm^2（厄瓜多尔西部）之间，并认为这些估算值可能偏高。得出相同观点的其他研究包括Barbier与Aylward（1996）和Frinn（2003）进行的研究。在研究人员看来，造成遗传资源价值如此之低的原因包括：开发最终产品和推向市场的成本不菲，开发遗传资源耗时颇长、系统效率低下。

研究人员随后多次试图改善这些估算结果。Craft与Simpson（2001）认为：如果我们不是根据最终药品的价格计算，而是根据救命药品受益者的支付意愿计算，则遗传资源的经济租金可能比上述估算要高出两个数量级。然而，这又产生了如何（能否）获得更高使用价值的问题。药价的大幅提高将很多贫穷使用者拒之门外，这很难称得上是遗传资源福利的公平分配。

目前，遗传资源的使用范围远远超过了Simpson等（1996）之前的描述，遗传资源的净值应当有所增加。若能找到更有效、更经济的方式收集遗传物质的有关信息和筛选遗传物质，也能提高遗传资源的经济租金。Rausser与Small（2000）估算的租金增长值比Simpson等（1996）估算的增长值要高一个数量级。虽然Rausser与Small（2000）的估算受到批评（Costello与Ward，2006），但降低交易成本无疑可增加遗传资源的经济租金（参见5.5.2节）。

对于发展中国家来说，微生物日益重要的地位是限制遗传物质价值增长的一个因素。热带地区并不是特别重要的微生物发源地。然而，情况并非总是如此。因为从自然界采集样本的公司仍然对来自多样化环境和极端环境的样本感兴趣（CBD，2008）。对于他们来说，需要与微生物样本提供者建立强有力的合作关系；而对天然产品化合物的开发进行监督，也有助于确保他们与遗传资源（开发这些化合物的基础）提供者分享福利。

目前遗传物质经济租金的分享模式对于遗传资源的提供者来说，并不是特别有利，这对于那些居住在遗传资源所在地的居民来说更是如此。国际社会在20世纪90年代对以遗传资源为原料的产品的福利分享模式制定过若干协议，这些协议引起了广泛关注。我们从最重要协议[14]选取8份进行研究，得出如下结论：

1）大部分协议规定共享特许权使用费；

2）大部分协议的有效期为2～11年不等；

3）有些协议要求生物探勘者为有关地区的生物多样性保护提供财政捐助；

4）有些协议涉及技术转让事宜，以促进本地的准备和筛选能力；

5）这些交易涉及的财政资源相对较少（参见专栏5.22）。

专栏5.22　生物探勘合同中的福利分享和支付范例

肯尼亚

2007年5月，肯尼亚野生动物管理局（KWS）和丹麦生物科技公司诺维信集团达成了一项为期5年的合作伙伴关系，共同收集和确认肯尼亚各国家公园内的微生物并描述其特征。诺维信参与该协议的出发点并不是由于诺维信打算在该地区进行生物探勘，而是希望协商一份福利分享协议，对早期收集的未达成任何协议的资源进行商业化运作。其中达成的一项协议带动了商用产品（纸浆）的发展，从而降低了漂白木浆所需的氯用量。肯尼亚野生动物管理局将在国家公园和自然保护区内开展微生物收集工作。由于该协议与微生物有关，所以并不适合使用传统知识，而且该协议中也未涉及传统知识。诺维信成立了微生物实验室，肯尼亚野生动物管理局的研究人员在该实验室开展工作。该协议规定：肯尼亚野生动物管理局对于该协议下开发的任何商用产品都将收取特许使用费，此外，肯尼亚野生动物管理局还可收到一笔预付款，以支付样本收集和实验室工作的费用。肯尼亚野生动物管理局获得的其他福利还包括对员工的培训。合作关系下形成的任何知识产权都将由双方共同拥有。

埃塞俄比亚

埃塞俄比亚农业研究组织生物多样性保护研究所（IBC）在2004年与一家总部位于荷兰的小公司，即健康与功能食品国际公司（HPFI），就画眉草（埃塞俄比亚画眉草）育种和开发事宜签订了一份长达10年的获取与福利分享（ABS）协议。画眉草是该地区最重要的谷类作物品种之一。由于画眉草不含谷蛋白，所以在西方市场的需求量不断增加。此外，画眉草对于食品行业而言也颇具价值。画眉草在本协议中仅作为食品与饮料原材料被加以使用。健康与功能食品国际公司拥有独家材料获取权。此外，HPFI公司同意按照使用画眉草遗传资源所获得的利润，向埃塞俄比亚生物多样性保护研究所缴纳一次性的费用；按画眉草销售所得净利润的30%缴纳特许使用权费；向用该公司提供的种子种植画眉草的种植者收取相应的许可费；此外，HPFI公司需向画眉草财政资源支持基金会（FiRST，该基金会成立的目的是改善当地农业社区的生活条件并开发埃塞尔比亚的画眉草业务）捐款，金额为净利润的5%（不少于20 000欧元/a）。该协议的特别之处还在于：该协议不仅涉及获取遗传物质的条款，还涉及交易画眉草商品的贸易条款。

印度

通过与喀拉拉邦的卡尼部落合作，由政府资助的特里凡得琅热带植物园研究所（TBGRI）的科学家掌握了Arogyapaacha（锡兰发柄花）的传统药用知识。特里凡得琅热带植物园研究所成功地从该植物中开发出了一种药物，并将该药物开发技术卖给了一家总部位于哥印拜陀市的制药公司。该公司统一为之支付 100 万印度卢比和 2% 的特许权使用费。这些收益由热带植物园研究所和部落社区平分。

巴西

1999 年，葛兰素威康公司和巴西 Extracta 公司共同签订了一份合同。根据该合同，葛兰素公司以 320 万美元的价格获得从来自巴西数个森林地区的植物、菌类和细菌源中筛选 30 000 种化合物的权利。此外，该合同还与许可权费用挂钩。所以该合同不仅仅涉及分享这些化合物产生的福利，还包括分享研究结果、分享采用的筛选技术、分享基于这些资源开发的产品所带来的福利。

哥斯达黎加

在生物探勘合作领域最为著名和最有代表性的福利分享合同是 INBio（国家生物多样性研究所）和默克药业有限公司于 1991 年签订的合同。两年间，国家生物多样性研究所收到 100 万美元资助和一些样本处理设备，并接受了默克药业提供的科学培训。

资料来源：Neto 和 Dickson（1999）；Laird 和 Wynberg（2008）。

虽然业界尚未对实际转让项目进行过综合评估，但每个项目在合同有效期内涉及的转让价值总额不太可能超过数百万美元。即使我们接受这些资源价值的最低估值，我们须支付的遗传物质经济租金总额也应高于我们目前所支付的总额。

虽然更多具有社会责任感的公司不再认为免费使用遗传资源是一件天经地义的事情，但大量生物探勘工作的开展仍然很有可能未经提供者事先知情同意，也可能没有按照公平公正地分享利用遗传资源所产生的福利的 CBD 要求与遗传资源提供者达成共同商定条件。在这种情况下，遗传资源的所有者或管理者并未能公平地分享遗传物质的经济租金。估算为获取此类资源实际需支付的总款项和这些数据如何随时间演变对我们很有助益。然而，据我们所知，目前这类估算尚不存在。

5.5.2　通过更高效的生物探勘增加价值

我们已付出很多努力，推动各方更高效地达成遗传资源开发协议。合同框架和机构框架（大型公司与更专业公司和大学之间的伙伴关系、分类服务的中间市场的形成以及传统知识传播机制的变化）正在不断发展，而从第一代合同中获得的经验教训可用于改进未来的协议设计。本节探讨取消或减少限制遗传资源价值的机构或市场约束方法，包括在保持灵活性的同时尽可能地降低交易成本的措施。

（1）更好地筛查遗传物质

遗传物质信息的不对称和不完整性仍然是阻碍各方缔结合同的原因。从技术层面而言，可通过采用更有效的科技筛选工具和聘请专业中介机构来筛选遗传物质，从而获得更完善的前期资料并降低产品开发成本。生物探勘行业正朝着这个方向稳步发展：多数大型公司与小公司和大学形成合作伙伴关系，推动了科研成果向生物产品的转化（CBD，2008）。该趋势有助于提高遗传资源的经济租金。应将部分遗传资源经济租金归还给提供国以及这些资源的发源地社区。

随着越来越多的资源投入到材料的收集和分类工作中，技术也应不断取得进步。在发展中国家，技术进步仍然是由效率相对较低且缺乏资金的公共部门来推动。不过，公共机构并非推动技术进步的唯一人选。譬如，可吸引私人部门提供相关有偿服务。为此类服务创建中间市场，可提高生物探勘效率和资源净值。

（2）更好地利用传统知识

目前，人们对本地植物和其他物种特性的传统知识重视不足，而且似乎越来越不重视。其部分原因可能在于人们将重点放在了开发在传统医学中并不重要的疾病药物上。另一部分原因可能在于基因发现过程中，微生物的作用越来越大，而植物的作用却越来越小（CBD，2008，p106）。虽然如此，很多研究人员仍相信本地植物和其他物种的传统知识有助于新产品的开发。但是，由于缺乏适当记录和传播此类知识以及适当奖励信息提供者（对福利分享而言很重要）的机制，新产品的开发过程还是受到了阻碍[15]。

该问题可通过如下方式解决：要求产品开发商根据共同商定条件，按照所提供或使用信息的比例分享福利。为了解决这些问题，《名古屋议定书》规定了相关义务，以鼓励各方遵守事先知情同意和共同商定条件。《名古屋议定书》还提出了一些措施，以便鼓励、监控和强制各方在不同辖区遵守事先知情同意和共同商定条件，确保这些义务在遗传资源离开收集国后仍得以履行（参见 5.5.4 节）。

（3）改进合同设计

通常，卖方（通常是公共机构）供应筛选后的样本、新化合物以及基于现场收集活动而总结的研究指南。此外，卖方还负责获得官方许可，以便能开展遗传资源和 / 或传统知识的收集工作（“事先知情同意”）；负责在收集前与资源供应商[16]协商获取资源和分享福利的条款（“共同商定条件”）。卖方还应与各公司就这些资源的开发和商业化进行合作，并可能需要与私人公司另行签订合同或其他协议。

卖方需要与原产国 / 提供国的初始提供者商定获取、使用及向第三方转移这些遗传物资的条件。卖方需确保将这些条款转让给第三方用户（当第三方为私人公司时），并确保当这些遗传物资的使用情况发生变化时，应按照共同商定条件征得提供国的事先知情同意。换言之，提供国在设定第三方获取和使用遗传物资的条件方面起着重要作用。

买方[17]通常从事将遗传资源研发转化为商业化应用的行业。虽然这包含多个行业部门，但制药业无疑代表最大的市场，因此其在研发方面的投入比其他行业高，同时这也导致制药业在药物发现和开发过程中需承担更高的风险。因此，制药公司在推动生物探勘合同中的效率收益方面起着至关重要的指导作用。

遗传资源合同中最重要的条款涉及以下方面：

1）当公司通过合同中售出的遗传资源而研发出一项新发现（如药品）并取得专利权时，需分享使用费收入；

2）将研发技术和筛选能力转移给地方机构和 / 或用于地方能力建设和培训；

3）财务协议结构：除特许权使用费和技术转让外，还包括预付费和里程碑付款；

4）买方为了保护地方生物多样性而可能提供的财务捐助，如使用费收入的部分转让；

5）补充条款，如可能共同使用资源和 / 或开发权是否独有。

（4）延长合同期限

生物探勘活动（尤其是在医药行业）具有以下特点：

1）高资产特定性，尤其是那些具有地域特定性（特定遗传物质位于特定地点）的专用资产（公司为了获得新发现的专利权而投资生物探勘）（Williamson，1979）[18]；

2）高不确定性：进行研发投资的公司不能确保新发现的成功概率（Williamson，1979）；

3）高度复杂性：探勘活动会对生物多样性开发、研究、创新、企业竞争力以及财富再分配造成多种（积极和消极）影响。

长期合同是尽可能地降低与这些因素或官僚和行政约束有关的交易成本[19]的途径(如公开招标程序和生物资源获取许可证制度)。尽可能地降低上述成本非常重要，因为这将激励各公司按照 CBD 条款规定投资于研发活动和分享福利。可能需要改善的具体领域包括：

1）考虑到问题的复杂性及不可能监控与协议相关的方方面面，各方应建立起高度信任；

2）建立设施，跟踪遗传资源和相关福利的使用情况并解决跨管辖边界的争议问题，确保福利分享协议得以实施，其中包括分享研发结果和财务收益，例如分享使用费，这需要政府间合作。《名古屋议定书》一旦生效，将在这两方面起到重要作用。

5.5.3　公平分享遗传资源带来的福利

经济研究表明：不论是从公平角度而言，还是为了确保更高效管理和利用遗传资源，公平合理的福利分享都是一种可取的做法。需要根据具体情况，确定获取遗传资源与分享福利的准确术语。这既要适应社区环境（参见专栏 5.23），也要考虑更广泛的经济条件。

传统经济学指出，市场制度决定资源的高效分配，而公平问题则可以留给决策者去考虑。对于遗传资源而言，这就意味着谁获得多少开发租金比例并不重要：市场结构将确保通过最佳方式开发和保护遗传物质。

专栏 5.23 向从业者学习：来自创业团体的福利分享观点

2008 年，来自不同生态系统的 14 个团体代表接受了一个采访。该采访是针对 CBD 支持的一个研究而开展的，目的是为了保障地方和家庭生计，探讨团体行为应如何应用治理、道德、公平和资源分享等原则开发利用生物资源和分享收益。

该研究利用 Sen 和 Nussbaum 的“功能框架”和 Maslow 的“需求层次论”分析了团体行动对社会福祉的影响。结果表明，社会福祉的各种指标都得到了改善，诸如，基本需求（即食物保障、住房和健康）、安全需求（即自然和经济风险保障）、归属需求（即治理、获取资源和福利等方面的公平性）以及自尊（即资源利用、经济活动、教育等方面的自主决定程度）。

该研究的作者认为：此研究利用分析框架探索团体分配福利和福祉的做法（CBD 的使命之一）之间联系，是一次试验性的尝试。

资料来源：联合国环境规划署（2009b）。

然而，近期的文献表明，公平和效率之间的传统划分在盛行双边契约的领域内并不适用（van Soest 和 Lesink，2000；Gatti 等，2004）[20]。各公司与提供国各机构之间协商的遗传资源合同与原子论式市场交易有很大差异。分析其结果的较好方法就是学习研究博弈理论试验的实证结果。所谓的最后通牒博弈试验（该试验中，一方提供一份二选一合同）结果表明：最终结果取决于各方对于公平的理解。与签订不公平的协议相比，人们似乎更宁愿不签订协议（基于一方提供二选一合同的最后通牒博弈结果）。当所提供的协议较差时，人们甚至可能会选择“战略破坏”（如用于知识产权和生物多样性的贸易相关方面，参见 Gatti 等，2004）。不过，即使可以实现“贸易福利”，但不成交即表明无效率。

因此，应通过如下方式分享生物探勘和仿生学福利：对于资源开发所产生的价值，提供国和地方生物多样性管理者——农村和土著民社区，应按照公平合理的比例获得价值分配。这不仅有助于改善穷人的生活标准，而且还能提高保护现有生物多样性的动力。

如何完成福利分享？建议如下。

1）组成同业联盟并代表此类资源的全部所有者［如代表全球石油生产商的石油输出国组织（OPEC）］进行谈判[21]。此种做法和所有同业联盟一样，在原则上会获得更高的遗传资源开发租金份额，但也有其不稳定的方面，那就是各成员降低协定价格的强烈动机（如，从 1974 年同业联盟开始限制供应开始，原油价格就不断地波动）。

2）当获取与福利分享要求不受重视或违反共同商定条件时，应为遗传资源和相关传统知识供应者提供获得公正和适当补偿途径的机会。鼓励使用设计良好的途径和制定相关纠纷解决条款。

3）增加提供国的开发份额，如在可行情况下，确定提供国的大型公司与小公司和大学之间不断形成的伙伴关系，或与当地资源供应商紧密合作。

最后，我们应认识到，更大的透明度和更多关于遗传资源的价值知识将使各方更易于达成公平协议。目前，通过此类资源获得的租金仍有些模糊不清，但有些研究人员宣称总租金额较小。人们至今尚未估算出各方应获得的租金比例。更多关于租金（以及当前如何分享这些租金）的研究，将有助于解释为什么应将更多资源转移至提供国。

5.5.4　向国际 ABS 制度发展

上文中提及的很多活动都要求国际社会开展协调一致的行动，如一旦遗传资源离开提供国，应确保符合 ABS 合同要求。因此，新的《名古屋议定书》很受欢迎，政府迅速批准并实施该议定书也很重要。如果能得到快速批准和实施，该议定书可在下述方面做出重要贡献。

（1）在中短期内，该议定书可做出如下贡献

1）在需要提高遗传资源管理效率的情况下，促进能力建设和资源转移，如，建立透明的国家获取与福利分享监管框架，为力图获取遗传资源的人们提供法律确定性；

2）通过 ABS 国际票务清算中心交换关于国家遗传资源管理政策的信息和经验，进而为资源用户和供应者提供更大透明度，促进各国确认良好实践以提高其政策效力和效率；

3）强化合规和监控框架，确保通过执行事先知情同意（PIC）和共同商定条件（MAT）来公平合理地分享福利；

4）确保 ABS 协议涉及遗传资源利用的所有领域（即不仅仅专注于药物）（参见专栏 5.25）。

（2）在中长期内，该协议可做出如下贡献

1）提高知识产生 / 交换量和相关信息的宣传力度，如遗传资源的准确价值、资源提供者和开发者可分享的租金、租金的公平分配与高效管理之间的关联分析；

2）加强生物多样性丰富的发展中国家的遗传资源和生物资源研发创新体系建设，为这些国家的可持续发展做出贡献。

5.6 为绿色产品和服务开拓市场

一些商品和服务的市场机制完善，能体现生物多样性的价值，并获得稳步发展[22]。这种趋势反映出人们越来越认识到，传统的生产和消费行为威胁生态系统的长期生存能力。本节首先概述关键行业认证制度的发展情况（5.6.1 节），阐述某些阻碍“绿色”产品和服务发展的因素（5.6.2 节），介绍扩大生物多样性友好型市场范围的方式（5.6.3 节）。

5.6.1 支持生物多样性友好型产品和服务

细分市场可提供下列产品和服务。这些产品和服务由于其环保功效而在竞争中脱颖而出：

1）由于产品的生产和加工方法更为有效或对环境影响较低（如降低了对林业或渔业的影响），产品对生物多样性所造成的直接影响也较低；

2）由于产品导致的污染量降低（如可生物降解的洗涤剂），产品对生物多样性所造成的间接影响也较低；

3）基于可持续利用生态系统服务和生物多样性而提供的服务（如生态旅游）。

正如《TEEB 企业报告》（2011）所述，来自世界各地的证据表明：生态保护能增强公司的竞争地位，其绿色产品和服务能够：

1）为某些产品及其供应商创造市场份额或溢价；

2）打入以前无法进入的市场或创造全新的市场；

3）在竞争日益激烈的全球市场中加大产品的差异化；

4）改善社区关系和企业形象；

5）提升员工士气、忠诚度和生产力；

6）帮助直接参与生产的穷人（Bishop 等，2008）。

（1）谁可以促进供应链的绿化？

在大多数行业和企业眼中，生态保护仍被视为一项责任，而非潜在的收入来源。企业往往出于法规、环境管理体系、买方采购压力、慈善动力以及股东、社区和非政府组织的压力，对生态保护加以投入。企业投资生态保护的案例主要表现在保护市场份额或减少信誉风险。

创新的私人举措能帮助市场更有效地保护环境。当大型企业选择将购买力在某一特定方向引导时，他们能对全球贸易和生产实践产生很大的影响。这些举措需要来自高层的远见承诺和耐心，但考虑到公共关系和企业社会责任的回报，承担风险是值得的。

公众对绿色市场的支持也能促进变革。2009 年，欧盟委员会发布了一份通讯，表明其对公平贸易的大力支持（EC，2009）。公平贸易关注社会标准而非环境标准，但欧盟的支持总的来说推动了认证行业的发展。《生物多样性公约》、联合国贸易和发展会议（UNCTAD）、《濒危野生动植物物种国际贸易公约》（CITES）和越来越多的国家明确支持“生物贸易”——按照严格的可持续发展标准，利用当地生物多样性来生产产品和服务并使其商业化。政府可以通过绿色公共采购政策支持上述方法（参见 5.7 节）。

非政府组织在制定产品和服务的自愿性标准方面发挥了关键作用（参见专栏 5.25 和专栏 5.26）；部分非政府组织（如保护国际、世界野生生物基金会）目前正忙于举办参与生物燃料生产的论坛。非政府组织和私人机构共同推动了独立核查机制的建立，根据新出现的生物多样性相关标准评估选定的商品。

（2）可持续林业产品的认证

根据国际热带木材组织（ITTO）的定义，可持续森林管理指的是对森林的损坏“不会使其提供产品和服务能力（如木材、水和生物多样性保护）显著降低的森林相关活动。森林管理还应当力求平衡不同森林用户的需求，使得能公平地分享收益和分担成本”[23]。

森林认证体系的市场渗透率非常高（参见专栏 5.24）。2001—2005 年，经认证的全球森林覆盖面积每年增加约 5 000 万 hm^2，快速增长地区主要为北美地区。截至 2009 年，全世界有 3.252 亿 hm^2 的森林（森林总面积的 8.3%）通过了不同体系的认证。

专栏 5.24 森林认证体系

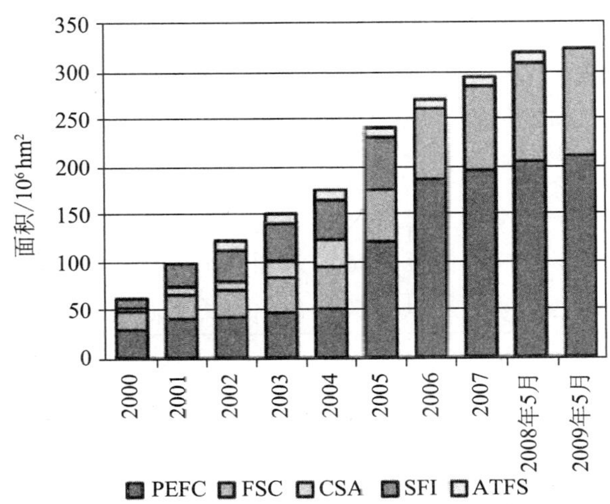

图 5.13 按主要认证体系认证的森林面积（2000—2009 年）

资料来源：UNECE/FAO（2009）。

PEFC（森林认证体系认可计划）是支持评估和认可当前 25 个独立国家认证体系（包括对小森林认证）的国际组织。这些认证体系必须符合 PEFC 的基本要求，但亦可能会遵循更加严格的环保标准。

FSC（森林管理委员会）成立于 1993 年，拥有不同类型的组织成员（譬如环境和社会团体、木材行业、土著居民组织、森林产品认证机构）。FSC 认证基于可持续发展、公平和环境等 10 项原则。2009 年，经 FSC 认证的销售价值超过 200 亿美元，自 2005 年以来增长了 4 倍。

截至 2008 年，利乐、埃洛帕克和 SIG 康美包生产的 77% 饮料纸盒（占据全球市场 80% 的份额）由经认证或控制的木纤维制造而成。上述公司已承诺将在 2015 年前，从符合 FSC、PEFC 或同等标准的“合法和受认可”的货源购买其所需纸板。

资料来源：www.pefc.org；www.fsc.org；FSC（2009）；UNECE/FAO（2009）；独立验证机构 ProForest；ENDS 公报（2009）。

然而，认证圆木产量（即木材原料中未经加工部分）的发展速度近三年有所减缓（2008 年 5 月—2009 年 5 月的增长总量不足 400 万 hm^2）。这可能说明发达国家大多数大型林区已通过认证。由于发展中国家相当比例的森林为非工业和公共部门所拥有，发展中国家缺乏激励森林参与认证的能力、资源和激励措施。认证森林主要位于北半球，不可避免地制约了其作为一种生物多样性保护工具的有效性（参见表 5.3 和 5.3 节）。

表 5.3　经认证来源的全球圆木供应情况（2007—2009）

地区	森林总面积 / 10^6hm^2	经认证的森林总面积 / 10^6hm^2			经认证的森林总面积 /%		
		2007	2008	2009	2007	2008	2009
北美	470.6	164.2	181.7	180.3	34.9	38.6	38.3
西欧	155.5	80.8	84.2	82.2	52.0	54.1	52.8
独联体	907.4	20.6	24.6	25.2	2.3	2.7	2.8
大洋洲	197.6	9.9	9.4	10.3	5.0	4.8	5.2
非洲	649.9	2.6	3.0	5.6	0.4	0.5	0.9
拉丁美洲	964.4	12.1	15.0	14.6	1.3	1.6	1.5
亚洲	524.1	1.6	2.0	3.0	0.3	0.4	0.6
世界总计 / 平均值	3 869.5	291.8	319.9	321.1	7.5	8.3	8.3

资料来源：UNECE/FAO（采用不同的认证体系）（2009）；加拿大可持续林业认证联盟；FAO 和作者汇编（2009）。

（3）可持续渔业认证

本书已重点描述全球鱼类资源面临的压力（参见第 1 章）。扩大水产养殖被视为减轻野生鱼类压力的一种手段，可能会造成沿海栖息地的丧失（如红树林），而养殖价值较高的品种（如鲑鱼和虾）仍需投入大量的鱼粉。渔业部门因而有很充分的理由致力于可持续的种群和生态系统管理，以确保目标鱼类的长期供应，同时维护声誉和市场准入。

FAO《负责任渔业行为守则（1995 年）》是国际认可的自愿性框架，涵盖渔业管理的可持续实践和生态系统方法。国际渔业可依据该守则制订保护鱼类种群和栖息地的市场化措施[24]。海产品选择联盟是一个由渔民、养殖户、批发商和餐馆组成的全球性协会，旨在推广有益于海洋的水产品[25]。全球金枪鱼养护倡议致力于为金枪鱼种群建立基于生态系统的管理方法[26]。在渔业标签方面，海洋管理委员会制定的标签方案认可度最高、适用地理范围最大（参见专栏 5.25）。

专栏 5.25　经海洋管理委员会（MSC）认证的渔业产量和价值

海洋管理委员会（MSC）采用生态标签和独立验证认证，对可持续的捕鱼方法进行认可。通过认证的渔场必须遵守三个原则，即具有可持续的鱼群；能最大限度地减少对环境的影响；有效管理。2008 年 4 月 1 日—9 月 30 日，MSC 认证的渔场增加 41%[27]。截至 2009 年，全球每年有近 400 万 t 渔业产品经过 2 300 多项 MSC 认证销往全球 42 个国家[28]。其零售价值约为 14 亿美元，比 2008 年多出 4 亿美元。

资料来源：www.msc.org。

（4）生物多样性友好型农业实践认证

集约型农业方式（如栖息地变更用途和退化、污染等）会对生态系统产生一定的影响，并成为导致陆地生物多样性丧失的主要原因（CBD 和 MNP，2007）。与此同时，农业部门可通过替代技术和农业活动带来重要的生物多样性效益。农林业（树和灌木与作物和 / 或家畜相结合）长期以来一直是传统农业（Tetetay 和 Tegineh，1991）的组成部分，有助于土壤再生、优质生产和重要生态系统服务[29]。

诸如“可持续农场认证”[30]、“有机”、“散养”和企业对企业[31]等标签和标准现在用于标识采用环保举措的农场和产品。这些标签和标准，有力地促进了各种规模的农业企业推广生态保护和可持续地利用生物资源（Bishop 等，2008）。此外，这些标签和标准还是激励农场主的有力措施（参见专栏 5.26）。

有机农业是最大的认证农业项目。截至 2007 年底，全球 3 200 多万 hm^2 土地已通过有机认证。2008 年，土地认证面积上升至 3 500 万 hm^2[32]。有机食品和饮料的消费地多在欧美，其全球销售额以每年超过 50 亿美元的速度增长，于 2007 年达到 460 亿美元[33]（Bishop 等，2008）。由于各认证体系要求的生物多样性措施各不相同，因此人们对有机农业对生物多样性保护的贡献力度多有争议（Bengtsson 等，2005；Gibson 等，2007）。国际有机农业运动联合会已为从业者制定了生物多样性管理和有机农业景观质量指南（Bosshard 等，2009）。

专栏 5.26 日本用稻米标签促进栖息地恢复和经济效益

在日本，农药和土地规整项目破坏了朱鹮的栖息地，朱鹮濒临灭绝。由于日本北部佐渡市出产的稻米一直质优价高，农民并没有采用环保方法的积极性。为此，当地出台了一项计划，意在改善稻田的生态环境，重新引入朱鹮。采用新替代方法生产的认证稻米（根据认证要求，稻米种植者冬季需引水恢复水禽栖息地），其售价大约为市场平均价的两倍（农药用量减半的水稻每 5 kg 售价为 2 980 日元；有机大米售价为每 5 kg 3 700 日元）。为推广免耕耕作法，政府在前三年内对农民的补助标准为每 1 000 m^2 27 000 日元，以弥补农民的利润损失。农药用量减半的认证大米在 2007—2009 年，种植面积翻了一番，即从 2007 年的 427 hm^2 增长到 2009 年的 880 hm^2。

资料来源：日本佐渡朱鹮保护中心，www4.ocn.ne.jp/~ibis/。

（5）生态旅游向标签制发展

旅游业提供了约 2.2 亿个就业岗位（占总就业岗位的 7%），对全球 GDP 的贡献超过 9%。2004 年，自然和生态旅游市场的发展速度比整体旅游市场快 3 倍[34]。对 83% 的发展中国家和 40 个最贫穷国家而言，旅游业是其重要的出口支柱产业，也是继石油之后第二大外汇收入来源[35]。在过去 10 年中，23 个生物多样性热点地区的旅游增速超过 100%（Christ 等，2003）。在 2006 年，美国自然休闲项目（如狩猎、捕鱼和参观野生生物）对 GDP 的贡献率接近 1%，金额达到 1 220 亿美元（美国鱼类和野生生物管理局，2007）。

保护大自然并让其处于良好状态是确保旅游业持续增长的根本。将旅游业的部分收入投资于生态系统的保护，可促进社区的生态保护，且提供了另外一种破坏性较低发展经济的途径（参见专栏 5.27）。

专栏 5.27 菲律宾自然旅游业对生物多样性的贡献

菲律宾宿务港峨兰哥岛珊瑚礁的大部分收入（每年约 250 万美元）来自潜水游客的现场和非现场消费。据估计，如果珊瑚礁质量和湿地管理工作得到改进，该区珊瑚礁和红树林渔业收入以及游客消费额会双双增长，能给该区带来 60% 的年净收入增长。

资料来源：de Groot 等（2006）。

尽管出现了上述增长，生态旅游（“致力于保护生态环境和改善当地人福祉的负责任旅游行为”[36]）在建立正式认证流程方面已经落后于其他行业。然而，几个标签倡议有利于树立起更高规格的行业标准。新的旅游业可持续发展委员会（由全球可持续旅游业标准联盟与旅游业可持续管理委员会于 2009 年 9 月合并而成）具备成为生态旅游项目全球认证机构的潜力。评估生态旅游项目有效性的标准之一是：

考量该项目如何满足（尤其是在发展中国家）小型旅游业经营者的需求。

（6）天然化妆品行业

基于天然成分的化妆品、保养品及护理品，已成为生物多样性产品的新兴生力军，但目前尚未对其建立起正式的认证体系。来自欧盟委员会的一份报告指出：驱动上述产品市场增长的主要原因是人们日益提高的环保意识，人们希望杜绝使用含有刺激性化学物质的产品。此行业在欧盟的年均增速约为 20%，在美国的市场份额约为 10%（环球透视，2007）。2008 年开展的一项研究表明：天然化妆品的全球市值估计约为 70 亿美元[37]。

（7）仿生学

如果有人怀疑自然界的经济和开发价值，他只需要留心一下当前不断涌现的诸多具有商业前景的发明就会发现……这些发明的精髓在于了解和模仿大自然的设计和智慧——从生物体如何产生清洁能源，到生物体如何回收利用废物等卓越的方法。

（联合国环境规划署执行主任阿齐姆·施泰纳；UNEP，2008b）

我们需制定出更能充分体现大自然价值的更高效的奖励机制，只有如此，我们才能更好地抓住与迅速崛起的仿生学相关的技术经济机会。

biomimicry（仿生学）这个词是从希腊词 bios（生命）和 mimesis（模仿）衍生而来。仿生学是一门新兴学科，通过研究和模仿自然的形态、过程、系统和策略持续解决人类面临的问题（Benyus，1997）。仿生学可用新的工艺替代传统的“加热、加压和处理”模式。这一传统模式需要消耗大量能源、原材料、有毒化学品和重型机械来生产日常产品，且会对土壤、水和空气造成污染（Lovins，2008）。仿生学整合了科学、设计、政策和制造业的力量，可以更快、更智能地解决问题，对生物圈的影响更小。

《哈佛商业评论》（2009）将仿生学领域确定为当年具有突破性的重点领域。对 1985—2005 年全球专利数据库的分析表明：“biomimicry（仿生学）”、“bioinspired（生物启迪）和“biomimetics（生物模仿）”等关键字的出现频率已猛增 93%；相比之下其他关键字的出现频率平均只微增 2.7%（Janine Benyus，摘录于 Freedman，2010）。仿生学是盈利产业（有关实例可参见专栏 5.28）：2005—2008 年，排名前 100 名的仿生产品，其收入总计为 15 亿美元[38]。

专栏 5.28 仿生学：经济收益与来自大自然的启示

受白蚁丘建筑的启发，津巴布韦奥雅纳联营公司设计的哈拉雷办公建筑不需要空调，耗能仅为普通建筑物的 1/10，每年可节省 350 余万美元的能源成本（UNEP，2009c；仿生学研究所，2010a）。InterfaceFLOR 是一家国际地毯和地砖制造商。该公司仿照热带雨林地面设计的无方向性的地砖，其产生的安装废物不足传统瓷砖产生的 1%（BusinessGreen，2010）。该地砖成为 InterfaceFLOR 公司历史上最快进入畅销榜榜首的产品（Lovins，2008）。Whalepower 公司的风电叶片设计灵感来自座头鲸的簸动鳍，该产品能提高能源效率（仿生学研究所，2010b；Nature，2008；van Nierop 等，2009）。研究发现：鱼群产生的能量是风电场同等空间产生能量的 10 倍（Whittlesey 等，2010）。

在考虑奖励机制时，应确保将部分仿生收入用于自然栖息地的保护（例如仿生研究所的创新保护倡议）。

5.6.2 认证产品面临的壁垒

（1）认证成本和复杂性导致认证产品范围有限

尽管认证产品近期增长强劲，但认证产品的整体市场份额仍然很小。例如，在过去 10 年间，虽然 MSC 认证水产品稳步增长，但仍只占粮农组织记录的全球捕捞渔业总产量的 7%（MSC，个人交流）。森林认证系统虽然只涵盖全球 8.3% 的生产性森林，但主要云集在森林生物多样性最高的区域，即非洲、拉丁美洲和亚洲。这三个区域的森林认证系统覆盖率分别下降了 0.9%、1.5% 和 0.6%（UNECE/FAO，2009：参阅，表 5.3 和图 5.14）。截至 2009 年 5 月，森林管理委员会（FSC）在非洲的森林认证覆盖率增加了 88%，目前认证森林覆盖面积约为 560 万 hm^2（UNECE/FAO，2009）。但是，森林管理委员会在印度尼西亚的森林认证覆盖率才刚刚超过 1%。

发展中国家认证生产的水平相对较低反映了一个事实，即生物多样性友好型产品和服务面临的高昂认证成本和复杂的认证程序，阻碍了这些认证产品和服务的发展。认证的直接成本对于大型经营者来说可能微不足道，但对很多小规模生产商和社区企业来说却是一个挑战[39]。虽然 MSC 确实会对一小部分渔业实践进行评估和认证，但只有当整个渔业都采用可持续渔业实践时，MSC 评估才具有较大价值。否则，个体经营者采用改良渔业实践后，即便运营成本比竞争对手还要高，但却未能获得任何营销优势。

（2）宣扬生物多样性价值时存在的困难

发展自愿型绿色市场还面临一个更根本的障碍，即消费者有限的支付意愿。某研究在对 8 个欧盟成员国开展研究后发现：最终用户对认证产品的认识水平和支

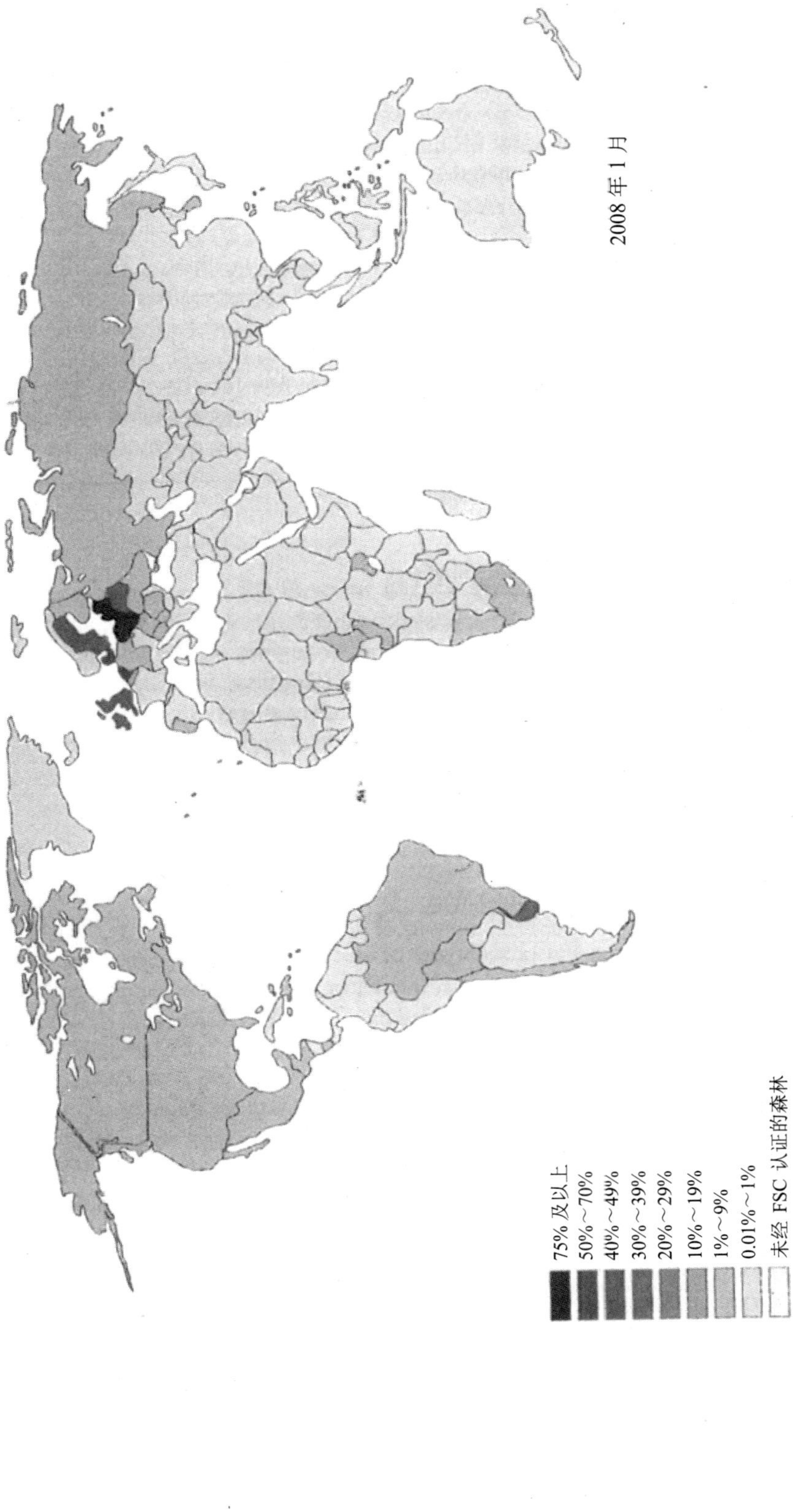

图 5.14　截至 2008 年 1 月 1 日，各区域的 FSC 认证森林

资料来源：FSC（2008a）。

付意愿都不高（森林工业智能有限公司，2009，引证于 UNECE/FAO，2009）。种种迹象表明：最终用户不愿支付较高价格获得认证产品。因此，进口商和制造商避开 FSC 认证的热带国，而将目光投向那些合法但不一定具有可持续性的便宜产品。传统上强烈支持 FSC 的国家，如荷兰，似乎也面临同样的情况（UNECE/FAO，2009）。

大部分认证木材在市场上往往不贴标签，因为这些木材交易主要是企业间交易，而不是零售交易。在大部分森林已获认证的国家，如芬兰，国内木材市场对于区分认证和非认证木材并无积极性（ITTO，2008）。

虽然认证系统能给某些群体带来重要价值，但却并不能给另外一些群体带来别的重要价值，如生物多样性的文化价值。

如果营利活动和环境退化（Bishop 等，2008）存在时差，制定一个涵盖所有利益相关者、协调一致的行业规范则更为困难。例如，尽管自然旅游业取决于健康的环境，旅游业却可能迟迟未采纳环境保护举措。在有珊瑚礁的 109 个国家中，90 个国家的珊瑚礁遭到破坏：它们或被游轮的锚和污水损坏，或被游客成块掰断，或被出售给游客（Bishop 等，2008）。

（3）认证产品和服务对生物多样性重视不足

很多认证系统并没有明确认证与生物多样性的关系。例如，消费者知晓，贴有有机农业标签的产品是能给他们带来好处的产品。然而，这些认证并不能确保给消费者带来生物多样性效益，也未将产品生物多样性视为给产品定级的重要因素。就当前的当地实情和标签情况，有机农业标签有时无法避免物种在丰富度方面遭受损失（Bengtsson 等，2005）。

认证系统往往过分依赖以下假设：无论生产商处在景区 / 流域哪个位置，但凡生产商采用指定的生产和加工做法，就可取得积极的生物多样性和生态系统效益。实际上，大多数认证森林的生物多样性并不是很丰富[40]。位于大型农业工业综合区域的有机农场可能因为其自身无法控制的原因，只能为生物多样性带来为数不多的益处。在认证体系中更加重视景区 / 流域标准，有利于更丰富的生物多样性成果，虽然在 MSC 看来，以广泛的生态系统为基础的认证方法会削弱个别生产商的积极性。

（4）新立法的意外后果

新法规有时会限制天然产品的市场机会。举例来说，美国和欧盟对化妆品化学成分安全性要求更为严格的法规（欧盟《化学品注册、评估、许可和限制法规》，即 REACH 法规）可能会降低天然化妆品的市场拓展潜力及对新成分研究的投入。在这些情况下，新产品更难能满足新标准。这造成的最终结果便是：人们继续依赖已获法规批准的现有品种 / 产品，而生物多样性友好型品种 / 产品却难有出头之日。

5.6.3　扩大生物多样性友好型产品的覆盖范围

为了提高认证产品的市场渗透率，可以采取符合国际贸易规则和准则的实用措施（参见第 2 章专栏 2.2），如下所示。

1）加大现有和新的认证系统对生物多样性的要求，以便对生物多样性的利用和影响加以监控。各个标签的要求应协调统一，以更加符合客户的期望。

2）在认证过程中考虑周全，以确保企业能对整体区域生物多样性做出贡献，如打通各农业区域、对生物多样性丰富的地区给予优先投入等。

3）通过大型商业买家来提高消费者的认识水平及改善供应链管理水平，从而创造出更多供给推动力和市场拉动力。通过设定网络目标[41]或设立生态投资基金，可对认证公司和 / 或具有创新商业模式的公司进行支持。例如，瑞士的 HotelPlan 公司通过收取 3 美元的预订费，在 2002 年筹集了 75 万美元，用于支持可持续的旅游业、环保项目和应急一次性项目（引自 Bishop 等，2008）。

4）通过技术援助等途径，直接或间接投资于销售认证产品（特别是来自高保护价值地区的认证产品）的公司，以提高其盈利水平、可持续做法和市场准入。这种投资可通过特定的机制（参见专栏 5.29），为致力于购买生物多样性友好型产品或以生物多样性保护为主要业务的公司建立激励机制。

专栏 5.29　扶持公益服务企业的社会证券交易所

通过社会证券交易所，投资者可向致力于特定社会目标（例如，消除贫困、防止环境破坏）的企业进行投资[42]。允许“社会投资者”了解企业对社会的影响，从而做出明智的选择，是对从事社会公益服务的企业强有力的支持。帮助社会投资者做出此类投资和贸易，能创造激励机制，使得注重生物多样性的方案，即便受到其他不够重视生物多样性方案的竞争，也可以胜出。

资料来源：Yunus（2007）。

5）更好地利用植物（和动物）物种的传统知识，降低新产品符合化学品安全法规所需的成本。

6）通过确保非木材森林产品和生物贸易产品的供应，让穷人在全球市场中受益。

7）支持发展中国家特别是目前缺乏此类标准或正在起步的区域采用认证标准，帮助中小型企业应对初期高昂的投资压力（参见专栏 5.30）。

专栏 5.30 MSC 对小型渔场基于风险的支持框架

MSC 推出的《小规模和数据缺失渔场的评估指南》旨在支持这类渔场开展必要的评估认证。MSC 基于风险的框架方法，对 MSC 可持续捕捞环境标准的主要环境指标进行评估。虽然该指南并非仅适用于发展中国家，但发展中国家无疑是从中受益最大的国家。

资料来源：MSC（2010）。

5.7 通过绿色公共采购（GPP）扩展市场

欧洲的公共机构是主要的消费者。这些公共机构通过利用采购权力选择环境友好型产品、服务和工程，能够对可持续消费和生产做出重要贡献——我们将其称之为绿色公共采购（GPP）。

（欧盟环境事务专员 Janez Potočnik）

5.7.1 GPP 政策的目标和演化

绿色公共采购（GPP）指公共采购者在购买产品、服务或工程时考虑环境因素。一件产品或一项服务只有在超出法律绿色要求范围并超过市场上常售产品的绿色性能时，才有资格进入“绿色”清单。

各级政府、公共机构和组织可通过实施 GPP 政策，快速缓解生物多样性承受的压力、推动市场、绿化供应链。无论是为办公室、餐厅采购，还是为建筑项目采购，交通公共采购者均可凭借其巨大的购买力，为那些在生产及供应环节对环境影响较小的产品与服务创造市场（例如，节能节水设备与建筑工艺、无害产品或生物降解产品、有机食品或季节性食品、可持续生产的木材和纸）。在 GPP 机制下，竞标政府合同的其他产品和服务将逐步处于明显不利的地位。

由于政府在选择新产品时能够承担更大的风险，所以 GPP 可以促进生态创新。GPP 机制能够创造规模经济，有助于公司遵循学习曲线促进发展自身，向市场投放新产品和创造绿色领域就业机会。

自 2000 年以来，GPP 发展快速。在环保方面欲有一番作为的政府采购更是将 GPP 奉为主流措施。仅欧盟的政府采购规模就超过了 1.5 万亿欧元 /a（占欧盟国民生产总值的 16%）。欧盟委员会鼓励各成员国到 2010 年将 50% 的采购转为绿色公共采购（EC，2008）。一些国家已经制定了更为雄心勃勃的目标，例如，荷兰计划到 2010 年，国家政府 GPP 比率达到 100%，地方和地区政府 GPP 比率为 50% ～ 75%（Bouwer 等，2006）。

很多其他大型经济体（包括日本、中国、新西兰、韩国和美国）也出台了正式政策刺激 GPP（参见专栏 5.31 的例子）。

专栏 5.31　中国加强 GPP 实施法规

据官方统计显示：中国在《政府采购法》（2003）出台五年后，节省了大约 51 亿元人民币（6.3 亿美元）的采购成本。该法律最初列出了一份“优先”清单，公共机构可另行选购其他被证实为经济环保的产品。2007 年，国务院修改了这一办法，通过了九大类产品的强制采购清单。2009 年颁发的国务院令进一步完善了节能产品的采购规则。

资料来源：China Daily，2009 年 4 月 14 日。

5.7.2　GPP 标准、准则和成本核算

标准和准则是 GPP 的支柱。生产商和供应商需要知道自身的产品是如何被评估的及如何提高赢得合同的机会。鉴于政府采购产品和服务的范围之广，制定可衡量和透明的环境基准并非易事。生产商需加大同各行业的合作，从而在环保大业与产品供应之间取得平衡。培训采购者对于把政策目标落实为切实行动也是至关重要的。

政府可利用 GPP 政策，定向采购环保认证产品或具有环保标志的产品，从而符合特定标准（参见 5.6 节和专栏 5.32）。这不仅具有直接环保效益，而且可以提高认证和标签计划的知名度和市场渗透率。

专栏 5.32　加强集中采购标准：英国的木材采购

英国成立了木材专家鉴定中心工作组（CPET）指导政府采购。CPET 认为：同独立计划一样，这五项主要木材认证计划（FSC、PEFC、CSA、SFI、MTCC）符合法定政府标准。由于未被这些计划涵盖的采购必须提供“等效证据”（“B 类”证据），所以大部分供应商选择采用这五项认证计划，以避免另行举证的烦琐。

2009 年 4 月，木材采购的标准得到了进一步加强。能够达到 GPP 甄选门槛的木材产品，已从“合法木材产品”提高到了“合法且与具有可持续的木材产品”，这有效地将中央政府的木材采购项目产品完全限定为认证木材产品。通过认证森林面积和产销监管链证书数量的快速增长，我们可以看出：这一高级别的采购承诺提振了英国市场认证木材的需求与供应。

英国政府木材采购面临的挑战还包括：复杂的政府官僚机构对具体合规落实不到位。然而，这一政策发出了强有力的环保信号。

资料来源：www.cpet.org.uk。

一些绿色采购能比其他绿色采购产生更大的环境效益。近期的研究主要研究 GPP 政策的 CO_2 效应，但尚未研究 GPP 政策对生物多样性造成的直接影响。然而，创造对环境影响小的产品的需求，显然能使水土质量、生态系统完整性、自然资本长期可持续性从中直接或间接的受益。

由于制定适用于所有产品的全面准则耗时较长，所以可先从影响最大的产品开

始制定“立竿见影的措施”。能减少对生物多样性造成负面影响，且占据公共支出显著份额的产品包括：

（1）木材（用于建筑、水务工程、家具和纸张制作：参见专栏 5.33）。

专栏 5.33　丹麦通过绿色采购节能节水

白纸的公共采购量大约为 22 500 t/a：而每吨再生纸可以节约 3 200 kW·h 能量和 10 m^3 水。据估计，如果所有公共采购都转向再生纸，将节能 73 000 MW，节水 225 000 m^3，这相当于 15 000 户居民的年能耗量。

资料来源：www.gronindkobsportal.dk/Default.asp?ID=262。

（2）食品（食堂、学校、医院）。一项估计表明，如果全球所有政府部门的食品采购都转向有机食品，每年将从肥料中减少 41 560 t 磷的使用量（PO_4 当量），这大致相当于 350 万欧洲人目前的使用量[43]。

（3）信息和通信技术（ICT）。除了能源外，ICT 还消耗大量的金属与矿物资源（如，银、锡、铜、金、镉、铅、汞），消耗量占全球贸易额相当大比重。我们可通过完善提取方法与废物管理实践，减小生态影响。

GPP 并不会比传统采购昂贵，可以作为政府节约成本的采购工具。GPP 的价格取决于产品的供给情况、市场竞争和成本评估方式。通过对采购产品的整个生命期进行评估（全生命期成本核算或 WLC）而非只简单地评估采购成本，我们发现：节能产品通常非常值得投资，因为其能够减少长期成本（参见专栏 5.34）。

专栏 5.34　德国通过 WLC 确认成本节约情况

德国一些城市对政府公共采购开展的 WLC 分析表明：如果考虑到整个生命期，绿色产品和服务的总体成本往往低于常规产品。下表对德国不同城市绿色产品和其他产品的使用情况进行了比较。负值表明 GPP 带来了成本节约。

组织	产品	非绿色产品成本（欧元 - 比价）	绿色产品成本（欧元 - 比价）	适用绿色标准	绝对差 / 欧元	相对差
弗莱堡	A4 纸	205 980	171 650	蓝色天使	–34 330	–17%
	个人电脑	64 545	65 433	蓝色天使、能源之星 4.0	888	1%
	薄膜晶体管显示器	9 020	7 177	能源之星 4.0	–1 843	–20%
海德堡	A4 纸	100 000	88 000	蓝色天使	–12 000	–12%
	卫生纸	20 250	15 000	蓝色天使	–5 250	–26%

注：增值税及每年分摊的生命期成本也包括在成本之中。

资料来源：Öko-Institut 和 ICLEI（2006）。

当准则和标准能够适用多个市场和 / 或可采用联合 GPP 政策时，可以实现规模经济（参见专栏 5.35）。若各国采用统一采购标准，可进一步降低成本，但这要需要漫长的国际谈判方可达成。

5.7.3　应对制约 GPP 实施的因素

GPP 面临着多种实施障碍（Bouwer 等，2006）。第一，人们经常认为，政府购买绿色产品花费会更多。但正如上文所述，实情不一定如此。然而，政府采购必须要在环保要求准则与合规商品供应之间取得适当的平衡。如果没有或只有很少产品能符合准则，规范再严格也用处不大。第二，政府可能缺乏制定和落实 GPP 的基础设施。政府需要对标准的设计、制定、实施和评估进行投资，以提高相应的能力建设，并培训采购官员。第三方合规性验证和供应链管理是 GPP 政策的必要组成部分。一个产品结合的不同要素越多，在不同生产点追踪其影响就越复杂。第三，政治和 / 或管理层面的支持，对于 GPP 机制的高效落实十分重要。分阶段的推广方法对 GPP 机制可能有用，即通过宣扬小规模成功案例，赢得对更广泛推行的支持（参见专栏 5.36）。第四，各国或主管部门之间标准和 / 或程序的不同可能造成额外成本和不确定性。一些国家已不满足于 GPP，正追求“可持续公共采购”，在采购决定中明确将环保标准和社会标准相结合。当优先顺序发生变化时，采购标准也会发生变化。

专栏 5.35　奥地利福拉尔贝格州通过生态采购服务实施联合采购

自 1998 年以来，奥地利福拉尔贝格州下辖的 96 个城市在 GPP 方面展开了合作。2001 年，这 96 个城市发起了专门的 ÖkoBeschaffungs（生态采购）服务，旨在帮助成员城市进行集中采购，提供法律和环境咨询，为特定产品组制定 GPP 指南，帮助各市实施可持续建设。该合作为这 96 个城市节约了很多行政成本（20% ～ 60%），产品成本也降低很多（5% ～ 25%）。以 2005 年为例，总计节省约 286 500 欧元。

资料来源：www.leap-gpp-toolkit.org/index.php?id=3490。

专栏 5.36　苏格兰东艾尔郡分阶段落实绿色食品采购

2004—2007 年，东艾尔郡议会将学校膳食服务成功转变为可持续供应模式，支持当地有机生产商和更健康的食品。这项计划逐步从试行阶段（在 1 所小学每年供应 20 000 次进餐）开始扩展，逐渐覆盖了郡内 44 所小学和 9 所初中。这项计划以学校食堂的“生命之食”（Food for Life）标准为依据，例如，至少 75% 的食品配料必须是未加工状态；至少 50% 的食品配料必须从当地采购；至少 30% 的食品配料必须为有机的。这项计划获得了苏格兰行政院倡议的财务支持，已将食品里程缩短了 70%，减少了包装浪费，环保成本节约了差不多 10 万英镑。

资料来源：Sonnino（2008）。

在某些情况下，这些差异引起了关于国际竞争力的顾虑。一般来说，始终存在着 GPP 目标和准则给自由贸易协议带来压力的风险，对欧盟来说，存在给内部市场带来压力的风险（例如，规定优先选择本国生产商的准则可能扭曲竞争，造成保护主义嫌疑）。纳入社会标准也可能导致贸易协议下的冲突(参见第2章，另见专栏5.37)。

专栏 5.37　GPP 与自由贸易规则和准则的一致性

关税及贸易总协定（GATT）要求各国同等对待国外产品和国内产品（第 3 条“国民待遇义务”），禁止歧视与国内产品“相似”的进口产品，无论其生产方式或地点如何。然而，第 3 条第 8(a) 款将政府在正常活动过程中消费的所有产品排除在“国民待遇义务”之外，例如，家具、医院物资或社会住房。这表明，GPP 政策仍有极大改善空间，以明确促进有益于生物多样性的采购（例如通过指定 FSC 产品或同等产品），而不触犯 GATT 的规定。

资料来源：FSC（2008b）。

当与开发合作努力相结合，且能力建设和绿色产业发展的资源可用时，GPP 能够产生更广泛的结果。支持原产国（特别是发展中国家）更加环保的生产，将为供应商开拓新市场，改进和扩展绿色产品的可靠供应，并降低绿色采购的价格。

展望未来：

1）鉴于政府采购的巨大市场，GPP 是一种环境效益可观的政策工具。

2）效益量化大部分依据替代成本（例如，用再生纸代替白纸）、自然资源（如水）使用减少或排放量（例如，温室气体、污染）减少。要对认证与标识计划的生物多样性效益进行量化，还有很多工作要做。

3）现在正适合尽责的政府扩大 GPP 范围和设定全国目标，因为之前已有经验教训，制定和修订相关标准的速度正越来越快。

4）如可行，协调一致行动能进一步降低成本，增强 GPP 的吸引力。

5）过程和标准的透明与清晰对于各种规模的生产商来说很重要，便于他们调整报价满足要求。

6）全国 GPP 政策可与发展目标相结合，以支持在其他国家发展认证市场。

注释

1. 澳大利亚政府环境、水资源、遗产和艺术部，www.environment.gov.au/biodiversity/incentives/tender.html。
2. 美国农业部，www.nrcs.usda.gov/programs/CRP/。
3. 可能有些人士支持“提供者收费”而非“污染者付费”的观点，至少在发展中国家如此（Wertz-Kanounnikoff，2006）。这是因为在发展中国家，公平问题只起到辅助作用，而污染者付费的提议会导致贫穷的土地使用者而非较富裕的服务受益者负担环境保护成本（Pagiola 等

2005）。

4. 用益权是指享有他人不动产的使用和利益的权利，不得造成物质的破坏或浪费。
5. 参见南非共和国水利与环境事务部，www.dwaf.gov.za/wfw/。
6. 本部分借鉴了 Karousakis（2009）《促进 REDD 机制下的生物多样性共同福利》，OECD，巴黎。
7. 再造林涉及森林此前被树林覆盖的地区。造林涉及森林此前未被树林覆盖的地区。
8. 次国家级是指州或省，或国家内部的区域。
9. 监测森林砍伐 / 退化所致排放量的减少需要两种类型的数据：森林储量的变化和碳储量的变化。
10. FAO《全球森林资源评估报告》（FAO，2006）对净森林砍伐率（森林面积净损失）的定义为：总体森林砍伐率减去森林面积由于植树造林、景观恢复和森林自然扩张带来的变化。
11. REDD 信用也可以替换为现有（国内）排放交易计划下的许可量 / 限额，如欧盟排放交易计划（EU ETS）下的欧盟限额（EUA）。
12. 这些本质上是“绿色标准”REDD 信用，类似于现行的黄金标准清洁发展机制（CDM）信用，是达到额外可持续发展标准的 CDM 信用的自愿额外奖励费用。
13. 搭建 UNFCCC REDD 网络平台是为了分享这些信息。由于平台尚处于早期搭建阶段，平台只展示了现行行动的信息，有关其经验教训的信息相对还较少（参见 http://unfccc.int/methods_science/redd/items/4531.php）。
14. 关于协议的更多细节，请参见 Breibart，1997；ICBG，1997；Mulholland and Wilman，1998；Neto and Dickson，1999；ten Kate and Laird，1999；Merson，2000；Artuso，2002；Greer and Harvey，2004；Dedeurwaerdere et al，2005；UNEP，2009a，2009b。
15. 应当指出的是，并非所有土著社区都喜欢执行这种发展路线，其中一些社区反对知识被商业利用。
16. “源供应商”包括掌握传统知识的来源国政府、管理机构、土著人民 / 社区、国家组织和 / 或利益相关者群体（如需了解更多细节和关键制约因素，参见 Ding 等，2007）。
17. 注意，“买方”也可以是中间机构，如当地研究机构和大学。
18. 一位评论家指出，资产专用性在生物探勘领域可能没那么有说服力，并认为供筛选而收集的野生和至今未发现的遗传资源通常没有特异性。提供国可以将其资源提供给有兴趣使用的任何公司，公司可以联系任何提供国。
19. 有关交易成本经济学如何应用到生物探勘领域的进一步讨论，参见 Gehl Sampath（2005）。
20. 有关福利公平分享制约因素和相关经济问题的进一步讨论，参见 OECD（2003）及 Richerhagen 和 Holm-Mueller（2005）。
21. 建议由哥斯达黎加大学 Vogel 教授提出（http://ictsd.net/i/environment/31517）。
22. 例如，参见 UNECE（2006）关于森林的论述：www.unece.org/timber/docs/fpama/2006/fpamr2006.pdf；海洋管理委员会关于渔业的论述：www.msc.org/。
23. 国际热带木材组织：www.ITTO.int/。
24. 关于该守则和用于实施的配套技术指南，参见 www.fao.org/fishery/ccrf/en。
25. 参见 www.seafoodchoices.com/home.php。
26. 由 WWF 和 TRAFFIC 提出：参见 http://assets.panda.org/downloads/fortuna.pdf。

27. 参见 www.msc.org/newsroom/news/sustained-growth-of-msc-labelled-products/。
28. 参见 www.msc.org/documents/msc-brochures/MSC-FisheriesCommitments-Aug09-WEB.pdf。
29. 参见 www.worldagroforestry.org/af/，另见 www.ecoagriculture.org/index.php。
30. 参见 www.sustainablefarmcert.com/。Rainforest Alliance（雨林联盟）农业计划使用这个标准来保护野生动物、栖息地、工人和社区（www.rainforest-alliance.org/agriculture.cfm?id=main）。
31. 例如，GlobalGAP（全球良好农业规范）是一家民间机构，制定自愿性农业标准，涵盖生物多样性事宜（www.globalgap.org/cms/front_content.php?idart= 3&idcat=9&lang=1）。
32. 2007 年数据源自新的《全球有机农业：统计数据与 2008 年新趋势》，引用内容见网站：www.ifoam.org/press/press/2008/Global_Organic_Agriculture_Continued_ Growth.php。2008 年数据源自 FiBL 和 IFOAM，关于 2010 年研究报告，可查阅 www.organic-world、net/statistics-world-area-producers.html。
33. 有机观察公司（Organic Monitor）的研究新闻参见 www.organicmonitor.com/r3001.htm。
34. 参见 www.wttc.org/。
35. 参见 www.mekongtourism.org/site/uploads/media/IETS_Ecotourism_Fact_Sheet_-_Global__l01.pdf。
36. 参见 www.ecotourism.org/site/c.orLQKXPCLmF/b.4835303/k.BEB9/What_is_Ecotourism_The_International_Ecotourism_Society.htm（Mastny 引用，2001）。
37. 参见 www.organicmonitor.com/rl709.htm。
38. 美国俄亥俄州立大学生物和纳米技术与仿生学纳米探针实验室主任 Bharat Bhusnan（Freedman 引用，2010）。
39. 参见英国牛津的 Timbmet 集团有限公司（2004）"关于热带木材认证的成本和收益，我们知道什么？"
40. 人工林通常比天然林更有生产力，有些人认为，世界上的木材和纤维需求应该通过人工林满足，从而减轻提供相同材料的天然林的压力。
41. 例如，WWF 牵头创建的全球森林与贸易网络（GFTN）允许消费和生产企业在注册后出于公关目的使用 GFTN 标志，但这些企业每年需向 WWF 汇报是否达成到了单独商定的目标（www.gftn.panda.org/about_gftn/）。
42. 参见 www.socialstockexchange.eu/why/default.html。
43. 参见 http://ec.europa.eu/environment/gpp/index_en.htm。

致谢

作者谨向以下人员表示感谢：Barbara Akwagyiram，IEEP，比利时；Arild Angelsen，挪威生命科学大学（UMB），挪威；Viviane André，欧盟委员会环境总署，比利时；Jonathan Armstrong，IEEP，英国；Giles Atkinson，伦敦政治经济学院，英国；Ivan Bond，国际环境与发展学会（IIED），英国；Joana Chiavari，IEEP，比利时；Bas Clabbers，住房、空间规划和环境部（VROM），荷兰；Tamsin Cooper，IEEP，英国；Chris Cox，经济合作与发展组织（OECD），法国；Florian Eppink，UFZ，德国；Naoya Furuta，世界自然保护联盟（IUCN），日本；Sonja Gantioler，IEEP，比利时；Pablo Gutman，世界野生生物基金会（WWF），美国；Sarah Hernandez，自然环境研究委员会生态

与水文中心，英国；David Huberman，IUCN，瑞士；Mikkel Kallesoe，世界可持续发展工商理事会（WBCSD），瑞士；Sylvia Kaplan，联邦环境部，德国；Marianne Kettunen，IEEP，芬兰；Annegret Kindler，UFZ，德国；Chris Knight，普华永道，英国；Eimear Nic Lughadha，基尤皇家植物园，英国；Leonardo Mazza，IEEP，比利时；Alaistair Morrison，新西兰环境保护局，新西兰；Hylton Murray，树冠资本，英国；Valeric Preston，环境部多边和双边事务局，加拿大；Walter Reid，大卫和露西尔·帕卡德基金会，北美；Ewald Rametsteiner，国际应用系统分析研究所（IIASA），德国；Carmen Richerzhagen，德国发展研究所（DIE），德国；Mark Schauer，TEEB 秘书处，德国；Burkhard Schweppe-Kraft，联邦环境部，德国；Bambi Semroc，保护国际（CI）；Monique Simmonds，皇家植物园邱园，英国；Benjamin Simmons，联合国环境规划署（UNEP）；Paul Smith，基尤皇家植物园，英国；Leila Suvantola，芬兰大学，芬兰；Monique Simmonds，基尤皇家植物园，英国；Giuliana Torta，欧洲委员会环境总署，比利时；Graham Tucker，IEEP，英国；Andreas Tveteraas，挪威国际气候与森林倡议，挪威；Jean-Louis Weber，欧洲环境署（EEA），丹麦；Steve White，欧洲委员会环境总署，比利时；以及 Sven Wunder，国际林业研究中心（CIFOR）。

参考文献

[1] Angelsen A. 2008. Moving Ahead with REDD: Issues, Options and Implications, Center for International Forestry Research, CIFOR, Bogor.

[2] Angelsen A., Wertz-Kanounnikoff S. 2008. What are the key design issues for REDD and the criteria for assessing options?, in A. Angelsen (ed) Moving Ahead with REDD: Issues, Options and Implications, CIFOR, Bogor

[3] Artuso A. 2002. Bioprospecting, benefit sharing, and biotechnological capacity building, World Development, 30(8): 1355-1368.

[4] Asquith N., et al. 2008. Selling two environmental services: In-kind payments for bird habitat and watershed protection in Los Negros, Bolivia, Ecological Economics, 65(4): 675-684, www. sciencedirect. com/science?_ob=ArticleURL&_udi=B6VDY-4RW4S2G-l&_user=10&_rdoc=l&_fmt=&_orig=search&_sort=d&view=c&;_acct=C000050221_version=l&_urlVersion=0&_userid=10&md5=da8c60544f71328bcdbfl80faa3ad07d, 2009-11-6.

[5] Barbier E. B., Aylward, B. 1996. Capturing the pharmaceutical value of biodiversity in a developing country, Environmental and Resource Economics, 8: 157-181.

[6] Bassi S., et al. 2008. Agriculture and environment: Payments for environmental services (PES), Presentation at the conference on Common Agriculture Policy and its Impacts in Malta (Victoria, Gozo, 7-9 November 2008).

[7] Baylis K., Rausser G., Simon L. 2004. Agri-environmental programs in the United States and European Union, in G. Anania, M. E. Bohman, C. A. Carter and A. F. McCalla (eds) Agricultural Policy Reform and WTO: Where Are We Heading? Edward Elgar, Cheltenham :210-233.

[8] Bengtsson J., Ahnström J., Weibull A. 2005. The effects of organic agriculture on biodiversity and abundance: A meta-analysis, Journal of Applied Ecology, 42: 261-269.

[9] Bennett M. 2008. China's sloping land conversion programme: Institutional innovation or business as usual? Ecological Economics, 65(4): 699-711.

[10] Benyus J. 1997. Biomimicry: Innovation Inspired by Nature, William Morrow 8c Co., New York.

[11] Biomimicry Institute. 2010a. Architecture: Learning from Termites How to Create Sustainable Buildings, www.biomimicryinstitute.org/case-studies/case-studies/architecture.html, 2010-7-9.

[12] Biomimicry Institute. 2010b. Energy: Learning from Humpback Whales How to Create Efficient Wind Power, www.biomimicryinstitute.org/case-studies/case-studies/energy.html, 2010-7-9.

[13] Bishop J., Kapila S., Hicks R, et al. 2008. Building Biodiversity Business, Shell International Limited and the International Union for Conservation of Nature, London, and Gland, Switzerland.

[14] Blackman A., Woodward T. 2009. User financing in a national payments for environmental services program, Discussion Paper - February 2009, RFF DP 09-04, Resources for the Future, US.

[15] Blackman A., Woodward T. 2010. User financing in a national payment for environmental services program: Costa Rican hydropower, Ecological Economics, 69 (8): 1626-1638.

[16] Bosshard A., Reinhard B. R., Taylor S. (eds). 2009. Guide to Biodiversity and Landscape Quality in Organic Agriculture, IFOAM, Bonn.

[17] Bouwer M., Jonk M., Berman T., et al. 2006. Green Public Procurement in Europe 2006: Conclusions and Recommendations, Virage Milieu & Management bv, Haarlem, The Netherlands, http://ec.europa.eu/environment/gpp/pdf/ take_5.pdf, accessed 30 July 2010 Boyd, J., Caballero, K. and Simpson, R. D. 2000. 'The law and economics of habitat conservation: Lessons from an analysis of easement acquisitions', Stanford Environmental Law Journal, 19 (1): 393-412.

[18] Bracer C., Scherr S., Molnar A., et al. 2007. Organization and governance for fostering pro-poor compensation for ecosystem services, CES Scoping Study Issue Paper No 4, ICRAF Working Paper No 39, World Agroforestry Center, Nairobi, Kenya.

[19] Brand D. 2002. Investing in the environmental services of Australian forest, in S. Pagiola, J. Bishop and N. Landell-Mills (eds) Selling Forest Environmental Services: Market-Based Mechanisms for Conservation and Development, Earthscan, London.

[20] Bräuer I., Müssner R., Marsden K., et al. 2006 The Use of Market Incentives to Preserve Biodiversity, Final Report, Project under Framework contract for economic analysis ENV.G.l/FRA/2004/0081, Berlin.

[21] Breibart J. 1997. Bioprospecting planned for Yellowstone Park, Albion Monitor, www.albionmonitor.com/9709b/parkbugs.html.

[22] Business Green. 2010. Biomimicry: Hippy nonsense or corporate game-changer? www.businessgreen.com/business-green/analysis/2264291/biomimimetics-green-business, 2010-07-09.

[23] CBD (Convention on Biological Diversity). 1992. Convention on Biological Diversity Convention Text, http://biodiv.org/doc/legal/cbd-en.pdf, 2009, 11, 9.

[24] CBD. 2008. Access and Benefit-Sharing in Practice: Trends in Partnerships Across Sectors, Technical Series No 38, Montreal, www.cbd.int/doc/publications/cbd-ts-38-en.pdf, 2010-6-29.

[25] CBD. 2009. Connecting Biodiversity and Climate Change Mitigation and Adaptation: Report of the Second Ad Hoc Technical Expert Group on Biodiversity and Climate Change, Technical Series No 41, Montreal.

[26] CBD. 2010. Policy options concerning innovative financial mechanisms: Draft recommendation, UNEP/ CBD/WG-RI/3/INF/13, Nairobi, http://gdm.earthmind.net/2010-05-nairobi/wgri-03-L-13-en.pdf, 2010-9-22.

[27] CBD and MNP (Netherlands Environmental Assessment Agency). 2007. Cross-roads of Life on Earth: Exploring Means to Meet the 2010 Biodiversity Target, Solution oriented scenarios for Global Biodiversity Outlook 2, Technical Series No 31, Montreal.

[28] Christ C., Hillel O., Matus S., et al. 2003. Tourism and Biodiversity: Mapping Tourism's Global Footprint, Conservation International, Washington, DC.

[29] Coase R. H. 1960. The problem of social cost, Journal of Law and Economics, 3 (1): 1-44.

[30] Costello C., Ward M. 2006. Search, bioprospecting and biodiversity conservation, Journal of Environmental Economics and Management, 52 (3): 615-626.

[31] Craft,A. B., Simpson, R. D. 2001. The value of biodiversity in pharmaceutical research with differentiated products, Environmental and Resource Economics, 18(1): 1-17.

[32] De Melo J. J., Prates J. 2007. EcoTerra Model: Economic instruments for sustainable land use management in Portugal, Paper presented at the 7th International Conference of the European Society for Ecological Economics, Leipzig, 2007, 6, 5-8.

[33] De Groot, R., Stuip, M., Finlayson, M. et al. 2006. Valuing Wetlands: Guidance for Valuing the Benefits Derived from Wetland Ecosystem Services, Ramsar Technical Report No 3, CBD Technical Series No 27, www.cbd.int/doc/publications/cbd-ts-27.pdf, 2009-6-5.

[34] Dedeurwaerdere, T. 2005. From bioprospecting to reflexive governance, Ecological Economics, 53 (4): 473-491.

[35] Dedeurwaerdere T., Krishna V., Pascual U. 2005. Biodiscovery and Intellectual Property Rights: A Dynamic Approach to Economic Efficiency, Department of Land Economy Environmental Economy and Policy Research Working Papers, 13.2005, University of Cambridge.

[36] Ding H., Nunes P. A. L. D., Onofri L. 2007. An Economic Model for Bioprospecting Contracts, Fondazioni Eni Enrico Mattei - Note di Lavoro, 102.07, Fondazioni Eni Enrico Mattei, Milan, Italy.

[37] Earthmind. 2010. The website of the GDM 2010 Initiative, http://gdm.earthmind.net, 2010-9-22.

[38] EC (Commission of the European Communities). 2007. Green Paper on market-based instruments for environment and related policy purposes. COM (2007) 140 final, Brussels.

[39] EC. 2008. Public procurement for a better environment, Communication COM (2008) 400 final, Brussels, http://eur-lex.europa.eu/LexUriServ/LexUriServ.do?uri=COM:2008:0400:FIN:EN:PDF, 2010-10-27.

[40] EC. 2009. 'Contributing to sustainable development: The role of fair trade and non-governmental trade- related sustainability assurance schemes', Communication COM (2009) 215 final, Brussels.

[41] Ecosystem Marketplace. 2008. Payments for Ecosystem Services: Market Profiles, Forest Trends/Ecosystem Marketplace, http://moderncms.ecosystemmarketplace.com/repository/moderncms_documents/PES_ Matrix_ Profiles_PROFOR.l.pdf.

[42] Eliasch J. 2008. Climate Change: Financing Global Forests. The Eliasch Review, Earthscan, London.

[43] Emerton L., Bishop J., Thomas L. 2006. Sustainable Financing of Protected Areas: A Global Review of Challenges and Options, IUCN, Gland, Switzerland and Cambridge.

[44] Ends Bulletin. 2009. Drink pack firms boost use of certified wood fibres, www.endseurope.com/index.cfm?go=22631 &referrer=search, 2010, 10, 27.

[45] Environment Canada. 2010. Ecological Gifts Program, www.ec.gc.ca/pde-egp/default.asp?lang= En&n=FCD2A728-l, 2010-9-22.

[46] FAO (Food and Agriculture Organization). 2000. Global Forest Resource Assessment, Food and Agriculture Organization of the United Nations, Rome, ftp://ftp.fao.org/docrep/fao/003/yl997E/frA%202000%20 Main%20 report.pdf, 2009-10-26.

[47] FAO. 2006. Global Forest Resource Assessment 2005, FAO, Rome, Italy.

[48] Ferraro P. 2007. Performance Payments for Sea Turtle Nest Protection in Low-Income Nations: A Case Study From Tanzania, Georgia State University, www2.gsu.edu/~wwwcec/docs/doc%20updates/ NOAA%20 Paper%20TZ%20Final%20Draft%20June%202007.pdf, 2009-11-9.

[49] Ferraro P. J., Kiss A. 2002. 'Direct payments to conserve biodiversity', Science, 298: 1718-1719.

[50] Forest Industries Intelligence Limited. 2009. The EU Market for 'Verified Legal' and 'Verified Legal and Sustainable' Timber Products, UK Timber Trade Federation and Department for International Development.

[51] Fourli M. 1999. Compensation for Damage Caused by Bears and Wolves in the European Union, Office for Official Publications of the European Communities, Luxembourg.

[52] Freedman M. 2010. 'Nature is the model factory', Newsweek, www.newsweek.com/2010/05/28/nature- is-the-model-factory.html, 2010, 7, 9.

[53] Frinn R. D. 2003. Bioprospecting: Why is it so unrewarding? Biodiversity and Conservation, 12: 207-216.

[54] Frost P., Bond, I. 2008. 'The CAMPFIRE programme in Zimbabwe: Payments for wildlife services', Ecological Economics, 65 (4): 776-787.

[55] FSC (Forest Stewardship Council). 2008a. 'Facts and figures on FSC growth and markets: Info pack', FSC Presentation, 28 February .2008, www.fsc.org/fileadmin/web-data/public/document_center/powerpoints_ graphs/facts_figures/FSC_market_info_pack-2008-01-01.pdf, 2010-10-27.

[56] FSC. 2008b. Specifying FSC in Public Procurement: In Line with WTO Rules, FSC Factsheet.

[57] FSC. 2009. 'Facts and figures', www.fsc.org/facts-figures.html, 2009-6-15.

[58] Fuhrman P. 2010. Umsetzung der Wasserrahmenricbtlinie in Baden-Wuerttember - Wege zur Reduzierung landwirtschaftlicher Eintraege in Gewaesser, www.umweltbundesamt.de/wasser-und-gewaesserschutz/ gruene-woche/2010.pdf, 2010-7-12.

[59] Gatti J., Goeschl T., Groom, B., et al. 2004. The biodiversity bargaining problem, CWPE 0447, University of Cambridge.

[60] Gehl Sampath P. 2005. Regulating Bioprospecting: Institutions for Drug Research, Access and Benefit-Sharing, www.unu.edu/publications/briefs/policy-briefs/2005/bioprospecting.pdf, 2010-10-27.

[61] Gibson, R. H., Pearce, S., Morris, R. J., Symondson, W. O. C. and Memmott, J. 2007. 'Plant diversity and land use under organic and conventional agriculture: A whole-farm approach', Journal of Applied Ecology, 44: 792-803.

[62] Global Canopy Programme. 2008. The Little REDD Book, Global Canopy Foundation, www.amazonconservation.org/pdf/redd_the_little_redd_book_dec_08.pdf, 2010-10-28.

[63] Global Insight. 2007. A Study of the European Cosmetics Industry, Prepared for European Commission,

Directorate General for Enterprise and Industry, http://ec.europa.eu/enterprise/newsroom/cf/document.cfm?action=display&doc_id=4561&userservice_id=l, 2009-12-9.

[64] Greer D., Harvey B. 2004. Blue Genes: Sharing and Conserving the World's Aquatic Biodiversity, Earthscan/IDRC, London and Ottawa.

[65] Grieg Gran M. 2000. Fiscal Incentives for Biodiversity Conservation: The ICMS Ecológico in Brazil, Discussion Paper 00-01 IIED December 2000, London.

[66] Gutman P. 2006. PES: A WWF perspective, Presentation given at the Workshop on Conservation Finance,Global Biodiversity Forum, Curitiba, Brazil, 25 March 2006, http://assets.panda.org/ downloads/peswwfmpo.pdf, 2009-11-11.

[67] Hanski I., Koivulehto H., Cameron A. et al. 2007. Deforestation and apparent extinctions of endemic forest beetles in Madagascar, Biol. Lett., 3 (3): 344-347, http://rsbl. royalsocietypublishing.org/content/3/3/344.full.pdf+html, 2009-12-4.

[68] Harvard Business Review. 2009. Breakthrough ideas for 2009, http://hbr.org/web/tools/2009/01/list-toc, 2010-07-09.

[69] Hope C., Castilla-Rubio J. C. 2008. 'A first cost benefit analysis of action to reduce deforestation', Paper commissioned by the Office of Climate Change as background work to its report Climate Change: Financing Global Forests (The Eliasch Review), www.ibcperu.org/doc/isis/11462.pdf, 2010-7-26.

[70] ICBG (International Cooperative Biodiversity Groups). 1997. Report of a Special Panel of Experts on the International Cooperative Biodiversity Groups, www.fic.nih.gov/programs/research_grants/icbg/final_ report.htm, 2010-9-22.

[71] IMS Health. 2007. Intelligence 360, Global Pharmaceutical Perspectives 2006, www.imshealth.com.

[72] IPCC (Intergovernmental Panel on Climate Change). 2007a. Climate Change 2007: Synthesis report, Intergovernmental Panel on Climate Change Fourth Assessment Report: 1-72.

[73] IPCC. 2007b. Climate Change 2007: The Physical Science Basis, Contribution of Working Group I to the Fourth Assessment Report of the Intergovernmental Panel on Climate Change, Cambridge University Press, Cambridge.

[74] IPCC. 2007c. Climate Change 2007: Mitigation of Climate Change, Contribution of Working Group III to the Fourth Assessment Report of the Intergovernmental Panel on Climate Change, Cambridge University Press, Cambridge.

[75] Irawan S., Tacconi L. 2009. Reducing Emissions from Deforestation and Forest Degradation (REDD) and decentralized forest management, International Forestry Review, 11: 427-438.

[76] ITTO (International Tropical Timber Organization). 2008. Developing forest certification towards increasing the comparability and acceptance of forest certification systems worldwide, Technical Series 29, http://illegal-logging.info/uploads/TS29.pdf, 2009-11-10.

[77] Johnstone N., Bishop J. 2007. Private sector participation in natural resource management: What relevance in developing countries? International Review of Environmental and Resource Economics, 1: 67-109.

[78] Kapos V., Ravilious C., Campbell A., et al. 2008. Carbon and Biodiversity: A Demonstration Atlas, UNEP-WCMC, Cambridge.

[79] Karousakis K. 2009. Promoting Biodiversity Co-benefits in REDD, ENV Working Paper Number 11, Organisation for Economic Co-operation and Development, OECD, Paris.

[80] Karousakis K., Corfee-Morlot J. 2007. Financing Mechanisms to Reduce Emissions from Deforestation: Issues in Design and Implementation, Organisation for Economic Co-operation and Development, OECD, Paris.

[81] Kindermann G., Obersteiner M., Sohngen B., et al. 2008. Global cost estimates of reducing carbon emissions through avoided deforestation, PNAS, vol 105, no 30, pp10302-10307.

[82] Köllner T., Schelske O., Seidl I. 2002. Integrating biodiversity into intergovernmental fiscal transfers based on cantonal benchmarking: A Swiss case study, Basic and Applied Ecology, 3: 381-391.

[83] Laird S., Wynberg R. 2008. Access and Benefit Sharing in Practice: Trends in Partnerships Across Sectors, CBD Technical Series No 38, Secretariat of the Convention on Biological Diversity, Montreal.

[84] Land Trust Alliance. 2006. 2005 National land trust census, Land Trust Alliance, Washington, DC, www.sfbayjv.org/tools/ConservationEasementsBiodiversityProtectionandPrivateUse.pdf, 2009-09-06.

[85] Leverington F, Hockings M., Lemos Costa K. 2008. Management Effectiveness E,valuation in Protected Areas: A Global Study, The University of Queensland, IUCN, WWF, The Nature Conservancy, Gatton, Queensland.

[86] Lindsey R. 2007. Tropical Deforestation, NASA Earth Observatory, 30 March 2007, http:// earthobservatory.nasa.gov/Features/Deforestation/, 2009-11-12.

[87] Lovins H. 2008. Rethinking production, in State of the World 2008: Innovations for a Sustainable Economy, Worldwatch Institute, www.worldwatch.org/files/pdf/SOW08_chapter_3.pdf, 2010-09-22.

[88] MA (Millennium Ecosystem Assessment). 2005a. Ecosystems and Human Well-Being: Biodiversity Synthesis, World Resources Institute, Washington, DC.

[89] MA (Millennium Ecosystem Assessment). 2005b. Ecosystems and Human Well-Being: General Synthesis, World Resources Institute, Washington, DC.

[90] MAFF (Forestry Agency, Ministry of Agriculture, Forestry and Fisheries of Japan). 2008. Annual Report on Trends in Forests and Forestry, MAFF, Japan.

[91] Marengo J. A., Soares W. R., Saulo C. et al. 2004. Climatology of the low-level jet east of the Andes as derived from the NCEP-NCAR reanalyses: Characteristics and temporal variability, Journal of Climate, 17: 2261-2280.

[92] Mastny L. 2001. Travelling Light: New Paths for International Tourism, Worldwatch Paper #159, p37, www.mekongtourism.org/site/uploads/media/IETS_Ecotourism_Fact_Sheet_-_Global_1_01.pdf, 2009-09-13.

[93] May P. H., Veiga Neto F, Denardin V. et al. 2002. Using fiscal instruments to encourage conservation: Municipal responses to the "ecological" value-added tax in Parana and Minas Gerais, Brazil, in S. Pagiola, J. Bishop and N. Landell-Mills (eds) Selling Forest Environmental Services: Market-Based Mechanisms For Conservation and Development, Earthscan, London: 173-199.

[94] MEFT (Ministère de l'Environnement des Forets et du Tourisme), USAID (United States Agency for International Development), CI (Conservation International). 2009. Evolution de la couverture de forêts naturelles à Madagascar, 1990-2000-2005, Conservation International, Antananarivo.

[95] Menzies D. 2002. Conflict or collaboration? The New Zealand Forest Accord in P. ten Brink (ed) Voluntary Environmental Agreements: Process and Practice, and Future Trends, Greenleaf Publishing, Sheffield.

[96] Merson J. 2000. Bio-prospecting or bio-piracy: Intellectual property rights and biodiversity in a colonial and postcolonial context, Osiris, 15: 282-295.

[97] Meyer C., Schweppe-Kraft, B. (eds). 2006. Integration ökologischer Aspekte in die Finanzpolitik, BfN-Skripten, Bonn.

[98] Ministry of Foreign Affairs of Japan. 2008. Financial mechanism for "Cool Earth Partnership", Japan, www.mofa.go.jp/policy/economy/wef/2008/mechanism.html, 2010-09-22.

[99] MSC (Marine Stewardship Council). 2010. Credibility: Access for all fisheries, www.msc.org/about-us/credibility/all-fisheries, 2010-09-22.

[100] Mulholland D. M., Wilman, E. A. 1998. Bioprospecting and Biodiversity Contracts, Working Papers in Ecological Economics 9806, Centre for Resource and Environmental Studies, Ecological Economics Program, Australian National University.

[101] Muñoz C., Rivera M., Cisneros A. 2010. Estimated Reduced Emissions from Deforestation under the Mexican Payment for Hydrological Environmental Services, INE Working Papers No DGIPEA-0410, Mexico.

[102] Muñoz-Piña C., Guevara A., Torres J. M.,et al. 2008 Paying for the hydrological services of Mexico's forests: Analysis, negotiation, and results, Ecological Economics, vol 65, no 4: 725-736.

[103] Nature. 2008. Lifting a whale: Research highlights, Nature, 451: 868.

[104] Nepstad D., Soares Filho B., Merry F., et al. 2007. The Costs and Benefits of Reducing Carbon Emissions from Deforestation and Forest Degradation in the Brazilian Amazon, Woods Hole Research Center, Woods Hole, MA.

[105] Neto R. B., Dickson D. 1999. $3m deal launches major hunt for drug leads in Brazil, Nature, vol 400, p302.

[106] Newman D. J., Cragg G. M. 2007. 'Natural products as sources of new drugs over the last 25 years', Journal of Natural Products, 70: 461-477.

[107] Niedersächsisches Umweltministerium, Niedersächsisches Landesamt für Ökologie. 2002. 10 Jahre Trinkwasserschutz in Niedersacbsen. Modell der Kooperation zwischen Landwirtschaft und Wasserwirtschaft, Hannover, www.mul.niedersachsen.de/download/6324, 2010-10-27.

[108] OECD (Organisation for Economic Co-operation and Development). 1999. Handbook on Incentive Measures for Biodiversity, OECD, Paris.

[109] OECD. 2003. Economic Issues in Access and Benefit Sharing of Genetic Resources: A Framework for Analysis, OECD Paris/Working Party on Global and Structural Policies/Working Group on Economic Aspects of Biodiversity.

[110] OECD. 2005. Environmental Fiscal Reform for Poverty Reduction, OECD, Paris.

[111] OECD. 2010. Paying for Biodiversity: Enhancing the Cost-Effectiveness of Payments for Ecosystem Services, OECD, Paris, www.oecd.org/env/biodiversity/pes, 2010-10-27.

[112] OECD (forthcoming) International Financing for Biodiversity Conservation: An Overview of Innovative Approaches and Persistent Challenges, OECD, Paris.

[113] Öko-Institut, ICLEI. 2006. Costs and Benefits of Green Public Procurement in Europe, Final report to DG Environment of the European Commission, Service contract number: DG ENV.G.2/SER/2006/0097r, Freiburg.

[114] Olsen N., Bishop J. 2009. The Financial Costs of REDD: Evidence from Brazil and Indonesia, IUCN, Gland.

[115] Pagiola S. 2003. Paying for Water Services, World Conservation No 1, World Bank, Washington, DC.

[116] Pagiola S. 2008. Payments for environmental services in Costa Rica', Ecological Economics, 65 (4): 712-725.

[117] Pagiola S., Platais G. 2002. Market-Based Mechanisms for Conservation and Development: The Simple Logic of Payments for Environmental Services, Environmental Matters Annual Review, 2001, 7—2002, 6 (FY 2002): 6, Environment Department, World Bank, Washington, DC.

[118] Pagiola S., Landell-Mills N., Bishop J. 2002. Making market-based mechanisms work for forests and people, in S. Pagiola, J. Bishop and N. Landell-Mills (eds) Selling Forest Environmental Services: Market-Based Mechanisms for Conservation and Development, Earthscan, London.

[119] Pagiola S., Arcenas A., Platais G. 2005. Can payments for environmental services help reduce poverty? An exploration of the issues, the evidence to date from Latin America, World Development, 33 (2): 237-253.

[120] Parker C., Mitchell A., Trivedi et al. 2009. The Little REDD+ Book, Global Canopy Programme, www.globalcanopy.org/themedia/file/PDFs/LRB_lowres/lrb_en.pdf, 2009-11-10.

[121] Perrot-MaîtreD. 2006. The Vittel Payments for Ecosystem Services: A 'Perfect' PES Case? International Institute for Environment and Development, London.

[122] PNAAPD. 2007. Plan national d'action pour des achats publics durables, Ministère de 1'Ecologie, de l'Energie, du Développement durable et de la Mer, Paris, www.ecoresponsabilite.environnement.gouv.fr/ IMG/PNAAPD.pdf, 2010-10-27.

[123] Porras I., Grieg-Gran M., Neves N. 2008. All That Glitters: A Review of Payments for Watershed Services in Developing Countries, Natural Resource Issues No 11, International Institute for Environment and Development. London.

[124] Portela R., Rodriguez M. C. 2008. Environmental services payment in Costa Rica, unpublished manuscript, Conservation International.

[125] Prenen E. 2008. Green and sustainable public procurement in The Netherlands: An inconvenient truth, 3rd International Public Procurement Conference Proceedings, www.ippa.ws/IPPC3/Proceedings/ Chaper%2032.pdf, 2010-10-27.

[126] The Prince's Rainforests Project. 2010. Emergency package, www.rainforestsos.org/pages/emergency-package/, 2010-9-22.

[127] PWC (Price Waterhouse Coopers). 2009. Collection of Statistical Information on Green Public Procurement in the EU, Price Waterhouse Coopers, London.

[128] Rausser G. C., Small A. A. 2000. Valuing Research Leads: Bioprospecting and the Conservation of Genetic Resources, Berkeley Program in Law and Economics, UC Berkeley, http://escholarship.org/uc/ item/4t56m5b8, 2009-12-9.

[129] Richerhagen, C. and Holm-Mueller, K. 2005. The effectiveness of access and benefit sharing in Costa Rica: Implications for national and international regimes, Ecological Economics, 53: 445-460.

[130] Ring I. 2002. Ecological public functions and fiscal equalization at the local level in Germany, Ecological Economics, 42: 415-427.

[131] Ring I. 2008a. Compensating Municipalities for Protected Areas: Fiscal Transfers for Biodiversity Conservation in Saxony, Germany, GAIA 17 (S1): 143-151.

[132] Ring I. 2008b. Integrating local ecological services into intergovernmental fiscal transfers: The case of the ecological ICMS in Brazil, Land Use Policy, 25(4) 485-497.

[133] Ring I., Drechsler, M., van Teeffelen, et al. 2010. Biodiversity conservation and climate mitigation: What role can economic instruments play? Current Opinion in Environmental Sustainability, 2: 50-58.

[134] Rissman A. R., Lozier, L., Comendant, T., Kareiva, P., et al. 2007. Conservation easements: Biodiversity protection and private use, Conservation Biology, 21(3): 709-718.

[135] Sarr M., Swanson T. 2007. The Economics of IPR for Genetic Resources and Traditional Knowledge: North-South Cooperation in Sequential R&D, mimeo, University College London.

[136] Saxon State Ministry for the Environment and Agriculture. 2006. Green procurement is simpler than you think', Dresden.

[137] Science Council of Japan. 2001. Evaluation of the Multiple Functions of Agriculture and Forests that Concern

the Global Environment and the Human Living Environment, Report and Appendices, 2008, 11.

[138] Scheele M. 2008. Common Agricultural Policy: Landscapes goods and environmental services for rural areas, Presentation at 12th Congress of the European Association of Agricultural Economists, Brussels Session 'Health check and future perspectives of the CAP: Challenges for agriculture: A day of scientific dialogue', Brussels, 28 August 2008, http://ec.europa.eu/agriculture/events/eaae/2008_en.htm, 2009-11-12.

[139] The Scottish Government. 2007. Report of the National Goose Management Review Group: Review of the National Policy Framework for Goose Management in Scotland: Response by the Scottish Executive, www.scotland.gov.uk/Publications/2007/10/30142133/0, 2010-9-22.

[140] Senter Novem. 2010. Green funds scheme, www.senternovem.nl/greenfundsscheme/index.asp, 2010-9-22.

[141] Shine C. 2005. Using Tax Incentives to Conserve and Enhance Biodiversity in Europe, Nature and Environment No 143, Council of Europe Publishing.

[142] Similä J., Thum R., Varjopuro R. et al. 2006. Protected species in conflict with fisheries: The interplay between European and national regulation, Journal of European Environmental and Planning Law, 5: 432-445.

[143] Simpson R. D., Sedjo, R. and Reid, J. 1996 'Valuing biodiversity for use in pharmaceutical research', Journal of Political Economy, 104 (1): 163-185.

[144] Sonnino R. 2008. Creative public procurement: Lessons from Italy and the UK, in K. Morgan and R. Soninno (eds) The School Food Revolution: Public Food and the Challenge of Sustainable Development, Earthscan, London.

[145] Stern N. 2007. The Economics of Climate Change: The Stern Review, Cambridge University Press, Cambridge.

[146] Suvantola L. (in preparation) The Golden Eagle Compensation Scheme in Finland as an example of incentive measures: Potential for conflict management? in R. Klenke, I. Ring, A. Kranz, N. Jepsen, F. Rauschmayer and K. Henle (eds) Human-Wildlife Conflicts in Europe: Fisheries and Fish-Eating Vertebrates as a Model Case, Springer, Heidelberg.

[147] Swanson T. 2009. An international market based instrument to finance biodiversity conservation: Towards a Green Development Mechanism, Report from Amsterdam expert workshop by T. Swanson and K. Mullan, 2009, 5.

[148] Swanson T., Mullan K., Kontoleon A. 2009. Towards an international market-based instrument to finance biodiversity conservation, Green Development Mechanism technical background paper, http://gdm.earthmind.net/2009-02-amsterdam/Background_Paper.pdf, 2010-9-22

[149] TEEB in Business. 2011. The Economics of Ecosystems and Biodiversity in Business and Enterprise (ed J. Bishop), Earthscan, London.

[150] TEEB in Local Policy. 2011. The Economics of Ecosystems and Biodiversity in Local and Regional Policy and Management (ed II. Wittmer and H. Gundimeda), Earthscan, London.

[151] ten Brink P. (cd). 2002. Voluntary Environmental Agreements: Process and Practice, and Future Trends, Greenleaf Publishing, Sheffield.

[152] ten Kate K., Laird S. A. 1999. The Commercial Use of Biodiversity, Earthscan, London.

[153] Tetetay D., Tegineh A. 1991. Traditional tree crop base agroforestry in coffee producing areas of Harerge, Eastern Ethiopia, Agroforestry Systems, 16 (3): 257-267.

[154] Timbmet Group. 2004. What do we know about the costs and benefits of tropical timber certification?, Oxford, www.fwi.or.id/sertifikasi/sertifikasil3.pdf.

[155] TNC (The Nature Conservancy). 2003 Conservation Easements: Conserving Land, Water and a Way of Life, www.nature.org/aboutus/howwework/conservationmethods/privatelands/conservationeasements/files/consrvtn_easemnt_sngle72.pdf, 2010-06-25.

[156] TNC (The Nature Conservancy). 2010. icms ecológico, www.icmsecologico.org.br, 2010-10-10.

[157] Trivedi M. R., Mitchell A. W., Mardas N., Parker C., et al. 2009. REDD and PINC: A new policy framework to fund tropical forests as global 'eco-utilities', http://iopscience.iop. org/1755-1315/8/1/012005/pdf/1755-1315_8_1_012005.pdf, 2010-10-28.

[158] Turner W. R., Brandon K., Brooks T. M., et al. 2007. Global conservation of biodiversity and ecosystem services, BioScience, 57: 868-873.

[159] Turpie J. K., Marais C., Blignaut J. N. 2008. The working for water programme: Evolution of a payments for ecosystem services mechanism that addresses both poverty and ecosystem service delivery in South Africa, Ecological Economics, 65 (4): 788-798.

[160] UNECE (United Nations Economic Commission for Europe), FAO (Food and Agriculture Organization). (2006) Forest Products Annual Market Review: 2005-2005, Geneva Timber and Forest Study Paper 21, United

Nations Economic Commission for Europe/FAO, New York and Geneva.
[161] UNECE, FAO. 2009. Forest Products Annual Market Review: 2008-2009, Geneva Timber and Forest Study, United Nations Economic Commission for Europe/Food and Agriculture Organization, New York and Geneva.
[162] UNEP (United Nations Environment Programme). 2008. Entrepreneurs of the Natural World Showcase Their Groundbreaking Solutions to the Environmental Challenges of the 21st Century, Bonn/Geneva/Nairobi, www.unep.org/Documents.Multili ngual/Default.Print.asp?DocumentID=535&ArticleID:=5 816&d=fr.
[163] UNEP. 2009a. Benefit Sharing in ABS: Options and Elaborations, United Nations Environment Programme and United Nations University Institute of Advanced Studies Report, Yokohama, Japan, www.ias.unu. edu/resource_centre/UNU_ABS_Report_Final_lowres.pdf, 2010-07-30.
[164] UNEP. 2009b. Learning from the Practitioners: Benefit Sharing Perspectives from Enterprising Communities, United Nations Environment Programme and United Nations University Institute of Advanced Studies Report, Yokohama, Japan, www.ias.unu.edu/resource_centre/UNU-UNEP_Learning_ from_practitioners.pdf, 2010-07-30.
[165] UNEP. 2009c. Global Green New Deal, Policy Brief, pi 9, www.unep.org/pdf/GGND_Final_Report.pdf, 2010-08-17.
[166] UNEP-WCMC (United Nations Environment Programme World Conservation Monitoring Centre). 2008. Carbon and Biodiversity: A Demonstration Atlas, (eds) V. Kapos, C. Ravilious, A. Campbell, B. Dickson, H. Gibbs, M. Hansen, I. Lysenko, L. Miles, J. Price, J. P. W. Scharlemann and K. Trumper, UNEP-WCMC, Cambridge.
[167] US Fish, Wildlife Service. 2007. 2006 National Survey of Fishing, Hunting, and Wildlife-Associated Recreation-.National Overview, http://wsfrprograms.fws.gov/Subpages/NationalSurvey/nat_survey2006_ final.pdf, 2009-11-10.
[168] Van Nierop E. A., Alben, S., Brenner M. P. 2008. 'How bumps on whale flippers delay stall: An aerodynamic model', Phys. Rev. Lett., 100, 054502.
[169] Van Soest D. P., Lesink R. 2000. 'Foreign transfers and tropical deforestation: What terms of conditionality? American Journal of Agricultural Economics, 88: 389-399.
[170] Vera C., Baez J., Douglas, M., et al. 2006. 'The South American low-level jet experiment', Bulletin of the American Meteorological Society, 87: 63-77, www.eol.ucar.edu/projects/mesa/documentation/salljex_paper_final.pdf, 2010, 7, 30.
[171] Wertz Kanounnikoff S. 2006. Payments for environmental services: A solution for biodiversity conservation?, Ideés pour le Debat 12/2006, Institut du développement durable et des relations internationales, Paris.
[172] Wertz Kanounnikof S. 2008. Estimating the Costs of Reducing Forest Emissions: A Review of Methods, CIFOR Working Paper No 42, Bogor, Indonesia.
[173] Whittlesey R. W., Liska S., Dabiri J. O. 2010. Fish schooling as a basis for vertical axis wind turbine farm design, Bioinspiration and Biomimetics, 5, http://dabiri.caltech.edu/publications/WhLiDa_ BB10.pdf, 2010-9-22.
[174] Wilier H., Yussefi M. (eds). 2007. The World of Organic Agriculture: Statistics and Emerging Trends 2007 (9th edition) IFOAM (International Federation of Organic Agriculture Movements), Bonn, Germany.
[175] Williamson O. 1979. Transaction cost economics: The governance of contractual relations, Journal of Law and Economics, 22: 233-261.
[176] World Bank. 2005. Environmental Fiscal Reform: What Should Be Done and How to Achieve It, Washington, DC.
[177] World Bank. 2010. Climate Change: Uganda leads in cutting global warming emissions, Press Release No: 2010/093/AFR, http://beta.worldbank.org/climatechange/news/uganda-registers-first-forestry-project-africa-reduce-global-warming-emissions, 2010, 9, 22.
[178] Wunder S. 2005. Payments for Environmental Services: Some Nuts and Bolts, Occasional Paper No 42, CIFOR.
[179] Wunder S. 2007. The efficiency of payments for environmental services in tropical conservation, Conservation Biology, 21 (1): 48-58.
[180] Wundet S. 2008. Necessary conditions for ecosystem service payments, Paper presented at the Economics and Conservation in the Tropics: A Strategic Dialogue conference, Moore Foundation/CSF/RFF, San Francisco, 31 January to 1 February 2005, www.rff.org/News/Features/Pages/ConservationStrategiesintheTropics.aspx, accessed 2009-11-10.
[181] Wunder S., Wertz-Kanounnikoff S. 2009. Payments for ecosystem services: A new way of conserving biodiversity in forests, Journal for Sustainable Forestry, 28: 576-596.

[182] Wunder S , Engel S., Pagiola S. 2008. Taking stock: A comparative analysis of payments for environmental services programs in developed and developing countries, Ecological Economics, 65 (4): 834-852.

[183] Yoshida K. 2010. Economic Valuation of Biodiversity: Japanese Case Studies, www.iges.or.jp/jp/news/event/20100218/biodiversity/pdf/Yoshida.pdf, 2010-07-14.

[184] Yunus M. 2007. Creating a World Without Poverty, Public Affairs, New York.

[185] Zanderson M., Bråten . G., Lindhjem H. 2009. Payment for and management of ecosystem services, issues and options in the Nordic context, TeamNord 2009:571, Nordic Council of Ministers, Copenhagen.

[186] Zilberman D., Lipper L., McCarthy N. 2006. When are payments for environmental services beneficial to the poor? ESA Working Paper No 06-04 (April), FAO, Rome.

第6章
改革补贴

协调主要作者
Markus Lehmann

主要作者
Patrick ten Brink

特约作者
Samuela Bassi, David Cooper, Alexander Kenny, Sophie Kuppler, Anja von Moltke, Sirini Withana

编辑和语言校对
Clare Shine

对审稿人和其他著者的致谢，参见本章结尾部分

关键信息

过去十年，人们为逐步废除或改革某些不良补贴付出了越来越多的努力。经验教训表明，改革或废除不良补贴，可以缓解环境压力，提高经济效率，减轻财政负担。

尽管某些行业和国家已经削减了不良补贴，但补贴总额依然非常高。尽管由于概念和数据不足之故，多数行业难以准确估算其补贴额，但据保守估计，全球每年补贴额共计逾数千亿美元。2006—2008年，OECD国家年均农业补贴额为2 610亿美元，而全球年均渔业补贴额约为150亿～350亿美元。全球年均能源补贴额约为5 000亿美元，而在2007年，20个最大非OECD国家的能源补贴额达到3 100亿美元（参见表6.1）。

很多生产补贴旨在降低成本或增加收入（例如，OECD国家中的大多数农业补贴措施）。这些补贴，同自然资源售价低于成本的事实一道，有效地激励人们加大对受补贴资源的使用、生产和消费。这不仅加重了对环境的损害，而且还可能会限制人们开发和使用更具可持续性的技术和工艺。纵观全球，农业补贴和渔业补贴是引发这类问题的一个具体原因。对其他行业的补贴加以分析，我们发现通过改革这些行业的补贴，很有可能带来巨大的环境效益。

并不是所有补贴都对环境有害。有些补贴方案已对生态系统服务的福利给予了嘉奖。譬如：农业和林业的一些转移方案对损失的收入进行补偿，或对采用环境损害较小的生产方法进行补偿。然而，即便采用“绿色补贴”，也可能会扭曲经济和市场，而且可能存在定位不明确，成本效益低下的缺点。

除了确定对环境有害的补贴之外，我们还需要开展全面补贴改革，这些改革涉及：①显然已完成其历史使命的补贴；②没有以既定目标为宗旨的补贴；③不能以高成本效益实现目标的补贴。这些措施存在机会成本，譬如：废除这些低效补贴能够释放更多资金，这些资金可以转入对资金需求更加紧迫的领域。从TEEB角度来看，其包括对生态系统服务和生物多样性的福利进行奖励。

成功的改革依赖于提高现有数据和分析性信息的质量和综合性。良好的信息透明度对于公众获得足够知情权，对当前方案展开深入探讨至关重要，而且能为改革提供强大的推动力。需要与利益相关方开展对话与交流，以便制定清晰的改革目标和时间表。

除少数例外情况外，目前大多数补贴改革的步伐都太过缓慢，拖延现象严重。如今，很多国家若想提高公债水平，都需要在未来几年施行紧缩的预算合并政策。为了释放越来越稀缺的公共资源，以开展优先政策干预活动，需要将补贴改革作为合并政策的重要环节。

G20最近试图在中等时间限度内逐渐废除低效化石燃料补贴。这是令人激奋的举措，不仅需要得到贯彻执行，而且亟须推广到其他相关补贴。在全球层面上，促进生态系统和生物多样性保护的优先任务包括：①废除那些增大渔获量或捕捞活动的补贴；②对于刺激生产的农业补贴（多数OECD国家中依然普遍存在）继续并深化改革。根据各国国情，多数OECD国家还需要优化对其他受补贴行业的改革（尤其是运输、水资源和能源部门）。这些行业也是非OECD国家中令人关注的要施行补贴改革的领域，这些国家需要根据国情确定优先任务。

短期内，政府应当建立透明而全面的补贴清单，并参照既定目标评估这些补贴的有效性，评估其成本效率和环境影响。我们需要注意，补贴的规模并不一定能反映其有害程度。基于这些评估，政府应当制定优先行动计划，确保在中等时限内（到2020年为止）实现补贴废除或改革。此外，我们还需积极、系统地监控现有政策周期内早期补贴改革的机遇之窗。

6.1　概述

补贴措施经常效率低下、成本高昂、引发社会不公、对环境造成损害、加重政府预算和纳税人的负担。为此，改革现有补贴政策刻不容缓。

（OECD，2005）

第 6 章将讨论全面改革补贴政策的必要性，从而减轻其对生物多样性和生态系统服务的损害，让公共支出更为有效。6.2 节概述相关术语，介绍目前的补贴规模。6.3 节解释这些补贴为何不能实现预期目标、成本效益低下并对环境造成影响。6.4 节讨论各行业的补贴情况，说明如何更好地设计补贴措施以实现社会和环境目标。6.5 节提供一张改革蓝图，并指导如何克服具体障碍。6.6 节得出本章结论，提出摆在我们面前的优先任务。

6.2　补贴及其影响

过去 20 年，补贴一直在全球日程上占据重要位置。大型国际组织和非政府组织在 20 世纪 90 年代开展的研究，在过去 10 年引发了很多关于补贴对高成本效益政府支出、社会目标和环境影响的分析工作。

目前已涌现出一些实用指导措施，帮助我们寻找对环境有害的补贴（EHS），并对其加以改革。这些措施正是得益于几个国家大刀阔斧的改革，在某些情况下他们的改革非常成功。经验教训表明，通过改革或者废除补贴，在减轻环境压力的同时，还能提高经济效率，减轻政府预算负担。

6.2.1　何为补贴？

补贴有很多具体形式，可以是直接的资金转移，用于债务偿付（如核事故）的潜在直接转移、收入或价格补贴（如农产品和水资源），税务减免、免税、折扣（如燃料折扣）、低息贷款和担保、优惠待遇、监管支持机制（如需求配额）。此外，补贴还包括在“自然资源或服务（如水资源、能源）定价低于真实成本的情况下”的隐性收入转移。

有些补贴是预算内的（明确列在政府预算内，或者能够从预算账户中估计出来的）；另一些补贴则是预算外的（未计入国家预算）。

关于补贴，有两个国际公认的定义。在特定情况下，我们会采用另一些关键术语和定义（参见专栏 6.1）。同样地，针对不同的目的和行业（如国际贸易），我们也会采用不同的衡量方法，每种方法都有各自的特定指标。

专栏 6.1 补贴：不同情况下的不同定义

补贴是“政府赋予消费者或生产商一种优势，以补充其收入或降低其成本的行为”（OECD，2005）。

联合国统计司（UNSD）提供的补贴定义用于创建国民账户，仅仅涵盖拨付给生产商的预算款项。世界贸易组织（WTO）提出的更加全面的定义用于对贸易产生影响的补贴，根据该定义，“补贴是政府或政府代理人作出的一种财政资助，它给予接受者某种收益。”但这个定义没有包括政府兴建的一般性基础设施。

在不同背景下，出于特别的目的，采用不同的补贴定义。“转移”、“支付”、“支持性措施”、“协助”、“保护”等都是常见补贴术语。尽管这些术语指代的工具部分重合，而且与不同的衡量方法和不同的指标相关联，但这些术语有时可以互换使用。

所有背景下的补贴定义并未能涵盖所有事宜。例如，世贸组织的定义就没有包括通过边境保护从消费者向生产商转移的补贴。这就是为什么在某些背景下使用“支持”这个更宽泛的术语的原因之一（例如，OECD 对农业的支持评估）。

对于是否要将补贴的正式定义进行扩展，以包括外部成本非内部化的情形（例如，污染者并不为其污染造成的损害埋单），人们目前还尚存争议。反对者出于维护定义清晰化的目的（即补贴的概念在传统上意味着外显的政府干预，而非内隐的缺乏干预）反对这样的扩展，还指出了计算外部成本会面临的实际挑战。然而，从 TEEB 的角度来看，外部成本非内部化——或者更一般而言，政府的不作为——通常起到补贴一样的作用（例如，降低了污染者的市场成本，因此让污染者处于优势地位）。

6.2.2 现有补贴的规模如何？

全球补贴总值非常庞大。尽管在某些情形下，补贴略呈下降趋势，但每年还是达到了数千亿美元的规模。能源补贴是份额最大的补贴，2008 年高达 5 570 亿美元 /a；其次是农业补贴（仅 OECD 国家总额就约为 2 500 亿美元）。其他行业获得的补贴也数额不菲。但是由于统计数据有限及使用的具体衡量方法之故，这些补贴可能会被低估（参见表 6.1）。

表 6.1 某些经济部门的补贴总估值

部 门	地 区
农业	OECD：2 610 亿美元 /a（2006—2008）（OECD，2009）
生物燃料	美国、欧盟、加拿大：110 亿美元，2006 年（GSI，2007；OECD，2008b）
能源	全世界：5 570 亿美元 /a，2008 年（IEA，2010）
渔业	全世界：150 亿～ 350 亿美元 /a（UNEP，2008a）
运输业	全世界：2 380 亿～ 3 060 亿美元 /a，其中 EHS 为 1 730 亿～ 2 330 亿美元 /a（Kjellingbro 和 Skotte，2005）
水资源	全世界：670 亿美元 /a，其中 EHS 约为 500 亿美元 /a（Myers 和 Kent，1998）

这些估值虽然让我们大致了解全球补贴的数量，但依然充满概念上和数据上的缺陷。

农业部门在综合性理论和方法论以及一些最高补贴额方面拥有最完整的数据；相比之下，尽管过去 20 年补贴统计方法已经取得了显著进步，使衡量方法规范化，但其他部门对补贴的统计依然非常零散。

大部分制造业，以及一些对环境影响重大的行业（例如，矿业和林业），只拥有很少甚至没有补贴数据。水资源部门的数据也不甚全面。这种不完整的数据说明补贴申报缺乏透明度，方法上存在限制（OECD，2003a；IEEP 等，2007；Valsecchi 等，2009）。表 6.1 显示出水资源补贴统计数值存在被低估的现象；而与此相反，运输业的补贴数据则可能存在被高估的可能，因为该部门的补贴统计方法经常会把外部成本非内部化处理。基于以上原因，比较各部门之间的补贴通常非常困难，或者可能存在偏差。

6.3　为何某些补贴无法达到目的？

6.3.1　区分“好补贴”与“坏补贴”

补贴政策的出台和维持是出于很多社会或经济原因，包括促进经济增长、拉动就业、扶持小型生产商以稳定收入。这些目的都是“有益”的目的，至少是在政治上具有理性的目的。

但是通常，补贴却退化成了一个长期僵化的措施。补贴时价格扭曲，会影响资源分配决策，在给一些生产商带来好处的同时，却让另一些生产商蒙受损害（包括国外生产商）。因此，为了便于分析，区分“补贴的既定目标”和“实际影响”非常重要。

补贴的“好”“坏”之分，通常归结于具体的设计和执行情况，主要问题（Pieters，2003）包括：

1）有效性——补贴是否能达到（或者能持续达到）预期目的？

2）效率——补贴成本如何？

3）公平性——补贴的成本和收益是如何分配的？

4）环境影响——最后，总体而言，补贴是否会给环境带来损害，尤其是给生态系统服务和生物多样性带来损害？

要回答这些问题，需要对可持续发展的 3 个维度（经济、环境、社会）作出审慎的评估（De Moor 和 Calamai，1997；OECD，2005）。评估的过程可帮助我们确定逐渐废除或改革补贴（例如，那些明显已经不合时宜的补贴）的优先任务。决策者在启动补贴方案之际，通常没有完全认识到补贴会产生什么结果，包括其对环境可能造成不良影响的风险。倘若我们能够基于预测结果对补贴的不利影响进行战略性评估，并将此评估作为政策制定的必要环节，我们就能最大限度地减小或避免这些不利影响以及很多与补贴相关的陷阱（参见第 4 章）。这些评估还能够帮助我们找到制定更好工具的机会。

在现实中，补贴方案很少是为了达成单一明确的政策目标。补贴方案往往涉及长期、复杂且混乱的历史背景。补贴在问世后的数十年间，不断被修正，经常背负政治压力，缺乏长期战略远景，服务于多个目标（Barde 和 Honkatukia，2003）。

这种显性和隐性目标混杂的状况，有时候会给改革带来莫大的阻力。这意味着补贴也容易被贴上“多功能”的标签，从而让人们认为废除补贴的代价太高，无法实行。要想成功地改革补贴，前提是厘清补贴的效果和目的，将迷思与现实分开。这有利于我们在达成既定目标的同时，确保成本效益（OECD，2003a）。

通过观察基于社会考量（例如，对农业、渔业等关键行业的小型边际生产商给予支持）的补贴方案，这个情况可变得一目了然。通过详细分析补贴的流向，我们可以发现：很多补贴并没有很好地确定目标受益人群，也就是说，这些补贴的成本效益并不高。以农业为例，一项 2003 年开展的研究表明，OECD 国家中，绝大多数补贴流入了大农场（往往收入较为丰厚），只有 25% 的市场价格补贴最终成为农民的净收益（即这些补贴流向差的大部分最终被反映在价值链中的某个其他环节）（OECD，2003c）。

专栏 6.2 揭示了另一个目标不明的补贴，即发展中国家的能源补贴情况。

专栏 6.2　四个发展中国家能源补贴的分配影响估计（2005）

1. 玻利维亚：最贫困的 40% 居民，仅得到 15% 的燃料补贴；而最富有的 60% 居民，却得到了 85% 的燃料补贴。
2. 加蓬：最富有的 10% 居民，得到了 33% 的燃料补贴；而最贫困的 30% 居民（贫困线以下），则仅得到 13% 的燃料补贴。
3. 加纳：最贫困的 40% 居民，仅得到 23% 的燃料补贴；而最富有的 60% 居民，却得到 77% 的燃料补贴。
4. 埃塞俄比亚：最富有的 20% 居民，得到 44% 的燃料补贴；而最贫困的 20% 居民，得到不足 9% 的燃料补贴。

资料来源：Coady 等（2006）；Rijal（2007）。

如果补贴出于实现某种社会目标之目的，则遵循一个一般性原则：在社会公正性方面，至少是中性补贴；或更好的情况是，有助于财富或收入的更公平分配。简而言之，补贴应该让社会边缘人群受益，或者至少不会损害他们的权益。但是，现实并非总能如此。所以，我们应当首先考虑废除或改革那些损害这些人群的补贴（Steenblik，2007）。

大多数国家的补贴方案都纳入整个政策框架中，并通过各种方式与其他措施息息相关，反映不同的管理风格与传统。我们需要在充分了解这些相互性的前提下，全面考虑各种补贴可能带来的影响，以及废除或改革这些补贴的益处及挑战。

由于补贴资金一般来自税收或国家财政赤字，因而给国库及纳税人带来沉重负担。相反，通过逐渐废除一些补贴，政府就能释放资金为补贴改革铺平道路，并且/或者赢得公众的支持，以进行范围更广的补贴改革。因取消补贴而释放的资金可用于多种目的：

1）减少赤字或减税；

2）资助旨在推行“更具成本效益补贴”的替代政策；

3）流入那些资金需求更迫切的领域，例如，奖励生态系统服务和生物多样性带来的福利（参见第 5 章）。

6.3.2　补贴可能如何损害或改善环境？

OECD 将“对环境有害的补贴”（environmentally harmful subsidy，EHS）定义为：“一种政府行动的结果，在增加消费者收入或降低其成本的同时，却违背了环境良好实践”（OECD，1998，2005）。

一些补贴已经被证实，会引发对生态系统和生物多样性不利的行动，导致生态系统服务的丧失。这些补贴主要通过如下两种方式对环境造成损害。

（1）　降低自然资源利用的价格

即使在没有补贴的情况下，自然资源的使用价格（如果不是免费的话），也很少能真正反映生态系统服务的真正价值。然而，过低的价格会导致过度消费。这通常发生在难以吸纳“消极外部性”及财产权形成定义不清的自由市场（参见第 2 章和第 7 章）。由于补贴的存在，售价可降到比开采成本还低的程度，从而使这个问题进一步恶化。补贴经常会给消费者带来好处（例如，低价提供的水和能源），而这又会进一步刺激获得补贴（譬如，农业灌溉补贴、能源补贴）受益者加大生产规模。

（2）　增加生产

OECD 国家通过很多补贴政策，资助农业、渔业、能源生产、运输业、重工业等环境敏感部门。相较没有补贴的情形，那些能够帮助生产商降低成本或增加收入的激励性补贴能让产量大幅提升。与此同时，这也可能会导致具有环境污染弊端的农用品（例如，杀虫剂、肥料）的使用量攀升。农用品在提高农业生产力同时，却又加大了环境损害的风险。6.4 节将说明这些部门的具体环境影响。

那些不以产量或农用品使用量为条件的补贴政策，对环境的危害可能相对会较小，尽管这仍与补贴的总体水平相关。

补贴的规模不一定能反映其负面影响（OECD，2003a）。甚至规模较小的补贴也可带来巨大的有害影响。例如，在海洋国家专属经济区（EEZ）之外公海作业的海底拖网渔船，每年可获得约 1.52 亿美元的补贴（Sumaila 等，2006）。海底拖网捕鱼对深海鱼类的栖息地会造成非常严重的影响。深海鱼生命周期相对较长，生长率很缓慢。该种群一旦遭到破坏，难以恢复。

由于我们的分析工作会遇到如下难题，我们很难量化补贴给生态系统和生物多样性带来的冲击：

第一，补贴对消费和生产的影响取决于很多因素，譬如，“价格弹性”（因相对价格变化导致一种商品的供需相对增长），“支持渗漏”（补贴没有流向预计的目标而是流向了别处）以及特别的法规、税收和政策。

第二，由于其他要素之故，很难确定“补贴”与“环境损害具体程度”之间的直接因果关系。

第三，我们还没有完全了解生态系统的功能。生态系统承受的不断攀升的生产和消费压力，会给物种错综复杂的关联性带来难以预测和量化的影响。例如，污染和环境损害可能存在一个“阈值”，一旦超越此阈值，生物多样性承受的负面影响就会急剧增加。

我们面临的种种不确定性、不可逆转的损害和生物多样性令人担忧的丧失速度，无不在警示我们采取预防措施的必要性和迫切性。为此，我们可以改革损害举证责任制，即不再要求受害方举证，而是要求可能损害环境的补贴方案，在可行的情况下证明自身不会损害环境（OECD，2003a）。

所有补贴都在 Pieters 称为“政策过滤器”的大环境下运转。这一环境包括一系列环境政策工具，例如，可持续性标准（参见 UNEP 与 WWF，2007）、环境税费、收费或手续费、生产 / 开采限度、排放标准、可交易的污染配额（Pieters，2003）。这些工具本身可能遏制补贴带来的（某些）恶性激励措施，但却不见得能够得到成功的应用。工具的成功运用需要有效的监管和有关各方严格遵循相关规定。而这可能会导致运行成本过高，或超出很多国家机构的能力。此外，补贴的政治经济学分析也表明：若补贴可创造大量潜在利益，利益方的游说可能会导致监管不力。

但是，我们需要明白：并不是所有的补贴都对环境有害。有些补贴是用来纠正特定市场危机的。例如，若不对公共运输进行补贴，则公路运输会变得更为繁忙，其对环境的损害可能会进一步加重。若取消或减少对私人客运、铁路、空运的补贴，则可能会改善环境效益。就能源部门而言，尽管某些项目宣称的环境效益似乎还并不明朗，但很多国家仍推出大量项目来支持可再生能源的开发和生产（参见下文）。

现在，有关当局已通过补贴来创造生态系统效益。农业环境方案就是一个突出的例子：该方案会补贴那些因为采用环境损害较小的生产方式，而蒙受收益损失（收入降低）的农民。现在，为了保障城市供水量而支付的流域保护补贴已经屡见不鲜。此种补贴可归类为生态系统服务补贴（参见第 5 章）。当为了提供公共福祉而加大生态系统服务供给时，“补贴”一词就显然不适用。

除了未必能做到目标明确、成本效益良好外，“绿色”补贴本身也可能会扭曲市场和经济。这并不奇怪，因为迄今为止尚无切实的理由可证明“绿色”补贴会在环保方面做得更好。在某些情况下，这些“绿色”补贴还可能会对环境造成非故意的二次冲击。例如，渔业部门的渔船退役计划旨在减少捕捞量，从而减轻鱼类资源承受的压力。但这一计划产生的额外租金，有可能又会重新投入到相同或另外的渔场（UNEP，2004a）。基于这些理由，即使“绿色补贴”能够支持公共运输或可再生能源之类的事业，我们也仍需对这些补贴进行仔细的审查（OECD，2005）。

我们不能只针对对环境有害的补贴进行改革。我们应该对整个补贴制度开展全面评估。这是因为：

1）如果我们能够发现无效和效率低下的补贴（即使不是 EHS 补贴），并对其加以改革，此举也能释放出大量资金，用来满足日趋迫切的环境需求；

2）如果我们能够确保“绿色”补贴目标明确，成本效益良好，则可以在争夺稀缺公共资源的永恒战役中，为这些补贴赢得有力的砝码。

OECD 在农业生产方面曾反复强调（如 OECD，2003b，2009）：真正重要的是总体一揽子政策的一致性。对于那些导致农业生产蒙受损害的政策，若“绿色”补贴能补偿其导致的损失，那么“绿色”补贴就应当置于优先地位。倘若我们不对具体问题加以具体分析，也不对整体补贴局面进行改革，就简单地引入新的“绿色”补贴方案，则会引发成本效益低下的补贴和可预见的风险。

最后，数据的缺失及补贴规模的不明确并不应妨碍我们采取行动，来确定、废除或改革那些对环境有害和 / 或成本效益低下的补贴。目前，渔场已到了崩溃的边缘，二氧化碳排放量不断上升，国际社会也没有实现《生物多样性公约》到 2010 年显著降低生物多样性丧失速度的目标。“当我们向悬崖逼近的时候，已没必要计算我们的精确速度（Myers 和 Kent，1998）。”

6.4 各部门补贴对环境的具体影响

6.4.1 农业

农业对人类食品安全和发展至关重要，因此农业补贴是规模最大的补贴，我们应对农业补贴予以特别关注。激励农业生产的措施，通常刺激集约化农业生产和农业扩张，可能加剧环境损害。

（1）集约化

集约化是指增大特定区域的农业产量（例如，施用更多肥料和其他化学物质、提高灌溉频率和机械化程度）。集约化带来的最明显环境损害可能包括：

1）因杀虫剂使用，而直接或间接导致的非目标物种的丧失，包括传粉昆虫的丧失；

2）因资产合并、非农用栖息地块丧失、边界特征丧失、区域专业化程度提高，而导致的栖息地生物多样性损失；

3）因肥料使用量增加和放牧增多，而导致生物多样性丰富的大片农田的丧失（如半自然的草场）；

4）因排水或灌溉，而导致的栖息地水文环境变化（如因超采导致的地下水水位降低和湿地丧失）；

5）因肥料和富营养径流，而导致的淡水和海洋生态系统富营养化；

6）因集约化牧业系统产生的气体营养素（特别是氨）沉积，而导致的陆地生态系统富营养化；

7）土壤退化与侵蚀。

（2）扩张

受"增产激励措施"的鼓动，自然生态系统可能会被转变为农田（土地利用性质的变化）。相反，废除或改革此类补贴，则可能会导致农田热潮回落。只要保护政策能够长期有效地落实，废除或改革此类补贴能对高度机械化和专业化农业生产地区的生态系统和生物多样性带来积极影响，有利于非农业栖息地（如湿地）的恢复（George 和 Kirkpatrick，2003）。在广袤的以传统耕作方式为主的农业地区，传统农耕在创造当地生物多样性、土壤特质和自然景观方面起着重要作用。农业在这些地区的萎缩可能会对生物多样性造成损害（OECD，2003d；EEA，2004；UNEP，2004）。高自然价值（HNV）的农田包括半自然地区，以及为农业管理而兴建的树篱、围墙、树木、缓冲区。在这些地区，高度的农业生物多样性依赖于持续的农业生产活动（参见专栏 6.3）。

专栏 6.3 《欧盟共同农业政策》（CAP）及其对生物多样性的影响

《欧盟共同农业政策》的实施导致欧盟在农业、投资和技术领域发生重大结构转变；其农业集约化自 20 世纪 70 年代以来得到迅猛发展。这对生物多样性（包括鸟类）造成了很大冲击，且都被详细记录下来。《泛欧洲常见鸟类监测计划》（2007）显示：农田鸟类指数（反映欧洲农田生态系统健康程度的一个指标）在过去 25 年下降了约 50%。主要由于肥料和杀虫剂的应用，欧洲非农作物植物和无脊椎动物也明显下降。

物种丰富的农业栖息地已经很少或大幅减少。欧盟的珍稀与濒危物种当中有很大一部分，同这些受到威胁的半自然栖息地和农业地区息息相关。即使没有受到集约化的威胁，很多栖息地和 HNV 耕作系统也因具有边际经济价值而面临被废弃的风险。它们的存续依赖于那些"旨在支持欠发达地区农业或对环境有益实践"的 CAP 补贴（参见专栏 6.5）。

具有高度农业生物多样性的广袤农业系统，通常处于边际土地上（即如果农业补贴被废除，农业生产肯定会首当其冲受到影响的地区）。因此，某些情况下，停止农业生产实际上会损害生物多样性，继而损害相关的生态系统服务（OECD，

2000c)。

因此，边际土地上的生物多样性与粗放农业之间的紧密联系，给我们提出了双重政策挑战：

1）确保边际土地继续开展农业生产，保护当地传统农业活动；

2）停止超边际土地的农业生产，将其转化为自然栖息地，将对生物多样性带来显著的积极影响。

虽然我们在总体上并不支持那些鼓励农业生产的补贴，但我们认识到：单纯减少或废除补贴，并不足以应对“维护生物多样性丰富的粗放农业系统”这一挑战。

比起同农业生产“脱钩”的支持措施，刺激农业生产的支持措施对环境带来的危害更大。由于WTO《乌拉圭回合农业协定》免除了“绿箱政策”，很多OECD国家自20世纪90年代以来重新制定了支持“脱钩”的新政策（参见专栏6.4）。

专栏6.4 对生产补贴进行改革：欧盟CAP与2000年议程改革

同市场措施（即“第一支柱”）一道，农村发展政策（即“第二支柱”）已成为欧盟CAP的关键部分。2000年议程改革预见了市场价格补贴将逐渐减少，农业对直接支付的依赖将逐渐增加。同时，农村发展计划和农业环境措施也将大行其道。

2003年，欧盟各农业部长经过艰难的谈判，达成了一项折中协议：

1. 为农民建立一个专项农场补贴，不受CAP“第一支柱”生产的影响。“第一支柱”是基于历史补贴款项确定补贴标准的；

2. 该补贴的受益人需要达到环境、食品安全、动物健康、动物福利等标准（即“交叉达标”）；

3. 减少对大农场的直接补贴（补贴调整），这笔资金将转入欧洲农业农村发展基金，以支持新的农村发展政策；

4. 对CAP市场政策作出某些修改。

欧盟在2008年达成的协议遵循共同农业政策健康检查的规定，要求各国逐步消除同农产品产量挂钩的补贴，并加强对补贴措施的调整。

“第二支柱”下的很多农业环境方案，总体上对生物多样性和生态系统都有着积极影响（Boccaccio等，2009）。然而，在这项改革开始8年之后，尽管“第二支柱”的补贴份额逐渐接近“第一支柱”的补贴份额，但多数支持措施依然属于“第一支柱”。尽管目前的补贴政策比起早期的补贴政策，对环境的损害较小，但由于现有补贴的脱钩力度有限且机会成本不菲，“第一支柱”补贴的庞大规模依然令人担忧。尽管“交叉达标”和“调整措施”能让补贴更好地达成环境与社会目标（参见环境联盟，2007），但这些工具在达成上述目标的同时，是否提高了成本效益还颇让人生疑。

我们已经取得了显著进步。根据OECD生产商支持估计（PSE）的统计：2006—2008年，仅有51%的农业补贴措施是基于产量的补贴措施（如市场价格补贴），或基于农用品使用量的补贴（旨在降低农民肥料、饲料、种子、水源、交通成本）。而此类补贴在1986—1988年却高达82%。这表明基于农业产量的补贴在农业总收入中呈下降趋势（从1986—1988年的37%降低到目前的23%）（OECD，2009）。

然而，我们仍需要加大改革力度。

第一，目前看来，半数以上的补贴依然是旨在增加农业产量的补贴。OECD警示道：各OECD成员国的改革步伐并不均衡；而且最近补贴水平下降有很大一部分是全球农产品价格较高所致，政府政策并没有任何显著变化（OECD，2009）。

第二，由于市场不完善、市场风险和政治动态等现实原因，脱钩措施可能永远也不能得到彻底的执行（OECD，2000b）。例如，在不完善的资本市场下，任何收入补贴都会有部分重新流入农业领域，从而导致在未来数年中出现额外生产。如果较为富有的农民准备承担更大风险，则任何补贴（将会增加其财富）都会影响其生产决定（OECD，2000b）。规模也是一个重要因素，倘若补贴规模很高，即使单位补贴影响较小，补贴总体上也会产生很大的影响。而这可能还会影响潜在外国竞争对手的生产决定。

因此，在政策改革大业中，将补贴与特定收入目标或规避市场失败脱钩依然是OECD国家面临的重大挑战（OECD，2009），其包括农业环境付款。2005年研究欧盟此类补贴的分析认为：补贴在总体上有益于栖息地保护，但欧盟依然需要制定更加关注生态影响的监控措施，适应性更强的评估程序，以及对问题最严重的农场和对环境最为敏感的地区出台更具针对性的措施（Oréade-Breche，2005）。OECD强调：脱钩补贴和目标定位明确的补贴，经证明是有效、高率、平等的补贴。我们在未来设计政策时，需要继续秉承政策的脱钩性和针对性（OECD，2009）。

由于鼓励农业生产的补贴措施会扭曲潜在的贸易流，因此，这些措施被世贸组织多哈工作计划农业贸易谈判列为需要“大幅减少”的措施。同时，多哈工作计划农业贸易谈判也需对绿箱标准进行审批。绿箱标准规定了不受削减措施约束的农业补贴类型，这些补贴不会对贸易流和环境目标造成负面影响（WTO，2004）。倘若这些谈判能成功达成，将有利于生态系统和生物多样性保护目标发挥协同作用。但是，由于WTO成员国的立场还存在分歧，所以农业谈判依然还是阻碍多哈工作计划得以顺利完成的主要障碍之一。

6.4.2 渔业

> 《联合国负责人渔业行为守则》于1995年开始实施。10多年后的今天，制止过度捕捞依然是国际社会面临的一项基本挑战…… 自1997年以来，国际社会一直在努力改进渔业补贴政策……但制止有害渔业补贴的工作却几乎还未开始。
>
> （Achim Steiner，环保署署长和James P. Leape，WWF全球总干事；UNEP和WWF，2007）

渔业补贴对环境造成的潜在影响是巨大的。在某些国家，渔业补贴规模同渔业产业规模相比也是巨大的（例如，某些欧盟成员国对渔业的补贴甚至超过了上市鱼产品的经济价值）。

由于世界上超过 1/4 的海洋渔场已经崩溃或濒临崩溃，处理渔业补贴对环境的损害问题，是摆在我们面前尤为紧迫的任务。根据联合国粮农组织（FAO）2008 年的《渔业报告》：

1）FAO 监测数据表明：2007 年 28% 的海洋捕获量由过度开发，已枯竭，或正在从枯竭恢复的鱼种组成；其产量低于每年可持续最大产量。

2）52% 的海洋捕获量由已完全开发的鱼种组成，其产量等于或接近最大可持续产量。

3）剩下 20% 的海洋捕获量由低度开发或适度开发的鱼种组成。尽管这一数字预示着产量还能提高，但我们必须认识到：在捕捞的渔获中，有些鱼类属于低价值物种，有些属于在目前市场条件下不合算的捕捞物种（FAO，2008b；另见第 1 章图 1.4）。

某些渔业补贴会导致渔民加大捕捞力度，会对鱼类储量造成损害（UNEP，2004a；von Moltke，2010），此观点得到相关文献的一致认同。过剩的国际捕鱼船队及捕捞能力，是导致不可持续捕捞的主要原因。产业化渔业船队因其技术或规模实力，是造成过度捕捞的罪魁祸首。而小规模的渔业捕捞者也难逃干系（参见专栏 6.5）。

专栏 6.5　塞内加尔小规模渔业捕捞者补贴造成的环境影响

塞内加尔政府在 20 世纪 70 年代后期，开始对渔业给予直接补贴。最初，这些补贴只拨付给渔业部门的下级部门，后来渐渐扩展到了小规模渔场。这些补贴造成的后果是：小规模渔场开始捕捞更多鱼类用于出口而非国内销售。小规模渔场的捕捞行动开始变得集约化。这加重了塞内加尔本国与外国拖网船队给底层鱼类储备带来的压力。到 2003 年，鱼类加工厂中 60% 的鱼类产品来自小规模渔场。大部分此类在市面上销售的鱼产品已面临灭绝的危险。

资料来源：UNEP（2003a）。

尽管渔业目前的产能明显过剩，但各国政府还在继续对渔业进行补贴。这无形中鼓励了更大规模的渔业行动，导致全球鱼类储量进一步减少。遗憾的是，这些本为了保护渔业收入的补贴，却变成了破坏渔业的罪魁祸首（OECD，2003a；另见专栏 6.6）。渔业地区渔场的举步维艰，最明显地说明了保障资源可持续利用和保证生计来源之间的关系。

专栏 6.6 庞大的渔业经济损失

海洋渔业对全球经济的贡献水平，本应比实际贡献要大得多。世界银行发布的一份基于程式化简化模型的报告表明：全球渔业每年丧失的经济效益约为 5 000 亿美元——这反映了全球海洋渔业潜在经济效益和实际经济效益之间的差异。

尽管捕鱼活动增加，但全球海洋渔获量却停滞了十余年。与此同时，自然鱼类资本（海洋财富）在不断减少，全球捕捞成本和捕捞价值的差额也逐步在缩小。这些效益的丧失，究其原因有二：①鱼类储备枯竭，意味着能捕到的鱼减少了，捕捞成本也随之提高了。②船队生产能力严重过剩——"僧多粥少"意味着潜在效益也随着过剩的捕鱼行动而稀释。

资料来源：World Bank（2008）；FAO（2008a）。

为了便于评估渔业补贴对鱼类储备和环境在总体上带来何种影响，我们可以从概念上区分不同的管理制度（尽管此举有程式化之嫌，但仍可反映现实世界管理制度的关键特征；Hannesson，2001；OECD，2006b）。

标准经济分析显示：即使在没有补贴的情况下，若人们可以无限制地接近鱼类资源，资源也会被过度开采。但是，人们普遍认为，某些补贴由于加大了开采力度，使得本已糟糕的局势恶化（OECD，2000a；WTO，2000；Munro 和 Sumaila，2002；UNEP，2004a）。只要满足以下条件，任何补贴都会：

1）提高资源生产商的成本（即渔民负担的鱼类成本）；

2）减少单位（即每艘渔船的）操作成本；

3）降低船只的购买价格（Munro 和 Sumaila，2002）。

根据 FAO 数据估算：大约 90% 的全球渔获量来自滨海国家 200 海里 EEZ 之内；这与《联合国海洋法公约》（UNCLOS）下的国民管辖范围一致（FAO，2008b）。如果各国当局可在其 EEZ 区域对总许可捕捞量（TAC）严加管控，则补贴对于这些鱼类储备的影响是微乎其微的。而且，在很多情况下，只要总许可捕捞量维持在可持续的水平，则补贴对生态的影响就是中性的（Munro 和 Sumaila，2002；UNEP，2004a；OECD，2006b）。

然而，在实践中，我们很难对 TAC 严加管控，而补贴又进一步使情况更加复杂化。捕捞能力过度的渔场会给渔民的收入带来巨大压力。渔民出于生计会突破捕捞限制，偷偷开展捕鱼活动。此种情形进一步加大滨海国家的监管与执法难度。据估测，每年有 100 亿～235 亿美元非渔获量来自非法、未报告、无管制的捕捞活动（IUU）（Agnew 等，2009）。

而且，倘若不对捕鱼行动进行额外控制，则多余的人力和资本会涌入渔业部门，直到资源租金随着竞争消失殆尽。在此种情况下，严重过剩的捕捞能力又会给渔业部门带来政治压力，让其将 TAC 设定在超出可持续发展的水平之上（WTO，2000）。

原则上，控制渔业捕捞活动的额外措施（例如，限制渔船数量，限制捕鱼许可时间，限制捕鱼设备和技术等）可以强化对 TAC 的控制。然而，无论如何努力，监管机构也不可能确定并控制同渔业行动相关的所有变量。渔业部门在出台新法规的同时，也会导致一场竞争：一方面是新法规的频频出台和推行，另一方面则是来自渔民上有政策下有对策的努力。这一现象，更是加剧了监管和执法的局限性。

鉴于上述因素，一般来说，增大捕获量的补贴应当被视为对环境有害的政策。这些补贴包括（详情参考 UNEP，2004a）：

1）旨在增大船队规模与现代化装备的补贴（补助金、低息贷款、贷款担保），因其会降低渔船购买成本；

2）外国船队为了在一些国家 EEZ 区域捕鱼而向这些国家支付的款项。这些款项如没有被相关渔业公司全部收回，就会构成对这些国家渔业部门的补贴。

3）针对中间投入（如燃料）的税收优惠政策。这些优惠将降低每艘渔船的平均操作成本。实证研究表明：倘若这样的税收优惠鼓动渔民购买配有更大发动机的渔船，则会导致捕鱼范围增加，捕鱼量上升。

2007 年的一项研究估算表明：全球渔业每年补贴为 300 亿～ 340 亿美元，其中至少 220 亿美元导致产能过剩（参见专栏 6.7）。

专栏 6.7　渔业补贴：好补贴、坏补贴、恶劣补贴

英属哥伦比亚大学 2007 年进行了一项研究，按照各种补贴的效果和影响，对渔业补贴进行了归类和分析。

“好”补贴支持环境保护措施，并通过管理项目、服务和研究来监控捕捞量，从而促进鱼类储备增长。

“坏”补贴会降低捕鱼成本，或增加渔获收入，从而加剧产能过剩现象。

“恶劣”补贴有可能增加产能，从而导致有害结果，具体结果取决于当时情况和补贴应用情况（例如，渔船回购计划，或者协助渔民的项目）。

该研究估计：全球渔业补贴每年为 300 亿～ 340 亿美元，其中 160 亿美元为坏补贴（仅仅燃料补贴就达 60 亿美元）。此外，还有 34 亿美元为“恶劣”补贴，即按照具体和项目情况，可能对环境有害的补贴。“好补贴”仅有 66 亿美元。

资料来源：Sumaila 和 Pauly（2007）。

废除补贴会让管理变得更加有效。但倘若基本管理措施没有同时得到修正，单凭废除补贴本身，难以实现环境保护的目标（参见专栏 6.8 和专栏 6.15）。

目前 WTO 关于渔业补贴的谈判，已取得了一些进展。WTO 成员国普遍支持对渔业补贴进行严格管控（“惩戒”），虽然部分发展中国家成员国希望为补贴保留一定的政策空间，从而推动多元经济和某些行业的发展。但各国已普遍达成共识：任何补贴都不得导致产能过剩和过度捕鱼。

专栏 6.8 挪威废除渔业补贴的措施

挪威的经验显示：虽然补贴似乎已经成为渔业永久的生命线，但在急剧削减补贴的同时，我们仍有可能保障渔业发展不致遭到破坏。挪威的渔业补贴从 1981 年 1.5 亿美元的顶峰值(约为渔业增加了 70% 的价值)，下降到了 1994 年的 3 000 万美元。这一改革能够成功实行，或许是因为把握住了时机和采取了适当的措施，让渔业发展为一个更加自给自足的行业。尽管渔民的数量减少了，现在的渔场却能自给自足，在很多方面也比补贴最高的时候更健康。

挪威的成功原因如下：

1. 由于改革是在经济良好的时期进行的，渔民在补贴废除之际，也获得了其他的就业机遇。
2. 1986 年油价下跌让政府在收入萎缩的同时，也认识到了改革的迫切性和必要性。
3. 存在多边协议等外在压力。
4. 开展的是渐进式改革，有利于渔民采取多个步骤应对变革。

政府将渔业补贴改革与其他社会改革措施结合起来，以减少对补贴依赖者的冲击。

资料来源：OECD（2006b）。

在此方面，UNEP 和 WWF 开发的“可持续性标准”非常关键。该指标可确保那些不属于 WTO 禁令范畴的补贴，也不会对渔业资源造成损害（UNEP 和 WWF，2007）。

6.4.3 运输业

运输业是导致全球温室气体（GHG）排放、本地空气污染、噪声污染的主要行业之一，但却享受大量补贴。

有一组补贴是确保燃料售价始终低于生产成本的补贴。这些补贴鼓励人们出行和加大对交通工具的利用，从而加重了环境污染［一氧化氮（NO）之类有害气体、非甲烷挥发性有机化合物（NMVOCs）以及二氧化硫和颗粒物的排放］。车辆是 GHG 排放的主要来源之一。到 2020 年，预计全球机动车二氧化碳排放量将比 1995 年上升约 83%（IEA，2005）。同运输业相关的排放对生态系统和生物多样性将产生重要的直接和间接影响。

另一种补贴是没有通过收入（诸如燃油税和燃油费）来收回成本的直接补贴，补贴发放对象为公路基础设施及在一般情况下不能视为基础设施的道路。这实为一个灰色区域，因为有些公路表面上提供的是一般性基础设施服务，但这些通向偏僻地区的公路，主要服务对象是矿业和林业等特殊行业。

公路基础设施建设会造成土地利用性质的改变。这种变化会对生物多样性造成威胁，因为人类的侵入会破坏栖息地，影响生态系统和物种群落的生存能力。筑路会妨碍野生动物的活动，将原本连续的大块栖息地分割成小地块。而这些小地块对复杂动植物群落的支持能力可能会下降。例如，针对中非 6 国进行的森林碎片化研究发现：由于修路之故，完整森林的比例已从 83% 降到 49%（WRI，2001）。遭到破坏的生态“走廊”可能会从地理上和遗传学上把物种成员隔开（Fahrig，2003；Crooks 和 Sanjayan，2006；Kettunen 等，2007）。生物数量在小片栖息地中一般会减少，这对于那些需要大片领地的物种而言更是严重的威胁。

最近一项关于森林砍伐模式的研究调查了 152 个国家，其结果显示：道路兴建和维修是森林砍伐的原因之一。这些道路通过降低运输费用，促进了偏僻地区林业的发展，拓荒者在未受扰动的成熟森林定居下来，伐木、开辟农田。猎人和偷猎者也顺势前往。这项研究主张：政府在实施改革措施，以减缓热带森林丧失时，应当减少拨付给重点保护区附近道路工程的经费，并减少化石燃料补贴和运输成本补贴。总之，对于已经开放的地区而言，政府在拨付基础设施建设费用时，务必保证降低对环境的损害（CIFOR，2006）。

6.2 节已经提到，某些类型的运输补贴可能对环境有益（例如，那些铁路和公共交通的补贴可以减少汽车使用、碳排放和本地的空气污染）。

6.4.4　水资源

收取低于运营和管理成本的水费（低于成本定价），对某些用户群体给予优惠待遇（例如，低价位的灌溉用水），均是针对水资源给予的补贴方式。在很多国家，水费一直非常便宜，现在也是如此。这实则反映出一个观点：提供这样的基本服务是政府的义务，而享受这样服务的则是公民的权利。

尽管水资源（特别是饮用水）补贴由于社会原因而被认为合理，但目前贫困消费者还是无法有效获得水资源。很多发展中国家的贫困人口还享受不到自来水服务。由于他们必须依赖私营供水商，他们需要交纳高昂的水费。世界银行针对 4 个非洲国家的水电消费补贴情况，开展了一项研究。其结果表明：尽管补贴水平很高，却只有 20% ～ 30% 的贫困家庭接通了自来水服务（Komives 等，2005）。

低于成本的定价，加上水费欠费严重，导致供水设施资金短缺，保养和维护严重不到位。发展中国家因水管漏水、盗水、核算错误，估计流失了 40% ～ 60% 的公共供水资源（UNEP，2003b）。并且，这些国家很少能有足够的资金，将供水网络接入最贫困的居民区。

低于成本的水费定价会造成水资源滥用和浪费，从而导致地下水位降低，其他用户群体用水更加困难，需对供水追加额外投资（如为农民和家庭打井）。在某些情况下，这还会对地下蓄水层造成损害（咸水入侵、污染增加）。在气候变化的大背景下，改革水资源补贴变得更为紧迫。据 IPCC 预测：到 2050 年，供水压力增大的陆地区域将是供水压力减小的区域的两倍以上（IPCC，2008）。

很多国家农业灌溉用水收费一直都很低廉，从而造成使用量攀升（如西班牙，Bassi 等，2010）。发展中国家 75% ～ 90% 的用水为农业用水。很多 OECD 国家 1/3

以上的用水也为农业用水（IISD，2008）。灌溉补贴也同样由于社会原因（例如，需要对低收入农民给予支持）而被认为合理。但补贴一般都是无差别地让全体农民受益，容易加重对宝贵水资源的浪费，导致农民种植水资源密集型作物。

相比其他支付方案（如按照用水体积收费），灌溉用水多按照地区进行收费。不按照用水体积收费的方式，难以激励人们节约用水；而水费补贴，又进一步恶化了浪费现象。有一项针对巴西水利项目的研究发现，灌溉时间过长是导致过度用水最重要的原因（OECD，2003a）。

水资源密集作物又加重了水资源的短缺，特别是在气候条件和降雨情况不适宜种植这种作物的地区。整个欧洲农业用水量约为总用水量的24%，这一比例在南欧则高达80%（EEA，2009）。这是因为南欧在出现沙漠化迹象的情况下，依然继续种植玉米、草莓等作物。水资源短缺问题在这些干旱或半干旱区域，会进一步恶化。地中海盆地以及美国西部、非洲南部、巴西东北部地区最容易受到气候变化的影响，预计气候变化又会进一步减少这些地区的水资源（IPCC，2007）。

人们越来越重视水资源价格补贴带来的消极影响，有几个国家正在努力回收水资源的完全成本。墨西哥被视为范例：该国在对农业部门进行大规模改革之后，已经大量削减了灌溉补贴，很多用水计划已经取得了财政自给自足（Kloezen，2002；Cornish等，2004）。《欧盟水框架指令》（EC，2000）要求欧盟成员国遵循完全成本回收原则，对水资源定价，以促进水资源更加合理的利用（另见专栏6.9和专栏6.10，以及第7章）。

专栏6.9　捷克共和国改革水资源补贴的措施

直到1990年，捷克的水价还只为水资源成本的一个零头，仅为每立方米0.02欧元。这样的低水价实则是对水资源开采、处理、供应提供间接补贴。这一隐性补贴在20世纪90年代已被废除，捷克水费正朝着完全成本回收的目标迈进。到2004年，捷克水费已上涨到每立方米0.71欧元。同时，捷克也为地表水及地下水开采，污水排放订立了收费标准。1990—1999年，捷克农业用水减少了88%，工业用水减少了47%，公共自来水供水减少了34%。

资料来源：IEEP等（2007）。

专栏6.10　调整水价以达成社会目标

马耳他采用了“上升式”水价定价机制。该机制规定：就家庭用水而言，低用量水价要明显低于高用量水价。马耳他在2000年创建了近13 000个水资源社会援助账户。这一群体用水量占马耳他总用水量的4%，占家庭总用水量的6%。社会援助账户平均水价收费标准为每立方米0.56欧元，而一般性居民为每立方米0.79欧元。水资源消费量越大，则收费越高。马耳他对年消耗量在5.5 m^3“生命线”以下的个人水资源消费予以免费。各行业水费收费标准也各不相同，那些能承受较高价格的行业，支付的费用也最高。例如，旅游业和商业的收费标准为每立方米1.98欧元，政府部门为每立方米2.59欧元。

资料来源：GHK等（2006）。

6.4.5 能源

国内外有关各方应携手减少鼓励使用化石燃料的补贴，从而更好地应对气候变化，走上更加可持续的发展道路。

（Achim Steiner，联合国环境规划署执行主任；UNEP，2008b）

能源补贴对环境的影响，随着能源种类的不同而不同。化石燃料的补贴尤其引人关注。根据国际能源署（IEA）的统计，化石燃料业是获得最大补贴收益的行业之一（IEA，2005）。最近一项研究表明：2008 年全球能源补贴数额为 5 570 亿美元（IEA，2010），比全球 1% 的国内生产总值还多。根据《斯特恩评论》（Stern Review）估算，这相当于让全球温度稳定上升 2℃所需的必要费用（Stern，2006）。

化石燃料补贴将导致有害气体和温室气体的排放，而一些燃料开采也会留下巨大的生态足迹。化石燃料补贴会妨碍人们采用替代技术，或者引入增效措施，因此会导致技术“锁定”状态。现有几项研究试图估算，通过改革这些补贴，能减排多少温室气体。据国际能源署估计：2011—2020 年逐步废除的能源补贴，将会导致全球能源需求减少 5.8%，二氧化碳排放量减少 6.9%。补贴取消后的能源涨价也会有利于增大能源的利用效率，激励人们更多地利用替代性能源资源（IEA，2010）。

针对生产商的能源补贴是 OECD 国家最为常见的补贴，其形式包括直接支付、减税优惠、研发支持。OECD 国家已经基本上废除了消费补贴，但其在很多发展中国家还起着重要作用。供电、住宅供热、厨房燃料一般是获得补贴最多的项目。有些国家对公路运输燃料也予以补贴（GSI，2009b）。

能源补贴改革可以显著减少温室气体的排放，减轻空气污染。此外，这种改革也不产生严重的社会影响（参见专栏 6.2、专栏 6.11、专栏 6.12 的个案研究）。

专栏 6.11　加纳的燃料补贴改革

2004 年，加纳的汽油产品补贴政策已经难以为续。各政府部门、学术界、国家石油公司等利益相关者组成了一个指导委员会。政府在该指导委员会的领导下，发起了一项关于燃料与贫困及其社会影响的评估（PSIA）。该评估不到一年即告完成。2005 年 2 月，政府宣布燃料价格将上调 50%。与此同时，政府利用 PSIA 结果——富有阶层是现有价格补贴的主要获益群体——来赢得公众对放开燃料价格的支持。财政部开展了一项公关活动，通过电台和系列访谈节目解释了提价的原委，并公布了缓解提价影响的措施。这些透明且容易被社会监督的措施包括：立即废除公立小学和初中的学费，制定一个改进公共交通的方案。虽然工会依然反对提价，但公众却普遍支持这一改革措施，因而没有出现大规模抗议活动。

资料来源：Bacon 和 Kojima（2006）；ESMAP（2006）。

在这一背景下，G20 最近承诺（2009 年匹兹堡，在 2010 年 6 月多伦多峰会上重申）将逐渐废除无效的化石燃料补贴。这一广受好评的举措，应该得到更多国家的效仿（G20，2009，2010）。在一些个案中，补贴改革可能会对生态系统和生物多样性带来直接的负面影响。例如，某些国家还对泥炭开采进行补贴，尽管泥炭开采会破坏生物多样性丰富的泥炭沼泽（Kirkinen 等，2007）。

有一些消费能源补贴可能由于环境或社会原因而被认为合理。例如，如果人们不再使用木材和其他传统的能源（稻草、作物秸秆、粪便），就能够减少因燃烧木材而导致的森林砍伐，并减少室内空气污染。在缺乏或缺失比补贴更高效的社会政策时，这些补贴对贫困人口是有益的（例如，可以通过改革所得税系统，对收入进行再分配）。

这些补贴政策，通常也存在着巨大的改革空间。在贫困人口因不能享受服务而无法成为补贴的受益者时，尤为如此（例如，当供电系统无法抵达最贫困人口居住地时，中高收入人群更可能从消费补贴中受益）。为此，减少有害补贴影响的一种途径是设定“生命线”价格，将补贴受益人群锁定为低消费人群，将公共资源投入到为贫困区铺设电网的事业上（参见专栏 6.12）。

专栏 6.12　印度尼西亚取消燃料补贴

印尼政府在 2005 年 10 月提高燃油价格之前，实施了一项现金转移方案，从而让 1 550 万贫困与半贫困家庭（约占全部人口的 28%）从中受益。该现金转移（每户约 30 美元，按季付款）持续了一年。该方案通过报纸宣传、农村公告栏、电视脱口秀、常见问题解答宣传册而广为人知。

尽管准备仓促，该方案却取得了良好的效果。继该方案迅速展开之后，很多媒体报道了最初存在的问题，包括目标不准和现金发放遗漏现象。政府很快对此做出反应，组织有关方对项目开展早期评估。评估结果显示：该方案总体上取得了令人满意的效果，补贴能够及时发放给受益人，受益者对此也很满意。

对于贫困受益者来说，现金转移方案能帮助他们承受燃油价格上涨的压力。尽管项目在锁定目标受益人群时出现轻微的偏差（现金随机发放给了 40% 最贫困的家庭，而非原定目标的 28% 家庭），该方案依然能够如期抑制贫困增长。

因此，燃油价格的突然涨价并未导致大规模的公众抗议。

资料来源：Bacon 和 Kojima（2006）。

补贴也用于鼓励人们开发、使用可再生能源，以对抗全球变暖，实现长期能源安全目标。然而，这些补贴也可能会导致其他环境后果。例如，为水力发电而建造的大坝可能会导致野生动物栖息地的丧失，导致生物多样性降低（McAllister 等，2001）；家用太阳能电池可能会泄漏有毒重金属；风力发电场——特别是那些选址不当的发电场——可能会严重影响生物多样性（UNEP，2005；Drewitt 和 Langston，2008）。我们在考量可再生能源开发项目时，需认真研究这些影响因素。

生物燃料为我们展示了可再生能源补贴及其对环境有害影响之间的复杂关系。鼓励生物燃料生产与消费的补贴需要能够同时满足三种要求：能源安全、温室气体减排、促进农村发展。这些补贴针对供应链的不同环节，包括中间投入补贴、增值要素补贴、与输出相关的补贴、基础设施分配补贴、拉动消费的措施及高进口关税。也有几个国家设定了鼓励生物燃料开发的目标和强制要求。

这些补贴迅速推动了生物燃料在全球范围内的生产与利用。到 2006 年，美国、欧盟、加拿大政府为生物燃料投入的补贴每年已达到 110 亿美元左右（GSI，2007；OECD，2008b）。通过生物燃料而减少的二氧化碳排放当量成本，为每吨 960 ～ 1 700 美元。根据欧盟碳排放交易计划最近公布的数据，二氧化碳价格为 30 ～ 50 美元。

这些数据并未考虑因生物燃料生产而改变利用性质的土地排放的温室气体。最近有分析显示，因补贴、目标、强制措施之故而大肆扩张的生物燃料生产，很有可能会导致土地利用性质发生直接和间接的改变，从而增大温室气体的净排放量（Searchinger 等，2008；Fargione 等，2008；IEEP，2010）。

虽然生物燃料补贴让公共资源争夺战变得越发紧张，但却并未因此成为成本效益最高的减少温室气体排放的方法。有很多例子证实：公众已为生物燃料导致的温室气体排放埋单。我们亟须对这些生物燃料政策作出中肯的评价（FAO，2008a）。

6.5　实现改革

“改革就是从狗那里抢到骨头。只凭哲学是不管用的。倘若您痛恨不公平，却又喜欢温和的手段，您还是忘掉改革这码子事吧。”

John Jay Chapman（1862—1933；转引自 OECD，2007a）

“我们鼎力支持发展中国家的合作伙伴设计并实施财政改革措施，从而提高收入，促进环境可持续发展，减少贫困现象。”

（共同宣言：Klaus Töpfer，UNEP 前执行主任；Ian Johnson，世界银行前副行长；Olav Kjorven，UNDP；丹麦、欧共体、芬兰、德国、瑞典、瑞士、英国的部长和政府代表；世界银行，2005）

逐渐废除补贴，不仅可缓解环境压力，还可能提高经济效率，减轻财政负担，释放的资金能用于更紧迫的需求，如奖励那些提供生物多样性福利的个人和组织（参见第 5 章）。因此，我们不仅要关注环境健康安全，也要关注那些已完成使命的补贴，未能实现目标的补贴及不能以高成本效益实现目标的补贴。

关于补贴改革，我们听到过很多支持的呼声，也看到过很多切实的政策支持和行动。OECD 在很多论坛上呼吁废除或改革补贴措施，而农业、渔业补贴也被列入世贸组织的多哈发展议程。2002 年，约翰内斯堡可持续发展峰会强调了改革农业、渔业、能源补贴的重要性。UNEP 即将发表的《绿色经济报告》也将大力倡导这些改革的必要性。关于能源补贴，G20 在 2010 年 6 月再次承诺将逐渐废除低效的化石燃料补贴。这一令人欣慰的承诺，需要得到贯彻落实，被大力推广，并拓展到其他种类的补贴。国际社会就环境政策达成了数个多边环境协议（MEA），并注意到了补贴对 MEA 所保护的环境资产带来的影响。其中最引人注目的当数在生物多样性公约缔约方大会第十次会议通过的新的《生物多样性战略计划》。该计划承诺：到 2020 年，193 个缔约方（包括 192 个缔约国和欧盟）将消除、逐步废除或改革各种对生物多样性有害的、包括补贴在内的激励措施（原文见专栏 6.13）（CBD，2010）。

在（环境）财政改革的大背景之下，很多国家已确定了国家层面的废除补贴的优先行动（世界银行，2005）。国际社会在小范围内成功推动了补贴改革，且不断加大改革力度。但是，由于政治和经济原因，以及不时的技术和制度障碍，除少数个案外，改革总体进度依然十分缓慢，拖延现象也很严重。

6.5.1 分析工具

可利用一系列有用工具帮助决策者确定若施行改革则可能带来福利的补贴政策，并评估包括环境效益在内的福利。

专栏 6.13 《生物多样性公约》针对激励措施的（包括补贴改革）标题目标

生物多样性公约缔约方大会第十次会议通过了 2011—2020 年新《生物多样性战略计划》，旨在促进公约的有效实施。所有缔约方和利益相关方将采取共同行动，达成共同愿景、任务和战略目标。到 2020 年，该计划将为五大战略目标实现 20 个标题目标。其中，标题目标 3 全文如下：

到 2020 年，损害生物多样性的激励措施（包括补贴）已被消除、逐步废除或改革，从而最小化或避免其消极影响；有利于生物多样性保护及可持续利用的各种积极措施也落实到位，同《公约》和其他相关的国际义务保持一致，且充分考虑了各国的社会经济现状。

资料来源：CBD（2010）。

1）“快速扫描”模式（OECD，1998）提出了如下问题：“支持措施是否会对环境带来负面影响？”以及“支持措施是否能成功地将收入转移到了既定受益者手中？”

2）“检查清单”（Pieters，2003）通过审视“废除补贴是否能够带来显著的环境效益”而为政策提供指导。

3）检查清单审视我们能否通过废除补贴取得积极的结果，而综合评估方法（OECD，2007a）则帮助人们全面而非片面的理解补贴措施的有效性，引导人们关注替代政策。

4）有一个特别的检查清单（UNEP，2008b）要求“绿色”补贴必须达到如下最低标准：在其长期执行过程中，任何补贴都不得退化成为对环境有害的补贴（参见 6.6 节与专栏 6.17）。

OECD 的综合评估方法有一个假定前提，即只有在决策者和关心生态环境的公众清楚地理解了生态成本和收益的分配情况后，方可制定出更好的政策。在理想情况下，这意味着公开所有有关成本、收益、成功者、失败者、意料之内和意料之外影响（环境影响、经济影响、社会影响）的信息，并揭露存在权衡的领域。

为了帮助决策者根据未来的优先任务系统地改革补贴，专栏 6.14 提供了一个检查清单，列举了很多重要问题。

专栏 6.14　补贴改革的路线图：供决策者使用的检查清单——补贴是否会对生态系统和生物多样性造成损害？

1. 是否对环境有损害？

2. 是否存在对环境造成损害的补贴（例如，影响消费、生产水平）？如果有的话，什么补贴？

3. 是否可能导致显著的过度的能源消耗［例如，导致蓄水层丧失、超越阈限（蓄水层盐化阈限）；或因可用资源减少而造成社会影响］？

4. 该补贴是否会对环境造成实际损害？策略筛选器是否能避免这些压力 / 损害？（请对更多政策情境、法规、配额和行动的强制性 / 合法性加以考虑。）

该补贴是否应当被改革？

1. 该补贴是否能够实现自己的目标（社会目标、经济目标、环境目标）？若不能，则必须对之进行改革。

2. 补贴是否缺少内在评估机制？内在评估机制是否已经存在很久？若是，则很可能需要改革（因为该补贴措施已经身陷低效藩篱）。

3. 公众是否呼吁改革或废除该补贴，是否呼吁将该补贴资金用于其他目的？（此问题经常会引发下面两个问题）

4. 该补贴是如何分配社会财富的？若导致财富分配不均，则应对之加以改革。

5. 补贴是否会导致社会损失或其他经济损失？例如，过度捕鱼会给旅游业造成损失。

6. 补贴是否阻碍了其他损害较小的替代技术的发展？若有，则该补贴阻碍了技术革新，导致技术被“锁定”。对其加以改革，就将带来效益。

7. 该补贴是否具有经济价值？该标准仍然是衡量补贴优劣的重要标准。即我们需要考量：同样或更少金额的投入，是否能在达成同样目标的同时，对环境冲击更小？

改革情境

若我们确知补贴改革可以带来潜在效益，那我们需要审视以下问题：

1. 决策者和公众能否理解这种改革？

2. 改革后会出现何种情形（改变既有措施＋出台补偿性措施）？在现实中，我们很少能“完全废除既有补贴”。

3. 在以下六大领域，改革将引起哪些成本，带来哪些收益：

（1）潜在的环境效益：会对其他国家带来何等收益、次生效应及潜在反常影响。

（2）潜在的经济成本：例如，全国性成本（税收，GDP 等）；行业成本（行业内受益者和受损者的成本，以及新加入者/未来行业的成本）；消费者和公民的成本（需考虑其经济承受能力）。

（3）潜在的社会影响：例如，就业、专业技能、产品/服务的有效性、健康情况。

（4）潜在的竞争性和创新效益。

（5）潜在的道德效益，如收入公平度、支持的适宜度、与后代的联系。

（6）这种改革是否切实可行，是否可以贯彻执行？

下一步：为路线图设定优先任务

下列问题能够帮助我们判断改革成功的可能性，以及是否值得利用政治资本进行改革：

1. 是否存在鼓励采取行动的政策/政治机会？

2. 是否存在机会窗口？例如，政策评估过程、估价、公众的要求。

3. 是否有潜在的政策拥护者？

4. 是否有足够的政治资本取得成功？

资料来源：各章节作者参考了 OECD 工具（OECD，1998；Pieters，2003；OECD，2007a；Valsecchi 等，2009）。

6.5.2 补贴的阻力

补贴会引发或维持经济活动，并塑造一种“应得权利”的文化：即使补贴政策只在一段时间内生效，人们还是会期盼补贴能够“重新生效”。改变收入分配情况，为公众带来更多经济发展机遇，是推动补贴政治经济改革的原动力。现有补贴政策的受益者及改革后的利益受损者，具有强烈的游说动机，以求维持现有体制。

在通往成功的道路上，我们常常会遇到这样的难题：补贴的福利通常会流入严密组织的特定群体手中，而成本却由组织松散、分布广泛的纳税人及消费者（某些情况下）承担（OECD，2006a）。

废除补贴会引发大众对其经济承担能力的担忧，例如，该措施何时将导致饮用水等生活必需品提价？然而，如果精心设计改革方案，就可以缓解大众经济承担能力的问题，并将社会影响降到最低限度。例如，渐进式水费制度通过对较低的用水量收取较低的费用，照顾了低收入家庭的生活需要（参见专栏 6.10 的马耳他案例）。过渡性援助也是可取策略之一。

长远来看，改革可以带来新的机遇。如果我们能更加有效地分配资源，就能够创建更利于经济发展的环境，让经济繁荣起来。但在短期内，无论是个人还是社区，可能都会喟叹经济决策调整和生计受损让其生活变得分外艰难。在有关当局未能提供过渡性援助，开展好过渡性管理的情况下，这些感触会尤为良多。这种情况可能会发生在偏远隔绝的地区（例如，严重依赖渔业、农业以及其他资源，缺乏替代性就业选择的地区；或缺乏经济多样性的地区）和发生技术锁定的地区（例如，若除了私家车外，公众并无其他合理的出行方式选择，那么即使逐渐废除私家车补贴，也不能抑制私家车的使用）。了解废除补贴会给社会带来何种近期影响，是我们面临的最大改革挑战（OECD，2006a）。

制度性障碍也是改革难点之一。毋庸置疑，出于既得利益或缺乏长远规划之故，那些管理补贴方案的单位和机构很少会自发地倡导废除补贴。补贴惠及的人数越多，废除补贴面临的障碍也就越大。例如，货物税中对于航空煤油费的免除（该措施源自 1953 年的《芝加哥民用航空公约》）条款，显然应该被取消，从而使得管理部门可以对污染收费。然而，要想取消这一影响航空公司既得利益的免税措施，公约缔约方需召开国际会议就此达成共识，或就更多的双边协议重新展开谈判（van Beers 和 de Moor，2001）。

6.5.3　组织改革

回顾以往的改革经验，我们发现：改革方案的设计，乃是关乎改革成败的关键因素。我们在设计改革方案时，需要充分考虑政治经济因素和其他阻碍改革成功的因素。我们需要遵循这 5 大重要条件。

1）必须透明而严格地制定政策目标；

2）必须透明地确立收益和成本的分配流程；

3）政府必须与利益相关者进行广泛接触；

4）政府在设立宏伟目标的同时，需按具体情况谨慎制定改革时间表；

5）为促进转变过程，可辅以财政转移支付和 / 或其他辅助措施。

补贴方案通常涉及多重政策目标。对此，我们需要认真加以分析。将显性目标和隐性目标分开，有助于我们设计出更为独立、先进、透明的政策工具。例如，最近芬兰改革了林业补贴，创建了一个专门的森林生物多样性计划，定期为土地所有者提供资助。土地所有者则负责维护、改善特定的森林生物多样性价值。通过设立专门的生物多样性目标，这个生物多样性项目变得更加透明，也更容易提高成本效益。而针对多个目标的一般性林业补贴，则更不容易达成这些目标（OECD，2007a）。

来自分析框架的信息（如 OECD 的整合评估），必须得到一般公众的理解和广泛传播，才能成功推动改革。要想推动对环境有害补贴的改革，我们必须增大各种相关信息的透明度（参见专栏 6.15）。

只有在信息透明度得以保障的前提下，公众才能获得充足的知情权，才能对当前的补贴问题展开深入的讨论。保障信息的透明度也可以让改革变得更加有吸引力。确定补贴的受益人并凸显他们的议价能力，能为变革提供强大的推动力（OECD，

2003a）。通过破除有关补贴及其改革的错误认识，战胜来自既得利益者的反对。

专栏 6.15 增强欧盟农业补贴的透明度

欧盟 2006 年颁布的财务监管规则（EC，2006a，2006b）要求所有获得欧盟资助的受益者都履行“充分事后披露”义务，即从 2008 年起，预算披露农业支出情况。这一新规则让数个新监管应运而生，例如，在线服务网站：http://farmsubsidy.org、http://caphealthcheck.eu、www.fishsubsidy.org。这些措施力图敦促成员国恪守规则，评价公开数据的质量。然而，规则的遵守情况依然是不均衡的。

各国政府需要结成联盟来推动改革，遏制那些阻碍或歪曲改革的行为。改革者还需强调及吸引利益相关者的参与，因为这是保障改革持续性的另一个关键前提。多方利益相关者共同组织的外联和交流活动有利于大家取得共识——或者说至少增进共同理解——以决定改革的方向和途径。摆在我们面前的首要任务并不是说服目前受益最多的受益者接受改革，而是通过计划和执行流程，最大程度地减少改革阻力，赢得对改革的支持（OECD，2003a）。

若政府部门和某些机构对受补贴行业颁发的命令和政策，以及开展的项目存在交集，那么这些政府部门和机构就应该建立合作关系，并开展横向分析。改革事业通常需要得到所有政府部门的通力合作，在体制上确保政策的连续性（OECD，2003a）。

虽然主张强势改革方案的政党鲜有取得大选胜利的记录，但政策改革确实能够给社会发展带来更多机遇（参见第 2 章）。即便如此，改革者也应该秉持谨慎态度。我们并不主张改革者直接采纳所谓的“最佳”解决方案，原因如下：①政府能力有限，无力在多个方面同时采取大规模的改革措施；②受影响的群体难以在短期内适应改革。在实践中，倘若能通过渐进改革来展示改革带来的实际效益，其效果就要好于鼓吹将来可能获得福利，尽管后者措绘的蓝图可能更大。同理，激进的改革措施导致政策反弹的可能性也更大（OECD，2005）。

不过，尽管上述观点较为谨慎，现实中也不乏改革快速取得成功的例子（参见专栏 6.11、专栏 6.12、专栏 6.16）。在没有预先公之于众的情况下，迅速取消或改变补贴的好处是：补贴受益人无法在补贴逐步废除期内为自己谋求更多利益，从而也不能对环境造成进一步的破坏。

但一般情况下，政策改革依然是逐步推进的。业内人士、民间团体、地区或国际性组织可设法调动人们对环保的兴趣和参与程度。地区或国际协定（如世贸组织）制定的强制要求，也可以推动改革的进程。政治领袖可利用其不断赢得的公众支持与其他支持（如果存在的话），建立广泛联盟以求实现宏伟的改革目标，并在一段较长时间内逐步推动渐进式变革。

一揽子政策通过向受产业监管政策变动影响最大的人士提供过渡性补贴，不但缓和了改革进程，还有可能提高长期效率（参见专栏 6.16，有关新西兰的经验）。倘若改革本身的路线图足够可信，一揽子政策或许能为变革减少阻力。然而，为改革设计良好的进程并非易事，而大规模的一揽子改革政策在政治上也经常难以获得支持（OECD，2005）。

专栏 6.16　新西兰农业和渔业补贴的废除

新西兰是 OECD 国家中最早完全废除农产品价格补贴与其他农业补贴的国家之一，也是目前能做到这一点的少数 OECD 国家之一。这些改革推行的初衷是出于对那些补贴方案不可持续的担忧，而非对环境的担忧。

在 1984 年前的 20 年间，新西兰加大了对农产品的补助和补贴。20 世纪 60 年代新西兰农业补贴只占农业收入的 3%。但到了 1983 年，仅仅养羊业的补贴就占据了新西兰农业补贴的近 40%。与此同时，新西兰的总体宏观经济形势也发生了显著恶化，其农业出口增额收入低于生产和加工的实际成本。

1984 年，新政府废除了农场主减税方案和农产品最低价格方案。从 1987 年开始，新政府减少了土地开发贷款、肥料和灌溉补贴、信贷补贴，并将其最终废除。与此同时，政府还施行了预防洪水、水土保持、排水系统等方面的辅助措施。在新西兰，补贴废除是与其他经济改革同时进行的（包括浮动汇率制、渐进式关税自由化，降低进口价格等）。补贴的废除极大地促进了农业部门的发展。

而废除补贴给社会带来的冲击影响，并没有原来设想的那么大。大约只有 1% 的农民放弃了农业生产，这比原先设想的 16% 要少得多。随着农业化学品在畜牧业中使用量的减少，以及边际土地不再用于农业生产，新西兰的环境也获得了长足的改善。

20 世纪 90 年代初期，新西兰还进行了一项大规模的渔场改革计划，几乎在一夜之间废除了补贴。但是，单纯地减少补贴并不足以创建一个可持续的渔业部门，也将会导致严重的财政和社会问题。此外，因为渔民们会通过过度捕鱼来试图赚回边际成本，这还会对鱼类储备造成负面影响。所以政府在减少补贴的同时，还对管理体制进行大规模的改革（如引入权利本位管理机制、个人可转让配额及现有权利最小买断权）。这些措施让愿意坚守渔业部门的人有机会创建可盈利的渔业环境，让那些选择离开的人能获得了收购补偿。

资料来源：Vangelis，OECD（2005）；Cox，OECD（2007a）。

很多一揽子计划包括一定形式的政策变动过渡期资助政策，即便这些资助政策在目前改革中并不合时宜。事实上，我们不可能也不必要为受经济政策变化影响的全体社会成员支付补偿。在现实中，我们对过渡期资助政策的决策有时会被政治经济因素所左右。然而，倘若简单地花钱买通那些最擅长鼓动人们反对改革的群体，就可能存在这样一种风险，即过渡期资助政策最终会复制最初补贴的一些负面影响，并让这些影响持续下去。而且，这也有可能会减少公众对于改革的长期支持。鉴于此，我们需要更为谨慎地设计过渡期资助措施。因为那些呼声最大的人，并不见得是最需要帮助的人。

通过为选择退出该产业的生产商提供补助金、职业培训、收购补偿或早期退休计划等过渡期资助政策，可帮助这些生产商有尊严地退出该行业，从而增进受影响社区的经济恢复力。过渡期资助政策也可以增强该行业的人力和社会资本，从而提高留守在该行业生产商的竞争力或生存力（OECD，2005）。此外，政府还可推出新的投资项目，将新产业吸引到受改革影响的地区。“日落条款”可以让公众明白：过渡期资助政策不会是一种永久性的补贴政策。

6.6 针对当今工作重点推进补贴改革

过去20年间，我们逐渐了解不同行业获得的补贴规模，这些补贴对环境的负面影响程度和影响机制，以及补贴达成目标时的成本效益如何。我们在废除和/或改革这些补贴方面取得了一定进步，但除了少数情况之外，我们取得的进步还是零散而片面的。全球补贴改革大业依然任重道远。

关于补贴及其改革的一些错误观念非常顽固，甚而会阻碍变革的发生。我们可以而且应该破除这样的错误观念。以下列举了部分常见的错误观念。

（1）补贴改革会妨碍竞争性

保留补贴政策会损害一个行业的长期竞争力，因为该行业会越来越依赖补贴，技术也会被锁定，打压那些激励创新的措施，并给公共财政带来压力。

（2）补贴改革会导致失业

短期内确实可能会导致相关行业出现失业情况。但是，倘若采取补偿措施，就可以避免某些负面影响。此外，政府还可以采用激励措施来吸引投资。如果把补贴资金用于别处，还可以创造新的就业收益（净收益的大小取决于：被取代活动的劳动强度与取代活动的劳动强度之比）。因此，长期来看，在开展补贴改革之后，我们能够取得创新（如提高能源效率）或提高自然资源的保有量（如鱼类），从而增大行业竞争性，创造更多就业机会。

（3）补贴改革不利于社会公平性

能源补贴经常会引发此观念，但贫困家庭在能源上的花销要小于中等收入家庭在能源上的花销。比起通常惠及所有用户的补贴而言，我们能够找到更有针对性和更高效的方法来扶持贫困人口。

（4）补贴改革会导致生计丧失

这个观念通常事关贫困农民和渔民的生计。经验主义研究显示：很多现存的补贴方案定位并不准确，尽管贫困人口享受了一些福利，但更多福利还是流入到相对富有的人手中。

（5）很多人不希望改变谋生手段

有人声称人们并不希望改变谋生手段，例如，不愿停止捕鱼或采矿而去另谋生计。在某些情况下，确实如此。但在另外一些情况下，人们对其他工作也感兴趣。至于接受程度如何，就取决于可供选择的就业机遇，以及能否获得培训机会以胜任新工作。

（6）因为受既得利益的阻挠，改革那些对环境有害的补贴几乎是无望之举

这一情形在现实中更为复杂。有证据显示，改革这些补贴依然是可能的，这些补贴对经济和社会造成的负面影响可被削减或在大众认可范围之内得到补偿或消化。

（7）补贴对环境有益

财政补贴倘若能准确作用于环境目标且保障良好的成本效益，则对推动对生态系统和生物多样性保护发挥重要作用（参见第 5 章）。但很多现存的补贴对环境有害，若能废除或改革这些补贴，则会提高环保激励措施的成本效益。即便是"绿色"补贴，也有可能出现定位不准，成本效益不高的情况。对其进行调整，改善其环保效果，则能让这些补贴更站得住脚。

G20 国家首脑最近承诺：将在合理期限内，逐步废除或合理化那些低效的化石燃料补贴，与此同时向最贫困人口提供支持措施。而且，随着 2011—2020 年《生物多样性战略计划》的实施，CBD 各缔约方（192 个国家及作为区域组织的欧盟）现已承诺：要消除、逐步废除或改革那些对生物多样性有害的补贴。这些承诺都是可喜的重要进展，应当得到强有力的执行。

从全球生态系统和生物多样性的角度来看，应当优先改革的领域包括：废除那些刺激加大捕捞行动或渔获量的渔业补贴，继续改革那些刺激农业生产的农业补贴（特别是 OECD 国家颁布的此类农业补贴）。由于上述补贴对环境损害之巨，规模之大，导致了资源的稀缺和高昂的机会成本，所以对它们的改革刻不容缓。

WTO 正在继续加大对渔业补贴和农户补贴的谈判。这些谈判势头良好，有助于加快环境有害补贴的废除。各国政府都应加倍努力，完成 WTO 多哈回合谈判。

除了完成这些共同的全球优先任务外，大多数 OECD 国家也需要根据国内具体情况，完成其他行业的优先补贴改革。除了化石燃料和生物燃料能源补贴之外（这些补贴无力削减二氧化碳的排放量），我们还应该对下列损害生物多样性和生态系统服务的补贴发起改革：

1）运输补贴，例如，导致栖息地破碎化的修路补贴；

2）导致水资源消耗不可持续的水资源补贴。

非 OECD 国家的具体优先任务应视各国的情况而定。但 OECD 国家面临的优

先补贴废除或改革任务，仍然对非 OECD 国家具有重大参考价值。在废除或改革补贴的决策中，有关当局需认真考量下列因素：所涉行业的重要性、现有补贴的规模、补贴方案设计的优劣性以及这些因素同更广泛的政策和制度框架的互动。

近年来很多国家现已实施的刺激方案都要求在未来几年内施行严格的预算合并。补贴改革应为其中的重要一环。所有国家都需要在短期内完成如下任务：

1）建立透明而全面的补贴清单；

2）根据既定目标评价补贴的有效性，评价其成本效益和环境影响；基于这些评估，为 2020 年中期补贴废除或改革计划制定优先行动方案。

3）抓住现有政策周期中出现的改革机遇之窗。

如果不考虑预算因素，可将补贴改革节省下的资金用于对资金需求更加紧迫的领域。我们需要对生态系统和相关生物多样性福利加以嘉奖，特别是：

1）为我们获得的一系列生态系统服务福利，向生物多样性管理者支付报酬（参见第 5 章）；

2）资助保护区扩大其覆盖的网络（生物走廊、海洋保护区等）并改进管理（参见第 8 章）；

3）投资生态基础设施（如用于恢复生态的基础设施），尤其是有利于适应气候变化的基础设施（例如，防洪设施，提高海平面的设施，抵御风暴的设施，参见第 9 章）；或是投资于扶贫措施（参见第 1 章）。

此外，我们还应采取措施，确保这些新补贴方案不会落入过去不良补贴的设计陷阱（参见专栏 6.17）。

专栏 6.17　补贴方案设计的最低要求

1. 定位准确：补贴只能流入理应享受其福利的目标受益人手中。

2. 有效：补贴不应当削弱那些激励供应商有效地提供服务、消费者有效地利用服务的措施。

3. 合理：应通过成本效益全面分析，证明补贴的合理性。

4. 务实：补贴金额合理，且能以较低成本管理补贴事宜。

5. 透明：公众能够知晓补贴方案的成本及受益人。

6. 时效性：补贴方案应当有一个有效期，且最好在项目开始之初就已经设定妥当。这样生产商和消费者才不会“依赖”补贴，而且项目的成本也不至失控。

资料来源：UNEP（2004b）。

因此，新的补贴方案应当：

1）基于清晰、明确、可度量的目标和相关指标；

2）确保成本效益，例如，采用智能经济机制（如价格反向竞拍）；

3）具有监控、报告、评估流程；

4）包括日落条款及评价条款，避免补贴完成使命后依然存在。

补贴改革涉及诸多利益相关方的参与，而短期利益、国内利益或私人利益相关方通常左右着改革条款的制定。因此我们一定要关注更为广阔、长期的经济社会效益和成本。唯有如此，我们才能改革补贴政策，并将经济信号引向正确方向，帮助现代人与后代子孙应对挑战。

致谢

作者谨向以下人员表示感谢：David Baldock，IEEP，英国；Tamsin Cooper，IEEP，英国；Anthony Cox，经济合作与发展组织（OECD）；Claudia Dias Soares，葡萄牙天主教大学；Marcus Gilleard，地球观察研究所，英国；Bernd Hansjürgens，亥姆霍兹环境研究中心（UFZ），德国；Celia Harvey，保护国际（CI）；Markus Knigge，皮尤慈善信托基金；Indrani Lutchman，IEEP，英国；Leonardo Mazza，IEEP，比利时；Helen Mountford，OECD，巴黎；Jerzy Pienkowsky，欧盟委员会环境总署，比利时；Manfred Rosenstock，欧盟委员会环境总署，比利时；Alice Ruhweza，卡图巴工作组，乌干达；Burkhard Schweppe-Kraft，德国联邦环境部（BMU）；Benjamin Simmons，UNEP，瑞士；Ronald Steenblik，OECD，法国；Rashid Sumaila，英属哥伦比亚大学（UBC），加拿大；Carolina Valsecchi，IEEP，英国；Koen Van Den Bossche，IEEP，比利时；Madhu Verma，印度森林管理研究所，印度；Vaclav Vojtech，OECD，法国；Stephen White，欧盟委员会环境总署，比利时；Peter Wooders，可持续发展国际研究所（IISD），瑞士；Heidi Wittmer，UFZ，德国。

参考文献

[1] Agnew D. J., Pearce J., Pramod G., et al. 2009. 'Estimating the worldwide extent of illegal fishing', PLoS ONE, 4 (2) e4570, www.plosone.org/article/info:doi/10.1371/journal. pone.0004570, 2010-7-26.

[2] Alliance Environnement. 2007. Evaluation of the Application of Cross-compliance under Regulation 1782/2003: Executive Summary, http://ec.europa.eu/agriculture/eval/reports/cross_compliance/full_ text_ en.pdf, 2009-10-26.

[3] Bacon R., Kojima M. 2006. Phasing Out Subsidies: Recent Experiences with Fuel in Developing Countries, Note 310, Financial and Private Sector Development Vice Presidency, World Bank Group.

[4] Barde J. P., Honkatukia O. 2003. Environmentally harmful subsidies, Contribution to the ERE 2003 Handbook, www.iddri.org/Activites/Seminaires-reguliers/barde.pdf, 2010-7-22.

[5] Barniaux J. M., Chateau J., Dellink R., et al. 2009. The economics of climate change mitigation: How to build the necessary global action in a cost-effective manner, OECD, Paris, www.oecd-ilibrary.org/content/workingpaper/224074334782, 2010-7-22.

[6] Bassi S., Suarez C. D., Valsecchi C. 2010. 'Reforming environmentally harmful subsidies in the water sector: Irrigation subsidies in Spain', in C. D. Soares, J. E. Milne, H. Ashiabor, L. Kreiser, K. Deketelaere (eds) Critical Issues in Environmental Taxation - International and Comparative Perspectives - Volume VIII, Oxford University Press, New York.

[7] Boccaccio L., Brunner A., Powell A. 2009. Could Do Better: How is EU Rural Development Policy Delivering for Biodiversity? BirdLife International, Sandy, UK.

[8] CBD. 2010. Decision X/2 on Updating and Revision of the Strategic Plan for the Post-2010 Period, Tenth Meeting of the Conference of the Parties to the Convention on Biological Diversity, advance unedited text, available at www.cbd.int/nagoya/outcomes, 2010-10-15.

[9] CIFOR. 2006. Issues relating to reducing emissions from deforestation in developing countries, Submission by the Center of International Forestry Research (CIFOR) to the UNFCCC, http://unfccc.int/resource/ docs/2006/ smsn/igo/003.pdf, 2010-10-27.

[10] Coady D., El-Said M., Gillingham R., et al. 2006. 'The magnitude and distribution of fuel subsidies: Evidence from Bolivia, Ghana, Jordan, Mali, and Sri Lanka', Working Paper WP/06/247, International Monetary Fund, Washington, DC.

[11] Cornish G., Bosworth B., Perry C. 2004. Water Charging in Irrigated Agriculture: An Analysis of International Experience, Food and Agriculture Organization of the United Nations, Rome.

[12] Crooks R. K., Sanjayan M. (eds). 2006. Connectivity Conservation, 14, Cambridge University Press, Cambridge.

[13] Danielsen F., et al. 2008. 'Biofuel plantations on forested lands: Double jeopardy for biodiversity and climate', Conservation Biology, 23: 348-358.

[14] De Moor A. P. G., Calamai P. 1997. Subsidizing Unsustainable Development: Undermining the Earth with Public Funds, The Earth Council, San Jose, Costa Rica, www.cbd.int/doc/case-studies/inc/cs-inc- earthcouncil-unsustainable-en.pdf, 2010-7-22.

[15] Drewitt A., Langston R. H. W. 2008. 'Collision effects of wind-power generators and other obstacles on birds', Annuals of the New York Academy of Sciences, 1134: 233-266.

[16] EC. 2000. Directive 2000/60/EC of the European Parliament and of the Council establishing a framework for the Community action in the field of water policy, Official Journal of the European Union, 2000-10-22.

[17] EC. 2006a. Council Regulation (EC, Euratom) No 1605/2002 applicable to the general budget of the European Communities as lately amended by Council Regulation (EG) No 1995/2006, Official Journal of the European Union, OJ L 390, 2006-12-13.

[18] EC. 2006b. Commission Regulation (EC) No 1828/2006 setting out rules for the implementation of Council Regulation (EC) No 1083/2006 laying down general provisions on the European Regional Development Fund, the European Social Fund and the Cohesion Fund and of Regulation (EC) No 1080/2006 of the European Parliament and of the Council on the European Regional Development Fund, Official Journal of the European Union, OJ L 371, 2006-12-27.

[19] EEA. 2004. High Nature Value Farmland. Characteristics, Trends and Policy Challenges, European Environment Agency, Copenhagen, Denmark.

[20] EEA. 2009. Water Resources Across Europe: Confronting Water Scarcity and Drought, EEA Report No 2/2009, European Environment Agency, Copenhagen, Denmark.

[21] ESMAP (Energy Sector Management Assistance Programme). 2006. Coping with Higher Fuel Prices, Report 323/06, Washington, DC.

[22] Fahrig L. 2003. Effects of habitat fragmentation on biodiversity, Annual Review of Ecology, Evolution and Systematics, 34: 487-515.

[23] FAO. 1992. Marine Fisheries and the Law of the Sea: A Decade of Change, FAO Fisheries Circular No 853 (FID/C853), Food and Agriculture Organization of the United Nations, Rome.

[24] FAO. 2008a. Biofuels: Prospects, Risks and Opportunities, The State of Food and Agriculture 2008, Food and Agriculture Organization of the United Nations, Rome.

[25] FAO. 2008b. State of World Fisheries and Aquaculture 2008, Food and Agriculture Organization of the United Nations, Rome.

[26] Fargione J., Hill J., Tilman D., et al. 2008. 'Land clearing and the biofuel carbon debt', Science, 319: 1235-1237.

[27] George C., Kirkpatrick C. 2003. Sustainability Impact Assessment of Proposed WTO Negotiations: Preliminary Overview of Potential Impacts of the Doha Agenda, Final Report, Institute for Development Policy and Management, University of Manchester, www.sia-trade.org/wto/FinalPhase/FINAL_ OVERVIEWJul2006.pdf, 2010-7-22.

[28] GHK, IEEP, Ecolas and Cambridge Econometrics. 2006. Strategic evaluation on environment and risk prevention under Structural and Cohesion Funds for the period 2007-2013, Report for the European

Commission, GHK, Brussels, http://ec.europa.eu/regional_policy/sources/docgener/evaluation/pdf/ evalstrat_env/el_main.pdf, 2010-9-22.

[29] GSI. 2007. Biofuels: At What Costs? Government Support for Ethanol and Biodiesel in Selected OECD Countries, Global Subsidies Initiative, International Institute for Sustainable Development (IISD).

[30] GSI. 2009a. Achieving the G20 call to phase out subsidies to fossil fuels, Policy Brief, Global Subsidies Initiative, International Institute for Sustainable Development (IISD).

[31] GSI. 2009b. Relative Subsidies to Energy Sources: GSI Estimates, International Institute for Sustainable Development (IISD), www.globalsubsidies.org/files/assets/relative_energy_subsidies.pdf and www.globalsubsidies.org/en/resources/energy, 2010-7-22.

[32] G20. 2009. 'Leader's Statement', The Pittsburgh Summit, 2009, 9, 24-25, www.pittsburghsummit. gov/mediacenter/129639.htm.

[33] G20. 2010. 'The G20 Toronto Summit Declaration', 2010, 7, 26-27, www.mea.gov.in/meaxpsite/declarestatement/2010/06/27js02.pdf, 2010-10-27.

[34] Hannesson, R. 2001. 'Effects of liberalizing trade in fish, fishing services and investment in fishing vessels', OECD Papers Offprint No 8, OECD, Paris.

[35] ICTSD. 2006. Fisheries Access Agreements: Trade and Development Issues, International Center for Trade and Sustainable Development, Geneva.

[36] IEA. 2005. CO_2 Emissions from Fuel Combustion, IEA, Paris.

[37] IEA. 2008. World Energy Outlook 2008, OECD Publications, Paris.

[38] IEA. 2010. Energy Subsidies: Getting the Prices Right, International Energy Agency, Office of the Chief Economist, 2010, 7, 7.

[39] IEEP (Institute for European Environmental Policy - Valsecchi, C., ten Brink, P., Fergusson, M., Bassi, S., Skinner, I. and Pallemaerts, M.), Ecologic (Best, A., Blobel, D., Berglund, M.), FEEM (Markandya, A., Sgobbi, A., Longo, C.), IVM (Oosterhuis, F.). 2007. Reforming Environmentally Harmful Subsidies, Report to the European Commission - DG Environment, available at http://ec.europa.eu/environment/ enveco/others/pdf/ehs_sum_report.pdf, 2010-9-22.

[40] IEEP. 2010. Anticipated Indirect Land Use Change Associated with Expanded Use of Biofuels and Bioliquids in the EU - An Analysis of the National Renewable Energy Action Plans, Institute for European Environmental Policy, London.

[41] IFPRI. 2009. Land Grabbing by Foreign Investors in Developing Countries: Risks and Opportunities, Policy Brief 13, International Food Policy Research Institute.

[42] IISD. 2008. Towards a common methodology for measuring irrigation subsidies, Discussion Paper, Global Subsidies Initiative of the International Institute for Sustainable Development, Geneva, Switzerland.

[43] IPCC. 2007. AR4 Synthesis Report: Summary for Policy Makers, IPCC Fourth Assessment Report, Cambridge University Press, New York.

[44] IPCC. 2008. Technical Paper on Climate Change and Water, Intergovernmental Panel on Climate Change, Geneva.

[45] Kettunen, M., Terry, A., Tucker, G. and Jones, A. 2007. 'Guidance on the maintenance of landscape connectivity features of major importance for wild flora and fauna', Institute for European Environmental Policy, Brussels.

[46] Kirkinen J., et al. 2007. 'Greenhouse impact due to different peat utilization chains in Finland: A life-cycle approach', Boreal Environment Research, 12: 221-223, www.borenv.net/BER/pdfs/berl2/berl2-211. pdf, 2010-7-22.

[47] Kjellingbro P., Skotte M. 2005. Environmentally Harmful Subsidies: Linkages Between Subsidies, the Environment and the Economy, Environmental Assessment Institute, Copenhagen, www.imv.dk/files/ Filer/IMV/Publikationer/Rapporter/2005/harmful_subsidies.pdf, 2010-10-27.

[48] Kloezen W. H. 2002. Accounting for Water. Institutional Viability and Impacts of Market-Oriented Irrigation Interventions in Central Mexico, University of Wageningen, The Netherlands.

[49] Koh L. P. 2007. Potential habitat and biodiversity losses from intensified biodiesel feedstock production, Conservation Biology, 21: 1373-1375.

[50] Komives K., Foster V., Halpern J. et al. 2005. Water, Electricity, and the Poor: Who Benefits from Utility Subsidies? World Bank, Washington, DC.

[51] Larson B., Shah A. 1992. World energy subsidies and global carbon dioxide emissions, World Development Report 1992, Background Paper No 25, World Bank, Washington, DC.

[52] McAllister D., Craig J. F., Davidson N., et al. 2001. Biodiversity Impacts of Large Dams, IUCN, UNEP and WCD, http://intranet.iucn.org/webfiles/doc/archive/2001/IUCN850.PDF, 2010-09-22.

[53] Munro G. S., Sumaila U. S. 2002. The impact of subsidies upon fisheries management and sustainability: The case of the North Atlantic, Fish and Fisheries, 3: 233-290.

[54] Myers N., Kent J. 1998. Perverse Subsidies: Tax Dollars Undercutting our Economies and Environments Alike, International Institute for Sustainable Development, Winnipeg, Canada.

[55] OECD (Organisation for Economic Co-operation and Development). 1998. Agricultural Policies in OECD Countries (I and II), OECD, Paris.

[56] OECD. 2000a. Transition to Responsible Fisheries: Economic and Policy Implications, OECD, Paris.

[57] OECD. 2000b. Decoupling: A Conceptual Overview, OECD, Paris.

[58] OECD. 2000c. Domestic and International Environmental Impacts of Agricultural Trade Liberalization, OECD, Paris, http://129.3.20.41/eps/it/papers/0401/0401010.pdf, 2010-07-22.

[59] OECD 2003a. Subsidy Reform and Sustainable Development: Economic, Environmental and Social Aspects, OECD, Paris.

[60] OECD. 2003b. Agricultural Policies in OECD Countries: Monitoring and Evaluation, OECD, Paris.

[61] OECD. 2003c. Farm Household Incomes: Issues and Policy Responses, OECD, Paris.

[62] OECD. 2003d. 'Perverse Incentives in Biodiversity Loss', Document submitted to the ninth meeting of the Subsidiary Body on Scientific, Technical and Technological Advice (SBSTTA) of the Convetion on Biological Diversity, UNEP/CBD/SBSTTA/9/INF/34, www.oecd.org/dataoecd/50/17/19819811.pdf, 2010, 7, 12.

[63] OECD. 2005. Environmentally Harmful Subsidies: Challenges for Reform, OECD, Paris.

[64] OECD. 2006a. Subsidy Reform and Sustainable Development: Economic, Environmental and Social Aspects, OECD, Paris.

[65] OECD. 2006b. Financial Support to Fisheries: Implications for Sustainable Development, OECD, Paris.

[66] OECD. 2007a. Subsidy Reform and Sustainable Development: Political Economy Aspects, OECD, Paris.

[67] OECD. 2007b. Agricultural Policies in OECD Countries, OECD, Paris.

[68] OECD. 2008a. Environmentally Harmful Subsidies in the Transport Sector, Paper ENV/EPOC/WPNEP/T(2007)1/FINAL, OECD, Paris.

[69] OECD. 2008b. Biofuel Support Policies. An Economic Assessment, OECD, Paris.

[70] OECD. 2009. Agricultural Policies in OECD Countries: Monitoring and Evaluation, OECD, Paris, www.cbd.int/doc/case-studies/inc/cs-inc-oecd-agriculturalpolicies2009-en.pdf, 2010, 8, 27.

[71] Oréade-Brèche. 2005. Evaluation of Agri-Environmental Measures in the European Union, Executive Summary, Auzeville, France, www.cbd.int/doc/case-studies/inc/cs-inc-eur-agrienv-execsum-workshop2009-en.pdf, 2010-9-22.

[72] Pan-European Common Bird Monitoring Scheme. 2007. State of Europe's Common Birds 2007, CSO/ RSPB, Prague.

[73] Pieters J. 2003. When removing subsidies benefits the environment: Developing a checklist based on the conditionality of subsidies, in OECD (2003) Environmentally Harmful Subsidies: Policy Issues and Challenges, www.oecdbookshop.org/oecd/display.asp?lang=en&sfl=DI&stl=5LMQCR2Kl QXR, 2010-07-27.

[74] Porter G. 2001. Fisheries Subsidies and Overfishing: Towards a Structured Discussion, United Nations Environment Programme, Geneva, www.unep.ch/etu/etp/acts/manpols/fishery.pdf, 2010-07-27.

[75] Rijal K. 2007. Energy subsidies in developing countries: Can we make it for those whom it is intended? Presentation at the Joint UNEP and UNECE Expert Meeting on Energy Subsidies, 15-16 November 2007, Geneva, Switzerland, United Nations Development Programme, New York, www.unep.ch/etb/events/ Energy SubsidiesPresentations1516Nov07/Kamal_14Nov'07_Energy%20Subsidies_Draft. ppt#418,33,Slide 33, 2010-07-22.

[76] Scharlemann J. P. W., Laurance, W. F. 2008. How green are biofuels?, Science, 319: 43-44.

[77] Searchinger T., Heimlich R., Houghton R. A., et al. 2008. 'Use of US croplands for biofuels increases greenhouse gases through emissions from land-use change', Science, 319: 1238-1240.

[78] Steenblik R. 2007. Biofuels: At What Cost? Government Support for Ethanol and Biodiesel in Selected OECD Countries, Global Subsidies Initiative, International Institute for Sustainable Development (GSI/IISD), Geneva.

[79] Stern N. 2006. Stern Review: The Economics of Climate Change, HM Treasury, London.

[80] Sumaila U. R., Khan A., Teh L., et al. 2006. 'Subsidies to high seas bottom trawl fleet and the sustainability of deep sea benthic fish stocks', in U. R. Sumaila and D. Pauly (eds), Catching More Bait: A Bottom-Up Re-Estimation of Global Fisheries Subsidies, Fisheries Centre Research Reports, vol 14, no 6, Fisheries Centre,

University of British Columbia, Vancouver: 49-53.

[81] Sumaila U. R., Pauly D. (eds). 2007. Catching More Bait: A Bottom-up Re-estimation of Global Fisheries Subsidies, Fisheries Centre Research Reports, vol 14, no 6, University of British Columbia, Vancouver, www.fisheries.ubc.ca/sites/default/files/FCRR-14-16(2).pdf, 2010-07-27.

[82] Sumaila U. R., Khan A., Watson R., et al. 2007. The World Trade Organization and global fisheries sustainability', Fisheries Research, 88: 1-4.

[83] UNEP. 2003a. Fisheries subsidies and marine resources management: Lessons learned from studies in Argentina and Senegal, in UNEP/ETB Fisheries and the Environment Series (Vol 2), Geneva, www. unep.ch/etu/ctp/acts/capbld/rdtwo/FE_vol_2.pdf, 2010-7-22.

[84] UNEP. 2003b. Integrated Urban Resources Management: Water, UNEP and International Environment Technology Centre (IETC), Geneva, www.unep.or.jp/ietc/focus/iuwrm.doc, 2010-7-22.

[85] UNEP. 2004a. Analyzing the Resource Impact of Fisheries Subsidies: A Matrix Approach, UNEP, Geneva, www.unep.ch/etb/publications/fishierSubsidiesEnvironment/AnaResImpFishSubs.pdf, 2010-7-22.

[86] UNEP. 2004b. Energy Subsidies: Lessons Learned in Assessing Their Impact and Designing Policy Reforms, UNEP, Geneva.

[87] UNEP/Eurobats. 2005. Report of the Intersessional Working Group on wind turbines and bat populations, 10th Meeting of the Advisory Committee, 2005, 4, 25-27, Bratislava, Slovak Republic.

[88] UNEP. 2008a. Fisheries Subsidies: A Critical Issue for Trade and Sustainable Development at the WTO: An Introductory Guide, UNEP, Geneva, www.unep.ch/etb/areas/pdf/UNEP-ETB%20Brochure%20 on%20 Fisheries%20Subsidies_May2008.pdf, 2010, 7, 22.

[89] UNEP. 2008b. Reforming Energy Subsidies: Opportunities to Contribute to the Climate Change Agenda, UNEP, Geneva.

[90] UNEP. (forthcoming) Green Economy Report, UNEP, Geneva, available at www.unep.org/greeneconomy/GreenEconomyReport/tabid/1375/Default.aspx, 2010-10-27

[91] UNEP, WWF. 2007. Sustainability Criteria for Fisheries Subsidies: Options for the WTO and Beyond, UNEP, Geneva, www.unep.ch/etb/publications/fishierSubsidiesEnvironment/UNEPWWF_FinalRevi 09102007.pdf, 2010-07-22.

[92] Valsecchi C., ten Brink P., Bassi S., et al. 2009. Environmentally Harmful Subsidies (EHS): Identification and Assessment, Report to the European Commission's DG Environment by IEEP (Institute for European Environmental Policy), Ecologic and IVM, http://ec.europa.eu/environment/enveco/taxation/pdf/ Harmful%20 Subsidies%20Report.pdf, 2010-09-22.

[93] van Beers C., de Moor A. 2001. Public subsidies and policy failure: How subsidies distort the natural environment, equity and trade and how to reform them, Ambio, 38 (6): 339-341.

[94] von Moltke, A. 2010. Fisheries Subsidies, Sustainable Development and the WTO, Earthscan, London.

[95] World Bank. 2005. Environmental Fiscal Reform: What Should be Done and How to Achieve It, International Bank for Reconstruction and Development, Washington, DC, http://siteresources.worldbank.org/INTRANETENVIRONMENT/Publications/20712869/EnvFiscalReform.pdf, 2010-7-22.

[96] World Bank. 2008. Sunken Billions: The Economic Justification for Subsidies Reform, International Bank for Reconstruction and Development, Washington, DC.

[97] WRI (World Resources Institute). 2001. Earthtrends 2001: Forest Fragmentation by Roads in Central Africa, WRI Environmental Information Portal, http://earthtrends wri.org/pdf_library/maps/9_m_ ForFragCentralAf.pdf, 2010-7-22.

[98] WTO (World Trade Organization). 2000. Environmental Benefits of Removing Trade Restrictions and Distortions: The Fisheries Sector, WT/CTE/W/167, World Trade Organization, Geneva.

[99] WTO (World Trade Organization). 2004. Doha Work Programme: Decision Adopted by the General Council on 1 August 2004, Document WT/L/578, World Trade Organization, Geneva.

[100] WWF (World Wide Fund for Nature) (Endangered Seas Campaign). 1998. The Footprint of Distant Water Fleets on World Fisheries, WWF, Godalming, Surrey.

第7章
通过监管和定价解决丧失问题

协调主要作者

Bernd Hansjürgens, Christoph Schröter-Schlaack

主要作者

Graham Tucker, Alexandra Vakrou

特约作者

Samuela Bassi, Patrick ten Brink, Ece Ozdemiroglu,
Clare Shine,Heidi Wittmer

编辑和语言校对

Clare Shine

对审稿人和其他著者的致谢，参见本章结尾部分

关键信息

现行政策未能成功阻止生物多样性和生态系统服务的持续丧失和退化。由于本书所列的原因，相关成本仍然处于被隐藏或扭曲状态。污染者和资源利用者很少弥补其破坏行为产生的实际成本，有时甚至没有为之付出任何代价。

奖励福利提供者、改革补贴措施（第5章和第6章）是政策改革的重要组成部分，但单凭这些努力还远远不够。我们应通过不懈的努力，弄清生态丧失的全部成本，并让损害者对其进行赔偿，这正是新生物多样性政策的要点。

阻止持续丧失的基本原则

政策设计应基于两个主要原则：谁污染谁付费原则和全部成本回收原则。目前已有很多工具问世，将来还会推出更多的工具。我们需要更好地开发其潜力。这些工具能鼓励私人和公共行为者在决策和投资时充分考虑生物多样性的价值，增进效率和技术创新。它们可以改善社会和分配公平以及政策的可信度和可接受性。

通过监管避免破坏：环境标准

环境监管仍将是解决生物多样性和生态系统压力的关键。经验证，禁令、标准和技术条件的使用效果良好，可带来重要益处。明确而全面的监管框架为引进互补补偿机制和基于市场的工具提供了重要基线。它还应引导私营部门开发有效的方法，促使责任方规避破坏行为，并采取补救措施。

通过基于市场的工具进行更准确的定价

我们需要采取系统的积极手段，发出关于生态系统服务真正价值的准确价格信号。我们可以通过应用标准和/或引入税收、收费、费用、罚款、补偿机制、可交易许可证或责任规则，对激励措施做出调整。有利于生物多样性的财政改革非常广泛，应涵盖以上手段和措施（另见第5章、第6章和第9章）。

设计智能的政策组合

我们应积极宣扬监管和基于市场的工具带来的益处，从而消除政治层/社会大众的反对。我们应综合考虑制度背景、执行能力、传统、支付能力、相关特定资源或服务等因素，为不同的行动者制定不同的政策组合。灵活的方法能够：

1. 通过价格信号和成本最低的解决方案提高效率；
2. 使用补偿工具来保障“零净损失”政策得以落实，甚至创造“净收益”解决方案；
3. 创造额外的公共收入，这些收入可专门用于支持生物多样性措施。

监督、执行和刑事检控

有效执行对于发挥政策效力和揭示环境犯罪严重性至关重要。为技术装备和人员培训调动充足资金，彰显了政策制定者解决生物多样性和生态系统丧失问题的决心。

7.1 概述

如果我们以生物圈为主要资产来经营企业，我们就不会让它贬值。我们会保证定期进行所有必要的维修和保养。

（Alan Malcolm 教授，首席科学顾问，国际纯粹与应用化学联合会）

第 7 章探讨如何加强生物多样性和生态系统服务破坏成本问责制，以遏制发生进一步丧失。7.2 节阐明与谁污染谁付费原则一致的各项政策的关键概念。7.3 节介绍环境监管的作用，并说明如何利用经济信息来制定监管标准。7.4 节分析补偿方案以确保不会出现生物多样性和生态系统服务零净损失或净收益。7.5 节讨论基于市场的工具在提供额外保护收益和鼓励出台创新措施上的范围和局限性。7.6 节强调改善环境犯罪执法和国际合作的迫切需要。7.6 节介绍如何才能设计出智能的政策组合。

7.2 阻止持续丧失的基本原则

如果我们拒绝考虑依赖化石燃料所耗费的全部成本——如果我们不考虑环境成本、国家安全成本和真实的经济成本——我们将错过掌握清洁能源未来的最好机会。

（美国总统奥巴马，2010）

正如本书一直强调的，迄今为止还没有一项政策能阻止生态系统和生物多样性的丧失或退化。为了扭转这一局面，我们需要能涵盖这些丧失成本的工具。很多有前景的工具可供使用并能更广泛地分享，但它们的潜力尚未得到充分开发。

第 5 章和第 6 章介绍了生态服务付费（PES）以及改革后的补贴如何有助于积累自然资本并为生物多样性行动提供积极的激励措施。但是，如果经济活动持续造成污染和生态系统退化，那么它们的贡献将大打折扣。因此，有针对性的预防措施是政策组合的核心组成部分。

决策者和资源利用者只有在面临真实成本时，才会认真考虑这些丧失。本书已经强调，正是由于缺乏信息和适当的激励机制、产权制度不完善、市场或监管不力，我们才对这种成本知之甚少。因为大多数市场没有体现生物多样性和生态服务的真正价值，也没有揭示我们需要为生物多样性丧失付出哪些代价，所以我们经常面临市场失灵。

本章将讨论一系列将这些成本纳入考量的政策工具，介绍它们各自的优缺点，并提出改善这些工具设计的建议。这可以给政策制定者带来如下好处：

1）透明地利用生态系统所产生的价值可证明开展环境监管的必要性，且有助于克服政治阻力（见第 2 章）。主张完善政策的政策制定者通过揭示社会正在承受哪些丧失以及承受多少丧失，赢得大众的支持。让造成损害的始作俑者面对相关丧失，能促使人们采取预防措施并提高效率（比如，节水生产、减少化肥的使用、多使用可生物降解产品及低碳能源等）。

2）谁污染谁付费是公平的做法：只有少数人获益而要整个社会为其埋单有失社会公平（见专栏 7.1）。让造成损害的人明白，其必须为自己的行为负责，有助于加强治理和提高监管制度的公信力。

专栏 7.1　考虑生物多样性丧失成本的基本原则

除了公平原则和社会考量外，在选择和设计政策工具上，还可以参考三个密切相关的原则：

谁污染谁付费原则

谁污染谁付费原则（PPP）是在 1992 年签署的《里约环境与发展宣言》（UNEP，2009a）中确定下来的。很多国家的环境政策（如大多数 OECD 国家和欧盟成员国）都采纳了此原则。它要求“内化”环境成本，并将其反映在商品和服务价格中。污染者必须采取预防或减少污染的措施，并在某些情况下缴纳税款或费用并为环境影响作出补偿。在生态系统退化方面，污染者应直接为清理和恢复行动埋单，或者缴纳罚款以有助于抵消破坏成本。

使用者 / 受益者付费原则

使用者 / 受益者付费原则是 PPP 的一个变体。福利（如利用自然资源福利）获得者应支付提供福利的成本（比如，享受清洁海滩的使用者应支付海滩清洁费）。

全部成本回收原则

全部成本回收原则规定，受益于环境服务的实体应担负相应的全部成本。国际上越来越多地将该原则应用于能源、电力和水资源的定价，从而将全部成本转移给消费者。

资料来源：改编自 ten Brink 等（2009）。

3）对使用者 / 污染者 / 排放者适用全部成本恢复原则，有助于制定适当的激励机制，减少对公共预算的负担（见专栏 7.1）。

4）可利用一些工具（诸如，税收、费用、收费、拍卖许可证）产生用于环保事业的收入（参见第 5 章的 PES/REDD、第 8 章的保护区以及第 9 章的自然资本投资）。

7.3　通过监管避免破坏：环境标准

什么都管的政策是糟糕的政策……有时事物本身可以更好地自我调节，依靠自身的力量变得更好；但让那些只能通过社会力量介入来推动的事物放任自流，仍是糟糕的政策。

（Friedrich List，德国经济学家，1789—1846；List，1996）

7.3.1 强有力监管基线的重要性

监管到目前为止仍是使用最广泛的环保工具。它旨在建立保护目标、减少污染和危害事件，激发刻不容缓的环境改善行为。

建立明确的监管框架可以为私营部门提供方向。监管必须有利于商业的发展，与商业活动相协调。我们应该建立公平的竞争环境，以鼓励能力建设、加大培训和遵守最佳专业标准（见《TEEB 企业报告》，2011）。

强有力的监管和治理体系，对于建立以市场为基础的政策（如交易机制、生物多样性补偿机制及银行措施）非常重要（参见 7.4 节）。它为这些工具提供参考点（参见 7.5 节），且需要获得监督和执法的支持（参见 7.6 节）。

环境法规针对众多领域设立了规则和标准（参见专栏 7.2）。

专栏 7.2 环境监管的范围和灵活度

如很多其他法律领域一样，环境监管工具包括直接授权或限制某些行为或影响的禁令、限制、强制性要求、标准和程序。“监管”以及“命令和控制”等术语通常用于通过（政府）权力而颁布的工具（相较于自我监管和社会规范）。

在生物多样性和生态系统服务方面，主要有三种监管工具：

1. 涉及排放标准、环境质量和技术实践（如最佳可行技术 BAT），以及表现（如空气质量管理）或管理实践（如在农业领域）的排放法规。

2. 产品法规确定了有关产品使用的限制（如非法采伐的木材、破坏濒危物种的活动等）或生产标准（认证、最佳实践规范等）。

3. 空间规划规定了对生态系统服务或栖息地有直接影响的土地用途（参见专栏 7.3）。决策权通常下放给地方或区域规划委员会［参见《TEEB 地方政策报告》，2011］。指定和建立保护区是基于空间规划基础的具体管理工具（参见第 8 章）。

要想阻止丧失，我们必须要建立一个明确界定资源利用范围和程度的监管框架。因为生物多样性具有公益性质，因此政治家有责任确定相关目标并建立适当的框架，以确保实现这些目标。

我们经常低估行规对生物多样性保护的贡献。比如在农业领域，通过管理化肥的使用，可以减少流失到土壤和水体的养分，减少水系、湖泊和沿海区的富营养化，减少海藻在海滩上的堆积。这进而又能提高多种生态系统的服务和效益（包括美学、旅游价值和文化价值，减少对健康的影响、供给和监管服务），改善土壤的碳储量（参见表 7.1 中的例子）。

专栏 7.3　巴西为巩固生态系统服务供给而实施的农业生态区划

巴西甘蔗生物燃料计划受到越来越多国内外的监督。为此，巴西政府在 2009 年推出了世界第一个农业生态区划制度。通过给适合不同地区和生物群落的气候、水文和土壤条件的作物提供政府补贴和信贷，该制度为可持续的作物种植活动提供指导，并禁止作物种植活动向整个亚马孙地区和潘塔纳尔水文盆地等敏感地区扩张。

通过为蔗糖生产甄选适宜条件和非敏感地区，巴西这一方案有助于保留和改进多个生态供给和监管系统，尤其提高了土壤健康、碳封存和能源生产。该方案还创造性地利用所有甘蔗生产商必须面对的“瓶颈”环节，即必须获得借贷机构和加工厂的认可，从而将重大监管责任分配到私营部门容易观察和控制的机构。

资料来源：Leopold 和 Aguilar（2009）。

表 7.1　有益于生态系统服务的部门规章示例

监管活动	监管类型	受影响的生态系统服务
水资源利用	饮用水	淡水
	水 / 地下水开采	食品
	废水处理	水净化
	水体条件	水调节
	水污染和质量	自然灾害监管
		娱乐和生态旅游
		审美价值
		水循环
		养分循环
空气污染	环境空气质量标准	食品
	排放标准	淡水
	废气处理	空气质量调节
	燃油效率标准	气候调节
	铅禁止发动机燃料	自然灾害调节
	尾气排放标准	娱乐和生态旅游
土地利用	空间规划 / 区划	食品
	矿产开采	纤维
	土壤保护和污染	淡水
		生化药剂
		水调节
		气候调节
		自然灾害调节
		侵蚀控制

监管活动	监管类型	受影响的生态系统服务
土地利用	土壤保护和污染	空气质量调节
		审美价值
		文化多样性
		娱乐和生态旅游
		土壤形成
		水循环
		养分循环
农业	最低要求做法	食品
	最佳做法	纤维
	化肥	气候调节
	转基因作物监管	侵蚀控制
		害虫防治
		疾病调节
		娱乐和生态旅游
		土壤形成
		养分循环
林业	造林 / 重新造林	食品
	最佳做法	纤维
	木材采伐监管	生化药剂
	森林产品许可	气候调节
	狩猎许可	侵蚀控制
	非木材森林产品的提取	自然灾害调节
		水调节
		审美价值
		娱乐和生态旅游
		灵感
		水循环
		养分循环
渔业	捕捞许可	食品
	育苗保护	遗传资源
	网目尺寸	气候调节
		娱乐和生态旅游
		养分循环
自然保护	保护区	淡水
	受保护物种法	遗传资源
	栖息地指令	生化药剂

监管活动	监管类型	受影响的生态系统服务
自然保护	鸟类指令	自然灾害调节
		审美价值
		灵感
		教育价值
		精神和宗教价值
色块	供给服务	文化服务
	调节服务	支持服务

来源：Christoph Schröter-Schlaack，自制图表

监管通过限制人们排放损害生态系统状态和功能的污染物，改善了环境。对空气质量、水和土壤的管理在很大程度上依赖于这些监管规则（见专栏 7.4）。而有关化学品的规则则是针对同某种产品或化合物的生产、分配和使用有关的风险。

专栏 7.4　监管成功案例：应对空气污染和促进可持续林业

德国

能源生产燃烧设施（Waldsterben）排放的二氧化硫导致“酸雨”并破坏森林，这给 20 世纪 80 年代政治家带来了巨大压力。德国在 1993 年颁布了严格的二氧化硫排放标准，规定所有设施的二氧化硫排放量不得超过 $400mg/m^3$。该标准实施后，电力部门开始推出一项重要削减计划，使二氧化硫排放量急剧下降（见下表）。

年份	1980	1982	1985	1988	1989	1990	1992	1995
二氧化硫排放 /（mg/m^3）	2 154	2 160	1 847	582	270	290	250	15

瑞典

瑞典在继 20 世纪 80 年代和 90 年代森林面积缩水后，于 1994 年更新了瑞典森林法。该法规定：森林“应在提供有价值、可持续产量的同时注重保护生物的多样性”。该法规为下列情况制定了新标准：①森林遭到砍伐后；②林地未被使用时；③森林状况明显令人堪忧时。该法规规定了最大每年可采伐林木限额，以促进林木均衡的林龄分布。最近的统计数字显示该法规取得了良好的效果，特别是老树或落叶树在最近 20 年内数目有所增加（根据树木直径不同，从 10%增加至 90%不等）。

资料来源：RRV（1999）；Watzold（2004）；《瑞典林业法》；Berggren（2009）。

若某行为给人类健康或环境造成的潜在危害越大，就应该为其制定越严格的法规。然而在现实生活中，人们往往要等到灾难发生后，才去制定相关法规（如《美国 1990 年石油污染法》就是在埃克森公司发生了瓦尔迪兹漏油事件后才制定的，参见第 4 章）。

监管本身并不需要耗费太多公共预算，但其监督和执法行为会产生一定的管理成本（参见第 5 章）。实施和合规成本主要落在私人资源利用者身上，他们必须为减排或等效措施埋单，以达到标准要求。与谁污染谁付费原则一致，监督活动（监督废水排放情况或河流下游水质）的费用可由排放者承担。

决策者和管理者都非常熟悉这些监管工具。若监管机构能力到位，加大监管力度往往比制定以市场为基础的方法更容易。例如，可逐渐降低发电厂和工厂的排放限值，以应对新的环境或卫生需求。通过参照其他国家的经验教训和先例，可调整现有的特定技术 / 方法及监督 BAT 标准，使其更好地适应当地条件。

监管还成为额外补充措施的基线和推动力。比如，随着空气质量标准的推行，美国出现了排放交易工具（Hansjürgens，2000）。为奖励超出一定标准的减排成果，美国在 20 世纪 70 年代推出了第一代工具（即净额结算、补偿、泡沫和银行政策）。只有因超标合规而“多出”的额外排放量方可得到补偿或用于交易。类似的规则也适用于生物多样性补偿和 / 或银行业务（参见 7.4）。

7.3.2 将经济分析用于标准制定

生态系统服务的经济价值评估可以给生物多样性监管框架提供一些参考。它可以为提高标准以避免净亏损和提高公信力及接受度的政策论据提供支持。

在最初设计监管工具时，对成本效益的考量往往被忽略或未得到足够重视。因为当初的当务之急是解决人类生命和健康这一类迫切问题，所以并未重视成本和效益是否均衡。即便到今天，针对致癌物质和空气颗粒物质量的标准也会得到额外的重视。

由于以下原因，在决策时应考量成本和效益要素 :

1）很多国家存在尚未被发现的监管潜力。在监管机构及行政能力薄弱的国家，通过确定和评估生态系统服务，可以为国家和地方规划提供信息，并指出可能需要加大监管力度的方面（见专栏 7.5）。

专栏 7.5 南非为监管过程提供流域评估数据

由于当地社会经济环境恶劣，uMhlathuze 市亟须发展经济。uMhlathuze 市政府在地方生物多样性热点地区面临着“发展还是保护”这一两难抉择。为此，该市市政府开展了流域战略评估，以确定相关流域可以免费提供何种生态系统服务。据估计，这些服务（如养分循环、废水管理和水调节）每年将产生接近 2 亿美元的价值。“对保护生物多样性反感”的政治家对这一体现生态系统经济价值的信息做出积极响应，并确定了管理行动，以确保生态系统及其资源的可持续利用。

资料来源：Slootweg 和 van Beukering（2008）。

2）现如今，很多国家对不会危害人类生命的环境风险也采用预防原则。事实证明该法规有助于均衡成本和效益，是证明监管法规必要性的关键。往往只有当效益明显超出成本时，利益相关方和大众才会接受更严格的控制。

7.4　补偿丧失：生物多样性抵消和生物多样性银行

7.4.1　为什么我们需要补偿工具？

经济增长拉动的发展往往会造成栖息地丧失及破碎化、污染和干扰。可在项目设计阶段（见第 4 章）和运行期间采取措施（监督和适应性管理下的缓解和补救措施）来避免或充分缓解对栖息地的负面影响。即便如此，很多发展还是会不可避免地对生物多样性产生重要残留影响。

要求当事人对这些负面影响做出补偿对终止生物多样性和生态系统服务丧失有重要意义（这里的补偿是指可比的生物多样性结果而不是金钱上的补偿，有时也称为“补偿性缓解”）。生物多样性抵消和生物多样性银行是实现这一意义的重要工具（参见专栏 7.6）。它们在实施明确的“零净损失”政策（Bean 等，2008）上发挥了重要作用，是实现遏制生物多样性丧失这一目标的政策组合的一部分（比如在欧盟）。

专栏 7.6　生物多样性补偿机制

生物多样性抵消

生物多样性抵消是指“为补偿项目开发所致残留负面生物多样性影响而采取的措施，这些补偿措施会产生显著的保护效果。在实施预防和缓解措施之后，这些保护效果还将持续生效。生物多样性抵消的目标是在物种组成、栖息地结构和生态系统服务（包括生存方面）上实现零净损失，最好还能取得净收益。”

生物多样性银行

生物多样性银行是一种基于生物多样性抵消的市场体系，旨在提供生物多样性信用以抵消生物多样性破坏（借贷）产生的信用需求。可在借贷尚未产生时获得信用——甚至在预期不会产生借贷的情况下也可获得信用。并且，信用是可以长期累积的。生物多样性银行通常也称为保护银行，它包括栖息地银行和物种银行。

资料来源：BBOP（2009）。

抵消和栖息地银行的运行机制是：通过激发新行动，提供等同于损失额（借贷）的额外生物多样性效益（信用）。这种同等性适用于同种栖息地或物种（同类），或者重要性或价值相等或更高的不同栖息地或物种。抵消通过保护面临风险的栖息地

（即风险规避抵消行为）或恢复退化或毁坏的栖息地，为生态系统带来抵消效益。

生物多样性银行通过将抵消转变成可交易的资产（信用），从而提供一种基于市场的工具（参见专栏 7.6）。抵消本身包括具有如下逻辑顺序的行动：规划具体的项目或活动；确定可能的残留破坏；抵消残留破坏。生物多样性银行使得这些行动无需前后关联或以任何顺序均可实现。

信贷可在对借贷规模进行评估之前获得，在需要补偿具有破坏性的项目之前累积起来。所以需要推测一段时间内的信贷供需，并进行价值折现。在某些方面，生物多样性银行与碳交易类似，但生物多样性银行更加复杂，原因如下：

1）虽然存在碳单位，但并不存在"生物多样性单位"；

2）生物多样性破坏和 / 或补偿材料的地点具有局限性；

3）虽然有政策工具为碳交易提供支持，但大多数国家的管理生物多样性丧失的法规还比较薄弱，对生物多样性交易的需求通常较低。

一些抵消需求是出于自发的商业考虑（比如，开展商业风险和负债管理、确保获得投资、满足认证要求、维系公共关系以及实现企业社会责任目标），譬如矿业公司通过抵消来补偿不可避免的残留影响，从而实现"对生物多样性产生净积极影响的目标"（Rio Tinto，2004）。但是，由于自发需求往往较少，需要下列驱动力来创造对补偿机制的需求，从而支持生物多样性银行市场的发展。

1）制定明确的政策规定，要求生物多样性零净损失或实现净收益。

2）出台有关法规，要求对残留影响做出补偿，从而确保生物多样性为零净损失或实现净收益（比如《欧盟栖息地法令》中关于 Natura 2000 保育区的要求）。这些措施通常监管严格，必须视具体项目而定，通常在项目开发地内或附近提供同类抵消。

3）明确规划和评估程序，便于规划缓解要求、评估项目产生的重要残留影响（比如《欧盟环境影响评估和战略环境评估法令》，或参见本书第 4 章）。国家和地方政策（尤其与零净损失义务有关的）、受影响的生物多样性的重要性以及预计影响范围不同，补偿要求也会有很大不同。

我们应时刻铭记：很多生物多样性组成部分和生态系统服务是独一无二、不可替代的，我们无法对其进行有效补偿。当残留影响对生物多样性组成部分造成中等程度的影响，且受到影响的生物多样性组成部分是可替代的，可在合理时间范围内通过已知技术对其加以保护或恢复时，最适宜采用抵消和银行机制（参见专栏 7.7 和图 7.1）。抵消和银行机制也适合解决单独看来似乎微不足道但累积起来意义重大的影响。在多数情况下，当生物多样性遭受大范围影响时，可通过"升级补偿"（即保护更重要的生物多样性）来进行弥补。但是，在影响相对较小的情况下，根据项目而制定补偿方案会带来过高的交易成本。在这些情况下，可以制定简单的方案，比如建立独立但受监管的信托标准替代支付制度，以反映生物多样性的抵消成本。信托机构可根据保护的优先顺序和利益相关方的意见，向各生物多样性银行或其项目分配资金。

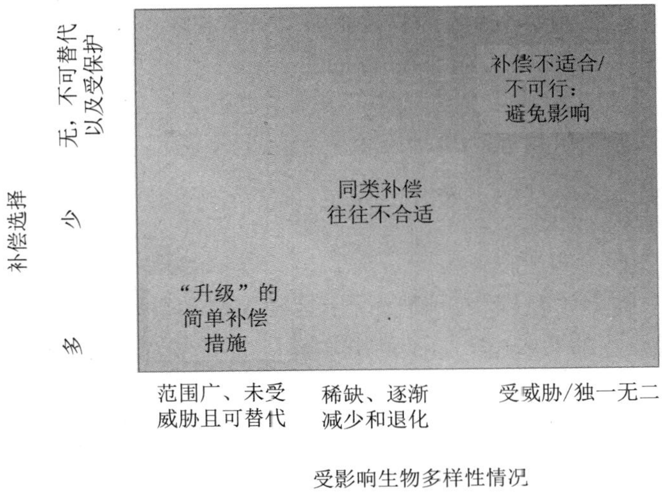

图 7.1　与受影响生物多样性的重要程度有关的补偿办法及有无可靠补偿选择

来源：改编自 BBOP（2009）。

专栏 7.7　比利时弗兰德斯森林采伐的抵消

弗兰德斯的森林指数只有 10.8%，是欧洲森林砍伐最严重的地区之一。因此，弗兰德斯政府将森林保护和保存视为优先任务。为了防止宝贵的森林区进一步减少，弗兰德斯政府遵循以下三个主要原则：

1. 原则上禁止砍伐森林。
2. 必须获得授权，方可砍伐森林。
3. 在不做出补偿的情况下，不得给予授权（Afdeling Bcs 和 Groen，2002）。

补偿需缴纳“森林保护费”，针叶林的缴费标准是每平方米 1.98 欧元，原生落叶林每平方米 3.96 欧元。弗兰德斯当局利用这些收入来买地造林（Vlaamse Regering，2001）。

到 2007 年，官方的造林措施森林增加与森林砍伐丧失几乎相平衡（VBV，2008）。2008 年，共有 156 hm^2 森林获准被砍伐，但植树造林的面积只有 152 hm^2。由于近年来 769 hm^2 的年度造林目标尚未实现（VBV，2009），弗兰德斯当局一直致力于恢复和扩大森林保护基金的范围（Commissie voor Leefmilieu、Natuur、Ruimtelijke Ordening，2010）。

（1）生物多样性抵消和生物多样性银行的潜在好处

若生物多样性抵消和银行机制设计得当，可取得个体发展零净损失之外的更多收益。有些区域因过去影响产生了生物多样性相对较少的人工和文化栖息地占大多数的景观，并且剩余的半自然或自然栖息地面积较小、较分散、退化，生物多样性净收益在这样的区域中最可行。在这种情况下，通过抵消可以：

1）实现发展与保护间的平衡，并开展比“现状”更多的保护工作；

2）带来额外的保护资金，将生物多样性纳入商业和区域规划主流；

3）扭转过去一些可恢复的濒危栖息地的丧失局势，增大剩余小栖息地的面积，从而增强物种种群的生存和适应气候变化等压力的能力；

4）通过在合适的地区重建栖息地，恢复栖息地间的相互连接，从而减少栖息地支离破碎的现象；

5）在某些情况下，特别是在生物多样性银行已经建立起来之际，获得比潜在缓解措施更可靠的生物多样性结果；

6）特别是在生物多样性银行机制受益于规模经济和市场竞争性的情况下，取得比避免和缓解措施更高的成本效益；而成本的降低可以鼓励人们采取严格法律规定以外的措施；

7）建立一种机制，以高成本效益切实解决低层次影响的累积影响。

（2）生物多样性抵消和生物多样性银行的限制和潜在风险

如果补偿措施应用不当，则需要考虑利用限制因素，避免生物多样性风险（EFTEC 和 IEEP，2010）。最根本的限制因素是这些措施必须提供长期附加值（即不只是必然会产生的效益）。此外，措施还必须以高于现有可预知政策和立法要求的结果为基础。

在某些情况下，可以通过阻止持续退化和避免因农业改良、森林砍伐、湿地排干和污染等造成的丧失来取得显著的生物多样性效益。可以与放弃栖息地转换权以获取资金或其他利益的个人签订协议（如合同或公约）。但是，这种抵消只能对满足下列条件且面积不小的剩余栖息地产生效益，这种栖息地应符合如下要求：

1）值得维护；

2）未受保护，且未来可能仍是如此（以确保获得额外福利）；

3）遭受了重大或可预见程度的丧失或退化。

在实践中，可只在保护水平较高的重要栖息地采用风险规避补偿选择。此外，即便成功地保护了栖息地的其中一个区域，这也可能只是将威胁转移到另一个区域，因此不影响整体丧失率（通常称为“漏损率”）。

由于存在这些限制，很多抵消和生物多样性银行仅仅关注栖息地的恢复或重建（参见第 9 章）。在实践中，要恢复或重建那些已经发展了几千年的自然和古老栖息地是非常困难的。一个关键的原则就是：补偿结果的可靠性应随着受影响栖息地 / 物种的重要性而增加（图 7.1）。因此，应采取严格而可靠的避免和缓解措施，来避免对非常稀缺或非常宝贵的栖息地产生残留影响。

抵消方案应有很大把握实现其保护目标（或至少要高于其他缓解措施）。在这方面，如果生物多样性银行能够在产生可能影响之前积累信用（恢复或改善后的栖息地），那么它们就能发挥明显的优势。即使仍然存在某些长期的不确定性，但这会减少对补偿可行性及可能的补偿质量的不确定性和担忧。但是，建立大量栖息地银行涉及的商业风险和时间跨度长的特点会不利于其建立和信贷供给的发展。

这些问题突出了强力监管生物多样性补偿和银行机制的必要性。没有强有力的监管，就会出现项目倡议者以补偿为手段来避免采用更昂贵的措施和 / 或拖延项目的重大风险。鉴于经济的刺激作用，他们会低估潜在影响，而高估补偿（或其他成本较低的缓解措施）的可靠性和效益，从而避免采纳商定的措施。因此，在监管和行政能力到位的情况下开发这些系统非常关键。一个强大的监管框架能够确保：至少在残留影响存在期间——但这往往意味着永远——各计划或项目的生物多样性影响将得到充分评估，恰当的补偿措施将得到实施、监督和管理。

7.4.2　实现生物多样性效益最大化和风险最小化的途径

人们已广泛认识到抵消和生物多样性银行的潜在效益和风险（ten Kate 等，2004；Carroll 等，2007；Bean 等，2008）。在与各利益相关者展开协商之后，“生物多样性和商业抵消计划”（BBOP）确定了一系列实现效益最大化和风险最小化的设计原则（参见专栏 7.8）。

专栏 7.8　BBOP 的生物多样性抵消原则

1. 零净损失：生物多样性抵消的设计和实施方案应能实现重大的就地保护成果，根据合理的预期，这些成果能带来生物多样性零净损失或净收益。

2. 额外的保护成果：生物多样性抵消所取得的保护成果应超过不采纳此机制时取得的结果。在设计和实施抵消时，应避免将有害的生物多样性活动转移到其他地点。

3. 坚持缓解措施等级制度：生物多样性抵消致力于对生物多样性承受的重大残留影响做出补偿。但在采用生物多样性抵消机制前，应根据缓解措施等级制度，采取适当的避免、最小化和就地修复措施。

4. 仅限于可抵消的区域：由于受影响的生物多样性可能具有不可替代性或脆弱性，因此有时无法通过生物多样性抵消对生态多样性承受的残留影响进行完全补偿。

5. 景观方面：在设计和实施景观方面的生物多样性抵消项目时，应确保实现预期的重要保护成果，同时充分考虑与生物多样性相关的生物、社会和文化价值有关的可用信息，并支持生态系统方法。

6. 利益相关者的参与：在受到影响且能通过生物多样性抵消来进行补偿的区域，应确保利益相关者有效参与生物多样性抵消项目的决策及评价、选择、设计、实施和监督。

7. 平等性：生物多样性抵消的设计和实施应做到公平，这意味着利益相关者应遵循公平且均衡的原则，共享共同参与项目和抵消有关的权利、责任、风险和奖励；并尊重法律和习惯安排。此外，还应特别考虑尊重国际和国内认可的原住民和地方社区应享受的权利。

8. 长期结果：生物多样性抵消的设计和实施应基于适应性管理办法，纳入监管和评估，目的是确保所得成果持续时间至少与项目影响存在的时期相等，最好永久持续下去。

9. 透明性：生物多样性抵消的设计和实施，以及同公众的交流，都应该做到透明及时。

10. 科学性和传统知识：生物多样性抵消的设计和实施应该得到合理科学的指导，适当考虑传统知识，并被记录在册。

资料来源：BBOP（2008）。

这些设计原则普遍适用于所有的补偿措施，但需要谨慎解释和应用。尤其第3条原则经常被曲解。缓解措施等级制度的一个关键目标是减少因采用简单且成本最低的行动而造成的生物多样性丧失，即将抵消和生物多样性银行作为“垃圾许可证”。然而，一些昂贵的缓解措施（如隧道或高架桥）可能并不代表生物多样性成果物有所值。此外，如果可以通过简单的补偿措施换取较高的生物多样性效益，从而获得更高收益，那么期望项目倡议者对低水平的影响采取预防措施显然是不现实的。

因此，“适当”是缓解措施等级制度的核心。我们应比较潜在减缓和补偿措施各自的保护效益，以确定能提供最高可靠效益的组合（EFTEC 和 IEEP，2010）。必须根据预防性原则对可靠性问题加以考虑。根据具体情况，不确定性会影响所有类型的减缓和补偿措施：一些缓解措施可能比补偿措施更可靠，或者反之亦然。赋予可靠性的权重应随着可能被影响的栖息地和物种重要性及不可替代性的增加而增加。对于保护重要性级别较高的生物多样性，所采取的措施应关注避免性行动（假设其可靠性最高）而不是风险补偿选择。

如前所述，鉴于信用已经存在且可以直接衡量其经济价值和生态系统效益，生物多样性银行的一个优势是减少对于将获得的补偿数量和质量的不确定性。但是，评估这些效益的持续价值（例如，与气候变化或其他外部压力有关的持续价值）及其额外福利还是非常重要的。

7.4.3 生物多样性抵消和银行机制方面的经验

最近针对生态系统市场开展的调查发现：从积极的生物多样性银行机制到经济发展生态影响补偿费，再到推动一次性抵消的政策，全世界至少有39个生物多样性补偿方案（还有25个方案处于开发阶段）（Madsen 等，2010）。据估计，全世界有超过600个生物多样性银行。

立法要求建立补偿机制的国家有巴西、南非、澳大利亚和美国。其中，美国可能拥有最先进的生物多样性银行市场（Carroll 等，2007；Bean 等，2008）。专栏7.9中提供了其中两个国家目前开展的实践范例。尽管欧盟颁布了严格的法规，要求对欧洲境内重要保护区域（Natura 2000 保育区）造成的“不可避免影响”予以补偿。但是，栖息地类型以及同类补偿的规定限制了使用生物多样性银行的可能性（EFTEC

和 IEEP，2010）。而一些欧盟成员国（如法国和德国）还出台了额外的立法和政策，要求或促使人们使用抵消和栖息地银行机制。

专栏 7.9　澳大利亚和美国的生物多样性补偿和抵消

澳大利亚的生物银行系统规定：若土地用途转变和相关生物多样性丧失不可避免，则必须另寻替代性区域加以恢复或保护。这就提供了一种激励方式，鼓励公众保护私人土地，并为其他地区的生物多样性丧失提供补偿。由于该计划还处于早期阶段，因此尚没有可用的经济数据。

美国建立了 400 余个湿地银行，为价值每年超过 30 亿美元的湿地缓解创造市场。此外，还有 70 个年物种交易额在 1 亿～ 3.7 亿美元的物种银行。

资料来源：Bayon（2008）；DECC（2009）。

企业和个人通过公私联营的模式建立的很多生物多样性银行，成功调动了私人资金。金融行业已经捕捉了面向小众利基市场的“绿色”投资产品机会。但是，很多方案成本较高，涉及高昂的前期和长期投资。因此，有时需要公众或金融利益相关者的参与来为复杂的大型项目提供支持。

总之，现有经验表明，尽管存在一些问题，但经过精心设计和管理的抵消机制和生物多样性银行是一种以市场为基础的有效工具，能够补偿发展项目所致的不可避免残留损害造成的丧失。强有力的监管基线是保障项目成功的决定性因素。

7.5　制定更准确的政策：基于市场的工具

税收是我们为文明社会付出的代价

（Oliver Wencell Holmes Jr.，美国法官，美国最高法院，1927，第 19 段）

环境税改革是为创建可持续发展的社会而应付出的代价？

（Jacqueline McGlade，欧洲环境署，在第 8 届全球环境税收会议上的讲话，慕尼黑，2007）

7.5.1　决策时变革激励措施

在制定与资源利用有关的决策时，基于市场的工具（MBI）可以改变针对私营部门的激励措施，有助于对生物多样性和生态系统服务进行更有成效、更高效的管理。

基于市场的工具（如，税收、收费、费用和罚款，商业许可、可交易的许可证、配额，责任规则）可以发出经济信号。可以对这些工具进行调整，通过增加某些服务的使用成本，要求使用者购买可交易的许可证和 / 或强制要求决策者在决策时考虑风险因素，从而阻止有害活动。这种有针对性的强化措施有助于推动采纳更加环保的替代方案。

原则上，直接的环境法规也能取得相同的效果（参见上文第 7.3 节）。但是，基于市场的工具向私营部门提供了更多具有成本效益优势的选择方案（即支付更高的价格，或找到替代方案）。

基于市场的工具通过三种方式发挥作用：控制价格、控制数量或制定责任规则。

（1）以价格为基础的工具

譬如取水费、排污费、国家公园门票费、碳税、押金返还制度或垃圾费等，费用和税收决定了使用生态系统需要支付的价格（参见专栏 7.10）。

专栏 7.10　韩国为减少垃圾的产生而使用的以体积计算的垃圾收费制度

1995 年，韩国推出了以体积计算的垃圾收费制度（VBWF），要求居民通过购买标准的垃圾袋来为固体垃圾服务付费。原则上，VBWF 垃圾袋的价格涵盖了垃圾收集、运输和处理的全部费用。但是，为了避免垃圾处理成本突增给市民造成的负面影响（如非法倾倒），每个城市根据其财政状况及处理成本，确定不同的收费率。不使用 VBWF 垃圾袋而丢弃垃圾或非法焚烧垃圾的市民将被处以 100 万欧元（1 000 美元）的过失罚款。

该 VBWF 方案产生了深远的影响。1994—2004 年，韩国城市产生的固体垃圾减少了 14%（人均垃圾产生量下降 20%），可回收垃圾则增加了 15%（达 49%）。

类别	1994 年	1996 年	1998 年	2000 年	2002 年	2004 年
垃圾生成总量 /（t/d）	58 118	49 925	44 583	46 438	49 902	50 007
可回收垃圾量	8 927	13 085	15 566	19 167	21 949	24 588
填埋垃圾量	47 116	34 116	25 074	21 831	20 724	18 195
人均 /（kg/d）	1.30	1.10	0.96	0.98	1.04	1.03

资料来源：韩国环境部（2006）。

（2）基于数量的工具

可交易的许可证制度限定了可使用的资源总额，并通过以下方式开创了人为市场：

1）确定可使用的资源总额（如每年可砍伐的木材吨数）；

2）通过拍卖或无偿方式向使用者（如伐木公司或当地的土地所有者）转让这些权利（如砍伐 1t 木材）；

3）促进在潜在用户（如不同的伐木公司）之间交易这些权利，或出售这些权利（如当地土地所有者将此等权利出售给商业伐木者）。

可交易许可证的价格通过供需来体现。最著名的例子是对空气污染的控制（如

CO_2 或 SO_2），这一成功经验已推广至一系列的资源和商品，如鱼类资源管理（参见专栏 7.11）、取水规范（参见专栏 7.13），或限制城市扩张和保护空地（参见专栏 7.15）。有关各方正在商讨如何加大对可交易许可证的应用，尤其是在森林碳交易（参见本书第 5 章的 REDD +）、水质交易或栖息地交易方面的运用（参见 Hansjürgens 等的概述，2011）。

专栏 7.11　新西兰在可交易渔业配额领域的经验

新西兰的渔业在 20 世纪增长极快：到 2004 年，海产品行业已成为该国第五大出口创汇行业，拥有 10 000 多名从业人员。为了确保可持续的鱼类资源管理，1986 年的《渔业法》引入了可交易渔业配额制度。渔业部根据生物种群评估规定每年的总可捕量（TAC），借此再向渔业公司分配“个人可交易限额”。各公司可以自由决定是否使用其配额（捕鱼），或根据自己每次的渔获量利润来买卖剩余的配额。

到目前为止，该政策收效甚佳：绝大多数鱼类资源已重建，该国渔场是世界上为数不多的资源告急率低于 10% 的渔场——10% 是新西兰设定的保护目标。

资料来源：新西兰渔业部（2005）；Yandle 和 Dewees（2008）；Worm 等（2009）。

（3）基于责任的工具

这些工具依据谁污染谁付费的原则，提供了将破坏成本的责任（预防与补救）明确分摊给破坏者的机制，并在经济上激励开发者 / 使用者将潜在风险和补救价值纳入决策考虑范围。

环境责任制度参照资源使用情况监管框架来运作。环境责任制度规定：若责任者造成的环境破坏程度超过了规定的限度，责任者必须为必要的清理和 / 或恢复行动埋单。根据不同的制度规定，他们可能要为尚未获得恢复的生态系统服务导致的持续丧失埋单，或为不可能获得恢复的生态系统服务导致的永久丧失埋单。

早期的环境责任制度只关注污染问题。但在认识到环境的公益性后，目前有几项法律开始解决更广泛的环境破坏问题。专栏 7.12 概述了两种主要类型的责任。

环境责任规则提供了降低风险的经济激励措施，能够直接刺激技术改进。潜在的污染者需在风险（为潜在危险活动造成的影响埋单）和成本（避免措施）之间实现平衡，以决定哪些措施最合适。可供选择的措施包括：减排（如采用更好的过滤器）、回收、采用危险性较小的生产技术、风险管理程序和标准（如国际环境管理 ISO 标准、欧洲生态管理和审计计划）以及对潜在索赔进行投保（如果存在这样的保险的话）。

专栏 7.12 环境责任规则的范围

针对两种不同的情况，制定不同的法律制度：

1. 严格赔偿责任规则不要求相关方提供证据，以证明过失方造成破坏（即过失或疏忽）。这主要适用于那些势必会产生特定危害的高风险活动（譬如《石油污染损害民事责任国际公约》管辖的活动）及核事故。在某些国家，该规则还适用于转基因生物造成的破坏。相关立法可能会允许少数例外情况。比如：运营商证明活动/排放获得了主管部门的授权，并且其实施遵循了所要求的技术标准，没有出现过失。

2. 基于过失的责任规则要求相关方提供证据，以证明运营存在疏忽或过失行为。该规则通常是针对会对环境或其组成部分造成破坏的行业活动。

监管工具可结合这两个规则，以应对各类活动带来的不同程度的风险。2004 年颁发的《欧盟环境责任指令》是采用这种双重规则的一个突出范例。该指令关注欧盟栖息地和物种的破坏以及对人类健康造成的危害的欧盟水资源和土地污染。它不包括国际责任制度管辖的事项以及每个国家不同的传统责任制度所涉及的利益问题（人身伤害及物品和财产损坏）。

责任制度也可给非政府环保组织等民间团体赋权，其有权要求主管部门采取行动，并就不当行政行为或不作为行为向法院提请调查。

基于市场的工具可用来处理各种不同的环境问题（参见表 7.2 中的实例）。根据生态系统或生态系统服务的不同，资源使用定价的切入点也不同。可对下列要素进行定价：

1）投入的商品（如水费、立木采伐费、燃油税、土地转换费）；

2）过程和相关排放（如二氧化硫、氮氧化物和二氧化碳污染物排放权交易）；

3）收入（如矿物油税、垃圾费、污水处理费或污染税、化肥或农药税）。

根据经济学原理：当直接根据排放物或有害产品定价时，价格最能发挥作用，因为这样可以有效制定减排措施，以定量的方式缓解这些有害的过程（Hansjürgens，1992）。

“基于市场的工具”这一说法有时也用于改善市场条件的其他工具，包括市场减摩政策、信息计划和标签（本书第 5 章），或者补贴（本书第 6 章）。

7.5.2 基于市场的工具有何作用？

基于市场的工具在资源利用定价上具有四个方面的独特优势。在费率假定充足的情况下，这些工具可以：

1）相比官方监管，能够更强有力地履行谁污染谁付费机制；

2）切实执行完全成本回收原则；

3）具有能够以更低成本更有效地实现环境目标的潜力（实际可节约的成本取决于工具的设计和实施水平，以及相关生态系统服务的实际情况）；

4）产生公共收入，用于为生物多样性友好型政策提供资金。

表 7.2　旨在保护多样性和生态系统的各类基于市场的工具使用示例

名　称	国　别	目　标	目　的	方　法	成　果	进一步信息
填埋抵税方案	英国	陆地生态系统	重新定价	税务计划及资金	填埋运营商为环保项目支付了 10 亿英镑	ENTRUST（2009）
酸雨计划	美国	空气质量管理	重新定价	硫排放可交易许可证	相比 1990 年，二氧化硫减少了 52%	美国环保局（2009）
垃圾清运费	日本	废物减少	重新定价	垃圾费（比如东京每 10L 是 0.43 美元）	参与城市的垃圾明显减少	联合国亚太经社会（2003）
重新造林费	利比亚	森林保护	重新定价	伐树收费（重新造林收费每立方米 5 美元）	有助于避免出现不可持续的森林使用	联合国粮食与农业组织（2009）
可交易狩猎许可证	墨西哥	特定羊群保护	重新定价	各社区大角羊的狩猎配额	动物狩猎不会危及整体动物群的生存	Biller（2003）
氮氧化物费	瑞典	空气质量管理	重新定价	每排放 1kg 二氧化氮收取 40 瑞典克朗（3.9 欧元）的费用	排放量从 1990 年的 300 t 减少到 2003 年的 200 t	Naturvardsverket（2006）
农药税	瑞典	地下水管理	重新定价	农药税是每千克 20 瑞典克朗（2002）	农药使用减少 65%	Sjöberg（2007）
化肥税	荷兰、芬兰	土壤和水管理	重新定价	对化肥和过营养化征费，以促进庄稼的化肥使用效率	化肥用量减少，土壤和水的污染水平也随之降低（荷兰降至 20%～30%，芬兰降至 11%～22%）	Ecotec（2001）
水污染可交易许可证，亨特河	澳大利亚	流域	重新定价	各矿场可排放占总可排放盐一定比例的盐分，具体按传导水平计算	实施后，超标排放额由 33% 下降至 4%	Kraemer 等（2003b）
环境税和水资源税	哥伦比亚	流域	重新定价	对污染和水资源使用征税	生化需氧量（有机物进行生物分解所需的氧气量）在 4 年内下降 2/3	Kraemer 等（2003a）

名 称	国 别	目 标	目 的	方 法	成 果	进一步信息
Guabas 河水使用者协会	哥伦比亚	流域管理	重新定价 / 提高收入	下游水使用者要付费（按所获得的每公升水计算），为流域管理活动提供资金	收入（约合每年 60 万美元）用于退化森林保护 / 再生项目、本地树种再造项目和社区组织	Landell-Mills（2002）；Echavarría（2002）
塑料袋税	爱尔兰	废物减少	重新定价 / 提高收入	结账时支付每个袋子 0.33 欧元	塑料袋消费量在 2002—2003 年下降了 80%；所得收入（960 万美元）专门用于绿色基金	Rosenthal（2008）
山地大猩猩追踪费	乌干达	森林栖息地保护	提高收入	游客追踪大猩猩须支付 500 美元的许可费	大猩猩的数量逐渐增加，部分原因也是由于管理改善（如增加了警卫）	Zeppel（2007）；乌干达野生动物管理局（2009）；
水保护基金	厄瓜多尔	生物圈公园管理 / 融资	提高收入	流域水库自筹资金	2005 年在水管理项目上的花费超过 301 000 美元，以确保水库的重要功能	美国大自然保护协会（2007）
加拉巴哥群岛门票费	厄瓜多尔	保护区管理 / 融资	提高收入	门票费：厄瓜多尔人为 6 美元，外地游客为 100 美元	所得收入（>300 万美元 /a）用于改善该国家公园的管理	Vanasselt（2000）

（1）污染者 / 使用者付费原则的实施

直接监管和使用基于市场的工具都可以为谁污染谁付费原则提供支持，但只有后者可以体现资源利用的价值。它们使行动者面对至少一部分因其行为而带来的环境和社会成本（即之前个人决策时没有考虑到的外部成本），明确他们应支付的费用。比起为符合环保法规而作出的技术适应投资，税单和许可证价格更加透明，也更容易列入私人账目（参见专栏 7.13）。

专栏 7.13　中国减少用水量的水资源使用权经验

中国于 2002 年初推出第一个包含可交易水使用配额的水资源使用权制度（甘肃省甘州区张掖市），作为国家节水项目的一部分。根据当地的生态和社会条件，有关当局对试验区的水资源利用情况进行了调整：高效率的使用者优先享有使用权，而人均使用权则根据距离水源的远近来决定。

水资源使用权证书分发放到全县的灌溉区，随后又发放到各乡镇、村庄和农户。在民乐县，各区根据土地面积向每家每户发放证书，批准并严格执行经过审查的水资源调配方案。灌溉用水量相比上年显著降低，减少到每年 1 500 ～ 1 800 m^3/hm^2。

资料来源：森林趋势（2009）。

（2）设计基于市场的工具，实现完全成本回收

在费用 / 税率设置得足够高，或者许可证的数量适当受限的情况下，基于市场的工具可以使污染者 / 用户承担污染 / 资源利用的全部费用。基于市场的工具与官方监管方法最关键的区别在于：官方监管一方面要求减排达标，但一方面却允许低于该限值的资源使用免费（这样就不能刺激人们将标准水平之下的污染减少）。基于市场的工具对所有排放都征费 / 税（例如，排放的每公吨碳、每公升水），从而增大减排动力。但是，如果基于市场的工具设计得当，设定适当的水平以确保全部成本回收，那么税率、费用或收费将只会反映资源的真实经济价值。

利用这种方法积累的经验主要来源于水务部门。在一些国家，水费一直很低，而且在某些情况下仍然非常低。这反映了一个观点，即提供基本用水服务是政府的责任，而获得此类服务则是居民的一项权利。在这种情况下，最终用户支付的费用要低于全部成本。这就会导致过度使用、浪费、地下水枯竭、污染、土壤盐渍化和生物多样性丧失等问题。

向最终用户收取适当的水价可以改善价格信号和促进效率的提高（OECD，2006），从而降低对基础设施的投资需求（供水和下游废水处理）和整体成本。两种结果都可以大大减少对环境的压力。若采纳水资源完全成本回收方法，用户应该支付抽水、供水基本设施和水厂的全部成本以及与水供应相关的所有私人成本和社会成本（参见图 7.2 和专栏 7.14）。

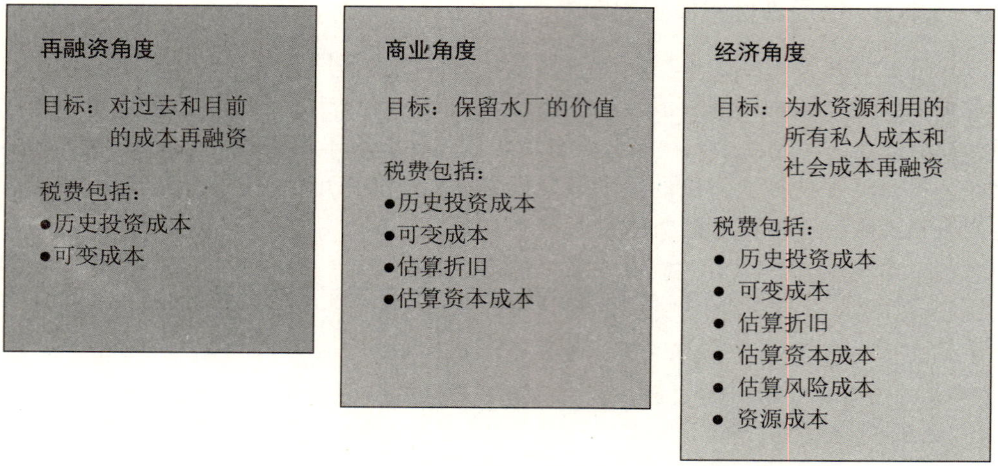

图 7.2　水定价中的成本回收：经济视角

来源：Hansjürgens（2004）

专栏 7.14　减少过度开采的完全成本回收工具：水资源定价实例

很多欧盟成员国（如荷兰和英国）已经开始趋向于采用完全成本回收，对于大多数新成员国来说产生了很大变化。在捷克共和国，水价逐步从 1990 年之前的每立方米 0.02 欧元增加到 2004 年的每立方米 0.71 欧元。1990—1999 年，取水量减少了 88%（农业）、47%（工业）和 34%（公共水管）。所有的房屋都装有水表：饮用水的消耗量从 1989 年的 171 L 下降到 2002 年的 103 L，下降率约为 40%（捷克共和国政府，2003）。2003 年的下降率低于欧盟平均水平 10%左右（Naumann，2003）。应予以强调的是：水资源完全成本回收法不适宜突然强制执行。为了避免不当社会影响，并充分考虑居民的经济承受能力，应循序渐进地推行水资源完全成本回收法。

资料来源：Naumann（2003）；捷克共和国政府（2003）；经合组织（2006）；IEEP 等（2007）。

墨西哥每年的取水量仅占每年平均可再生水总量的 43%，但水资源的可利用度却随地区而异。过去 10 年内，大部分地区的缺水现象加剧。因此，墨西哥开始推行两种水费定价体系。在第一种体系中，每立方米用水单价固定，单价根据供水区实际情况而定。第二种体系采用累进定价结构，将不同形式的水资源使用情况和以前未得到满足的基础设施成本考虑在内。在实施这项计划之前，水价只能支付 20%左右的水资源运营、维护和更换成本。而现在，水价涵盖 80%以上的成本，有助于以更加可持续的方式进行农业灌溉、工业生产和满足城市用水（另见第 5 章的墨西哥 PES 计划）。

资料来源：Dinar（2000）；Guerrero 和 Howe（2000）。

（3）通过基于市场的工具来实现潜在成本节约

基于市场的工具考虑了成本因素和市场力量，有可能比直接监管所设定的标准更具成本效益。在既定预算下，基于市场的工具更能建立和实现雄心勃勃的减排目标，或实现大幅成本节约。

在土地开发领域，美国各地实施的地方可交易发展权计划在无需动用公共开支的情况下，成功实现了保护目标，因而变得举世皆知（参见专栏 7.15）。新西兰、意大利和法国也有类似的计划（OECD，1999a）。

专栏 7.15　为控制城市扩张和保护空地的土地发展权转让计划：以（美国马里兰州）蒙哥马利县为例

蒙哥马利县北部农村地区具有的文化和环境意义大于其经济意义。该地区凭借当地种植的农产品和得天独厚的休闲旅游资源，改善了当地居民及居住在华盛顿特区和巴尔的摩一带居民的生活质量。低建筑密度及现代化的农业和林业实践，为这个具有生态多样景观的地区带来了清新的空气以及强大的水源过滤能力。

1981 年，该地区开始实行了一项土地发展权转让计划（TDR），旨在防止城市扩张和保护成片的空地。北方农村“转让区”的土地拥有者在转让发展权后，该地块将会受到严格的开发限制（开发强度将低于原来土地利用规划确定的强度）。而“受让区”内面临巨大开发压力、有意超出该地许可开发密度的开发商通过购买 TDR，可以获得比原来土地利用规划确定强度更高的开发强度。

这项 TDR 计划被认为是美国最成功的计划之一。到 2008 年，该计划通过转让 8 000 多项开发权，保护了超过 50 000 英亩的农地和空地，占全县所有受保护农业用地的 75%（Pruetz 和 Standridge，2009）。这项计划完全属于私人性质。据估计，该计划保护的土地所节省的公共开支接近 7 000 万美元（Walls 和 McConnel，2007）。

其他环保努力也可以提供潜在的成本节约机会。人们主要对可交易排放权进行了预测，以调节空气污染物。基于计量经济学和调查方法的研究发现：相较于使用统一的标准来规范排放量，可交易排放权可减少 43% ～ 55% 的排放量（Carlson 等，2000；Ellerman 等，2000；Burtraw 和 Szambelan，2010）。欧洲排放交易计划预期将削减欧盟成员国满足京都目标所需的成本。相较于未含有交易机制的协议，排放交易计划可节约非常可观的成本：在全球范围内可节约 84%的成本，在欧盟可节约 56%的成本（Gusbin 等，1999）。但是，任何成本效益评估都是运用特定工具、针对特定问题和背景而进行的。一些基于市场的工具一开始设置的费率就非常低，后来由于公众反对或缺乏政治意愿又不能提高。

（4）通过基于市场的工具获得公共收入

也可以通过由国家拍卖的可交易许可证来获得公共收入，这可以占到公共预算相当大的比例。根据塞舌尔群岛的估算：该群岛在1997年获得的与生物多样性有关的税项、征费及许可证收入占公共总收入的1/3（Emerton，1997）。其所产生的收入可以为各项保护措施提供额外资金，比如环境服务付费或推动土地所有者采取有利于生物多样性做法的税收优惠（参见第5章）。

很多国家都曾将环境税用于推广生物多样性政策或将税收用于设立基金（参见专栏7.16）。

专栏7.16　创造协同效应：利用基于市场的工具收入来资助生物多样性政策

定价系统形式多样，能产生用于恢复/管理生物多样性的收入：

1. 澳大利亚针对墨累河流域引进了提水税，将所得收入用于湿地恢复和盐拦截计划（Ashiabor，2004）。

2.2007年10月，墨西哥将汽油税提高了5.5%，并将12.5%的所得款项用于支持环境部门投资，包括加大保护区的管理力度（Watkins等，2008）。

3. 在自然保护公共资金有限的国家，国家公园门票是重要的收入来源，比如波兰别布扎国家公园的门票收入（OECD，1999b）。

4. 保护区对特别活动收取特别费用也是常见之事，比如菲律宾海洋保护区对潜水活动收取潜水费（Arin和Kramer，2002）。游客愿意保护其所参观的保护区。此外，这些额外征收的费用只占据他们旅行总成本的很小比例。

5. 在美国，猎鸭者需要购买“联邦鸭票”。在联邦鸭票产生的收入中，98%用于购买/租赁湿地，即国家野生动物保护区系统内重要的繁殖栖息地。联邦鸭票机制每年可筹集大约5 000万美元（参见www.fws.gov/duckstamps；Dunbar，无日期）。

基于市场的工具带来的收入也可帮助各国实现其千年发展目标承诺。政府可考虑用税收来资助社会和基础设施项目，促进经济增长，让公众公平地分担发展成本、分享发展收益。稳定且可预见的财政政策和管理实践为经济活动和投资创造了有利环境。各国政府、公民和其他利益相关者之间应加大对税收制度的探讨，从而提高效率、完善问责制度和治理实践。

7.5.3　基于市场的工具的局限性

尽管旨在保护生物多样性和生态系统服务的资源定价工具大有潜力，但在大部分国家仍不完善。全球有很多基于市场的方法，但环境税在总税收收入中所占百分比还是很小，在某些国家甚至还在减少（见图7.3）。很少有国家对有害产品实施全面征费。2006年，环境税收占欧盟生产总值的约6.4%；该比例虽然还可以大幅提高（Bassi等，2009），但也面临着较大的政治阻力。

在泛欧层面上，欧洲委员会开展的一项专门针对生物多样性的税制比较研究表明：作为一种机制，税收激励措施还不完善，没有为加强生态网络作出针对性的

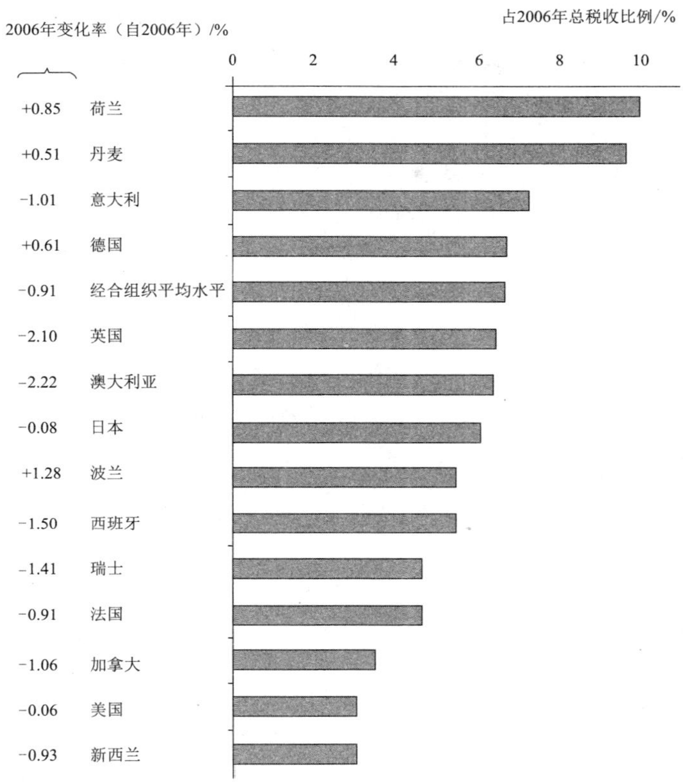

图 7.3　2006 年环境税占总税收收入的百分比

来源：根据经合组织的经济工具数据库绘制的自制图表。

贡献。这些税收激励措施普遍还比较零散，没有较好地与生物多样性政策工具整合（Shine，2005）。

基于市场的工具并不适用于每一种情况或每一个生态系统。由于它们允许行动者自由选择减少资源使用或付费，因此不能依赖它们来实现对特定地区受威胁的生态系统或物种的保护。而且，随着时间的推移，通货膨胀会削弱税收、费用或收费的惩戒作用。因此，必须不断对费率进行审查和调整。对于许可证交易计划，要确定“安全载荷”（即要颁发的许可证数量），需要对受到威胁的生态系统进行详细分析。经验表明，基于激励措施的方法所依赖的是努力尝试失败后，再尝试另一种办法（Bayon，2004）。因而，基于市场的工具应该只适用于允许反复试验的领域，即即使失败也不会引起严重甚至不可逆转损害的领域。

责任制度面临更多的限制。当无法追踪到应该为事故所造成的破坏负责的运营者时，往往就会出现问题（“孤儿责任”案件或地点）。除此之外，还存在重复性行为导致的重大累积损害（如，扩散性污染）。评估这些行为所造成的自然资源损害则会产生巨大的成本。在各污染者间分摊责任时，传统的责任规则可能并不适用，比如个体污染者在生态破坏中占的比例还不足以形成责任。在这些情况下，国家直接负责生态修复往往是比较行得通的做法（参见本书第 9 章）。

引入基于市场的工具往往涉及高昂的政治成本。在很多国家，相较于设立具有复杂技术要求的环境标准，提高税收将会面临更多来自受影响利益集团的政治阻力。同时，基于市场的工具对管理的要求（尤其是对许可证的管理）也相当高。此外，这还有可能引发伦理和公平问题。一些人认为，通过收费、税收或配额来购买污染或破坏环境的权利可能在道德上令人质疑。这些工具可能会被认为有失公平，因为富人比穷人购买权利更容易。

因此，在针对基于市场的工具建立法律框架以实现有效运作方面，政策制定者和公共机构起到了至关重要的作用。这意味着，为使用生态系统服务而建立的可交易许可证市场难以——或者说不可能——在机构和监管薄弱的国家得以实行。我们的目的不是开发出基于市场的工具来代替直接监管，而是为有目标的行动者提供更多的灵活性，从而将减排成本降到最小，实现更加雄心勃勃的减排目标（参见第 6 章）。

7.5.4 经济信息在工具设计中的作用

我们在设计基于市场的工具时，应该将经济价值考虑在内，例如设定为了解决生态系统和生物多样性丧失而必要的许可证收费标准或许可证数量。

了解丧失的成本有利于我们制定新的定价工具。估值为我们提供了有关持续破坏的事实和证据，揭示了当前消耗模式的负面效应。由于成本估值能够证明以价格为基础的方法的必要性以及提高环保意识的重要性，成本估值可以帮助政策制定者建立使用者付费的工具。

这类信息还可以改进价格工具的设计，以体现公共产品的价值。如果我们期望能够完全回收相关环境成本，我们显然需要对成本有充分的了解。经济价值评估将在未来水价政策等方面发挥越来越重要的作用。

经济信息可直接用来确定税率或价格，如费用、收费及交易规则，以确保交易许可证市场正常运行。印度的案例研究（参见专栏 7.17）提供了一个利用经济价值评估来计算森林转化补偿的很好的例子。

非市场估值研究能够有助于设定适当的门票价格水平。游客的支付意愿可能高于保护区（PA）管理者最初的预想。一项研究为加勒比海博内尔岛国家海洋公园的可持续融资提供了支持（参见专栏 7.18）。另一项关于波兰波罗的海的研究表明：大量沿海用户愿意通过纳税来预防波罗的海出现富营养化问题（Zylicz 等，1995）。

专栏 7.17 印度利用经济价值评估来确定强制性补偿费率

2006 年，印度最高法院确定了对于不同类型的林地转化为非林地用途应支付的补偿费率。生物多样性丰富的保护区的用途转化，适用于更高的破坏评估倍数（保护区为 5 倍，国家公园为 10 倍）。这一裁决借鉴了印度国家绿色信托对印度森林开展的经济价值评估研究（GIST，2006）。该股价研究对木材、薪材、非木质林产品（NTFP）六种不同类森林（参见下表）的价值，以及生态旅游、生物探勘、森林生态服务的价值和非使用价值（皇家孟加拉虎和亚洲狮等魅力物种的保护）进行了评估。转变土地用途的使用者交纳的补偿金，将作为造林基金用以提高印度的森林覆盖率。2009 年，最高法院指示：每年从该基金中动用 100 亿卢比（约合 2.15 亿美元），用于植树造林、保护野生动植物和创造农村就业机会（Thaindian News，2009）。

生物价值等级	森林类型	非常茂密的森林	茂密森林	疏林
一	热带湿润常绿和半常绿林；热带湿润落叶林	22 370	20 100	15 700
二	沿海和沼泽林	22 370	20 100	15 700
三	热带枯落叶林	19 000	17 200	13 400
四	热带荆棘和热带干燥常绿林	13 400	12 100	9 400
五	亚热带阔叶山林、亚热带松树林和亚热带干燥常绿林	20 100	18 100	14 100
六	山地湿润温带林、喜马拉雅湿润和干燥温带林、亚高山、湿润和干燥高山灌丛	21 300	19 200	15 000

注：每公顷生物价值均转换为美元，并四舍五入。

专栏 7.18 分析安的列斯群岛调整费用结构的支付意愿（WTP）

国家公园基金是一个非政府的非营利基金会。博内尔岛政府委托该基金管理博内尔岛国家海洋公园（BNMP）——这个世界首屈一指的潜水胜地。该基金会的收入来自公园门票、商业和私营停泊地的使用费、捐赠和补助，以及政府为教育协调员拨付的工资补助金。博内尔岛国家海洋公园在 20 世纪 90 年代初成功地推出了一项游客和用户收费制度，后又根据经济价值评估研究修订了该制度。该制度产生的收入现在占 BNMP 自有收入 90% 以上。一项条件价格评估调查（Dixon 等，1993）表明：BNMP 在 1992 年规定的年潜水收费标准非常低廉，仅为 10 美元。潜泳者对年潜水收费的支付意愿远远超出这个标准。因此，BNMP 将在 2005 年将潜水年收费上涨到 25 美元：另外，所有潜水者现在必须支付门票费。

资料来源：Dixon 等（1993）；Slootweg 和 van Beukering（2008）；STINAPA Bonaire（2009）。

总之，经验表明：基于市场的工具如果设计、实施、监督和执行得当，可以成为管理和保护生态系统产品和服务的有力工具。随着环境定价支付体系和许可证市场的不断发展，我们应从其发展中吸取经验教训，并且研究如何让现有资源市场在国家内部和国家之间得到更多广泛的应用（如应建立何种制度和监管条件）。在建立本国工具时，邻国的有效做法有时是最好的借鉴对象。

7.6 监督、执行和刑事检控

提高全社会的意识和各级政治承诺是提高环保成效和合规性的根本。

与此同时，监督、执行和对不合规行为提起上诉是保障环境政策生效的必要步骤。环境犯罪往往给犯罪者带来高额利润。但其受到侦查的风险和现有处罚太低，不足以震慑非法行为。要想改变这种情况，就需要投入足够的资金展开监督和国际执法合作，并针对某些群体提供可行的合法替代方法。

7.6.1 环境犯罪：地方和全球问题

当积极的激励措施和有效的威慑措施到位时，个人和企业将更有可能遵守标准、满足补偿要求或纳税。政府在追查犯罪时的不力，可能在有些人看来就等于默许公众不需遵守环保要求。因此，良好治理和公信力是合规和执法的关键。

专栏 7.19 概述了与环境犯罪有关的活动和行业。

专栏 7.19 什么是环境犯罪？

环境犯罪包括任何违反有关法律的行动或不作为，譬如：给环境和 / 或人体健康造成严重危害或风险的罪行（无论轻重）。环境犯罪除了广为人知的类型外（诸如：违反许可限值的排放、非法交易消耗臭氧层的物质和受保护的野生动物、运输或倾倒违禁废弃物及非法伐木和捕鱼），还包括违规建筑、土地流转和水抽取等类型。

环境犯罪可对当地或全球造成影响。贸易或污染方面的犯罪更可能殃及其他国家，导致更多的人受到影响。忽视这一问题会影响国家的贸易地位和开发新业务的能力。因此，国际社会正在制定几项旨在改善国际治理、加强监督和执法合作以及端正态度的举措。

从贫困（即缺乏替代品）到腐败再到有组织的犯罪——很多导致腐败的驱动因素需要考虑在内。野生动物犯罪经济学表明：非法生物多样性交易的利润相当可观，可带来数十亿美元的收入。违反环保标准和许可要求的污染者也能获得同等巨额利润。

（1）污染和其他破坏活动

严重的环境犯罪罪行包括：违反国家和 / 或国际法律，处理、运输、贸易、占有和处置危险废物或资源。由于这些物质固有的危险特性，因此这些行为都会对人类健康、生物多样性和生态系统服务供给产生明显和直接的影响。它们也会带来连锁的跨界或更广泛的影响，其后果会超过最初行为的破坏程度，而且往往会持续相当长时间。相比其他守法企业，违反适用法律的企业（即不投资于环保预防和规避措施的企业）享有不公平的经济优势。

我们很容易忽略“轻微”罪行，但经年累月之后，这些罪行也会造成很大的影响。例如，破坏繁殖地或巢穴、持续的长期污染和违反行政许可的不合规行为（参见专栏 7.20）。

专栏 7.20　污染和倾倒带来的更广泛影响

海洋正在迅速沦为垃圾场。在澳大利亚，对城市周边开展的调查显示：高达 80% 的海洋垃圾来自陆地（偏远海域的垃圾则来源于海上）。1989—2007 年，卷烟产品、纸张和塑料袋名列 10 大海洋废弃物品之首。塑料——特别是塑料袋和聚对苯二甲酸乙二酯（PET）瓶是全世界最普遍的海洋垃圾，占所评估的数个海域所收集的全部垃圾的 80% 以上。

审查海洋垃圾倾倒的罚款水平，并在必要时提高罚款水平以产生威慑，是我们面临的一个重任。比如：1993 年，美国游轮“帝王公主号”因为往海里倾倒了 20 袋垃圾而被罚款 50 万美元（UNEP，2009b）。

采矿业废物倾倒问题也是我们面临的一大难题。过去，巴布亚新几内亚的潘古纳铜矿每天要将 15 万 t 尾矿倾倒入 Kawerogn/ Jaba 河系中（Brown，1974），所造成的破坏波及污染来源 30 多 km 之外。由于尾矿中含有金属和浸酸，河里的生物全部消失殆尽。因该矿山产生的冲突引发了一场内战，导致其最终关闭（Young，1992）。虽然这个特殊的案件已经得到处理，由于矿山会对生物多样性和生态系统服务造成潜在严重影响，因此采矿业仍是污染最严重和饱受争议的行业之一。

资料来源：Young（1992）；UNEP（2009b）；ten Brink 等（2009）。

监管框架确立了避免或减少破坏风险的规则和标准，体现在全球信誉良好的运营商所实施的环境管理程序和最佳做法中。虽然事故总会发生，但疏忽和 / 或故意违反规定则会明显增加破坏的可能性。这对石油仓储及运输业、石油蒸馏业、化学品制造和储存业、废物处理和供水服务业、农业来说尤其如此。

环境责任规则提供了一种将有害活动与污染者（在查明的情况下）联系起来并确保污染者做出恢复和补偿努力的机制（参见 7.5 节）。环境刑法则通过定义非法行为、制定适用标准（故意 / 过失）、规定可用处罚（金钱、监禁或二者皆有），做出了更进一步的约束。然而，由于犯罪活动往往范围较广，且难以做到现场监督，所以执法总是遇到重重阻碍。某些国家的腐败问题进一步加剧了执法的难度。通常，只有在对生态环境造成破坏且对其产生的影响比较明显之后，有关部门才开始对违法行为加以监督。但是，这种监督很少能够对污染事件做到追根溯源，并让污染者担负刑事行为责任。

（2）非法利用资源和野生动植物犯罪

有关自然资源利用和野生动物的犯罪形式多样，程度不一。大多数国家一直以来都对直接获取和交易宝贵资源、物种及其衍生物，以及其他对宝贵资源、物种及其衍生物产生影响的活动加以监管。这些活动可能会共同引发过度开采或不可逆转的损害。尽管调查和执法面临极大的困难，禁令和许可证制度（如防止过度采集野生植物和动物偷猎）仍是环境管理部门经常采用的管理手段。

我们不应该忽视一个事实：一些非法活动是发展中国家的贫困问题导致的。穷人和原住民为了满足收藏家、餐厅、肉类供应商和偷猎者对丛林动物不断增长的需求，不断卷入非法猎杀的行动。

本书一直强调有多少农村和原住民依赖生态系统和服务为他们提供生计来源、文化认同感，乃至生存机会。获得公共资源和大自然的馈赠是一种权利。如果限制或禁止这些群体使用其赖以生存的资源，则不可避免也可预见会发生利益冲突。

当有关各方就影响弱势群体的新控制手段进行协商时，对政策制定者的指导原则（见第 2 章）至关重要。与此同时，我们需要通过开展替代方案提高当地居民收入和教育水平，来解决环境犯罪问题。对发展中国家而言，将保护与扶贫战略联系在一起是绝对必要的。

全球野生物种非法贸易已发展成为一个价值数十亿美元的产业。最濒危的物种是具有食用、药用或装饰价值的植物及具有护肤功能和可视为战利品的动物，以及可作为宠物、用于观赏和卵或毒液具有特殊用途的异域物种（如爬行类、两栖类、鱼类 / 珊瑚和鸟类）。现有的黑市虽然问题重重，但反映了生物多样性和具体生态系统服务所具有的价值（参见专栏 7.21）。

专栏 7.21　环境犯罪背后的经济学

人类社会经济状况与非法偷猎和狩猎息息相关。非法偷猎和狩猎所涉及的利润数目巨大，远远超过罪行被发现后需要交纳的罚款。举例来说：

1. 柬埔寨农民出售一只死老虎获得的收入是其月薪的 250 倍。
2. 在印尼巴布亚省，一船非法木材所需缴纳的罚款大约是 6.47 美元，但其却能带来大约 92 000 美元的利润，收益比风险高出 14 000 多倍。
3. 在巴西，大西洋森林的非法伐木者每砍伐一棵树可挣得 75 美元，但罚款只有 6.44 美元。
4. 在墨西哥的玛雅热带雨林，偷猎者每次可获得 191.57 美元的净平均利润，而罚款仅为 5.66 美元。
5. 在菲律宾卡拉棉群岛，通过炸药和氰化物非法捕鱼的渔民每次出海可获得 70.57 美元的收入，而罚款仅为 0.09 美元。

走私野生动物——包括很多濒危物种是继军火和毒品后的第三大最暴利的非法跨境活动。自 1950 年以来，全球对动物器官的需求不断增加，造成老虎、大象、犀牛等大型动物种群的数量急剧下降。例如，通过亚洲黑市交易，象牙现在的售价为 750 美元 /kg，而在 1989 年，象牙的售价仅为 100 美元 /kg，在 2004 年为 200 美元 /kg。

资料来源：Akella 和 Cannon（2004）。

国际条约可以凭借强大的框架协议来保护濒危和受威胁的物种。1973 年颁布的华盛顿公约（濒危野生动植物国际贸易公约）规定：保护 900 个物种不得进行商业交易，限制 29 000 种可能受到威胁的物种不得进行国际贸易。但是，国际上执行该公约面临的主要限制是，即便有 170 多个国家加入该公约，但国家层面的执法力度仍然不够，处罚也还不够具有威慑力。

7.6.2　解决犯罪问题的新方法

生物多样性和野生动物的经济价值催生了很多非法活动，这也让我们看到了出台相应政策的迫切性。为监督和调查活动投入公共财政支出不失为一项值得的投资，这可为当地人提供可行的生活来源。国际合作对打击环境犯罪这一全球性问题至关重要。

对现有法规加强执法是阻止非法活动的关键。执法时，可充分利用便于侦查犯罪活动和查明来源的高科技工具（如调查非法伐木活动、对猎杀的动物进行 DNA 鉴定、远程污染警报和监控、渔船卫星跟踪）。但是，侦查并不能等同于执法。Akella 和 Cannon 在 2004 年开展的研究发现：单单加强犯罪活动侦查往往是无效的。全面提升整个执行链——侦查、逮捕、起诉、定罪和处罚——才是真正的解决之道。

只有当处罚足够高时才具有意义，因为只有如此，才能阻止某些个人和企业的非法行为。在欧盟成员国中，环境违法与传统犯罪都将受到类似的处罚（罚款、监禁、社区刑罚），但在实践中，罚款是迄今为止最为常见的惩罚形式，很少出现环境违法者被处以监禁刑罚。但是，目前各国普遍趋倾向于加重量刑，并且最近的一项研究表明，检控环境犯罪的数量正在增加（Huglo Lepage and Partners，2003，2007）。

让公民参与到监督和管理活动中来是未来取得进步的有效途径。非政府环境组织在现场监督、调查违法行为和提高地方、国家或全球打击环境犯罪的意识上具有有利优势。有几个组织在打击森林破坏、采矿垃圾倾倒或海洋污染等方面非常有效。其他非政府组织在追踪、侦查和调查野生动物贸易犯罪方面提供了技术支持。

目前公民在积极参与保护野生动物和上报不良做法方面也做出了积极贡献。公民的参与也有助于提高环境犯罪的检举力度（参见专栏 7.22）。

专栏 7.22　英国的蝙蝠犯罪调查

英国所有的蝙蝠及其栖息处均受法律保护。2001 年，蝙蝠保护基金会（BCT）与英国皇家鸟类保护学会合作开展了一个为期两年的调查项目，旨在监督与蝙蝠有关的违法行为。该调查项目共收到了 144 个事件的举报。但项目人员认识到，尚有很多违法行为未被举报。与建筑开发和维护相关的违法行为占总违法行为的 67%。另外，87% 的违法行为涉及蝙蝠栖息地破坏或阻碍，从而对某地蝙蝠种群造成威胁。蝙蝠保护基金会的工作使几个犯罪分子受到了刑事起诉和惩罚（比如：其中一个开发商破坏了两个栖息处，被罚款 3 500 英镑）。

资料来源：蝙蝠保护基金会（2009）。

为当地居民提供其他创收选择和改革不公正的法律，不失为根除非法活动的有效措施，且有利于提高合规性。

为防止非法盗猎，可从给当地人民普及现行狩猎规则入手，同时还应向他们提供其他可行的就业机会和谋生手段。泰国的一位前偷猎者透露：通过给生态旅游者做向导（和保护鸟类种群免遭偷猎者魔手），他们现在挣的钱比偷猎犀鸟时的收入还多（Cribb，2003；*Wildlife Extra*，2009）。

对野生动物加以可持续的利用也被认为是一个可能的解决方案（参见专栏 7.23）。允许狩猎野生动物获得的收入，可为非洲荒地和保护区的维护活动提供重要而长久的融资来源。但是，一些科学家呼吁开展更充分的定量评估，以确定相较于其他土地用途来说，狩猎活动是否更具长期生态永续可持续性和经济竞争力（Wilkie 和 Carpenter，1999）。

专栏 7.23 塞伦盖蒂国家公园的执法

华盛顿大学的科学家发现，在塞伦盖蒂这个拥有 50 年逮捕和巡逻历史的地区，1977 年的执法力度急剧下降，造成偷猎现象大增，很多物种迅速减少。所幸的是，自 20 世纪 80 年代中期开始，塞伦盖蒂增大预算和反偷猎巡逻队的力度。此举大大减少了偷猎现象，让水牛、大象和犀牛的数量得以回升。在塞伦盖蒂巡逻改进做法被证明行之有效后，坦桑尼亚在 2000 年推出了一项社区保护计划。除了发展现有保护区，有关当局还利用旅游或狩猎探险活动给当地社区创造经济利益，从而使野生动物保护得到更多支持。

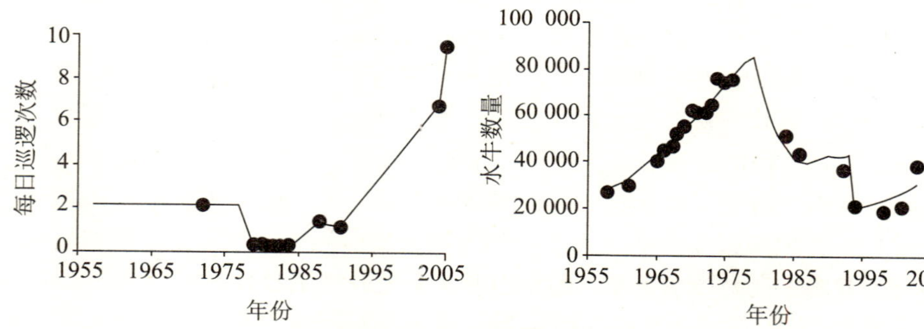

图 7.4 巡逻次数和水牛数量

资料来源：Wildlife Extra（2008）；Hilborn 等（2006）。

人类社会必须停止对非法野生动物产品的索求。我们迫切需要改变人们的观念，帮助消费者了解生物种群数量减少将会带来何等可怕的破坏（详见《公民的生态系统和生物多样性经济学》，无日期）。贸易禁令以及边境和海关监管是经常推荐使用的工具。但是，人们对此也存在争议：有观点认为，对濒危野生动物贸易开展预防性管理远比下达无意中刺激了需求的紧急禁令来得更有意义（Rivalan 等，2007）。

在当今全球经济中，对能解决环境犯罪的国际化战略的需求比以往任何时候都更强烈。根据国际条约展开持续合作，以协调各项标准和监督要求是必不可少的，同时也需要在刑事监控上开展相互支持的协作。污染犯罪和野生动物犯罪国际刑警组织工作组提供了很好的行动范例（Interpol，2009）。

7.7　切实实施——卓有成效的政策组合

旨在从污染者那里收回全部成本的政策和工具是应对生物多样性挑战的关键因素。政策组合至关重要，它们可以结合监管和自愿措施的优势（参见 ten Brink，2002），将制度和文化因素考虑在内。设计得当的政策组合能带来附加值。

阻止持续丧失必须成为政策响应的关键一环。这意味着尽量减少污染点源（如，工厂）和扩散源（如，农药），并解决过度使用资源的问题。

政策制定者已经掌握了有用的工具，在监管框架和标准设置（如，控制污染扩散、资源过度使用和破坏性发展）方面取得了很大成就。很多迫在眉睫的环境问题（如，被污染的水体、大气中的高浓度污染物）已得到缓解。通过进一步监管来直接解决环境问题还存在很多进步空间。

但是，强有力的监管框架可以带来更广泛的益处。这是引入抵消要求、生物多样性银行或生态税等其他工具的基本前提。这些税费制度已经得到广泛应用，常常用于解决特殊问题（比如氮氧化物在空气中的排放或缺水），有时也是更广策略的一部分，从而向生态税改革过渡（见专栏 7.24）。

专栏 7.24　环境 / 生态税收改革

环境税改革（ETR）旨在对国家税收制度进行渐进式改革，将税收负担从传统税收源（如劳动所得税）转移到环境破坏性行为上来（如不可持续的资源利用、污染等）。税收负担应该更多地落在“环境破坏性行为”而不是“商品”身上，从而向消费者和生产者发出适当的信号，更好地从可持续发展的角度在整个经济社会分配税收负担。

环境税改革基于如下经济原理：通过减少劳动力或资本税及增加外部税收而产生福利收益，从而避免会对就业产生影响的“福利削减”。税收转移可能会带来有利于环境改善和就业的“双重福利”。环境税改革是帮助我们直接应对目前和未来环境挑战的一个重要工具。这些环境挑战与气候变化、水资源短缺、能源安全和有限的一般资源息息相关。因此，我们在解决生物多样性丧失的间接驱动力上还有很大空间。目前，利用环境税改革来直接解决生物多样性问题的经验还不多（Bassi 等，2010）。

生态财政改革（EFR）是一个更广泛的方法，其重点不但包括转移税负和税收负担，还包括改革经济补贴（另见第 6 章）。走在生态财政改革领域前沿的国家有芬兰、瑞典、丹麦和荷兰。挪威、荷兰、瑞典和比利时都建立了“绿色税收委员会”来指导财政改革的进程。绿色税收委员会包括高层专家小组及跨部委代表和广泛的利益相关者群体，担负着探讨和提出发展建议的使命。丹麦和爱尔兰则设立了部际委员会。

爱尔兰目前的金融危机促使政府开始实施环境财政改革。爱尔兰推出的一项绿色财政措施是要求住户缴纳水费，以弥补地方政府的运作成本。该措施预计可以筹得5亿欧元。其他措施还包括碳税和房产税。

资料来源：欧洲环境署（2005）；Green Budget Europe（2010）。

单一政策工具无法应对影响生物多样性和生态系统服务供给的各种活动、来源和行业。智能政策组合将监管的优点与灵活的基于市场的工具的优点相结合，对充分发挥谁污染谁付费原则和完全成本回收原则的潜力具有重要意义。最佳政策组合将取决于相关资源或生态系统的状态以及受影响行动者的数量和类型。举例如下：

1）在危险预防方面，强有力的环保法规很重要（如禁止将剧毒物质释放到环境中去）；

2）在可再生资源的可持续管理方面，诸如许可证交易制度等基于市场的解决方案值得认真考虑；

3）针对单一的资源，组合的方法往往比较合适。如，就渔业政策而言，禁采区适合作为不受干扰的产卵场，而渔获量或许最好通过个人交易限额来予以管理。

基于市场的工具通过刺激资源利用者制定成本最低的减排解决方案，可带来显著的社会效益。要想达成这一目标，我们在精心设计这些工具时，需对分配问题敏感，并将穷人和弱势群体的需求考虑在内。世界各国的政府已将大量税收所得用于平衡收入分配和规范市场活动，以保障这些弱势群体获得商品和服务的机会。因此，智能政策组合不应只着眼于简单的成本回收机制，还应包括适当的分配措施。

政策设计还需要考虑实施所需的制度条件（参见第2章）。相比于要求每个烟囱遵循最低过滤排放量标准，建立排放权交易市场是更加雄心勃勃的做法。只有在收费能得到保障且行政成本合理时，税制或收费制度（如减少水的消耗）才会发挥作用。如果抵消的标准和有效性长期受到监管和审查，那么抵消（例如，抵消城市发展造成的负面环境影响）只能实现零净损失。

对于有意引进新工具、改革现有工具或期望发展能力更好挖掘现有工具潜能的政策制定者来说，与生物多样性丧失和生态系统服务退化的经济成本有关的信息可以给他们提供帮助。经济考量也有助于选择正确的工具（即哪种组合更有可能带来具有成本效益的解决方案）和政策实施（高破坏成本意味着严重的惩罚）。我们应结合当地情况及文化和制度环境，开拓新的创新方法（参见《TEEB地方政策报告》，2011）。

每个国家的国情都各不相同，在一个国家有用的方法不一定在另一个国家也奏效。另一方面，我们可借鉴他国的成功案例和经验，并根据本国国情调整和适应政策工具。除了可参考本书第5章、第6章、第8章和第9章中给出的建议和指导外，我们还应积极采用监管和市场手段整合解决方案。在政策保障方面，我们应切实落

实污染者 / 使用者付费的原则和完全成本回收原则，并出台激励措施奖励积极行为和发出有利于自然资产的市场信号。逐渐转移税收负担以鼓励对自然资源实施明智管理，是大多数国家实现上述政贫保障的要务。

为了应对摆在我们和子孙后代面前的巨大生物多样性挑战，国家和国际政策制定者在设计智能政策制度时应具有创造性思维。

致谢

作者谨向以下人员表示感谢：Jonathan Armstrong，IEEP，英国；Burkhard Schweppe-Kraft，联邦环境部，德国；Thomas Kretzschmar，UFZ，德国；Dorit Lehr，UFZ，德国；Hylton Murray Philipson，林冠资本，英国；Manfred Rosenstock，欧盟委员会，比利时；Jo Treweek，Treweek 环境顾问公司，英国；Koen van der Bosch，IEEP，比利时；以及 Frank Wäzold，UFZ，德国。

参考文献

[1] Afdeling Bos, Groen, Administratie Milieu-, Natuur-, Land- en Waterbeheer (AMINAL). 2002. Regelgeving bij het Ontbossen, Ministerie van de Vlaamse Gemeenschap, www.boscompensatie.be/files/ brochure_ regelgeving_ontbossen.pdf, 2010-8-14.

[2] Akella A. S. and Cannon, J. B. 2004. Strengthening the Weakest Links: Strategies for Improving the Enforcement of Environmental Laws Globally, Centre for Conservation and Government at Conservation International, www.oecd.org/dataoecd/18/37/33947741.pdf, 2009, 9, 24.

[3] Arin T., Kramer R. A. 2002. Divers' willingness to pay to visit marine sanctuaries: An exploratory study, Ocean and Coastal Management, 45: 171-183.

[4] Ashiabor H. 2004. Taxation and the fostering of biodiversity conservation in Australia, Bulletin for International Fiscal Documentation, 58 (7): 315-325.

[5] Barroso J. M. D. 2009. Biodiversity: Giving Proper Value to a Priceless Asset, Speech at 'Biodiversity Protection: Beyond 2010' conference, Athens, 27 April 2009, www.eu-un.europa.eu/articles/en/ article_8673_ en.htm, 2009-09-14.

[6] Bassi S., ten Brink P., Pallemaerts M.,et al. 2009. Feasibility of implementing a radical ETR and its acceptance, Report under task C of Study on Tax Reform in Europe over the Next Decades: Implication for the Environment, for Eco-Innovation and for Household Distribution, European Environment Agency, Brussels.

[7] Bassi S., ten Brink P., Pallemaerts M. 2010. Exploring the potential of harmonizing environmental tax reform efforts in the European Union, in C. D. Soares, J. E. Milne, H. Ashiabor, L. Kreiser and K. Deketelaere (eds) Critical Issues in Environmental Taxation - International and Comparative Perspectives - Volume VIII, Oxford University Press, New York.

[8] Bat Conservation Trust. 2009. Bats: The Real Stars of the Night, www.bats.org.uk/, 2009-10-16.

[9] Bayon R. 2004. Making Environmental Markets Work: Lessons from Early Experience with Sulphur, Carbon, Wetlands, and Other Related Markets, Forest Trend, Washington, DC.

[10] Bayon R. 2008. Banking on Biodiversity, in 2008 State of the Environment Report: Innovations for a Sustainable Economy, The Worldwatch Institute: 123-137.

[11] BBOP (Business and Biodiversity Offsets Programme). 2008. Principles on Biodiversity Offsets Supported by the BBOP Advisory Committee, http://bbop.forest-trends.org/guidelines/principles.pdf, 2009-10-16.

[12] BBOP. 2009. Biodiversity Offsets, http://bbop.forest-trends.org/offsets.php, 2009-9-14.

[13] Bean M., Kihslinger R., Wilkinson J. 2008 Design of US Habitat Banking Systems to Support the Conservation of Wildlife Habitat and At-Risk Species, The Environmental Law Institute, Washington, DC.

[14] Berggren U. 2009. Elk grazing damage, hunting and wildlife, Swedish Forestry Statistics, www.svo.se/minskog/Templates/EPFileListing.asp?id=16685, 2009-10-16.

[15] Biller D. 2003 Harnessing Markets for Biodiversity: Towards Conservation and Sustainable Use, OECD, Paris.

[16] Brown M. J. F. 1974. 'A development consequence — Disposal of mining waste on Bougainville, Papua New Guinea', Geoforum, 5: 19-27.

[17] Burtraw D., Szambelan S. 2010. US emissions trading markets for SO_2 and NO_x, in B. Hansjürgens, R. Antes and M. Sterk (eds) Permit Trading in Different Applications, Routledge, Oxford.

[18] Carlson C. P., Burtraw D., Cropper M., et al. 2000. SO_2 control by electric utilities: What are the gains from trade? Journal of Political Economy, 108: 1292-1326.

[19] Carroll N., Fox J., Bayon R. 2007. Conservation and Biodiversity Banking: A Guide to Setting Up and Running Biodiversity Credit Trading Systems, Earthscan, London.

[20] Commissie voor Leefmilieu, Natuur, Ruimtelijke Ordening en Onroerend Erfgoed. 2010. Vergadering (2010) 'Vraag om uitleg van mevrouw Michele Hostekint tot mevrouw Joke Schauvliege, Vlaams minister van Leefmilieu, Natuur en Cultuur, over het bosuitbreidingsbeleid en de evolutie van het bosareaal in Vlaanderen', Vlaams Parlement, www.vlaamsparlement.be/Proteus5/showVIVerslag. action?id=578796, 2010-08-14.

[21] Cribb J. 2003. Thai poachers become animal protectors, Wildlife Extra, www.wildlifeextra.com/go/ news/thailand-hornbills783.html#cr, 2009-09-24.

[22] DECC (Department of Environment and Climate Change of the Government of New South Wales). 2009. BioBanking, www.environment.nsw.gov.au/biobanking/, 2009-10-16.

[23] Dinar A. 2000. The Political Economy of Water Pricing Reforms, A World Bank Publication, Oxford University Press, Oxford.

[24] Dixon J. A., Fallon Scura L., van't Hof T. 1993. Meeting ecological and economic goals: Marine parks in the Caribbean, Ambio, 22: 117-125.

[25] Dunbar S. G. (no date) Paying for biodiversity, Loma Linda University, CA, http://resweb.llu.edu/rford/courses/BIOL549/docs/Lecture9PayingForBiodiversity.pdf, 2009-08-09.

[26] Echavarría M. 2002. Land-Water Linkages in Rural Watersheds, Case Study Series, FAO, Rome, www.rlc.fao.org/Foro/psa/pdf/water.pdf, 2009-8-25.

[27] Ecotec. 2001. Study on the Economic and Environmental Implications of the Use of Environmental Taxes and Charges in the European Union and its Member States, http://ec.europa.eu/environment/enveco/ taxation/pdf/ch9_fertilisers.pdf, 2009-8-19.

[28] EEA (European Environment Agency). 2005. Market-Based Instruments for Environmental Policy in Europe, EEA Technical Report No 8/2005, Copenhagen, Denmark.

[29] EFTEC, IEEP, et al 2010. The Use of Market-Based Instruments for Biodiversity Protection: The Case of Habitat Banking, Technical Report for European Commission DG Environment. EFTEC and IEEP, London, http://ec.europa.eu/environment/enveco/pdf/eftec_habitat_technical_report.pdf, accessed 1 July 2010.

[30] Ellerman A. D., Joskow P. L., Montero J. P., et al. 2000. Markets for Clean Air: The US Acid Rain Program, Cambridge University Press, New York.

[31] Emerton L. 1997. Seychelles Biodiversity: Economic Assessment, www.cbd.int/doc/external/countries/seychelles-eco-assessment-1997-en.pdf, 2009-8-19.

[32] Emerton L. 2001. National Biodiversity Strategies and Action Plans: A Review of Experiences, Lessons Learned and Ways Forward, IUCN (The World Conservation Union), Regional Environmental Economics Programme for Asia, Karachi, www.unep.org/bpsp/Economics/Synthesis%20(Economic).pdf, 2009-8-19.

[33] ENTRUST. 2009. 'How the LCF works', www.entrust.org.uk/home/lcf/how-it-works, 2009-9-15.

[34] FAO. 2009. 'Description of the Forest Revenue System', The Forest Revenue System and Government Expenditure on Forestry in Liberia, Forestry Department, FAO, www.fao.org/docrep/007/ad494e/ AD494E06.htm.

[35] Forest Trend. 2009. Markets for Ecosystem Services in China: An Exploration of China's 'Eco-compensation' and Other Market-Based Environmental Policies, www.forest-trends.org/documents/files/doc_2317.pdf, 2009-8-19.

[36] GIST (Green India States Trust). 2006. The Value of Timber, Carbon, Fuelwood, and Non-Timber Forest Products in India's Forests, www.gistindia.org/pdfs/GAISPMonograph.pdf, 2009-8-19.

[37] Government of the Czech Republic. 2003. A case study on commitments: Related best practice or lessons

learned, Water in the Czech Republic, UNDP (United Nations Development Programme), http:// waterwiki.net/ index.php/A_Case_Study_on_Commitments-Related_Best_Practice_or_Lessons_Learned_ in_Water_in_the_ Czech_Republic, 2009-9-9.

[38] Green Budget Europe. 2010. GreenBudgetNews: European Newsletter on Environmental Fiscal Reform, no 27, December, www.foes.de/pdf/GreenBudgetNews27.pdf, 2011-11-11.

[39] Guerrero H., Howe C. 2000. Water Pricing in Mexico: Principles and Reality, www.soc.uoc.gr/ calendar/2000E,AERE/papers/PDF/Dl-Howe.pdf, 2009-10-16.

[40] Gusbin D., Klaassen, G., Kouvaritakis K. 1999. Costs of a ceiling on Kyoto flexibility, Presentation at the IAEA Workshop: The clean development mechanism and nuclear power, http://rO.unctad.org/ghg/ background. htm, 2009-8-19.

[41] Hansjürgens B. 1992. Umweltabgaben im Steuersystem. Zu den Möglichkeiten einer Einfügung von Umweltabgaben in das Steuer- und Abgabensystem der Bundesrepublik Deutschland, Nomos, Baden- Baden.

[42] Hansjürgens B. 2000. Effizienzsteigerungen in der Umweltpolitik durch Policy-Mix- Umweltordnungsrecht und handelbare Umweltnutzungsrechte, in E. Gawel and G. Lübbe-Wolff (eds) Effizientes Umweltordnungsrecht, Nomos, Baden-Baden: 251-275.

[43] Hansjürgens B. 2004. Cost recovery and water pricing, Presentation at Wageningen University, 26 May 2004.

[44] Hansjürgens B., Antes R., Strunz M. (eds) .2011. Permit Trading in Different Applications, Routledge, Oxford

[45] Hilborn R., Arcese P., Borner M., et al. 2006. 'Effective enforcement in a conservation area', Science, 314, 5803: 1266.

[46] Huglo Lepage, Partners Counsel. 2003. Criminal Penalties in EU Member States' Environmental Law: Final Report, Study Contract ENV.B.4-3040/2002/343499/MRA/A, http://ec.europa.eu/environment/ legal/crime/pdf/ criminal_penalties2.pdf, 2009-8-19.

[47] Huglo Lepage, Partners. 2007. Criminal penalties in EU Member States environmental law, Study on Environmental Crime in the 27 Member States, Contract JLS/D3/2006/05, EC, http://ec.europa.eu/ environment/legal/crime/pdf/report_environmental_crime.pdf, 2009-8-19.

[48] IEEP (Institute for European Environmental Policy), et al. 2007. Reforming Environmentally Harmful Subsidies, Final report to the European Commission DG Environment, http://ec.europa.eu/environment/ envecc/others/pdf/ehs_sum_report.pdf, 2010-9-22.

[49] Interpol. 2009. Environmental crime, www.interpol.int/Public/EnvironmentalCrime/Default.asp, 2009, 8, 19.

[50] Korean Ministry of Environment. 2006. Current Status of Waste Disposal, http://eng.me.go.kr/content.do? method=moveContent&menuCode=pol_rec_sta_disposal, 2009, 8, 19.

[51] Kraemer R. A., Guzmán Z., Ronaldo C., et al. 2003a. Economic Instruments for Water Management: Experiences from Europe and Implications for Latin America and the Caribbean, Inter-American Development Bank, Washington, DC, http://ecologic.eu/download/projekte/1850- 1899/1872/1872-01_finai_publication.pdf, 2009-8-19.

[52] Kraemer R. A., Kampa E., Interwies E. 2003b. The Role of Tradable Permits in Water Pollution Control, Ecologic, Berlin, and IEEP, Brussels, http://ecologic.eu/download/projekte/1850-1899/1872- 03/1872-03_ tradable_permits.PDF, 2009-8-25.

[53] Landell-Mills, N. 2002. Marketing Forest Environmental Services: Who Benefits? Gatekeeper Series No 104, IIED, London, www.iied.org/pubs/pdfs/9217IIED.pdf, 2009-8-25.

[54] Leopold A., Aguilar S. 2009. Brazil, in E. Morgera, K. Kulovesi and A. Gobena (eds) Case Studies on Bioenergy Policy and Law: Options for Sustainability, FAO Legislative Study 102, FAO Rome, www.fao.org/ docrep/012/il285e/il285e00.htm, 2010-7-20.

[55] List F. 1996. Outlines of American Political Economy, Wiesbaden, Böttiger.

[56] Madsen, B., Carroll, N. and Moore Brands, K. 2010. State of Biodiversity Markets Report: Offset and Compensation Programs Worldwide, Ecosystem Marketplace, Washington, DC, www. ecosystemmarketplace. com/documents/acrobat/sbdmr.pdf, 2010-7-4.

[57] Malcolm, A. (no date) Quote on the Natural Capital Initiative, Chief Scientific Adviser, Society of Biology, International Union on Pure Applied Chemistry, www.naturalcapitalnitiative.org.uk/34-quotes/, 2010-10-10.

[58] McGlade J. 2007. Speech of the morning plenary session on 18 October 2007 at the 8th Global Conference on Environmental Taxation, Munich, Germany, 18-20 October 2007, www.eea.europa.eu/pressroom/ speeches/ eco-innovation-and-climate-change-the-role-of-fiscal-instruments, 2009-10-16.

[59] Ministry of Fisheries New Zealand. 2005. Characteristics of the fishing sectors, www.fish.govt.nz/en-nz/ Publications/Ministerial+Briefings/Mimsterial+Briefing+05/Annex+l+-+Fisheries+Management+in+New+

Zealand/Characteristics+of+the+fishing+sectors.htm, 2009-8-19.
[60] Naturvardsverket. 2006. The Swedish Charge on Nitrogen Oxide, Stockholm, Sweden, www. naturvardsverket. se/Documents/publikationer/620-8245-0.pdf, 2009-8-25.
[61] Naumann M. 2003. Current status of water sector in the Czech Republic, Working Paper, www.irs-net. de/forschung/forschungsabteilung-2/intermcdiaries/WPl_CzechRepublic.pdf, 2010-10-10.
[62] Obama B. 2010. Remarks by the President on the Economy at Carnegie Mellon University, Pennsylvania, Office of the Press Secretary, The White House, www.whitehouse.gov/the-press-office/remarks- president-economy-carnegie-mellon-university, 2010-9-22.
[63] OECD (Organisation for Economic Co-operation and Development). 1999a. Implementing Domestic Tradable Permits for Environmental Protection, OECD, Paris.
[64] OECD. 1999b. Handbook of Incentive Measures for Biodiversity: Design and Implementation, OECD, Paris.
[65] OECD. 2006. Improving water management: Recent OECD experience, Policy Brief, February 2006, www. oecd.org/dataoecd/31/41/36216565.pdf, 2009-10-16.
[66] Pruetz R., Standridge N. 2009. What makes transfer of development rights work? Success factors from research and practice, Journal of the American Planning Association, 75 (1): 78-87.
[67] Rio Tinto. 2004. Rio Tinto's Biodiversity Strategy, www.riotinto.com/documents/CorpPub_BiodiversityStrategy.pdf, 2009-9-14.
[68] Rivalan P., Delmas, V., Angulo E., et al. 2007. Can bans stimulate wildlife trade? Nature, 447: 529-53.
[69] Rosenthal E. 2008. Motivated by a tax, Irish spurn plastic bags, New York Times, www.nytimes. com/2008/02/02/world/europe/02bags.html, 2009-10-16.
[70] RRV (Swedish National Audit Office). 1999. The Work Done by the Swedish Forestry Organization in order to put the Environmental Goal on an Equal Footing with the Production Goal, www.eurosaiwgea. org/Environmental%20audits/Natural%20Resources/Documents/1999-Sweden-Swedish%20Forestry. pdf, 2010-10-10.
[71] Shine C. 2005. Using Tax Incentives to Conserve and Enhance Biodiversity in Europe, Nature and Environment No 143, Council of Europe.
[72] Sjöberg P. 2007. Taxation of Pesticides and Fertilizers, Department of Business Administration and Social Sciences, Luleå University of Technology, http://epubl.ltu.se/1404-5508/2005/101/LTU-SHU-EX-05101-SE.pdf, 2009-8-25.
[73] Slootweg R., van Beukering P. 2008. Valuation of Ecosystem Services and Strategic Environmental Assessment: Lessons from Influential Cases, Netherlands Commission for Environmental Assessment, www. indiaenvironmentportal.org.in/files/cs-impact-nl-sea-valuation-en.pdf, 2009, 10, 16.
[74] STINAPA Bonaire (Stichting Nationale Park Foundation Bonaire). 2009. ST1NAPA Bonaire website, www. stinapa.org/, 2009-10-16.
[75] Swedish Forestry Act, www.svo.se/episerver4/templates/SNormalPage.aspx?id=12677, 2009-10-16.
[76] TEEB for Citizens (no date) www.teeb4me.com, 2010-10-10.
[77] TEEB in Business. 2011. The Economics of Elcosystems and Biodiversity in Business and Enterprise (ed J. Bishop), Earthscan, London.
[78] TEEB in Local Policy. 2011. The Economics of Ecosystems and Biodiversity in Local and Regional Policy and Management (ed H. Wittmer and H. Gundimeda), Earthscan, London.
[79] ten Brink, P. (ed). 2002. Voluntary Environmental Agreements: Process and Practice, and Future Trends, Greenleaf Publishing, Sheffield.
[80] ten Brink P., Lutchman I., Bassi, S., et al. 2009. Guidelines on the Use of Market-Based Instruments to Address the Problem of Marine Litter, Institute for European Environmental Policy (IEEP), Brussels and Sheavly Consultants, Virginia, US.
[81] ten Kate K., Bishop J., Bayon R. 2004. Biodiversity Offsets: Views, Experience, and the Business Case, IUCN and Insight Investment, Gland, Switzerland and Cambridge, UK.
[82] Thaindian News. 2009. Apex court provides funds for afforestation, wildlife conservation, www.thaindian. com/newsportal/enviornment/apex-court-provides-funds-for-afforestation-wildlife-conservation_100216356. html, 2009-8-19.
[83] TNC (The Nature Conservancy). 2007. Watershed valuation as a tool for biodiversity protection, www. nature. org/initiatives/freshwater/files/watershed_report_02_02_07_final.pdf, 2009-08-25.
[84] Uganda Wildlife Authority. 2009. Gorilla permit booking, www.uwa.or.ug/gorilla.html, 2009-8-25.
[85] UNEP (United Nations Environmental Programme). 2009a. Rio Declaration on Environment and Development,

www.unep.org/Documents.Multilingual/Default.asp?DocumentID=7&&ArticleID=1163&1=en, 2009-9-9.

[86] UNEP. 2009b. Marine Litter: A Global Challenge, www.unep.org/pdf/UNEP_Marine_Litter-A_Global_Challenge.pdf, 2009-10-16.

[87] UNESCAP. 2003. Good practices suite examples: Japan's garbage collection fee, www.unescap.org/drpad/ vc/conference/ex_jp_14_jgc.htm, 2010-9-22.

[88] US EPA (US Environmental Protection Agency). 2009. Emission, Compliance, and Market Data, www.epa.gov/airmarkets/progress/ARP_1.html, 2009-8-25.

[89] US Surpreme Court. 1927. Compania General De Tabacos De Filipinas v. Collector of Internal Revenue, 275 U.S. 87 (decided 21 November 1927), http://bulk.resource.Org/courts.gov/c/US/275/275.US.87.42. html, 2010-10-10.

[90] Vanasselt W. 2000. 'Ecotourism and conservation: Are they compatible?' in World Resources 2000-2001, http://earthtrends.wri.org/features/view_feature.php?theme=7&fid=29, 2009-08-25.

[91] VBV (Vereniging voor Bos in Vlaanderen vzw). 2008. Bosbarometer 2008, http://vbv.be/bosbarometer/2008/VBV_Bosbarometer_2008.pdf, 2010-8-14.

[92] VBV. 2009. Bosbarometer 2009, http://vbv.be/bosbarometer/2009/VBVBosbarometer2009.pdf., 2010-8-14.

[93] Vlaamse Regering. 2001. Besluit van de Vlaamse regering van 16 februari 2001 tot vaststelling van nadere regels inzake compensatie van ontbossing en ontheffing van het verbod op ontbossing', Belgisch Staatsblad, www.emis.vito.be/sites/default/files/actuele_wetgeving/sb230301-l.pdf, 2010-10-10.

[94] Walls M , McConnel V. 2007. Transfer of development rights in US communities: Evaluating program design, implementation, and outcomes, RFF, Washington, DC, www.rff.org/rff/News/Features/ upload/30347_1.pdf, 2009-08-19.

[95] Watkins S., Ervin J., Salem R., et al. 2008. 'Supporting national implementation of the programme of work on protected areas: Lessons learned and ingredients of success', www.cbd.int/doc/meetings/pa/wgpa-02/information/wgpa-02-inf-07-en.doc, 2010-07-18.

[96] Wätzold F. 2004. SO_2 emissions in Germany: Regulations to fight Waldsterben, in W. Harrington, D. Morgenstern and T. Sterner (eds) Choosing Environmental Policy: Comparing Instruments and Outcomes in the United States and Europe, RFF Press, Washington, DC: 23-40.

[97] Wildlife Extra. 2008. 'Serengeti patrols cut poaching of buffalo, elephants, rhinos', www.wildlifeextra.com/ go/news/serengeti-poaching.html#cr, 2009-9-24.

[98] Wildlife Extra .2009. 'Hornbill conservation in Thailand: Poacher to gamekeeper', www.wildlifeextra.com/ go/news/thailand-hornbills783.html#cr, 2009-09-24.

[99] Wilkie D. S., Carpenter J. 1999. 'The potential role of safari hunting as a source of revenue for protected areas in the Congo Basin', Oryx, 33 (4): 340-345.

[100] Wilkinson C. R. (ed). 2004. Status of the Coral Reefs of the World: 2004, Vols 1 and 2, Australian Institute for Marine Sciences, Townsville, Australia Worm, B., et al. 2009. Rebuilding global fisheries, Science, 325,: 578-585.

[101] Yandle T., Dewees C. M. 2008. Consolidation in an individual transferable quota regime: Lessons from New Zealand 1986-1999, Environmental Management, 41 (1): 915-928.

[102] Young J. E. 1992. Mining the Earth, Worldwatch Paper 109, Worldwatch Institute, Washington, DC.

[103] Zeppel H. 2007. Indigenous Ecotourism: Sustainable Development and Management, CABI, Cairns, Australia.

[104] Zylicz T., Bateman I., Georgiou S., et al. 1995. Contingent Valuation of Eutrophication in the Baltic Sea Region, CSERGE Working Paper GEC 95-03, www.uea.ac.uk/env/cserge/pub/wp/gec/gec_1995_03.pdf, 2009-9-19.

第8章
认识保护区的价值

协调主要作者

Marianne Kettunen

主要作者

Augustin Berghofer, Aaron Bruner, Nicholas Conner, Nigel Dudley, Sarat Babu Gidda, Marianne Kettunen, Kalemani Jo Mulongoy, Luis Pabon-Zamora, Alexandra Vakrou

特约作者

Meriem Bouamrane, Patrick ten Brink, Stuart Chape, Paul Morling, Andrew Seidl, Sue Stolton

编辑和语言校对

Clare Shine

对审稿人和其他著者的致谢，参见本章结尾部分

关键信息

保护区已经覆盖地球陆地面积的12.9%。虽然海洋保护区现仅占领海6.3%和公海一小部分面积（世界自然保护联盟和联合国环境规划署世界保护监测中心，2010），但其数量和面积正在迅速增大。保护区内的生态系统让人类家园受益匪浅，保护区所带来的全球收益远远超过成本。然而，保护措施带来的收益往往非常分散，具有长期性和非市场性。相比较而言，保护措施所耗费的成本和不采取保护措施带来的盈利潜力往往具有短期性和集中性。因此，我们需要采取政策行动，以解决收益和成本分配不均的问题。这对于保护区成为社会和经济上具有吸引力的选择，就在各个方面使其对人类福祉作出最大贡献来说至关重要。

建立一个全面、具有代表性、有效管理、一致的国家和区域保护区系统，采取刻不容缓的措施建立海洋保护区，对于保护生物多样性和维护生态系统而言必不可少。精心设计和妥善管理的保护区能够在维护和恢复鱼类资源以及很多其他服务方面发挥重要作用。

将保护区融入更广阔的陆地和海洋景观，并加强/重建各区之间以及与大环境之间的生态连通性，可提高生态系统恢复力。一旦生态系统从干扰状态恢复的能力（包括应对气候压力的能力）提高，就能够有助于基于生态系统适应气候变化。

我们应开展经济价值评估，从而建立起能够公平分摊保护区成本与收益的有效政策和机制（如环境服务付费）；并建立激励机制，从而将受影响的利益相关者的机会成本降到最低，以保障更广的收益。

为了运营和管理保护区，特别是满足发展中国家的需求，需要通过创新的融资工具和适当的国际融资等方式获得稳定的财政资源。我们需要更好地了解当前保护区资金缺口的规模和影响。

加强政策一致性可以创造“双赢”局面，并建立对于保护区有益的环境。与其他政策之间的重要协同作用包括：

1. 认识到保护区在基于生态系统适应气候变化方面发挥的作用；
2. 展示海洋保护区对恢复鱼类资源、提高粮食安全和加强沿海地区保护的积极作用；
3. 在保护区进行投资，从而降低自然灾害（包括水资源短缺）带来的风险。

确保当地社区的积极参与，促进当地的生计发展，这对我们而言至关重要。譬如，运用适当的治理模式，并确保建立适当的、管理妥善的保护区能够帮助当地人民脱贫致富，提高生活水平，充分了解当地生态系统。

8.1 概　述

第 8 章主要阐述保护区对促进全球人类福祉起到的积极作用，以及提高其有效性的方法。8.2 节对保护区的现状进行概括（定义、分类、覆盖），并概述保护区所保护的生态系统的价值和社会经济潜力。8.3 节分析与保护区相关的具体收益与成本，并给出全球、国家和地方层面的比较结果。8.4 节和 8.5 节分析为何对保护区的成本和收益开展经济价值评估是保障保护区良好运营（例如，通过建立有吸引力的保护方案，帮助保护区获得可持续的长期融资支持）的有用工具。8.6 节阐述更广的背景，以及多层政策支持和有效制度框架对于保障取得长期成果的重要性。8.7 节得出关键性结论，并提出有利于保护区未来发展的有利框架。

请注意，本章重点阐述保护区对国际和国家决策者相关的内容。关于保护区对地方政策制定者的重要性，请参阅《TEEB 地方政策报告》（2011）第 7 章。

8.2 保护区对生物多样性及人类的意义

保护区能够给地球和人类带来更健康的未来。保护这些珍贵地区就是保护我们的未来。

（Nelson R. Mandela 和 HM Queen Noor；联合国环境规则署，2003）

8.2.1 保护区的价值

保护区往往被视为自然之宝的最后避风港，在全球生物多样性保护工作中占据核心地位。然而，它们不仅保护我们宝贵的自然资本，还对保障我们的经济和社会福祉发挥至关重要的作用（Balmford 和 Whitten，2003；Dudley 等，2008；Mulongoy 和 Gidda，2008；Kettunen 等，2009）。

生态系统通过维护粮食安全、减轻环境风险、适应气候变化等方式，帮助巩固全球人类福祉的基石（参见 8.3.1 节）。建立保护区（PA）可以维持甚至加强保护区界线内生态系统的生态系统服务供给能力（参见图 8.1）。保护区的建立绝不会导致相关地区蒙受社会经济方面的损失，事实上恰恰相反。保护区的建立有助于防止生态系统退化，并且可以增加自然区域提供的已有价值服务。

某些自然区域无论其是否被正式划为保护区，其生态系统的服务功能显然能够持续下去。因此，保护区的总生态服务价值可以分为两个主要部分：

（1）划为保护区后带来的附加价值

1）保护区地位的价值（例如，成为生态旅游的热点地区）；

2）采取区域之内或之外的措施之后避免退化所带来的价值；

3) 管理与投资带来的增加价值。

（2）即使未被划为保护区，仍能维持的服务价值（参见图 8.1）

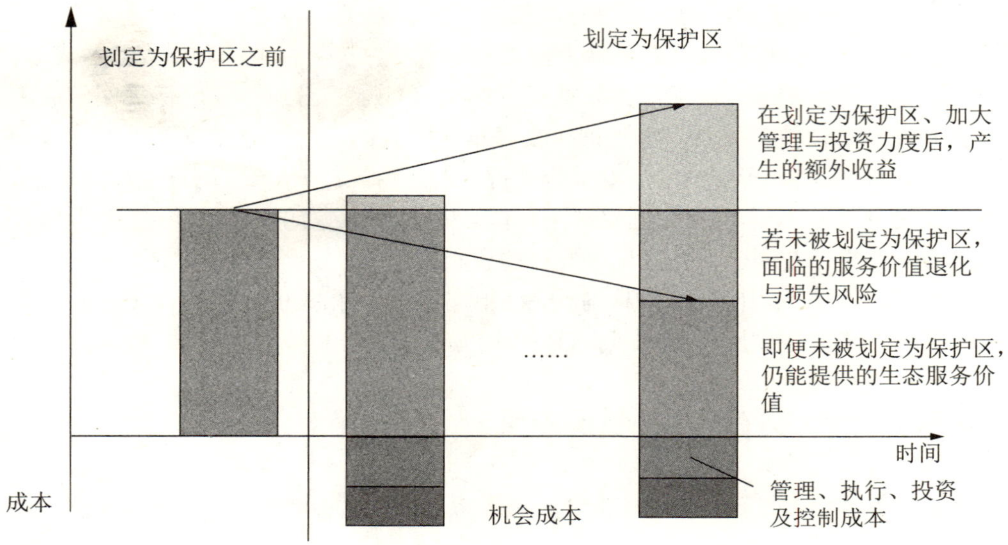

图 8.1 不同时间内保护区价值分析示意

资料来源：Patrick ten Brink，自制图表。

在实践中，尤其是经过一段时间后，划为保护区所带来的附加价值与该保护区的总生态系统价值可能难以区分。因为这不仅取决于具体的划分和管理措施，还取决于如未采取这些措施，仍可能会发生的情况。如果未划定保护区及采取相关措施将会导致生态系统退化和服务丧失，那么划定保护区和有效保护显然会带来显著附加价值。相反，如果只存在很低的退化威胁，则保护区的划分只能带来少量额外收益。本章将介绍如何计算保护区边际或额外价值的具体范例（在只有总价值可知的情况下，进行明确的区分）。

为了达到保护目标，管理、投资、执行与控制的成本也会随着保护区的划定而增加。此外，还将会产生一系列的机会成本（参见 8.3 节）。

我们还需要指出的是：保护区除了给个人、社会和经济提供各种益处之外，保护区还具有独特的内在价值。即使本章（乃至整本书）主要专注于生态系统服务流（以人类为中心的自然资本方法），我们永远都不应忽视生物多样性更广泛的生态价值。

8.2.2 保护区的多样性和范围

保护区已覆盖地球陆地面积的 12.9%。虽然海洋保护区仅占领海 6.3% 和公海一小部分的面积（世界自然保护联盟和联合国环境规划署世界保护监测中心，2010），但其数量和面积正在迅速增大。专栏 8.1 介绍了两种最广泛使用的定义。

专栏 8.1　保护区的定义

关于保护区，现有两种定义：一种为《生物多样性公约》（CBD）给出的定义，另一种为世界自然保护联盟世界保护区委员会给出的定义。这两种定义都传达了大体相同的信息，并涵盖其他几个国际分类，譬如联合国教育、科学及文化组织（UNESCO）所定义的世界自然遗产地和生物圈保护区。

1. 生物多样性公约给出的定义：为了达到特定保护目标而划定、监管和管理的地理限定区域。

2. 世界自然保护联盟给出的定义：为了实现对具有相关生态系统服务价值与文化价值的大自然进行长期保护，通过法律或其他有效手段确认、专用和管理的明确限定的地理空间。

资料来源：Dudley 等（2008）。

保护区是为实现生物多样性及人类多重收益而设计的灵活机制（参见第 8.3 节）。保护区涉及的 6 个国际公认分类标准（参见表 8.1）表明，这些分类管理目标和结构极具多样性。

表 8.1　国际公认的保护区分类系统

世界自然保护联盟分类（主要管理目标）	国际自然保护联盟治理类型										
	A. 由政府治理			B. 共同治理			C. 私人治理			D. 由原住民和当地社区治理	
	联邦或国家部委或机构负责	地方或国家部委或机构负责	政府授权（例如非政府组织）管理	跨界保护区	协同管理（各种多元化影响）	协同管理（多元化管理委员会）	私营个体申报与经营	私营机构申报与经营	以营利为目标的个人申报与经营	原住民申报与经营	当地社区申报与经营
一 严格的自然与荒野保护			H								
二 生态系统保护与娱乐		A		G							
三 天然遗迹或特征的保护	I										
四 栖息地与物种的保护			E	G	B					C	
五 地貌与海景的保护								D			
六 保护和可持续资源利用					F						

资料来源：作者，基于 Dudley 等（2008）。

注：世界自然保护联盟对保护区管理类型与治理方法进行细分，共划分为六大类管理目标和四个治理类型（Dudley，2008）。

从下文列举的范例，我们可以看出保护区的多样性（字母对应于表 8.1 矩阵中的字母）。

A: 芝拉温国家公园，澳大利亚昆士兰州

由昆士兰州政府拥有和管理，保护该地区的生态系统与独有物种。

B: 达纳自然保护区和生物圈保护区，约旦

由国家与当地社区合作管理，以减少放牧对环境带来的负面影响、恢复荒漠植物。

C: Alto Fragua Indiwasi 国家公园，哥伦比亚

由 Ingano 族人提议在其传统林地设立该保护区，并按照萨满教规则管理。

D: Sečovlje 盐沼自然公园，斯洛文尼亚

重要的盐场和湿地，由斯洛文尼亚最大的移动电话公司出资建立的私营保护区。该公园亦为 Ell Natura 2000 网络的一部分。

E: 三江源自然保护区，中国

自 2006 年以来，部分保护区已经由措池村村民进行管理，他们负责巡逻和监测方圆 2 440 km^2 的保护区，以获得外界不断给予帮助和支持的承诺（Basanglamao 和 He Xin，2009）。

F: 力拓马乔森林保护区，哥斯达黎加

通过多元合作模式（即 70%政府，30%民营），对该保护区进行管理。将其进一步细分为保护区、旅游区、可持续林产品区及农业生产区。

G: 马洛蒂 - 德拉肯斯堡跨界保护区

包括纳塔尔山公园（夸祖鲁 - 纳塔尔省，南非，第二类）和 Maluti-Sehlabathebe 国家公园（莱索托王国，第四类）。

H: 西印度洋的阿尔达布拉环礁自然保护区

由塞舌尔群岛基金会（政府设立的公共信托）管理。

I: 蒙特瑞科多用途区，危地马拉

这是由政府管理的保护区，保护该国现存最大的红树林及手工渔业。

虽然在大多数人心中，保护区主要与自然保护及旅游相关，但事实上，管理良好的保护区可提供极其重要的生态系统服务，譬如，水质净化及水源保持、侵蚀控制、减少洪水及非自然野火灾难（Dudley 和 Stolton，2003；Stolton 等，2006；Mulongoy 和 Gidda，2008；Stolton 等，2008；Stolton 和 Dudley，2010；另见本书第 9 章和《TEEB 地方政策报告》，2011，第 7 章）。保护区缓解了人类社会所面临的不同环境风险与危害，并通过维持作物多样性以及具有经济和 / 或生存价值的物种来保障食品和卫生安全。它们还在基于生态系统的气候变化适应中发挥重要作用，并通过碳存储和碳封存来减缓气候变化（参见 8.2.3 节）。

除了娱乐、教育、卫生与旅游方面的福利之外，保护区还是当地文化遗产及认同感的重要组成部分。保护区的划分正式认可了这些价值，并为它们的保护与长期管理创造有利条件。

很多农村地区的生存和生计都依赖于受保护的森林、草原、湿地和海洋地区。因而，保护区直接促进了全球的可持续发展、扶贫和文化传承（Dudley 等，2008；Mulongoy 和 Gidda，2008）。特别是在发展中国家，很多现有和拟定的保护区，通常也是极度贫困的农村地区（Redford 等，2008）。在国家扶贫开发战略中，保护区

越来越被视为推动经济发展的潜在来源，还能为人类福祉（生存、文化、精神和环境效益）做出贡献（Blignaut 和 Moolman，2006）。保护区已成为支持民族自决的重要工具：为捍卫传统土地和保护生物多样性，很多原住民和当地社区已经自行申报或与政府合作建立保护区。

根据保护区的类别和设计（参见表 8.1），可允许在保护区指定区域内开展一些可控的经济活动。一些保护区，尤其是私人保护区和国有的国家公园，可以凭借自身的实力发展成为赢利实体。多个保护区类型，特别是联合国教科文组织的生物圈保护区和受保护景观，可作为供农村地区借鉴的可持续发展模式。并不是所有的保护区都能成为帮助当地群落创收的经济来源。但只要存在机会，它们就能对当地民众生计做出重要贡献（Mmopelwa 和 Blignaut，2006；Mmopelwa 等，2009；参见 8.4 节中的范例）。

由于资源获得权受限和对经济选择权的放弃，保护区会使社会成本增加（James 等，2001；Colchester，2003；Chan 等，2007；Dowie，2009）。除了收益之外，我们必须认识到这些成本（参见下文 8.3 节和 8.5 节）。

8.2.3　政策制定者面临的挑战和机遇

保护区机构需要证明：从保护区获得的收益值得相应的成本投入，能使这些收益的利益相关者感到信服，并确保成本得以公平分摊。是否能够实现这些收益取决于为满足既定目标而选择的机制。因此，对保护区而言，规划、设计、法律依据、管理、指导、技能、能力和筹资都是关键因素。

虽然成立保护区通常是为了避免保护区受到人类不当的使用。但在实践中，保护区面临很多挑战，很多保护区的运营未达最优水平。保护区既面临遥远的外界压力（例如，远距离污染、气候变化），又面临来自附近或内部的压力（例如，偷猎、侵占、开展不当的旅游业、摒弃传统管理）（参见专栏 8.2）。通过对收益和成本进行经济价值评估，结合对社会与文化问题的理解，可找到应对某些挑战所需的信息（参见 8.4 节）。

很多法定的保护区仅仅只是"纸上公园"，因为它们没有采取任何措施来推行预期的保护。虽然将自身界定为保护区这一行为本身，就能对该区域提供一定的保护，难能可贵地迈出了第一步，但管理不当往往使得保护区不堪一击。由于保护区运行能力和资源不足、政治支持薄弱，社会互动的理解不到位、未建立起社区协商制度，在利益相关者授权中还存在各种问题，因此，会降低其保护成效，削弱生态系统服务的供给以及生态系统保护。

然而，有些制约保护区发展的压力源自其自身的建立方式。如果当地社区和原住民在没有达成协议或获得赔偿的情况下就失去了对其领土和资源的实质性权利，那么他们可能别无选择，只能继续在新的保护区内进行"非法"活动。其他制约保护区发展的压力，还包括为了获取木材和野味等自然资源而导致的犯罪活动。如果管理无力，往往就会造成对策缺位。

专栏 8.2 构成保护区风险的主要直接压力

昆士兰大学协同进行了一项全球元研究，对 7 000 余个保护区的管理成效展开评估（Leverington 等，2008），并判定对保护区造成压力的主要直接因素如下（按重要性降序列出）：

1. 狩猎与捕鱼；
2. 伐木、木材采伐和非木材林产品采集（NTFP）；
3. 住房与定居；
4. 娱乐活动（多为不受监管的旅游业）；
5. 在附近开展的活动，包括城市化、农业生产和放牧；
6. 放牧与种植；
7. 火灾与火灾扑救；
8. 污染；
9. 外来入侵物种；
10. 采矿与采石业。

该研究并没有确定根本原因，例如，狩猎可能是由于贫穷或土地使用权不均导致的无奈之举。该研究也没有涉及气候变化所带来的影响。而气候变化将会增大保护区面临的压力，并导致一些物种无处栖息，或迫使一些物种迁离当前的保护区（Hannah 等，2007）。

多数确定的压力是经济活动产生的压力，表明保护区存在的资源具有宝贵价值。在某些但不是所有的情况下，不同的管理模式可能会允许在保护区范围内对这些资源进行一定的开发。

国家或区域社会经济状况不同，其保护区受到的威胁类型和程度也各有不同：贫困地区的保护区面临大肆侵占和任意开采自然资源的压力。因此，在贫穷国家建立有效的保护区极具挑战性，需要采用有别于在富裕国家建立保护区的方法。在发达国家中，保护区多为半自然生态系统，或被人类活动高度影响的生态系统（例如，可耕农田）。在这种情况下，保持低集约化土地利用，往往是保护生物多样性的关键要求。由于土地面临着集约化利用的威胁，或有时面临放弃土地的威胁（Stoate 等，2001；EEA，2006），因此通常需要资金投入来保持低集约化土地利用。

虽然我们还未对全球保护区承受的压力有一个全面的了解，但我们已对保护区面临的直接压力开展了一项重要的研究（参见专栏 8.2）。此外，世界遗产委员会针对联合国教科文组织高危世界遗产，拟定了世界濒危遗产名单。

保护区系统并不一定能够代表一国的生物多样性，因为物种和生态系统的保护中依然存在很多缺口（Rodrigues 等，2004）。在一些国家，保护区多坐落于不太可能与经济发展产生冲突的区域，如极地、沙漠和山脉，从而导致很多生物多样性生态系统和栖息地未受到保护的现状（例如，只有 2% 的湖泊位于保护区内；参见 Abell 等，2007）。

尽管海洋环境面临越来越多的威胁，但建立海洋保护区（MPA）的进展一直非常缓慢，特别在公海区域（覆盖率仅为 0.5%；Coad 等，2009）。研究表明：海洋保护区是对很多物种，特别是对鱼类行之有效的保护策略（参见 8.3.1 节中的范例）。据估计，若通过海洋保护区对 20% ～ 30% 的全球海洋展开保护，就可创造 100 万个就业机会，保持 700 亿～ 800 亿美元 /a 的渔业收入渔获量和总值 4.5 万～ 6.7 万亿美元 /a 的生态系统服务（Balmford 等，2004）。海洋保护区能产生多少生物多样性福利和渔业收入，取决于保护区的精心设计和有效管理。鱼类种群的恢复也需要一段时间，因此潜在收益只有在若干年后才能看到收益。

对于用作生态网络的保护区，在其建立与管理期间，应采取更为系统的空间整合方法。保护区 CBD 工作计划（参见下文第 8.6 节）指出：在开展保护区工作时，我们需要具有一个历史的全局观，并强调保护区机构与管理人员应加大与其他利益相关者之间的合作，以便将保护区纳入更广泛的保护策略中。

管理良好的保护区网络还有助于人类社会适应和减缓气候变化。气候变化将对生物多样性施加新的压力，改变保护区之外的生态系统，从而增大了人类对保护区系统与资源的需求，使得保护区在维持恢复力及可存活种群方面（例如，具有经济重要性的物种）发挥更重要的作用。一些植物和动物可能有迁徙的需求，这就要求保护区之间比当前更易于连通。实现这种连通性的方式包括：改变对广阔陆地与海洋景观的管理方法，恢复保护区之间的生态联系，以及扩展保护区系统自身（世界自然保护联盟，2004；Huntley，2007；Taylor 和 Figgis，2007；Harley，2008；CBD 特设技术专家组，2009）。

保护区经常包括封存和储存碳（碳减排）的富碳土壤和栖息地（例如，红树林、海草和海藻等储备林、泥炭地、湿地和海洋生态系统）。通过维护能够减轻自然灾害影响的生态系统服务（沿海及内河保护、荒漠化控制），这些土壤和栖息地能帮助人们适应气候变化，稳定土壤，提高对环境的适应能力。保护区通过保护鱼苗场与农业遗传物质，在干旱或饥荒期间通过森林提供便宜、干净的饮用水和食物，为人类生活提供支持。保护区可以实现保护生物多样性和提高气候变化社会经济应变能力的双赢效果（Dudley 和 Stolton，2003；Stolton 等，2006，2008a；Dudley 等，2009b；另见第 9 章）。

8.3　权衡保护区的收益与成本

本节利用最先进的研究方式，研究保护区对人类福祉之影响的两组重要问题：

（1）收益是否大于成本？

如果收益大于成本，那么是在何种背景和什么尺度下？这些问题涉及保护区的有效管理和潜在全球扩张的投资原理。

（2）谁受益，谁承担成本？

收益和成本是在什么时间框架内？哪些收益存在市场，这些收益从何处产生？这些问题涉及公平问题，并可作为政府和私营部门为保护区选址与管理决策时的指导依据。

专栏 8.3　保护区对当地生计的支持

老挝人民民主共和国：Nam Et 与 Phou Loei 国家公园

老挝约有 24 000 人居住在公园内及公园周边地区，并从公园中获得野生植物、动物饲料、野味、建筑材料和燃料。2002 年，这些资源占每个家庭总消耗量的 40%，总价值约为 200 万美元 /a（Emerton 等，2002）。

赞比亚：Lupande 狩猎管理区

2004 年，赞比亚通过发放两次狩猎特许权，为 50 000 居民带来 230 000 美元的年收入。这些收入以现金发放给居民，并投资于当地学校等公益项目（Child 和 Dalal-Clayton，2004）。

尼泊尔：皇家奇旺国家公园

一个坐落在缓冲区内的森林公园（Forest User Group），在十年间通过提供野生动物观赏活动赚得 175 000 美元，并以此建立了沼气发电厂。此外，该公园还运营一个小额信贷计划，提供低利率贷款（O'Gorman，2006）。

柬埔寨：瑞姆国家公园

该公园在 2002 年繁殖的鱼类及其红树林产生的物资估计创利 60 万美元。此外，该公园还带来价值 30 万美元的当地生态系统服务，如风暴防护和侵蚀防治（Emerton 等，2002）。

印度：布克萨老虎保护区

对于生活在布克萨内及周边地区的家庭，他们 54% 的收入来自在保护区中收获到的非木质林产品（Das，2005）。

越南：汉门海洋保护区

大约 5 300 人依靠保护区内的水产养殖和近海捕捞为生。渔业总价值估计约为 15 538 美元 /km^2（Pham 等，2005）。

哥斯达黎加：沿海 / 海洋奥斯蒂欧娜野生动物保护区

2001 年，在保护区内合法收集和出售海龟蛋带来的收入估计约为 100 万美元，当地村民从中获益，并促进了周边商业发展（Troëng 和 Drews，2004）。

我们所选择的范例能够以清晰及严格的方法对特定服务与成本进行量化分析（参见第 8.3.1 节和第 8.3.2 节）。范例的主要重点是得出边际收益而非总收益（即对保护的额外服务进行量化，而非服务的总价值）。所有范例都仅仅只是针对特定的情况，并不表示所有保护区收益或成本的平均水平。

为了便于理解如何将收益与成本相比较（8.3.3 节），我们将利用另外两个信息来源进行适当的比较：i. 在保护区层面与国家层面，同时对保护区收益与成本展开较小规模的研究；ii. 对保护区收益 / 成本进行全球评估，从而提供保护区平均值或汇总值。最后，8.3.4 节介绍除了纯粹的经济要素之外，还包括决定建立保护区是否为一个不错选择的其他影响因素。

8.3.1　保护区的收益

8.2 节概述了保护区对人类生计及福祉的重要性。本节将给出一些具体实例，说明保护区可给人类带来何等最重要益处。此外，本节还指出：各保护区的特定收益会根据地理位置、生态系统和管理策略的不同而有所不同。

（1）保护区可提供洁净水源

管理良好的天然森林能够提供其他水域无法比拟的优质水源，泥沙和污染物含量更少。保护区是全球高品质水源的主要来源地。在世界百大城市中，1/3 的城市依靠森林保护区获得相当大比例的饮用水。举例来说，优质森林水源为纽约市累计节省了至少 60 亿美元的水处理成本（Dudley 和 Stolton，2003）。在欧洲，索非亚多个住宅区的淡水供应依赖于位于特夏山国家公园内的受保护的高山泥炭沼泽区（Dudley 和 Stolton，2003）。委内瑞拉国家保护区系统让该国免受沉降之扰，若发生沉降，委内瑞拉农场盈利将会蒙受大约 400 万美元 /a 的损失（基于 Gutman，2002）[1]。

（2）保护区降低不可预知事件与自然灾害所产生的风险

保护区可以通过稳定土壤，提供泄洪空间，阻断风暴潮和限制火灾易发地区的非法活动，降低诸如山体滑坡、洪水、风暴和火灾等风险。2000 年，台风悟空登陆越南。越南种植红树林的地区相对安然无恙，而邻近省份却遭受了生命和财产的重大损失（Brown 等，2006）。在斯里兰卡，科伦坡附近的 7 000 hm^2Muthurajawella 沼泽可缓解洪水危害，具有 500 多万美元 /a 的经济价值（Schuyt 和 Brander，2004；参见第 9 章了解其他范例）。欧洲阿尔卑斯山脉具有的森林防护管理功能，其价值估计每年高达数十亿美元（国际减灾战略，2004；另见第 7 章和《TEEB 地方政策报告》，2011）。

（3）保护区通过提高资源生产率和可持续性维护粮食安全

保护区为传粉昆虫和具有经济和 / 或生存价值的其他物种（例如，猎物、鱼、水果、天然药物、生物控制剂）提供栖息地和繁殖地。也可以通过保持作物遗传多样性，保障食品和卫生安全（参见专栏 8.4）。在美国，由邻近农田的自然栖息地维持的野生授粉农业，每年可产生数十亿美元的价值（Daily 等，2009）。

海洋保护区中精心设计的“禁捕”区可以起到类似作用（Gell 和 Roberts，2003）。在 80 个海洋保护区中进行的 112 项研究发现：鱼类的种群、大小和数量在保护区内都有明显增加，从而带动了附近的渔场（Halpern，2003）。各种研究结果均表明海洋保护区附近的渔获量在海洋保护区设立后数年均有所提高（McClanahan 和 Mangi，2000；Gell 和 Oberts，2003；Russ 等，2003）。海洋保护区也可以重建海洋生态系统恢复力，消化鱼类资源管理失误带来的损失（Pauly 等，2002）。

（4）保护区支持依托自然的旅游业

保护区中的自然和文化资源（如，生物多样性、景观及娱乐价值、优美景色和露天空间）是旅游业的重要驱动力。2000 年接受调查的欧洲游客中，有超过四成的游客参观了国家公园（Eagles 和 Hillel，2008），这已成为地方收入和就业的重要来源：

1）在芬兰，游客在国家公园和主要娱乐区（共 45 个区）共计消费了 8 700 万欧元 /a，即每 1 欧元的公共投资能够产生 20 欧元的回报（Metsähallitus，2009）。

2）在苏格兰，柯瑞根国家公园每年接待大约 140 万游客，每位游客每天在住宿、餐饮、交通和娱乐上的平均支出为 69 英镑（100 美元）（柯瑞根国家公园管理局，2005）。

3）在新西兰，新西兰南岛西海岸保护区的经济活动在 2004 年创造了 1 814 个就业机会（占总就业机会的 15%），并在该地区产生了 2.21 亿美元 /a 的额外消费（占总消费的 10%），这些消费主要来自旅游业（Butcher Partners 公司，2005）。

4）在玻利维亚，与保护区相关的旅游业和更广泛的自然旅游业，预计可以产生大约 20 000 个工作岗位，间接供养了将近 10 万人（Pabon-Zamora 等，2009）。

对于不同的地点及游客群体，生物多样性对吸引游客的重要性有所不同。“独特”或“旗舰”物种往往让游客趋之若鹜，但有些游客则会钟情于更为复杂的生物多样性系统。在保护区开放空间中，风景或海滩可能是游客最感兴趣的部分。我们将在案例研究中分析旅游业的具体驱动力（例如，以大象或老虎为主的旅游业）。

（5）保护区有助于减缓和适应气候变化

保护区内拥有 15% 的全球陆地碳储量，约为数万亿美元的价值（Campbell 等，2008）。森林砍伐导致了大约 17% 的碳排放量（政府间气候变化专门委员会，2007）。通过维护现有保护区和扩充全球保护区系统，可积极控制和土地利用相关的碳排放。保护区内部的完好生态系统还可以成为比转换的系统更为强大的气候调节器。

（6）保护区保护了文化和精神文明资源

虽然这些价值并不具有多少市场价值[2]，但是它们对社会非常重要。在巴西的圣保罗市，居民都表示愿意在保护 35 000 hm^2 的 Morro do Diablo 国家公园上支出超

专栏 8.4　维护粮食安全：作物野生近缘种和保护区

认识到更广泛的利益能够影响有关保护区选址和管理的选择。作物野生近缘种（CWR）的自然生长环境可对其加以保护，有助于提供新鲜作物育种材料和维护粮食安全（Stolton 等，2008a；参见地图）。CWR 集中在通常被称为“粮食作物多样性中心”的较小区域内。34 个生态区（包括上述中心）的生态保护水平，明显低于平均水平：其中 29 个生态区只有不到 10% 的地区受到保护，而另外 6 个只有不到 1% 的地区受到保护（Stolton 等，2008b）。有些生态区的自然栖息地正在快速丧失，因而使 CWR 处于危险之中。

图 8.2　粮食安全与保护区

资料来源：Stolton 和 Dudley（2010）。

过200万美元/a的花费，该国家公园保护了巴西大西洋森林的关键林带（Adams等，2007）。游客到韩国智异山国家公园只为了观赏满洲黑熊这一单一物种。游客的热情表明每年超过350万美元的保护费物有所值（Han和Lee，2008）。圣地可能是人类最古老的栖息地保护形式，它代表了人类为了构建精神家园，而自愿选择放弃该土地用作其他用途（Dudley等，2009a）。以西班牙为例，蒙特塞拉特岛国家公园中一个古老修道院内的修道士将他们的一些土地作为自然保护区进行管理：这种做法在欧洲正变得越来越普遍（Dudley等，2009a）。最后，生活在保护区内的土著群体和其他传统土地所有者对土地和当地资源也有很深的情结（Beltran，2000）。

（7）保护区保护未来价值

要想让我们的后代也能享受今天尚存的天然场所，无疑我们需要加大对保护区的保护。同样重要的是：今天，越来越多的人们开始认识到以前不受重视的生态系统服务。这表明，大自然目前未知的选择价值可能是巨大的。譬如，十年前，森林对控制气候变化所作出的巨大贡献，还很少为科学界之外的人士所了解。而今天，正如上文所述，人们已经了解森林的巨大碳储量潜力。当我们意识这些新发现在诸如医学、作物恢复力、仿生学等领域具有巨大潜力，我们会自发选择对生物加以保护，这一选择本身就是加大保护区规划创建与管理的有力论据。

8.3.2 保护区的成本

为了确保能够从保护区中获得收益，社会需要承担成本。这些成本包括管理的财务成本、社会与经济成本（如人类与野生动物的冲突、资源的有限获取、从传统土地迁移）以及放弃经济选择的机会成本。与收益一样，保护区的成本也取决于位置、规划进程和管理策略（参见8.3.3节和8.4节）。以下列出了成本的主要类别。

（1）管理成本

保护区一旦确立，将会为景点及其生态系统服务提供一些保护（Bruner等，2001；Adeney等，2009）。应对保护区加以适当的管理，以确保其能有效地提供收益（世界自然基金会，2004；Leverington等，2008）[3]。全球对保护区管理方面的花费不足（James等，2001；Esteban，2005；Pearce，2007）。在发展中国家，保护区的经费还有很大缺口。很多保护区由于没有基本的设备或人员配置，而无法解决复杂的问题（Wilkie等，2001；Vreugdenhil，2003；Galindo等，2005；参见8.5节）。而发达国家往往也需要对维持低强度土地利用方式买单（参见8.2.3节）。为了维护关键服务需扩大保护区并将保护区战略融入更广阔的风景区，这也进一步对管理提出了更高的要求（Balmford等，2002；生物多样性公约特设技术专家组，2009）。

(2) 人类与野生动植物之间的冲突

如果人类活动区中存在野生动植物，就会产生很大冲突。这种冲突的后果有可能是猴子频繁轻度毁坏农作物，也可能导致颗粒无收；有可能是象群导致重大财产损失，也可能实际上造成人员伤亡（Distefano，2005）。在津巴布韦，保护区的食肉动物对家畜进行捕食，估计造成约 12% 的家庭收入损失（Butler，2000）。在印度，野生动物造成的损害占咖啡种植贴现成本的 7% ～ 15%（Ninan 和 Satyapalan，2005）。为了保护作物，人类可能需要放弃某些活动（如耕作、儿童入学）作为代价。

(3) 丧失自然资源获取权

保护区的创建和管理，可能会减少或阻止人们通过经济和文化途径对重要资源加以利用，从而遭受重大损失。在喀麦隆，由于建立 Bénoué 国家公园，当地居民活动受限，造成了大约 30% 的农业收入损失和 20% 的畜牧业收入损失（Weladji 和 Tchamba，2003；另见 Harper，2002）。

(4) 迁移

很多人都因为保护区而迁移。尽管有很多关于适用范围的辩论，但很显然人口迁移一直是一个现实问题，有时甚至会引发灾难性的社会和经济代价（Brockington 和 Igoe，2006；Adams 和 Hutton，2007；Agrawal 和 Redford，2007）。刚果民主共和国就发生了这样的案例：在卡胡兹别加国家公园建立期间，班布蒂巴特瓦人被驱逐出其祖先留下的土地（Nelson 和 Hossack，2003）。

(5) 机会成本

选择创建和管理保护区，则需放弃土地的其他用途。对于私营部门，关键机会成本包括合法利用资源带来的潜在利润。对于各国政府，关键机会成本来自放弃的税收收入和国营采掘企业带来的收入。政府还显然需要分担由其公民承担的私人机会成本。

尽管保护区多为农业潜力较低的土地（Gorenflo 和 Brandon，2005；Dudley 等，2008），但通常其机会成本仍然很大。在发展中国家，管理严格的保护区的私人机会成本已达到 50 亿美元 /a（James 等，2001）。为保障一系列生态系统服务和适应气候变化而进行的保护区扩张也会涉及很大机会成本。在至少未来 30 年内，保护区机会成本将会超过 100 亿美元 /a（James 等，2001；Shaffer 等，2002）。

8.3.3 保护区的收益与成本的比较

保护区的收益与成本在很大程度上取决于保护区的地理要素（参见表 8.2 和图 8.3）。本节从三个层面比较收益与成本：①世界各地所有保护区的全球社区层面；

②各国保护区系统的国家层面（注意上文强调的发达国家和发展中国家之间的显著差异）；③生活在各个保护区内及周边地区的当地居民层面。如前所述，我们的分析立足于两种适用于评估净收益的研究方法：①使用可比方法对同一地点或地区的收益与成本进行量化分析的研究；②呈现全球平均值或总值的研究。

表 8.2 不同层面的保护区收益与成本范例

	收 益	成 本
全球	1. 分散的生态系统服务（例如，气候变化减缓 / 适应） 2. 依托自然的旅游业 3. 全球文化、生存与选择价值	1. 保护区管理*（全球成本转移至发展中国家） 2. 替代发展方案*（全球成本转移至发展中国家）
国家	1. 分散的生态系统服务（如城市中心区的洁净水、农业或水力发电） 2. 依托自然的旅游业 3. 国家文化价值	1. 土地购置* 2. 保护区管理（在全国保护区系统中）* 3. 对放弃某些活动而给予的补偿* 4. 放弃税收收入的机会成本
当地	1. 消耗性资源利用 2. 当地生态系统服务（例如，授粉、病害防治、缓解自然灾害） 3. 当地文化与精神文明价值	1. 受限的资源获取 2. 迁移 3. 保护区管理（私人土地所有者、市政土地） 4. 放弃经济活动的机会成本 5. 人类与野生动物之间的冲突

注：* 这些成本类别实际上将成本从地方转移到国家层面，或从国家转移到国际层面。8.4 节将提供有关这些成本和相关选项的更多信息。

（1）全球收益与成本的比较

首先，需要注意全球价值必然依托于我们根据估值方法而做出的结果假设、概括和汇总，而这些方法不具有完全可比性。因此，我们得出的仅是指示性结论，而不是精确结论。另一方面，对于如何应对某些重大挑战，在方法上已经取得了显著进展（Balmford 等，2002；Rayment 等，2009）。此外，收益和成本之间的差异从全球来看如此之大，以至于即使分析在某个数量级上不正确，但基本结论仍将保持不变。基本结论错误的可能性不大。

根据引用最为广泛的估算，若将保护区网络扩展至 15% 的土地和 30% 的海洋，每年将需要约 450 亿美元的资金花费（已涵盖管理费用、直接成本补偿费用和获取新土地的机会成本）。保护区网络内部的生态系统将会提供净年度价值超过 4.4 万亿美元的商品和服务。这表明，投资于保护区有助于维护全球生态系统服务，投资保护区所获收益比建立和管理保护区的成本高 100 倍以上（Balmford 等，2002）。[4]

正如前文所述，一些生态服务并不需要大量投资，特别是在生态系统并未承担太多压力的情况下。但有必要将土地性质可能会发生变更或退化的地方，划定为保护区并加以投资，以避免生态系统丧失其服务能力。我们在比较保护区成本和收益时，应该考虑到这一点，密切关注总生态系统服务流中面临风险的那一部分，以及与边际成本和边际收益比较有关的其他问题。这意味着，100 ∶ 1 的理论比例在实践中可能较小，这取决于估算生态系统服务价值的方法[4]，以及生态系统面临的具体威胁。因此，它应该被看作是一种激励背景下的调节器，凸显出对这些自然资产加以维护和投资，如何能够产生良好的经济意义（Balmford 等，2002；另见第 9 章“自然资本投资”）。然而，具体的保护区投资决策应将重点放在保护区的周边环境上，以确保提出的保护措施能带来适当的附加价值，并将机会成本考虑在内（参见下文更多范例）。

关于气候变化经济学的《斯特恩报告》（Stern，2006）和其他近期著作体现了一个互补性的角度，使我们可以比较在发展中国家森林砍伐区建立 PA 的收益和成本：

1）斯特恩估计：在出现林木砍伐的地区，因建立保护区而放弃的农业利润和一次性木材采伐所产生的年均机会成本约为 95 美元 /hm^2（Grieg-Gran，2006）。

2）Distefano 进行的关于人类与野生动物冲突的 7 项研究（2005）显示，平均收入损失约为 15%。这表明每年的额外直接成本可能为 15 美元 /hm^2。[5]

3）据报道，平均管理成本约为 3 美元 /（$hm^2 \cdot a$）（James 等，1999）。据此估算的话，年度总成本约为 115 美元 /（$hm^2 \cdot a$）。

4）另一方面，热带森林能提供范围广泛的生态系统服务，其每公顷所产生的平均总收益约为 2 800 美元 /（$hm^2 \cdot a$）[6]（Rayment 等，2009）[7]。

总之，这些研究表明，即使在主动森林砍伐区，保护区能带来的全球性收益仍有可能大大超过成本[8]。

这一点对于比较受保护生态系统的总收益与从自然生态系统转换成农业、养殖业或其他初级生产的那些地块的总收益也十分有用。Balmford 等（2002）、Papageorgiou（2008）和 Trivedi 等（2008）整合了 8 项研究的调查结果，即完整生态系统所实现收益和转换所产生收益的比较（参见图 8.3）。所有研究都包括保护区与转换地块所提供的可售商品和生态系统服务，以保证不会因为过分简化的假设（即生产性地块不能提供生态系统服务）使生产性地块不公平地处于不利地位。这种比较性分析再次表明：建立保护区在全球范围内不失为一项良好的投资。从保存完好的生态系统中产生的全球效益（包括主要市场和非市场价值在内），似乎会比转换所产生的收益平均高出 250%[9]。

（2）国家收益与成本的比较

保护所产生的一些关键收益（如碳封存、生存或选择价值），能在很大程度上使全球社区受益（参见 Balmford 和 Whitten，2003），或使其他国家的公司和个人受益（依托自然的旅游业；参见 Walpole 和 Thouless，2005）。然而，保护区成本大多需要其所在国家或地方承担。

即使假定保护区带来的碳封存、生存价值和旅游价值被全球社区分摊，并完全从上述比较研究中删除（参见图 8.3），保护区所带来的剩余国家收益仍然比转换地块所产生的总收益平均高出 150%[10]。这表明：在国家尺度上，保护区所带来的生态系统服务收益仍然大大超过保护它们所耗费的成本，这表明国家在保护区的投资总的来说不失为一个良好的经济选择。大量的实例证据同样支持这一结论。

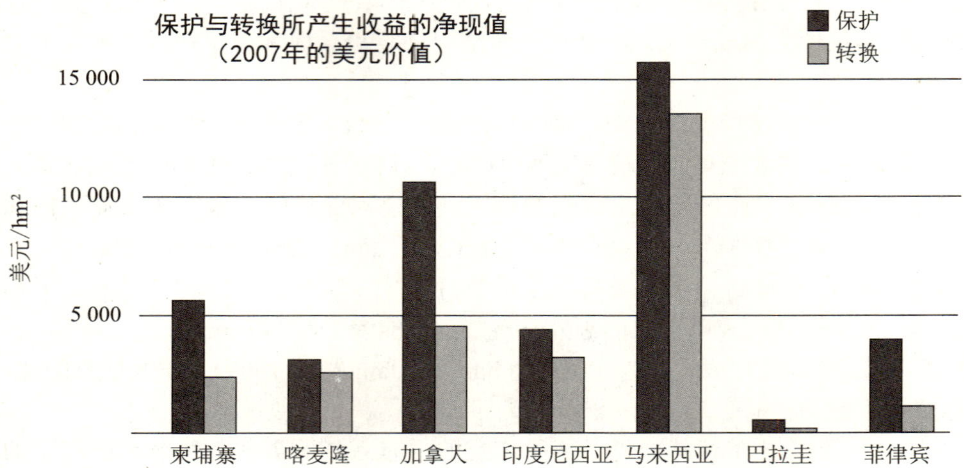

图 8.3 不同国家 7 个案例研究基地的保护总收益与转换总收益之比较

注：这些案例研究的原始值已经进行增大，以反映 2007 年的数值。泰国案例（Sathirathai，1998）出于要素原因而被排除在图表之外。"保护"指市场商品和服务的可持续生产，包括木材、鱼类、非木材林产品和旅游业。"转换"指将自然生态系统替换为一个专用于农业、水产养殖或木材生产的系统。这两种方案都包括生态系统服务。资料来源：Bann（1997），Yaron（2001），van Vuuren 和 Roy（1993），van Beukering 等（2003），Kumari（1994），Naidoo 和 Ricketts（2006）和 White 等（2000），审核：Balmford 等（2002），Papageorgiou（2008）和 Trivedi 等（2008）。

1）在巴西亚马逊地区，保护区的生态系统服务提供的国家与地方收益价值比小型农业生产组织的回报高出 50%，其中包括在转换后（减少的）生态系统服务价值（基于 Portela 和 Rademacher，2001）。在区域级，保护区与养殖业用地相比（即保护区最有可能转化的备选用途），可实现 3 倍以上的经济收益（Amend 等，2007）。

2）在马达加斯加，管理国家保护区系统和向当地农民偿付其放弃农场机会成本的投资，足以从旅游业收入、流域保护和保护生物多样性的国际资金支持中为自身埋单，并产生 50% 的额外回报（Carret 和 Loyer，2003）。

3）在苏格兰，Natura 2000 基地所保护的生态系统向苏格兰公众提供价值超过其相关成本（包括直接管理成本和机会成本）3 倍以上的收益（基于 Jacobs 等，2004）。

另一方面，为了保护一些在全球范围内有价值但缺乏市场价值的地区，或保护能向全球提供关键生态服务的地区，将可能无法实现保护区所在国的最高国家利益。举例来说，在巴拉圭的巴拉卡叉生物圈保护区，收益的 85% 是由碳封存产生的。虽然保护区给全球带来的是净收益，但保护区为所在国 11 累计带来的生态系统服务价值明显低于将其转化为农业地块所产生的潜在收入（Naidoo 和 Naidoo，2006）。在这种情况下，保护区成了所在国的净成本。

（3）当地收益与成本的比较

当地居民是保护区众多关键服务的最大获益人，他们将在资源的可持续利用、疾病控制、当地文化或精神文明方面受益匪浅。对河流进行保护，不但可以造福当地，往往更会福佑四方。虽然保护区的管理成本可在国家或国际层面被分摊（Balmford 和 Whitten，2003），但保护区所在国往往需要独自承担因建立保护区而不能获得其他资源和发生野生动物冲突时蒙受的损失（Naughton-Treves，1997；Shrestha 等，2006）。将保护区（保护区阻止当地人士动用保护区土地）转换为非自然系统的机会成本，应部分由地方政府承担，部分通过商业手段由将保护区土地用作养虾场、大型牧场和类似用途的非当地人士承担（参见图 8.4）。

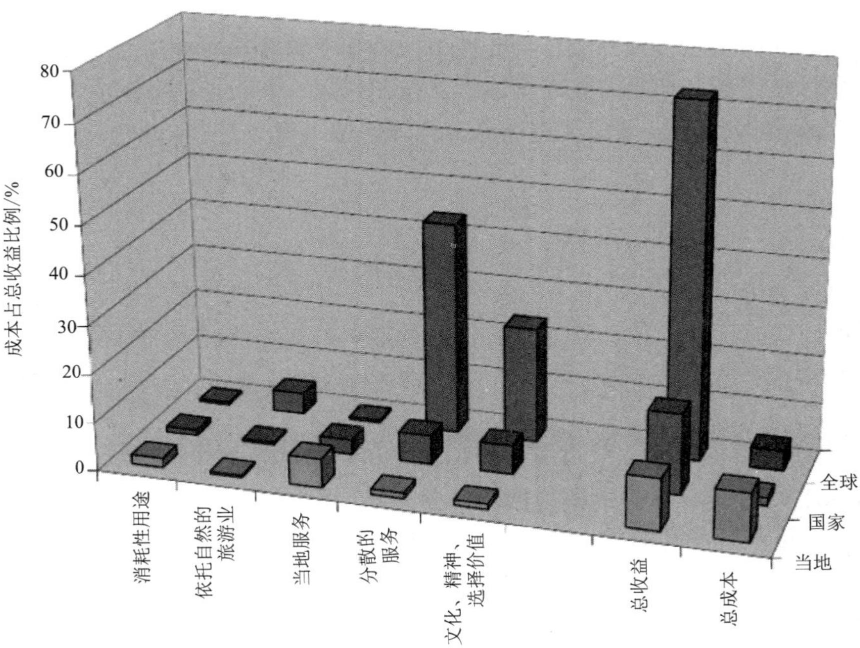

图 8.4 发展中国家养护保护区的收益与成本占总收益价值百分比的分布示意

注：比例是示例性的。

资料来源：作者自制图表，基于 Balmford 和 Whitten（2003）的收益与成本分配数据。

有证据表明：从较大尺度的比较可看出，保护区内部生态系统为当地提供的收益大于当地投入的成本。在哥斯达黎加，受保护区影响的社区与生活在远离保护区的社区相比，贫困人口较少，拥有更好的住房和饮用水（Andam 等，2008）。然而，也存在一些保护区地方成本明显超过收益情况的特例，特别是将人群迁离或无法获取关键资源的地区（Harper，2002；Colchester，2003）。

对当地层面而言，保护区到底将成为当地的净收益或净成本，主要取决于保护区的设计、管理和成本分担及收益分配政策以及保护区的服务提供情况、当地的社会经济环境与机会成本（参见 8.4 节）。因此，在下文涉及保护区当地收益和成本的观点中，会提及不同的管理理念。

生态系统服务可以支持当地经济

清洁水源、植物授粉和疾病控制往往是当地福祉的根本所在。在印度尼西亚，生活在鲁腾公园所保护的完好森林附近的人们只有少数患有疟疾和痢疾疾病，孩子因患病而失学的比例较低，且很少发生因作物欠收所造成的饥荒（Pattanayak 等，2005；Pattanayak 和 Wendland，2007）。

保护区可以支持当地土地的可持续性利用

对柬埔寨瑞姆国家公园开展可持续性资源利用、娱乐和研究所产生的收益，会比当前破坏性使用所带来的收益高出 20%。保护区成本和收益的分配有利于当地村民：他们在有效保护方案下获得的收益是管理缺位方案下的 3 倍以上（De Lopez，2003）。

可持续发展经常会产生短期当地成本

圣卢西亚 Sufriere 海洋保护区的鱼类资源自保护区建立以来已显著增加，为当地提供了可持续的收益来源。然而，保护区要求将 35% 的渔场设为禁捕区。这种受限的渔获量增大了当地渔民的短期成本（Lutchman，2005）。

在当地创建保护区可以保护当地居民珍视的价值

在当地居民眼中，有些资源与服务的价值超过保护所涉及的机会成本，社区保护区可保护这些资源和服务。当地人民和政府可以合作创建保护区，同时从两个层面维持关键价值。在印度尼西亚，当地民众自发呼吁建立占地 10 万 hm^2 的北苏门答腊保护廊道国家公园，以应对因高地森林砍伐造成的山洪暴发（Mulongoy 和 Gidda，2008）。

不能对当地权利与保护区加以妥善利用，可能会导致很大成本

驱逐当地人民给保护区让道，可能会引发毁灭性的后果。限制当地居民获得自然资源，也有可能会产生严重的负面影响。相反，真正让当地民众参与保护区的规划和管理，可以为当地政府赢得尊重，保持或加强收益，从而实现有效保护（Potvin 等，2002）。这种参与活动尚未得到系统性开展，但越来越多的证据证明了它的重要性。举例来说，在斐济，当地人民被赋予了参与 Navakavu 地方自治海洋区域创建与管理的权利，当地家庭从而获得了更高的可持续鱼类消费量，并对资源管理给予更多的社会合作（Leisher 等，2007）。

（4）为什么人们往往认为成本高于收益？

如果保护区可以在各个层面为社会提供重要的收益，为什么它们还遭到退化的威胁，为什么它们往往被视为成本负担？关键原因如下：

成本比收益更容易被感知

若资源发生退化，通常会以适销产品、税收收入或生活必需品的形式产生明显的即时回报。若作物遭到袭击或家畜被掠食的话，也会使人们突然感觉到损失。与此相反，保护所带来的很多收益没有市场价值，且不太好理解，因此，很难获得认同，需要较长时间才能惠及更广泛和更分散的受益者群体。

将保护区转化为生产用途所带来的私有收益，使保护区对地方决策者没有吸引力

对于私营经营者而言，将保护区转换成生产区经常会产生净收益。而这种转化给当地带来的却是净成本（Chan 等，2007）。举例来说。在泰国，将红树林转换成养虾场，可为私营经营者带来 17 000 美元 /hm^2 的回报。这使得个别决策者受到利益驱使而进行森林砍伐，尽管此举会给当地造成超过 60 000 美元 /hm^2 的社会损失，主要表现为渔业生产力下降，风暴防护力减少，以及木材、燃料及其他林产品减产（Sathirathai，1998）。虽然保护区具体的收益和成本取决于具体的生态系统、社会经济背景、市场价格和补贴水平等因素，但在各种背景下都能得出类似的结果（参见 Sathirathai 和 Barbier，2001；Barbier，2007；Hanley 和 Barbier，2009；本书第 1 章和第 9 章）。

受益者没有适当地承担成本

在全球范围内，保护区尚未充分利用收费机制来分摊费用（Emerton 等，2006；参见第 7 章）。更值得注意的是，保护区提供的最大收益物是典型的“公共物品”，即无论人们自身行为如何，都可以从中受益；且在缺乏具体政策干预的情况下，保护区很难从社会得到支持。政府利用税收收入对保护区提供支持，是国家层面最常见的解决方案。但其往往因为人们对收益认识不充分而受阻。在国际层面上，对成本分担必要性的认同更为不足，即使收益分配分析表明：全球成本分担在经济上是相当合理的。此外，国际社会也还缺乏能够促进这种成本分担的大型机制。

8.4 通过经济价值评估改善成效

如 8.2 节所述，保护区面临的关键性挑战是如何真正实现其目标。虽然最近几十年来全球建立了数百个保护区，但很多保护区都没有得到有效的保护，且缺乏有效的运作管理结构，无法保证获得行政管理层和邻近社群的支持。外部的压力、当地的冲突、财政资源的缺乏和管理能力欠佳是保护区通常会面临的困境。不适当的体制结构和不明确的土地权利往往会使问题进一步恶化。

在国家层面上，政策制定者能够在几个方面促成有利于改善保护区成效的框架：

1）确立保护区的资金发放优先顺序和机制，以确保为保护区的有效管理提供正确的激励和足够的财政支持；

2）确保国家保护区系统的法律框架、运作目标和行政架构能够支持管理安排和资源利用计划的当地灵活性，以减少冲突风险；

3）提高保护区的政治形象来影响公众认知，并鼓励企业参与保护区建设和管理；

4）分享国际性的信息和最佳实践，促进政府机构和其他利益相关者之间的协调与合作。

采用生态服务系统的经济视角，可使政策制定者更容易开展此项工作，扩大宣传、获得决策支持，应对社会影响。

需对价值评估结果进行适当的解释，并将其落实到管理流程中来。由于价值评估研究始终基于一些基本的假设（参见 8.4.2 节），我们必须清楚地理解这些假设，才能使用并正确地解释结果。这在结果将被用于决策支持时（如决定管理保护区的最佳框架和工具）特别重要。虽然关注经济价值可以帮助我们对生态环保事业展开经济论证，但我们在关注保护区经济价值的同时，应始终不忘关注保护区的治理和管理大局（例如，当地社区的参与和更广泛的公众参与），而这需要赢得政治上的支持。

8.4.1 开展生态系统服务价值评估作为宣传工具

生态系统服务价值评估可以充当一种强大的工具，向大众宣传以下理念：资源保护是可持续发展战略中处于核心地位的颇具吸引力的选择。

从全球来看，据估算：对保护区管理每投资 1 美元可以在保护区的生态系统内（持续）获得价值 100 美元的服务。达到这一成果，一方面是通过维持现有供给，另一方面是使（退化的）生态系统产生更多的服务（改编自 Balmford 等，2002）。可通过国家和地方级别的机构来开展更精确的估算（参见第 9 章和《TEEB 地方政策报告》，2011）。

这一点在论证生态系统服务对于维持经济增长和 / 或更广泛的公共收益方面的重要性显得尤为重要。倘若依托自然资源开采迅速发展工业是一个国家的高优先级事项，那么通过开展价值评估，可以说明：保护正常运转的生态系统是取得工业经济长期增长的关键。反之，损害生态系统及其重要服务，则会危及经济发展，且会增加成本，令消费者担忧。在埃塞俄比亚尚存的山地雨林中生长着阿拉比卡咖啡的最后一个野生近缘种。其遗传多样性带来的高经济价值，说明对这些正经历快速变迁的地区加大保护的紧迫性和必要性（Hein 和 Gatzweiler，2006）。在爱尔兰西部，保护巴仑风景区中传统乡村景观所带来的公共和私人（即旅游业）综合收益，将会大大高于需要投入的相关成本。政府对该地区的投入，至少能够取得 235% 的回报率（van Rensburgh 等，2009）。通过证明这些投入能够取得高昂的经济回报，巴仑景观也成功获得了投资者后续的保护资金支持（B. Dunford 博士，个人交流）。从印度尼西亚古农列尤择国家公园也还可以获得类似的证据（专栏 8.5；关于更多信息，请参见《TEEB 地方政策报告》，2011）。

专栏 8.5　使用经济论证来支持印度尼西亚的保护工作

亚齐省（苏门答腊岛北部）拥有东南亚仅剩的、规模最大的连续森林生态系统。森林通过留存雨季降水为整个旱季提供连续洪水、减轻洪水灾难和水土侵蚀、提供木材和非木材产品，来维持当地社区的生计。自 1980 年以来，古农列尤择国家公园一直力图保护这一丰富的自然遗产。然而，非法伐木正威胁着古农列尤择的生态系统安全。

面对公园的快速退化，国家公园的管理者委托有关人士就生物多样性的丧失会对全省经济发展造成何种影响，进行价值评估研究（van Beukering 等，2003）。这一研究分析了公园生态系统在木材、粮食及纤维生产、供水、防洪、碳储存、旅游和水力发电供应方面带来的收益，以及这些收益在利益相关者之间的分配及其区域分布。

研究发现，保护森林及其生物多样性将会为该省带来最高的长期经济回报（95 亿美元，按 4% 的贴现率计算），以及使所有利益相关者，尤其是当地社区从中受益。然而，继续砍伐森林将会导致该省的生态系统服务功能退化，经济回报低（70 亿美元）。伐木和种植业的收益主要为短期收益，且会对其他利益相关者造成长期的负面影响。保护区管理者希望该评估结果将会有助于人们加大对古农列尤择国家公园的有效保护。

资料来源：van Beukering 等（2003）；雅加达邮报（2004）。

8.4.2　开展生态系统服务价值评估以获得决策支持

对生态系统服务进行价值评估，有助于评估不同方案的成本和收益，因此有利于合理的决策。例如，通过对各种资源利用机制进行比较，决定将保护区建在何处。这种价值评估还能为众多问题提供有用的答案，诸如：哪些成本效益的选择可扩大国家保护区网络？我们需要针对保护区周边的风景地貌及保护区边界内的资源利用情况出台哪些部门政策、使用机制和一般规定？国家保护战略应着重于哪些优先事项？对生态服务系统进行价值评估，哪怕只是局部 / 选择性的价值评估，都能帮助我们找到这些问题及类似问题的答案（参见专栏 8.6）。

专栏 8.6　用于决策支持的价值评估：智利的区域保护规划

在巴塔哥尼亚西部，47% 的领土受到法律保护。这引发的问题是：这些保护区是否位于保护该地区生物多样性和自然遗产的恰当地点。

智利研究人员对领土提供多种生态系统服务的能力进行了评估，估算出了每单位领土的生态系统价值（地图 1）。他们将巴塔哥尼亚保护区的当前地界覆加在该地图上（地图 2），并对威胁生态系统服务的各种因素加以分析，借鉴多准则评估和专家判断，对威胁的强度展开空间上直观的分析（地图 3）。这些威胁分布广泛，从全球性问题（例如，臭氧层减少）到对当地鲑鱼养殖的影响都有涉及。

这 3 个地图的对比表明：

1. 尽管保护区占地广泛，但现有保护区中具有高生态系统价值的领土占比微不足道；
2. 遭受威胁程度最高的是位于保护区之外的高生态系统价值区域。

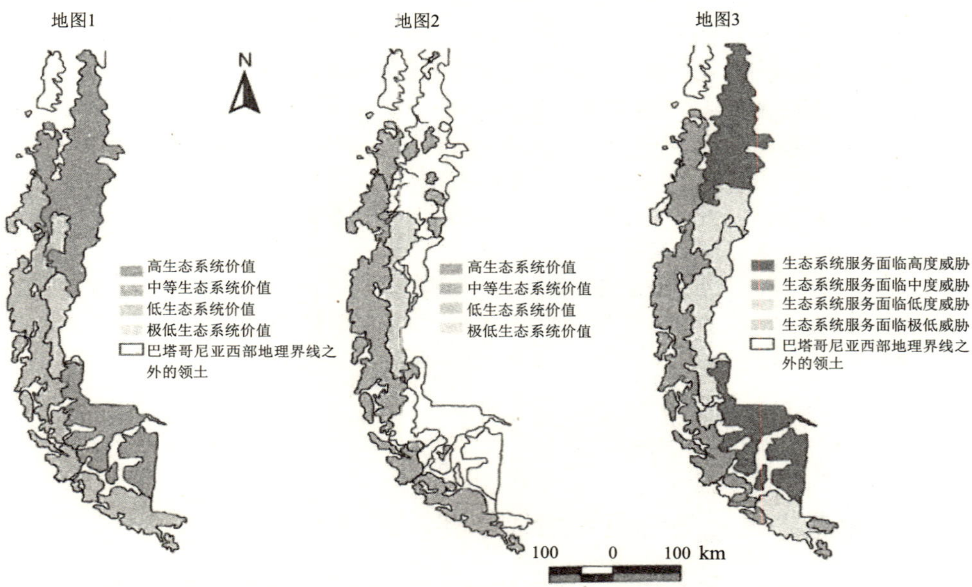

图 8.5　显示保护区分布和生态系统威胁程度的智利地图

资料来源：Martínez-Harms 和 Gajardo（2008）。

这项研究使区域保护规划者能够研究生态系统价值和威胁强度的复合变量所基于的假设。如果他们同意作者的方法，他们可以借鉴这些见解，补充和 / 或纠正他们的做法，例如，重新分配保护资金，并适当地在区域层面考虑管理行动的优先顺序。

价值评估可为保护区负责人和受保护区影响的人们之间的辩论提供依据，使替代方案所涉及的现实权衡和经济后果变得直观。价值评估通过对所需求成本和所保障的生态系统展开评估，对不同保护策略进行透明化估算。通过开展价值评估，我们至少能够部分地将生态方面的考量转化为得到更广泛理解的涉及技术性较少的争论，从而非常有助于公众确定优先保护事项。

价值评估研究并没有为人们面临的难题提供现成的解决方案。它们旨在为通过研究和实践积累了广泛生态和政治信息的人士，提供有用信息，便于他们开展关键性辩论，而非取代他们之间的辩论。倘若权衡导致关键行动者之间产生强烈的冲突，那么这些冲突无法通过价值评估研究得到解决。

价值评估研究的范围和设计会对结果产生影响。价值评估永远只能评定与保护区有关的收益的一部分。值得关注的是：由于专注于我们可以轻易评估的价值，我们可能会忽略我们无法评定的价值，如文化和精神价值。在开展价值评估时，我们需要做出多个选择：例如，我们所专注的生态系统服务内容，我们评估的时长，我们所做的有关生态系统未来状况的假设。这些选择意味着不同的研究设计将产生不同的研究结果。而这并不能代表其中一个是错误的，另一个是正确的。

价值评估也是一种价值判断，因此，政策制定者需要对研究的设计达成共识，并在考虑将其用于决策支持时注意其影响。为了克服这些挑战，一些机构（如新西兰环境保护署）选择把重点放在生态测量值上，从而衡量生态系统的服务功能。这种替代方法是基于这样的假设：根据生态标准，生态系统的维护和修复工作将会使服务功能得到维护和恢复。有证据表明，这种方法至少适用于某些生态系统服务（McAlpine 与 Wotton，2009；参见第 3 章 3.3 节，其说明了定性、定量及货币价值的组合如何能够最有效地呈现给保护区的价值）。

8.4.3　开展生态系统服务价值评估以应对社会影响

价值评估有助于分析环保的社会影响力，帮助我们追踪与提供生态系统服务和维护生态系统功能相关的成本与收益分配。通过开展研究，我们可以看清收益会被全球共享，但成本（维护工作、资源使用受限）则需当地居民承担，因此这种研究保护区的公平意义（参专栏见 8.7）。通过将这样的研究提升到国家制度层面，可以帮助政策制定者根据社会影响来确定保护工作的方向，并为不同地区设定不同的目标。即使专注于人类学的研究更适合于描述保护工作的复杂社会维度以及它们如何影响人们的生活，但透明度提高的比较分析法可以提高谈判成效和改进补偿方案。

专栏 8.7　斯里兰卡境内大象破坏的保险赔偿

人口的迅速增长和数十年来的暴力冲突加剧了斯里兰卡的贫困程度，并使得斯里兰卡的主要农村问题之一——人象冲突（HEC）加剧。大象每天要消耗 150 kg 的食物，它们对作物的袭击是斯里兰卡农村居民面临的一个严重的问题。在人口密集地区，瞭望塔和爆竹等防御策略并没有成为行之有效的长期解决方案。

为了探索解决这一冲突的替代方案，有关当局已经开展了一项调查，了解当地居民就所遭受损害而希望获得的补偿（例如，所需补偿程度）。调查显示：居民保护大象的支付意愿（WTP）超过农村地区所需的补偿资金额。

该调查之后，出台了首个针对斯里兰卡境内大象损害农作物的保险计划。2007 年，Ceylinco 保险公司提出了部分为企业社会责任和部分为利润驱动的保险计划。它向现有的寿险 / 车险投保人加收少量保费，并将这些保费存入日后用于支付补偿金的信托基金。这有效地将生态保护的财政负担转移给那些无须冒着生命和生计危险居住在有大量大象出没区域的城镇居民。

农民只要支付一笔象征性的费用，即可参与这项计划。除了用于补偿大象造成的损失之外，该保险计划还可以为投保的农民和农民子女提供福利及教育经费保险。该计划的进步性在于：土地所有权不是投保资质的考虑因素，因为遭遇大象破坏的很多农民是在政府土地上刀耕火种（游垦）的耕耘者。

依据农民受影响的生计程度对保护成本进行评估，使得人们认识到保护大象的社会意义。通过评估大众对大象保护的 WTP（支付意愿），最终促成解决这一问题的具体保险计划出台。

资料来源：PREM（2006）；印度环境门户网站（2007）。

通过价值评估清晰了解当地成本，可提高促进当地利益的保护力度。保护区在提高当地收益与最大限度减少当地成本上，都可大有作为。通过分享防止作物 / 畜牧遭到袭击的新技术和传统技术（例如，搭建围墙从而夜间保护牲畜，饲养看门犬和种植驱避作物），可以大大减少损失（Distefano，2005）。为当地居民找出收入替代来源，从而弥补资源使用受限，是更具挑战性，并对保护区的长治久安非常有价值的工作。这些替代来源可能包括保护地役权、生态系统服务付费机制（参见第 5 章）和旅游业。这些措施来源不仅需要一定的启动资金，而且要获得强有力的政治和持续高层支持。

倘若无法通过其他收入来源来满足保护区运营所需的成本，精心设计的补偿方案则能够填补此类资金空缺。因而，价值评估支持使用符合成本效益的补偿机制（参见专栏 8.7）。通过价值评估，更精准地衡量成本、收益及其分配，可降低补偿过少（保护成果让人质疑）或过多（造成稀缺资源浪费）的风险。我们需要为补偿机制建立行之有效的治理结构和简单易行的治理流程，以便限制欺诈风险和降低管理成本。此外，我们还需要确保相关交易成本不会超过补偿成本，否则这样的补偿也会以失败告终。举例来说，印度的一项研究表明，由于农民索赔的成本（例如，前往当地森林办公室的差旅费及时间损耗的机会成本）超出支付给农民的补偿金，农民往往望而却步，不了了之（Ninan 和 Satyapalan，2005）。

8.5 保障保护区的可持续融资

本节重点介绍保护区的资金筹措和生态系统服务估值在融资方面的作用。大多数国家对于该国规划、设计、建立和有效管理保护区所需的资金和可用的资金知之甚少。然而，人们普遍认为，创建和管理保护区的成本不菲。并且，在保护区资金需求和财政资源拨付之间还存在着很大缺口（参见 8.3 节），特别是在生物多样性集中、保护需求高的发展中国家。

经济学与价值评估可以在改善保护区融资方面发挥非常重要的作用。更好地了解财政缺口，有助于通过现有和新的机制调动资源，改善和扩大保护区系统的覆盖范围，获得更稳定的资金来源。

8.5.1 保护区是否存在财政缺口？

不同的研究得出的全球保护区成本估算值差距颇大，这主要是由于估算所依据的假设不同所致。例如，计入总成本的要素不同；所需的管理类型不同（严格的科学保护区及荒野地区需要的投资可能低于国家公园或栖息地 / 物种管理区所需的投资）[12]；面积和位置不同（陆地 / 海洋，发达 / 发展中国家在劳动力、机会成本和土地征用成本方面的差异）以及资源是用于管理现有的保护区还是扩张保护区网络。

文献中得出的保护区成本估算值跨度很大，从 12 亿～ 450 亿美元 /a 不等。前者仅针对发展中国家（现有的）运营良好的保护区网络，后者是针对覆盖全球 30% 海域和 15% 陆地的保护区网络 [13]（Balmford 等，2004；扩张的预期收益，参见 8.3.3 节）。其他研究者针对不同地区各种保护区扩张方案计算出的成本值都在此范围内（James 等，1999，2001；Vreugdenhil，2003；Bruner 等，2004；欧盟委员会，2004；Gantioler 等，2010）。举例来说，根据 Gantioler 等的最新估计，对欧盟 27 个成员国而言，管理欧盟自然保护区 2000 网络的年成本约为 58 亿欧元。Bruner 等（2004）认为：对于发展中国家来说，若其保护区系统覆盖全球最高优先级保护地块，这些国家所需管理费将增至 40 亿美元 /a，并将产生耗资 10 年、每年成本为 90 亿美元的土地征用成本（这依赖于国家的决心和土地征用机会）。

至于实际开支，目前用于全球保护区系统上的花费估计为 65 亿～ 100 亿美元 /a（Gutman 和 Davidson，2007）。这笔花费可细分为：发展中国家用于生物多样性保护的公共开支，为 13 亿～ 26 亿美元；发达国家为发展中国家保护区拨付的官方援助及非政府组织捐款和企业支出，共计 12 亿～ 25 亿美元；以及发达国家为自身保护区网络划拨付款项，共计 40 亿～ 50 亿美元。据最新出台的生物多样性公约显示：包括双边协定在内，提供给发展中国家的保护区援助有所上升，在 2008 年达到 35 亿美元（生物多样性公约，2010）。各国现有保护区的财政缺口规模各不相同。例如，在喀麦隆、加纳、厄瓜多尔、秘鲁和玻利维亚，目前的开支估计占到资金需求

20% ～ 70%（Culverwell，1997；Wilkie 等，2001；Ankudey 等，2003；Molina 等，2003；Galindo 等，2005；Ruiz，2005）。若以货币形式计算，6 个南美国家［即巴西、玻利维亚、哥伦比亚、智利、厄瓜多尔（加拉帕戈斯）和秘鲁］2006 年年度财政缺口总额估计为 2.61 亿美元。印度尼西亚的缺口大约为 1 亿美元 /a（Watkins 等，2008）。联合国开发计划署近期开展的一项覆盖拉丁美洲和加勒比地区的研究（参见专栏 8.8）表明：总的财政缺口约为需求的 45%，财政缺口最大的国家当数巴拉圭、乌拉圭和尼加拉瓜，而最小的财政缺口出现在玻利维亚和哥斯达黎加（联合国开发计划署和美国大自然保护协会，2010）。

专栏 8.8　在拉丁美洲和加勒比地区保护区（PA）的财政可持续性

针对拉丁美洲和加勒比保护区财政可持续性的最新研究揭示了该地区的财政缺口水平，但也表明缩小这种缺口是可实现和可负担的。

来自 19 个国家的官方数据显示：该地区可用于保护区系统的资源约为每年 4.02 亿美元。不同国家保护区系统的基本管理费用也大不相同：对于乌拉圭和萨尔瓦多来说，该费用约为 300 万～ 500 万美元之间，而墨西哥的需求超过 1.2 亿美元，巴西达到 3 亿美元。仅仅就基本管理活动而言，该地区保护区财政缺口（即财政需求减去可用资金）共计为 3.14 亿美元；若要开展更为严格的管理活动（优化的需要），财政缺口约为 7 亿美元 /a。

该研究指出，如果该地区的政府对保护区拨款预算每年增加 3 倍，则基本的管理成本可以得到满足。然而，这只是从 18 个国家的资金缺口报告推导出的平均系数。具体各个国家的系数大不相同（例如，在阿根廷和哥伦比亚，约 80% 的财政需求得到满足；而在如巴拉圭、尼加拉瓜和乌拉圭这些国家，仅满足了不到 30% 的财政需求）。

资料来源：联合国开发计划署和美国大自然保护协会，2010。

在将保障全球保护区网络有效运作所需的中位成本估计值 140 亿美元 /a（James 等，1999，2001），同目前全球可用于生物多样性保护的资金水平进行比较后（Gutman 和 Davidson，2007），我们发现：国际社会实际投资只占到有效管理现有保护区网络所需投资的 60% ～ 75%。然而，如按世界区域进行细分的话，这种概括性说法不再有效（参见图 8.6）。数字显示：较发达地区（北美洲、澳大利亚 / 新西兰）的保护区系统，相较于贫困和较不发达地区（发展中的亚洲、非洲）的保护区系统，获得了更多的支持。如果将全球最具代表性的保护区系统所需资金考虑在内，上述百分比将会更低。尽管这是最新估计值，但这些数字自公布之日起就会发生变化，特别是在欧洲建立了自然保护区 2000 网络之后。

8.5.2　筹集资金：现有资金来源和创新机制

来自各种国际资金和基金渠道的生物多样性融资为 40 亿～ 50 亿美元 /a，其中

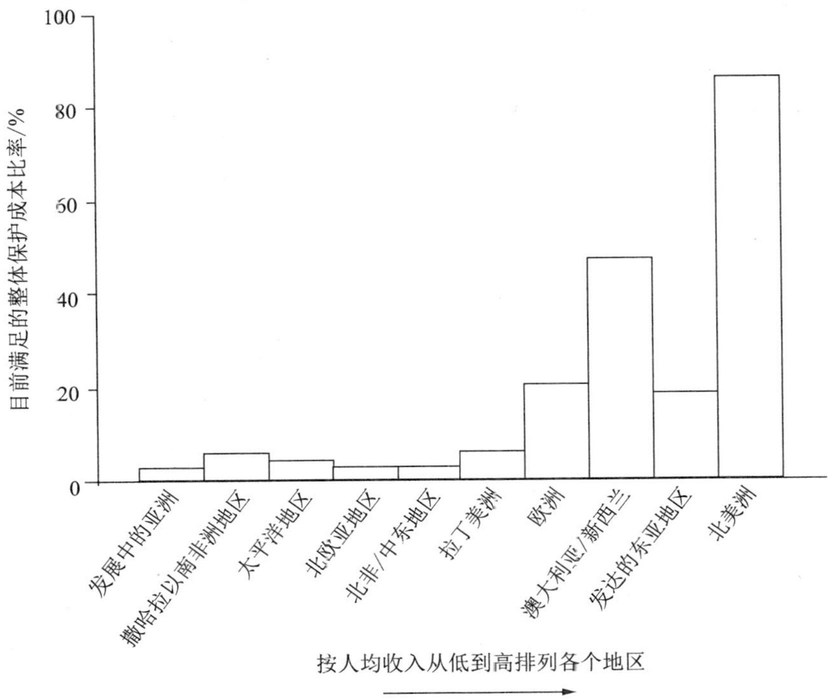

图 8.6　按地区排列的现有保护区财政缺口

资料来源：Balmford 等（2003）。

30% ～ 50% 的融资将会用于资助保护区（Gutman 和 Davidson，2007）。富裕国家提供了高达 35 亿美元 /a 的官方发展援助资金（ODA），且多以国与国的双边援助形式提供。其余的资金则来自全球环境基金（GEF）、其他联合国机构、国际发展署和多边发展银行管理的多边援助。尽管凭借生物多样性公约和世界自然保护联盟的努力，全球生物多样性保护意识有所上升，但用于生物多样性保护的投入在过去 15 年来，一直保持在较低水平（仅占双边官方发展援助总额的 2.4% ～ 2.8%；参见联合国环境规划署和生物多样性公约，2005；经济合作与发展组织，2009）。来自其他援助需求（如扶贫、农村基础设施、水供应、教育和卫生）的激烈竞争，很明显成为制约加大生物多样性相关活动支出的因素。

来自非营利性组织（主要是通过非政府国际环保组织、私人基金会和商业基金会）的资金投入，大概为国际生物多样性保护捐助了超过 10 亿美元 /a 的资金，但相关资料和数据相当零散（Gutman 和 Davidson，2007）。非政府组织支出方面的信息表明，分配给保护区和生物多样性的资金可能会更高一些。与官方发展援助一样，用于生物多样性保护的非营利性资金投入在过去 10 年中增长缓慢。究其原因，制约因素包括：公众意识水平、经济状况和各种环境优先事项之间的竞争。例如，国际社会对气候变化的关注吸引了更多的政治和商业支持，从而导致对生物多样性的关注节节败退。

以市场为基础的保护区收入每年能创造 10 亿～ 20 亿美元的资金来源（Gutman 和 Davidson，2007）。这些资金来源包括国际旅游，尤其是生态旅游，以及环保产品市场，如有机的、经认证和公平贸易产品（参见第 5 章）。这些资金来源已经在过去 20 年中得以迅速发展，并被寄予很高的期望，但它们对保护区的直接贡献仍然需要被审慎确定。

上面列出的 3 类资金可来自公共和私人领域，也可在保护区内部或外部产生（Emerton 等，2006），并可为地方、国家、区域或全球级的行动。

保护区的资金筹措还可以通过新的创新机制和手段来获得，譬如：设立许可和特许权、建立信托基金、创建和部署绿色发展倡议从而转让收益，建立生态系统服务付费机制，通过抵消计划或贸易创造国际生态系统服务市场（参见第 5 章和第 7 章）。全球公共物品的跨国及国际 PES（例如，通过联合国气候变化框架公约项下的拟定 REDD 方案实现的碳封存）是近来提出的最为突出的融资方案。其他方案还包括环境税和将企业、非政府组织、公共机构和社区联系在一起的公私伙伴关系。

表 8.3 列出了目前存在的主要保护区传统与创新筹资机制，对它们的优势与劣势进行评估。当今的大部分可用资金来源于传统的创收方法，如进入及使用费，旅游收费或来自非政府组织、基金会、私人及商业资源，官方发展援助或信托基金的供资。1991—2006 年，捐助国通过全球环境基金向世界各地的 1 600 个保护区投资超过 16 亿美元，范围覆盖 3.6 亿 hm^2（相当于蒙古和格陵兰岛面积的总和）。这种投资还充分利用了额外 42 亿美元的共同融资。因此，绝大多数国家会都建立国家级保护区系统。然而，一些传统机制（例如，债务免偿换取自然保护的交换协定）被证明过于繁琐且需要特定的条件方可运行。根据世界自然基金会保护财政中心汇编的数据，在过去的 15 年里，商业债务免偿换取自然保护的交换协定产生的总融资仅为 1.12 亿美元。

尽管资金来源有所增加，但这样的机制仍然未能提供建立全面和具有生态代表性的保护区系统所需的资金，从而实现生物多样性公约之目标（参见 8.6 节）。在 2008 年 5 月举行的生物多样性公约缔约方大会第九届会议上，国际社会反复重申资源不足仍是阻碍保护区规划、设计、建立和有效管理的一个主要障碍，特别是对发展中国家和经济转型国家更是如此。

该会议还指出：包括基于市场的各种做法在内的创新机制，可以补充（但不能替代）公共资金和发展援助（生物多样性公约，2008a；关于公私伙伴关系，另见联合国环境规划署和生物多样性公约，2006）。表 8.3 列出了几个这样的机制（例如，生物探勘费用及合同，绿色彩票）。很多机制仍在测试中，还需要开展能力建设活动来推动机制的设计和使用。然而，得益于其设计的灵活性，诸如 PES 和 REDD 这样方案已经能够吸引未来发展所需的政治支持，并开始汇聚四方力量。而其他的倡议——比如融资体制的改革和国际环境税，仍需慎用（Verweij 和 de Man，2005）。

8.5.3　成功融资的框架

传统上来看，保护区的财务规划一直注重吸引国际捐助者，而缺乏一个强有力的监管框架或促进变革的激励机制。在实践中，由于以下要素，如对财政需求与缺口开展的准确评估、降低成本的策略、收入来源的评估与多元化策略、业务计划或用于区分收入分配优先顺序的框架，很少能给保护区的财务规划带来切实的好处。所以只有少数几个国家（如厄瓜多尔、哥斯达黎加、秘鲁、巴西、哥伦比亚、格林纳达和欧盟）的财政计划在系统层面上纳入这些要素（欧盟委员会，2004）。

接下来，本节将介绍更成功地为保护区融资的四大步骤。

（1）创造市场和推广以市场为基础的工具

经济激励措施可弥补生物多样性私人价值和公共价值之间的差距，为全球公共领域面临的问题提供解决方案，并坚定人们保护生物多样性的努力和决心（参见专栏 8.9）。基于第 5 章中的讨论，为来自保护区的商品或服务创造市场需要消除贸易相关壁垒和加强公众对其重要性和特性的认知。为此，我们需要建立起权属关系明确稳定的财产权和 / 或使用权，以及为该保护区所提供产品和服务创造信息工具。

专栏 8.9　利用旅游收入支持萨马迪珊瑚礁区的海豚保护

萨马迪珊瑚礁区，位于红海的埃及海岸线，是一个因飞旋海豚（*Stenella longinostris*）而闻名的地区。因此，珊瑚礁区是备受旅游经营者重视的地区（如潜水）。当地于 2004 年通过了一项旨在保护萨马迪珊瑚礁区可持续发展的规划，为环保事业与旅游行业带来可预见的长期收益。该规划的实施增进了该地区海豚的活跃度，并提高了该地区珊瑚礁的生长速度。游客数量被控制在该地区能承受范围之内（200 人 /d），但游客所带来的收入仍然超过 50 万美元 /a。该收入被用于维护保护区，改善保护状况。作为良性循环，这些举措又大大推动了当地旅游业的发展。游客的环保态度和旅游体验也通过提高公共意识得到改善。

资料来源：Fouda（2010）。

资源衍生权利的持有者（土地所有者、拥有使用许可的人等）将会在很长的时间跨度内最大限度地发挥他们的资源价值，从而优化生物多样性的利用、保护与恢复——这正是开创生态资源市场所基于的前提（经济合作与发展组织，2008）。简单来说，这意味着：

1）需认识到保护区产生的生态系统服务和收益将造福于大众（不论是在当地或全球范围）；

2）需对保护区所涉及的产权有清晰的认识；

表 8.3　保护区的现有筹资机制，包括关于保护区成效的经验教训

资金来源	可用工具	地理区域			优　势	劣势 / 需要改善的表现
		L/R	Nat	Int		
私人	保护区进入与使用费	×			保护区融资的核心组成部分	更好地计算价格；在进行采掘 / 收获使用时引入生态可持续性概念
私人	旅游相关收入	×	×	×	可收回资源成本；可捕捉游客的支付意愿；旅游市场的多样化；农村 / 地方发展；可用于满足管理需求	改善设施；改进提供和销售这些服务的专业知识；改进价格和收费的计算
私人	可持续性农村 / 当地产品的市场	×	×		可推广和传播资源的价值；可帮助树立保护区品牌；促进地方 / 农村发展；款项被分发给当地社区；开展认证增值服务	加大认证所需的投资；需进一步加大市场 / 营销力度
私人	创新型商誉融资工具（基于互联网的工具等）	×	×	×	以全球“小额”出资者为目标的创新型资金来源；扩大资金来源渠道是关键	需制定特定政策和划分目标市场；使融资工具成为政策主流工具；需要引入新的创意和市场营销理念
私人	绿色彩票	×	×	×	筹集资金的新兴工具；受到消费者和广大公众青睐；针对生物多样性项目融资时效果更佳	需要加大宣传和营销
私人 / 公共	非营利性组织（非政府组织、基金会、信托与慈善机构）资助	×	×	×	总的来说，是在保护区层面或物种层面提供的重要资金来源；可以调动参与者的捐助热情	需维护和提高捐助者和保护区的公共利益；增加与捐助者 / 公众的互动；开发新的保护区市场营销方案
私人 / 公共	所有生态系统服务（PES）的（国际）市场和绿色市场		×	×	活跃度近来有所加强；生态系统服务开始创收，不再只是被白白使用；可向服从保护区管理的土地所有者提供补偿	需要制定设计方针、扶持政策和法律框架；改进用于建立生物物理联系的方法；设定价格；监控服务的交付
私人 / 公共	生物探勘		×	×	与保护区直接挂钩；可以开发重大潜力调动更多资金	研发与管理成本；需要高度专业化的知识；需要将获取自然资源与收益分享（ABS）相结合
私人	公私伙伴关系和企业—公共—非政府组织的合作伙伴关系	×	×	×	可以在企业社会责任背景下不断提升；很多国际融资机构也提供了相应的解决方案（应对气候变化，消除贫困等）；存在经验；在应用上具有灵活性和适应性	“继续完善”；当地 / 区域实施可更为稳定

资金来源	可用工具	地理区域			优　势	劣势 / 需要改善的表现
		L/R	Nat	Int		
私人	企业自愿性标准		×	×	可用于保护区发展的可持续措施；虽然没有带来可投入到保护区系统中的实际资金，但可促进保护区的可持续管理和地方发展	并不是适用于所有企业，因为即使对于引入者 / 领导者而言，标准的成本依然高昂
私人	企业的商誉投资（例如，企业社会责任，CSR）	×	×	×	提高对保护区的企业支持 / 赞助力度	需要维护和增大保护区的利益，加强与私营部门的互动，开发新的保护区市场营销方案
私人	风险资本和投资组合（绿色）投资		×	×	以可持续方式筹集企业资金的潜力；资助保护区和物种；支持保护区附近中小型企业的环保产业	高昂的行政成本；可能会产生低回报和失去来自资本家 / 投资者的支持；提供与这些机制相关的企业减免税可进一步加大企业的支持力度
公共 / 私人	生物多样性总量管制与交易制度和市场化工具（MBI）（例如，抵销交易、栖息地银行）			×	可以在保护区内（但大多是保护区周边）提供帮助工具；可以调动大量资金；可以为生物多样性及其服务创造市场	行政管理成本支出；在全球层面实施和登记 / 监控；可能需要进一步研究等效方法及其应用
公共 / 私人	碳排放许可（使用部分拍卖所得）		×	×	可提供用于保护区的补充资金；应对气候变化和生态系统融资需求之间的协同效应可得到加强	拍卖 / 许可所得收入在各种环保用途之间的分配竞争
公共	政府预算拨款	×	×	×	保护区资金的核心来源，但不足以支持整个保护区的运转	保护区资金锐减的证据；其他优先事项经常与之竞争，需要加强政策整合使保护区主流化
公共	专款专用公共收入		×	×	有可能满足保护区和生物多样性保护的资金需求	相当难以实现：即使针对环境保护预留了相当资金，不同的环境目标 / 政策之间仍然存在资金分配竞争。
公共	与环境有关的税收（国家或国际）		×	×	推出或提高与国际贸易挂钩的税收；部分产品与自然有关（木材等）；其他产品（航空、航运）具有环境性质，但可被接受	不同环境保护活动之间存在资金分配竞争
公共	环境税改革		×	×	改革国际货币交易征税可以产生用于环境目的（气候和生物多样性）的重要资源	环境税改革需要有政治意愿；国际社会需要做出更多努力

资金来源	可用工具	地理区域			优　势	劣势 / 需要改善的表现
		L/R	Nat	Int		
公共	改革补贴制度（农村生产、渔业等）		×	×	可为保护区的土地所有者和使用者提供补贴，使资源得以可持续利用，或有利于保护区管理的实施	更好地计算价格 / 补贴，补贴的设计应更加环保（农业环境措施），但很难达成共识并在全球层面加以推行
公共	收益分享与收入共享	×	×		保护区资金的组成部分；抵消当地机会成本；提高地方资金的到位率；开拓发展来源；改善收益分享	需要进行设计，并与当地 / 国家主管部门进行沟通；监督实施，以便证明收益
公共	国际货币体系中的改革			×	改革国际货币交易税可产生用于环境保护（气候和生物多样性）的重要资源	在全球范围内推行这种税收需要在政治上达成共识
公共	双边和 / 或多边援助（及全球环境基金）			×	保护区资金的主要来源；保护区直接预算支持的资金来源	保护区资金锐减的证据；其他优先事项经常与之竞争，需要加强政策整合使保护区主流化
公共	债务免偿换取自然保护的交换协定		×	×	可以为保护区或特殊区域提供大量及可靠的资金；通过可持续发展和扶贫，向保护区供资	这一工具处于衰退状态，因为在说服捐助者 / 政府释放大量资金方面存在困难；难以说服保护机构为未来投入大量资金
公共	开发银行与机构		×	×	大型机构，大量资金，但不会有提升空间	与其他环境目标 / 千年发展目标（MDG）混合的生物多样性优先事项；官僚主义；起动阶段的花费不菲，但经常性成本耗费并不多
公共	通过绿色发展倡议（GDI）达成的长期官方发展援助承诺	×	×	×	帮助从发达国家 / 发展中国家转移资金到较不发达国家，GDI 可以实现千年发展目标，并协助当地需求	需要在全球层面上制定指导方针和立法框架，改进用于建立生物物理联系的方法；设定价格；监控服务的交付，评估转移效率

缩略语：私人（Pri）、公共（Pub）、当地（L）、区域（R）、国家（Nat）、国际（Int）、中小型企业（SME）。

资料来源：Emerton 等资料的汇编，2006；联合国环境规划署和生物多样性公约，2005；BrSuer 等，2006。

3）需承诺开展有效管理，以减少保护区的压力，使保护区能够继续提供服务；

4）需能确定全球性和地方性的受益者，宣传他们所获得的服务价值；

5）建立一个有效机制，以收集来自全球及当地受益者的付费 / 支持，并将其拨付用于资源的有效管理。

（2）解决资金的不稳定性，创造一个多元化的收入组合

即便项目获得了资金支持，并配套有适当的机制保障来自受益者的资金被转移至资源的后续发展，也没人能保证长期成功。往往项目开始得很顺利，期望值也很高，但随后却因各种理由而夭折。一种常见的情况是：捐助者只在保护区管理计划的初始阶段予以资助，然后就转而资助其他保护区，或者断然改变资助条件，没有及时拨付资助资金。在其他情况下，资金流出乎意料的崩溃断流，会对保护项目的稳定性造成巨大影响。有时候，政府的支持或公众机构的支持可能不够强大，无法长期提供所需资金。

这些风险凸显了在尽可能广泛的范围内拓展保护区多元化收入来源的需求。这需要尽忠职守的管理层共同努力，并与可能有意在该地区经营的潜在捐助者和有关行业搞好关系。同所有潜在资金来源方建立联系，有时可能会卷入保护区不同受益者之间的高风险冲突。

将不同的资金来源交由一个共同机构管理并不是件易事，但在独立行事与独立机制将会导致资金无法顺利交付的高风险情况下（主要在于该国的体制问题），这不失为一个解决方案。由于这些原因，建立信托基金来管理由保护区直接产生的收入和来自国际捐助者的资金，往往是一个更好的解决办法（参见专栏 8.10）。

专栏 8.10　塞拉利昂境内一个新保护区网络的筹资选择

塞拉利昂政府向全球环境基金申请资金，用于创建一个全国性保护区网络。保障该网络可持续融资至关重要。由英国皇家鸟类保护协会、塞拉利昂国家环境委员会和塞拉利昂保护协会所负责的一项研究表明：虽然有几个潜在机制能够为保护区产生收入（债务转换安排、质押机场建设费、出售碳信用额、来自采矿业的捐赠、全球环境基金、非政府组织的支持），设立信托基金仍将是建立可持续财政保障的最佳解决方案。因为这将有助于汇集各种可能的收入流，并确保对收入流的有效协调。

这个提案背后的原因是塞拉利昂无力产生可靠的可持续收入，而且对一系列一次性注资的依赖将引发资金链的脆弱。

资料来源：英国皇家鸟类保护协会等（2006）。

任何个人资金来源和机制很可能会随着时间而发生变化（例如，限制可用资源和改变拨款的优先次序）。因此，资金来源的多元化投资组合，包括来自公共和私有机制的资金，可提高保护区融资和管理的长期可持续性。

（3）解决保护区筹资的可能社会影响

生态旅游作为一个保护工具被广泛推广，并在世界各地的保护区内积极推行。从理论上讲，如果保护区内部和外部不同利益相关者所获得的收益与他们所承担的机会成本是相称的，则他们会提供最大化的支持。反之，利益相关者之间的利益分配不均会使他们对生态旅游和保护措施的支持减弱，甚至导致生态旅游和保护措施失败（参见专栏 8.11）。

专栏 8.11　中国卧龙自然保护区内的收益分配不平等现象

对大熊猫卧龙自然保护区中生态旅游资源衍生收益分配的研究表明：四个主要利益相关者群体之间存在两种类型的经济收益分配不均。这引发了各方冲突，最终导致保护区保护目标的无法实现。

首先，当地农村居民和其他利益相关者之间存在明显的不平等现象。当地农村居民与农民共同承担了大部分的保护成本，但三个关键生态旅游领域（基础设施建设、宾馆 / 饭店、纪念品销售）中的大部分经济收益（投资、就业、商品 / 服务）都流入保护区之外的利益相关者手中。此外，即使在保护区居民之间，收益分配也是不平等的。受益于生态旅游资源的农村家庭大多位于主要道路附近，也比远离大道居住在自然区内的家庭更少受到来自大熊猫栖息地的负面影响。这种收入分配差距很可能导致自然区内家庭不愿支持保护活动，虽然他们的活动才是破坏大熊猫栖息地的主要原因。这个问题可以通过加强地方参与、增加当地产品使用和鼓励农民家庭搬迁到靠近生态旅游设施的地点来加以解决。

资料来源：He 等（2008）。

（4）更好地运用可用资金

为保护区提供充足的财政资源本身并不能保证保护区得到有效的管理。重视合规性才是保障保护区有效运行的关键——由于宝贵和稀缺资源所面临的压力一直存在，所以必须通过强制执行现有的限制规定来加强对保护区的保护（参见第 7 章）。

为了加强适当的保护区管理，就需要良好的监督机制来监控特定地点承受的压力，衡量既定目标的达成进度，评估资金的使用效率，以及确定需要完成的工作（参见第 3 章）。很多研究人员和从业者早就认识到：缺乏监管是导致保护区保护措施失败的一个关键原因。此外，在决策制定过程中未能充分调动社群 / 公众参与热情也是导致保护区滑铁卢的原因（参见专栏 8.12）。在保护区内部和地方或区域行政机关内开展能力建设，可以帮助实现更高效的管理和更有意义的保护。

专栏 8.12　巴拿马森林保护区监察工作的重要性

保护区是森林保护的基石，在减少森林砍伐率上发挥着重要的作用。对巴拿马境内 9 个保护区的研究表明：为了减少森林砍伐现象，有关当局需要推行更严厉的监管措施，提供更强大的资金后盾和厉行更强有力的综合治理。但仅靠这些因素并不足以保护森林。在保护之余，重视社区参与程度及确保公平收益分享，才是解决 REDD 实施项下潜在问题的最佳方法。

资料来源：Oestreicher 等（2009）。

8.6　加强政策及体制支持

保护区的成功建立和管理，以及相关收益的实现，需要多层面的政策支持和有效的体制框架。本节拓宽了第 8.3 节至第 8.6 节中的分析范围，讨论更广泛的政策，为保证保护区实现自身目标和创造社会效益所需要的体制和利益相关者背景。

8.6.1　保护区的重大政策举措

很多国际性和区域性协定、条约和计划侧重于阐述保护区的建立、管理、资金投入和重要意义。与此同时，一些国际组织，如世界自然保护联盟及其定期全球会议和世界保护区委员会，促成全球在保护区关键问题上达成共识。在欧盟，自然保护区 2000 网络构成了欧洲最珍贵物种和栖息地保护的政策基石。

2004 年 2 月，国际社会通过采纳生物多样性公约保护区工作方案（PoWPA）做出了迄今为止最全面、最具体的保护区承诺（参见专栏 8.13）。该承诺基于第五届世界公园大会的决议（德班协定），决意发展一个由社会给予可持续资助和支持的全面保护区系统。PoWPA 通过强调成本和收益的公平分享，认可不同的治理类型，并将管理有效性和多重收益摆到突出位置，提供了一个全面的全球行动执行计划。因此，它可以被认为是未来数十年内的保护区“蓝图”（Stolton 等，2008c；Chape 等，2008）。

8.6.2　保护区的体制要求

成功的保护区体制结构通常包括对以下要素的承诺：

1）跨多元化保护区组合的一套共同目标；

2）学习、能力建设和适应性管理的文化；

3）关键保护区参与者和利益相关者之间的协作；

4）对保护区生态、经济、社会、文化价值和福利的充分肯定；

5）充分监察和适应生态与社会条件的能力（Slocombe，2008）。

保护区的体制结构还包含权威、能力和意愿等要素，以便推广资源的可持续利用，促进成本和收益的公平分配，支持不同的治理类型（Barrett 等，2001）。

专栏 8.13 生物多样性公约保护区工作方案

由 188 个生物多样性公约缔约方于 2004 年通过的生物多样性公约保护区工作方案（PoWPA），是史上最雄心勃勃的环保战略之一，旨在于 2010 年（陆地）和 2012 年（海洋）之前建立全面、管理良好、具有生态代表性的国家和区域保护区系统。尽管这些目标不一定会在目标日期内完成（参见下文阶段性时间表），但已经取得了成功。今后，PoWPA 将会更新，以反映新的全球生物多样性目标，公布生物多样性公约第十次缔约方大会（2010年缔约方大会）所商定的时间表。

PoWPA 第一阶段（2004—2006）可能达成的主要成果

1. 保护区的“总体规划”：为保护区系统制定一个“总体规划”（关键要素包括，如：填补生态空白的计划；确保财政资源；能力建设；促进管理安排；解决的政策、立法和体制性障碍）。

2. 研究和评估：审核保护区“总体规划”的完成情况，涵盖诸多内容，如：保护区的社会经济贡献，保护区系统和治理类型的生态差距。

3. 新的保护区：在需要采取紧急行动的地点建立新的保护区。

PoWPA 第二阶段（2007—2008）可能达成的主要成果

1. 威胁：落实解决主要威胁的机制。
2. 财政资源：保证充足的财政资源。
3. 标准：通过适用于保护区所有主要方面的标准。

PoWPA 第三阶段（2009—2015）可能达成的主要成果

1. 有效的保护区系统：建立全面、具有生态代表性和管理良好的保护区系统。
2. 将保护区融入更为广泛的陆地与海洋景观中。

资料来源：Dudley 等（2005）。

成功建立和管理保护区需要在不同制度层面（如不同部门、利益相关者和政府机构）建立协调机制。这有助于在有效沟通的基础上进行管理规划，显著提高环保支出的效率和成效。信息的沟通和交流（如利益相关者论坛、机构间小组）是这个过程的核心部分。

提高监察能力是保障体制透明度的另一个重要要素（参见 8.5.3 节）。这需要利益相关者达成共识，并建立在明确的目标和可衡量的指标基础上，以共同解决保护区所面临的压力，改善生物多样性和生态系统服务状况为目的。保护区的有效监察有助于证明保护区确实能给生物多样性和人类带来经济利益，因此值得投资。

8.6.3　成功管理的关键要素

现有六个要素被认为是聚集四方之力和联合社会各方的关键要素（政策制定者、民间社会、原住民、地方社群和企业）。这“六大要素”应纳入地方、国家、区域和全球各层面保护区政策和体制结构，并转化成实际行动。

专栏 8.14 用密克罗尼西亚联邦的保护区范例，显示了这些要素如何有效地结合到实际工作中。附件 8 举例说明生物多样性公约、拉姆萨尔湿地公约、世界遗产公约和联合国防治荒漠化公约（UNCCD）项下的某些决议如何对这些关键要素进行运用。

专栏 8.14　保护区实施的密克罗尼西亚挑战承诺

密克罗尼西亚挑战是由密克罗尼西亚联邦、马绍尔群岛共和国、帕劳共和国、美属关岛和美属北马里亚纳群岛联邦的行政长官所做的承诺：在 2020 年之前有效地保护跨密克罗尼西亚至少 30% 近岸海洋资源和 20% 陆地资源。它是一种由地方政府同盟发起的、在国际层面得到认可并与当地社区合作实施的保护模式。

密克罗尼西亚挑战论证了六大关键要素：

1. 能力：由技术工作组提供支持的地区性技术支持团队，囊括了范围广泛的合作伙伴，确保全体成员国具有足够的能力履行该项目。

2. 资本：大自然保护协会和保护国际基金会共同承诺提供 600 万美元，以便将获得额外的 1 200 万美元用于挑战的第一阶段。各国领导人及其合作伙伴正致力为这项承诺筹集配套资金。作为新的“太平洋可持续发展联盟”倡议的部分内容，全球环境基金已经承诺提供 600 万美元的捐款。而这正好与密克罗尼西亚保护信托基金的成立不谋而合。

3. 协调：密克罗尼西亚挑战筹划指导委员会和合作伙伴已经制订了全面的战略计划，以便通过清晰界定各个合作伙伴的角色和职责，确保工作的协调进行。

4. 合作：包括参与国政府、非政府组织和当地社区在内的所有合作伙伴之间展现了较高的合作水平。

5. 承诺：每个政府都做出了明确的公开承诺。次国家级的利益相关者（包括当地社区和纳入地方管理的海洋区域）也做出了明确的承诺。

6. 通讯：一个专门的工作组已经制定好了区域性的通讯策略、地方通讯计划以及区域性宣传材料清单，以便开展全球范围内的宣传。

资料来源：http://micronesiachallenge.org。

8.6.4　促进一致性和协同性：气候变化范例

政策制定者需要将保护区政策与其他政策协调起来，以确保宏观政策的一致性并创建协同增效的机会。加大保护区政策和气候变化政策之间的联系，就是其中一个示例。更好地管理、协同、治理和资助保护区发展是减缓和适应气候变化的关键。

发展保护区对于防止碳排放进一步恶化至关重要，并能够对减缓气候变化的总体战略做出重要贡献。当前共有 312 Gt 陆地碳储存在现有保护区网络中。如果这些碳流失到大气中，这将约等于 2004 年全球人为二氧化碳排放量的 23 倍（Kapos 等，2008）。在未来，随着政府继续在北极、热带雨林和北方针叶林地区指定新的保护区，保护区在这方面所做的贡献肯定还会增加。

然而，保护区通常不会被考虑在当前的 REDD 讨论和战略中，因为在人们的印象中，保护区内的碳是安全的，而且这些地区不会提供额外的碳封存。但是，保护区仍然容易发生退化，全球有相当数量的保护区处于管理不善或管理不当中（Leverington 等，2008）。有效设计和管理的保护区综合网络能够确保其储备的碳资源在可预见的未来得到有效保护。因此，保护区综合网络应被视为一种主要的 REDD 策略。此外，我们还需要尊重保护区综合网络的额外需求，以确保真实、可测量和长期减排。

联合国气候变化框架公约（UNFCCC）承认了生态系统恢复力的价值（第 2 条），并在其第十四次缔约方大会上引入“基于生态系统的适应性”的说法。然而，保护区对生态系统恢复力和基于生态系统的适应性的贡献，尚未得到明确承认。全球气候适应性不能也不应该通过人为的基础设施得以完全解决（参见生物多样性公约特设技术专家组，2009；Campbell 等，2009）。相反，在适当情况下，应将基于生态系统的适应性纳入抵御气候变化的系统。精心设计、管理良好及在生态上密切相关的保护区协调网络，是应对气候变化最强有力的措施之一，且应该是基于生态系统适应战略的重要组成部分（Kettunen 等，2007）。

8.7 创造保护区的可行未来

提高对保护区的支持是对社会的福音。因为通常来说，保护区带来的全球收益（即通过保护区内生态系统提供的总收益）远远超出其成本。从全球来看，保护区带来收益和成本之间的差异比例如此显著，甚至允许分析中出现不可避免的不精确性（即使分析误差超过一定数量级，仍不会影响这些基本结论的正确性）。即使没有任何国家或国际组织为其获得的保护区生态系统服务收益付费，该保护区在地方级带来的收益仍然大于其成本（此种情况下，保护区收益与成本之间的比值并未考虑保护区带来的广义影响）。对保护区所提供的服务进行收费可以提高保护区的经济吸引力，并帮助保护区成为地方发展的推动力。

我们可通过将保护区进行细分，来进一步保护在物种和栖息地方面具有特殊价值的生态系统。新海洋保护区仍具有很大的开发潜力。目前海洋保护区面积仅为领海面积的 5.9% 和公海面积的 0.5%（参见 8.2 节）。我们还可以通过加大对现有保护区的投资或管理费用的拨付，解决资金缺口，帮助其实现在保护生物多样性和在地方、全国及国际范围内发挥重要生态系统服务功能的潜力。

制定推动收益和成本公平分配的政策，也是我们面临一个重任。保护区获得的收益往往分布广泛且具有长期性和市场不可流通性。而保护区的成本则显而易见。此外，将土地转换为其他用途带来的盈利潜力更具有短期性和集中性。在地方和国家层面（有时）来看，保护区代表的到底是净收益还是净成本，取决于当地权利的承认情况、当地社区的参与度、保护区是否实现了收益最大化和成本最小化的管理、是否创建了能够使受益人据其所得进行付费或投资的机制。此类政策能提高保护区的公平分配，优化它们对人类福祉的贡献。

政策制定者可以通过有效的国家框架（如明确的法律依据、政策一致性、利益相关者之间的合作）及恰当的资金模式，为有效管理提供正确的激励措施和稳定的财政支持，加强保护区的实效性。这些政策在提高保护区国内及国际形象，鼓励利益相关者的积极参与方面发挥着关键作用。

对保护区内生态系统的收益和成本进行价值评估，可以体现出保护区给生物多样性及人类带来的多重收益。估值结果可以用来支持决策和筹资决定（例如，证明对生物多样性进行保护实则是一个具有社会经济吸引力的选择）。但同时，我们需要对估值结果进行适当的解释，并将其融入完善的管理流程中。估算保护区的货币价值有助于将生态关注转化为具有说服力的经济论据。但我们必须在保护区的治理大局内考虑这些经济论据。需要强调的一点是：可持续性利用和扩大化的补偿方案不能使保护区对所有人产生吸引力。因此，确保各方遵守联合议定的保护区规则，对决定保护区成败非常关键。

保护区的当前支出与资金需求并不匹配。在保护区资金筹措上明显需要有一个综合的多层次政策响应机制和长期愿景，以弥补目前的资金缺口。实现这一目标的途径包括：更好地与公众沟通，使公众了解保护区资金投入所能产生的积极回报，并获得公众对创新机制和经济手段的支持。

虽然业内人士还在精算保护区融资需求的数值，但生物多样性公约和保护组织应考虑设立一个全球生物多样性保护的筹款目标，并调动各方力量筹措资金。生物多样性公约第九届缔约方大会（波恩，2008）要求各国明确支持生物多样性公约保护区工作方案的财政目标：第 IX/18 号决议（生物多样性公约，2008a）。这个决议为统一行动铺平了道路。

为了实现未来的筹资目标，需要采用合适的战略措施解决资金缺口。由于保护区全球网络不断扩大，且保护区项目几乎存在于所有国家，全球对保护区的资金投入已取得长足进展。生物多样性公约缔约方在 2008 年通过一个总体战略，调动各方资源来实现生物多样性公约的目标，包括改善保护区融资状况（生物多样性公约，2008b）。该战略解决了阻碍获得生物多样性资金的主要障碍，但仍需要各个利益相关者齐心协力把它转化成为实际行动。

加强合作，无论南北还是南南合作，对扩大保护区资金基础而言都是必不可少的措施。专用全球基金或金融机制的设立，有助于有效地调动和集中资源。通过改革无益补贴减少对公共融资的负担，同样有助于为保护区增流节源（参见第 6 章）。可进一步利用现有和新兴的环境金融工具来解决财政需求，例如 REDD 讨论强调了气候变化和生物多样性目标之间的潜在协同效应（参见第 5 章）。以市场为基础的金融工具可以为保护区带来大量的额外资金，例如，来自消费者和商界的资金投入（参见第 7 章）。

我们应将保护区获得的明确国际政策承诺和体制支持，通过协调一致的共同努力，转化成为具体的行动。当前全球金融危机提供了一个机会，让我们打造一个连通全球自然系统的新经济体系，并用其取代分离的消耗自然资本的经济体系。我们需要采用充分考虑生态系统保护的收益与成本的一系列长期经济措施。这种措施包括对全球保护区网络进行投资。

注释

1. 已由作者更新，将通货膨胀和农业灌溉土地增加纳入考虑。

2. 对著名文化重要遗址的参观，如秘鲁的马丘比丘或柬埔寨的吴哥窟，为重要的特殊情况。

3. 管理成本可以有效地分为经常性成本（如，人员工资、燃料、设备维护、社群接洽 / 参与、监督与评估，地点级别管理），前期创立成本（如，与利益相关者磋商、科学研究、边界勘定、土地 / 设备采购、施工）和用于提升管理和升级保护区的后续投资（如，基础设施建设、修复或其他方面的改进）。应强调的是很多现有保护区的关键创立活动尚未开展。

4. 一方面，这些估算所依据对生态系统产品和服务的估值均受到批评，参见 Toman（1998）。另一方面，这项研究通过比较原始生物群落区所提供的商品和服务与转型后生物群落区所提供的商品和服务，在计算边际收益而非保护总收益的方法论方面取得了重大的进步。

5. 所涉国家为津巴布韦、肯尼亚、桑给巴尔、乌干达、印度、蒙古和中国。

6. 虽然所给出的平均值是用于说明目的，但在现实中，数值将因各地情况不同而发生明显变化，这取决于生态系统的状态、生态系统所提供的服务、生态系统与受益人之间的空间关系以及受益人的社会经济地位（关于更多讨论，参见第 1 章和第 4 章）。

7. 考虑到估值研究的范围限值，并非所有的生态系统服务都包括在内。此外，平均值已经排除一些高离群值，以避免对示例性平均值产生不当影响。这些值可以说是保守的。

8. 考虑到保护区本就是建立在农业价值较低的土地上，并远离交通运输基础设施系统，这意味着其所涉及的机会成本会比主动森林砍伐地区的机会成本低得多（Gorenflo 和 Brandon，2005；Dudley，2008）。所以，与 Balmford 等（2002）的数据相比，此处收益与成本比值的差异，可以被合理预期。

9. 这个角度（竞争性方案产生的净收益）和这些比值不能直接与前面两种评估（保护的收益 / 成本）进行比较，并预计将产生一个非常低的比值。该些数值低于广泛的 100 ∶ 1 的数值，这是因为计算中包含了持续的服务供给，同时也因为机会成本的显式积分（这些都是土地用途转型潜在收益的核心部分）。此外，本节研究列入的生态系统产品和服务子集小于开展收益 / 成本评估列入的子集，这表明保护收益的估值是保守的。

10. 按照图 8.4 研究所显示的国家层面累积的收益百分比，通过修改 Balmford 等（2002）所报道的收益与成本全球比值，计算而得。

11. 生存与碳封存被假设为纯粹的全球价值。

12. 参见国际自然保护联盟的管理类别。第一类至第四类（严格保护区和国家公园）在陆地上的费用为 60 ～ 240 美元 /（hm^2/ · a），而在小型海洋公园的花费为 1 000 美元 /（hm^2/ · a）以上。

13. 包括管理成本和机会成本。

致谢

作者谨向以下人员表示感谢：Sarah Andrews，锡尔迪金，英国；Giles Atkinson，伦敦政治经济学院，英国；Tim Badman，IUCN，全球；David Baldock，IEEP，英国；Basanglamao，三江源自然保护区，中国；Peter Bridgewater，JNCC，英国；Deanna Donovan，JNCC，英国；Brendan Dunford，爱尔兰农业与食品发展部（Teagasc），爱尔兰；Moustafa Fouda，埃及环境事务局，埃及；Ninan Karachepone，社会与经济变化研究所，印度；Jairo Escobar Llanos，泛美开发银行，玻利维亚；Jean-Pierre Revéret，魁北克大学蒙特利尔分校；Alice Ruhweza，卡图巴工作组，乌干达；Rania Spyropoulou，EEA，丹麦；Peter Torkler，WWF，德国；Graham Tucker，IEEP，英国；Francies Vorhies，地球心（Earth Mind），瑞士；He Xin，山水自然保护中心，中国；Heidi Wittmer，UFZ，德国；以及诸多其他人士。

参考文献

[1] Abell R., Allan J. D., Lehner B. 2007. Unlocking the potential of protected areas for freshwaters, Biological Conservation, 134: 48-63.

[2] Adams C., Seroa da Motta R., Arigoni Ortiz R., et al. 2007. The use of contingent valuation for evaluating protected areas in the developing world: Economic valuation of Morro do Diabo State Park, Atlantic Rainforest, São Paulo State, Ecological Economics, vol 66: 359-370.

[3] Adams, W. M., Hutton J. 2007. People, parks and poverty: Political ecology and biodiversity conservation, Conservation and Society, 5 (2): 147-183.

[4] Adeney J. M., Christensen Jr. N. L., Pimm S. L. 2009. Reserves protect against deforestation fires in the Amazon, PLoS ONE, 4 (4), e5014.

[5] Agrawal A., Redford K. 2007. Conservation and displacement: An overview', in K. H. Redford and E. Fearn (eds) Protected Areas and Human Displacement: A Conservation Perspective, Working Paper 29, Wildlife Conservation Society, New York: 4-15.

[6] Amend M., Gascon G., Reid J. 2007. Beneficios economicos locais de areas protegidas na regiao de Manaus, Amazonas', Megadiversidade, 3(60).

[7] Andam K. S., Ferraro P. J., Holland M. B., et al. 2008. Measuring the Social Impacts of Protected Areas: An Impact Evaluation Approach, Prepared for the Global Environment Facility Evaluation Office.

[8] Ankudey N., Volta-Tineh B., Howard P. 2003. Protected area management costs in Ghana: Requirements and reality, Paper presented at the Fifth World Parks Congress, 2003, 9, 8-17, September Durban, South Africa.

[9] Balmford A., Whitten T. 2003. Who should pay for tropical conservation, and how could the costs be met? Oryx, 37: 238-250.

[10] Balraford A., Bruner A., Cooper P., et al. 2002. Economic reasons for conserving wild nature, Science, 297: 950-953.

[11] Balmford A., Gaston J. J., Blyth S., et al. 2003. Global variation in terrestrial conservation costs, conservation benefits and unmet conservation needs, PNAS, 100 (3): 1046-1050.

[12] Balmford A., Gravestock P., Hockley N., et al. 2004. The worldwide costs of marine protected areas, PNAS, vol 101, pp9694-9697, www.pnas.org/content/101/26/9694.full. pdf+html, 2010-08-02.

[13] Bann C. 1997. An Economic Analysis of Alternative Mangrove Management Strategies in Koh Kong Province, Cambodia, Economy and Environment Program for Southeast Asia, International Development Research Centre.

[14] Barbier E. B. 2007. Valuing ecosystem services as productive inputs, Economic Policy, 49: 177-229.

[15] Barrett C. B. K., Brandon K., Gibson C., et al. 2001. Conserving tropical biodiversity amid weak institutions, BioScience, 51: 497-502.

[16] Basanglamao and He Xin .2009. Collaborative management of the Sanjiangyuan Nature Reserve, China - A case study prepared for TEEB. Based on personal communication.

[17] Beltran J. 2000. Indigenous and Traditional Peoples and Protected Areas: Principles, Guidelines and Case Studies, World Commission on Protected Areas Best Practice Protected Area Guidelines Series No 4. IUCN, Gland, http://data.iucn.org/dbtw-wpd/edocs/PAG-004.pdf, 2009-11-10.

[18] Blignaut J., Moolman C. 2006. Quantifying the potential of restored natural capital to alleviate poverty and help conserve nature: A case study from South Africa, Journal for Nature Conservation, 14: 237-248.

[19] Bräuer I., Müssner R., Marsden K., et al. 2006. The Use of Market Incentives to Preserve Biodiversity, A study under the Framework contract ENV.G.l/FRA/2004/0081, http://ec.europa.eu/environment/enveco/biodiversity/pdf/mbi.pdf, 2009, 11.

[20] Brockington D., Igoe J. 2006. Eviction for conservation: A global overview, Conservation and Society, vol 4, pp424-470.

[21] Brown O., Crawford A., Hammill A. 2006. Natural Disasters and Resource Rights: Building Resilience, Rebuilding Lives, International Institute for Sustainable Development, Manitoba, Canada.

[22] Bruner A. G., Gullison R. E., Rice R. E., et al. 2001. Effectiveness of parks in protecting tropical biodiversity', Science, 291: 125-128.

[23] Bruner A. G., Gullison R. E., Balmford A. 2004. Financial costs and shortfalls of managing and expanding protected area systems in developing countries, Bioscience, 54 (12): 1119-1126.

[24] Butcher Partners. 2005. Regional economic impacts of West Coast conservation land, www.doc.govt.nz/conservation/threats-and-impacts/benefits-of-conservation, 2009-11-10.

[25] Butler, J. 2000. The economic costs of wildlife predation on livestock in Gokwe communal land, Zimbabwe, African Journal of Ecology, 38 (1): 23-30.

[26] Cairngorms National Park Authority .2005. Tourism and the Cairngorms National Park: Introducing the Park's Sustainable Tourism Strategy and Survey of Visitors, Granton on Spey, UK.

[27] Campbell A., Miles L., Lysenko I., et al. 2008. Carbon Storage in Protected Areas: Technical Report, UNEP-WCMC, www.unep-wcmc.org/climate/pdf/Carbon%20storage%20in%20 protected%20areas%20technical%20 report.pdf, 2009-11-10.

[28] Campbell A., Kapos V., Chenery A., et al. 2009. The Linkages Between Biodiversity and Climate Change Adaptation: A Review of the Recent Scientific Literature, UNEP-WCMC.

[29] Carret J. C., Loyer D. 2003. Madagascar Protected Area Network Sustainable Financing: Economic Analysis Perspective, World Bank, Washington, DC.

[30] CBD (Convention on Biological Diversity) AHTEG. 2009. Draft findings of the Ad Hoc Technical Expert Group on Biodiversity and Climate Change, CBD, Montreal.

[31] CBD. 2008a. Decision IX/18: Protected areas, COP 9, Bonn, Germany, 19-30 May 2008, www.cbd.int/decision/cop/?id=11661, 2010-09-22.

[32] CBD. 2008b. Decision IX/11: Review of implementation of Articles 20 and 21 - In-depth review of the availability of financial resources, COP 9, Bonn, Germany 19-30 May 2008, www.cbd.int/doc/ decisions/cop-09/cop-09-dec-ll-en.pdf, 2010-10-28.

[33] CBD. 2010. Resource Mobilization Strategy in Support of the Achievement of the Convention's Three Objectives UNEP/CBD/COP/IO/INF), CBD, Montreal.

[34] Chan K. M. A., Pringle R. M., Ranganathan J., et al. 2007. When agendas collide: Human welfare and biological conservation, Conservation Biology, 21(1): 59-68.

[35] Chape S., Spalding M., Jenkins M. (eds) .2008. The World's Protected Areas, UNEP-WCMC, University of California Press, Berkeley, CA.

[36] Child, Dalal-Clayton. 2004. Learning from the Luangwa experience, Zambia, in T. O. McShane and M. P. Wells (eds) Getting Biodiversity Projects to Work, Columbia University Press, New York.

[37] Coad L., Burgess N. D., Bombard B., et al. 2009. Progress towards the Convention on Biological Diversity's 2010 and 2012 targets for protected area coverage, A technical report for the IUCN international workshop 'Looking at the Future of the CBD Programme of Work on Protected Areas', Jeju Islad, Republic of Korea, 2009, 9, 14-17, UNEP-WCMC, Cambridge.

[38] Colchester M. 2003. Salvaging Nature: Indigenous Peoples, Protected Areas and Biodiversity Conservation, World Rainforest Movement and Forest Peoples' Programme, www.wrm.org.uy/subjects/PA/texten.pdf, 2010-10-10.

[39] Culverwell J. 1997. Long-Term Recurrent Costs of Protected Areas Management in Cameroon: Monitoring of Protected Areas, Donor Assistance and External Financing. Ecological and Management Priorities of Current and Potential Protected Area System, WWF Cameroon/Ministère de l'Environnement et des Forets (Project 33.06.01).

[40] Daily G. C., Alexander S., Ehrlich P. R., et al. 2009. Ecosystem services: Benefits supplied to human societies by natural ecosystems, Issues in Ecology, 2: 1-16.

[41] Das B. K. 2005. Role of NTFPs among forest villagers in a protected area of West Bengal, Journal of Human Ecology, 18: 129-136.

[42] De Lopez, T. T. 2003. Economics and stakeholders of Ream National Park, Cambodia, Ecological Economics, 46: 269-282.

[43] Distefano, E. 2005. Human-Wildlife Conflict Worldwide: Collection of Case Studies, Analysis of Management Strategies and Good Practices, FAO, Rome, www.fao.org/SARD/common/ecg/1357/en/ HWC_final.pdf, 2009-11-10.

[44] Dowie M. 2009. Conservation Refugees: The Hundred-Year Conflict Between Global Conservation and Native Peoples, MIT Press, MA.

[45] Dudley N., Stolton S. 2003. Running Pure: The Importance of Forest Protected Areas to Drinking Water, World Bank/WWF Alliance for Forest Conservation and Sustainable Use, WWF, Gland, Switzerland.

[46] Dudley N., Mulongoy K. J., Cohen S., et al. 2005. Towards Effective Protected Area Systems: An Action Guide to Implement the Convention on Biological Diversity Programme of Work on Protected Areas, CBD Technical Series No 18, CBD, Montreal, www.cbd.int/ doc/publications/cbd-ts-18.pdf, 2009-11-10.

[47] Dudley N., Mansourian S., Stolton S., et al. 2008. Safety Net: Protected Areas and Poverty Reduction, WWF, http://assets.panda.org/downloads/safety_net_final.pdf, 2009-11-10.

[48] Dudley N., Higgins-Zogib L., Mansourian S. 2009a. The links between protected areas, faiths and sacred natural sites, Conservation Biology, 23: 568-577.

[49] Dudley N., Stolton S., Belokurov A., et al. 2009b. Natural Solutions: Protected Areas Helping People Cope with Climate Change, IUCN-WCPA, The Nature Conservancy, UNDP, Wildlife Conservation Society, The World Bank and WWF, Gland, Switzerland and Washington, DC.

[50] Eagles P., Hillel O. 2008. Improving protected area finance through tourism in protected areas, in SCBD (Secretariat of the Convention on Biological Diversity) Protected Areas in Today's World: Their Values and Benefits for the Welfare of the Planet, CBD Technical Series No 36, CBD, Montreal, www. cbd.int/doc/ publications/cbd-ts-36-en.pdf, 2009-11-10.

[51] EEA (European Environment Agency). 2006. Integration of environment into EU agriculture policy: The IRENA indicator-based assessment report, EEA, Copenhagen, Denmark.

[52] Emerton L., Philavong O., Thanthatep K. 2002. Nam Et-Phou Loei National Biodiversity Conservation Area, Lao PDR: A Case Study of Economic and Development Linkages, IUCN, Gland.

[53] Emerton L., Bishop J., Thomas L. 2006. Sustainable Financing of Protected Areas, IUCN, Gland.

[54] Esteban A. 2005. Estimating Natura 2000 funding needs, Royal Society for the Protection of Birds Discussion Paper, RSPB, Sandy, UK.

[55] European Commission. 2004. Financing Natura 2000, Communication from the Commission to the Council and the European Parliament, EC, http://ec.europa.eu/environment/nature/natura2000/ financing/index_en.htm, 2009-11-10.

[56] Fernández M., Moreno V., Picazo I., et al. 2008. Valoración de los costes indirectos de gestión de la Red Natura 2000 en España, Dirección General de Medio Natural y Pohítica Forestal, Ministerio de Medio Ambiente y

Medio Rural y Marino, Madrid (Unpublished).
[57] Fouda M. M. 2010. Sustainable Use of Samadi Dolphins, South Marsa Alam, Red Sea, Egypt, available at www.egyptchm.org/chm/implementation/pdf/marine/sustainable_use_samadi_dolphins.pdf, 2010-11-23.
[58] Galindo J., Calvopiña J., Baus C., et al. 2005. Análisis de Necesidades de Financiamiento del Sistema Nacional de Areas Protegidas (SNAP) del Ecuador, Mentefactura, Quito, Ecuador.
[59] Gantioler S., Rayment M., Bassi S., et al. 2010. Costs and Socio-Economic Benefits associated with the Natura 2000 Network, Final report to the European Commission, DG Environment on Contract Number ENV.B.2/SER/2008/0038, Institute for European Environmental Policy/GHK/Ecologic, Brussels, http://ec.europa.eu/environment/ nature/natura2000/financing/docs/natura2000_costs_benefits.pdf, 2010-10-27.
[60] Gell F. R. and Roberts C. M. 2003. Benefits beyond boundaries: The fishery effects of marine reserves, TRENDS in Ecology and Evolution, 18 (9): 448-455.
[61] Gorenflo L. J., Brandon K. 2005. Agricultural capacity and conservation in forested portions of biodiversity hotspots and wilderness areas, Ambio, 34: 199-204.
[62] Grieg-Gran M. 2006. Is tackling deforestation a cost-effective mitigation approach? Sustainable Development Opinion, International Institute for Environment and Development (IIED), www.iied.org/ pubs/display.php?o=11058IIED, 2010-7-28.
[63] Gutman P. 2002. Putting a price tag on conservation: Cost benefit analysis of Venezuela's National Parks, Journal of Latin American Studies, 34 (1): 43-70.
[64] Gutman P., Davidson S. 2007. A Review of Innovative International Financial Mechanisms for Biodiversity Conservation - with a Special Focus on the International Financing of Developing Countries' Protected Areas, WWF-MPO Washington, DC.
[65] Halpern B. S. 2003. The impact of marine reserves: Do reserves work and does reserve size matter? Ecological Applications,13(1): 117-137.
[66] Han S.-Y., Lee C.-K. 2008. Estimating the value of preserving the Manchurian black bear using the contingent valuation method, Scandinavian Journal of Forest Research, 23(5): 458-465.
[67] Hanley N., Barbier E. B. 2009. Valuing ecosystem services, in N. Hanley and E. B. Barbier (eds) Pricing Nature: Cost-Benefit Analysis and Environmental Policy, Edward Elgar, London.
[68] Hannah L., Midgeley G., Andelman S., et al. 2007. Protected area needs in a changing climate, Frontiers in Ecology and the Environment, 5 (3): 131-138.
[69] Harley M. 2008. Review of existing international and national guidance on adaptation to climate change with a focus on biodiversity issues, Convention on the Conservation of European Wildlife and Natural Habitats, Standing Committee 28th meeting, Strasbourg, 2008, 11, 24-27, Council of Europe, Strasbourg.
[70] Harper J. 2002. Endangered Species: Health, Illness and Death among Madagascar's People of the Forest, Carolina Academic Press, Durham, NC.
[71] He G., Chen X., Liu W., et al. 2008. Distribution of economic benefits from ecotourism: A case study of Wolong Nature Reserve for Giant Pandas in China, Environmental Management, 42: 1017-1025.
[72] Hein L., Gatzweiler F. 2006. The economic value of coffee (Coffea arabica) genetic resources', Ecological Economics, 60 (1): 176-185.
[73] Huntley B. 2007. Climatic change and the conservation of European biodiversity: Towards the development of adaptation strategies, Convention on the Conservation of European Wildlife and Natural Habitats, Standing Committee 27th meeting, Strasbourg, 2007, 11, 26-29, Council of Europe, Strasbourg.
[74] Indian Environment Portal .2007. Press Release, March 2007, www.indiaenvironmentportal.org.in/ node/7613, 2009-11-10.
[75] IPCC (Intergovernmental Panel on Climate Change). 2007. The physical science basis, in S. Solomon, D. Qin, M. Manning, Z. Chen, M. Marquis, K. B. M. Tignor and H. L. Miller (eds) Contribution of Working Group I to the Fourth Assessment Report of the IPCC, Cambridge University Press, Cambridge and New York.
[76] International Strategy for Disaster Reduction. 2004. Living with Risk: A Global Review of Disaster Reduction Initiatives, UN/ISDR, Geneva, Switzerland.
[77] IUCN (International Union for Conservation of Nature). 2004. Global action for nature in a changing climate, Conclusions of a Meeting of IUCN's Climate Change Adaptation Working Group Convened by Conservation International, English Nature, IUCN, The Nature Conservancy, RSPB, Woodland Trust, WWF, IUCN, Gland, Switzerland.
[78] IUCN, UNEP-WCMC. 2010. The World Database on Protected Areas (WDPA): January 2010, UNEP-WCMC, Cambridge, www.wdpa.org/Statistics.aspx, 2010-7-28.

[79] Jacobs, NFO WorldGroup, Gibson H., et al. 2004. Environment Group Research Report: An Economic Assessment of the Costs and Benefits of Natura 2000 Sites in Scotland. Final Report, The Scottish Government, Doc/47251/0014580.pdf, accessed 10 November 2009.

[80] Jakarta Post. 2004. Officials blamed for deforestation in Leuser, Jakarta Post, Jakarta, 2004-07-30.

[81] James A. N., Gaston K. J., Balmford A. 1999. Balancing the Earth's accounts, Nature, vol 401, pp323-324.

[82] James A. N., Gaston K. J., Balmford A. 2001. Can we afford to conserve biodiversity? BioScience, 51: 43-52.

[83] Kapos V., Ravilious C., Campbell A., et al. 2008. Carbon and Biodiversity: A Demonstration Atlas, UNEP-WCMC, Cambridge.

[84] Kettunen M., Terry A., Tucker G., et al. 2007. Guidance on the maintenance of landscape connectivity features of major importance for wild flora and fauna, Guidance on the implementation of Article 3 of the Birds Directive and Article 10 of the Habitats Directive, nature/ecosystems/index_en.htm#art10, 2009, 11, 10.

[85] Kettunen M., Bassi S., Gantioler S., et al. 2009. Assessing Socio-Economic Benefits of Natura 2000: A Toolkit for Practitioners (November 2009 edition), Output of the European Commission project Financing Natura 2000: Cost estimate and benefits of Natura 2000, IEEP, Brussels.

[86] Kumari K. 1994. Sustainable forest management in Peninsular Malaysia: Towards a total economic valuation approach, PhD thesis, University of East Anglia, UK.

[87] Leisher C., van Beukering P., Scherl L. M. 2007. Nature's Investment Bank: How Marine Protected Areas Contribute to Poverty Reduction, The Nature Conservancy, Arlington VA.

[88] Leverington F., Hockings M., Lemos Costa K. 2008. Management Effectiveness Evaluation in Protected Areas: A Global Study, The University of Queensland, IUCN, WWF, The Nature Conservancy, Gatton, Queensland.

[89] Lutchman I. 2005. Marine Protected Areas: Benefits and Costs for Islands, Icran, TNC, WCPA and WWF, http://icran.org/pdf/mpa_cost.pdf, 2009-11-10.

[90] Martínez-Harms M. J., Gajardo R. 2008. Ecosystem value in the Western Patagonia protected areas, Journal for Nature Conservation, vol 16, pp72-87.

[91] McAlpine K. G., Wotton D. M. 2009. Conservation and the delivery of ecosystem services: A literature review, Science for Conservation 295, Department of Conservation, Wellington, New Zealand, www.doc.govt.nz/upload/documents/science-and-technical/sfc295entire.pdf, 2009-11-10.

[92] McClanahan T. R., Mangi S. 2000. Spillover of exploitable fishes from a marine park and its effect on the adjacent fishery, Ecological Applications, 10 (6): 1792-1805.

[93] Metsähallitus. 2009. Kansallispuistojen ja retkeilyalueiden kävijöiden rahankäytön paikallistaloudelliset vaikutukset, Report 3017/52/2009, Metsähallitus (luontopalvelut) and Metla, available at www.metsa.fi/sivustot/metsa/fi/Eraasiatjaretkeily/Virkistyskaytonsuunnittelu/suojelualueidenmerkityspaikallistaloudelle/Documents/Kavijoiden%20paikallistaloudelliset%20vaikutukset.pdf, 2010-11-29.

[94] Mmopelwa G., Blignaut J. 2006. The Okavango Delta: The value of tourism, SAJEMS, vol 9, no 1, pp113-127.

[95] Mmopelwa. G., Blignaut J. N., Hassan R. 2009. Direct use values of selected vegetation resources in the Okavango Delta wetland, SAJEMS, 12(2): 242-255.

[96] Molina F., Z'ophelan C., Argandoña J., et al. 2003. Planificación estratégica financiera para la gestión integral del las areas protegidas del SNAP, Ministerio de Desarrollo Sostenible y Planificación, Servicio Nacional de Áreas Protegidas, La Paz, Bolivia.

[97] Mulongoy K. J., Gidda S. B. 2008. The Value of Nature: Ecological, Economic, Cultural and Social Benefits of Protected Areas, CBD, Montreal.

[98] Naidoo R., Ricketts,T. H. 2006. Mapping the economic costs and benefits of conservation, PLoS Biology, 4(11).

[99] Naughton-Treves L. 1997. Farming the forest edge: Vulnerable places and people around Kibale National Park, Uganda, Geographical Review, 87(1): 27-46.

[100] Nelson J., Hossack L. 2003. From Principles to Practice: Indigenous Peoples and Protected Areas, Forest Peoples Programme, Moreton-in-Marsh, UK.

[101] Ninan K. N., Satyapalan J. 2005. The economics of biodiversity conservation: A study of a coffee growing village in the Western Ghats of India, Ecological Economics, 55 (1): 61-72.

[102] OECD (Organisation for Economic Co-operation and Development). 2008. OECD Environmental Outlook to 2030: Executive Summary, OECD Publishing, www.oecd.org/dataoecd/29/33/40200582.pdf, 2009-11-10.

[103] OECD. 2009. Biodiversity conservation: Financing needs and gaps, Presentation by H. Mountford, OECD, WGEAB Workshop, 2 July 2009, www.oecd.org/dataoecd/2/32/43311222.pdf, 2010-10-27.

[104] Oestreicher J. S., Benessaiah K., Ruiz-Jaen M.-C., et al. 2009. Avoiding deforestation in Panamanian protected

areas: An analysis of protection effectiveness and implications for reducing emissions from deforestation and forest degradation, Global Environmental Change, 19 (2): 279-291.
[105] O'Gorman T. L. 2006. Species and Poverty: Linked Futures, WWF International, Gland, Switzerland.
[106] Pabon-Zamora L., Escobar, J. and Emerton L. 2009. Valuing Nature: Why Bolivia's Protected Areas Matter for Economic and Human Well-Being, The Nature Conservancy, Arlington, VA.
[107] Papageorgiou S. 2008. Is it the money stupid! Is market environmentalism primarily a financing mechanism with scant regard for equity issues?, Essay for the option course in 'Ecosystems, Markets and Development', Environmental Change Institute, University of Oxford Centre for the Environment, Oxford.
[108] Pattanayak S. K., Wendland K. J. 2007. Nature's care: Diarrhea, watershed protection and biodiversity conservation in Flores, Indonesia, Biodiversity and Conservation, 16 (10): 2801-2819.
[109] Pattanayak S., Corey C., Lau Y., et al. 2005. Forest malaria: A microeconomic study of forest protection and child malaria in Flores, Indonesia, RTI Working Paper 0505, Research Triangle Institute, Research Triangle Park, NC, 2009-11-10.
[110] Pauly D., Christensen V., Guénette S., et al. 2002. Towards sustainability in world fisheries, Nature, 418: 689-695.
[111] Pearce D. 2007. Do we really care about biodiversity, Environmental Resource Economics, 37: 313-333.
[112] Pham K. N., Tran V. H. S., Cesar H., et al. 2005. Financial sustainability of the Hon Mun Marine Protected Area: Lessons for other marine parks in Vietnam, Poverty Reduction and Environmental Management, Institute for Environmental Studies, The Netherlands.
[113] Portela R., Rademacher I. 2001. A dynamic model of patterns of deforestation and their effect on the ability of the Brazilian Amazonia to provide ecosystem services, Ecological Modelling, vol 143, pp115-146.
[114] Potvin C., Revéret J.-P., Patenaude G., et al. 2002. The role of indigenous peoples in conservation actions: A case study of cultural differences and conservation priorities, in P. le Prestre (ed) Governing Global Biodiversity: The Evolution and Implementation of the Convention on Biological Diversity, Ashgate Publishing, Brookfield.
[115] PREM (Poverty Reduction and Environmental Management). 2006. Policy Brief No 11, June 2006, www.prem-online.org/archive/14/doc/ll%20Sri%20Lanka%20policy%20brief.pdf, 2009-11-10.
[116] Rayment M., Bräuer I., Chiabai A., et al. 2009. The cost of policy inaction: The case of not meeting the 2010 biodiversity target. Database of ecosystem values - working draft, in P. ten Brink, M. Rayment, I. Bräuer, L. Braat, S. Bassi, A. Chiabai, A. Markandya, P. Nunes, M. van Oorschot, H. Gerdes, N. Stupak, V. Foo, J. Armstrong, M. Kettunen,S. Gantioler (eds). Further Developing Assumptions on Monetary Valuation of Biodiversity Cost of Policy Inaction (COPI), European Commission project: Final report, Institute for European Environmental Policy (IEEP), London and Brussels.
[117] Redford K. H., Levy M. A., Sanderson E. W., et al. 2008. What is the role for conservation organizations in poverty alleviation in the world's wild places?, Oryx, vol 42, pp516-528.
[118] Rodrigues A. S. L., Andelman S. J., Bakarr M. I., et al. 2004. Effectiveness of the global protected area network in representing species diversity, Nature, 428: 640-643.
[119] RSPB (The Royal Society for the Protection of Birds), National Commission for Environment and Forestry (Sierra Leone), the Conservation Society of Sierra Leone. 2006. Sustainable financing for protected areas in Sierra Leone: A contribution towards developing the proposed World Bank GEF project, in M. Davies (ed) Wildlife Protection and Biodiversity Conservation in Sierra Leone.
[120] Ruiz J. V. 2005. Análisis de las Necesidades de Financiamiento del SINANPE 2005-2014, PROFONANPE, Lima, Peru.
[121] Russ G. R., Alcala A. C., Maypa A. P. 2003. Spillover from marine reserves: The case of Naso Vlaingii at Apo Island, The Philippines, Marine Ecology Progress Series, vol 264, ppl5-20, http:// eprints.jcu.edu.au/6836/, 2010-7-28.
[122] Sathirathai S. 1998. Economic valuation of mangroves and the roles of local communities in the conservation of natural resources: Case study of Surat Thani, South Thailand, Economy and Environment Program for SE Asia, Singapore, unpublished report.
[123] Sathirathai S., Barbier E. 2001. Valuing mangrove conservation in Southern Thailand, Contemporary Economic Policy, 19 (2): 109-122.
[124] Schuyt K., Brander L. 2004. The Economic Values of the World's Wetlands, WWF, Gland, Switzerland.
[125] Shaffer M. L., Scott J. M., Casey F. 2002. 'Noah's options: Initial cost estimates of a national system of habitat conservation areas in the United States', BioScience, 52 (5): 439-443.

[126] Shrestha R. K., Alavalapati J. R. R., Siedl A. F., et al. 2006. Estimating the local cost of protecting Koshi Tappu Wildlife Reserve, Nepal: A contingent valuation approach, Environment, Development and Sustainability, 9: 413-426.

[127] Slocombe D. S. 2008. Forty years of institutional change and Canadian protected areas: Arc things getting better or just more complicated?, Paper Commissioned for Canadian Parks for Tomorrow: 40th Anniversary Conference, 8-11 May 2008, University of Calgary, Canada, http://hdl.handle. net/1880/46879, 2009, 11, 10.

[128] Stern N. 2006. Stern Review on the Economics of Climate Change, Cambridge University Press, Cambridge.

[129] Stoate C., Boatman N. D., Borralho R. J., et al. 2001. Ecological impacts of arable intensification in Europe, Journal of Environmental Management, 63: 337-365.

[130] Stolton S., Dudley N. (eds). 2010. Arguments for Protected Areas: Multiple Benefits for Conservation and Use, Earthscan, London.

[131] Stolton S., Maxted N., Ford-Lloyd B., et al. 2006. Food Stores: Using Protected Areas to Secure Crop Diversity. WWF and University of Birmingham, Gland, Switzerland and Birmingham, UK.

[132] Stolton S., Dudley N., Randall J. 2008a. Natural Security: Protected Areas and Hazard Mitigation, WWF and Equilibrium, Gland, Switzerland, http://assets.panda.org/downloads/natural_security_final.pdf, 2009-11-10.

[133] Stolton S., Boucher T., Dudley N., et al. 2008b. Ecoregions with crop wild relatives are less well protected, Biodiversity, 9: 52-55.

[134] Stolton S., Ervin J. and Dudley, N. 2008c. 'Editorial', Parks, 11(7): 1-3.

[135] Taylor, M., Figgis P. (eds) .2007. Protected Areas: Buffering Nature against Climate Change, Proceedings of a WWF and IUCN World Commission on Protected Areas symposium, 18-19 June 2007, Canberra, WWF Australia, Sydney.

[136] TEEB in Local Policy 2011. The Economics of Ecosystems and Biodiversity in Local and Regional Policy and Management (ed H. Wittmer and H. Gundimeda), Earthscan, London.

[137] Trivedi M., Papageorgiou S., Moran D. 2008. What Are Rainforests Worth? And Why It Makes Economic Sense to Keep Them Standing, Forest Foresight Report 4, Global Canopy Programme, www. globalcanopy.org/ files/what_are_rainforests_worth_laug08.pdf, 2009, 11, 10.

[138] Troëng S., Drews C. 2004. Money Talks: Economic Aspects of Marine Turtle Use and Conservation, WWF, Gland, Switzerland, http://assets.panda.org/downloads/moneytalks.pdf, 2010, 7, 23.

[139] Toman M. 1998. Why not to calculate the value of the world's ecosystem services and natural capital, Ecological Economics, 25 (1): 57-60.

[140] UNDP, TNC (The Nature Conservancy) (authors A. Bovarnick, J. Fernandez-Baca, J. Galindo, H. Negret). 2010. Financial Sustainability of Protected Areas in Latin America and the Caribbean: Investment Policy Guidance, United Nations Development Programme and TNC.

[141] UNEP .2003. Our Planet — The Magazine of the United Nations Environment Programme, vol 14 no 2, www. unep.org/ourplanet/imgversn/142/images/Our_Planet_14.2_english.pdf, accessed 27 October 2010.

[142] UNEP, CBD. 2005. Options for mobilizing financial resources for the implementation of the Programme of Work by developing countries and countries with economies in transition, UNEP/CBD/ WG-PA/1/3, Ad Hoc Open-Ended Working Group on Protected Areas, First meeting, Montecatini, Italy, 13-17 June 2005, www.cbd. int/doc/meetings/pa/pawg-01/official/pawg-01-03-en.pdf, 2009, 11, 10.

[143] UNEP, CBD. 2006. Managing national parks: How public-private partnerships can aid conservation, World Bank Public Policy Journal, UNEP/CBD/COP/8/INF/21, Note No 309, http://rru.worldbank.org/ documents/ publicpolicyjournal/309Saporiti.pdf, 2009, 11, 10.

[144] UN Millennium Project. 2005. Environment and Human Well-Being: A Practical Strategy - Report of the Task Force on Environmental Sustainability, Earthscan, London.

[145] van Beukering P. J. H., Cesar H. J. S., Janssen M. A. 2003. Economic valuation of the Leuser National Park on Sumatra, Indonesia, E,cological Economics, 44: 43-62.

[146] van Rensburgh T., Kelley H., Yadav L. 2009. Socio-Economics of Farming for Conservation in the Burren, Prepared for the BurrenLIFE Project, www.burrenlife.com/Userfiles/socio-economic-report-burrenlife.1.pdf, 2010-7-28.

[147] van Vuuren W., Roy P. 1993. Private and social returns from wetland preservation versus those from wetland conversion to agriculture, Ecological Economics, 8: 289-305.

[148] Verweij P. A., de Man M. 2005. We cannot afford more biodiversity loss: The urgency of protected area financing, Greenpeace International, Amsterdam, 2009, 11, 10.

[149] Vreugdenhil D. 2003. Modeling the financial needs of protected area systems: An application of the "minimum

conservation system" design tool, Paper presented at the Fifth World Parks Congress, 2003, 9, 8-17, Durban, South Africa.

[150] Walpole M. J., Thouless C. R. 2005. Increasing the value of wildlife through non consumptive use? Deconstructing the myths of ecotourism and community-based tourism in the tropics, in R. Woodroffe, S. Thirgood and A. Rabinowitz (eds) People and Wildlife: Conflict or Co-existence? Cambridge University Press, Cambridge: 122-139.

[151] Watkins S., Jamison E., Salem R., et al. 2008. Supporting national implementation of the Programme of Work on Protected Areas: Lessons learned and ingredients of success, UNEP/CBD/WG-PA/2/INF/7, Paper submitted and discussed at the Second Meeting of the Ad Hoc Open-Ended Working Group on,Protected Areas, FAO, Rome, 2008, 2, 11-15.

[152] Weladji R. B., Tchamba M. N. 2003. Conflict between people and protected areas within the Bénoué Wildlilfe Conservation Area, North Cameroon, Oryx, 37 (1): 72-79.

[153] White A. T., Vogt H. P., Arin T. 2000. Philippine coral reefs under threat: The economic losses caused by reef destruction, Marine Pollution Bulletin, 40 (7): 598-605.

[154] Wilkie D. S., Carpenter J. F., Zhang Q. 2001. The under-financing of protected areas in the Congo Basin: So many parks and so little willingness to pay, Biodiversity and Conservation, 10: 691-709

[155] WWF (World Wide Fund for Nature). 2004. Are protected areas working? An analysis of forest protected areas by WWF, http://assets.panda.org/downloads/areprotectedareasworking.pdf, 2009-11-10.

[156] WRI (World Resources Institute) in collaboration with UNDP (United Nations Development Programme), UNEP (United Nations Environment Programme), World Bank World Resources. 2005. The Wealth of the Poor: Managing Ecosystems to Fight Poverty, Washington, DC, http://population.wei.org/worldresources2005-pub-4073.html, 2009-11-10.

[157] Yaron G. 2001. Forest, plantation crops or small-scale agriculture? An economic analysis of alternative land use options in the Mount Cameroun Area, Journal of Environmental Planning and Management, 44 (1): 85-108.

附录 1

表 8.A1　成功实施的关键要素与相关政策规定

保护区成功实施的关键要素	生物多样性公约缔约方会议第 IX/18 号保护区决议、拉姆萨尔公约决议、世界人类遗产公约和联合国防治荒漠化公约决议的相关段落
能力	1. 建立或加强区域性 / 次区域性论坛（第 A.6f 段） 2. 建立区域性技术支持网络（第 A.12 段） 3. 强化国家保护区专业人员的能力（第 A.13 段） 4. 召开区域能力建设研讨会（第 A.15 段） 5. 进一步开发并提供一系列的执行工具（第 A.16 段） 6. 开发一个方便用户使用和全面的中央网站（第 A.17 段） 7. 国际自然保护联盟须进一步促进项目实施的能力建设 8. 向发展中国家提供援助，包括能力建设，以便扭转导致考虑去除或限制拉姆萨尔湿地的因素：拉姆萨尔公约第Ⅸ .6 号和第Ⅸ .12 号决议 9. 促进湿地研究、管理和看护领域的人员培训：拉姆萨尔公约第 4 条和第 5 条 10. 确定涉及湿地保护与合理利用的机构和个人培训需求，并实施适当的应对措施：2003—2008 年拉姆萨尔战略计划，运作目标第 20.1 条 11. 将风险准备作为世界遗产管理计划和培训战略的一个要素：世界遗产委员会第 28 号决议，COM10B，4 12. 促进性别敏感能力建设，使利益相关者能够开展具体的参与性和协同方案（作为其国家行动方案的一部分），以便防治土地退化和缓解干旱影响，保护生物多样性，促进退化森林的再生，同时促进在地方层面的可持续生计水平：联合国防治荒漠化公约第 1 号决议 / 第六届缔约方会议和第十七届缔约方会议
资本	1. 认识到调动足够财政资源的迫切需要（序言第 B.4 段） 2. 敦促发达国家及其他方提供充足的、可预测的和及时的财政支持（第 B.1 段） 3. 各缔约方须基于需求评估和多元化的投资组合，制定和实施可持续融资计划（第 B.3a 段、第 B.3b 段和第 B.3d 段） 4. 敦促各捐助国提高用于工作方案实施的财政资源与技术支持，并确保保护区资金运用遵循巴黎有效援助宣言规定的援助交付机制（第 B.4d 段） 5. 全球环境基金应邀继续提供充足的资金，包括为气候变化背景下的保护区发展提供支持（第 B.9a 段和第 B.9b 段） 6. 探讨在气候变化背景下保护区的融资机会（第 B.3h 段） 7. 为发展中国家提供援助，以便扭转导致考虑去除或限制拉姆萨尔湿地的因素：拉姆萨尔公约第Ⅸ .6 号和第Ⅸ .12 号决议 8. 帮助缔约国鉴别自然资源是否在文化、自然与多种方面具有潜在的重大普世价值，帮助其准备提名材料：世界遗产委员会第 28 号决议，COM13.1，11(a)

保护区成功实施的关键要素	生物多样性公约缔约方会议第 IX/18 号保护区决议、拉姆萨尔公约决议、世界人类遗产公约和联合国防治荒漠化公约决议的相关段落
资本	9. 加强对植树造林和森林保护的支持，以防治因干旱、人口增长引起的森林砍伐、过度放牧、伐木或火灾所造成的荒漠化；帮助发展中国家开展自救活动：联合国防治荒漠化公约第 21 号决议 / 第四届缔约方会议，和第 21 号决议 / 第四届缔约方会议，附录
协调	1. 建立多部门咨询委员会（第 A.5b 段） 2. 指定 PoWPA 的国家联络点，负责协调发展和实施（第 A.21 段） 3. 缔约方、有关政府间组织、原住民及当地社区、非政府组织、捐助者、科研机构建立区域性支持网络并加强伙伴关系（第 A.12 段） 4. 根据发展议程，进行保护区的主流化整合（第 B.3e 段） 5. 促进相关措施的国际协调，进一步提高保护区湿地价值的公众意识：拉姆萨尔建议 5.8 6. 与国际自然保护联盟合作，为自然遗产能力建设全球框架计划的战略实施提供支持：世界遗产委员会第 29 号决议，COM10，6
承诺	1. 缔约方不得迟于 2009 年完成生态差距分析，应对方案组成部分 2 的实施给予特别关注，并提高监察等管理有效性（第 A.3 段、第 A.4b 段和第 A.4c 段） 2. 缔约方须改进、多样化和加强保护区治理类型，并通过国家立法确认共同管理区域和社群保护区 3. 制定国家和区域机制，以确保在制定拉姆萨尔湿地管理规划过程中，征询当地居民和原住民的意见：拉姆萨尔建议第 6.3 条、第 15 条 4. 加大地方社群和原住民对恢复和保持湿地的参与：拉姆萨尔公约第 8 号决议，第 16 条和第 19 条 5. 继续实施在阿布扎比通过的区域方案和行动计划，将其发展成为具有操作性的国家工作计划；制定一个筹资战略，以便提供必要的财力和人力资源：世界遗产委员会第 30 决议，COM11C.1
通讯	1. 认识到实施方面信息的有限可用性（第 A.1 段） 2. 提升对保护区在消除贫困和实现可持续发展方面优势的公众意识（第 A.22 段） 3. 审查和报告国家实施情况（第 A.25a 段） 4. 促进对保护区商品和服务的估值，包括社会经济成本和保护区收益（第 B.3d 段） 5. 开发用于提升公众对湿地保护区湿地价值认知的设施：拉姆萨尔建议 5.8 6. 加强对文化和自然遗产的理解和尊重，特别是通过教育和宣传计划措施：世界遗产委员会第 27 号决议，第 1 条 7. 制定促进对话的各级举措，增加国家和地区对世界遗产保护的了解：世界遗产委员会第 27 号决议，COM20B.6，9

第9章
投资生态基础设施

协调主要作者

Carsten NeBhöver

主要作者

James Aronson, James Blignaut

特约作者

Florian Eppink, Alexandra Vakrou, Heidi Wittmer

编辑和语言校对

Clare Shine

对审稿人和其他著者的致谢，参见本章结尾部分

关键信息

1. 如果我们考虑到维护、恢复或增加生态服务能够带来各种收益，那么对“生态基础设施”进行投资，就是在成本效益和回报率方面具有经济价值的投资。我们通过文献记载的很多实例发现：相较于投资堤坝、污水处理厂等人造基础设施，投资红树林、湿地系统、河流流域等生态基础设施，能更好地维持或增强生态系统服务供给。

2. 避免生态退化的成本，一般要比恢复生态的成本小得多。对于生物多样性而言尤其如此，因为物种一旦灭绝，就不可能恢复。尽管如此，在很多情况下，生态恢复所带来的收益还是远远大于生态恢复所需的成本。如果生态系统已经发生巨大改变，那么我们则不大可能将物种集群、生态流程及生态服务供给速度真正恢复到之前的水平。然而，如果我们能恢复基于已有地方系统被简化但运作良好的生态系统，那么我们还有恢复某些生态系统服务的可能。

3. 对生态恢复进行投资，可以给多个政策部门带来收益，有助于实现其政策目标。这适用于但不局限于城市发展、水净化和污水处理、区域发展、运输和旅游，以及预防自然灾害、公共卫生政策等领域。

4. 在适应气候变化方面，我们亟须加大投资，而恢复已退化生态系统的投资与很多政策部门直接相关。在气候波动越来越频繁，不确定因素越来越多的今天，我们的首要要务是保持并增强农业系统的生产能力，并针对极端天气事件提供缓冲服务。

5. 投资自然资本与生态系统保护，有助于避免发生危机和灾难，或减轻危机和灾难的后果。但是，如果确实发生了灾难，我们应把握机会对政策进行反思，在新的项目和重建工作中加大对自然资本的投资。例如，在发生海啸或飓风之后，加大对红树林或其他海岸生态系统的恢复与保护工作；在沿海地区发生洪灾之后，加大湿地恢复和保护工作；在发生灾难性泥石流之后，加大森林恢复工作。

6. 由于投资自然资本的回报多体现为公共产品和公共利益，而且要在投资后相当时间才会产生回报，所以亟须政府的直接投资。然而，仍然存在投资机遇，政府和私人可建立起公私合作关系。这种合作关系尤其适用于退化的地区和生态系统，例如，采矿之后的区域、棕色地带、用作他途的森林、清淤后的湿地，以及容易受到侵蚀或者沙漠化的地区。

7. 我们还需进一步开发和实施投资自然资本的积极策略，需要将自然资本与自然灾害风险明确关联起来。我们通过对自然资本开展系统评估，创建自然资本核算体系和地图，为环境风险降低与经济高效的投资相结合做好准备。

9.1 概　述

供给短缺的互补因素（限制因素）不再是人造资本，而是所剩无几的自然资本。例如，限制全球渔业发展的因素不是渔船数量不足，而是鱼类资源匮乏。经济逻辑学认为，我们应当对限制因素进行投资。这一逻辑并没有改变，但限制因素却发生了改变。

（Herman Daly，世界银行前首席经济学家，2005；转引自 Aronson 等，2006）

如果我们以生物圈为主要资产来经营企业，我们就不会让它贬值。我们会保证定期进行所有必要的维修和保养。

（Alan Malcolm 教授，首席科学顾问，国际纯粹与应用化学联合会生物学研究所，2009）

本章探讨如何通过维护、恢复、重建受损或退化的生态系统，来增加可再生自然资本（即我们的经济赖以发展的自然资本）。这样的投资可以促进我们达成很多不同的政策目标，譬如洁净饮用水的安全运送、预防或缓解自然灾害，以及适应气候变化。

本章 9.2 节说明我们为何要对可再生自然资本进行投资。本章在第 8 章（保护区）的基础上，探讨**生态恢复的成本与收益**，并列举一些政策制定者应当考虑直接投资自然资本的具体情况。9.3 节着重论述**除环保收益外生态恢复带来的益处**，特别是为水资源管理、自然灾害预防与缓解以及人类健康保护等领域带来的益处。9.4 节探讨生态系统投资**给气候变化缓解与适应政策带来的具体收益**。9.5 节对本章进行总结，基于防范措施提出一些**积极的投资策略**，以便为多个领域带来收益。

9.2 投资自然资本是否值得？

投资自然资本是否有经济价值？要回答这个问题，我们必须确定：

（1）恢复退化的自然资本，或投资生态基础设施，是否在生态上可行？

（2）恢复上述自然资本，是否可产生很大收益？

（3）若投资可行且为优先事项，可能需要哪些成本？

迄今为止，只有几项研究全面分析了这些问题。然而，这些研究所提供的实例却非常鼓舞人心，让我们看到了光明的经济前景。本书将在 9.3 节介绍这些研究结果。

9.2.1 强化自然资本在生态上的可行性

生态学家、规划师和经济学家之间正在展开一场热烈的讨论，即建筑“设计师”或工程化生态系统（例如，人工污水处理厂、海洋渔场、用来降低城市温度的屋顶花园等）能够在多大程度上有效地帮助人类社会应对今天面临的各种难题？生态恢复以及更广阔意义上的可再生自然资本恢复计划吸引到越来越多的公共和私人投资，作为人工生态工程解决方案的补充。

瞬息万变的世界正在影响着每个角落的生物群体，这个世界也充斥着很多由新兴生物群体组成的新型生态系统，所以将生态系统恢复到最初状态，特别是大规模恢复到最初状态几乎是不可能的事情（参见 Hobbs 等，2006；Seastedt 等，2008）。尽管如此，我们在恢复和重建退化的生态系统方面获得了越来越多的经验。这些经验表明：只要设定的目标是现实、实际的，那么生态系统恢复就是可行而且重要的努力方向（Jackson 和 Hobbs，2009）。

在生态系统恢复领域，我们也确实取得了一些成绩，例如，为红树林中的鱼类兴建育苗场；重建储水的自然湿地；恢复被过度使用长达数世纪的整个森林生态系统，重新引入珍稀物种（例如，将鲟鱼引入波罗的海补充渔场资源）。在全球珊瑚礁遭遇的灾难性破坏越来越严重之际，最终开发了有效的恢复技术（Normile，2009）。

过去 30 年间，我们对生态系统恢复知识的掌握，无论是在基础理论领域（如 Falk 等，2006）还是在实践领域（如 Clewell 和 Aronson，2007），均已取得长足的进步。我们积极探寻各种方法和途径，将生态系统恢复工作和我们的社会生活整合起来，以求获得全球化的可持续发展（Aronson 等，2007；Goldstein 等，2008；Jackson 和 Hobbs，2009；Nellemann 和 Corcoran，2010）。

专栏 9.1 展示了：人们如何在近年来将自然资本纳入生态系统恢复的理论和实践范围，以便更好地整合生态、环境、社会、经济目标，更好地调整优先次序。

（1）不同的恢复策略

根据生态系统退化程度的不同，我们可以采用不同的策略来改善生态系统的状况，或改变其总体的发展轨迹，从而强化或增加该系统在将来提供服务的能力（图 9.1）。有一些基于生态系统和景观的框架，能帮助我们正确选用生态系统的恢复策略。这些框架假设了三种场景：

生态恢复

当生态系统被损空间较小，而周边环境在物种构成和功能上依然健康时，采取“被动恢复”措施或许就已足够。在这种情况下，生态系统能够在“健康性、完整度、可持续发展”方面，自我更新到一种类似退化之前的状态或发展轨迹（SER，2004，定义）。当然，这需要我们做出一系列的决定和取舍，因此，并非一个被动的生态恢复过程（Clewell 和 McDonald，2009）。

如果生态系统不可能在一个合理的时间内自发更新或自我更新，或许我们就需要对之加以主动干预，启动并推动其恢复过程（例如，通过引进种子、植树、移除受污染的土壤，调整水体水文条件，或重新引入基础物种）。

在上述两种情况当中，通过减少、修正和 / 或合理化人类对自然资源的消耗和施加的压力，能够让生态系统全部或部分恢复为一个适应性强、具有丰富物种的生态系统，并能为人类提供一系列宝贵而可靠的生态系统服务。在这两种情况下，设定明确目标和优先次序颇为重要（SER，2004；Clewell 和 Aronson，2006，2007）。

专栏 9.1　关键定义和日益被重视的生态系统恢复

生态恢复是指"帮助一个业已退化、受到损害或毁坏的生态系统不断恢复的过程"，其目的是"恢复生态系统的健康性、完整度、可持续发展"(《生态恢复启蒙》，由国际生态恢复协会（SER，2004）出版)。该书认为：在广义意义上，生态恢复的终极目标是重获一个适应性强的生态系统，该系统不仅能够在结构、物种组成和功能方面具有自我维系的能力，还能整合到规模更大的自然景观中，与人类和谐相处。

恢复自然资本的概念则更为宽泛。

"自然资本"意为与人类福祉有直接或间接关系的自然成分，包括：生物多样性、濒危物种、生态系统。这些自然成分除了提供传统自然资源（如木材、水、能源和矿产储备），还能够提供生态服务。千年生态系统评估（MA，2003）将自然资本同制造资本、人力资本、社会资本（包括人类借之解决问题、造福后代的社会网络）一道，视为四大资本［参见第 1 章图 1.6；第 3 章；以及《TEEB 基础》（2010）第 1 章］。

"生态基础设施"意为一种空间概念，是指为邻近庞大人口群落（一般是城市）提供诸如淡水、小型气候调控、娱乐等服务的区域。有时也称为绿色基础设施。

恢复可再生和被培养的自然资本（RNC）指"人类投资和补充自然资本储备，改善生态系统产品和服务的流动，全方位增进人类福祉的一切活动"（Aronson 等，2007）。RNC 同生态恢复类似，其目标也是改善一切生物生态系统的健康性、完善度及可持续发展。不过，RNC 也关注如何定义并最大化生态恢复的价值和努力，以及相关的一切有利人类福祉的活动，从而将 RNC 主流化，纳入通常的社会、文化、经济活动。

RNC 可能包括但不限于以下活动：

1. 恢复并重建陆地与海洋生态系统；
2. 从生态角度切实改进耕地和其他被纳入管理体系且能提供产品或其他有用服务的陆地或湿地（即被培养的生态系统）；
3. 改进对陆地、海洋、湿地生物资源的可持续利用；
4. 建立或强化那些将环保知识、环保意识、自然资本保护、自然资本可持续管理整合到日常活动、规范、市场、法律中的社会经济活动和行为。

简言之，RNC 关注的目标是：加大对自然资本储备的补充，从景观和地区层面增进人类福祉。

资料来源：修改自 Aronson 等（2007）。

生态重建

若生态系统发生剧烈改变，不可逆转地突破一个或多个阈值（Aronson 等，1993），则生态重建较之生态恢复，可能是更为现实和恰当的方法。生态重建旨在修复某地区的某些生态系统流程，恢复某些生态服务的流动。但是，生态重建并不能完全重现受干扰前的生态状况或物种构成。生态重建一般适用于采矿后的地区、牧区（Milton 等，2003）和用作生产用途的湿地（参见专栏 9.4 的例子）。

另作其他用途

当生态系统的结构与构成发生深层次和重大变化时，让退化最严重的区域另作其它用途可能是最切实可行的策略。这意味着赋予生态系统一种新的——通常是经济意义上的——主要功能。该功能一般与原先的生态系统功能无关，例如，将农田改造为住房或道路用地。

图 9.1 展示了景观层面更广阔综合生态系统管理概念性决策框架。

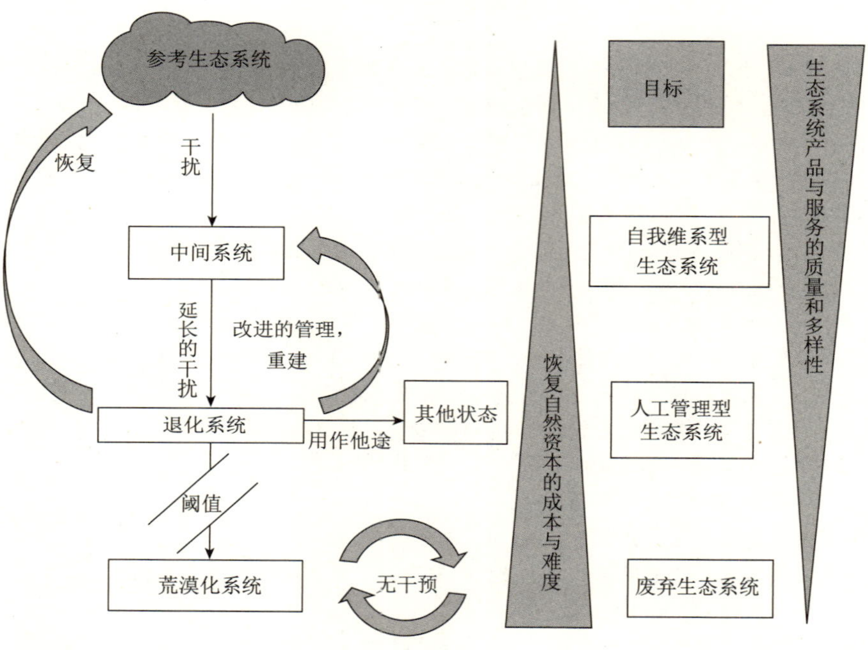

图 9.1 景观层面生态恢复、重建、用作他途的概念框架

资料来源：改编自 Arsonson 等（2007）。

作为整体规划的一部分，我们可对特定景观的适当景观单元同时采用多种干预手段。如果我们能同所有利益相关者紧密合作，有效地设计和实施这种综合项目，我们就能将生物多样性保护目标和生态恢复的优先事项以及地方、区域或国家的经济发展需求联系起来。

（2）生态恢复所需时间

生态恢复所需的时间差异很大（参见表 9.1）。如上所述，生态系统遭到的破坏或退化一旦超过一定程度，则不可能完全恢复。就连较低的重建目标（譬如将生态系统的复原能力、生产力和生态性能恢复到一个可接受的状态），尽管偶有特例，也是一个颇为耗时的过程（Jones 和 Schmitz，2009）。生态恢复或重建可能只在未来某个时点才能显示出全部收益，因此，确保现有正常生态系统保有其生物多样性及生态系统产品和服务流，就显得更为重要。

表 9.1 恢复或重建各种生态系统的可行性与所用时间（欧洲案例）

生态系统类型	时间尺度	备 注
临时池塘	1 ～ 5 年	即使重建也绝不可能重获所有先前存在的生物
富营养池塘	1 ～ 5 年	如有足够水源则可重建。龙虱和蜻蜓很容易生存，但这些池塘只适于特定动物物种
泥滩	1 ～ 10 年	能否恢复取决于潮汐情况和沉淀物补给。可提供的生态系统服务：洪水调节、沉积作用
富营养草地	1 ～ 20 年	能否恢复取决于是否能够获得繁殖芽体。生态系统服务：碳封存、侵蚀调节，放牧家畜和其他动物
芦苇床	10 ～ 100 年	如有合适的水文条件则可顺利恢复。生态系统服务：稳定沉积、水文过程
盐沼	10 ～ 100 年	能否恢复取决于能够获得繁殖芽体、潮汐情况和沉淀物补给。生态系统服务：海岸防护、洪水控制
贫营养草原	20 ～ 100 年或以上	能否恢复取决于能否获得繁殖芽体和营养输入情况。生态系统服务：碳封存、侵蚀调节
白垩草地	50 ～ 100 年或以上	能否恢复取决于能否获得繁殖芽体和营养输入情况。生态系统服务：碳封存、侵蚀调节
黄沙丘	50 ～ 100 年或以上	能否恢复取决于沉淀物补给情况和能够获得繁殖芽体。恢复可能性大于重新创建可能性。主要生态系统服务：海岸防护
欧石楠荒原	50 ～ 100 年或以上	能否恢复取决于营养情况和能否获得繁殖芽体。无法确知脊椎动物与无脊椎动物可否自行到达恢复的欧石楠荒原。恢复可能性大于重新创建可能性。主要生态系统服务：碳封存、娱乐
灰沙丘和丘间低地	100 ～ 500 年	有恢复可能，但耗时非常长，并取决于干扰的程度。主要生态系统服务：海岸防护、水净化
原始林地	500 ～ 2 000 年	若寻求恢复生态系统功能，则不一定会成功。能否恢复取决于土壤化学成分、真菌以及能够获得繁殖芽体。有可能恢复植物群落与生态系统服务（水调节、碳封存、侵蚀控制），但无法得知是否可以恢复珍稀无脊椎动物和其他种群
覆盖沼泽 / 高位沼泽	1 000 ～ 5 000 年	很可能无法快速恢复，但如有机会，则能在数千年内自行恢复。主要生态系统服务：碳封存
石灰岩道路	10 000 年	无法快速恢复，但如果出现冰期，则能在数千年内得以恢复

资料来源：基于 Morris 和 Barham（2007）。

虽然生态恢复项目要到项目晚期才能取得最好的生态系统产品和服务流，但是有的生态恢复项目在项目早期就能取得一定的生态系统产品和服务流（Rey Benayas

等，2009）。虽然我们对此仍然缺乏详细的信息，但最近的成果总结发现：如果生态恢复项目开展得出色，那么我们仍然可以通过恢复多种类型的生态系统来改善生态服务，即便我们不可能完全恢复生态系统（Janzen，2002；Rey Benayas 等，2009；Palmer 和 Filoso，2009）。

所以，生态恢复与 RNC 方法是讲究实用的方法。例如，Jackson 和 Hobbs（2009，p568）认为："生态恢复旨在同时抓好天然和人工生态系统，如果某一生态系统崩溃时，保证其他运转正常的生态系统还能继续运转下去。与此同时，我们还可以继续加深理解，明白新型生态系统和人工生态系统如何发挥作用，它们能提供何种产品与服务，它们对各种扰动会作何反应，它们在何种环境范围能保持可持续的运转。"

总之，虽然生态恢复是一个颇为耗时的历程，但至少能在某些关键功能的部分恢复方面，取得快速效果。从生态角度来看，我们应当采用避免生态系统发生损害、保持生态系统功能与服务的策略。由于目前生态系统遭到了很大的毁损，人们越发了解到生态系统恢复对于整合环保与社会经济目标，增进人们对自然资本价值的理解发挥重要的作用；同时，人们也积极地对其加以运用（参见 Aronson 等，2007；Goldstein 等，2008；Rey Benayas 等，2009）。目前，全球斥资数十亿美元用于生态恢复工作，这一事实也进一步说明了它的重要性（Enserink，1999；Zhang 等，2000；Doyle 和 Drew，2007；Stone，2009）。

9.2.2 生态恢复的潜在成本

国际社会每年都会开展数以千计的生态恢复计划，来改进受损的生态系统。很不幸，令人吃惊的是，我们很少能在同行审阅文献中，找到这些项目的成本信息，更别说对于其社会收益展开的全面讨论（Aronson 等，2010）。

为了撰写本章内容（以及《TEEB 基础》，2010，第 7 章），笔者查阅了 20 000 多个案例研究和同行审阅论文，但只在 96 项研究中发现了有价值的恢复成本数据（Aronson 等，2010）。这些研究的信息广度与研究质量参差不齐。有些案例仅提供了合计成本，有些案例只提供资本或人力成本，有些案例出于研究目的仅在小范围内进行。

通过对这些案例加以分析，我们大概可以了解生态恢复项目的成本与效果。这些案例研究了不同生态系统项目采纳的不同举措。这些生态恢复项目的成本差异也很巨大，从每公顷数百、数千美元（草地、牧场、森林）到每公顷数万美元（内陆水体），再到每公顷数百万美元（珊瑚礁）不等（参见图9.2）。成本差异也可以显示出退化程度、恢复目标、恢复情况、恢复方法的不同。

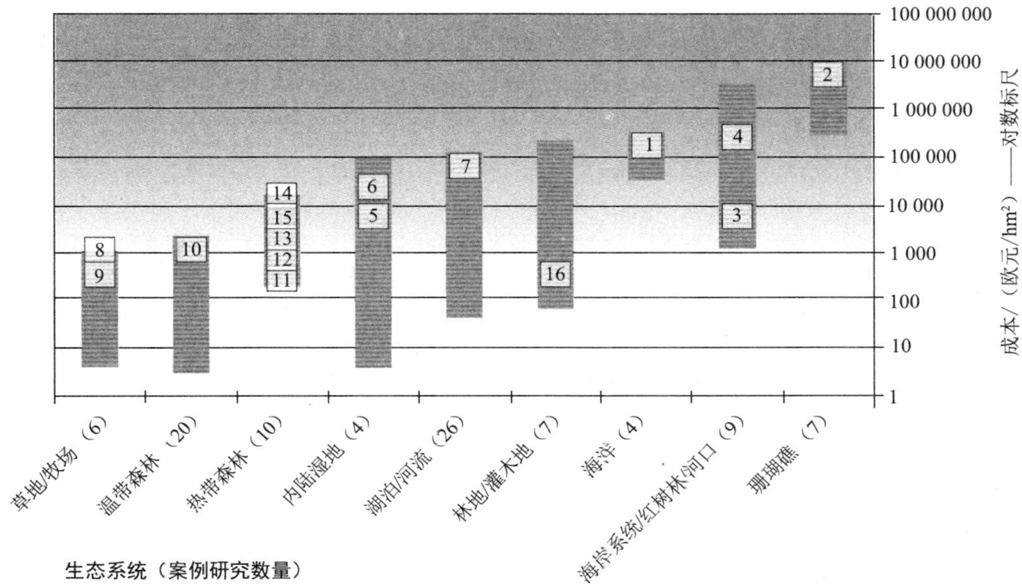

图 9.2　恢复举措的成本概况

注：条形码代表了为本研究而审阅的 96 项案例所涉及的成本范围；条形码数字表示成本数据十分详细、足以用来分析和比较的案例数。更多细节参见附录 1。

来源：Aronson 等（2010）及附属研究：(1) 海湾鳗草恢复（Leschen 等，2007）；(2) 东南亚珊瑚礁恢复（Fox 等，2005）；(3) 美国埃弗格雷斯港红树林恢复（Lewis 环境服务，2007）；(4) 美国加州波沙其卡河口恢复（Francher，2008）；（5）丹麦淡水湿地恢复（Hoffman 和 Baattrup-Pedersen，2007）；（6）暴雨水处理湿地中的磷负荷控制（Juston 和 DeBusk，2006）；（7）丹麦斯凯恩河恢复（Skovognatur，2007）；（8）澳大利亚桉树林种植园重建（Dorrough 和 Moxham，2005）；（9）英国为大黄蜂而恢复土地（Pywell 等，2006）；（10）加拿大英属哥伦比亚海岸地区的滨岸森林恢复（GRN，2007）；（11）马达加斯加，马苏阿拉国家公园，马苏阿拉走廊恢复（Holloway 等，2009）；（12）马达加斯加的雨林走廊恢复（Holloway 和 Tingle，2009）；（13）秘鲁安第斯山热带地区鳞毛蕨森林恢复（Jameson 和 Ramsey，2007）；(14) 澳大利亚新南威尔士州旧田野恢复（Neilan 等，2006）；（15）巴西大西洋沿岸森林恢复（Instituto Terra，2007）；（16）南非水资源工作计划（Turpie 等，2008）。

我们通过一种办法可以确定投资在经济层面是否值得，即比较生态系统提供的服务收益和人工生态技术项目提供的服务收益及花费的成本。纽约市在决定保护并恢复卡兹奇—特拉华水库时，对该生态恢复项目所做的成本估测，就是这种项目成本效益估测最为有名的例子（Catskill-Delaware Watershed）（参见专栏 9.2 及第 5 章）。

专栏 9.2　生态保护及恢复成本效益比较：以美国一座水库为例

“市政府、州政府、联邦政府共同承诺：将合力解决现有水资源供应项目面临的难题，而非另起炉灶投入巨资兴建庞大新项目。”

（Eric A. Goldstein，美国自然资源保护委员会高级律师，转引自 DePalma，2007）

即使在美国这样的工业化国家，水库恢复方案也变得越来越受人青睐。下面即将介绍的案例决策，在保障饮用水供应持续增加的同时，还节省了用于人工解决方案的数十亿美元费用（Elliman 和 Berry，2007）。在北加利福尼亚萨克拉门托河流域正在开展一个类似的项目（Langridge 等，2007）。

在纽约市每天消耗的 10 多亿加仑［1 加仑（美）=3.785 L］淡水中，大约有 90% 的淡水来自位于纽约北部约 120 英里（1 英里 =1.609 km）处的卡兹奇和特拉华水库。其余 10% 的淡水则是来自距离纽约市更近的维斯切斯特县的柯罗顿水库群（这些水库被工地所环绕，因此其水体必须过滤）。为了过滤来自柯罗顿水库群的水源，纽约市目前在布朗克斯区修建了一座耗资 28 亿美元的过滤厂，预计 2012 年投入使用。

在开展了长达数年的详细调研后，美国国家环境保护局于 2007 年 4 月宣布：特拉华水库水源依然清洁，其水源在未来 10 年或更长时间内不需过滤；因而延长了纽约市无须过滤水源的豁免权。这意味着纽约市在 2017 年前，无须花费 100 多亿美元再修建一个年运转费用达数百万美元的过滤厂。

为了回报这个延长的豁免权，纽约市同意到 2017 年，每年投资 3 亿美元买下北部地区土地，以防这些土地被用于导致径流和污染的项目。纽约市将直接购买土地，或与非营利的土地信托合作获得地役权。这些土地将为私人所持有，但禁止开发（参见 5.5 节）。纽约市还通过设置过滤网、建立挡板及其他技术，让水体中的沉积物在进入饮用水系统终端前先沉淀下来，从而减少了卡兹奇水库群中某些水库的水源浊度（云状物）。

资料来源：DePalma（2007）；Elliman 和 Berry（2007）；Langridge 等（2007）。

成本效益分析经常只关注一个特定的生态系统服务。在专栏 9.2 讨论的例子中，流域保护和生态恢复成本要高于单一生态服务（水净化）带来的收益。但是如果考虑到健康生态系统提供的诸如气候调节、食品和纤维物、危机调节等全面生态服务，投资自然资本就会变得更有经济吸引力。因而，我们需要充分认识自然资本投资能带来的全面收益，并对其进行价值评估，从而客观比较生态恢复的成本和收益。

9.2.3 比较生态系统恢复的成本与收益

如上所述，迄今只有少数研究分析了生态恢复的成本，而深入研究已取得或潜在收益的案例则更是少之又少。本节在探讨两个关于红树林恢复的收益与成本的案例研究后，将对各种研究成果加以总结，并附上 TEEB 对潜在收益的估算结果（《TEEB 基础》，2010）。

继 2004 年亚洲海啸灾害之后，人们对重建和恢复泰国南部被养虾业利用的红树林重拾兴趣，以求将其作为对付沿海风暴的自然屏障（参见 9.5.1 节）。商业养虾场的产出在 5 年后会大幅下降。此后，养虾人一般会放弃养虾场，寻找新地点。有一项研究发现：若要重建废弃的红树林生态系统，第一年成本为 8 240 美元 /hm^2（补种红树林），此后每年的维护和籽苗保护成本为 118 美元 /hm^2（Sathirathai 和 Barbier，2001，）。该恢复项目能带来如下收益：森林产品预计净收入为 101 美元 /(hm^2·a)，栖息地渔场价值（主要指将红树林作为鱼种场产生的价值）/（$hm^2 \cdot a$）为 171 美元 /（$hm^2 \cdot a$），防卫风暴的价值为 1 879 美元 /（$hm^2 \cdot a$）（Barbier，2007）。

在比较生态恢复的成本和收益时，我们必须认识到：重建红树林需要时间，恢复的生态系统服务可能也永远无法达到退化前的水平。因此，生态系统和生态多样性经济学采用渐进法核算生态恢复带来的收益，即第 2 年的回报为退化前的 10%，然后逐年递增，最后在第 6 年达到最高值，为退化前的 80%（《TEEB 基础》，2010）。

基于此回报率及 10% 的贴现率，重建项目将在 13 年后收回成本。如果将贴现率设置在更低的水平（如《TEEB 基础》（2010）第 6 章的论述），则该项目将在 9 年后收回成本。如果将计算期扩展到 40 年，则该项目的成本收益率将为 4.3，社会回报率为 16%（我们之所以没有采用“内部回报率”，而是采用“社会回报率”这一术语，是想凸显除了私人利益之外，该项目还产生了一些公共利益）。我们应当注意到：这些计算并没有涵盖诸如小气候收益、水净化、娱乐价值等红树林带来的其他生态系统服务价值。如果适当加以计算，这些服务价值将会大大增加生态恢复的总收益。

以上提到的例子，是我们能够基于可靠数据做出决策的几个案例之一。对于那些只掌握了成本数据的生物群落，TEEB 团队则根据“利益转移”法来估计潜在收益，即以类似生态系统的估价结果为基础，来估算所关注生物群落的潜在价值。TEEB 团队根据 104 项研究得出的、涵盖 9 种大型生物群落 22 种不同生态系统服务的 507 个估算值，估算生态恢复的收益。我们可以基于这些记录在案的估算值，估计恢复或重建生态系统所能带来的收益。考虑到恢复项目需要时间来恢复收益流，我们建立了一个适当的累计模型来计算年度收益。收益值不断累加，而后保持在一个稳定值，相当于未受干扰的生态系统收益的 80%（参见《TEEB 基础》，2010）。该方法能让我们进行说明性比较。显然，我们在做出任何投资决定之前，都必须认真分析特定区域的成本和收益。因此，下列例子应当仅仅视为说明潜在收益范围的例证。

在计算单个生物群落潜在收益时，我们发现：所有生物群落的潜在社会回报率都很高。这些估算值仅是大略的估算值，原因有二：第一，这些估算值并没有包含替代性土地利用的机会成本（对很多退化的生态系统而言，该成本都很低）；第二，对某些生态服务而言，收益转移所基于的价值很小。因此，在投资生态恢复之前，我们应首先进行详细的分析。尽管如此，这些价值依然表明：在很多情况下，在极具吸引力的时间框架内，恢复生态系统及其服务可产生极高的收益。

譬如，Dorrough 和 Moxham（2005）开展的一项研究发现：澳大利亚东南部的桉树林和旱地林曾被用于集约化养牛业，而恢复这些林地的成本为最低 285 欧元 /hm^2（用于被动型恢复），最高为 970 欧元 /hm^2（用于主动干预型恢复）（根据 2007 年澳元和欧元的汇率进行计算）。树木覆盖若能恢复，则会产生多种收益，包括：逆转生物多样性的丧失，制止旱地盐碱化导致的土地退化，提高土地生产率。研究人员采用收益转移法，在 40 年内计提 1% 的贴现率，从而得出一个结论：这些服务的净现值（NPV）可能会超过 13 000 欧元 /hm^2。

巴西的非营利组织 Instituto Terra 通过在剥蚀区建立苗圃，积极恢复大西洋沿岸森林 Mata Atlantica 的退化土地（Instituto Terra，2007）。该项目的成本属于一次性投资，约为 2 600 美元 /hm^2。该项目的收益包括：生物多样性得到加强、水调控、碳储存、碳封存、避免土壤侵蚀。若采用收益转移法进行计算，40 年的热带森林 NPV 可达到 80 000 欧元 /hm^2（贴现率为 1%）。

南非政府资助的水资源工作计划（WfW）（另见专栏 9.5）清除了侵入山区流域与河岸的外来物种，以修复自然火灾带来的损失，恢复土地的生产潜力、生物多样性和水文功能。水资源工作计划采用一种特殊的方法来恢复生态系统服务（PES）（参见本书 5.2 节）：同失业人员签署合作合同，共同恢复公共或私人用地。重建流域的成本为 200 ～ 700 欧元 /hm^2（Turpie 等，2008），而 40 年 NPV 收益可达 47 000 欧元 /hm^2（采用上述收益转移法，贴现率为 1%）。

正如这些案例研究和收益转移分析所示，生态恢复确实能够获得良好回报。然而，生态恢复的成本也非常高，在一定时间段内，很多生态系统也无法得以有效恢复（见表 9.1）。因此，较之任凭这些系统退化，然后再费力恢复，更好的方法是保护好现有的生态系统。我们应为生态保护和恢复项目，开展好系统的潜在成本和经济收益分析。

生态系统服务估值可以从经济的角度，帮助决策者决定何种投资更有价值，从而做出明智的选择（《TEEB 基础》，2010）。由于目前生态系统还有未被发现的经济和社会收益，因此估值变得更为重要（参见 Milton 等，2003；FAO，2004；Bullock 等，2007；de Groot 等，2007；Blignaut 等，2008；Blignaut 和 Aronson，2008）。

9.2.4 不可或缺的政府角色

尽管潜在的内部回报率很高，但自然资本投资似乎还仅是一个潜力未能完全实现的投资类型。这主要是因为我们要在很遥远的未来或经过很长时间的积累，方可收回这些投资收益。这意味着：除少数例外情况之外，除非获得政府支持或应政府要求，否则个人几乎不可能对生态恢复项目进行投资。政府可以通过为个人生态恢复活动（如用本地树种植树造林）提供支付或资助（见第 5 章和第 6 章）和 / 或规定强制措施以防人类活动对湿地、海洋或陆地生态系统造成退化或破坏（见第 7 章），来推动生态恢复活动的发展。

如下几个理由，可充分说明政府为何也应直接对自然资本及其恢复项目投入公共资金。首先一些规模较大、结构复杂的生态系统因面积较大、退化程度较严重、所需技术难以确定之故，其恢复成本有可能极高。例如，受到潜在污染的棕地、矿区或其他严重退化的区域。在此方面，遭受灾难性环境损害的咸海就是一个有趣的例子（参见专栏 9.3）。

专栏 9.3　自然资本的巨无霸项目：咸海生态恢复案例

50 年前，咸海是世界第四大淡水湖，以其渔业、农业、商品和服务贸易，支撑起一个充满活力的经济体。但在 20 世纪 60 年代，由于种植棉花之故，咸海的两条主要流入河被改道，咸海从此缩水，分成了两个小湖——“北咸海”与“南咸海”。尽管接下来的数十年中，棉花业在咸海获得大力发展，种植量和出口量都颇为庞大，但其他行业却有数千人失业，周边环境发生严重退化，当地居民健康也受到影响。到 1996 年，咸海的面积仅有原先的一半，水体也锐减了 75%。南咸海进一步分裂成东西两叶，原先大部分湖面变成了盐田见下图。

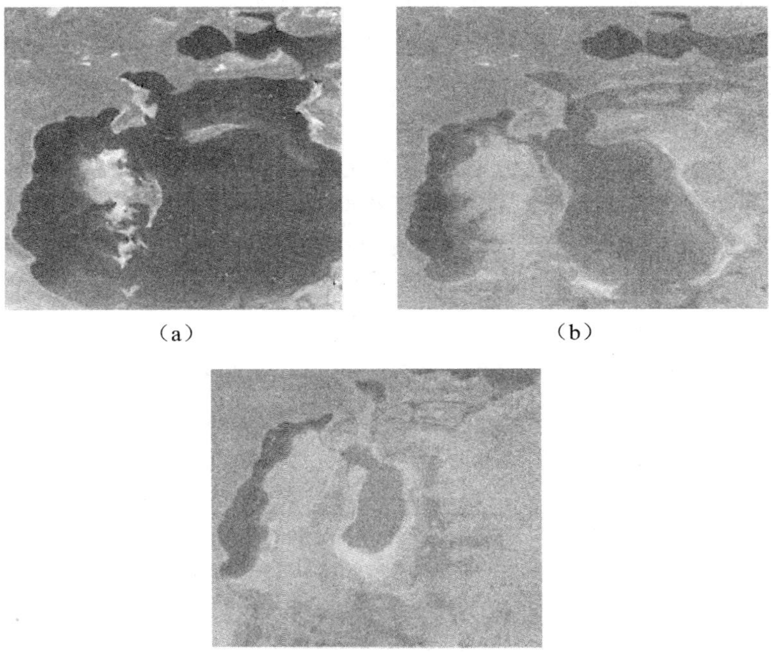

（a）　（b）　（c）

图 9.3　咸海照片 (a) 1989，(b) 2003，(c)2009

为了制止这一局面，周边国家发起了几项试图“恢复”咸海的计划。2005 年，哈萨克斯坦在湖的南北两部之间修建了咸海大坝，以保持北部水位。北咸海的恢复速度实际上超出了预期，然而大坝却阻止了南咸海恢复的构想。根据 Badescu 和 Schuiling 的研究（2009），现在主要有三个恢复选择：

1. 暂停棉花生产，让两条流入河（Amu Darya 和 Syr Darya）自然流入咸海；
2. 将鄂毕河（Ob）和其他主要西伯利亚河流引入咸海；
3. 建设一条跨流域供水运河，包括一条从斋桑泊到巴尔喀什湖的长隧道。

这三种方案的成本都极高，且最终恢复收益的不确定性也都很大。

资料来源：美国国家航空航天局（2008）。

除了恢复项目的规模和复杂度外，我们还需要考虑恢复项目对气候的调节作用。西伯利亚主要河流流入北冰洋的水量似乎正在逐年增加，而这可能会影响到全球海洋的"传送带"，从而会给西欧和北欧的气候带来潜在的严重后果。通过将部分河水引入咸海，就能打造一个巨无霸的恢复项目，为气候、人类健康、渔业和总体生态带来潜在的积极影响（Badescu 和 Schuiling，2009）。

资料来源：Micklin 和 Aladin（2008）；Badescu 和 Schuiling（2009）；世界银行（2009a）。

一般说来，大规模复杂恢复计划的成本都要超过私营部门获得的盈利回报，尽管该计划带来的公共收益可能更高。因此，为了国家公共利益，政府有必要投资这些项目。发展公私合作计划的机会正在与日俱增。有远见的政府机构不仅需要抓住这些机会，而且也需要创造这些机会。

其次，在尽早采取行动是最具成本效益的情况下，政府有必要对生态恢复项目进行直接投资。在此情况下，决策者需要理解防范与反应之间的密切联系。采取预先防范性措施避免发生生态损害，是将长期社会经济成本与环境成本最小化的最佳方式（有关入侵物种的案例，参见专栏 9.4）。

专栏 9.4　政府主导的对入侵物种做出快速反应的经济案例

入侵物种被广泛认为是对生物多样性和生态系统功能造成重要威胁的一大要素（Vitousek 等，1997；Mack 等，2000；van der Wal 等，2008）。数个经济研究对入侵物种给社会带来的损害规模和管理成本进行了估算（如 van Wilgen，2001；Turpie，2004；Turpie 等，2008）。有一个著名的研究项目在 2001 年研究了入侵物种在美国、英国、澳大利亚、南非、印度、巴西 6 个国家造成的环境和经济成本（Pimentel 等，2001），其结论为这些成本每年超过 3 140 亿美元，即人均相当于 240 美元。该研究 2005 年的更新数据表明：入侵物种在美国导致的环境和经济成本为 1 200 亿美元（Pimentel 等，2005）。Pimentel 等（2001）假设入侵物种给全球各国造成的环境和经济成本都很相似，从而估算出入侵物种导致的国际社会成本每年超过 1.4 万亿美元，约占世界 GDP 的 5%。Kettunen 等（2009）最近开展的一项研究认为：欧洲因外来入侵物种而承担的损害和控制成本每年至少为 120 亿欧元。下表 9.2 列出了欧洲一些入侵物种的成本示例（Vilà 等，2009）。

生物入侵是一种动态的非线性过程，一旦发生，基本上就能够自我延续（Richardson 等，2000；Kuhn 等，2004；Norton，2009）。在大部分案例中，人们只有付出高昂的成本，才能逆转物种带来的危害。一个引入物种可能会在很长时间内表现为无害物种。只有在消灭、控制或容纳引入物种变得极为困难、耗资不菲，或根本不可能的时候，引入物种才会被认定为有害物种（Ricciardi 和 Simberloff，2008）。因此，只要有可能采取预防措施，且预防措施与 CBD 规定和指导原则一致，那么我们应该始终将预防措施视为优先的管理选项（CBD，1993；Bertram，1999；CBD，2002；Finnoff 等，2006）。若延迟干预，则会增加干预成本，导致要经过相当长时间才能使得收益大于成本。例如，日本蓼（又名虎杖）入侵了数个欧盟成员国以及其他地区。据估计，英国威尔士一项为期三年的根除计划，如在 2001 年启动，成本应仅为 5 900 万欧元（5 330 万英镑）左右；但如在 2007 年启动，成本将攀升至 8 400 万欧元左右。

表 9.2　在欧洲导致最高成本的外来物种

物种	生物群系 / 分类群	国家	范围	成本项目	时间跨度	成本 /(10^6 欧元 /a)	参考文献
猪脸花	陆生植物	西班牙	当地	控制 / 根除	2002—2007	0.58	Andreu 等（2009）
星天牛	陆生无脊椎动物	意大利	国内	控制	2004—2008	0.53	van der Gaag（2007）
梅花鹿	陆生脊椎动物	苏格兰	当地	控制		0.82	White 和 Harris（2002）
海狸鼠	陆生脊椎动物	意大利	当地	控制 / 赔偿	195—2000	2.85	Panzacchi 等（2007）
灰松鼠	陆生脊椎动物	英国	全国	控制	1994—1995	0.46	White 和 Harris（2002）
细绿萍	淡水植物	西班牙	保护区	控制 / 根除	2003	1.00	Andreu 等（2009）
凤眼莲	淡水植物	西班牙	河流流域	控制 / 根除	2005—2007	3.35	Andreu 等（2009）
棕硬尾鸭	淡水脊椎动物	英国	全国	根除	2007—2010	0.75	Scalera 和 Zaghi（2004）
多鳞金色藻	海藻	挪威	全国	毒性蔓延		8.18	Hopkins（2002）
地中海水母	海生无脊椎动物	以色列	海岸	基础设施损害	200	0.04	Galil 和 Zenetos（2002）

注：价值是实际开支，并非估计或推断值。

资料来源：Vilà 等（2009）。

旨在地区或景观层面恢复或重建退化生态系统的项目，可以利用 PES 类型的工具达成其目的（Blignaut 等，2008，另见第 5 章）。

当潜在受益者无法承担恢复成本时，也需要来自政府的投资。专栏 9.5 说明了当地生活水平也能随着退化的生态系统一起得以改善。

专栏 9.5 南非生态系统重建带来的生计收益评估

南非普兰马加省布希巴克里奇附近的马纳拉纳湿地因受侵蚀而严重退化。若不及时采取措施，马纳拉纳湿地的整个系统将面临灭顶之灾。该湿地大约为 100 位农民提供生计，其中 98% 为女性。约 70% 当地居民以某种形式利用该湿地，约 25% 将其作为唯一的食物与收入来源。本地 40% 的食物均产自该湿地。因此，该湿地为当地居民，尤其是为贫困人口，提供了一个重要的安全网络。

2006 年，南非启动了一项名曰“湿地行动”的公共计划，旨在减少侵蚀，增强湿地持续提供良性服务的能力。2008 年完成的一项经济估值研究显示：

1. 退化湿地所能提供的生计收益价值，只占重建湿地提供的生计收益的 34%；
2. 重建湿地提供的生态服务，其保守净回报值（即考虑供应成本之后的净回报价值），为每年每户 297 欧元；
3. 重建湿地为生计提供的经济总价值（182 000 欧元）约为重建成本（86 000 欧元）的两倍。这表明“湿地行动”的投资物有所值；
4. 马纳拉纳湿地作为一个安全网络，使得当地居民在经济休克期或经济萧条期不致陷入更严重的贫困。

资料来源：Pollard 等（2008）。

在厄瓜多尔（Ecuador）有两个 PES 资助的恢复计划，一个是已启动 6 年的 Pimampiro 市政流域保护计划，一个是已启动 13 年的 PROFAFOR 碳封存计划（Wunder 和 Alban，2008）。Pimampiro 主要关注森林保护。此外，允许将边缘农地退耕还林的土地所有者也参与到这项计划中来。PROFAFOR 则是一项造林和再造林志愿计划，主要针对已经得到了碳信用认证的退化土地。在继拉丁美洲某些地方和亚洲之后，非洲和马达加斯加积极投身这样的项目。在这一领域取得显著成就的国家包括：哥斯达黎加（Morse 等，2009）、印度尼西亚（Pattanayak，2004；Pattanayak 和 Wendland，2007）及南非（Holmes 等，2007；Mills 等，2007；Blignaut 和 Loxton，2007；Turpie 等，2008；Koenig，2009）。

总之，越来越多的证据表明：在生物多样性和生态系统服务方面，生态恢复投资与收益之间存在正相关（Rey Benayas 等，2009）。但是，现有可用的资金还远远不能满足需求。我们必须在景观和地区层面，对投资加以规划，做出预算，方能实现生态、社会、经济上的投资回报最大化。

9.3 提供环境保护之外的收益

投资自然资本并不仅仅同环保有关。其他政策领域也能从确保和强化自然资本服务的公共投资中获益。若能将生态系统提供的一切收益考虑进来，我们就能认识到就投资自然资本是物有所值的投资。若只关注生态系统为单个行业提供的服务，我们可能就不能认识到这一点。

很多不同的行业——尤其是同自然危机防范、自然危机管理、规划、供水、替代能源、废物处理、农业、运输业、旅游业或社会事务相关的行业——若能对自然资本提供的服务进行明确的考量与估值，即可认识到其可以从中获益。尤其当自然资本自身成为经济发展的限制因素时，投资自然资本能够创造额外价值（Herman Daly，转引自 Aronson 等，2006）。

9.3.1 自然资源管理的收益

自然资本的局限首先反映在自然资源管理的不足上。对渔业、农业、林业、水资源的管理是为了保持其健康状态。生态退化（例如，土壤侵蚀、沙漠化、水供给减少、废水过滤功能丧失）会影响生产力、生计、经济机会（参见专栏 9.5）。

加大对生态基础设施的投入，以治理并优化淡水资源，是对人工基础设施系统的补充及替代（Londong 等，2003）。现有案例表明：通过帮助河床恢复其自然状态，我们可优化河流中的微生物活性，提升水质，且成本远低于污水处理厂的水质净化成本。里约热内卢、约翰内斯堡、东京、墨尔本、纽约、雅加达等大城市，都依赖保护区水源为居民提供饮用水。此种替代性选择让这些城市不必依赖远处水源的水泵送水服务，其成本也要低于兴建过滤厂的成本（参见专栏 9.2）。其他例子还包括：

1）委内瑞拉 18 个国家公园承担起了为 1 900 万人口供应淡水的重任（该国 83% 的人口居住在大城市）。保护区为该国提供了大约 20% 的灌溉用水（Pabon-Zamora 等，2008）。

2）委内瑞拉每天拥有等价于 250 万桶原油（该国目前日产 320 万桶原油）的水力发电潜力。当然，在建造新的水坝前，必须认真规划，以尽力减小负面生态影响（Pabon-Zamora 等，2008）。

3）秘鲁 16 个保护区为大约 270 万人口提供水源，其价值约为每年 8 100 万美元（Pabon-Zamora 等，2009）。

森林如同海绵一般，在吸收水分后又会将其缓缓释放。因此，森林能在雨季制洪，在旱季储水。我们对城市附近的集水区和流域加以保护，也具有重大的经济、生态、社会意义（Benedict 和 McMahon，2008）。鉴于此，我们值得为这些生态服务付费（参见第 5 章）。

这些生态收益不仅来自保护区，也来自各种更为广泛的生态系统。我们需要加大对保护区和生态系统的管理，以确保获得持续的生态服务。生态恢复项目可让生态系统的功能处于一个大体可被计算和管理的水平。同专栏 9.6 一道，专栏 9.7、专栏 9.8 将介绍一些估价方法。

专栏 9.6　南非草地恢复项目产生的社会经济收益

在南非的德拉肯斯堡山脉，当地居民严重依赖各种生态系统服务来维持生计。恢复退化草地与河岸带及改变消防管理和放牧体制的早期结果显示：这些措施可在低流量时段(即冬季，当社区最有可能无法获得任何其他水源的时段)，为当地社区增加 390 万 m^3 水流量。通过开展生态恢复工作和改进土地利用管理，当地社区每年也将能减少 490 万 m^3 泥沙淤积量。

目前，水的售价约为每年 25 万欧元，而增加的水流每年可创造相当于 250 万欧元的经济价值。此外，每年减少的泥沙淤积量还可降低 150 万欧元的成本及每年 200 万欧元的固碳成本。要想获得这些收益，恢复项目需要在 7 年间投入 360 万欧元。此外，该项目每年还将产生 80 万欧元的管理费。该项目进展中的流域管理工作，将会创造 310 个永久性工作机会。与此同时，在恢复期内，该项目每天还将为 250 万人口创造工作机会。

资料来源：MDTP（2008）。

专栏 9.7　美国佛罗里达州大沼泽国家公园湿地恢复的多重收益

美国大沼泽公园拥有独特的生态系统，自然风光极其壮丽，且是该地区的主要水源供应地。然而，20 世纪初，为了给不断膨胀的迈阿密和劳德代尔堡提供用地，美国大沼泽公园绝大部分的供水系统日益枯竭。剩下的湿地（在占地 60 万 km^2 的大沼泽国家公园外），在过去 20 年间因为污染和更彻底的排水措施之故，遭到了更为严重的破坏（Salt 等，2008）。

为了改善佛罗里达南部地区饮用水的供应质量和安全，保护约 69 种濒危动植物（包括有象征意义的佛罗里达山豹，其中，野外仅有 120 只山豹存活）日益缩小的栖息地，美国国会于 2000 年通过了《大沼泽湿地综合恢复计划》(CERP)。为恢复当地生态系统的自然水文功能，该计划开展了 226 个项目，总成本接近 200 亿美元（Polasky，2008）。

该项目为农业、城市供水、防洪、娱乐业、商业、休闲渔业、野生动物栖息地保护等领域带来很多投资回报（但总体而言回报低于成本）(Milon 和 Hodges，2000)。然而，我们只能间接估算该项目带来的很多生态收益（尤其是有关完整生态系统文化价值方面的收益），因为这些非使用价值并没有市场。有一项关于大沼泽公园非使用价值的研究指出：该项目的综合收益与恢复成本处于相似范围，具体视情况而定（Milon 和 Scroggins，2002）。

专栏 9.8　通过恢复喀麦隆泛滥平原减少贫困

喀麦隆的瓦萨泛滥平原（方圆 8 000 km^2）是一片高产之地，对维护该国生物多样性起着关键作用。这个对人类极端重要的地区却因降雨量不均、贫困、恶劣的生活条件而变得异常脆弱。大约有 12.5 万人口依赖这一泛滥平原的生态系统服务保持温饱。而这个泛滥平原在很大程度上又依靠洛贡河每年的泛滥来获得补给。1979 年开展的一项大型灌溉稻田工程，让该泛滥平原锐减了大约 1 000 km^2，从而对该地区的生态系统、生物多样性和人口造成了毁灭性打击（UNDP-UNEP 贫穷 - 环境计划，2008）。

泛滥平原复原工程的成本约为 1 100 万美元，有可能恢复高达 90% 的泛滥平原面积（Loth，2004）。同样的研究还发现：泛滥平原面积锐减导致的社会经济损失也非常大。灌溉工程在其启动后的 20 年间，造成了大约 5 000 万美元的生计损失。本地居民在旱季放牧活动、捕鱼量、自然资源收集量、地面供水量方面蒙受的直接经济损失每年超过 200 万美元（参见表）。受影响的人口主要是牧民、渔民和旱地农民，代表了该地区最贫困、最弱势的群体。

表 9.3　瓦萨泛滥平原丧失情况及生态恢复的成本和收益

泛滥平原锐减导致的当地家庭损失		盈利能力指标	
牧场	131 万美元 /a	净现值	776 万美元
渔场	47 万美元 /a	收益成本比率	6.5 ：1
农业	32 万美元 /a	回收期	5 年
草地	29 万美元 /a		
地面供水	2 万美元 /a	恢复泛滥平原的成本和收益	
合计	241 万美元 /a	资本成本	1 126 万美元
恢复泛滥平原的实际影响		净生计收益	232 万美元 /a
增加流量	215m^3/s		
泛滥平原恢复程度	90%		

该泛滥平原每年能为该地区带来 230 万美元的附加收入。恢复该泛滥平原所带来的经济价值以及投资回报，在扶贫和促进当地发展方面意义重大。恢复该泛滥平原所带来的收益，可在五年之内收回恢复成本。恢复该泛滥平原所需的投资净现值大概为 780 万美元，成本收益比为 6.5 ：1（时间跨度 25 年，贴现率为 10%）。因此，恢复该泛滥平原将在生态和水文方面为当地扶贫、食品安全、经济发展带来显著收益（Loth，2004）。

资料来源：Loth（2004）；UNDP-UNEP（贫穷 - 环境计划，2008）。

9.3.2　防范自然危机的收益

如果我们能够妥善规划土地用途、维护生态系统、开展必要的生态恢复工作以增强生态系统的缓冲能力，那么由海岸地区风暴、河流洪水与山体滑坡带来的破坏就可大大降低。例如，越南志愿者开展的红树林恢复工程，其成本为 110 万美元，每年却可节省 730 万美元的海堤维护支出，并在种植和生态保护方面约为 7 500 户家庭带来收益(IFRC,2002)。在孟加拉国,人们投资兴建海岸绿化带的主要动机之一,也是为了减轻旋风带来的影响。从 1994 年至今,孟加拉人民一直努力在沿海平原开展再造林活动,总体预算为 2 340 万美元。该项目也会帮助当地农民以可持续发展的方式,利用新改造的区域(Iftkehar 和 Islam,2004;ADB,2005)。

这类项目的成功得益于良好的整合规划和切实的实施。菲律宾持续了 20 年的红树林再造工程(包括海啸后非常集中的再造林工程),由于没有采用可靠的科学方法,白白浪费了很多巨额资金(参见专栏 9.9)。

专栏 9.9 生态恢复失败案例:菲律宾失败的海岸保护努力

菲律宾诸岛在 20 世纪几乎丧失了 3/4 的红树林。红树林可为鱼类和贝类提供栖息地,但却因城市开发和鱼塘建设而被定期清理。为了逆转这一趋势,环保组织于 20 年前在菲律宾诸岛启动了多个重建项目,种下了数以百万计的红树林籽苗,面积达 44 000 hm^2。

这是全世界力度最大的海岸红树林恢复工程之一。但是,因为树苗种在了错误的地方,该工程的实际效果却很差。有一项考察了菲律宾群岛 70 个恢复基地的研究发现(Samson 和 Rollon 2008):种植在这些地方的红树林大部分大都已经死去,或者奄奄一息、"严重发育不良"。这是因为红树林籽苗大都种植在了泥滩、砂坪或者海草地等无法养活籽苗的地方。一些地区土壤营养不够,而另一些地区肆虐的狂风和海流又毁坏了籽苗。讽刺的是,失败的生态恢复工作,有时还会干扰或破坏原本健康的海岸生态系统,从而导致菲律宾在生态和经济方面付出了双重代价。

为了让红树林恢复事业走上正轨,Samson 和 Rollon(2008)建议为植树工人提供更好的指导,帮助他们选择适合的种植地点;此外,政府也必须提供方便条件,把废弃的或失去生产力的鱼塘重新转变为红树林沼泽。然而,研究发现:这却是一个非常棘手的法律和政治问题,因为土地所有者不愿将拥有价值潜力的沿海陆地重新"拱手归还"大自然。

资料来源:Malakoff(2008);Samson 和 Rollon(2008)。

任凭生态系统发生退化会加剧自然灾害带来的毁灭性后果。有很多实例已证实:采伐森林、破坏红树林和珊瑚礁,或者对湿地进行排水,已经显著降低当地应对自然危机的抵抗力,也让损失更为惨烈(Harakunarak 和 Aksornkoae,2005;Barbier,2007)。

举例来说,海地就发生了这样的悲剧。为了获得木柴与木炭,海地任由森林退化和砍伐现象持续了数十年。之后,2004 年的飓风"珍妮"导致被砍伐森林发生泥石流滑坡,夺去了 1 800 多名海地人的生命。而岛屿另一边的多米尼加共和国,虽然也受到了飓风"珍妮"的猛烈冲击,但因为该国森林砍伐远没有海地那样严重,因此,伤亡人数比起海地少了很多(IUCN,2006;另见第 3 章,专栏 3.8)。

9.3.3 人类健康收益

千年生态系统评估中的健康综合报告认为：健康的生态系统是维持人类健康和福祉的必要条件（WHO，2006）。然而，全球多个濒临崩溃的生态系统，却显著增加了人类健康的风险（Rapport 等，1998）。

人类在砍伐森林或者开发农业之后，对自然系统的过度利用，可能会加快多种传染病的传播和有害物种的入侵（例证见 Molyneux 等，2008；Pongsiri 等，2009）。同样，水生疾病同遭到破坏的海洋生态系统及问题重重的流域管理之间，也存在着内在联系。在东南亚流域层面开展的分析案例就揭露了这一内在联系（Pattanayak 和 Wendland，2007）。另一个例子是因为人们过度捕捞以软体动物为食的丽鱼科鱼而导致的血吸虫病（一种生长在淡水螺体内的寄生性吸虫导致的疾病）（另见专栏 9.10）。

专栏 9.10 塞内加尔水坝、灌溉与血吸虫病的传播

20 世纪 80 年代，人们在塞内加尔河上修建迪亚曼水坝（Diama Dam），以阻止咸水在旱季入侵河流。尽管水坝成功地减少了盐分，却也戏剧性地改变了当地的生态。大坝修建之后，菲氏双脐螺——这种生物是曼氏血吸虫的中间宿主——出现并繁殖起来。曼氏血吸虫是一种导致肠血吸虫病的寄生虫。以前生长在塞内加尔河一带的主要的螺类——并非曼氏血吸虫宿主的球形小泡螺——被菲氏双脐螺取代。

当地人以前不了解的曼氏血吸虫在人群中迅速传播。1989 年末，将近 2 000 人测试为曼氏血吸虫阳性。1990 年 8 月，在附近城市夏尔托勒的 50 000 名居民中，有 60% 受到了感染。

自 1990 年以来，血吸虫病一直继续在塞内加尔河流域迪亚曼水坝的上游传播。这警示着人们要注意水坝建设，以免导致人为的生态系统变化，继而造成病媒性疾病的传播。同时，这也揭示了人类与生态系统复杂的互动关系。

资料来源：改编自 Molyneux 等（2008）。

在陆地生态系统中，遭到破坏的森林栖息地同样会导致普通病媒物种被更为罕见的病媒所代替，例如，疟蚊（疟疾的病媒，参见 WHO，2006）将本地良性得多的蚊种取而代之。在东南亚和亚马逊流域某些地区的森林遭到砍伐之后就发生了这样的事情（Walsh 等，1993）。遭到破坏的森林不仅为这些蚊子创造了新的繁育场所，微气候的变化也使得水温升高，日照量更加充足。在这些情况下，蚊幼虫的孳生条件得以改善，蚊虫群落也随之发生改变（Tuno 等，2005）。毫无疑问，这将导致蚊成虫进食速度加快，繁殖率上升（Afrane 等，2006）。例如，在亚马逊流域的秘鲁，达氏按蚊在被毁林区的密集度和叮人概率，要比在完好原始林区高（Vittor 等，2006），这显著增加了公共健康成本。

相反，物种多样性可能会有益人类健康（Pongsiri 等，2009）。导致莱姆病的细菌伯氏疏螺旋体通过扁虱（一种吸取多种脊椎动物血液的媒介）传染给人类。然而，有报告表明：白足鼠是这种细菌最理想的宿主；而其他扁虱寄主实际上并不感染扁虱（Lo Giudice 等，2003）。白足鼠在物种多样性较低的小块森林中较容易繁殖起来（Nupp 和 Swihart，1998），从而导致扁虱肆虐（Allan 等，2003）。这意味着病媒传播的莱姆病，在脊椎动物密集的地区将会减少（Allan 等，2003）。

巴拿马地区也发现了类似的案例。被汉坦病毒感染的宿主在巴拿马啮齿动物密集的地区有所下降。汉坦病毒是引发汉坦病毒肺综合征（Suzán 等，2009）的病因。在美国的路易斯安那州有证据显示：在非雀形目鸟类密集的地方，以蚊子为寄主的西尼罗河病毒的传播率有所下降（Ezenwa 等，2006）。

生态系统的变化和退化给人类健康带去的负面影响，有可能会变得更直接。从种群层面来看，在疾病从动物宿主传播到人类的链条中，牲畜和猎物构成了关键的一环。最近暴发的禽流感便是一个有力的例证。从生态系统层面来看，农业地区的生态退化会导致作物减产，从而引发世界很多地区营养不良（Hillel 和 Rosenzweig，2008；IAASTD，2008）。此外，当地居民的精神健康可能也会随之受到影响。譬如，澳大利亚西部地区旱地盐分减少，同当地农村居民的抑郁症有关（Speldewinde 等，2009）。

因此，物种和生态系统多样性的丧失或退化会直接阻碍人们为达成千年发展目标而付出的努力（WHO，2006；UNDP-UNEP 贫穷 - 环境计划，2008）。我们亟须深度探索健康的生态系统和人类健康之间的关系，以便更好地将这些考量整合到生态系统和景观管理以及生态恢复计划中（WHO，2006；Crowl 等，2008），从而减少因生态系统退化导致的公共健康成本。

9.4 投资生态系统以适应气候变化

> 如果气候变化问题得不到解决，我们也无法解决生物多样性的丧失问题；反之亦然。因此我们需要为生物多样性寻找“三赢”方案，即该方案在丰富生物多样性的同时还能主动为减缓与适应气候变化做出贡献。
>
> （ECCHM，2009）

保护生物多样性和生态系统，并在对其进行文化修正后做到可持续的合理使用，是保护并强化其恢复力的最佳方式，也是防范气候变化负面影响时最具成本效益的措施之一。基于生态系统的适应方法对于气候变化背景下保证生态系统服务来说非常重要。

气候适应对很多行业而言都是一个挑战（例如，参见 Adger 等，2007；EEA 等，2008；世界银行，2010）。通过维护与强化生态系统服务的全面供应而获得投资自然资本的收益，会为多个政策领域提供具有成本效益的解决方案。所有生态系统都能提供一系列生态服务，从而创造合理化决策的机会。譬如，同一片湿地可同时具有防洪、供水、水质调控（包括减少传染病）的功能，能缓冲气候状况变化带来的影响。

因此，对气候适应和供水政策进行适当调控，就能够在保障操作成本最小化同时，还能最大限度地取得自然资本服务流或红利（世界银行，2009b）。研究人员对东南亚流域层面的分析，就证实了这一点（Pattanayak 和 Wendland，2007）。

显然，我们应该以整合的方式处理生物多样性损失和气候变化问题，并制定合适的策略来同时解决这两大难题（Campbell 等，2009）。为此，我们可以采用基于生态系统的方法，来可持续的适应和减缓气候变化（例如，World Bank，2009b）；或同样基于生态系统的方法，在景观层面上，结合土地利用的多种功能，来维持生态功能。这些方法都具有潜在的“三赢”特性：①它们能够保持并恢复自然生态系统；②它们通过保有或增强碳储量，或通过减少因生态系统退化和丧失导致的碳排放，而减缓气候变化；③它们提供具有成本效益的保护措施，防范气候变化导致的某些威胁（关于讨论，参见 Paterson 等，2008）。

专栏 9.11　中国长江流域湿地与湖泊的恢复

中国长江沿岸大量的湖泊和泛滥平原形成了大片蓄水区，可在强降水期间缓解洪水带来的影响，在旱季提供持续的水流供应。长江沿岸泛滥平原被大量用作围垦地这一事实，使得长江沿岸减少了 80% 的湿地和 75% 的拦洪能力。这在大大增加洪灾风险的同时，还会导致旱季水流量减少、剩余水体污染物加重的现象，从而导致鱼类减产。在持续气候变化的影响下，极端气候事件（如强降水和干旱）将会增多，给长江流域 4 亿人口的生计带来负面影响。

2002 年，世界野生动物基金会（WWF）在湖北省发起了一项工程，旨在重新连接各个湖泊，恢复湿地。迄今为止，该工程已经恢复了 448 km^2 的湿地，可容纳多达 2.85 亿 m^3 的洪水。该工程一方面能够显著提高抗洪能力；另一方面还能通过增加水流量、改善水产养殖业管理，改进农业实践，将水质提升到了饮用水的等级。近年来，这项工程成功促进了野生鱼种的种类和数量，使得渔获量增长幅度大于 15%。因此，恢复湿地不仅能提高本地社区应对极端气候事件的抵抗力，还改善了当地居民的生活条件。

资料来源：WWF（2008）。

生物多样性公约（CBD）致力于研究和解决生物多样性和气候变化难题。其属下的生物多样性与气候变化特设技术专家组（AHTEG）（2009）支持继续推进该工程。该专家组总结道：“由于自然生态系统在全球碳循环中作用重大，且能提供广泛的、对人类福祉至关重要的生态系统服务，所以维持自然生态系统（包括其基因和物种多样性）对实现联合国气候变化框架公约（UNFCCC）的终极目标极为重要。”专家组强调：基于生态系统的气候适应措施，是保障长期策略取得成功的关键（Campbell 等，2009）。我们可在联合国气候变化框架公约框架下，通过协商，来解决更大范围内的生态系统挑战难题。例如，我们可通过建立 REDD+ 机制，或者将基于生态系统的方法纳入到气候变化适应行动框架，来解决这些难题（见本书 9.6.2 节和《TEEB 气候问题更新》，2009）。

考虑到气候变化的频率和影响都不确定，而且我们的知识同政策反应的不确定性之间存在差异，我们有必要采取预防措施以防不测［政府间气候变化专门委员会（IPCC），2007］。如最近的 IPCC 报告指出，除了有力的减排政策之外，还需制定计划作为补充，以适应重大环境、社会和经济变化，否则在此变化期间我们有可能错过全球变暖的安全时期（IPCC，2007；Adger 等，2007）。

这样的话，我们对气候适应的投资将会大大超出目前的计划投资额（Parry 等，2009；《TEEB 气候问题更新》，2009）。我们尤其需要认真设计气候减缓行动，从而使得其与气候适应、生物多样性保护、可持续发展相协调（Paterson 等，2008；Galatowitsch，2009）。我们需要仔细规划和控制气候减缓行动可能会对生物多样性带来潜在负面影响的领域（如生物燃料生产），并持续评估气候减缓行动带来的影响（Fargione 等，2008；Searchinger 等，2008）。我们应当尽力避免这种"适应不良"的现象，并执行补救措施。相反，我们应该积极寻找和推动那些能带来正面结果的减缓措施。

基于生态系统的方法，不但可应用于一切种类的生态系统，从地方到大陆不等的地理范畴，还能有潜力去协调长期和短期的优先任务（例如，参见 Blumenfeld 等，2009）。绿色结构方法——例如，基于生态系统的气候适应——会增进生态系统恢复力。这些方法不仅能防止生物多样性丧失和生态系统退化，恢复水循环；比起常规人造基础设施方法来，它们能以更具成本效益和更可行的方式，让生态系统功能与服务适应气候的变化。这些方法，还能够增强民众及其生计对气候变化的抵抗力。现在，该领域开展了很多试点项目［参见专栏 9.12；关于重要举措的总结，参见世界银行（2009b）］。我们应在世界范围内大力推广这些试点项目积累的经验。

通过分析一些减排措施，我们发现：一些低成本协同效应措施，可显著加强对生物多样性保护和对生态服务的可持续利用（GTZ 和 CBD，2009，Campbell 等，2009）。这些措施包括：恢复退化的林地和湿地，增加土壤中的有机质，减少将牧场用作他途，刀耕火种法的传统农作方法，改进草地管理、基于生态系统的海洋管理方法（Levin 等，2009）。这些基于生态系统的方法和土地管理活动，在维持对人类福祉十分重要的生态服务及增强大自然气候适应能力方面，都非常关键（Campbell 等，2009）。这些基于生态系统的方法和活动的成本，可能还会大大低于那些大型人工技术工程的成本（目前针对这两种方式的成本效益比较还不够充分）（Fischlin 等，2007）。在开始的阶段，这些基于生态系统的方法和活动可能需要得到激励政策的支持（例如，扶持性补贴和债券），或对其给予长期研发投入，从而更好地推动这些措施的长期发展（参见专栏 9.13 实例）。

专栏 9.12　玻利维亚的适应气候变化的努力

近年来，玻利维亚洪水和森林火灾等自然灾害频繁爆发。在气候持续变化的情况下，爆发频率还会进一步攀升。这对依赖农业生产的农村社区产生了严重负面影响。玻利维亚高原地区的农民，一直要面对自然气候变异带来的危机。但在过去数十年中，植被损耗、土壤侵蚀、沙漠化、水体污染降低了生态系统的恢复力。气候变化给农业部门带来了额外压力，并使得这些社区的生活条件恶化。由于帮助农作物管理适应气候变化的尝试经常缺乏成效，弃农进城的农民也在不断增多。

农业部门为玻利维亚贡献了 20% 的国内生产总值，该国 65% 的劳动力也都服务于农业部门，因此气候变化对该国经济造成了严重威胁。玻利维亚政府明确了下列对国家发展十分重要的主要适应措施：

1. 可持续的森林管理；
2. 提高工业化进程的效率；
3. 减少栖息地破碎化；
4. 改善土壤和水资源管理、农业研究和技术转让；
5. 确定对气候变化抵抗力强的牧场，改进家畜管理；
6. 协调水源利用和水源保护。

在这 6 项策略中，5 项与生态系统管理直接相关。这彰显了在气候不断变化的今天，生态系统服务对人类福祉和发展的重要性。

世界银行发起了一项关于气候变化适应经济学（EACC）的研究。该研究在一种更为宽泛的国家和国际背景下，评估气候适应所需成本。孟加拉国、埃塞俄比亚、加纳、莫桑比克、萨摩亚、越南也作出类似的努力，来制定气候适应策略，确定适应成本。

资料来源：世纪银行（2010）。

专栏 9.13　德国泥沼和泥炭地的恢复和保护

最近几十年来，欧洲泥沼和泥炭地的退化，让欧洲生物栖息地及其碳存储功能蒙受大量损失（Schafer，2009）。德国北部梅克伦堡－西波美拉尼亚的国有土地就见证了这些退化：该地的泥炭地用作他途后，排放出的温室气体（GHG）要高于其他人为因素导致的温室气体排放量（泥炭地和泥沼：6.1 t 二氧化碳当量；交通：3.1 t 二氧化碳当量；能源：3.9 t 二氧化碳当量；工业部门：0.4 t 二氧化碳当量）。

目前，梅克伦堡－西波美拉尼亚启动了利用综合政策工具来减少碳排放的项目。譬如，设置激励措施以改变农业操作方法；支持替代性的土地利用方法；恢复泥炭地。为了资助泥炭地恢复事业，该项目还计划对企业和个人发行“泥炭债券”。债券购买人通过购买 5 000 欧元的债券，可帮助当地恢复约 1 hm^2 的泥炭地，相当于减少约 10 t 二氧化碳排放。

泥炭地是该地区物种最有价值的栖息地之一，在保水（这一点在气候变暖的背景下尤为重要）和生物多样性保护方面，还能为当地带来额外收益。

资料来源：Ministerium für Landwirtschaft，Umwelt und Verbraucherschutz Mecklenburg- Vorpommern（2009），Schafer（2009）。

在气候适应方面，我们需要特别予以关注的生态系统包括：湿地和其他淡水生态系统（Palmer 等，2009）、森林（例如，Bonan，2008；另见本书 5.3 节）、农业系统。在这些系统中，气候变化、生态系统服务和人类生计之间的联系非常紧密。气温上升和干旱会影响农业生产力（IPCC，2007）。因此，强大的农业恢复力是适应气候变化的关键要素。这对那些大量人口依赖自给农业的国家来说，更是如此（IAASTD，2008；Herrero 等，2010；例如参见专栏 9.14）。

专栏 9.14 可持续农业实践产生的生态系统收益

人们需要开发出最好的方法和最好的技术，在不影响生态产品和服务的前提下增加产量、改善民生。遍布世界的农业可持续性研究中心，正在攻克着这样的课题。一项研究项目调查了 57 个发展中国家近年来开展的 286 项最好先锋实践。该研究共计涉及了 1 260 万个农场、3 700 万 hm^2 土地（占发展中国家种植面积的 1/3）。该研究显示：生产力随着生态系统服务供应能力（如碳固定和水质）同步上升。这些国家的平均产量增幅为 79%，具体增幅由物种所决定。此外，所有作物的水源利用率都有所提高。这些先锋实践涵盖以下领域：

1. 害虫防治：抵制害虫、疾病和杂草侵蚀的生态系统恢复力和多样性；
2. 营养管理：控制侵蚀以缓解营养物的流失；
3. 土壤和其他资源管理：通过水土保持耕作法、农业林学实践、水产业和集水技术提高土壤和水源的农业利用率。

资料来源：Pretty 等（2006）。

在保护自然的社会大背景下，我们也需要推行国内（如当地层面和地区层面）和国际（如双边和多变合作）的气候适应政策。这些合作性气候适应政策比纯粹的单个国家气候适应政策，更具成本效益（Balmford 等，2003；Vos 等，2008；Hannah，2009）。这些方法需要得到其他部门气候适应行动的配合（EEA 等，2008，农业领域的例证；参见 Berry 等，2006）。

9.5 促进投资的积极策略

正如本书及其他文献所强调的：TEEB 的研究成果说明了决策者应当优先考虑实施积极策略，来维持自然资本和生态系统的服务。而被动反应式恢复措施，一般只应作为候补选项，用于生态系统退化已经发生的严重情况。但是，自然和人为灾难和危机，也给了我们反思我们自身政治实践的机会，激励我们对自然资本进行公私联合投资或纯公共投资。

9.5.1　将灾难和危机转变为机遇

我们在自然灾难爆发之后拟定重建计划时，应树立双重目标：在保障未来经济发展的同时，还应避免灾害再次发生（SER-IUCN，2004）。在美国新奥尔良市遭受卡特里娜飓风重创之后，联邦政府拨付 10 亿美元用于该市的重建工作，旨在恢复并振兴该地区，并增强其在未来应对飓风和其他自然灾害的能力。美国陆军工程兵部队研发了一种巨型的飓风及风暴减灾系统，旨在修复和重建墨西哥湾滨海区的人工堤坝。然而，环境工程师和恢复生态学家指出：美国新奥尔市在 20 世纪时曾被大片湿地所环绕。这些湿地无异于为该市提供了一个风暴防范屏障。不幸的是，这些湿地随着城市的扩张而渐渐消失了。新奥尔在卡特里娜飓风过后，迎来了在重建人工环境的同时，通过兴建高效绿色建筑恢复湿地的机会（Costanza 等，2006a）。新奥尔良在经历一系列严重冲击后，仍然有可能成为走向可持续发展未来的典范。不幸的是，迄今为止，人们一直关注滨海区堤坝的重建，湿地恢复工作尚未得以展开。

同样，滨海地区在经历了 2004 年印度洋大海啸和 2008 年纳吉斯飓风之后，也迎来了一系列重建机会，旨在改进珊瑚礁和红树林应对未来气候灾难的缓冲功能（UNEP-WCMC，2006；IUCN，2006）。2005 年，印度尼西亚林业部长宣布了在今后五年中，在全国恢复 60 万 hm^2 被毁红树林的系列计划。斯里兰卡、泰国和其他国家也纷纷启动了类似的大型项目，通过再造林的方式，重获红树林区提供的自然屏障（Harakunarak 和 Aksornkoae，2005；Barbier，2007）。

另一个实例是中国长江在发生严重洪灾之后启动的水土保持项目（参见专栏 9.15）。

专栏 9.15　中国在洪灾后启动的坡地退耕还林工程

1998 年，长江泛滥导致严重洪灾。长江附近堤坝的防洪保护能力因河流严重淤积而大打折扣，从而给沿岸造成了更加惨重的损失。洪水之后，长江巨大的产沙量被认为是导致农耕坡地受到侵蚀的主要原因（Tallis 等，2008）。

因此，中国政府实施了坡地退耕还林工程：通过将农田再次转变为林地，旨在减少 24 个省份关键地区的土壤侵蚀现象（Sun 和 Liqiao，2006）。政府将现金和粮食发放给农民，鼓励他们放弃位于主要河流沿岸陡坡上的自有农业用地，植树造林。该工程将于 2010 年结束，旨在退耕还林 1 460 万 hm^2 土地。

该项目的总投资成本主要由中国政府承担，金额为 3 370 亿元人民币（约 490 亿美元，参见 Bennett，2009）。政府希望将土壤保护行动与长江沿岸欠发达地区的社会经济改良计划结合起来，通过为当地居民创造新的谋生方式，来提高其生活水平。

资料来源：Sun 和 Liqiao（2006）；Tallis 等（2008）；Bennett（2009）。

随着公众对气候变化适应和减缓事业的关注，投入该领域的资金也在不断增加。

我们应该抓住这个大好机遇，将注重自然资本的观念整合进各个项目和工程中去。此举将大大增强人类社会对未来灾害的抵抗力。届时，我们不但能够缓解未来气候事件所带来的负面影响，还能帮助当地居民在不断变化的世界中，更好地应对气候变化影响、保持其生计（IUCN，2006）。

如同其他剧变一样，金融危机也应被视为大幅投资自然资本的机遇。2008/2009年的金融危机让很多国家投资数十亿美元，开展庞大的“经济刺激方案”。如果这些资金能用于自然资本投资，这将意味着环境以及可持续经济增长将获得独特的发展机遇。一些政府注意到：投资绿色基础设施可以带来多种收益，例如，为清洁技术和清洁能源产业创造新的就业机会（参见专栏 9.16）。投资自然资本，在更广阔的意义上，还能确保生态系统服务可持续的流动，为可持续农业和注重环保的企业提供额外就业机会。

专栏 9.16　在金融危机期间投资环保事业：以韩国为例

尽管大多数 G20 国家都没有实现全球绿色新政目标，即绿色技术投资占全国 GDP 的 1%（Barbier，2010），但一些国家近年来还是对绿色恢复项目投入了大量资金。韩国就是这样的国家之一。韩国政府试图将绿色项目作为突破当前危机，振兴国民经济的发展目标（Hyun-kyung，2009）。2009 年初，韩国总统李明博宣布：将投资 100 亿美元，修建水坝、保护水库，从而恢复四条主要的退化河流。此举的目标是保护周边地区免受洪灾之扰，并创建 20 万个工作机会。“我们的绿色发展政策将有益于环境，有利于应对气候变化。它不仅是一个环境计划，更主要的还是一个推动经济发展的计划”（韩国经合组织永久代表金仲秀的发言）。

资料来源：Hyun-kyung（2009）；LWEC（2009）。

9.5.2　通过绿色投资，化预防为行动

我们到底应该作何选择：坐等危机或自然灾害发生？抑或在发生严重损失之前进行投资，以保护大家共同的未来？世界银行（2004）支持开展了一项自然灾害预防性措施。根据世界银行的估算：我们在自然灾害防范措施上每投入 1 美元，就能减少自然灾害带来的 7 美元损失。换言之，投资自然资本是有利可图的投资——它不仅能改善环境条件和生计，还能带来经济效益。

在我们处理诸多挑战时（如普遍的环境退化、气候变化，以及其他灾难导致的严重威胁），各国政府应该通力合作，发现机遇，解决问题，从而确保我们能够维护与恢复有限且日益受到严重威胁的可再生自然资本（参见专栏 9.15 中的示例）。

认识到自然资本当前的丧失程度和受到的威胁，是我们迈向积极策略的关键一步。无一例外，所有国家都需要在地区和全国层面上，详尽掌握关于生态系统服务的信息和影响服务供应的具体原因；以及更好地反映自然资本的重要性的核算制度

（参见第 3 章）。这些宝贵的信息能够帮助决策者制定包括维持或恢复生态系统关键生态服务方案的投资策略。我们可通过出台有针对性的支付方案（参见第 5 章）或指定保护区等措施（参见第 8 章），来维持或恢复生态系统关键生态服务。

完成这一转变，需要跻身生态发展和恢复项目的行动者们加强合作。这一点，在发展中国家更是重要。现如今，学术机构、政府林业和农业研究部门、社区和商业运营者之间的联系并不够紧密，各方也未能充分利用紧密协作带来的机会。在推广跨部门合作、项目协调方面，在促进高效、高成本效益的行动方面，在确保此类行动的收益在不同的利益相关群体之间得以公平分配方面，环境部门和机构需要担负起其肩负的重要使命。

TEEB 建议各国通过创建自然资本核算制度和地图，对该国的自然资本国家存量进行一次系统评估，从而在开展高效经济投资的同时，降低环境风险（参见第 3 章、第 4 章和第 10 章）。这些工具能够帮助人们发现不同种类生态系统的生态恢复需求，尤其是那些受到威胁的生物多样性和生态系统服务。我们无论是在当地还是全国层面上，都应该大力研发这些工具。高优先度的任务包括：

1）城市供水和水净化；

2）适应气候变化和相关的自然危机管理、风险管理、增加自然资本储量（具体方法如本章所述）；

3）碳储存和碳封存，

4）保护生物多样性热点地区，及一切有价值或在环保、景观规划和资源管理方面十分关键的生态系统。

一个结构合理、科学的自然资本核算框架，将帮助决策者系统、积极地对生态基础设施的保护和恢复工作进行投资。这不但能让社区和社会（包括那些环境风险最高的组织）免受自然危机带来的损害，还能通过积极的投资回报，在中等经济周期内，为多个部门带来经济收益（例如，参见世界银行，2004）。这种投资在节约型经济中起着犹如基石一般的作用，能帮助人类走向可持续的未来，公平地分配大自然带来的社会和生态收益。

致谢

作者谨向以下人员表示感谢：Jonathan Armstrong，IEEP，英国；Tim Besser，拜罗伊特大学，德国；Patrick ten Brink，IEEP，比利时；Johannes Forster，亥姆霍兹环境研究中心（UFZ），德国；Rudolf de Groot，瓦赫宁根大学，荷兰；Philip James，索尔福德大学，英国；Marianne Kettunen，IEEP，芬兰；Dorit Lehr，波恩大学，德国；Sander van der Ploeg，瓦赫宁根大学，荷兰；Monique Simmonds，基尤皇家植物园，英国；Paul Smith，基尤皇家植物园，英国；Johannes Timaeus，UFZ，德国；以及 Graham Tucker，IEEP，英国。

参考文献

[1] ADB. 2005. Coastal Greenbelt Project (Loan 1353-BAN[SF]) in the People's Republic of Bangladesh, Project Completion Report, Asian Development Bank, www.adb.org/Documents/PCRs/BAN/pcr-ban- 25311.pdf, 2009-12-3.

[2] Adger W. N., Agrawala S., Mirza M. M. Q., et al. 2007. Chapter 17: 'Assessment of adaptation practices, options, constraints and capacity', in 'Climate Change 2007: Impacts, Adaptation and Vulnerability', A report of Working Group II to the Fourth Assessment Report of the Intergovernmental Panel on Climate Change, M. L. Parry, O. F. Canziani, J. P. Palutikof, P. J. van der Linden and C. E. Hanson (eds) Cambridge University Press, Cambridge: 717-743.

[3] Afrane Y. A., Zhou G., Lawson B. W., et al. 2006. Effects of microclimate changes caused by deforestation on the survivorship and reproductive fitness of Anopheles gambiae in western Kenya highlands, American Journal of Tropical Medicine and Hygiene, 74: 772-778.

[4] Allan B. F., Keesing F., Ostfeld R. S. 2003. Effects of habitat fragmentation on Lyme disease risk, Conservation Biology, 17: 267-272.

[5] Andersen M. C., Adams H., Hope B., et al. 2004. Risk assessment for invasive species: General framework and research needs, Risk Analysis, 24 (4): 787-793.

[6] Andreu J., Vilà M., Hulme P. E. 2009. An assessment of stakeholder perceptions and management of noxious alien plants in Spain, Environmental Management, 43: 1244-1255.

[7] Aronson J., Floret C., Le Floc'h E., et al. 1993. Restoration and rehabilitation of degraded ecosystems: A view from the South, Restoration Ecology, 1: 8-17.

[8] Aronson J., Blignaut J. N., Milton S. J., et al. 2006. Natural capital: The limiting factor, Ecological Engineering, 28: 1-5.

[9] Aronson J., Milton S. J., Blignaut J. N. 2007. Restoring natural capital: Definitions and rationale, in J. Aronson, S. J. Milton and J. N. Blignaut (eds) Restoring Natural Capital: Science, Business and Practice, Island Press, Washington, DC.

[10] Aronson J., Blignaut J. N., Milton S. J., et al. 2010. Are socioeconomic benefits of restoration adequately quantified? A meta-analysis of recent papers (2000—2008) in Restoration Ecology and 12 other scientific journals, Restoration Ecology, 18: 143-154.

[11] Badescu V., Schuiling R. D. 2009. Aral Sea: Irretrievable loss or Irtysh imports?, Water Resource Management, 24 (3): 597-616.

[12] Balmford A., Gaston K. J., Blyth S., et al. 2003. Global variation in terrestrial conservation costs, conservation benefits and unmet conservation needs, Proceedings of the National Academy of Sciences of the United States of America, 100: 1046-1050.

[13] Barbier E. 2007. Valuing ecosystem services as productive inputs, Economic Policy, 22(49): 178-229.

[14] Barbier E. 2010. How is the global green new deal doing?' Nature, 464: 832-833.

[15] Benedict M. A., McMahon E. T. (eds). 2008. Green Infrastructure: Linking Landscapes and Communities, Island Press, Washington, DC.

[16] Bennett M. T. 2009. Markets for ecosystem services in China: An exploration of China's "eco- compensation" and other market-based environmental policies, Forest Trends, www.forest-trends.org/ documents/files/doc_2317.pdf, 2009-11-20.

[17] Berry P. M., Rousewell M. D. A., Harrison P. A., et al. 2006. Assessing the vulnerability of agricultural land use and species to climate change and the role of policy in facilitating adaptation, Environemntal Science and Policy, 9: 189-204.

[18] Bertram G. 1999. The Impact of Introduced Pests on the New Zealand Economy: A Blueprint for Action, New Zealand Conservation Authority, Wellington.

[19] Blignaut J. N., Aronson J. 2008. Getting serious about maintaining biodiversity, Conservation Letters, 1: 12-17.

[20] Blignaut J. N., Loxton C. E. 2007. An approach to quantify the economic value of restoring natural capital: A case from South Africa, in J. Aronson, S. J. Milton and J. N. Blignaut (eds) Restoring Natural Capital: Science, Business, and Practice, Island Press, Washington, DC.

[21] Blignaut J. N., Aronson J., Mander M., et al. 2008. Investing in natural capital and economic development: South Africa's Drakensberg Mountains, Ecological Restoration, 26: 143-150.

[22] Blumenfeld S., Lu C., Christophersen T., et al. 2009. Water, Wetlands and Forests: A Review of Ecological, Economic and Policy Linkages, CBD Technical Series No 47, Convention on Biological Diversity and the Ramsar Convention on Wetlands, Montreal and Gland.

[23] Bonan G. B. 2008. Forests and climate change: Forcings, feedbacks, and the climate benefits of forests, Science, 320: 1444-1449.

[24] Bullock J. M., Pywell R. F., Walker K. J. 2007. Long-term enhancement of agricultural production by restoration of biodiversity, Journal of Applied Ecology, 44: 6-12.

[25] Campbell A., Kapos V., Scharlemann J. P. W., et al. 2009. Review of the Literature on the Links between Biodiversity and Climate Change: Impacts, Adaptation and Mitigation, Technical Series No 42, Convention on Biological Diversity, Montreal.

[26] CBD. 1993. Convention on Biological Diversity (with annexes), United Nations Treaty Series, UN, concluded at Rio de Janeiro on 5 June 1992, registered ex officio on 29 December 1993, www.cbd.int/ doc/legal/cbd-en.pdf, 2010, 10, 28.

[27] CBD. 2002. Review and consideration of options for the implementation of article 8(h) on alien species that threaten ecosystems, habitats or species, Convention of the parties to the Convention on Biological Diversity, www.cbd.int/doc/meetings/cop/cop-06/official/cop-06-18-en.pdf, 2010, 10, 28.

[28] CBD AHTEG. 2009. Draft findings of the Ad Hoc Technical Expert Group on Biodiversity and Climate Change, Convention on Biological Diversity Ad Hoc Technical Expert Group, Montreal, www.cbd.int/ doc/meetings/cc/ahteg-bdcc-O1/other/ahteg-bdcc-O1-findings-en.pdf, 2009, 11, 20.

[29] Chen L. Y. 2001. Cost savings from properly managing endangered species habitats, Natural Areas Journal, 21: 197-203.

[30] Clewell, A. F. and Aronson, J. 2006. Motivations for the restoration of ecosystems, Conservation Biology, 20: 420-428.

[31] Clewell A. F., Aronson J. 2007. Ecological Restoration: Principles, Values, and Structure of an Emerging Profession, Island Press, Washington, DC.

[32] Clewell A. F., McDonald T. 2009. Relevance of natural recovery to ecological restoration, Ecological Restoration, vol 27, pp122-124.

[33] Costanza R., Mitsch W. J., Day J. W. Jr. 2006a. Creating a sustainable and desirable New Orleans, Ecological Economics, vol 26, pp317-320.

[34] Costanza R., Mitsch W. J., Day J. W. Jr. 2006b. A new vision for New Orleans and the Mississippi delta: Applying ecological economics and ecological engineering, Frontiers in Ecology and the Environment, 4: 465-472.

[35] Crowl T. A., Crist T. O., Parmenento R. R., et al. 2008. The spread of invasive species and infectious disease as drivers of ecosystem change, Frontiers in Ecology and the Environment, 6: 238-246.

[36] Defra. 2007. Impact assessment of the order to ban sale of certain non-native species under the Wildlife & Countryside Act 1981, Department for Environment, Food and Rural Affairs, London.

[37] de Groot R., de Wit M., Brown, E. J., et al. 2007. Making restoration work: Financial mechanisms, in J. Aronson, S. J. Milton and J. N. Blignaut (eds) Restoring Natural Capital: Science, Business, and Practice, Island Press, Washington, DC.

[38] De Palma A. 2007. City's Catskill Water Gets 10-Year Approval, New York Times, 13 April 2007, available at www.nytimes.com/2007/04/13/nyregion/13water.html, 2010-7-28.

[39] Dorrough J., Moxham C. 2005. Eucalypt establishment in agricultural landscapes and implications for landscape-scale restoration, Biological Conservation, 123: 55-66.

[40] Dorrough J., Vesk P. A., Moll J. 2008. Integrating ecological uncertainty and farm-scale economics when planning restoration, Journal of Applied Ecology, 45: 288-295.

[41] Doyle, M. and Drew, C. A. (eds). 2007. Large-Scale Ecosystem Restoration, Island Press, Washington, DC.

[42] ECCHM (European Biodiversity Clearing House Mechanism). 2009. Message from Athens on the Future of Biodiversity Policies: April 2009, Conference: Biodiversity protection beyond 2010: priorities and options for future EU policy, http://biodiversity-chm.eea.europa.eu/stories/european-message-athens- future-biodiversity, 2010-9-22.

[43] EEA JRC, WHO. 2008. Impacts of Europe's Changing Climate: 2008 Indicator Based Assessment, EEA Report No 4/2008, European Environment Agency, Joint Resource Centre European Commission, World Health Organization.

[44] Elliman K., Berry N. 2007. Protecting and restoring natural capital in New York City's watersheds to safeguard

water, in J. Aronson, S. J. Milton and J. N. Blignaut (eds) Restoring Natural Capital: Science, Business, and Practice, Island Press, Washington, DC.

[45] Enserink M. 1999. Plan to quench the Everglade's thirst, Science, 285 (5425): 180.

[46] Ezenwa V. O, Godsey M. S., King R. J., et al. 2006. Avian diversity and West Nile virus: Testing associations between biodiversity and infectious disease risk, Proceedings of the Royal Society B, 273: 109-117.

[47] Falk D. A., Palmer M. A., Zedler J. B. (eds). 2006. Foundations of Restoration Ecology, Island Press, Washington, DC.

[48] FAO. 2004. Payment schemes for environmental services in watersheds, Land and Water Discussion Paper No 83, Food and Agriculture Organization, Rome.

[49] Fargione J., Hill J., Tilman D., et al. 2008. Land clearing and the biofuel carbon debt, Science, 319: 1235-1237.

[50] Finnoff D., Shogren J. F., Leung B., et al. 2006. Take a risk: Preferring prevention over control of biological invaders, Ecological Economics, 62(2): 216-222.

[51] Fischlin, A., Midgley G. F., Price J. T., et al. 2007. Chapter 4: Ecosystems, their properties, goods, and services., in 'Climate Change 2007: Impacts, Adaptation and Vulnerability, A report of Working Group II to the Fourth Assessment Report of the Intergovernmental Panel on Climate Change, M. L. Parry, O. F. Canziani, J. P. Palutikof, P. J. van der Linden and C. E. Hanson (eds) Cambridge University Press, Cambridge.

[52] Fox H., Mous P., Pet J., et al. 2005. Experimental assessment of coral reef rehabilitation following blast fishing, Conservation Biology, 19(1): 98-107.

[53] Francher J. 2008. California: Restoring Bolsa Chica Wetlands, www.bolsachicarestoration.org/admincms/ lib/fckeditor/uploads/file/ERAPRandFAQ.pdf, www.bolsachicarestoration.org/project.php, 2010-10-28.

[54] Galatowitsch, S. M. 2009. Carbon offsets as ecological restorations', Restoration Ecology, 17: 563-570.

[55] Galil B. S., Zenetos A. 2002. A sea change - exotics in the eastern Mediterranean Sea, in E. Leppäkoski, S. Gollasch and S. Olenin (eds) Invasive Aquatic Species of Europe: Distribution, Impacts and Management, Kluwer Academic Publishers, Dordrecht, Netherlands.

[56] Goldstein J. H., Pejchar L., Daily G. C. 2008. Using return-on-investment to guide restoration: A case study from Hawaii, Conservation Letters, 1: 236-243.

[57] GRN (Global Restoration Network). 2007. British Columbia: Restoration in Coastal British Columbia Riparian Forests, Society for Ecological Restoration International, www.globalrestorationnetwork.org/ database/case-study/? id=102.

[58] GTZ, CBD. 2009. Biodiversity and Livelihoods: REDD Benefits, Gesellschaft für Technische Zusammenarbeit and the Convention on Biological Diversity, Eschborn, Germany.

[59] Hannah L. 2009. A global conservation system for climate-change adaptation, Conservation Biology, 24: 70-77.

[60] Harakunarak A., Aksornkoae S. 2005. Life-saving belts: Post-tsunami reassessment of mangrove ecosystem values and management in Thailand', Tropical Coasts, 7: 48-55.

[61] Herrero M., Thornton P. K., Notenbaert A. M., et al. 2010. 'Smart investments in sustainable food production: Revisiting mixed crop-livestock systems', Science, 327: 822-827.

[62] Hillel D., Rosenzweig C. 2008. Biodiversity and food production, in E. Chivian and A. Bernstein (eds) Sustaining Life: How Human Health Depends on Biodiversity, Oxford University Press, Oxford.

[63] Hobbs R. J., Arico S., Aronson J., et al. 2006. Novel ecosystems: Theoretical and management aspects of the new ecological world order, Global Ecology and Biogeography, 15: 1-7.

[64] Hoffmann C., Baattrup-Pedersen A. 2007 Re-establishing freshwater wetlands in Denmark, Ecological Engineering, 30: 157-166.

[65] Holloway L. L., Tingle C. C. D. 2009. Direct costs of Tetik'asa Mampody Savoka (TAMS), Ankeniheny-Zahamena-Mantadia Biodiversity Conservation Corridor and Restoration Project, Madagascar, http://wbcarbonfinance.org/Router.cfm?Page=BioCF&FID=97088ItemID=9708&ft= Projects&ProjID=9638, 2009-11-20.

[66] Holloway L. L., Andrianjara A. H., Zafindrandalana J. M. 2009. Direct costs of Masoala Corridors Restoration Project, Masoala National Park, Madagascar.

[67] Holmes P. M., Richardson D. M., Marais C. 2007. Costs and benefits of restoring natural capital following alien plant invasions in fynbos ecosystems in South Africa, in J. Aronson, S. J. Milton and J. N. Blignaut (eds) Restoring Natural Capital: Science, Business, and Practice, Island Press, Washington, DC.

[68] Holmes T., Bergstrom J., Huszar E., et al. 2004. Contingent valuation, net marginal benefits, and the scale of riparian ecosystem restoration, Ecological Economics, 49: 19-30.

[69] Hopkins C. C. E. 2002. Introduced marine organisms in Norwegian waters, including Svalbard, in E. Leppäkoski, S. Gollasch, S. Olenin (eds) Invasive Aquatic Species of Europe: Distribution, Impacts and Management, Kluwer Academic Publishers, Dordrecht, Netherlands.

[70] Hyun-kyung K. 2009. "Green Growth" project to start, Green Growth, www.greengrowth.org/articles- etc/articles-etc-1.asp, 2009, 11, 20.

[71] IAASTD. 2008. Global Report, International Assessment of Agricultural Knowledge, Science and Technology for Development, Island Press, Washington, DC.

[72] IFRC. 2002. World Disasters Report 2002, International Federation of Red Cross and Red Crescent Societies, Eurospan-London, www.ifrc.org/publicat/wdr2002, 2010-10-28.

[73] Iftekhar M. S., Islam M. R. 2004. Managing mangroves in Bangladesh: A strategy analysis, Journal of Coastal Conservation, vol 10, pp139-146.

[74] Instituto Terra. 2007. Restoration of the Atlantic Forest (Mata Atlântica), www.unep-wcmc.org/forest/restoration/docs/Brazil.pdf, www.globalrestorationnetwork.org/database/case-study/?id=93, 2010-10-28.

[75] IPCC. 2007. The physical science basis, in S. Solomon, D. Qin, M. Manning, Z. Chen, M. Marquis, B. B. M. Tignor and H. L. Miller (eds) Contribution of Working Group I to the Fourth Assessment Report of the Intergovernmental Panel on Climate Change, Cambridge University Press, Cambridge and New York.

[76] IUCN. 2006. Ecosystems, livelihoods and disasters: An integrated approach to disaster risk management, Ecosystem Management Series No 4, International Union for the Conservation of Nature, p57.

[77] Jackson S. T., Hobbs R. 2009. Ecological restoration in the light of ecological history, Science, 325: 567-569.

[78] Jameson J., Ramsay P. 2007. Changes in high-altitude Polylepis forest cover and quality in the Cordillera de Vilcanota, Peru, 1956-2005, Biological Conservation, 138: 38-46.

[79] Janzen D. H. 2002. Tropical dry forest: Area de Conservacion Guancaste, northwestern Costa Rica, in M. R. Perrow and A. J. Davy (eds) Handbook of Ecological Restoration, Cambridge University Press, Cambridge.

[80] Jones H. P., Schmitz O. J. 2009. Rapid recovery of damaged ecosystems, Public Library of Science One, 4 (5).

[81] Juston J., DeBusk T. 2006. Phosphorus mass load and outflow concentration relationships in stormwater treatment areas for Everglades restoration, Ecological Engineering, 26: 206-223.

[82] Kettunen M., Genovesi P., Gollasch S., et al. 2009. Technical Support to EU Strategy on Invasive Species (IS): Assessment of the Impacts of IS in Europe and the EU (Final Module Report for the European Commission), Institute for European Environmental Policy (IEEP), Brussels.

[83] Kil-Dong P. 2007. Cheonggyecheon Restoration Project', www.wfeo.org/documents/download/Cheonggeycheon%20Restoration%20Project_%20Korea.pdf, 2010-10-28.

[84] Koenig R. 2009. Unleashing an army to repair alien-ravaged ecosystems, Science, 325 (5940): 562-563.

[85] Kühn I., Brandenburg M., Klotz S. 2004. Why do alien plant species that reproduce in natural habitats occur more frequently? Diversity and Distributions, 10: 417-425.

[86] Langridge S., Buckley M., Holl K. 2007. Overcoming obstacles to restoring natural capital: Large- scale restoration on the Sacramento River, in J. Aronson, S. J. Milton and J. N. Blignaut (eds) Restoring Natural Capital: Science, Business, and Practice, Island Press, Washington, DC.

[87] Leschen A., Kessler R., Estrella B. 2007. IVA: Eelgrass restoration project, The Commonwealth of Massachusetts, Boston, www.mass.gov/dfwele/dmf/programsandprojects/hubline/hubline_5yr_eelgrass_restoration.pdf, 2009-11-20.

[88] Levin P. S., Fogarty M. J., Murawski S. A., et al. 2009. Integrated ecosystem assessments: Developing the scientific basis for ecosystem-based management of the ocean, Public Library of Science Biology, 7 (1): 23-28.

[89] Lewis Environmental Services. 2007. Florida: Mangrove Restoration at West Lake (Broward County), www.lewisenv.com/html/mangrove_restoration.html, 2009-11-20.

[90] Lo Giudice K., Ostfeld R. S., Schmidt K. A., et al. 2003. The ecology of infectious disease: Effects of host diversity and community composition on Lyme disease risk, Proceedings of the National Academy of Sciences, 100: 567-571.

[91] Londong J., Kolisch G., Wulf G., et al. 2003. Measures and costs of integrated river basin management: The Wupper case study, Water Science Technology, 46 (6-7): 47-53.

[92] Loth P. (ed). 2004. The Return of the Water: Restoring the Waza Logone Floodplain in Cameroon, IUCN, Gland, Switzerland and Cambridge.

[93] LWEC (Living With Environmental Changes). 2009. £100 million for UK's environmental challenges, Press Release, Living With Environmental Changes, www.lwec.org.uk/sites/default/files/LWEC_pr_08- 06-09.pdf, 2009-11-20.

[94] MA (Millennium Ecosystem Assessment). 2003. Ecosystems and Human Well-Being: A Framework for Assessment, Millennium Ecosystem Assessment, Island Press, Washington, DC.

[95] Mack R. N., Simberloff D., Lonsdale W. M., et al. 2000. Biotic invasions: Causes, epidemiology, global consequences and control, Issues in Ecology, 5: 1-20.

[96] Malakoff D. 2008. Massive mangrove restoration backfires, Science NOW Daily News (17 July 2008), http://sciencenow.sciencemag.Org/cgi/content/full/2008/715/l, 2009-11-20.

[97] Malcolm A. 2009. cited in '34 Quotes', Natural Capital Inititive website, www.naturalcapitalinitiative. org.uk/34-quotes/, 2009-11-6.

[98] MDTP (Maloti Drakensberg Transfrontier Project). 2008. Payment for ecosystem services: Developing an ecosystem services trading model for the Mnweni/Cathedral Peak and Eastern Cape Drakensberg areas, in M. Mander (ed) INR Report IR281, Development Bank of Southern Africa, Department of Water Affairs and Forestry, Department of Environment Affairs and Tourism, Ezemvelo KZN Wildlife, South Africa, www.futureworks.co.za/PES%20FINAL%20REPORT%206%20MARCH%2008.pdf, 2010-9-20.

[99] Micklin P., Aladin N. V. 2008. Reclaiming the Aral Sea, Scientific American, 298: 64-71.

[100] Mills A. J., Turpie J. K., Cowling R. M., et al. 2007. Assessing costs, benefits, and feasibility of restoring natural capital in subtropical thicket in South Africa, in J. Aronson, S. J. Milton and J. N. Blignaut (eds) Restoring Natural Capital: Science, Business, and Practice, Island Press, Washington, DC.

[101] Milon J. W., Hodges A. W. 2000. Who wants to pay for Everglades restoration? Choices, 15: 12-16.

[102] Milon J. W., Scroggins D. 2002. Heterogeneous preferences and complex environmental goods: The case of ecosystem restoration, in J. List and A. de Zeeuw (eds) Recent Advances in Environmental Economics, Edward Elgar, Chelterham.

[103] Milton S. J., Dean W. R. J., Richardson D. M. 2003. Economic incentives for restoring natural capital in southern African rangelands, Frontiers in Ecology and the Environment, 1: 247-254.

[104] Ministerium für Landwirtschaft, Umwelt und Verbraucherschutz Mecklenburg-Vorpommern. 2009. Konzept zum Schutz und zur Nutzung der Moore: Fortscbreibung des Konzeptes zur Bestandsicherung und zur Entwicklung der Moore, Schwerin, http://service.mvnet.de/_php/download.php?datei_id=l 1159, 2010, 7, 25.

[105] Molyneux D. H., Ostfeld R. S., Bernstein A., et al. 2008. Ecosystem disturbance, biodiversity loss and human infectious disease, in E. Chivian and A. Bernstein (eds) Sustaining Life: How Human Health Depends on Biodiversity, Oxford University Press, Oxford.

[106] Morris R. K. A., Barham P. 2007. The Habitats Directive as a driver for sustainable development in the coastal zone: The example of the Humber estuary, in B. A. Larson (ed) Sustainable Development Research Advances, Nova Science Publishers, New York.

[107] Morse W. C., Schedlbauer J. L., Sesnie S. E., et al. 2009. Consequences of environmental service payments for forest retention and recruitment in a Costa Rican biological corridor, Ecology and Society, vol 14, no 1, p23.

[108] NASA. 2008. 'Image of the day: Aral Sea', Earth Observatory, http://earthobservatory.nasa.gov/IOTD/view.php?id=9036, 2010-09-22.

[109] Neilan W., Catterall C., Kanowski J., et al. 2006. Do frugivorous birds assist rainforest succession in weed dominated oldfield regrowth of subtropical Australia? Biological Conservation, 129: 393-407.

[110] Nellemann C., Corcoran E. (eds). 2010. Dead Planet, Living Planet: Biodiversity and Ecosystem Restoration for Sustainable Development. A Rapid Response Assessment, United Nations Environmental Programme, GRID-Arendal, www.grida.no/_res/site/file/publications/dead-planet/RRAecosystems_ screen.pdf, 2010-9-22.

[111] Normile D. 2009. Bringing coral reefs back from the living dead', Science, 325 (5940): 559-561.

[112] Norton D. A. 2009. Species invasions and the limits to restoration: Learning from the New Zealand experience', Science, 325 (5940): 569-571.

[113] Nupp T. E., Swihart R. K. 1998. Effects of forest fragmentation on population attributes of white- footed mice and eastern chipmunks', Journal of Mammalogy, 79: 1234-1243.

[114] Pabon-Zamora L., Fauzi A., Halim A., et al. 2008. Protected areas and human well-being: Experiences from Indonesia, Mexico, Peru and Venezuela, in Protected Areas in Today's World: Their Values and Benefits for the Welfare of the Planet, CBD Technical Series No 36, Convention on Biological Diversity, Montreal.

[115] Pabon-Zamora L., Escobar J., Calvo, L. M., et al. 2009. Valuing Nature: Why Bolivia's Protected Areas Matter for Economic and Human Well-Being, The Nature Conservancy, Arlington, VT.

[116] Palmer M. A., Filoso S. 2009. 'Restoration of ecosystem services for environmental markets', Science, 325 (5940): 575-576.

[117] Palmer M. A., Lettemaier D. P., Poff N. L., et al. 2009. Climate Change and river ecosystems: Protection and

adaptation options, Environmental Management, 44: 1053-1068.
[118] Panzacchi M., Bertolino S., Cocchi R., et al. 2007. Population control of coypu Myocastor coypus in Italy compared to eradication in UK: A cost-benefit analysis, Wildlife Biology, 13: 159-71.
[119] Parry M., Lowe J., Hanson C. 2009. Overshoot, adapt and recover, Nature, 458 (30): 1102-1103.
[120] Paterson J. S., Araújo M. B., Berry P. M., et al. 2008 'Mitigation, adaptation and the threat to biodiversity', Conservation Biology, 22: 1352-1355.
[121] Pattanayak S. K. 2004. Valuing watershed services: Concepts and empirics from Southeast Asia, Agriculture, Ecosystems and Environment, 104: 171-184.
[122] Pattanayak S. K., Wendland K. J. 2007. Nature's care: Diarrhea, watershed protection, and biodiversity conservation in Flores, Indonesia, Biodiversity and Conservation, 16: 2801-2819.
[123] Pimentel D., McNair S., Janecka J., et al. 2001. Economic and environmental threats of alien plant, animal, and microbe invasions', Agriculture, Ecosystems and Environment, 84: 1-20.
[124] Pimentel D., Zuniga R., Morrison D. 2005. Update on the environmental and economic costs associated with alien-invasive species in the United States, Ecological Economics, 52: 273-288.
[125] Polasky S. 2008. Rivers of plans for the rivers of grass, in M. Doyle and C. A. Drew (eds) Large-Scale Ecosystem Restoration, Island Press, Washington, DC.
[126] Pollard S. R., Kotze D. C., Ferrari G. 2008. Valuation of the livelihood benefits of structural rehabilitation interventions in the Manalana Wetland, in D. C. Kotze and W. N. Ellery (eds) WET- Outcome Evaluate: An Evaluation of the Rehabilitation Outcomes at Six Wetland Sites in South Africa, WRC Report No TT 343/08, Water Research Commission, Pretoria.
[127] Pongsiri M. J., Roman J., Ezenwa V. O., et al. 2009. Biodiversity loss affects global disease ecology, BioScience, 59: 945-954.
[128] Pretty J. N., Noble A. D., Bossio D., et al. 2006. Resource-conserving agriculture increases yields in developing countries, Environmental Science and Technology, 40: 1114-1119.
[129] Pywell R., Warman E., Hulmes L., et al. 2006. Effectiveness of new agri-environment schemes in providing foraging resources for bumblebees in intensively farmed landscapes, Biological Conservation, 129: 192-206.
[130] Rapport D. J., Costanza R., McMichael A. J. 1998. Assessing ecosystem health, Trends in Ecology and Evolution, 13: 397-402.
[131] Rey Benayas J. M., Newton A. C., Diaz, A., et al. 2009. Enhancement of biodiversity and ecosystem services by ecological restoration: A meta-analysis, Science, 325 (5944): 1121-1124.
[132] Ricciardi A., Simberloff D. 2008. Assisted colonization is not a viable conservation strategy, Trends in Ecology and the Environment, 24: 248-252.
[133] Richardson D. M., Pysek P., Rejmanek M., et al. 2000. Naturalization and invasion of alien plants: Concepts and definitions', Diversity and Distributions, 6: 93.
[134] Salt T., Langton S., Doyle M. 2008. The challenges of restoring the Everglades Ecosystem, in M. Doyle and C. A. Drew (eds) Large-Scale Ecosystem Restoration, Island Press, Washington, DC.
[135] Samson M. S., Rollon R. N. 2008. Growth Performance of Planted Mangroves, Development, 33(2): 237-253.
[136] Sathirathai S., Barbier E. B. 2001. Valuing mangrove conservation in southern Thailand, Contemporary Economic Policy, 19(2): 109-122.
[137] Scalera R., Zaghi D. 2004. Alien Species and Nature Conservation in the EU: The Role of the LIFE Program, European Commission, Brussels.
[138] Schäfer A. 2009. Moore und Euros - die vergessenen Millionen, Archiv fur Forstwesen und Landschaftsökologie, 43(4): 156-159.
[139] Searchinger T., Heimlich R., Houghton R. A., et al. 2008. Use of US croplands for biofuels increases greenhouse gases through emissions from land-use change, Science, 319: 1238-1240.
[140] Seastedt T. R., Hobbs R. J., Suding K. N. 2008. Management of novel ecosystems: Are novel approaches required? Frontiers in Ecology and the Environment, 6: 547-553.
[141] SER. 2004. The SER International Primer on Ecological Restoration, International Science and Policy Working Group, Society for Ecological Restoration International, Tucson, www.ser.org/pdf/primer3.pdf, 2010-10-28.
[142] SER-IUCN. 2004. Ecological Restoration: A Means of Conserving Biodiversity and Sustaining Livelihoods, Society for Ecological Restoration, Tuscon and IUCN, Gland, Switzerland.
[143] Skovognatur. 2007. Skjern River restoration, www.skovognatur.dk/common/404.htm.
[144] Speldewinde P. C., Cook A., Davies P., et al. 2009. A relationship between environmental degradation and mental health in rural Western Australia, Health and Place, vol 15, pp865-872.

[145] Stauffer Jr. J. R., Madsen H., McKaye K., et al. 2006. Schistosomiasis in Lake Malawi: Relationship of fish and intermediate host density to prevalence of human infection, EcoHealth, 3: 22-27.

[146] Stone R. 2009. Nursing China's ailing forests back to health, Science, 325: 557-558.

[147] Sun C., Liqiao C. 2006. A Study of Policies and Legislation Affecting Payments for Watershed Services in China, Research Centre of Ecological and Environmental Economics Beijing and International Institute for Environment and Development, London.

[148] Suzán G., Marcé E., Giermakowski J. T., et al. 2009. Experimental evidence for reduced rodent diversity causing increased hantavirus prevalence, Public Library of Sciences ONE, vol 4, p5461.

[149] Tallis H., Kareiva P., Marvier M., et al. 2008. An ecosystem services framework to support both practical conservation and economic development, Proceedings of the National Academy of Sciences, 105 (28): 9457-9464.

[150] TEEB. 2009. The Economics of Ecosystems and Biodiversity: Climate Issues Update, September 2009, www.teebweb.org, 2009-11-20.

[151] TEEB Foundations. 2010. The Economics of Ecosystems and Biodiversity: Ecological and Economic Foundations (ed P. Kumar), Earthscan, London.

[152] Tuno N., Wilberforce O., Minakawa N., et al. 2005. Survivorship of Anopheles gambiae sensu stricto (Diptera: Culicidae) larvae in western Kenya highland forest, Journal of Medical Entomology, 42: 270-277.

[153] Turpie J. 2004. The role of resource economics in the control of invasive alien plants in South Africa, South African Journal of Science, 100: 87-93.

[154] Turpie J., Marais C., Blignaut J. 2008. The Working for Water programme: Evolution of a payments for ecosystem services mechanism that addresses both poverty and ecosystem service delivery in South Africa, Ecological Economics, 65: 788-798.

[155] UNDP-UNEP Poverty-Environment- Initiative. 2008. Making the Economic Case: A Primer on the Economic Arguments for Mainstreaming Poverty-Environment Linkages into National Development Planning, United Nations Development Programme and United Nations Environment Programme.

[156] UNEP-WCMC. 2006. Shoreline Protection and Other Ecosystem Services from Mangroves and Coral Reefs, UNEP-WCMC Biodiversity Series No 24, United Nations Environment Programme and World Conservation Monitoring Centre, www.unepwcmc.org/resources/publications/UNEP_WCMC_bio_ series/24.cfm, 2009-11-20.

[157] van der Gaag D. J. 2007. Report workshop management of Anoplophora, 22-24 November 2006, Wageningen, Netherlands, available at www.minlnv.nl/cdlpub/servlet/CDLServlet?p_file_id=22662, 2010-10-28.

[158] van der Wal R., Truscott A.-M., Pearce I. S. K., et al. 2008. Multiple anthropogenic changes cause biodiversity loss through plant invasion, Global Change Biology, 14: 1428-1436.

[159] van Wilgen B. W. 2001. The economic consequences of alien plant invasions: Examples of impacts and approaches to sustainable management in South Africa, Environment, Development and Sustainability, 3: 145.

[160] Vilà M., Basnou C., Pysek P., et al. 2009. How well do we understand the impacts of alien species on ecosystem services? A pan-European, cross-taxa assessment, Frontiers in Ecology and the Environment, 8 (3): 135-144, www.ufz.de/data/Vila-DAISIE_Frontiers-Ecology-201012676.pdf, 2010-10-28.

[161] Vitousek P. M., D'Antonio C. M., Loope I. L., et al. 1997. Biological invasions as global environmental change, American Scientist, 84: 468-478.

[162] Vittor, A. Y., Gilman, R. H., Tielsch J., et al. 2006. The effect of deforestation on the human-biting rate of Anopheles darlingi, the primary vector of falciparum malaria in the Peruvian Amazon, American Journal of Tropical Medicine and Hygiene, 74: 3-11.

[163] Vos C. C., Berry P., Opdam P., et al. 2008. Adapting landscapes to climate change: Examples of climate-proof ecosystem networks and priority adaptation zones, Journal of Applied Ecology, 45: 1722-1731.

[164] Walsh J. F., Molyneux D. H., Birley M. H. 1993. Deforestation: Effects on vector disease, Parasitology, 106: 55-75.

[165] White P. C. L., Harris S. 2002. Economic and environmental costs of alien vertebrate species in Britain, in D. Pimentel (ed) Biological Invasions: Economic and Environmental Costs of Alien Plant, Animal and Microbe Species, CRC Press, Boca Raton, FL.

[166] WHO. 2006. Ecosystems and Human Well-Being: Health Synthesis, A report of the Millennium Ecosystem Assessment, World Health Organization, Geneva.

[167] World Bank. 2004. Natural Disasters, Counting the Costs, http://web.worldbank.org/WBSITE/EXTERNAL/NEWS/0,,contentMDK:20169861~menuPK:34457~pagcPK:34370~piPK:34424~theSitePK:4607,00. html,

2009, 11, 20.

[168] World Bank. 2009a. The sea is coming back, http://go.worldbank.org/DR6H6N4GQ0, 2009-11-20.

[169] World Bank. 2009b. Convenient Solutions to an Inconvenient Truth: Ecosystem-Based Approaches to Climate Change, Environmental Department, World Bank, Washington, DC.

[170] World Bank. 2010. The economics of adaptation to climate change: A synthesis report, (final consultation draft), World Bank, Washington, DC, http://siteresources.worldbank.org/EXTCC/Resources/EACC_FinalSynthesisReport0803_2010.pdf, 2010-8-5.

[171] Wunder S., Alban M. 2008. Decentralized payments for environmental services: The cases of Pimampiro and PROFAFOR in Ecuador, Ecological Economics, 65: 685-698.

[172] WWF. 2008. Water for Life: Lessons for Climate Change Adaptation from Better Management of Rivers for People and Nature, World Wide Fund for Nature International, Gland, Switzerland, http://assets. panda.org/downloads/50_12_wwf_climate_change_v2_full_report.pdf, 2009-12-2.

[173] Zhang P., Shao G., Zhao G., et al. 2000. China's forest policy for the 21st century, Science, 288: 2135-2136.

附录 1

直接成本和潜在的恢复收益：按生态系统选择的例子

恢复措施和背景	恢复种类和成本项目	来源或链接	生态系统	收集数据的末年	成本 /（欧元 /hm^2）	恢复的收益
1. 安装一条输油管道后，在海港中（海床上）恢复鳗草	志愿者种植 / 移植草苗	Leschen 等（2007）	海草繁殖地	2007	170 000	改善栖息地，来支持海洋资源和饵料物种的繁殖
2. 东南亚爆破捕鱼之后恢复珊瑚礁	用特殊水泥建造新礁石（此处显示的成本包含一切工作）	Fox 等（2005）	珊瑚礁	2002	11 000 000	爆破捕鱼毁坏珊瑚与栖息地，导致捕捞量降低，旅游收入减少。印度尼西亚因此损失 4.1 亿～ 22 亿欧元。恢复工作试图恢复经济和生物价值
	建设生态珊瑚礁，即分岔的陶瓷石质模块（此处成本仅为材料成本）				500 000	
	安放石块（从陆地来源）				50 000	
	同佛罗里达礁群恢复相比较				50 000 000 ～ 80 000 000	
	同马尔代夫恢复相比较				300 000 ～ 1 200 000	
3. 韦斯特湖河口的红树林恢复（美国，埃弗格雷斯港）	通过对被封锁的红树林进行水文改善，来恢复 500 hm^2 红树林；并清理 80 hm^2 历史疏浚泥土和多种松树	Lewis Environmental Services（2007）	红树林与河口	1995	7 148	通过创建自然中心和室外课堂、多用栈道、渔业设施、小船下水滑道、公共观测区、健行步道等措施，创造栖息地容纳鱼类，开发基于自然的旅游业
4. 加州波沙其卡（Bolsa Chica）河口恢复	恢复目的：作为补偿项目之一，缓和大规模的工业开发	Francher（2008）	红树林与河口	2006	325 000	创造栖息地，为鱼类、甲壳类、贝类、鸟类、哺乳类提供食物；吸收污染物；减少海岸侵蚀；提供观察自然的机会

恢复措施和背景	恢复种类和成本项目	来源或链接	生态系统	收集数据的末年	成本 /（欧元 /hm^2）	恢复的收益
5. 丹麦淡水湿地恢复	通过水文调控进行湿地恢复	Hoffmann and Baattrup-Pedersen（2007）	内陆湿地	2005	8 375	减少下游生物的氮负荷，增强资源价值
6. 暴雨处理湿地的磷负荷控制 恢复美国北卡罗来纳州的小田纳西河	湿地恢复和水文调控	Juston and De Busk（2006）	内陆湿地	2005	25 000	从开放水体中移除磷负荷。恢复收益包括： ●丰富的渔获； ●清洁的水源； ●野生动物栖息地； ●许可的水源利用； ●生态系统的自然性 滨岸地区恢复的收益成本比率范围：从 4.03（恢复区域为 2 英里）～ 15.65（恢复区域为 6 英里）
	滨岸缓冲带成本，不含栅栏成本					
	滨岸缓冲带成本，含栅栏成本	Holmes 等（2004）	河流与滨岸地区	2000	2 302（km）～ 7341（€ /km）	
	有现场树木的护岸平均成本				36 348（€ /km）	
	无现场树木的护岸平均成本				47 670（€ /km）	
	在一个有代表性的恢复工程中建立滨岸缓冲带的平均成本				4 825（€ /km）	
	执行一系列有代表性的综合恢复行动的平均成本				17 870（€ /km）	
7. 丹麦斯凯恩河恢复	河道建设与恢复	Skovognatur -（2007）	河流与滨岸地区	2002	130 000	收益包括： ●复原斯凯恩河的流量，移除非自然屏障； ●改善灵克宾峡湾的海洋环境，并允许河流、峡湾、海洋作为一个完整的生物实体发挥作用； ●打造鱼类洄游的条件，再造一个具有重要国际意义的自然湿地栖息地； ●开发斯凯恩河谷的休闲旅游潜力

恢复措施和背景	恢复种类和成本项目	来源或链接	生态系统	收集数据的末年	成本 /（欧元 /hm^2）	恢复的收益
8. 韩国首尔清溪川恢复	防洪与开辟河道	Kil-Dong（2007）	河流与滨岸地区	2005	120 000	收益包括： ●改善商业区的环境条件； ●创造历史和美学价值； ●通过吸引游客和投资商来刺激长期的经济增长； ●协助将首尔建设为东亚地区的金融和商业中心
9. 在澳大利亚西南部草丛繁茂的林地上重建原生桉树林	将开展了集中放牧和农业活动后的土地退耕还林：主动恢复	Dorrough 和 Moxham（2005）	草场和牧场	2003	970	收益包括： 阻止并逆转生物多样性丧失、土地退化、生产力下降、旱地盐碱化
	将开展了集中放牧和农业活动后的土地退耕还林：被动恢复				285	
10. 将英国集约型农业耕作地块恢复为普通土地，利于大黄蜂开展采蜜活动	在研究区域重新播种各类草种	Pywell 等（2006）	草场和牧场	2003	101	为半自然生态系统及多种农业、园艺作物、多种花园植物提供授粉服务
11. 英属哥伦比亚海岸地区的滨岸森林恢复	疏苗法、针叶种植。将河边地带多余的针叶树和桤木清除，缓解此地现有针叶树的生存压力	GRN（2007）	温带森林	2002	2 200	管理目标： 增进流量（河岸稳定性、水质、遮蔽物），在河道两旁提供树木碎料（即大块木材碎片）。大块树木碎料对于健康鲑鱼和鳟鱼的栖息地非常重要，通过营造水池和遮蔽物，能够保持养分和稳定水流
12. 马达加斯加，马苏阿拉国家公园，马苏阿拉走廊恢复	树木与植物苗圃	Holloway 等（2009）	热带森林	2008	11 ～ 223	社区依赖由森林提供的生态系统服务；在现存森林之间建立走廊，对确保生态系统现有及持续向社区输送服务的能力十分重要
	种植				19 ～ 372	
	森林维护				15 ～ 670	

恢复措施和背景	恢复种类和成本项目	来源或链接	生态系统	收集数据的末年	成本 /（欧元 /hm^2）	恢复的收益
13. 马达加斯加、图阿马西纳地区、安达斯巴地区、雨林走廊恢复（工程名："恢复森林行动"，缩写 TAMS）	树木采购与种植	Holloway and Tingle（2009）	热带森林	2008	570 ～ 1 250	通过将恢复后的退化湿地纳入多样化的自然森林及高生产力的生态系统，增进自然生物多样性，人类和生态系统的福祉
14. 秘鲁鳞毛蕨森林恢复	景观恢复与再种植	Jameson and Ramsey（2007）	热带森林	2005	760	季节性干旱气候的供水调控：该措施的重要性在热带冰川消融，旱季融水减少的情况下，极有可能上升 森林地面因其苔藓覆盖率很高，能够调控流入江河的水流量，并在陡峭的安第斯山脉的浅层土壤遭受暴雨袭击时减少土壤侵蚀
15. 澳大利亚新南威尔士州旧田野恢复	成熟热带种植园自然承继的恢复与强化	Neilan 等（2006）	热带森林	2004	16 000	土壤生产力、生物多样性、增强抵抗力、减少外来物种入侵、减少土壤侵蚀
16. 巴西大西洋沿岸森林恢复	按计划降低了乌隆斑纹漆木的密度；在退化的场地种植其他原生物种籽苗，并监视这些地区的自然再生情况	Instituto Terra（2007）	热带森林	1999	2 600	除生物多样性外，布卡奥河与其他泉水也开始重新恢复水流。一座先前被淤泥充塞的水坝，以及另外两处泉水已经恢复。旱季中，这些恢复的泉水流量约 20L/min
17. 南非，水资源工作计划	清除外来入侵植物	Turpie 等（2008）	林地和灌木地	2008	200 ～ 700	供水、碳固定，消防条件得以改进
18. 废弃养虾场的红树林恢复	重新种植红树林和其他重建措施	Barbier（2007）	红树林	2007	8 800 ～ 9 300	红树林使得海岸防护、渔业、森林产品得以改进

第四部分
未来之路

第10章

有效利用自然资本：未来之路

协调主要作者

Patrick ten Brink

主要作者

Markus Lehmann, Clare Shine

特约作者

Arthur Eijs, Leonardo Mazza, Alice Ruhweza

编辑和语言校对

Clare Shine

对审稿人和其他著者的致谢，参见本章结尾部分

关键信息

自然资本——从被忽视到日益被重视

生态系统及其生物多样性是全球经济、社会及人类福祉的基石，我们需要对其倍加珍惜与保护。自然资本并不是富人的奢侈品，而是所有人的必需品。然而，很久以来，经济信号、政策工具、公共投资、国民核算中却一直忽视大自然的价值。这导致自然资本遭受了空前的损害，继而产生经济损失和社会负担，致使经济和生活质量的长期前景变得不容乐观。所幸的是，现在人们渐渐意识到这些价值，政策制定者也开始改变对待自然资本的处理方法。

展望未来：维护大自然的价值

在基因、物种和生态系统的多样化、质量和数量方面，复杂的生物多样性因其内在价值及其带给当代和后世的福利，值得我们精心保护。人类必须遵循地球的规律，并尊重生态系统的再生能力。为此，我们不得打破关键的生态阈限，因为一旦打破这些生态阈限，生态恶化就会急速加剧，有可能会对大自然带来不可逆转的干扰和破坏，而修复过程则需人类为之付出高昂的代价。

在大自然的承受范围内利用自然资本，不仅能保护生物多样性，还能保护人类自身的经济、社会和个人利益。这需要全球和当地的公有及私营部门行动者开展跨行业和跨地域的合作。

可持续行动框架

国际机会

诸如《生物多样性公约（CBD）2011—2020 年新战略规划》等获得全球认可的行动框架，承认了生物多样性和生态系统服务在发展经济方面起到的关键作用，亟须在国家层面上得到有效实施。多边及双边机构、基金会及非政府组织都应通过在发展中国家开展能力建设等方式，积极参与这一过程。在施行国际及区域环境条约和议程时，各方也需开展更加密切的合作，以确保取得生物多样性的最大化协同效应——包括充分利用《联合国防治荒漠化公约》（UNCCD）和《联合国气候变化框架公约》（UNFCCC）之“姐妹公约”提供的各种机遇。后者通过利用 REDD+ 工具以及加大对基于生态系统的减缓和适应举措的投资，提供了至关重要的机制。

国家机遇

每个国家面临的机遇必然具有其本国与本地特色。虽然每个国家的出发点各不相同，但各国却遵循一些共同的步骤：

第一步：评估该国自然资本及其提供的服务；

第二步：寻找机遇，以做出反应；

第三步：确定何为收益最大的行动，以及行动将面临何种最大阻碍；

第四步：制定适合国情，且有案例可供借鉴的解决方案。

促成变化

我们基于能够证明自然价值的证据，甄选出 5 个全球优先任务。未来 5 年，我们应对这 5

个全球优先任务予以高度重视，以实现生物多样性目标。此外，我们还应将这 5 个优先计划同其他优先任务（诸如，改善粮食和水安全、应对气候变化、改善民生、增大就业机会）联系起来。

1. 渔场需要尊重再生与生态阈限，以保证该行业的长期活力、民生、就业、成本效益、食品安全、生物多样性。

2. 亟须减缓并阻止森林丧失和退化，以保护生物多样性，保护广泛的生态系统服务及其价值，保护民生，保证对全球具有重要意义的二氧化碳的储存和碳封存。

3. 亟须关注珊瑚礁的退化和破坏情况，以期减缓自然危机给滨海地区带来的影响。维护鱼场运营，支持当地发展，提供巨大的研究潜力。

4. 提供稳定的财政来源，确保保护区（PA）的有序运营和管理。创造激励措施，鼓励投资者恢复退化的土地。

5. 通过基于生态系统的减缓和适应举措，气候自然协作机制能将“气候变化”和“生物多样性”这两类目标有效结合起来，以更具成本效益的方式同时实现两类目标。

推动变革的各种工具

我们需要各种实用工具来帮助人们认识、展示自然价值，做出响应，找到利于自然资本的方法。虽然每个国家的优先任务和经验各不相同，但我们可将可实现的行动和工具汇整为如下举措：

1. 将证据基础进行整合，从而更好地测量与监控生物多样性、生态系统服务指标；开展自然资本核算及综合性更强的国民收入核算（参见本书第 3 章）。

2. 创建一种评估文化，来核算更广泛、更长期的生态系统价值，以及受影响各方（公共部门、私人部门、国内和国际部门）的成本和收益（参见本书第 4 章）。

3. 根据积极和消极的环境影响，调整各种激励措施——通过付费和市场机制奖励福利提供者，并根据“谁污染谁付费”的原则来弥补损失方（参见本书第 5 章、第 6 章、第 7 章）。

4. 绿化市场与供应链——开发和规范市场、设立标准、推行标签机制，通过绿色公众采购机制引导市场（参见本书第 5 章）。

5. 改革对环境有害的补贴（参见本书第 6 章）。

6. 利用法规和政府管理措施“提高基线”，即提高最低等级的“环境标准或表现”（参见本书第 2 章和第 7 章）。

7. 改善法律框架的实施与执行。

8. 改善保护区网络，加大生态系统投资，帮助生态系统适应气候变化，以更好的成本效益实现其他目标，譬如自然危机管理、扶贫及其他千年发展目标（MDG）（参见本书第 8 章和第 9 章）。

9. 加大投资帮助人们更好地理解和认识自然资本的价值；刺激并利用政策反应为商业、社区和居民服务（参见本书第 3 章和第 4 章）。

通过这些关键举措改变我们对待自然资本的方式，结合经济、社会和环境问题，在地球生态承载力的范围内发展资源节约型经济，我们将走上一条健康发展之路。

10.1 前 言

我相信，对事物价值做出的错误估计，是人类痛苦的根源。

（Benjamin Franklin，1706-1790；Farrand，1993）

人类正在进行一场伟大的复兴，那就是人们渐渐意识到了自然资本的巨大价值，且通过巧妙的方法，将这些价值结合在重大资源决策当中

（Gretchen Daily，斯坦福大学；Daily and Ellison，2002）。

生物多样性提供了多种支持民生、全球经济和地方经济的生态系统服务。本书收录的案例表明：这些价值经常为市场所忽视，也经常在决策之际，被政策制定者、管理者、企业和个人所忽视。这是因为我们在任何层面做出选择时，对自然几乎都视而不见。所以我们在削弱自然资本的同时，没有意识到：用人造替代解决方案来取代大自然免费提供的服务，我们需要付出何等高昂的代价；而且，有时因成本太过昂贵，人造替代解决方案根本无法替换这些大自然免费提供的服务。

可喜的是，新的趋势正在席卷全球：人们通过收集证据，开发出基于自然价值、更加注重平衡和更为负责的工具。《国内与国际决策中的生态系统和生物多样性经济学》一书提供了丰富的案例和全球优秀实践，介绍了各种崭露头角的解决方案。

本书开篇即论述了采取紧急行动的科学和社会意义（第 1 章）；以及政策和政府管理的作用（第 2 章），强调了对我们管理的对象进行研究的重要性（第 3 章），以及将这些价值结合在核算系统和政策评估当中的必要性(第 4 章)。本书在第 5 ～ 9 章讨论了政策反应工具包，该工具包功能强大，可适用于不同国家的不同情况、容纳能力和优先任务。本章为最后一章，将之前章节讨论的关键信息进行整合，找到可行的未来之路。譬如，政策制定者在应对自然价值过程中能起到什么作用？如何起到作用？在什么层面上起作用？还有谁也应纳入决策之中？

10.2 节概述迄今为止取得的成绩，并展望有效利用自然资源的愿景。10.3 节提出一个可持续行动框架，综合考虑到各种不同的角色与责任，并为各机构及其合作伙伴提出具体措施。10.4 节确定需优先执行的任务，包括未来 5 年的行动目标以及能取得持久效果的关键工具。

10.2 未来展望：维护大自然的价值

10.2.1 引起人们对自然资本的关注和重视

（1）人们对自然资本价值的忽视导致自然资本丧失

“自然资本”储备包括生态系统、生物多样性和自然资源；这些储备是人类经济、

社会和个人福祉的基石。大自然为人类提供了诸如食物、水、燃料和建筑材料等生命必需品，以及支持食品安全和新药品开发的遗传多样性。

健康的生态系统能够净化水源和空气、处理废物、调节气候、用自然之道控制害虫，缓解诸如洪水、火灾、雪崩之类的自然危机。除了为娱乐业和旅游业创造发展机遇，自然界还塑造了人类的特性、丰富了我们的文化和精神价值，并在遗传、生物、物种、生态系统层面储存了大量的信息。

生物多样性的丧失，对于贫穷人口的影响尤其严重。因为贫穷人口依赖生态系统产品服务获得健康和营养的生活，以及应对自然灾害的安全网络。与富裕人口不同，贫穷人口通常无法用技术手段或替代产品，来取代生态系统服务。生物多样性丧失会削弱人们减少贫困的努力，减少人们的发展机遇。与此同时，生物多样性的丧失部分也是由于发展落后造成的。

因为以上种种原因，地球的自然资本并非富人的奢侈品，而是所有人的必需品。技术解决方案只有对某些社会群体才可行。较之技术解决方案，自然方案可能更具成本效益和可持续性。然而长久以来，人们对大部分生物多样性价值和自然解决方案，往往都视而不见。至今也仍然存在严重忽视、理解不足、在市场经济中难以体现其价值等问题。当然，市场确实注意到了某些自然资源的价值。但还有很多自然资源的价值，还没有在市场经济信号、日常决策、社会核算系统中得到准确的反映。

这种普遍被低估的现象导致森林、土壤、湿地、珊瑚礁、野生物种以及具有生产力的资产（如渔场）一直在不停地丧失。我们在挥霍自然资本的同时，并不明白我们丧失了何等宝贵的价值。

当前生物多样性以及相关生态系统服务丧失速度所预示的不仅仅是一场生物危机。自然界的损失会带来直接的经济后果。而我们却全面低估了这种后果。我们已经积累了越来越多的证据来证实自然资本的价值。这些证据能够引领我们找到有针对性且划算的解决方案。

（2）人们正在不断加深对自然资本的理解

可喜的是，人们的态度和优先任务正在发生变化。越来越多的估计成果已提供给决策者，帮助其更好地理解自然资本的价值（参见《TEEB 基础》，2010）。

市场中鱼类、木材、农业商品、旅游业以及一切存在特定市场的自然资本的价值已经被估算出来，以供参考。在其他一些情况下，我们也可以计算出自然资本的价值。譬如，我们通过计算人造替代技术的成本，可得知生态系统免费提供的服务的价值。对于诸如碳储存和供水之类的生态系统服务，我们也正在开发可靠的估值技术。生物模拟等新兴领域，让我们的未来充满了希望。而我们才刚刚开始明白这些领域的潜在价值而已。

现如今，一些服务已经成为（或可成为）重要的发展动力。然而，我们只有更深刻地从科学和经济层面理解这些生态系统服务，开发出更完善的工具（法规、市场、资讯），并对其给予更持久的政策承诺，我们方能取得持续的进步。

10.2.2 决策中的自然资本核算

（1）能够克服短期焦点问题

目前，决策依然偏向于取得私有和即期的经济效益。我们对生态系统服务的长期价值还知之甚少，也未能全面地理解这些服务的公共效益，更不用说理解这些服务对第三世界国家和子孙后代的效益了。

我们对整个局面的理解对于决策的正确取舍至关重要。那些试图整合“三驾马车”（环境需求、经济需求、社会需求）的政策，需要对自然服务的价值做出更加准确的评估。那些能证明自然服务价值的信息，能激励人们采取措施加大对自然服务的保护，从而确保公共产品的长期效益不会遭到损害。

我们也需要重视同这些价值相关的机遇和责任。通过改进指标，我们可评估生物多样性的状况，从而设立具体、可测量的目标，设计并监测各种政策工具的应用情况。这就要求我们加大投资，以增进对生物多样性的科学理解（如生物分类学）。要想有效地控制风险，需要理解生态系统如何发挥作用，生态系统的生物成分和非生物成分的关系，以及这些成分是如何对各种压力（如气候变化、污染、景观受损、入侵物种等）做出反应。

我们通过核心工具可收集到更为全面的证据。这些核心工具包括：不断增长的生物多样性和生态系统服务指标，自然资本空间地图，对自然、经济、社会系统关系的评估。这些工具可将生态系统服务的品质、数量、空间分布、货币信息整合起来，有利于开展生态影响评估和政策审议，从而为决策者提供参考。一些传统的政策工具，如环境冲击评价（EIA）和成本效益分析，在此过程中可以得到加强。

生态系统服务的替代潜力有限；自然资本的丧失或退化所造成的社会经济冲击也非常巨大。理解这两点非常重要。如果我们能获得可靠的证据，那么我们在空间规划、土地利用许可、使用权、法规等方面的决策将会变得更加平衡与透明。在考虑投资决策时，我们也需要关注不同土地利用情况同土地提供服务的联系。

如果政策制定者不知道自然资产基础究竟是在升值还是贬值，不知道自然资产的生产力如何，决策者管理起经济来就会力不从心。一如应该优先发展国民收入综合账户一样，对“自然资本账户”的投资——对那些在空间上相互连接、价值上相互关联的不同层面的生态系统服务账户的投资——也应该予以长期的优先权。这就代表了指标和信息的范式转变。而政策制定者对这些指标和信息拥有处置权。

（2）经济见解可指导行动

在防汛、水净化、水供给、碳储存和碳封存、城市降温等方面，大自然的解决方案通常比人为解决方案的成本更低。例如，基于生态系统的气候变化解决方案，可通过高成本效益的策略，来防范诸如退化、沙漠化、侵蚀乃至物种丧失、外来生物入侵等危机。投资生态基础设施不仅具有经济意义，而且有助于扶贫和实现《千年发展目标》的承诺。

经济分析也表明：通常而言，晚行动比早行动要付出更多代价。例如，有关入侵物种的证据系统性地表明：早期侦测和快速反应能够避免产生金额更为高昂、范围更为广泛的成本。这些成本包括：农业损失或森林产出损失、基础设施损坏、控制与管理投入。避免生态退化的成本，要比在生态退化后尝试恢复生态的成本要低得多。此外，待到发生退化后再去补救，也很少能将生态系统恢复到退化前的状况。

10.2.3　助力未来发展的现实之路

现如今，世界大部分地区“为了追求经济快速增长，在快速消耗着自然资产”；而无视这种自然资产的侵蚀，则会削弱社会经济繁荣和人类福祉的根基。倘若不加限制，则这种为满足日益增长的人口需求而不断生产的趋势，将不可避免地超越自然资源的极限，冲破生态系统的关键阈值。目前，已经有一些极限值和阈值被突破。

新的全球视野需要将自然价值涵盖其中，并支持人类转变生活方式，走上与地球能力相适应的发展道路。我们必须直面挑战，增加农业生产的有效净生产率。这样我们在 2050 年时才能养活全球 90 亿的人口，并制定出有效策略来保护并可持续地利用地球上的自然资源。同样，如果我们期望渔业能长期为我们提供营养物质和生计来源，我们也需要采用可持续的方式管理鱼类资源。

为了集结环保人士和政策的力量，共同打造这样的全球视野，有识之士已提出几项建议（参见专栏 10.1）。这些建议的侧重点不同，但都试图贯彻一个共同的原则，从而：

1）保护生物多样性的内在价值及对人类的福利；

2）停止并逆转生物多样性丧失（生物多样性不产生净损失或净正收益）；

3）保存并恢复自然资本，以促进经济繁荣和人类福祉；

4）在生态系统的生产与再生能力范围之内，满足人类的各种需求；

5）避免达到关键阈限（环境、经济和 / 或社会临界点）；

6）造福后代，解决广泛的平等问题和伦理问题，以及公平公正地分享福利；

7）确保生物多样性的保护和恢复措施，能够满足人类对粮食和水的需求，达成有关扶贫和健康的社会目标（例如《千年发展目标》）；

8）增进公众对生物多样性价值的认识；

9）通过可持续的生产和消费，促进人类积极转变自身行为。

为找到可能的新式发展道路，实现未来的愿景，人类正在不懈努力。那种“为追逐经济增长和繁荣而损害自然资本”的旧式做法，正在被新式做法所取代。新式做法重视下列举措，即脱钩式增长、使供应链环保化、采取负责任的危机管理措施、对自然资本和生态创新进行前瞻性的投资。这些举措将对多个部门的政策制定、整合与执行，以及生物多样性的管理和利用造成影响。

专栏 10.1　展望未来——相同主题下愿景

《生物多样性战略计划》的愿景是一个“人与自然和谐共存”的世界。在这个世界里，“到2050 年，生物多样性将受到重视和保护，得到恢复和广泛利用；从而维持生态系统服务，维持一个健康的地球，并为全人类带来至关重要的利益”（CBD，2010）。

对生物多样性和生态系统服务——世界的自然资本——加以保护和重视；并在可能的情况下，恢复其内在价值，使其能够支持经济繁荣和人类福祉，并防止发生任何与生物多样性丧失相关的灾难（Janez Potocnik，欧盟环境委员会，2010）。

大自然是人类生存的基础。生物多样性丰富的自然环境能更容易适应气候变暖等气候变化。生物多样性是人类可持续发展和人类福祉的基础，是人类的生命保险（Heidi Sorensen，挪威国务秘书，2007）。

我们应重视建设资源节约型经济，及“脱钩式”发展模式（减小经济活动对环境的冲击，使得产量增长不与自然资源利用量增长或污染挂钩）（参见 EU，2010）。在生产过程中的效率增益、创新、新的解决方案都会有利于形成“脱钩式”发展模式，从而减少生物多样性丧失。然而，考虑到世界在 2050 年预计增长的人口数和增加的财富，通过相对“脱钩”（减少单位资源利用量）来提高效率，也许并不能够带来绝对“脱钩”（减少总体资源利用量或污染压力）（Jackson，2009）。不论我们多么善于创新及善于提高效率，不断增长的需求都很可能超过我们的创新和增效潜力。

我们需要通过各种互补措施和方法，来尽快实现资源节约型经济。这些措施和方法包括：调节物价（调整经济信号，通过改革税收、收费、费用、罚款、补贴等激励措施，对生产者和消费者进行引导）、“环保化”供应链（其方法是采用供方解决方案和需方鼓励措施，来减少污染产品的生产，或增加纯绿色产品和服务的供给（参见《TEEB 企业报告》，2011）。在绿色经济体制中，市场价格和市场信号都需考虑自然的价值，消费方式也需具有可持续性。这些目标可通过调整价格、改革消费措施、改良社会规范和习惯来加以实现，消费者的选择也将变得至关重要。

我们习惯地将风险控制在“被掌握、被管理，可接受”范围内的做法，需要我们调整发展模式，避免自然资源和生态系统突破关键阈值。改善风险管理意味着：我们应找到可能会危害生物多样性、生态系统功能、服务流程，以及民众、社会、基础设施、商业的风险；加大投资将风险降到最低；制定计划积极应对。上述改善风险管理的办法适用范围广泛：从空间规划到应对自然危机到防范入侵物种均可适用。此外，上述办法还直接同责任机制和标准相关。

对自然资本进行前瞻性投资意味着对自然资本与人造资本一视同仁。生态系统开展水净化和水供应、碳捕获和碳储存、防汛、侵蚀控制、授粉所节约的成本，以及生态系统为天然生物产品（制药）、生物模拟、娱乐业和旅游业等领域带来的经济机遇，充分说明了自然资本的价值。健康和多样的生态系统面对气候变化时，恢复力更强，也更能缓冲气候变化给人类带来的负面影响。我们需要制定前瞻性投资策略来捕捉到自然提供的服务价值，并通过激励措施来维护这些服务。譬如：我们可以对提供生态系统服务的供应者（第 5 章）或维护具有特殊价值的保护区的保护者（第 8 章）进行嘉奖。此外，我们还可通过公益性公众投资资金或通过出于投资或履行责任目的的私人投资资金来恢复生态（第 7 章和第 9 章）。

21 世纪的创新经济，呼唤着人们投资全新的领域与行动。生物模拟就是这样一个新兴投资领域。生物模拟是通过向自然学习，以寻找基于自然的工程学、建筑学、材料学及科学解决方案，来应对问题和挑战的一门学科。这一类新兴投资领域需要人们通过跨学科合作，开展研究、能力建设、进行整合。这些新兴投资领域同“负责任公民、负责任企业”这一概念紧密相关。执行者们理解自身与自然（直接和间接）的互动，并通过行动选择来承担责任［参见 TEEB 公民（TEEB for Citizens）官网］。

良好的政府监管需要对未来愿景予以全力支持。为了达成未来愿景，政府各部门以及各级政府的政策和激励措施需要协调一致和相互互补。为此，公众（如本地民众）应适当地参与决策，并确保信息（如补贴）高度透明，行动高度负责，财产权更加清晰合理，法律可靠可行，以及对违法者的强制措施。一种强有力的、全面考虑生态系统服务、各民族文化情况、地理位置、时间的评估文化，能够助力这一事业。

同等重要的是：这种全新的全球愿景具有“伦理”力量，它支持一个更加公平、平等的社会，以及利益的公平分享；这个社会的民众参与影响其生计的决策，这个社会致力于解决贫困、健康和教育问题。这一事业同《千年发展目标》相关，建立在人类和生态系统的关系基础之上。这也同阿玛蒂亚·森（Amartya Sen）称为“繁荣能力”的概念相关——这些产品，不论是有形的还是无形的，都具有帮助人们实现自由的能力（Sen，1999）。人们越来越清楚地意识到：正常运转的生态系统以及系统所提供的服务，都是保障社会福祉和人类幸福的先决条件。出于对权利和义务的双重理解，我们需要清晰地划分“满足人类基本需要”和“促进更高层次消费”之间的本质区别。为了正确地理解资源效率，我们需要重新定义“充足”这一概念。不论是在社会内部或在国家之间，如果我们期待公平而有力地推行有效措施，我们就需要在审视过去的基础上，确定未来的努力方向和解决方案。这反映了最基本的尊敬和信任，是确保各级管理部门成功合作的关键。

这些愿景在根本上是互联互补的。不同的利益相关者既需要，也能够采取不同的措施来达成愿景。这些促成了《布伦特兰报告》（WCED，1987）对可持续发展做出如下定义：可持续发展是一种既能满足当前需要，也不会损害后世需要的发展。

10.3 可持续行动框架

10.3.1 相同和不同的责任和利益：谁来做，做什么？

（1）变革的参与者和支持者

来自不同地方和不同团体的人士可能会支持不同的解决方案。我们需要理解他们的切实利益、面临的机遇和责任、对其有效的激励措施，方可发挥他们的潜力。良好的政府措施可激励这些群体为减少生物多样性丧失而共同奋斗，并让他们从“促进大自然可持续发展”的事业中获利。

政府通过同社会和经济部门合作，可倡导各自主流的生物多样性行动。联合国系统的不同项目、基金会、专门部门，与其他机构、基金会、非政府组织和当地合作伙伴（特别是妇女团体、原住民和本地社区）的合作，是在国家层面推动生物多样性行动的关键。

在国际层面，政策制定者可以制定出共同目标，并在 6 种与生物多样性相关的公约下（这些公约与生物多样性联络小组相互配合），强化行动框架[1]。继国际社会在 2010 年 10 月，通过了新版《生物多样性战略计划》和《生物多样性公约关于获取遗传资源和公正公平分享其利用所产生福利的名古屋议定书》，并成立了“生物多样性和生态系统服务政府间平台”（参见 10.3.2 节）后，生物多样性公约[2]倡导全球开展联合行动。联合国环境规划署资源专家委员会也发挥了积极的作用。

CBD 与两个姐妹公约——《联合国气候变化框架公约》（UNFCCC）和《联合国防治荒漠化公约》（UNCCD），以及相关的国际机构和项目、私人部门、民间社团之间，也需要加强合作。为了实现《千年发展目标》，我们还需要与那些改善健康、教育、人权和从事扶贫事业的组织合作。

地区和双边努力也是解决方案不可或缺的组成部分。可根据具体环境和优先度的不同，合理地将这些努力融于现有合作框架（参见本书 10.3.2 节）。

国家在制定政策框架和决策时，应开展自然资本评估与核算，这是确保其取得进展的关键。此外，各个国家应分享成功经验，并以这些经验为基础，提供可供其他国家学习的模式（参见 10.3.3 节）。

（2）企业参与

阻止生物多样性丧失，需要私人部门的积极参与。这同样也符合私人部门的短期和长期利益，并能为之增加经济效益、创建新兴市场，避免产生债务。

商业机会已见诸“通过认证的产品”、“基于自然的药物”等各类市场。REDD+、其他生态补偿机制（PES scheme）、生物模拟等领域，也会带来新的机遇。绿色政府采购应当促进市场对绿色产品和服务的拉动。

环境方面的企业责任同“谁污染谁付费”这一原则相关。这一原则在很多国家得到日益广泛的实施。这就要求确定未来的风险和债务，并采取措施将风险和债务最小化，从而将此原则运用于商业实践中。资源定价、补贴、成本恢复机制，也将促进这一过程，并改变市场中的总体经济信号。全面认识危机，投资回避策略，拨出资金应对可能的补偿要求都是改进公司治理的有力举措。而一些具有开拓性的公司已经开始探索和建立可持续的商业模式，这些模式会更紧密地同生物多样性价值、机遇和责任相结合，对它们也更为负责（另见《TEEB企业报告》，2011）。

政策制定者需要将“企业鼓励措施和支持措施”，同“相关法规、标准、监管措施”、“报告/揭露要求”、“强制措施”结合起来，方能达到以上目标。无论是积极还是消极的激励措施（奖励与惩罚）抑或公私合作模式，均能发挥自身的作用。

（3）社区、非政府组织、公民、科学家

基于社区的自然资源管理，历史悠久，影响很大。本书着重介绍了渔场、森林、传统知识与保护区。正如Elinor Ostrom所强调的：公共财产可由使用它的群体来成功管理；在某些情况下，这种管理效果还会优于私人或政府的管理效果（Ostrom，1990）。在未来，参与管理的社区，将对PES/REDD+工具的验收、操作、运行起到尤其重要的作用。此外，参与管理的社区对其他社区产品（如鱼类、森林、珊瑚礁）的管理，也将起到重要作用。政策制定者可将社区纳入环境影响评估（EIA）过程、许可决策、工具设计、保护区管理、公共财产权界定和保护、监控与能力建设等事宜中。

非政府组织也是一个重要的关键角色，其作用广大：可筹集资金，购买土地，启动PES机制，召集志愿者来协助开展监控工作、科学研究和生态恢复事业，并对政策的制定出谋划策。非政府组织还搭建起了一座与公民沟通的桥梁，帮助公民增强环保意识，激励公民参与环保事业。

公民可以通过行动和购买决定，来减小他们因履行责任或私利而带来的负面消费影响。这在当今社会显得尤为重要。因为全球有越来越多的人口，随着生活水平的提高，采取了西方的消费习惯（例如，大量消耗肉制品、大量购物等）。决策者可运用下列手段，支持公民通过行动和购买决定来降低消费的负面影响：①改良社会习惯和准则（例如，建设回收再利用的基础设施、开展回收运动）；②完善资讯（贴标签、在线数据、学校课程、大学研究与开发项目）；③制定标准和空间规划（见TEEB公民网站）。但是，我们需要认识到：目前还有很多消费者，在面对生物多样性这样的复杂问题时很犹豫。他们不愿主动采取措施来实现一种更具可持续性的消费模式。相反，他们期望决策者能制定合适的标准与法规，并改变激励措施，为消费者做出选择。

科学界和学术界的重大发现，能帮助以上各团体从大自然的超凡潜力中受益。我们需开展能力建设来加速这一过程并对其予以支持，从而制定出解决方案和生态系统服务的指标，来更好地管理自然资产，支持经济估值，改进政策设计。我们可以利用各种各样的机会和手段来丰富我们的知识积累（如加大对生物分类学的研究

和实地调查的投资，以支持生物探勘和生物模拟）。迄今为止，在我们所面临的健康、能源、污染、粮食生产、危机控制等诸多挑战中，我们只为少数挑战找到了解决方案。这一领域的新发现，将有利于帮助我们创建未来的绿色经济，帮助我们为生物多样性丰富的国家找到新的增长助推器。

10.3.2 国际层面上的行动机遇

(1)《生物多样性公约战略计划》

《生物多样性公约战略计划》于2010年10月，在第十次全体会议上获得一致通过。该计划是全球公认的至2020年国家行动框架，重点强调了经济分析与经济估值，以及经济工具的作用。

该计划提出了五个战略目标和20个标题目标，旨在指导各国开展生态多样保护活动。详情请见专栏10.2。

专栏中标题目标1～3探讨了生物多样性的价值，提高保护意识的重要性，决策、计划、经济信号的价值整合。另外17个标题目标呼应了本书所讨论内容。本书还提供了相关实践案例，以供人们在实现生物多样性公约目标时作为参考。

专栏10.2　2011—2020年生物多样性战略计划

战略目标A

让生物多样性成为政府和社会的主流关注事宜，是解决生物多样性丧失的根本途径

目标1：到2020年，让民众理解生物多样性的价值，以及为保护和可持续利用生物多样性，应采取什么措施。

目标2：到2020年，将生物多样性价值整合进国家和地方发展规划、扶贫策略和计划步骤；并将生物多样性价值融入国家核算体系或报告体系（酌情考虑）。

目标3：到2020年，消除、逐渐废除或改革那些对生物多样性有害的激励措施（包括补贴），从而最小化或完全避免负面影响；与此同时，还应开发和应用积极的激励措施，促进生物多样性的保护与可持续利用；这些措施应符合国内的社会经济状况，并和《公约》及其他相关的国际义务保持一致。

目标4：到2020年，让所有级别的政府、商业机构、利益相关者都采取措施来实现（或计划实现）可持续生产和消费；并把利用自然资源造成的负面影响，控制在安全的生态限度之内。

战略目标B

减少对生物多样性的直接压力，促进可持续利用

目标5：到2020年，所有自然栖息地（包括森林）的丧失速率至少应当减半；在条件适当的情况下，应将丧失速率降低到接近零的地步；并显著缓解生态退化和损毁现象。

目标6：到2020年，所有鱼类、无脊椎动物种群、海洋植物都纳入可持续的合法管理和养殖体系，并采用基于生态系统的方法避免过度捕捞。对所有残遗物种实施恢复计划与措施。确保渔场不会对濒危物种、脆弱生态系统带来显著的负面影响；将渔场对生物储备、物种、生态系统带来的负面影响，控制在安全的生态限度之内。

目标7：到2020年，农业、水产业、林业地区得到可持续管理，确保生物多样性得到妥善保护。

目标8：到2020年，将污染（包括富营养污染）降低到不至损害生态系统功能和生物多样性的程度。

目标9：到2020年，确认各种外来入侵物种和入侵途径，并对其危害性进行排序；控制或消灭那些需优先应对的物种，并采取措施避免引入和繁殖此等物种。

目标10：到2015年，将（因气候变化或海洋酸化引发的）人类活动对珊瑚礁、其他脆弱生态系统产生的多重压力减小到最低，从而维持这些系统的完整性与正常运转。

战略目标C

通过保护生态系统、物种、遗传多样性，改善生物多样性状况

目标11：到2020年，通过有效公平的管理体系、具有生态代表性和彼此连通的保护区体系和其他有效的地区化保护措施，保证至少17%的陆地和内陆水域、10%的海岸与海洋地区以及对生物多样性和生态系统服务意义重大的地区得到保护，并将其整合进更为广阔的陆地与海洋景观。

目标12：到2020年，杜绝已知的濒危物种发生灭绝，对濒危物种（特别是减少最为严重物种）的保护得到改善和保持。

目标13：到2020年，种植作物、放牧动物、家养动物及其野生亲缘物种（包括其他具有社会、经济、文化价值物种）的基因多样性得到维持。并开发、实施各种策略，以最小化基因侵蚀，保护其基因多样性。

战略目标D

强化生物多样性和生态系统服务带来的福利

目标14：到2020年，提供关键服务（包括与水相关的服务），对健康、民生、福祉做出贡献的生态系统，可以得到维护；应考虑妇女、原住民、当地社区、穷人和弱势群体的需要。

目标15：到2020年，通过保护和恢复措施，强化生态系统的恢复力和生物多样性对于碳储存的贡献。至少恢复15%遭退化的生态系统，对“气候变化调节与适应”做出贡献，并抗击沙漠化现象。

目标16：到2015年，确保《获取遗传资源和公正公平分享其利用所产生福利的名古屋议定书》生效，落实与各国法规相协调。

战略目标E

通过参与式规划、知识管理、能力建设来落实各项措施

目标17：到2015年，各方都将有效地、参与性地把“国内生物多样性战略和行动计划”作为一项政策工具来开发、使用；并致力于开发它的实施。

> 目标18：到2020年，原住民和当地社区关于生物多样性的保持与可持续利用的传统知识、创新措施和实践以及他们对于生物资源的传统利用方式，都将受到尊重，纳入国内法规和相关国际义务，在《公约》中得以整合和体现，且得到原住民和当地社区居民应全面有效的推广。
>
> 目标19：到2020年，有关生物多样性及其价值、功能、状态、趋势，生物多样性丧失后果的知识、科学基础、技术均能得到改进、广泛分享、转化、应用。
>
> 目标20：到2020年，根据《资源筹集战略》规定的流程，从一切途径筹措的财政资源（目的在于有效落实《2011—2020年战略计划》）在现有基础上得到显著增长。这一目标可能会根据各方开展"资源需求评估"后的汇报情况，进行调整。
>
> 资料来源：CBD（2010）。

（2）提供即刻行动机会的其他全球进程

《遗传资源获取与惠益分享议定书》于2010年10月，在日本名古屋获得通过。关于如何更加可持续性、公平公正地利用生物多样性的这一重要成分，该议定书提供了一个全球框架。决策者需对其批准使用的遗传资源进行排序，从而使得《议定书》能尽快切实地发挥效力。

《联合国气候变化框架公约》（UNFCCC）之下的减少因森林砍伐与退化带来的碳排放（REDD+）提议，可能会在气候政策和生物多样性政策之间产生重要的协同作用。如果REDD+的设计和应用以及对REDD+的资助能达成下列目标，REDD+有望成为最重要的可用工具之一：

1）确保额外性、制约性、验证性；

2）支持本地居民积极投身环保事业；

3）全面覆盖森林生态系统服务；

4）避免集中的林业管理或不适当的造林活动对生物多样性带来有害的冲击。

出于"适应气候变化"之需，国际社会承诺"为此目的而提供大宗资金支持"，这从而创造了把资金投入"基于生态系统的适应措施"的机遇。关键的投资机会和需求，包括如下内容：①种植红树林及沿着海岸植树，以应对海岸侵蚀/重新调整；②开展土地管理，以降低洪涝风险；③加大城市绿色基础设施建设，用来降温；④投资保护区及周边连接地区，用来增强生态系统的恢复力。

在《联合国防治荒漠化公约》（UNCCD）之下采取的行动，以及在《联合国气候变化框架公约》之下，所有与土地利用、土地利用变更和林业（LULUCF）有关的行动，对那些因过度放牧而受害，并难以适应气候变化的旱地生物栖息地来说，意义重大。如果要避免这些生态系统进一步恶化，就必须加大栖息地的恢复投资力度，创建绿化带，避免沙漠扩侵。

可通过以下途径，强化科学和经济学证据基础，并将自然资本整合进决策过程中：

1）"关于生物多样性和生态系统服务的政府间科学—决策平台"（IPBES）可提

供科学辩论的国际平台，定期推出高端报告介绍生态系统服务和生物多样性的现状和前景；

2）为开发“联合国环境及经济核算系统”而持续开展的工作（SEEA，参见第 3 章）；

3）为改革补贴措施而持续开展的 WTO 谈判和兑现的承诺。

人们已发起多边努力来创建一个框架，筹集私人资金，用于最能逆转生物多样性丧失的领域，从而保护我们宝贵的生态系统及其服务。《绿色发展倡议》旨在达成全球共识，即通过多种途径推动私人对生物多样性的投资。譬如，我们可对既能丰富生物多样性，又能取得良好发展结果的土地管理类型，以及其产生的生物多样性信用额度进行认证。目前这样的认证工作已进入试验阶段。

这种机制倘若能够建立，则能填补资金缺口，逆转生物多样性丧失。这与著名的“清洁发展机制”（CDM）对“气候变化调整”的贡献颇为类似。在全新的国际“获取和福利分享体制”（ABS Regime）下，国外受益方应向跨国界生态系统服务提供方支付费用，私人公司受益方应向当地社区生态系统服务提供方支付费用，这有利于生态系统服务的流动。

如上所述，全球进程本身并不足以提供综合的解决方案。我们应该在所有层级取得进展。这样的话，如果一个层级的进展太过缓慢，另一个层级的行动可弥补整体进展。

区域性的“多国”层级，也能够为生物多样性提供解决方案。不同国家之间的合作有利于应对发生在那些不属国家与国际协议管辖范围地区的挑战。有益于多个国家的国际河流与河床（如，亚马逊河、尼罗河、多瑙河）的多边框架也业已成熟。联合国环境规划署区域海洋方案框架之下管理的 13 处海洋地区也获得了良好的管理。这 13 处海洋地区涉及 140 多个国家。人们已经通过这些地区进程，为大型海洋生态系统（尤其是地中海一带的大型海洋生态系统）建立了一些战略管理项目。

我们可通过双边合作验证新方法，在地区层面乃至全球层面取得更大进步。例如，挪威和德国用以对抗森林砍伐、保护生物多样性的资金，向世界展示了欧洲对全球解决方案作出的贡献，并创造了支持 REDD+ 工具的动力和能力。我们可通过下列途径，为未来的绿色经济提供双边支持：①资助为适应生态系统而做出的调整；②对认证产品的市场进行鉴定；③能力建设（生物分类学、生物探勘、生物模拟）；④支持开发自然资本核算、指标、数据集、基线。

10.3.3　国家（国内）层面的行动机会

国家政府（也包括很多地区及当地政府，参见《TEEB 地方政策报告》，2011）拥有带来持久变化的权力和工具。除了立法之外，国家政府还可以通过创建市场、绿色采购、直接投资自然资本来做出表率。开发生物多样性与其他政策目标之间的多重协同效果，或许能够进一步增强它们的合法性。而那些通过行动来展现国家（或地区、城市）决心的立法者，也将在国际社会赢得更大的影响力。

我们必须要为那些因缺乏技术知识和相关体制而不能实现愿景的国家提供帮助。

每个国家都有着不同的传统、文化、地理环境、自然资产、基础设施、收入水平、优先任务。当地制定的解决方案能够考虑到这些特征，最大限度地赢得受影响群体的认可。本书介绍的各种案例，提供了能够灵活满足国家需要和优先选项的一些办法。

生物虽然具有多样性，但这并不代表没有共同的指导方针来促进环境进步。《生物多样性公约》的《国家生物多样性战略和行动计划》（NBSAP）进程，提供了全球统一的框架，让各国在国家层面上制定连贯的生物多样性政策规划。各国都可以采用自己的 NBSAP 进程，来提高共识，对各地应采纳的措施达成一致意见。

以下 4 个步骤，有助于将自然资本置于国家政策规划的核心位置，展示自然资本的价值，通过捕捉价值（如创建市场或调节价格信号）或利用监管政策（如设定标准或增加强制措施）来进一步对价值的新认识做出反应：

步骤 1：评估本国的自然资本以及自然资本可提供的服务；

步骤 2：制定激励创新和参与的宏伟目标，并确定实现目标的措施；

步骤 3：确定能产生最高行动效益的领域，以及行动遇到的最大的阻力来自何方；

步骤 4：开发切实可行、可起表率作用的解决方案。

以此框架为基础，我们将在下节介绍各种优先任务和工具，以利于开展有效可行的行动。

专栏 10.3 将自然资本置于国家政策规划的核心位置的四个步骤

步骤 1：评估本国的自然资本以及自然资本可提供的服务

1A：评估生态系统及其服务，对其进行测绘，并确定这些服务如何到达受益者

在理想状态下，应该在国家层面上对生态系统进行评估，但这依赖于现有的资源和机会（如正在开展的区域或地方评估），以及哪个组织对此最为感兴趣（如国家、区域、地方政府）。评估应当包括：

1. 生物多样性和生态系统服务的当前状态和趋势。对此，空间测绘和指标（参见第 3 章）以及地理信息系统（GIS）将发挥作用。

2. 确定潜在威胁（如可能遭遇洪水的地区、沙漠化、土壤盐碱化，以及其他生态系统的临界点）；并确定应当保护 / 开发的地区（参见第 8 章和第 9 章）。

3. 确定生物多样性，生态系统服务流动以及受益者、受益地区之间的联系。这在空间视角方面是最为有用的；而且只要条件允许，还应当确定一种服务能带来的效益，是地方层面的、国家层面的，还是国际 / 全球层面的。

4. 生态系统服务和潜在发展之间的协同效果和折中方案。

建议从已经存在的资讯着手生态系统的评估，并集中于最有价值 / 最重要的服务资源。但是，生态系统评估的长期目标应该是了解所有生态系统服务（整合方法）和整个国家的总体情况。这些信息对开发自然资源而言意义重大。

1B：对重要方面进行估值

估值对于政策和投资决策起着重要影响。估值的目标旨在掌握生态系统服务的全面情况。针对一到两项至关重要的全国（或地方）服务高调展开研究，能让人们意识到这些资产对发展国民经济、提高人民福祉意义重大，也能让人们更加重视经济分析的作用。以下列举了部分可开展估值的领域：

1. 水净化服务和城市供水；
2. 洪水和其他自然危机的自然解决方案；
3. 绿色基础设施和给城市带来的健康福利；
4. 生态旅游，尤其是保护区旅游；
5. 海洋保护区和渔场的利益；
6. 树木、土壤、草地、湿地等地的碳储存和固定价值；
7. 基于生态系统的气候适应解决方案（造林、土壤形成、连接性）；
8. 污染导致的价值丧失（富营养化、漏油、水质 / 土质下降）；
9. 针对入侵物种损害和损失丧失的预防措施。

1C：为自然资本账户与扩大收入账户做出努力

若将自然资产价值纳入收入账户，能为决策者提供宝贵的长期工具。定期向决策者汇报自然资本的情况，可帮助决策者确定优先行动任务，更快地进行有效干预。

为此，需要逐渐地建立两种账户：

1. 物理储备账户；
2. 能将从“物理储备”的服务流，通过自然资本的升职 / 贬值以及服务价值的损失 / 增长，移动到“经济账户”的服务流账户。

步骤 2：制定激励创新和参与的宏伟目标，并确定实现目标的措施

2A：设定一些定量的长期目标

1. 为各利益相关者提供稳定的环境；帮助私人部门了解自己的使命及需要遵循的原则；提供鼓励创新和投资的稳定环境。
2. 开发一种可持续的、透明的交流策略，确保每一个利益相关者均可就最终目标、设定目标的原因以及需在各个层面采取的行动进行充分的交流。
3. 今天的儿童，就是明天的选民。应开发一个连贯的框架，便于从小学开始开展环境教育。

2B：确定行动者的不同责任、角色、潜能

1. 确定在国内具有强烈行动意向和 / 或行动能力的人。继续推进现有的国际合作、国家项目、本地项目和官方机构能力建设。
2. 评价各机构的角色与合作需要，开展跨部门整合，确保政策的连续性及良好的政府管理。
3. 赋予私人部门承担权责的权利、确定其面临的潜在责任。
4. 赋予社区和公民知情权和参与权，推动那些与本地层面生态系统服务之提供(如关于“多重生态系统效益机会”的）相关的生物多样性行动计划。
5. 在为行动者划分责任的同时，我们也要认识到行动者将面临的困境——先行者优势、囚徒困境（两人合作对双方皆有最大好处，但即使如此两人也可能不合作），“搭便车”现象——并随时准备解决好这些问题（例如，“自由消费者选择”与“各项标准”的冲突）。

2C：评价现有的能够帮助实现主流生物多样性目标的工具

1. 评估各方力量、缺口、弱点、机遇，以改进政府管理、增大协同作用和连续性。

2. 评估各类政策在多大程度上考虑了自然价值，并确定了改革的优先地区。

3. 确定政府投资或资助的“生物多样性防护”项目范围（例如，发展援助、地区发展资金、农村开发、农业和渔场支持计划）。

2D：抓住行动机遇

一些机遇风险能够计划、预见，而另一些则较难以预测，行动机遇譬如：

1. 高层次的国际事件或进程——诸如《生物多样性公约》《联合国气候变化框架公约》《联合国防治荒漠化公约》《华盛顿公约》、联合国可持续发展委员会（里约+20大会）的会议，为与会方提供参与和进步的平台；

2.（新的）国家激励政策，如绿色税制改革委员会、补贴评估和报告机制、国家资本和收入核算报告；

3. 阶段性的预算和策略评价；

4. 危机与灾害（如漏油、物种灭绝、生物储量毁坏、洪水等），但其作为紧急事件，也能激发人们寻找解决方案的努力。

步骤3：确定能产生最高行动效益的领域，以及行动遇到的最大的阻力来自何方

为了设计、谈判、有效促成变革，需要明白如下内容：

1. 考虑行动效益的规模、地点、时间规模，各种服务的范围、不同利益相关者和对未来的展望；

2. 与时下政治计划的联系——例如：粮食、水、燃料安全，失业，健康和自然危机，气候变化，经济发展，预算危机，生物多样性；

3. 谁将获利谁将蒙受损失，包括社会维度（给生计和弱势群体带来的冲击）；

4. 四种资本（人造、环境、社会、人类）在不同时间的决策权衡（trade-off）：

5. 不同生态系统服务之间可能的协同作用与权衡（避免在解决一个问题的同时，又产生另一个问题）；

6. 利益相关者在调整成本的同时，可能也需求推行管理改革措施（如保护区对话和补贴改革）。

步骤4：开发切实可行，可起表率作用的解决方案

每个国家应用政策工具的环境、经验不同，政治意愿也不尽相同。如有某项倡议在国家层面上得到有效实施，它将起到表率作用，促进、激励其他国家采取同样的行动。

有些国家可能开始关注海洋保护区和鱼类——通过适当的设计、管理和执行措施，展现保护区和鱼类的价值，应对可能出现的问题。有些国家则可能关注城市如何从附近绿色基础设施获得水净化和供水福利，并设立一个生态补偿机制来“捕捉价值”。还有些国家可能选择关注陆地景观或海洋景观管理，通过投资自然资产来刺激旅游业，增加外汇收入。每个国家不论出发点如何，都需要持续关注全局动态，方可捕捉到新兴机会，制订新的方案。

10.4 促成变化

显而易见：我们现有的经济发展模式，既无法也不应该再这样维持下去了。对自然资本的持续侵蚀，将会损害经济增长、经济繁荣及人类福祉。因此，在发生不可逆转的损害之前，处理那些最为紧迫的生态危机，就成了至关重要的任务（参见本书 10.4.1 节）。为此，我们需要备妥各种工具，寻找一条具有可持续前景的发展道路。

10.4.1　未来五年的优先任务

显然，我们需根据挑战的地点、规模、紧迫程度来设定优先任务。每一个挑战都有不同的支持者为其呼吁呐喊。对于某些国家而言，食品安全是他们面临的最大挑战，另一些国家面临的最大挑战是缺水和气候适应，而另外一些国家最大的挑战来自失业和民生问题。

尽管我们永远不能用一张简表将所有需求囊括其中，但证实自然资源价值（该价值彰显了生物多样性的意义及生物多样性与其他优先目标的联系）的证据表明：人类社会理应对一些共同面临的问题予以广泛关注。以下 5 项优先任务最可能引起全球共鸣，因为人们已感觉到对这些方面的冲击，或人们已认识到从哪些方面入手才能找到解决方案。

（1）渔场

由于过度捕捞、鱼类储量剧减、环境受损以及渔业对食品安全、就业安全、经济效益带来的冲击，我们亟须对渔场采取紧急行动。鉴于海洋生态系统的生态局限性，我们需要将其更好地整合进管理框架，改革激励措施，以减少破坏性的实践，并鼓励投资，以维持鱼类储备和提供各种关键服务的生态系统。

（2）森林

森林是陆地生物多样性的最大组成部分。森林可储存、封存对全球至关重要的大量二氧化碳，并提供多种附加生态系统服务，为很多居民提供了居住地和生计来源。我们一定要采取协同行动与合作，来减缓、遏制目前森林砍伐和退化的速率。

（3）珊瑚礁

珊瑚礁号称是“海洋的热带雨林”，现深受污染、渔业、旅游业、运输业和气候变化之扰。珊瑚礁可减缓自然危机对海岸地区的冲击，维持渔场运转，支持本地发展，提供巨大的研究潜力。因为气候变化承诺和努力带来的利益，需要假以时日方能变为现实，我们需要加大对珊瑚礁保护的直接投资，以增强珊瑚礁的恢复力。

（4）气候—自然协同作用

通过采纳减缓气候变化（如保护森林和富碳土壤）的措施及促进生态系统适应能力的措施，可增大气候—自然的协同作用，将气候变化和生物多样性目标有效地结合起来。为达成此目的，我们需采纳的关键步骤包括：①加大保护区（PA）的保护和管理；②增加保护区网络的生态连续性；③在更广阔环境中，减缓环境压力、修复退化的生态系统。保护区和其他生态资产及基础设施（河流、泛滥平原、运河、缓冲带、森林、农田、公园）需在“一个互为强化的互联网络”中得以整合起来。

（5）资助生物多样性

我们需要获得稳定的财政来源（譬如，通过创新资金工具和国际资助，获得稳定的财政来源），以建立和管理保护区，特别是加大对发展中国家的支持。我们需采纳的关键策略包括：①加大对生物多样性的拨款；②加大和生物多样性相关的其他政策领域的预算；③促进对生物多样性保护与可持续利用的私人投资。但是，仅仅增加资金投入并不能解决问题。我们还需要更好地了解目前“保护区资金短缺”的程度和影响，以及如何通过减少保护区承受的压力来弥补这种资金短缺。为此，我们可采取适当措施调整价格，减少补贴，让污染者进行偿付，实施良好的政府监管，落实和执行有关方案，增大公众对保护区福利的了解。

10.4.2　发展替代性道路的实用工具

自然资本遭受的侵蚀不仅会导致生物多样性丧失，还会损害经济繁荣和社会福祉（参见图 10.1）——这正是本书立著的出发点。在生态系统发生恶化、基础生物多样性丧失的情况下，很多有价值的服务（不论是供给服务、调节服务、支持服务、文化服务）都会受到威胁。

本书提供的证据表明：我们正在以令人震惊的速度损毁自然资本。这将给生态系统服务流造成严重影响，并产生消极的经济后果。在很多决策者看来，只有小部分行业受益于自然资本。但实际上，受益于自然资本的行业在经济总量中所占的比重，远远大于政策制定者认为的比重。

有观点认为：即使在自然资本受到侵蚀的时候，经济“增长”也会继续；而且，GDP 的增长会让福祉自动改善。本书作者认为，这不但是太过简单化，甚至是危险的观点。理由至少有二：第一，我们可以预见，将有更大份额的 GDP 被用作“防护成本”，以弥补（某些）环境造成的损害；第二，当自然资本蒙受损失的时候，社会和个人的福祉也可能受到侵蚀。将 GDP 作为衡量福祉的指标，原本就是值得怀疑的选择，现在更是变得越来越无意义。渔场的毁坏、沙漠化、清洁水源的丧失、木柴的丧失，只会危害我们的生计和生活质量。

有一个关键问题值得进一步探索，即何种经济增长会被资源稀缺所影响，会被可利用的自然资源和关键生态阈值所局限（如，鱼类储量锐减、严重富营养化污染、过度森林砍伐和森林退化导致的生态功能变化事件；参见第 1 章和第 3 章）。经济发展、自然资本受侵蚀和脱贫困难三者之间的联系，也值得人们更多地关注。此外，

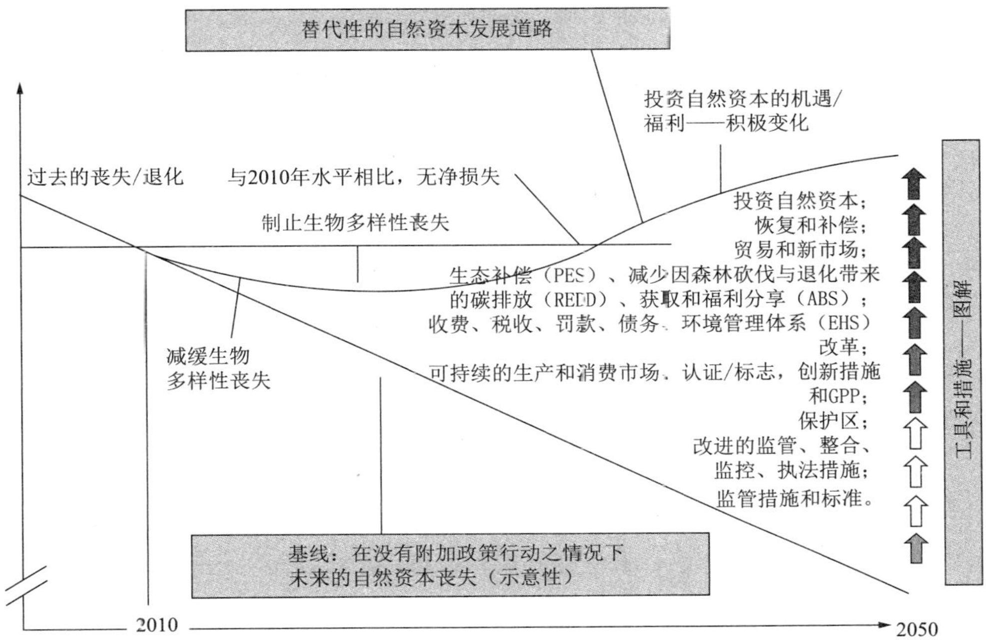

图 10.1　侵蚀的自然资本基础及替代发展道路的工具

资料来源：Patrick ten Brink，自制图表。

我们还需要在微观经济和宏观经济两个层面上开展后续分析。我们可以在讨论环境经济综合核算体系（SEEA）、修正国民经济核算体系（SNA）、制定除 GDP 之外的宏观经济指标（第 3 章）、开展关于绿色经济和绿色新政辩论（UNEP 绿色经济措施[3]；UNEP，2009）、制定千年发展目标（MDG），以及开展范围更广、关于经济和公共政策辩论时，继续深入探讨上述议题。

本书大部分内容讨论的是“可以帮助我们重新确定发展道路”的各种工具。图 10.1 以图解形式比较了两种道路，其一是以侵蚀自然资本为代价的发展道路；其二是逐渐遏制生物多样性丧失的发展道路，并通过恢复和投资自然资本来扭转丧失。在意识到自然资本价值后，可通过管理、保护、投资措施，提高自然资本基础的净增值。

图 10.1 首先展示了 2020 年预计达成的减少生物多样性丧失的目标；然后，该图又展望了 2030 年生物多样性净损失将不会高于目前水平的前景，以及自然资本在此后将发挥的积极作用。不过，这一预期似乎太过乐观了。因为目前生物多样性丧失的速度极快，生产和消费上扬的压力也在上升，而非下降。此外，有关市场与行业发展的政策也甚少体现出对生物多样性的关切和生态系统服务的价值——这一事实也不得不让我们继续秉持悲观的预期。生物多样性政策本身并不足以制止生物多样性丧失，更不用说产生对自然资本投资的新范例，以及让人们了解到社会经济系统与生态系统相互联系与相互依存的关系。

然而，如本书的证据所显示的：很多国家已经取得了进步，而且很多工具也被证明行之有效。来自国际社会的各种承诺也作出了显著的贡献。这是一种朝向资源节约型绿色经济发展的动力。要保持并加大这种动力，就必须让生态经济学在政策框架中占有更重要的地位。所有类型及层面上的行动者都应当参加进来，用充满创意的头脑，快速灵活行事。

能够帮助我们作出转变，踏上新的发展道路的工具包括：

（1）将证据基础整合起来，以改进测量、监控、核算工作

通过制定生物多样性和生态系统服务的指标以及可量度的目标，并投资自然资本账户，我们可评估自然资本的现状、面临的风险和具有的价值，并系统地考虑这些信息，便于决策（参见第3章）。新的“政府间生物多样性和生态系统服务科学—政策平台”（IPBES）将为国家和地区行动提供重要支持，也可以支持能力建设。

（2）开发在较长时间段全面考虑生态系统价值的评估文化

我们应就政策和决策对生态系统服务造成的影响，开展及时透明的评估。这可为在不同领域担任要职的决策者提供必要的证据基础（第4章）。这是“将生物多样性整合进其他行业政策”这一必要任务的关键工具。

（3）根据积极和消极的环境影响，调整激励措施

我们应该对生态系统福利提供者，尤其是碳储存和水资源服务提供者进行奖励（生态补偿机制工具）。REDD+ 不失为一个重要且全新的资金来源，但 REDD+ 机制需要以获得大宗全球资金转移作为后盾，且需要对其推广、监控、验证加以投入。REDD+ 机制应被纳入范围更广的生态系统服务体系（第5章）。相反地，我们也需要惩戒措施，来制止对自然资本的破坏，即贯彻执行“谁污染，谁使用，谁付费”的原则（第7章）。这一原则已经付诸实践，从“假定有造成污染的权利”到“迫使污染者付费”这一观念的转变，会给定价决策、法规约束、损害赔偿带来复杂的影响。

（4）让价格合理化，让市场及供应链环保化

这就包括一个逐渐转变的过程，即是从生态产品和服务的价格被压低到支付全部成本（在可负担的平等范围内）的过程。这需要我们认真寻找可行的机遇，对市场进行投资。有一些绿色市场已经开始起步，并获得迅速发展。譬如，绿色产品（有机食品、认证的木材和鱼类）和生态旅游服务都已从小众市场发展起来，逐渐扩大规模和影响（第5章）。将遵循绿色公共采购政策和质量标准的政府行动（第5章），与公民需求及前瞻性的商业努力结合起来，就可以将那些生态损害较小的产品和过程变成主流化产品和流程（参见《TEEB 企业报告》，2011）。然而，政府也需要直

接扮演一个强有力的角色，通过设定标准，帮助消费者在大量复杂的认证产品当中，找到适合自己的产品。

（5）改革补贴制度

如能将“有害的、低效的补贴”逐渐转变为“保护或增强生物多样性和相关生态系统服务的补贴”，就能加快向资源节约型经济转型的进程（第 6 章）。为此，需制定关于补贴的透明清单和报告，帮助现金流向正确的方向。

（6）使用法规和良好的政府管理措施来提高基线

对任何政策框架来说，法律原则、监管、合规性都非常重要。被全世界广为利用的主要工具包括“传统”工具，如产品、流程、排放标准；废物处理标准；EIA 和 SEA 步骤；空间规划和许可体系；损害的补偿和债务原则、保护区设计。这些工具还需要得到有效的执行。诸如“无净损失”政策，如补偿措施和栖息地银行服务，均可支持这些工具，以确保从生物多样性、生态系统服务中得到最大收益（第 2 章、第 4 章和第 7 章）。

（7）扩展并管理海陆保护区网络

有一些措施能够保护生物多样性作为“皇冠上珠宝”的内在价值，能够维持关键的生态系统服务，增加生态系统的恢复力。这些措施对于帮助生态系统适应气候变化、保护遗传多样性、保证食品安全有着关键意义。同时，我们也需要对更加广泛的生态基础设施加大投资，以维持并恢复生态条件和生态系统的连贯性，并重建生态系统服务的提供机制。需将保护区的“补丁”整合进范围更广的景观，以作为包括生态走廊在内的连续性政策的一部分。生态走廊同河流、河流泛滥区、绿色基础设施、缓冲地带、物种避难所连接为一体，以确保具有应对气候变化以及其他压力的恢复力，并向各地区提供持续的生态系统服务流（第 8 章和第 9 章）。

这些工具的就位意味着：我们认知已从“大自然是丰富的资源，等待我们开采”转变成“与自然资产一起创造财富，但不触碰自然的极限”。这个过程并不需要耗费更多成本。当前的经济危机，为我们提供了机会，得以更加认真地审视补贴改革与税制改革，以发现成本效益优秀的解决方案，并在“具有积极回报的领域”投资自然资本。

若能搞清楚何等自然方案的成本比人造基础设施的成本更低，就能够帮助政府和私人节约预算，遏制生物多样性丧失。确保生态系统不超过临界点，可避免投入巨资恢复生态系统，或承受那些不可修复的损害。打造可持续性更强且能够合理分配福利的新兴市场，能够支持就业和生计。以上这些措施，是帮助应对诸如气候变化、水资源安全、粮食安全、贫困等全球性挑战的法宝。

如本书所述，国内和国际层面的决策者都可以通过支持大自然的公共产品，来彰显其领导能力和长远眼光。所有层级的政府，所有关键行业（生物多样性、农业、渔业、水资源、林业、制药业、旅游业、能源业、饮食业、运输业等）都需要采取上述措施，合理利用市场、商业、公民、社区拥有的资源。此外，还需要来自更高层面的协调，确保公平务实的分配权责。

很多国家，特别是发展中国家，都需要得到扶持，以便引入和实施这些措施。通过升级现有或新兴的能力建设项目，可提供及时有效的技术支持，促进技术交流。在项目、基金、联合国系统各机构、多边和双边机构、地区进程、非政府组织、原住民和本地社区之间开展的合作活动，均能对国家层面的行动给予支持。

显然，我们正在取得积极的进步。但是，发生在2010年的自然灾害和人为灾害（漏油、森林火灾、洪水）依然在提醒我们：一定要有谨慎的计划和强有力的风险防范措施，从而让我们的发展道路免受灭顶之灾。目前尚不清楚，“谁污染谁治理”的新趋势，是否处理那些迫在眉睫但被人忽视的问题——如海洋中由于农业活动和废水排放导致的405个“死亡地带”；是否能让决策者在发生生态灾难之前，提前备妥新的应对措施。

在大规模的灾害引起广泛关注之际，一场静悄悄的革命，正在为雄心勃勃的应对之策铺平道路。从此，我们将彻底改变对待自然资本的方式。人类理解自然价值的努力，将不断充实证据基础，促进新政策的出台。同现有行动方案一道，新兴的解决方案正在全球范围内得以启动和实施。它们共同构建起了一条更具可持续性的发展道路。这些丰富多样的经验，值得我们学习借鉴；这些成功案例，值得我们效仿推崇。灾难并不是推动我们前进的动力，抓住机遇才是激励我们前行的动力！

仅仅知道是不够的，还应当善于利用；仅仅渴望是不够的，还应当付诸行动。

（Johann Wolfgang Von Goethe，1749-1832）[4]

致谢

作者谨向以下人员表示感谢：Doreen Fedrigo-Fazio，IEEP，比利时；Marianne Kettunen，IEEP，芬兰；Hugh Laxton，联合自然保护委员会（JNCC），比利时；Keti Medarova，IEEP，比利时；Matthew Quinn，威尔士议会，威尔士；Graham Tucker，IEEP，英国；Stephen White，欧盟委员会环境总署，比利时；Alexandra Vakrou，欧盟委员会环境总署，比利时；以及 James Vause，英国环境、食品和农村事务部（Defra），英国。

注释

1. 见 www.cbd.int/blg/。
2. 生物多样性公约（CBD）于 1993 年 12 月 29 日生效。目标主要有 3 个：

- 生物多样性保护；
- 生物多样性组分的可持续利用；
- 遗传资源利用而产生的效益的公平、平等的分配。

更多细节请见 www.cbd.int/convention/about.shtml。

3. 关于《绿色经济行动倡议》，更多信息请见 www.unep.org/greeneconomy/Home/ tabid/1350/ Default.aspx，该网址于 2010 年 8 月 21 日获取。

4. Johann Wolfgang Von Goethe［约翰·沃尔夫冈·冯·歌德 (1749-1832)］，此句选自歌德著作《威廉·麦斯特的学习时代》，1821 年第一版。

参考文献

[1] CBD. 2010. Decision X/2 on Updating and Revision of the Strategic Plan for the Post-2010 Period, Tenth Meeting of the Conference of the Parties to the Convention on Biological Diversity, advance unedited text, available at www.cbd.int/nagoya/outcomes, 2010-11-15.

[2] Daily G. C., Ellison K. 2002. The New Economy of Nature: The Quest to Make Conservation Profitable, Island Press, Washington, DC.

[3] Fargione J., Hill J., Tilman D., et al. 2008. Land clearing and the biofuel carbon debt, Science, 319: 1235-1237.

[4] EU. 2010. Europe 2020: A strategy for smart, sustainable and inclusive growth, European Commission, Brussels, http://ec.europa.eu/eu2020/pdf/COMPLET%20EN%20BARROSO%20%20%20007%20-%20 Europe%202020%20-%20EN%20version.pdf, 2010-7-16.

[5] Farrand M. (ed.). 1993. Benjamin Franklin autobiography and other writings, Oxford University Press, New York.

[6] Jackson T. 2009. Prosperity Without Growth? The Transition to a Sustainable Economy, Sustainable Development Commission, UK.

[7] MA (Millennium Ecosystem Assessment). 2005. Ecosystems and Human Well-Being, Summary for Decision Makers, Island Press, Washington, DC.

[8] Ostrom E. 1990. Governing the Commons: The Evolution of Institutions for Collective Action, Cambridge University Press, Cambridge.

[9] Potocnik J. 2010. Where next for the EU Commission's biodiversity policy? Speech for WWF Evening Dialogue on Biodiversity, Brussels, 2 March 2010,http://ec.europa.eu/commission_2010-2014/potocnik/ headlines/news/pdf/2010%2003%2002%20SPEECH%20WWF%20Biodiversity.pdf, 2010-9-22.

[10] Sen, A. 1999. Development as Freedom, Oxford University Press, Oxford.

[11] Sørensen, H. 2007. quoted in Djoghlaf, A. CB statement: The Sixth Trondheim Conference on Biodiversity, Norway, UNEP, Montreal, www.cbd.int/doc/speech/2010/sp-2010-02-01-trondheim-en.pdf, 2010-9-22.

[12] TEEB. 2008. The economics of ecosystems and biodiversity: an interim report, European Commission, Brussels, www.teebweb.org.

[13] TEEB. 2009. The economics of ecosystems and biodiversity for national and international policy makers - Summary: Responding to the value of nature, www.teebweb.org.

[14] TEEB for Citizens website, www.teebweb.org.

[15] TEEB Foundations. 2010. The Economics of Ecosystems and Biodiversity: Ecological and Economic Foundations (ed P. Kumar), Earthscan, London .

[16] TEEB in Local Policy. 2011. The Economics of Ecosystems and Biodiversity in Local and Regional Policy and Management (ed H. Wittmer and H. Gundimeda), Earthscan, London.

[17] TEEB in Business. 2011. The Economics of Ecosystems and Biodiversity in Business and Enterprise (ed J. Bishop), Earthscan, London.

[18] UNEP (United Nations Environment Programme). 2009. Global Green New Deal Policy Brief, UNEP, www. unep.org/pdf/A_Global_Green_New_Deal_Policy_Brief.pdf, 2010-8-21.

[19] WCED (World Commission on Environment and Development). 1987. Our Common Future, Oxford University Press, Oxford: 43.

索 引